세계화, 전 지구적 통합의 역사
BOUND TOGETHER

Bound Together by Nayan Chanda
Copyright ⓒ 2007 by Nayan Chanda
Korean translation copyright ⓒ 2007 by Motivebook
All rights reserved.
This Korean edition published by arrangement with Yale University Press
through Yu Ri Jang Literary Agency, Korea

이 책의 한국어판 저작권은 유리장 에이전시를 통해 저작권자와
독점 계약한 모티브북에 있습니다.
신저작권법에 의해 한국 내에서 보호를 받는 저작물이므로
무단 전재와 무단 복제를 금합니다.

이 책에 사용된 일부 일러스트 가운데 저작권 허가를 받지 못한 작품에 대해서는,
저작권이 확인되는 대로 절차에 따라 계약을 맺겠습니다.

BOUND TOGETHER

세계화, 전 지구적 통합의 역사

나얀 찬다 지음 | 유인선 옮김

차례

서문 7

제1장 기원—아프리카 인

DNA로 인류의 이주 경로를 재구성하다 24 | 아프리카 인 이브와 아담 26 | 오스트레일리아행 급행열차 31 | 홍해에서의 저녁식사 33 | 나의 아프리카 인 증조할아버지 35 | 중국 황제의 검은 어머니 40 | 인류의 아메리카 도착 45 | 기후에 따른 피부색과 체형의 변화 48 | 무화과나무의 뿌리 53 | 새로운 이주 56 | 무역 커넥션 59 | 제국의 공세 61 | 선교의 사명감 64

제2장 낙타 대상에서 전자 상거래까지

우리는 언제 더 큰 집에 살게 되나요? 74 | 사막의 배 76 | 달콤한 포도주, 말린 무화과, 학자들 79 | 무임 승차로 인도양을 건너다 82 | 이탈리아에서 온 차갑고 향기로운 포도주 85 | 아랍의 삼각돛배와 중국의 러더 89 | 말라바르 해안의 유대인 무역상 92 | 베네치아의 목을 죄는 멜라카의 손 94 | "그대는 악마에 사로잡혔구나, 무엇 때문에 여기까지 왔는가?" 97 | 금화에서 페이팔까지 104 | 은, 섬유, 향신료의 삼각 무역 체계 107 | 점토판에서 인터넷으로 109 | 멜라카에서 멤피스로 113 | 우리 시대의 계절풍 117

제3장 월드 인사이드

목화가 화폐보다 더 현금 가치가 있다 129 | 인도산 면직물이 유럽에서 대유행하다 133 | 목화 왕과 아프리카 노예들 136 | 불 태워, 태워버리라고! 138 | 상품 공급망과 노동 착취형 공장 140 | 기운이 나는 아랍의 검은 음료 143 | 커피 문화를 즐기는 곳, 커피하우스 147 | 커피콩은 사랑을 싣고 151 | 굶주림을 잠재우는 살인자 156 | 커피와 MP3와 인터넷을 한 곳에서 즐기다 160 | 영의 개념이 성립하기까지 164 | 탈레스의 호박 166 | 콜로서스에서 마이크로칩으로 170

제4장 선교사의 세계

신앙과 함께 여행하라 182 | 황금을 찾아서 187 | 부처의 발자취를 따라서 191 | 비단 무역 194 | 나사렛의 목수 196 | 선교 포도 199 | 아프리카에 '하느님의 고속도로'를 개통하다 207 | 아랍 어로 꾸란을 들으라 212 | 아시아로 확산된 성전 217 | 모든 길은 메카로 통한다 220 | "악마의 자식이여, 펄펄 끓는 물에 익어버려라!" 225 | "어둠을 욕하기보다 촛불 하나를 밝히는 것이 낫다" 229 | 지구적 각성의 고속화 232

제5장 움직이는 세계

한노 장군과 하마 241 | 기린을 본국으로 실어가며 244 | 마르코 폴로는 중국에 갔을까? 248 | 마르코 폴로보다 앞선 스페인 랍비의 여행 252 | 이븐바투타의 중국과 아프리카 여행기 254 | 신세계로, 신세계로 257 | 필리핀 마카탄 섬에서 최후를 맞은 마젤란 261 | 통치는 곧 거주민을 늘리는 것 264 | 노예, 쿨리, 나리 267 | 카리브 해로 가는 영구선 269 | 구세계로 향하는 노동 이민 271 | 이민의 속도 : 세비야에서 사이공까지 274

제6장 제국의 형성

세계 제국 건설의 꿈 282 | 우상 숭배자를 죽여라 288 | 아프리카의 매혹 292 | 몽골 인의 자손들 297 | 정복과 식민 299 | 언어의 거미줄 304 | 신의 도구로서의 제국 307 | 제국의 법 311 | 몽골의 선물 : 바지와 현악기의 줄 315 | 중국의 화약, 페르시아의 공학 317 | 한국인, 매운 김치를 얻다 320 | 노아의 방주 323 | 빅토리아 여왕의 세계 케이블 325

제7장 노예, 세균, 트로이 목마

유러피언 드림 332 | 가장 오래된 무역 335 | 노예 : 병사, 노동자, 말동무 337 | 노예-설탕 복합체 342 | 아시아와 신세계의 연결 347 | 산업 혁명의 영향력 351 | 저먼 곳의 보이지 않는 위험 355 | 죽음의 고속도로 358 | 검역의 탄생 361 | 군인, 증기선, 스페인독감 364 | 국경 없는 질병 367 | 바이러스 사냥꾼 369 | 러브 바이러스 371 | 제로데이 바이러스의 등장 374 | 인터넷 범죄 시장 377

제8장 세계화 : 실체 없이 요란한 유행어에서 저주의 말이 되기까지

스푸트니크와 국제사면위원회 385 | 세계화가 보호무역주의를 의미했던 시절 387 | 국제 무역은 과거요, 세계화가 미래다 391 | 블랙 먼데이 394 | 세계로! 세계로! 397 | 세계화가 가져온 '대나무 효과' 400 | WTO는 죽음이다, WTO를 죽여라 403 | 세계사회포럼의 "다른 세계는 가능하다" 406 | 반세계화에서 대안 세계화로 408 | 아웃소싱의 위협 412

제9장 누가 세계화를 두려워하는가?

무역이 초래한 문제들 425 | 추락 427 | 일등석으로 여행하는 암소와 빅맥 430 | 장거리 오염 437 | 부조리극 439 | 해고 통지서와 월마트 444 | 일자리 도둑들의 침입 447 | 저임금, 고대역폭 451 | 살찐 고양이와 미용사의 국가 453 | 폴란드 배관공의 망령 456 | 전체 화면에서 바라본 승자와 패자 460 | 라틴아메리카와 아프리카의 진보는 가능한가 463

제10장 우리 앞의 길

빈곤에서 벗어난 많은 사람들 472 | 고삐 풀린 자본, 실직한 노동자 477 | 부자들을 위한 파티 480 | 세계적인 전염병의 검은 구름 484 | 문제 많은 제국의 유산 488

연대기 493
미주 499
찾아보기/문헌, 인명 550
찾아보기 555

서문

우리 부부가 코네티컷 주 뉴헤이븐으로 이사를 하고 며칠 후에 고장 난 콘센트를 수리하려고 전기기사를 부른 일이 있었다. 서글서글한 인상의 중년 남자인 전기기사 제리는 내게 예일 대학교에서 무슨 일을 하느냐고 물었다. 세계화 연구소에서 일하게 되었다고 대답하자, 그는 내가 콜롬비아 마약 조직의 창립 멤버라는 고백을 듣기라도 한 것처럼 아연실색하며 중얼거렸다. "맙소사! 신의 가호가 함께 하시길!" 나는 영문을 모른 채 무엇 때문에 그러느냐고 물었다. 제리는 세계화를 위해 일한다는 사람이 눈 앞에 있다는 사실이 놀라운 듯했다. "세계화는 열대 우림을 파괴하는 건데, 그렇지 않나요?" 그는 설명하듯 물었다. 열대 우림과 관련해서는 책 몇 권을 주문하려고 '아마존'에 들어간 것이 전부라며 이의를 제기했지만, 내 신분을 정당화하는 데는 전혀 도움이 되지 않았다.

한 전기기사의 반응은 중대한 문제제기였다. 세계화란 정확히 무엇인가? 그리고 세계화는 왜 열대 우림을 파괴한다는 비난을 받는가? 세계화라는 말은 어디선가 불쑥 튀어나와 지금은 도처에 널려 있는 것 같다. 거의 모든 문제를—엄청난 진보까지도—세계화라고 불리는 현상 탓으로 돌린다. 열대 우림 훼손에 세계화가 모종의 역할을 했다는 것은 아마 제일 이해하기 쉬운 일면일 것이다. 숲이 개간되는 것은 대부분 증가하는 세계 인구를 먹여 살릴 농지를 만들기 위해서다. 국제 무역이 증가하고 건축과 가구 자재의 수요가 늘면서 무역 업자들과 벌목꾼들이 숲 개간에 가담한다. 나는 전기기사의 우려를 이해하기 위해서는 세계화의 주체가 누구인지, 그들은 무엇을 하고 있는지, 무엇 때문에 세계화를 하려는 것인지, 얼마나 오랫동안 그 일을 해왔는지를 이해하는 것이 중요하다고 생각했다.

세계화globalization라는 단어는 사전에 등재된 후부터 의미 면에서 엄청난 변화를 겪어왔다. 세계화를 정리하는 10여 가지의 정의 가운데 두 가지가 이 문제점을 잘 보여준다. 『브리태니커 백과사전』에서 제프리 왓슨Jeffrey L. Watson은 세계화를 문화 용어로서 "일용품과 아이디어의 확산을 특징으로 하며, 전 세계에 걸친 문화 표현의 표준화를 가져올 수 있는 일상의 경험들로 이루어진 과정"으로 정의하고 있다. 세계은행의 공식적인 정의는 "다른 나라의 거주자들과 자발적 상거래에 착수하기 위한 개인과 기업의 자유와 능력"[1]으로, 당연히 순수 경제 용어로서 세계화를 진술하고 있다. 좌익 비평가들은 세계 동서남북으로 손을 뻗는 자본주의의 '늑대와 같은 굶주림'이라는 마르크스의 소견에 공명하며, 착취하는 자본주의 또는 영토 확장론자의 동의어로 세계화를 이해한다. 비즈니스와 경제라는 프리즘을 통해 세계화를 바라보면 우리가 살고 있는 인터넷, 휴대폰, 케이블TV로 연결된 세계를 이해하는 데는 도움이 된다. 그러나 이것만으로는 자본주의가 형성되기 훨씬 이전에, 아니면 전기가 발명되기 훨씬 이전에 인간의 생활이 얼마나 세계화되었는지 설명할 수 없다.

최근 출간된 많은 저서들, 특히 토머스 프리드먼Thomas L. Friedman의

『세계는 평평하다 The World Is Flat』는 자유롭게 이동하는 자본과 무역과 기술이 어떻게 오늘날 순식간에 연결되는 세계, 상호 의존적인 세계를 만들었는지를 설명하고 있다. 케빈 오룩크 Kevin O'Rourke와 존 윌리엄슨 John G. Williamson 같은 경제사가들은 19세기 후반의 운송 혁명이 대량 무역과 이민을 촉발시키면서 현재의 세계화를 위한 기초를 마련했다고 설명한다. 그들의 관점에 따르면 세계화는 무역의 대량화로, 전 세계 일용품 가격이 수렴되면서 시작된 것이다. 그러나 세계화를 철저히 경제 용어로만 정의한다면 과거에 세계가 연결되었던 무수히 많은 사례와 대형 상선이 출현하기 훨씬 전에 나타났던 가격 수렴은 설명할 수 없다.

세계화라는 용어는 우리 삶이 세계적으로 연결되어 있는 현실이 가시화되고 이런 상호 연결성을 포괄적으로 부를 단어가 필요해지면서 등장하게 된다. 우리 일상을 한꺼풀만 벗겨보면 고대로부터 아주 머나먼 곳까지 우리를 연결하는 끈들이 무수히 많이 있었다는 것을 알 수 있다. 과거를 추적해 들어가지 않고는—우리 몸의 세포에서부터 모든 일상용품에 이르기까지—오랜 여행의 흔적을 담고 있는 모든 것을 설명할 수가 없다. 무엇보다 인간은 왜 아프리카를 떠나 전 세계에 분포하는 종種이 되었을까? 우리가 먹고 마시고 사용하는 것들 대부분이 오늘날 우리가 볼 수 있는 곳이 아닌 다른 어딘가에서 온 것들이다. 우리가 한 국가를 연상하는 거의 모든 것, 아니면 우리 것이라고 자부심을 갖는 거의 모든 것이 세계의 다른 지역과 연결된 것이다. 현대 자본주의 비즈니스 모델은 세계화의 상징인 스타벅스 커피가 왜 전 세계에서 판매되는지, 일본의 캐논 카메라는 왜 세계적 브랜드인지를 설명해준다. 세계화를 경제 용어로 정의하는 데는 또 다른 문제가 있다. 예컨대 원래 에티오피아에만 서식하던 커피콩은 어떻게 자바와 콜롬비아를 거쳐 마침내 우리 손에 들린 한 잔의 커피가 된 것일까? 보살의 이름인 아발로키테스와르 Avalokiteswar는 어떻게 중국어 관인觀音, Guanyin으로 번역되고, 다시 일본어 콰논Kwanon으로 표기되어 일본 카메라의 상표명을 짓는 데 영감을 주게 되었을까?

더 깊이 추적해 들어가면 무한대로 많은 질문이 따라 나온다. 수천 킬로미터 떨어진 대륙에 사는 세 사람에게서 어떻게 동일한 유전자 돌연변이가 발견되는 것일까? 아라비아 사막에서 시작된 이슬람교는 어떻게 전 세계 10억 인구를 개종시켰을까? 유럽 인들은 어떻게 몽고 말의 말총으로 바이올린 줄을 만들게 되었을까? 9세기 아랍의 수학자 알 콰리즈미의 이름은 어떻게 현대 정보의 세계를 주름잡는 알고리즘의 어원이 되었을까? 중국의 누에는 어떻게 이탈리아의 실크 산업 발달에 이바지하게 되었을까? 노예 노동을 이용해 사탕수수를 경작하는 경제 모델은 어떻게 동지중해에서 시작해 카리브 해에 이르게 되었을까? 콜럼버스가 신세계에서 매운 고추를 발견하기 전에 한국에는 왜 얼얼하게 매운 김치가 없었을까? 미국의 화폐 단위는 어떻게 독일의 은銀 광산이 있던 마을의 이름에서 유래했을까? 캘리포니아에서 최초로 생산된 와인의 재료로 쓰인 포도는 왜 캘리포니아 포도가 아니라 미션 그레이프라는 이름이 붙었을까? 중국의 종이 제조 기술은 어떻게 서양으로 전달되어 지금 독자들이 읽고 있는 책을 만들기에 이르렀을까? 이런 질문은 끝도 없이 이어지고, 모든 질문은 세계의 상호 연결성이라는 포괄적인 현상의 심장부를 향해간다. 이 책의 8장에서 보겠지만, 세계화라는 단어가 등장하게 된 것은 세계가 하나로 통합되고 있는 모습이 눈에 보이기 시작했다는 사실과 직접 관련이 있다. 전 세계가 연결되어 있다는 자각을 반영하는 세계화라는 용어는 하나가 되어가는 과정, 조용히 수천 년 동안 이름 없이 진행되어온 바로 그 과정을 통해서 설명될 수 있다.

이 책은 세계화의 계보를 설명하려는 시도다. 더 나은 삶, 더 충만한 삶을 추구하는 인간의 기본 욕구에서 세계화의 주체로 나선 수많은 사람들이 있었지만 분류상의 편의를 위해 특히 무역상, 선교사, 전사, 탐험가 들이 주도하여 세계화를 진행하는 과정을 설명하려 한다. 세계화의 주역들은 더 풍요로운 삶을 찾아서, 또는 개인의 야망을 충족시키기 위해 고향 땅을 떠났다. 그리하여 생산품, 아이디어, 기술을 국경 너머로 가져왔고, 롤랜드 로버트슨Roland Robertson이 칭한 대로 "하나의 세계라는 의식의 강화"2, 즉 상호 연결성을 증대시켰다. 로버트슨은 '세계화'에 혐오감을 드러냈지만, 한 전기기사가 지구의 건강을 염려하는 것은 망설임 없이 자기 자신을 세계가 조밀하게 연결되어 있음을 인식한 사람들 가운데 한 사람으로 위치시킨 것이다. 물론 1519년 페르디난드 마젤란이 최초로 세계일주 항해를 완수하기 전까지는 전 세계가 연결되어 있었다고 말할 수 없다. 그러나 알려진 세계의—그리스 인들이 오이쿠메네oikumene라고 불렀던—확장이라는 더 넓은 의미로 본다면, 지리적으로 떨어져 있는 공동체들의 운명을 연결한다는 의미로 본다면 세계화는 역사가 시작된 이래 항상 존재해왔다. 과거와 동일한 추동력이 때로 이름만 달리한 채, 세계를 더 빠르게 더 조밀하게 연결하는 일을 계속하고 있다. 다국적 기업, 비정부기구, 활동가, 이민자, 관광객은 수천 년 전에 시작된 세계 통합의 과정을 지금도 계속하고 있다.

이 책은 몇 가지 단순한 질문을 이해하려고 시작한 개인적 탐구의 결과물이다. 세계화의 주역은 누구인가? 우리를 둘러싸고 있는 모든 것의 기원이 전 세계라는 사실을 어떻게 설명할 것인가? 해답을 찾아가는 과정에서 세계화에 대한 나의 이해는 변화했다. 지금은 처음 연구를 시작할 때와는 상당히 다른 시각으로 세계화를 바라본다. 나는 재화와 아이디어의 기원과 변형을 이해하려 노력했다. 일용품과 철학적 개념이 세계를 여행하는 과정을 추적하며, 출발부터 변화해가는 전 과정을 이해하려 했다. 폭넓은 트렌드를 반영하는 일용품과 사상을 선별하여 집중적으로 조사했고, 일용품과 아이디어의 세계 여행을 주도한 주체와 동기를 확인하려 노력했다. 세계화의 주역인 무역상, 선교사, 전사, 탐험가의 궤적과 그들이 실어 나른 재화와 사상을 올바르게 인식하기 위해 천 년의 무대를 검토했다. 세계화를 주제로 한 나의 이야기는 5만 년 전경에 아프리카를 떠난 인간의 여행에서 시작된다. 생존을 위해 아프리카를 떠난 이 사람들은 수세대에 걸쳐 지구상의 거주 가능 지역을 점령하고, 정착에 앞서 여러 갈래로 나뉜 길을 가고, 흩어진 다른 인간 공동체와 재결합한 최초의 탐험가들이었다. 나는 특정 민족이나 영토의 역사를 나열하는 진술 방식을 배제하고, 그 대신 세계화의 4대 주역들이 상호 연결성과 상호 의존성을 증대해간 흔적을 추적해 들어갔다.

책을 쓰면서 세계사 분야의 개척자들인 윌리엄 맥닐William McNeill, 장기지속longue durée 개념의 역사가 페르낭 브로델Fernand Braudel, 세계체계론의 이마누엘 월러스틴Immanuel Wallerstein, 문화사가 브루스 매즐리시Bruce Mazlish, 필립 D. 커틴Philip D. Curtin, 제리 벤틀리Jerry Bentley 같은 이들의 저작에서 많은 도움을 받았다. 재레드 다이아몬드Jared Diamond의 『총, 균, 쇠Guns, Germs, and Steel』, 로버트 클라크Robert P. Clark의 『세계적 명령: 인간 종 확산의 해석사Global Imperative: An Interpretive History of the Spread of Humankind』는 세계 의식이 증가하는 과정을 이해하는 틀

을 짜는 데 도움이 되었다. 이 책을 엮어나가는 데 도움이 된 다른 책들과 기사들은 권말의 미주에 밝혀두었다.

  책을 준비하며 보낸 6년이 넘는 시간은 신나는 발견의 여행이었다. 세계는 어떻게 세계화되었는지를 알고 싶은 나의 호기심을 만족시키는 것과는 별개로, 세계화의 진행 과정을 큰 틀 속에서 바라보는 일은 현재의 세계화에 작용하는 힘을 이해하는 데 도움이 될 것이라고 믿는다. 더 나은 삶과 안전을 찾는 인간의 욕망 앞에서 무역상들은 용감하게 파도에 맞섰고, 전사들은 외국 땅을 점령했으며, 선교사들은 자신들이 선善이라고 믿는 사상으로 타인을 개종시키기 위해 길을 떠났고, 탐험가들은 새로운 땅을 찾아 나섰다. 세계를 더욱 작게 만들 힘은 지금도 여전히 움직이고 있다. 이제 다른 범주의 사람들이 대열에 합류한다. 이민자와 관광객은 과거의 탐험가를 대체했고, 인권과 환경과 여러 가지 다른 목적으로 모인 비정부기구는 신념을 전파한다는 면에서 선교사를 대체했다. 기하급수적으로 증가한 소비자는 가장 최근에 등장한 세계화의 주역이라고 볼 수 있다.

  우리들 한사람 한사람은 각자의 다양한 역할 속에서 세계화의 주역이며 참가자들이다. 그러나 세계 인구의 3분의 1은 무역상, 이민, 소비자로서 세계화의 네트워크에 절망적으로 합류하려 하지만, 세계의 규칙과 자신들이 뽑은 통치자들의 방해를 받으며 세계화의 열외가 되어버렸다. 과거 세계화와 현재 세계화의 가장 큰 차이는 생산품과 아이디어가 전달되는 속도, 끊임없이 증가하는 소비자와 생산품의 규모와 다양성에 있다. 이 모든 것의 결과로 세계화라는 과정의 가시성이 증가했다. 가시성이 증가했기 때문에 과거에 의식할 수 없었던 세계화 과정이 적나라하게 그대로 드러난 것이다. 현대는 사상 처음으로 재화의 생산과 서비스의 수송이 전 대륙에서 실시간에 이루어지고 있다. 이것은 준비된 사람에게는 유례없는 기회로, 준비되지 않은 사람에게는 도전으로 다가왔다.

더욱더 통합된 세계를 만드는 힘의 연속성을 인정한다면 세계화는 중단시킬 수 없는 과정으로 이해할 수밖에 없다. 긴밀한 통합이 낳은 다양한 재난이—흑사병의 참혹한 피해부터 소위 제1차 세계화(1870~1914년)가 제1차 대전으로 좌절된 일까지—세계화의 과정을 일시 중단시켰지만, 역사는 결국 어떤 사건 어떤 격변으로도 세계화를 끝낼 수는 없었음을 보여준다. 그토록 오랜 세월 세계화를 이끌어온 동기를 이해하면, 앞으로 있을 수 있는 대형 참사를 예방하고, 세계화의 흐름을 조금이나마 우리가 원하는 방향으로 구체화해보려는 시도에 좀 더 힘을 실어줄 수 있을 것이다.

1장 '기원-아프리카 인'에서는 빙하기 말에 우리 선조들이 더 나은 식량과 안전을 찾아 아프리카에서 걸어 나오면서 인간 종의 세계화가 시작되는 과정을 따라가 본다. 5만 년의 세월 동안 그들은 해안을 따라 방랑하고, 사냥을 하면서 중앙아시아를 가로질러 드디어 모든 대륙에 정착했다. 그 과정에서 용모와 피부색이 바뀌었고 다른 언어와 문화가 발달했다. 빙하기가 끝나면서 인간 종 확산의 시기도 끝났다. 레반트, 인도, 중국에서 도시 문명이 생겨나고 무역상, 선교사, 전사, 탐험가는 세계화에 착수해 각 문명을 연결하기 시작한다.

2장 '낙타 대상에서 전자 상거래까지'는 인류 문명이 시작된 시점부터 현재에 이르기까지 무역의 증가 과정을 추적하여, 무역망을 통해 세계가 어떻게 더 긴밀히 연결되어왔는지를 살펴본다. 무역이 증가하고 상품이 확산된 것과 더불어, 운송 수단은—낙타 대상부터 계절풍을 이용한 항해, 컨테이너 화물선에서 인터넷 쇼핑까지—끊임없이 빨라졌다. 한때 전 세계에 베틀로 짠 직물을 공급했던 인도의 직조공은 산업 혁명으로 사라졌다. 인도 직조공들이 세계 경제에서 차지했던 자리는 지금은 콜센터에서 일하는 인도 노동자들과 광케이블로 연결되어 있는 소프트웨어 프로그래머들이 대신하고 있다.

3장 '월드 인사이드'에서는 세계 무역 상품으로 등장하여 분명한 상호 연결성을 보여주는 세 가지 일용품의 진화 과정을 자세히 살펴본다. 인도가 원산지인 면화는 미국산 면화로 대체되기 전에 전 세계로 확산되었다. 초기에 아랍 세계에만 알려져 있던 커피는 수백만 명에게 일자리를 제공하며 세계를 정복했다. 정보 혁명에 불을 붙이고, 거의 모든 공산품을 지배하고 있는 마이크로칩은 현재 세계화의 가장 강력한 도구이며, 수천 년 동안 세 대륙이 낳은 수학과 물리학 개념이 진화하여 탄생한 것이다.

4장 '선교사의 세계'는 선교사들이 상이한 인간 공동체를 하나로 묶는 데 어떤 역할을 했는지 탐사한다. 타인을 개종시키려는 선교사들의 열정으로 3대 주요 종교는 세계를 지배하는 결과를 가져왔다. 불교 순례자들과 포교승들은 머나먼 곳까지 신앙을 전파하며 세계의 예술, 문화와 사회를 변모시켰다. 그리스도교와 이슬람 선교사들은 많은 경우 무력으로 외국 땅에 사는 수백만 명을 개종시켰다. 현대에는 인권 수호나 환경 보호 등의 이름으로 새로운 유형의 선교사들이 세계를 더욱 긴밀히 연결하는 일에 합류한다.

5장 '움직이는 세계'는 저 산 너머, 저 섬 너머에는 무엇이 있을까 하는 호기심을 가지고 지리적으로 떨어져 있는 세계를 연결하는 중요한 역할을 한 탐험가들의 이야기다. 기원전 500년경 아프리카 서부 해안까지 항해한 카르타고의 장수 한노에서 이븐바투타까지, 마르코 폴로에서 마젤란에 이르기까지 수많은 탐험가들이 지평을 확장했고 통합된 세계를 만드는 데 일조했다. 현재는 더 나은 삶을 찾아 고향을 떠나는 수백만의 이민자들과 관광객들이 현대적 운송 수단의 도움으로 지구를 하나로 묶는 두터운 교량 역할을 하고 있다.

6장 '제국의 형성'에서는 권력과 영광을 찾아 머나먼 땅을 점령했던 통치자들과 전사들이 어떤 역할을 했는지 밝혀본다. 알렉산더 대왕부터 칭기즈 칸까지 야심 찬 사람들은 다양한 유전자 풀pool을 만들어내고 문화를 전파하며 땅과 주민들을 통치했다. 로마 제국부터 영제국까지 제국의 통치자들이 건설한 정치 체계는 법적·언어적 통일체를 형성했고, 세계 전역의 동식물 교류를 가져왔다.

7장 '노예, 세균, 트로이 목마'에서는 세계적 연결성의 확대로 나타난 어두운 단면을 탐사한다. 점점 더 많은 무역상, 선교사, 전사, 탐험가 들이 세계로 진출하면서 심각한 문제를 야기하기도 했다. 시작 단계부터 그들은 다른 땅에서 사로잡힌 사람들과 전쟁 포로를 노예로 삼았다. 유럽 인들이 신세계를 발견하면서 노예제도는 절정에 달했고, 아메리카 대륙 대부분 지역에는 다민족 사회가 형성된다. 실크 로드의 무역상들이 실어 나른 전염성 병원균과 천연두, 신대륙 정복자들에 의해 탄생한 독감 바이러스부터, 관광객들과 함께 세계로 퍼져나간 사스 바이러스까지, 세계의 연결성은 재난까지 함께하는 결과를 낳았다. 최근에는 악의적인 컴퓨터 바이러스 작성자들이 고속 광케이블을 이용해 전 세계 컴퓨터를 파괴하고 있다.

8장 '세계화 : 실체 없이 요란한 유행어에서 저주의 말이 되기까지'에서는 세계화라는 단어가 1961년 처음 영어 단어로 모습을 드러낸 후, 실체 없이 요란하기만한 유행어가 되기까지의 과정을 통해 세계가 하나로 연결되어 있다는 자각이 확대되는 과정을 살펴본다. 1970

년대 이후의 데이터베이스를 보면, 규제 완화와 기술 진보가 전 세계 무역과 투자를 이끌었던 1990년대에 세계화라는 단어의 사용 빈도가 급속히 증가했다. 세계화라는 단어의 의미와 용법은 세계화 과정에서 파생된 경제 문제와 더불어 변화해왔다. 좀 더 피부로 느껴지는 단어인 '아웃소싱'이 등장하면서 세계화라는 단어가 영향력을 잃어가는 양상은 세계화의 가치에 대한 인식의 변화를 보여준다.

9장 '누가 세계화를 두려워하는가?'는 급속한 경제 통합으로 경제 성장과 풍요를 이루었음에도 세계화는 왜 사람들에게 유해한 단어가 되었는지를 알아본다. 세계무역기구와 G8 회담 반대자들은 비민주적인 세계 기구들과 불공정한 세계 정치를 비판하며 시애틀, 칸쿤, 제노바, 홍콩까지 끈덕지게 따라다녔다. 무역과 통신의 엄청난 속도는 중국과 인도 대중에게 노동 시장을 열어주었지만, 경제학자들과 정치인들은 세계화가 앞으로 산업 경제에 미칠 충격을 우려하고 있다.

마지막으로 '우리 앞의 길'에서는 세계화의 과정을 요약하고, 미래에 발생 가능한 문제들을 예측한다. 세계화로 많은 사람들은 빈곤에서 벗어났지만, 급속한 세계화의 속도는 세계 인구의 3분의 1을 대열에서 낙오시키는 결과를 초래했다. 미래의 도전은 소외 집단을 끌어안고, 중국과 인도 같은 급격한 성장 단계의 국가들이 개방 정책을 유지하도록 격려하는 한편, 서구 선진국에서 일고 있는 국수주의와 보호무역주의의 물결을 잠재우는 데 있을 것이다.

영겁의 세월 전에 아프리카를 떠나는 모험을 단행한 이래로 계속된 지구 통합의 흐름을 중단시키기는 어려울 것이다. 우리의 운명은 너무도 긴밀히 엮여 있어서, 한순간의 탈선조차 대공황 이전에 발생한 세계화 중단 시도보다 더 큰 대가를 요구할 수 있다.

1장
기원—아프리카 인

> "보아라! 정말 굉장한 물건을 가지고 돌아왔구나! 금방 심기만 하면 되는 신선한 향이 나는 나무들, 흑단 나무, 귀한 상아, 개코원숭이, 원숭이들과 개들, 셀 수도 없이 많은 표범 가죽, 노예와 아이들까지! 이집트의 어떤 왕도 이런 영화를 누린 적은 없었다."
> —신전 위의 하트셉수트 여왕이 아프리카 푼트Punt 원정에서 귀환한 이집트 원정대를 보며 감탄하는 모습 (기원전 1473~1458년).

역사를 상상해서 이야기로 들려주면, 그 밑에 숨어 있는 더욱 본질적인 의미를 전체적인 맥락에서 보여줄 수 있다. 세계화 이야기를 시작하는 데 그 유명한 '옛날 옛날에'보다 더 좋은 시작은 없을 것 같다. 다음 이야기는 반은 창작이고 반은 실제의 일이다.

옛날 옛날에 두니야Duniya라는 곳에 마을이 하나 있었습니다. 그 마을은 숲 가장자리에 있었고, 커다란 풀과 굽이굽이 언덕 위로 해가 뜨는 곳이었습니다. 생활이 쉽지는 않았지만 마을 사람들은 동굴이나 돌출된 바위 같은 곳에 살면서 뿌리를 캐 먹거나 나무 열매를 주워 먹었고, 사냥할 가젤과 토끼도 많았습니다. 그런데 언제부터인

◀ "브랜버그Brandberg(나미비아 중앙고원의 최고봉 – 옮긴이)의 하얀 귀부인"(기원전 2000~1000년), 나미비아 바위그림, 남아프리카 선사미술과 바위그림 연구소.

가 마을 주변 땅이 변하기 시작했습니다. 태양은 더 뜨거워지고 공기는 건조해졌습니다. 동물들이 가뭄으로 죽거나 물을 찾아 다른 땅으로 떠나면서 식량도 점점 부족해졌습니다.

마을 사람들은 식량을 구하기 위해 동물의 무리를 따라나섰습니다. 터벅터벅 걷다보니 어느새 사람들은 여러 무리로 나뉘게 되어 몇몇은 동물들을 따라 북쪽으로 향했고, 어떤 이들은 바다를 향해 걸었습니다. 여러 무리를 이룬 사람들은 서로 더 멀리 더 멀리 떨어지게 되었습니다. 끝도 없는 여정이었습니다. 걷고 또 걷다가 일부 사람들은 풍요로워 보이는 땅에 정착했고, 일부는 식량과 안전이 보장된 길을 찾아 계속 걸어갔습니다. 그로부터 수천 년이 흘렀습니다.

바람을 맞고, 눈 덮인 봉우리를 넘으며, 얼음으로 뒤덮인 평원을 끝없이 천천히 유랑하는 동안 햇볕에 그을렸던 사람들의 모습이 변해갔습니다. 서서히 머리와 눈 색깔이 바뀌었고 얼굴과 체형도 변했습니다. 2,000세대에 걸친 유랑이 끝난 후, 고향인 두니야 마을이 어디에 있었는지 아는 사람은 아무도 없었습니다. 사람들은 광활한 땅 여기저기 흩어져 살게 되었고, 산과 사막에 가로막히고, 예전에는 육지로 연결되었던 곳이 이제는 바다가 되어 떨어져 살게 되었습니다. 그들은 다양한 언어를 말했고 다른 옷을 입고 다른 음식을 먹었습니다.

그러던 어느 날, 한 무역상이 언덕을 넘어와 다른 언어를 말하고 다른 옷을 입고 흥미로운 연장을 사용하는 사람들을 발견했습니다. 떨어져 있는 두 마을 사이에 교역이 시작되었습니다. 여기저기 흩어진 두니야 마을의 선교사들도 사람들을 자신이 섬기는 신에게 인도하겠다는 희망을 품고 과감하게 다른 마을로 왔습니다. 또 어떤 마을에서는 한 부족장이 통치권을 확장하고 제국을 건설하겠다는 야망으로 군대를 소집했습니다. 마을 저 너머 산 뒤에는 무엇이 있을까, 푸른 바다 건너편에는 무엇이 있을까 하는 호기심을 가진, 두려움을 모르는 용감한 사람들도 있었습니다. 그들은 마을 너머로 전진하여 머나먼 땅에 있는 보물과 놀라운 식물과 동물의 이야기를 가지고 돌아왔습니다.

수천 년, 수천 세대가 지나갔습니다. 어떤 마을은 더 이상 마을이 아니라 부산스러운 도시가 되었습니다. 사람들은 말을 이용하는 것보다 더 빠르게 마을과 마을을 오갈 수 있는 온갖 도구를 발명했습니다. 두니야의 이 마을에서 저 마을로 엄청난 양의 상품을 실어 나르는 배도 건조했습니다. 3,000세대 전에 가뭄이 휩쓸었을 당시 두니야 마을에 살았던 몇백 명 인구는 이제 10억 명으로 늘어났습니다. 사람들은 도처에서 여행을 하고 일자리를 찾아 이주하고 상품을 실어 와 팔았습니다. 이제 고향 마을의 이름을 기억하는 사람은 아무도 없었습니다. 조상들이 어떻게 살았는지 기억하는 사람은 아무도 없었습니다.

그러나 여기저기 흩어져 있는 두니야 마을과 도시들에 대한 정보를 매일매일 더 많이 들을 수 있게 되었습니다. 색다른 음식을 맛보고, 들어보지도 못했던 음악을 듣고, 마법 상자 덕분에 다른 두니야 마을에는 무슨 일이 있는지 집에 앉아서도 알 수 있게 되었습니다. 사람들은 이것이 바로 '두니야 마을화'라고 결론을 내렸습니다. 많은 사람들은 새로운 생활을 좋아했지만, 마을 사람 가운데 일부는 생활이 불평등하다고 화를 냈습니다. 어느 먼 곳에서 온 외모도 다르고 말도 다른 사람들이 자기 마을의 일자리를 뺏는다고 불평하는 사람도 있었습니다. 다른 마을의 값싼 물건이 상점의 진열대를 채우면서 자기 마을의 공장들은 계속 문을 닫아야 했습니다. 사람들은

"이런 것이 두니야 마을화라면 우리는 사양하겠어!" 하고 말했습니다. 그러나 모두가 수천 년 전에 한 마을에 살았던 사람들의 후손이라는 사실과 서로를 점점 더 긴밀하게 묶고 있는 연결의 파도를 어떻게 막아야 할지 아무도 몰랐습니다. 그들은 모두 옛날에 같은 마을에 살았다는 사실을 잊었습니다.

이 이야기는 공상이 아니다. 두니야라는 단어는 아랍 어, 힌디 어, 하우사Hausa 족의 언어에서 '세계'라는 뜻이다. 아프리카 두니야 마을의 은유는 세계화 이야기의 요약편이다. 물론 인간이 정착 생활을 하고 농경을 시작하기 전까지 마을 같은 것은 존재하지 않았지만 아프리카 대륙을 두니야 마을에 비유하는 것이 아주 억지스런 일은 아니다. 오늘날 아프리카는 10억 인구가 사는 광활한 땅이지만 아득히 먼 옛날 아프리카에서 걸어 나온 인류의 조상은 겨우 2천 명 정도였다. 일부 학자는 아프리카에서 최초로 이주를 시작한 사람들은 전형적인 수렵 채집민 집단의 규모인 150명 선일 것이라고 추정하기도 한다.[1]

이들 최초의 탐험가들은 그저 방랑자에 불과했지만 생존을 위해 익숙한 거주지를 떠나는 과감한 모험을 시도했다. 아프리카에 잔류한 사람들은 좀 더 쾌적한 내륙 지역으로 이주해 살아남았다. 현재 지구상의 아프리카 인이 아닌 50억 인구는 아프리카에서 걸어 나온 두니야 마을 사람들의 후손이다. 그들은 더욱 긴밀히 연결되고 좋든 싫든 상호 의존 관계를 맺으며 살아가고 있다. 호모 사피엔스(아프리카에 출현했던 해부학적으로 현생인류와 동일한 종)는 자유의지로 지구 구석구석까지 퍼져나간 최초의 종이며, 우리가 세계화라고 부르게 될 현상의 기원이 되는 종이다.

인류는 아프리카를 떠나온 이래 6만 년 동안 분화해왔다. 우리가 '인종'이라고 부르는 인간의 외형 차이는 바로 이 시기에 지리, 기후 그리고 자연 선택에 의해 형성된 것이다. 아프리카를 떠난 집단 이주자들은 지구상의 각기 다른 위도와 경도에 이르러 지역마다 독특한 공동체를 형성하게 되고, 바다와 산 너머에 정착한 오래전에 헤어진 사촌들과 다시 연결을 시작했다.

탐험가, 무역상, 선교사, 전사 들이 주도한 다시 연결하기의 과정은 세월이 흐르면서 더욱 조밀하고, 더욱 빠른 속도로 세계를 긴밀하게 통합해왔다. 아이러니하게도 21세기는 또다시 '아프리카 탈출'과 함께 시작되어 빈곤과 실직 상태의 수많은 아프리카 인들이 이주 행렬에 나서고 있다. 그들은 더 나은 삶을 찾아 필사적으로 터벅터벅 험한 사막을 걷고, 유럽과 중동을 향한 위험한 여행에 목숨을 걸고 있다. 6만 년 전 선조들과 달리 현대의 아프리카 인들은 예멘의 해안을 따라 걷거나, 나일 강을 건너 북쪽을 향하거나, 요르단 계곡을 따라 지중해와 그 너머 미지의 세계를 향해 가지는 않는다. 그들은 1,440킬로미터의 바닷길을 가로지르기 위해 세네갈과 모리타니아의 대서양 해안에서 고깃배에 빼곡히 몸을 밀어넣고, 최종 목적지인 유럽연합EU의 국가들로 들어가기 전에 일단 카나리아 군도를 디딤돌로 삼는다. 인류의 발상지인 에티오피아와 소말리아에서 탈출한 또 다른 그룹도 예멘과 그 너머 땅으로 가기 위해 목숨을 걸고 바다로 향한다. 이렇게 세계화는 계속되고 있다.

이번 장에서 우리는 더욱 안전하고 풍요로운 삶을 갈망한 인류의 조상이 어떻게 탐험가로 변신했는지, 세계화에 첫 발을 내딛는 여정은 어떻게 시작되었는지를 살펴볼 것이다. 아프리카를 떠나온 순간부터 인간이 정착 생활을 시작하고 흩어져 있는 공동체들이 다시 연결되는 과정을 시작하기까지는 4만 년 이상의 세월이 걸렸다. 그러나 오랜 세월이 흘렀어도 대통합을 향해가는 원동력은 인간이 처음 공동체를 형성했던 그날부터 현대까지 동일한 것이었다.

DNA로 인류의 이주 경로를 재구성하다

우리가 모두 아프리카에서 왔다는 사실을 어떻게 알 수 있을까?

20년 전만 해도 아프리카 기원설은 그저 어림짐작일 뿐이었다. 찰스 다윈Charles Darwin은 인간의 진화를 다룬 책『인간의 유래와 성선택 The Descent of Man, and Selection in Relation to Sex』(1871년)에서 아프리카는 인간과 가장 가까운 무리인 고릴라와 침팬지가 살고 있기 때문에 "인간의 조상은 아프리카 대륙 어딘가에 살았을 가능성이 높아 보인다."[2]고 진술했다. 다윈의 진술을 뒷받침하는 생명 진화의 역사에 대한 방대한 양의 생물학적, 고인류학적 증거들이 수집되었지만 아프리카에 대한 다윈의 통찰력이 가치를 인정받기까지는 오랜 세월이 걸렸다.

드디어 우리의 세포와 그 안에 담겨 있는 역사를 해독할 능력이 생기고 나서야 기회가 왔다. 1953년 영국의 과학자 프랜시스 크릭Francis C. Crick과 미국인 동료 제임스 왓슨James D. Watson은 DNA 구조를 규명하는 첫 발을 내딛었다. 크릭은 "우리는 생명의 비밀을 밝혀냈다."고 자랑스럽게 선언했다.[3] 이들이 세대에서 세대로 유전 정보를 전달하는 복합 분자인 DNA의 이중나선 구조를 발견함으로써 우리는 조상들의 역사를 파헤칠 가장 강력한 도구를 갖게 된 것이다. 왓슨은 "모든 개인의 DNA 염기서열에는 조상들 저마다의 여행 기록이 담겨 있다."고 밝혔다.[4] 그 이후 DNA 염기서열 분석은 더 쉽고 더 빠르고 비용도 저렴해졌다. 그리고 고고학자, 기후학자, 언어학자, 유전학자, 고인류학자의 공동 작업으로 불과 20년 전만 해도 상상할 수 없었던 인류의 역사를 재구성할 수 있게 되었다.

인도네시아(자바 인)와 중국(북경인)에서 발견된 호모 에렉투스의 화석은 호모 사피엔스의 조상인 이들이 200만 년 전경에 아시아와 유럽으로 이주했음을 보여준다. 1950년대 루이스와 메리 리키Louis & Mary Leakey 부부 같은 고인류학자들의 헌신적인 연구와 그 후 30년간 여러 연구자들의 업적을 통해 최초의 현생인류는 동아프리카 지구대에 살았다는 사실이 밝혀졌다.[5] 이스라엘에서 10만 년 된 호모 사피엔스의 화석이 발견되었지만 이것은 생물학적으로 멸종 단계에 이른 종의 화석으로 이후 그 지역에 거주했던 더 강력한 종인 네안데르탈인에 의해 밀려난 것으로 추정된다.

놀랍게도 4만 6000년경으로 거슬러 올라가는 현생인류의 화석이 오스트레일리아에서 발견되었다. 해부학적으로 현생인류로 분류되는 인류는 다양한 기원을 가진 것일까, 아니면 아프리카에서 온 단일종이 진화한 것일까? 현대 여성의 세포에 담겨 있는 역사를 추적해간 결과, 아프리카에서 발견된 화석들이 가장 초기 인류이며 우리의 직계 조상이라는 최초의 흥미로운 증거가 나왔다. 이 놀라운 발견은 DNA 구조가 밝혀진 초기에 이루어졌다. 유전학자들은 세계 각지의 인간 DNA를 분석하여, 각자 조상들의 이동 경로와 선사 시대 인류의 세계 이주 경로를 재구성해냈다.

우리는 이제 6만 년 전경에 현재의 동아프리카에서 출발한 최소 150명에서 2천 명가량의 소규모 그룹이 고향을 떠났다는 것을 안다.[6] 그 다음 5만 년 동안 이들은 비옥한 초승달 지대와 아시아, 오스트레일리아, 유럽을 서서히 점령하고, 마지막으로 베링기아Beringia land(시베리아와 알래스카를 이은 고대 베링 해 지역 – 옮긴이)를 지나 아메리카 대륙에 도달했다. 빙하기 말에 해수면이 상승하면서 아메리카 대륙은 아시아 대륙에서 분리된다. 아프리카를 떠나온 인류의 사촌들은 크리스토퍼 콜럼버스Christopher Columbus가 1492년 산살바도르 해안에서 아라와크Arawak 족을 만날 때까지 오래도록 서로를 만나지 못하고 떨어져 지내게 된다.7 자세한 내용은 나중에 살펴보기로 하자. 먼저, 우리의 조상들이 어떻게 인간을 최초의 세계화 종으로 만드는 데 성공했는지 살펴보자.

아프리카 인 이브와 아담

1987년 인류의 가계가 동일한 조상으로부터 시작되었다는 사실이 밝혀졌다. 뉴질랜드 출신의 생화학자 앨런 윌슨Allan Wilson과 미국인 동료 레베카 칸Rebecca Cann은 캘리포니아 대학교에서 그때까지 인간 DNA 연구에서 간과되던 부분을 연구하여 이런 결론에 도달했다. 윌슨과 칸의 연구팀은 전 세계 병원에서 기증받은 태반에서 147개의 미토콘드리아DNA 샘플을 추출했다. 한 세대에서 다음 세대로 전달되면서 재조합하는 DNA와는 달리 미토콘드리아DNA(이하 mtDNA로 쓴다)는 세대를 거쳐도 대부분 원형 그대로 보존되며, 오직 돌연변이로만 변형되기 때문에 '유전자 표지자Genetic marker' 역할을 한다.

mtDNA는 모계를 따라서만 유전된다. 어머니가 딸에게 전달하고, 오직 딸들을 통해서만 이 유전자를 다음 세대에게 전달할 수 있다. mtDNA는 딸이 과거의 모든 어머니들에게 물려받은 돌연변이를 그대로 간직하고 있기 때문에 최초로 돌연변이가 일어난 시점을 추적할 수 있다. 돌연변이율이 어느 정도 안정되면, 변이의 정도를 측정하여 세대에 세대를 거쳐 내려온 mtDNA 가계도의 나이를 계산할 수 있다.

윌슨과 칸의 연구 결과는 폭탄과도 같았다. 지리적으로 상이한 5개 개체군의 인간 가계도를 추적해 들어간 결과, 5개 집단 모두 "약 20만 년 전 아프리카 지역에 살았던 것으로 추정되는 한 여인"[8]의 혈통이라는 사실이 밝혀졌다. 언론에서는 그 여인에게 오해를 불러일으킬 수도 있는 '아프리카 이브'라는 이름을 붙였다. 그녀는 제임스 왓슨이 명명한 것처럼 약 20만 년 전에 아프리카에 살았던 "우리 모두의 할머니의 할머니의 할머니의…… 할머니"였다.[9] 물론 아프리카 이브가 그 시기에 살았던 유일한 여자라는 말은 아니다. 그녀의 원유전자는 전 세계로 퍼져나가 살아남았고, 다른 여자들의 적통嫡統들은 멸종했거나[10] '가계 붕괴pedigree collapse'[11]를 겪었으므로 그녀는 가장 운이 좋은 여인이었을 뿐이다. mtDNA 표지자 L_1, L_2, L_3, 세 딸의 가계도에 속한 자손들이 현재 전 세계에 살고 있다. 대부분의 아프리카 여성들은 L_1과 L_2를 보유하고 있고, 아프리카 인이 아닌 전 세계 여성들의 세포에는 L_3 계보의 두 딸인 M과 N 유전자가 나타난다. 과학자들은 이들 두 돌연변이가 각각 인도와 중동에서 파생된 것으로 추정하고, 나스린Nasrin과 만주Manju라는 별명을 붙여줬다.

가장 가까운 우리 공통의 어머니가 아프리카 인이었다면 아버지는 어떨까? 최근 부계의 Y염색체를 밝혀내는 연구에서 괄목할 만한 성과가 나오면서 그간의 공백이 채워졌다. 이탈리아 유전학자인 루이기 루카 카발리 스포르차Luigi Luca Cavalli-Sforza와 동료인 피터 언더힐Peter Underhill은 2000년에 발표한 논문에서 남성의 성을 결정하는 Y염색체가 아프리카 인 조상에게 물려받은 것임을 증명했다.[12] 모계 혈통으로만 전달되는 mtDNA와 마찬가지로, 아버지에서 아들에게로 전달되는 Y염색체도 다른 염색체들처럼 섞이거나 재조합되지 않는다. 그리고 mtDNA와 마찬가지로 돌연변이가 나타나고, 이 돌연변이는 영구적으로 아버지에서 아들에게 전달된다. 아프리카를 떠났던 인류의 조상들은 모두 아프리카 아담의 Y염색체를 가지고 있고, 이 Y염색체에서 뻗어나온 가지는 밋밋하게 'M168'이라고 명명되었다. 전 세계 인류를 대상으로 광범위한 연구를 수행한 유전학자들은 이제 가장 가까운 인류 공통의 조상은 5만 년 전에 아프리카를 떠난 사람들이라는 결론을 내렸다.[13]

윌슨과 칸의 아프리카 기원설Thesis of the human out-of-Africa origin에 대해 일부 인류학자들과 유전학자들의 도전은 계속되었다. 현생인류가 다양한 지역에서 진화해왔다는 다지역 기원설을 믿는 학파에서는 호모 사피엔스의 단일 지역 기원설을 받아들이지 않았다. 다지역 기원설의 지지자들은 중국과 동아시아(북경인과 자바 인)에서 다량으로 발견되는 호모 에렉투스의 화석이 그 증거라고 주장했다. 이 연구자들에게는 호모 사피엔스보다 먼저 나타난 종인 호모 에렉투스가 100만 년 전경에 아프리카에 출현했고, 각 대륙 집단 간의 유전자 교환을 거쳐 호모 사피엔스가 출현했다는 것이 당연한 이론이었다. 더욱이 고고학적 증거가 아프리카 기원설과 일치하지 않기 때문에 그들은 인류의 조상이 아프리카 인이라고 결론 내리는 것은 대단히 시기상조라고 주장했다.[14]

아프리카 기원설을 부인하는 중국 비평가들의 경우는 국가적 자존심 때문에 중국 문명의 기원을 부정하는 이 학설에 동의하지 못하는 것이 아니냐는 수상쩍은 시선을 받기도 했다. 유전자 이동과 관런한 연구 결과들은 아프리카 기원설의 증거를 점점 더 많이 내놓고 있고, 과학계의 의견은 아프리카 기원설로 기울고 있다. 중국은 아프리카 기원설을 거부하고 있지만, 자국의 유전학자들과 국제 유전학자들 양측에서 수집한 광범위한 DNA 데이터베이스를 바탕으로 새로운 연구 결과가 나오면서 반론에 부딪치고 있다. 1998년 중국 자연과학재단 주관으로 미국과 중국의 7개 주요 연구그룹 컨소시엄이 중국의 28개 성省을 표본 집단으로 DNA 분석을 실행했다. 그 결과 "현재 동아시아 유전자 풀pool의 대부분은 아프리카에서 기원한 현생인류에 뿌리를 두고 있다."[15]는 결론이 나왔다. 그 외의 중국인 과학자들과 몇몇 다른 연구자들도 중국 전역에서 광범위한 표본을 추출하여 동일한 결론에 도달했다.[16] 흥미롭게도 mtDNA와 Y유전자 연구 양쪽 모두에서 원인류 그룹이 아프리카에 살았다는 증거를 찾아냈다. 당시 동아프리카를 떠나지 않고 잔류한 사촌들은 생존을 위해 아프리카 내륙으로 흩어졌다. 현재 남아프리카에는 부시맨의 조상들 또한 남으로 북으로 퍼져나간 우리의 조상일 가능성이 있다고 강력히 주장하는 학파가 있다. 어떤 경로를 따라 이동을 했든, 조상들의 발자취는 부시맨이나 칼라하리 사막의 코이산Khoisan 족, 중앙아프리카 열대 우림에 거주하는 피그미Pygmy 족의 DNA 안에 남아 있다.[17]

　유전자 혁명과 아프리카 이브의 발견으로 대중들 사이에서는 뿌리찾기에 대한 새로운 관심이 생겨났다. 검은 머리의 〈뉴욕 타임스〉 칼럼리스트인 니콜라스 크리스토프는 자신이 누구인지 안다고 생각해왔다. 아버지가 유럽에서 미국으로 건너왔기 때문에 스스로를 전형적인 미국인 - 유럽 인의 유산을 물려받은 사람이라고 생각했다. 그는 겉모습에 가려진 자신의 기원은 어디인지 더 알고 싶은 마음에

DNA 샘플 분석을 의뢰했다. 결과를 받아본 그는 놀라도 너무 놀랐다. 겨우 2,000세대 전에 그의 할아버지의 할아버지의 할아버지의 할머니는 에티오피아 혹은 케냐에 살았던 아프리카 인으로 추정되었다. 하얀 피부와 코카서스 인종의 외모를 한 크리스토프는 큰 소리로 외쳤다. "나는 아프리카계 미국인이다!"

그의 칼럼이 나간 후에 이메일이 홍수처럼 밀려들었다. 아주 익살스러운 이메일 한 통에는 "아프리카계 미국인 클럽에 온 것을 환영하오. 그러나 뉴저지에서 운전할 때는 몸조심해야 할 거요."라고 쓰여 있었다. 한편, 니콜라스 크리스토프는 아프리카 대륙만 보고 탄성을 자아낸 것은 아니었다. 그의 DNA에는 현재의 핀란드, 폴란드, 아르메니아, 네덜란드, 스코틀랜드, 이스라엘, 독일, 노르웨이와의 연관성을 나타내는 유전자 표지자가 포함되어 있었다. 크리스토프는 내게 이렇게 말했다.[18] "DNA 테스트는 우리 모두가 정말 얼마나 잡종들인지를 분명히 보여주네요."

인간 게놈의 여행이 추적 가능한 것은 인간 공동체 고유의 특성이 남아 있기 때문이다. 인간은 환경이 허락한다면 한 장소에 정착하기를 선호하지만 동시에 더 나은 삶을 찾아 이주할 준비가 되어 있는 종이다. 함께 이주해 가다가 특정 장소에 정착한 사람들은 지리적 위치와 결합된 흔적을 갖게 된다. 인류의 대부분이 아버지 고향에 거주하기를 선택함으로써 (결혼 후 여성이 남편의 고향으로 이주하는) Y염색체는 특정 지역과 결합한 특징을 갖게 된다.

유전학자들이 내 DNA를 분석하면 인도 아대륙에서 온 남자라고 말할 것이다. 많은 인도인들이 공유하고 있는 나의 M52 Y염색체 때문이다. 바로 이 염색체 덕분에 유전학자들과 고고학자들은 아프리카의 원유전자가 언제 어떻게 구대륙을 떠나 현재의 거주지를 발견했는지 좀 더 정확한 그림을 그릴 수 있는 것이다. DNA는 4만에서 5만 년에 걸친 인간의 이주가 대개는 부드러운 파도로, 때로는 거대한 물결을 이루며 진행되었다는 사실을 보여준다. 윌슨의 연구팀은 그들이 조사한 모든 인구 집단이 유전자 안에 자신들이 과거에 거쳐 온 모든 지역의 정보를 담고 있음을 증명했다.

오스트레일리아행 급행열차

우리 조상들이 아프리카를 떠난 이유가 무엇인지는 고고학적 증거가 부족하기 때문에 확실히 알 수 없다. 학자들은 빙하기 말의 가뭄으로 수렵 채집민들에게 사냥감을 제공하던 숲이 축소되고 사바나 지역이 건조해졌기 때문이라고 추측한다. 소규모 그룹이 처음으로 홍해를 건너 아라비아 남부 해안으로 이동했을 때는 온 세계가 그들 앞에 열려 있었다. 중동 지역으로 사냥감을 따라가고, 아라비아 반도 주변의 조개가 많은 호수를 찾아가고, 인도로 들어가면서 인간 종은 지구 전체로 퍼져나가는 여행을 시작했다.

이 여행에서 가장 인상적인 부분은 인간이 아프리카를 떠난 후 겨우 700세대 만에 오스트레일리아까지 이르렀다는 점이다. 일부에서는 이 여행을 '오스트레일리아행 급행열차'라고 부른다. 조상들은 식량을 찾아 나선 것일 뿐, 자신들이 오스트레일리아로 가고 있다는 사실은 몰랐다. 아무튼 인도와 동남아시아 해안을 따라 동쪽으로 이동한 집단은 고향인 동아프리카에서 1만 9,300킬로미터나 떨어진 대륙까지 가게 된다.

유전학자와 고고학자로 구성된 한 국제 연구팀은 2006년 5월 〈사이언스 Science〉지에 기고한 연재 기사에서, 부계의 Y유전자를 추적한 결과 오스트레일리아행 급행열차의 여정이 윌슨의 mtDNA 연구 결과와 광범위하게 일치한다는 결론을 내렸다. 이들의 연구는 고고학적 증거와 유전학을 결합한 것이었다. 연구팀은 오스트레일리아 남동부의 뭉고 호수Lake Mungo에서 발견된 인류의 화석이 4만 6,000년 전의 것이며, 보르네오 동굴Borneo cave의 화석보다 천 년 이상 앞선 것으로, 인도양 해안 경로를 따라 오스트레일리아에 도착했다는 사실을 밝혀냈다.

오랜 세월 고립된 채 살아온 안다만 군도Andaman Islands의 원주민 집단을 연구한 결과에서도 6만 5000년으로 거슬러 올라가는 초기 아프리카 인 그룹과 동일한 mtDNA 유형이 발견되었다. 놀랍게도 안다만 원주민들은 남아시아나 동남아시아 사람과는 다른 독특한 유전자 표지자를 보유하고 있었다. 이것은 안다만 원주민들이 5만에서 7만 년 전에 해부학적으로 현생인류로 간주되는 이주자들이 아프리카를 떠나와 인도양 북부 해안 지역에 처음 진출한 이래로 계속 고립되어 살아왔다는 추론을 가능하게 하는 증거였다.[19] 역시 오랜 세월 고립적으로 살아온 오랑아슬리Oran Asli 족 같은 토착 말레이 주민을 대상으로 한 연구에서도 아프리카로 거슬러 올라가는 유사한 DNA 흔적이 나타났다.

M130 유전자 표지자의 후손들이 따라온 해안 경로는 밝혀졌지만, 아프리카를 떠난 인류가 얼마나 빨리 오스트레일리아에 도달했는지는 수수께끼로 남아 있었다. 유전학자 빈센트 매컬리Vincent Macaulay와 동료들은 인도에서 오스트레일리아까지 광범위한 지역에서 수집한 mtDNA의 연대를 분석하여 인류가 분산된 속도를 측정해냈다. 인도와 오스트레일리아 사이의 해안 경로를 약 12만 킬로미터라고 가정하면, 150세대 정도가 바뀌는 동안 이 경로를 이동한 것으로 밝혀졌

다. 연간 3.2킬로미터라는 놀라운 비율로 이동한 것이다. 이것은 해안가에서의 생활이 빠르게 증가하는 인구 집단을 수용하기에 충분히 편리하고, 공동체의 일부가 식량을 찾아 이주하는 것 또한 용이했다는 의미로 해석할 수 있다. 매컬리는 오스트레일리아행 급행열차가 얼마나 빨랐는지를 보여주기 위해 마지막 빙하기 이후 인류가 유럽을 재점령하는 데 걸린 시간이 연간 0.4킬로미터였다는 사실도 제시했다.[20]

홍해에서의 저녁식사

빙하기 이후 해수면이 높아지면서 이주의 고고학적 증거들은 완전히 잠겨버렸다. 고생물학자들은 해안을 따라간 인간 종 확산의 증거를 발견하는 일을 오랫동안 포기하고 있었다. 그러던 중에 행운이 찾아왔다. 1999년 로버트 월터Robert C. Walter가 이끄는 해양생물학자, 고생물학자, 고고학자, 지질학자로 구성된 국제 연구팀이 에리트레아의 홍해 연안에 위치한 압두르Abdur 마을 근처에서 놀라운 인류의 주거지를 발굴해낸다. 과학의 발전을 위해 다행스럽게도 지진 활동이 12만 5,000년 전으로 거슬러 올라가는 고대의 보물을 담고 있는 석회암 암초를 밀어 올려주었다. 지진으로 세상에 드러난 이 바위는 홍해라는 새로운 환경에서 조상들이 어떻게 살아남았는지를 여러모로 보여주었다. 과학자들은 극도로 메마른 환경 때문에 인류가 생존을 위해 연안 지역으로 이동할 수밖에 없었을 것으로 추정했다. 또한 화석의 음식 내용물을 분석해 해변에 살았던 인류는 단지 생존한 정도가 아니라 풍요로운 식생활을 영위했다는 사실이 밝혀졌다. 그들은 굴, 홍합, 게 같은 해산물뿐 아니라 육류도 즐겼다. 동일 지역에서 코끼리나 코뿔소 같은 거대 동물의 뼛조각이 발견되어 이들이 이국적인 서프 앤드 터프surf & turf(스테이크와 왕새우, 해산물을 한 코스로 내는 메인 요리 – 옮긴이)를 일상 식량으로 했다는 것을 알 수 있었다.

월터와 그의 연구팀은 흥분을 감추지 못하고 〈네이처Nature〉 지에 이런 결론을 발표했다. "남아프리카에서 발견된 연대가 불확실한 여러 화석들과 더불어 이번에 발굴된 화석은 인류가 아프리카의 한쪽 끝에서 다른 한쪽 끝으로 행동 반경을 넓혀가며 근해 연안의 환경에 적응해간 과정을 보여주는 가장 초기 증거이다."[21] 발굴 현장에서 출토된 석기 연장으로 미루어 이 화석의 연대는 해부학적으로 현생인류로 분류되는 아프리카의 호모 사피엔스와 같은 시대의 것으로 추정되었다. 압두르 석회암 유물을 통해 밝혀진 더욱 중요한 사실은 인류가 오스트레일리아행 급행열차를 타기 이전에 이미 해안 생활이 일반화되어 있었다는 점이다.[22]

빙하기 말에 해수면이 낮아져 예멘으로 연결되는 육지가 홍해에 모습을 드러내면서 우리 조상의 일부는 이 땅을 걸어서 횡단했다.[23] 그로부터 4만 800년 후에 이집트 해군 원정대가 최초로 푼트Punt(당시 동아프리카 지역)의 거주자들을 만나고, 바다가 되어버린 홍해의 이 지역을 거쳐 귀환했는지도 모른다. 5만 년 전 북반구를 덮은 대륙빙하가 확장되면서 해수면이 914미터 정도 더 낮아지자 현재의 아프리카와 인도, 동남아시아를 잇는 해저면이 드러났다. 유전학자 스펜서 웰스Spencer Wells는 이때 인도 서해안의 땅이 200킬로미터까지 노출되고, 스리랑카와는 육지로 연결되었을 가능성이 있다고 추정한다.[24]

석기가 발달하고 인도의 열대 해안선에 도착해 새로운 나무와 식물을 이용할 수 있게 되면서 해안을 따라간 조상들의 여정은 더욱 빨라졌을 것이라는 추정도 가능하다. 특히 열대 해안에 풍부하게 자생하고 있는 코코넛나무는 엄청난 자원이었을 것이다. 코코넛 과육은 영양이 풍부하고 코코넛 주스는 안전한 음료다. 또한 잎은 태양과 비를 피할 피난처를 세우는 데 사용할 수 있고, 과육을 건조시켜 밧줄을 만들 수도 있고, 나무기둥으로는 뗏목이나 카누를 만들 수 있다. 통나무를 엮어 뗏목을 만드는 방법은 인도 남부 지역에서 오래전부터 사용되어왔다. 이 뗏목을 지칭하는 타밀 어 카투마란kattumaran에서 영어의 캐터머랜catamaran이라는 단어가 나왔다.

어찌되었든 해수면이 낮아짐으로써 자바 해를 건너 인도네시아까지 가는 여행이 수월해졌다. 이렇게 동남아시아에 도착한 후에 뗏목을 타고 수심이 얕은 티모르 해를 건너 오스트레일리아까지 갈 수 있었던 것이다.[25] 최초로 오스트레일리아에 도착한 인류가 선사 시대의 개 '딩고dingo'를 데리고 왔다는 것은 이들이 배를 이용한 사실을 암시한다.[26]

나의 아프리카 인 증조할아버지

나는 아프리카를 떠난 이주자들이 겨우 5,000년 만에 오스트레일리아에 도착했다는 급행열차 이야기에 흥미를 느꼈다. 내 조상들도 그 열차에 타고 있었을까? 그들은 어쩌다가 인도에서 내렸을까? 운 좋게 나는 내셔널 지오그래픽과 IBM의 협력으로 2005년 출범한 지노그래픽 프로젝트Genographic Project를 통해 그 답을 얻을 수 있었다. 스펜서 웰스가 지휘하는 이 야심 찬 프로젝트는 우리가 어디에서 왔고, 어디를 거쳐 현재 살고 있는 곳에 이르게 되었는지, 전 세기에 걸친 인류의 유전학적 발자취와 이주 경로를 지도로 만들려는 계획을 가지고 있었다. 연구의 일환으로 이 프로젝트팀은 조상에 관한 정보를 찾고 싶어하는 일반 대중에게 DNA 샘플을 보낼 것을 장려했다.

나는 프로젝트 참가 도구를 주문했고, 면봉으로 내 뺨 안쪽에서 조심스럽게 DNA를 채취해 일련번호가 쓰인 유리병에 넣어 발송했다. 조바심을 내며 몇 주를 기다린 후에 결과를 받았다. 분석 결과는 웹상에 공표되고 분석 센터에서는 사생활 보호를 위해 나의 일련번호만 알고 있었다. 내셔널 지오그래픽 웹사이트의 보고서 항목을 열고, 일련번호를 입력해 로그인했다. 내 DNA 보고서에는 이렇게 쓰여 있었다. "선사 시대에 인도로 이주한 초기 가계에 속하며, 현재 이 가계의 후손이 인도 이외의 지역에서 발견되는 경우는 대단히 드물다."

내가 속한 유전자 그룹은 친족 관계임을 확인할 수 있는 3개의 Y염색체 표지자를 가지고 있다. 약 100만 명의 중동 및 중부 유럽 인들과 수백만의 인도인들이 이 그룹에 속한다. 나의 Y염색체에는 나의 할아버지의 할아버지의 할아버지의 할아버지의 기나긴 가계에 속한다는 것을 증명하는 M168 Y염색체 표지자가 들어 있었다. 현재 에티오피아에 살고 있는 누군가도 이 표지자를 보유하고 있다. 보고서 내용 가운데 내가 놀랐던 것은 다음 설명이었다. "M168 표지자는 매우 광범위하게 분포하고 있지만, 약 3만 1,000년에서 7만 9,000년 전경에 살았던 한 아프리카 인으로 거슬러 올라간다. 이 아프리카 인은 현대의 모든 비非아프리카 사람들의 공통의 조상이다. 그의 후손들은 인류의 발상지인 아프리카를 떠나와 살아남은 유일한 혈통이 되었다."

갑자기 어린 시절 인도에서 들었던 『판차탄트라 Panchatantra』(인도의 동물 우화집 - 옮긴이)의 잠언 한 구절이 떠올랐다. "Vasudhaiva kutumbkam : 온 세계는 한가족이다."

흥미로운 점은 나의 Y염색체 표지자의 정렬 순서였다. M168 - M89 - M201 - M52. 이것은 마치 가족용 여권에 나의 조상들이 최종 목적지에 도착하기 전까지 거쳐온 모든 나라의 도장을 찍어놓은 것 같았다. 어느 의학 연구원은 "당신이 만난 모든 사람들, 당신이 목격한 모든 장소가 당신의 유전자에 새겨져 있다."[27]고 했다. 아프리카 인이 아닌 모든 사람들의 기원은 현재 에티오피아 땅 어디쯤이었다.

DNA는 3만 1,000년에서 7만 9,000년 전의 언젠가에 M168의 원 유전자(할아버지 표지자)가 북동쪽을 향해 떠났다고 말하고 있다. 아마도 평원에 인구가 너무 많아져서 새로운 사냥터를 찾아 떠나야만 했을 것이다. 내 보고서는 짧은 기간 동안 촉촉하고 온화한 기후가 계속되면서 동물들의 분포 범위가 확장되었고, 유목민들은 그저 식량을 따라갔을 것이라고 추정했다. 그 다음 부계 표지자인 M89(레반트Levant(동지중해 연안 지역 - 옮긴이) 표지자)는 내 조상들이 4만 5,000년 전에 북아프리카 또는 중동에 살았고, 현재보다 훨씬 더 푸르른 땅이었던 중동의 목초지를 따라 내륙으로 이주한 사냥꾼이었다는 점을 밝혀주었다. 내 유전자 속에 있는 M89 표지자는 오스트레일리아로 가는 급행열차를 타지 않았다. 급행열차의 승객들은 할아버지 유전자 M168에서 갈라져 나온 M130(오스트레일리아 표지자)을 보유하고 있다.[28]

유전학 분야의 또 다른 연구에서 레반트 표지자에 속하는 소그룹의 후손들은 숲과 고산 지대를 찾아 중동에서 아나톨리아와 발칸으

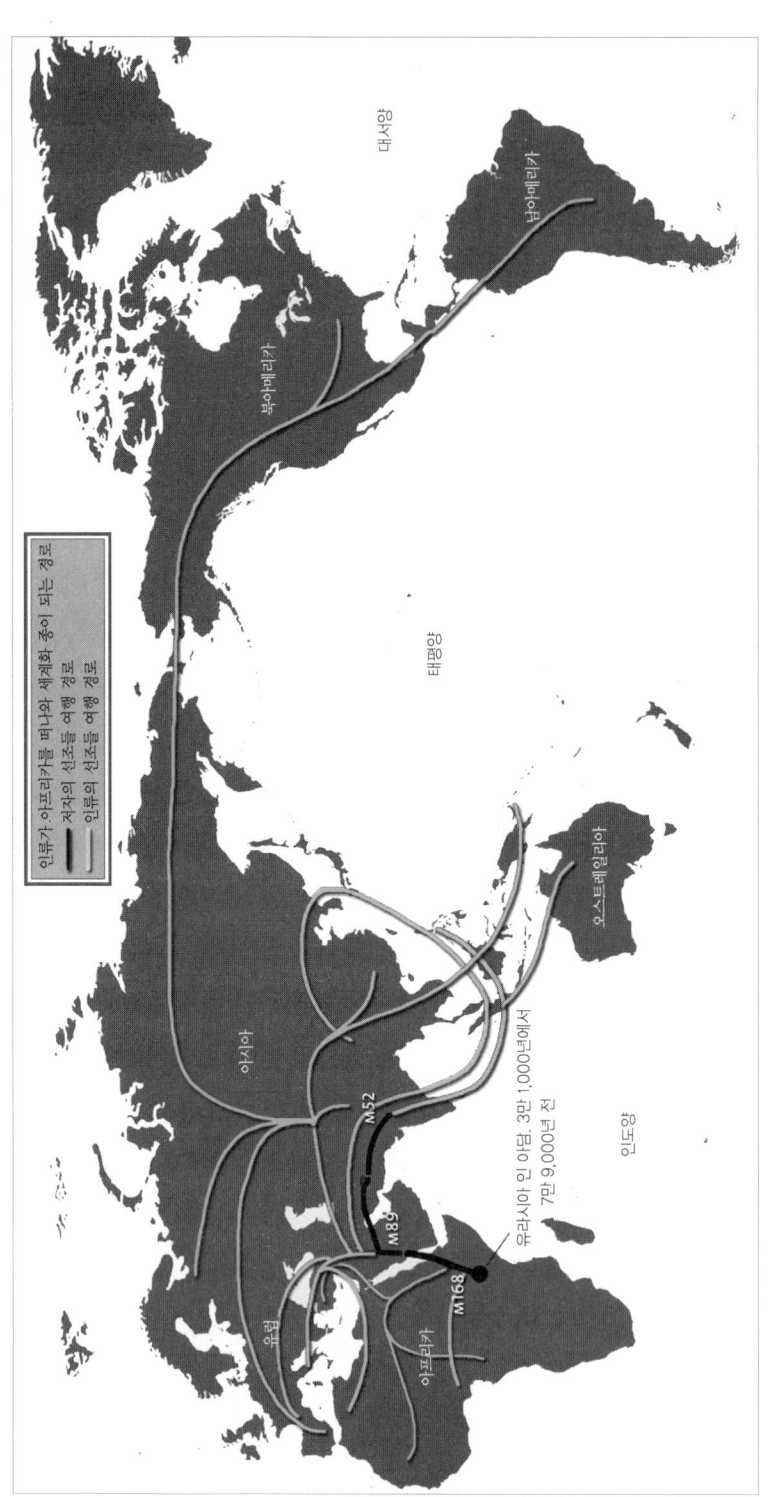

로 이동했다는 것이 밝혀졌다. 내 조상들은 홍해를 건너 아마도 바브알만데브Bab-al-Mandab(슬픔의 문이라는 뜻. 아프리카 북동부의 홍해 입구 지역으로 아프리카의 뿔이라고도 한다 – 옮긴이)의 가장 얕은 지점을 횡단하여 아라비아 반도를 지나 최종적으로 인도에 이르게 된다. 이 여행 동안 M89 가계의 많은 사람들이 중동 지역에 남았다. 나머지 사람들은 이동을 계속하여, 이란을 지나고 광활한 중앙아시아 스텝 지역의 초원을 따라간다. 버펄로 떼, 영양, 매머드와 기타 사냥감들을 보고 이들은 새로운 목초지를 찾아가야겠다는 유혹을 받았을 것이다. 다량의 지구의 물이 거대한 대륙빙하로 얼어붙어 있던 이 시기에 서쪽의 프랑스부터 동쪽으로 한국까지 대초원 지대가 펼쳐져 있었다. M89 가계에 속하는 초원의 사냥꾼들은 스텝 지대를 따라 나 있는 '다차선 고속도로'를 타고 동서로 흩어졌고, 그 후손들이 현재의 유라시아 사람이 되었다.

　유전자 보고서는 내 조상들이 동쪽으로 방향을 잡고 오늘날의 이란과 아프가니스탄을 거쳐 여행을 계속한 대규모 그룹이었다고 설명했다. 그때부터 내 조상들은 M201 표지자를 획득했다. 보고서에는 M201은 "M89 가계에서 파생되어 인도 북부의 인더스 계곡에서 처음 나타났고, 지난 1만~2만 년 동안 확산되었다."고 쓰여 있다. M201 가계가 아나톨리아와 중앙 유럽에서도 발견되는 것으로 보아 조상의 일부는 서쪽으로도 이동한 것으로 보인다.[29] 조상들이 남쪽으로 방향을 잡았다고 생각한다면, 이들을 5,000년 전 인더스 강 계곡에서 발생한 인도 최초의 문명인 하라파Harappa 문명의 창시자들로 볼 수도 있다. 이 경우 기원전 3,000년 전 비옥한 초승달 지대의 수메르 문명과 인더스 계곡 간의 교역은 훨씬 더 오래전에 시작되었을 것으로 추정할 수 있다. 곧 살펴보게 되겠지만 인더스 계곡과 유프라테스-티그리스 계곡 간의 교역은 전 세계를 다시 하나로 연결하는 일의 시발점이었다.

내 Y염색체의 최종 표지자(M52)는 조상들이 인도 서부에 도착했을 때 획득된 것이다. 동남아시아 해안의 인구 집단에는 M52 보유자가 드물고, M52 원유전자가 더는 이동했다는 증거가 거의 없는 것으로 미루어, 내 조상들은 인도 땅에 만족하고 정착한 것으로 보인다. 지난 2만~3만 년 동안 M52는 인도 전역으로 흩어져 거의 국가 규모의 표지자가 되었다. 인도인의 대다수, 특히 남인도와 동인도 사람들은 이 '인도 표지자'[30]를 보유하고 있다. 아프리카를 떠나와 인도의 유전자 풀에 결합한 두 번째 그룹은 중앙아시아를 우회하여 인도에 도착했다. 이 그룹은 아주 다른 유라시아 표지자 M20을 보유하고 있다. 이것으로 인도 북부와 남부 인구 집단 간의 현격한 용모 차이가 왜 발생했는지 부분적으로 설명된다.

중국 황제의 검은 어머니

동쪽으로 향하고 있는 그룹에서 어떻게 한 그룹이 떨어져 나와 중앙아시아에 정착하게 되었을까? 유전학자 스펜서 웰스는 초기 인류의 이주가 이곳에서 저곳으로 이동하겠다는 의식적인 노력이 아니었기 때문이라고 설명한다. 그들은 사냥감을 쫓아 유라시아 초원 지대를 걸어 집에서 더 멀리 더 멀리 가게 되었을 가능성이 크다. 약 4만 년 전, 레반트 지역 가계에 중앙아시아 남부 혹은 이란 평원으로 추정되는 곳에서 새로운 표지자인 M9가 출현했다. 웰스가 유라시아 일족이라고 부른 M9의 원유전자는 그다음 3만 년 동안 지구 끝까지 영토를 확장하게 된다. 이들은 곧 누구도 본 적 없는 가장 높은 산악 지방에 이르렀다. 빙하기 말의 살인적인 추위가 세계를 지배하고 있을 때 힌두쿠시, 히말라야, 톈산 산맥은 M9 일족에게 무서운 장벽이었다.

이주자들은 오늘날의 타지키스탄에 해당하는 이 지역 어딘가에서 갈라져, 한 그룹은 남쪽으로 다른 그룹은 북쪽을 향해 전진한다. 남쪽을 향한 그룹은 M20이라는 다른 유전자 표지자를 보유하고, 인도인 고유 유전자의 토대를 마련하며 인도에 정착하게 된다. 북쪽으로 향한 그들의 사촌은 M45 표지자를 보유한 채 매머드를 사냥하고, 중앙아시아 대부분을 정복하면서 동토의 시베리아를 관통하는 여정에서 살아남는다. 당시의 상황을 스펜서 웰스는 이렇게 설명하고 있다.

"유라시아의 내륙은 우리 조상들에게 무척 잔인한 학교였다……. 초원 지대에 체류하는 동안 현생인류는 달 표면과 비슷한 기온 속에 살았다. 순록과 매머드 같은 사냥감을 사냥하는 데 필요한 기동성을 확보하고, 체온 유지를 위해 동물 가죽 옷을 입었다. 이때 가죽을 꿰매기 위해 뼈로 만든 바늘을 포함한 고도로 분화된 도구를 발달시켰다."[31]

얼음의 시련에 단련된 M45 일족의 구성원들은 시베리아에 이르게 되고, 눈 덮인 베링기아를 건너 알래스카에 도착한다. 한편, 시베리아에 이르기 직전에 일부 유라시아 인들은 중국 서부로 향하는 M175라는 또 다른 가계로 갈라지게 된다. 3만 5,000년 전경에 M175와 M175에서 파생된 유전자 표지자의 후손들은 한국과 중국의 북부 지역에 광범위하게 정착한다. 아랍과 이란, 중앙아시아 가계에서 파생된 위구르Uighur, 카자크Kazak, 키르기스Korghiz, 후이 살라Hui Salar 같은 약간의 예외가 있지만, 대부분의 중국 소수 민족들은 M175 혹은 M175에서 파생된 표지자를 보유하고 있다.[32] 현재 동아시아 사람의 60~90퍼센트가 이 표지자를 보유하고 있는 것으로 알려졌다. 한편 유라시아 인 그룹이 중국에 도달하기 전에 원래 오스트레일리아행 급행열차에 타고 있던 후손들은 동남아시아의 섬에서 이동을 계속하고 있었다.

동남아시아 사람과 그 외의 유전자 그룹이 어떻게 중국에서 합체되었는지 유전학자 리 진Li Jin과 그의 제자들에게 들어보자. 리 진의 연구팀은 중국인의 기원에 관한 논란을 확실히 규명하려 노력했다. 중국인들은 정말 선사 시대 북경인이 진화한 것일까? 중국인들은 자신들이 3,000년 전 중국 민족을 통일한 전설적인 황제의 후손들이라고 믿는다. 리 진과 그의 제자들은 중국 남성 1만 명의 DNA 샘플을 채취했다. 1만 개의 Y염색체 가운데 단 1개도 중국인 고유의 것이라 할 만한 것은 발견되지 않았다. 리 진은 "현생인류는 아프리카에서 시작되었다는 사실을 확인했다."[33]고 말했다. 전설 속의 중국인 황제가 실제로 존재했을 수도 있겠지만, 그 황제 역시 영겁의 세월 전에는 아프리카 인 어머니를 두었던 것이다. 동남아시아, 오세아니아, 동아시아, 시베리아, 중앙아시아에 이르는 163개 인구 집단을 대상으로 리 진이 데이터 분석을 해봐도 동일한 결과가 나왔다. 이들 집단에 속한 모든 개인은 원래의 할아버지 유전자 표지자인 M168과 오스트레일리아행 급행열차의 표지자인 M130을 보유하고 있었다.[34]

2000년에 리 진은 중국의 인구 집단이 동남아시아에서 왔다는 결정적인 증거를 제시했다. 그는 최초의 현생인류가 동아시아 남쪽으로 진입하여 그 지역을 점령한 시기를 약 1만 8,000년에서 6만 년 전으로 추정했다. 동남아시아 인구 집단의 Y염색체와 mtDNA 샘플을 분석한 결과 M130 후손의 7개 핵심 유전자(해플로 타입haplotype이라고 부른다)가 발견되었고, 이는 중국에서도 동일하게 발견되었다. 현재 중국 인구 집단의 유전자 표지자를 자세히 분석한 유전학자들은 "오늘날 중국인의 핏속에는 고대에 인류가 두 갈래로 나뉘어 정착했다는 증거가 여전히 남아 있다."35는 사실을 확인했다. 남중국의 인구 집단은 그곳에 더 오래전부터 거주했기 때문에 북중국 인구 집단보다 유전자 다양성의 수준이 더 크게 나타난다. 인류학자들은 유전적 교배가 현재 중국의 북부와 남부 사람들 간의 외형 차이를 만들었다고 생각한다. 북중국인들은 피부가 더 희고 키가 더 크고 눈은 더 작고 몽고주름이 더 뚜렷한 경향을 보인다. 반면 남중국인들은 피부가 검고 윤곽이 더 부드러워 동남아시아 사람에 더 가깝게 보인다.36

리 진과 동료들은 북중국과 시베리아 방향으로 이동한 인구 집단이 두 방향으로 나뉘어 이동했다는 사실을 확인했다. 한 그룹은 섬으로 들어가 폴리네시아와 미크로네시아를 포함한 태평양의 섬에 도달했고, 다른 그룹은 타이완 방향으로 이동했다.37 동일한 할아버지 염색체를 가진 이들의 후손들은 제임스 쿡James Cook 선장의 대형 범선이 도착하기 전까지 오스트레일리아와 태평양에 고립된 채 수천 년을 살아가게 된다. 쿡 선장 일행은 원주민들을 마치 다른 세계에서 온 사람처럼 묘사했다.

중국과 동남아시아 사람들은 그 지역을 점령하고 있다가 훗날 일본으로 향하는 이주의 발걸음을 내딛는다. 2만 년에서 1만 2,000년 전 사이의 어느 시점에 해수면이 낮아져 일본이 아시아 본토에 연결되었을 때 중앙아시아의 수렵 채집민 일부가 일본 북부로 이동했다. 중국 북서쪽에 위치한 티베트와 알타이 산맥에서 출발한 3천 명쯤의 한 그룹이 걸어서 일본으로 들어가 조몬Jomon 문명을 발달시켰다.

거의 1만 년 동안 해수면이 다시 높아지면서 일본은 아시아 본토에서 분리되고, 그사이 동남아시아와 남중국의 강가에서는 농업이 발달한다. 쌀농사는 한반도까지 확산되고, 추위에 강한 쌀 품종이 개발되었다. 그리고 2,300년 전경에 동남아시아와 한국 사람들과 동일한 유전자 표지자를 보유한 사람들이 배를 타고 일본 남부의 섬으로 진입했다.[38] 논에서 쌀을 경작하는 방법을 도입한 이들 농부 이주자들은 일본 전역으로 확산되어 일본인 고유의 유전자 표지자가 된다.

동아프리카와 레반트 지역에서 갈라진 후, 중앙아시아의 산맥과 초원 지대는 인간 게놈이 뒤섞이는 전환점이었다. 3만 년 전쯤 중앙아시아 인구 집단의 유전자 표지자인 M45에서 또 다른 가계인 M173이 형성된다. M173은 북동쪽으로 향하던 방향을 바꿔 서쪽으로 초원 지대를 가로질러 유럽으로 이동해 현재의 유럽 인을 형성하게 된다. 프랑스에서 발견된 동굴 벽화 같은 화석 증거로 미루어, 차가운 툰드라 지대에 서식하는 순록이 당시 독일의 초원 지대는 물론 프랑스에까지 분포했다는 사실을 알 수 있다. 당시의 유라시아 인들은 중앙아시아의 혹독한 겨울을 피해 유럽으로 이동해서 몇천 년 동안 유럽 전역으로 확산되었다. 유럽에 살았던 초기 호모 사피엔스인 네안데르탈인은 현생인류에게 자리를 양보하면서 동굴 벽화로 흔적을 남겼다.

유라시아 인이 도착하면서 네안데르탈인과 이종교배가 있었다거나, 네안데르탈인이 대량 학살되었다는 증거는 최근까지 발견되지 않았다.[39] 언어, 도구, 지성, 집단 사냥 기술을 가진 현생인류가 자연선택의 과정에서 자연스럽게 승리한 것으로 보인다.[40] 기후 조건이 더 춥고 더 건조해지면서 네안데르탈인이 갑작스럽게 소멸했다는 증거가 유럽의 여러 지역에서 발견되기도 했다. 현재까지의 증거로 보건대, 해부학적으로 현생인류라고 할 수 있는 인구 집단이 기술적으로 더 앞선 장비를 갖추고 있었고, 문화적으로 혹독한 빙하기의 환경을 헤쳐나갈 수 있었을 것으로 추측된다. 연구자인 폴 멜라Paul Mellars는 빙하기의 추위가 네안데르탈인에게 최후의 일격을 가했을 것이라고 진술하고 있다.⁴¹ 2만 5,000년 전쯤 네안데르탈인은 우리 조상들만 홀로 세계를 걸어 다니게 남겨둔 채 지구상에서 사라진다. 이렇게 M52가 인도인의 유전자 표지자가 된 것처럼, M45는 중앙아시아에서, M175는 동아시아에서, M173의 가계는 유럽 인을 규정하는 최종 유전자 표지자로 등장하게 된 것이다.

인류의 아메리카 도착

중앙아시아 유전자 표지자를 보유한 인류는 아직 여정을 끝내지 않았다. 순록과 매머드를 쫓아 시베리아까지 도달한 이들의 원유전자는 사람 비슷한 호미니드Hominide(사람과의 동물 - 옮긴이)조차 없는 마지막 대륙으로 빠르게 진입한다. 북아메리카 최초의 정착민은 시베리아 출신이라는 것이 학계의 정설이긴 하지만, 그들이 도착한 시기는 뜨거운 논쟁의 대상으로 남아 있다. 1932년 뉴멕시코 주의 클로비스Clovis에서 1만 1,000년 전의 것으로 추정되는 매머드 뼈에 박힌 가늘고 긴 돌칼이 발견되면서 인류학자들은 클로비스인이 아시아에서 온 인류인지 의문을 제기했다. 이 문제는 펜실베이니아의 메도크로프트Meadowcroft 바위 은거지와 칠레의 몬테베르데Monteverde에서 더 오래된 인간 유물이 발견됨으로써 해결되었다.

아메리카 원주민의 DNA를 철저히 분석한 결과, 90퍼센트의 인디언이 아메리카 원주민 아담의 Y염색체를 보유하고 있는 것으로 판명되었다.⁴² 아메리카 원주민 아담은 대략 2만 2,500년경에 살았고, 시베리아와 중앙아시아의 알타이 산맥 지역에 살았던 가계에서 갈라져 나온 것이다. 이들은 시베리아의 혹독한 환경에 단련된 베테랑들이었지만 약 1만 5,000년 전경에 빙하기가 물러나기 시작한 이후에야 북아메리카 평원으로 진출할 수 있었다. 고기후학자들은 당시 구릉지에 접한 캐나다 평원이 있는 로키 산맥 동쪽으로 얼음이 없는 땅이 길게 뻗어 펼쳐졌을 것이라고 믿는다.⁴³

mtDNA 분석 결과를 보면 알래스카의 눈밭을 지나 북아메리카로 진입한 거대 동물 사냥꾼과 정착민들의 모계 혈통 수는 규모가 작았다. 여성들은 모두 가까운 혈족 관계였다.⁴⁴ 그러나 이 그룹이 일단 로키 산맥 동쪽의 대평원에 도달한 이후에는 대지와 동물들이 모두 이들의 차지였다. 인구가 폭발적으로 증가한 것은 물론이고, 정착민의 물결이 계속 아메리카로 이어지고 곧 전 방향으로 확산된다. 그리고 아주 오랜 옛날 에티오피아에서 시작된 인류의 여정은 약 1만 4년 전 아메리카 원주민들이 칠레의 남쪽 끝에 도달하면서 지구 정복을 완료한다.

태평양 섬 주민들과 마찬가지로 아메리카 원주민들은 유럽 인들이 해안에 상륙하기 전까지 고립된 채 살아가게 된다. 오래도록 구대륙의 유전자 흐름에서 고립되었기 때문에 일반적인 질병에 면역성이 없던 아메리카 원주민들에게 유럽 인과의 첫 만남은 엄청난 재앙이었다(7장 참조). 그런데 이상하게도 몇 가지 유럽계 유전자 표지자(해플로 그룹 haplogroup X)가 콜럼버스가 도착하기 훨씬 전에 아메리카에 도달해 있었다. 유전학자들은 이탈리아와 핀란드 인구 집단의 유전자 표지자가 아메리카 원주민들에게서 발견되자 깜짝 놀랐다. 이런 현상이 일어나려면 최소한 1만 년 이상 돌연변이가 축적되어야 하기 때문에 이 표지자는 분명 콜럼버스 이후의 유럽 인들이 옮겨 온 것은 아니었다. 유럽의 유전자 표지자가 어떻게 아메리카에 도달한 것일까? 북대서양은 대륙빙하와 얼음 절벽으로 뒤덮여서 북쪽 길을 따라 아메리카에 도달하기는 불가능했을 것이다. 이 수수께끼는 미래의 유전학자들이 풀어야 할 과제로 남아 있다.[45]

시베리아와 알래스카, 일본과 중국, 유럽 대륙과 영국, 인도네시아 군도와 동남아시아 본토를 잇는, 한때 다리 구실을 한 육지들은 빙하기가 끝나고 해수면이 상승하면서 바다 밑으로 사라졌다. 해수면은 1,219미터 이상 상승했고, 오래도록 얼음으로 덮여 있던 육지는 30미터 이상 솟아올랐다. 5만 년 전 아프리카에서 분리되기 시작한 인류의 다양성은 그들이 사는 대륙의 물리적 거리만큼 달라졌다. 이후의 흐름을 역사가 데이비드 크리스티안David Christian은 이렇게 설명하고 있다. "이제 전 세계에 정착한 인류는 각기 다른 인구 집단과 역사를 가진 공동체로 갈라짐으로써 고대의 긴밀했던 연결 관계는 위기에 처한다."[46]

세계는 아프리카 - 유럽, 오스트레일리아 - 뉴기니, 아메리카, 태평양 지역의 4개 지역으로 나뉘었다. 콜럼버스가 대양의 장벽을 깰 때까지 네 지역은 내부적으로 상호 연결을 강화하며 미니 세계화를 이루게 된다. 구대륙의 시야에서 사라졌던 아메리카 대륙은 1492년 콜럼버스의 산타마리아호가 희미한 달빛 아래 산살바도르 주변에 점점이 흩어진 섬을 보고 "육지다, 육지가 보인다!"를 외치는 순간 다시 등장하게 된다.

인간 종의 세계 여행에서 놀라운 사실은 가끔 바다를 건너느라 뗏목이나 카누를 이용한 것을 제외하고는 거의 전 여정을 걸어서 갔다는 점이다. 말은 6,000년 전까지 길들여지지 않았고, 낙타는 겨우

3,000년 전에야 가축이 된다. 가축의 힘을 이용한 것은 조상들이 아프리카에서 걸어 나와 남아메리카 최남단에 도달하고 나서도 훨씬 뒤의 일이다.47

소수의 남녀가 더 나은 삶을 찾아 걸었다. 자식들과 손자들 그리고 이후 2,000세대가 흘러 정착할 땅을 찾을 때까지 그들은 이동을 계속했다. 일부는 유목 생활을 계속했고 (현재도 세계적으로 약 3,000만~4,000만 명의 유목민이 있다) 일부는 농경과 고기잡이와 사냥을 하는 정착 생활로 들어갔다. 4만~5만 년 전에 우리 인류의 조상들은 마지막 빙하기의 상상도 할 수 없는 혹독한 기후를 견디며 지구를 걷고 또 걸어 우리의 인체를 형성하고, 우리의 얼굴을 변형시키고, 우리 몸의 색소를 변화시켰다. 인간 종이 전 지구로 확산되는 최초의 세계화를 통해 인간의 다양한 외형 차이가 발생했다.

기후에 따른 피부색과 체형의 변화

아프리카의 사바나 지역을 떠나온 지 2,000세대가 지난 후, 지구상의 각 지역을 점령한 후손들의 외모는 현저히 달라졌고 서로 이해할 수 없는 언어를 썼다. 5,000년에 걸친 여정이 계속되면서 나타난 인체의 표면적인 변화는(피부색 같은 형태학상의 변화) 인간을 가장 차별화하는 요소가 되었다. 피부색은 '인종'이라는 범주를 만드는 중요한 요인이다. 모든 인간은 유전적으로 99.9퍼센트 동일하지만 인간 종의 세계화가 초래한 DNA의 미세한 차이로 피부색의 확연한 차이가 나타났다. 30억 개의 뉴클레오티드 가닥에 존재하는 무시해도 좋을 만한 이 차이는 대개 지리적 조건과 일치한다. DNA의 공동 발견자인 프랜시스 콜린스Francis Collins는 이런 유전적 다양성을 통해

한 개인의 지리적 기원을 상당히 정확하게 예견할 수 있으며, 최소한 한 집단이 동일한 지역에서 기원했다는 사실을 예견할 수 있다고 한다.[48] 유전학자 카발리 스포르차가 말한 것처럼, 집단 이주에 나선 아프리카 인들은 더운 곳, 습한 곳, 덥고 건조한 곳, 혹은 세계에서 가장 추운 지방인 시베리아를 포함한 온갖 기후에 적응하며 엄청나게 다양한 환경에 노출되었다. 카발리 스포르차는 "모든 인종은 정착한 지역 환경의 영향을 받으며 유전적으로 가공되었다."고 기술했다.[49]

아프리카에서 처음 걸어 나온 조상들은 대개 현재의 에티오피아 인처럼 키가 크고 검은 피부였을 것이다. 아프리카 인의 피부색은 멜라닌 색소 때문인데, 적도 지역에서 태양 자외선으로 인한 피부 손상을 막기 위해 피부 세포가 생성해낸 것이다. 멜라닌은 효과적인 햇빛 차단제 역할을 하기 때문에 검은 피부는 태양에 화상을 입거나 피부암에 걸리는 것을 막아준다.[50] 또한 태양 방사능은 번식과 관련된 필수영양소와 엽산을 파괴하여 원유전자 생산을 감소시킬 수 있으므로 이를 피하기 위한 자연 선택이 이루어졌다.

한편, 칼슘 섭취와 강한 뼈를 형성하는 데 필수적인 비타민D를 합성하려면 반드시 햇빛이 필요하기 때문에 햇빛은 인간이 북반구로 이동하는 중에 또 다른 압력으로 작용했다. 멜라닌 색소가 적으면 비타민D 생성에 필요한 태양빛을 더 많이 흡수할 수 있다. 따라서 상대적으로 햇빛이 약하고 일조량이 적은 지역에서 자연 선택은 더 밝은 피부색을 선호했다. 모든 인구 집단에서 여성의 피부색이 남성의 피부색보다 3~4퍼센트 더 밝은 이유도 어머니에게 비타민D가 더 많이 필요하기 때문이다.[51] 자외선이 지중해와 동일한 수준인 남아프리카로 이주해 간 산san 족 사람들의 피부색이 밝은 이유도 이와 동일한 과정을 거쳤기 때문이다. 그렇다면 태양빛이 적고 두꺼운 옷을 겹겹이 입고 사는 북극 지방 이뉴잇Inuit 족의 피부가 상대적으로 검은 이유는 어떻게 설명할 수 있을까? 그들은 생선처럼 비타민D가 풍부한 음식을 주식으로 하여 비타민D의 부족 문제를 해결했기 때문인 것으로 보인다.52

마찬가지로 체형도 환경에 적응했다. 더운 기후에서는 땀을 배출해 몸을 시원하게 유지하고, 추운 기후에서 열을 보존하는 기능은 체형을 결정하는 핵심 요소였다. 열대 숲같이 뜨겁고 습한 기후에서는 땀을 증발시키는 체표면적이 상대적으로 넓고 체중이 덜 나가서 사냥감을 쫓는 동안 열을 적게 생성하는 작은 키가 생존에 유리했다. 마찬가지로 피그미 족의 곱슬곱슬한 머리도 두피에 땀을 더 오래 보존하여 더 나은 냉각 효과를 얻기 위한 것이다. 동아프리카 인구 집단의 체형이 키가 크고 호리호리한 것도 같은 목적으로 열대의 태양 아래 최대한 열을 식힐 수 있는 체표면적 대비 체중의 비율로 진화한 것이다.53 상대적으로 작은 머리와 가녀린 어깨는 사냥하기에 최적의 시간인 정오(동물들이 그늘에서 쉬고 있기 때문에)의 태양을 덜 받기 위한 것이다.

중앙아시아에서 마지막 빙하기의 혹독한 추위에 직면했던 인간들의 체형에도 기후의 흔적이 남아 있다. 평평한 얼굴, 뭉뚝한 코, '몽골 인종'의 특징인 두툼한 눈두덩은 우리 조상들이 중앙아시아와 시베리아를 통과하면서 자연 선택을 한 결과이다. 카발리 스포르차는 몽골 인종의 체형, 특히 머리가 둥글고 머리뼈의 길이가 인체에서 차지하는 비율이 크다는 점에 주목했다. 수분을 증발시키는 체표면적이 적으면 열을 더 잘 보존할 수 있다. 작은 코 역시 빙하기의 추위에 적응한 것으로, 콧구멍을 좁게 만들어 공기가 폐에 도달하기 전에 미리 덥힐 수 있는 구조를 갖게 된 것이다. 지방이 많은 두툼한 눈두덩은 번쩍이는 눈[雪] 표면에 대해 차단막 역할을 하며, 시베리아의 차가운 공기에서 눈을 보호한다. 1만 5,000년 전경에 대륙빙하가 퇴각할 때 몽골 인종은 북동쪽과 중국 방향인 남쪽으로 이동하기 시작했다.

물론 다윈의 가설대로 '성 선택'에서 개인의 특수한 취향 같은 다른 요인들이 작용했을 수 있다. 카발리 스포르차는 눈의 색깔과 형태 같은 몇 가지 특징은 분명히 성 선택의 영향을 받았을 것으로 추정한다. 동아시아에서 아몬드 모양의 눈이 널리 퍼진 것은 다윈의 성 선택의 결과일 수 있다. 즉 어떤 그룹에는 이런 눈 모양이 매력적이었기 때문에 급격히 확산된 것일 수 있는 것이다.[54] 카발리 스포르차는 몽고주름이 있는 눈은 남아프리카 부시맨과 다른 아프리카 인종 집단의 특징이기도 하다고 밝혔다. 눈 모양은 성 선택에 의해 동북아시아에서부터 습한 동남아시아까지 확산되었을 것이다. 이처럼 인간들 간의 외형 차이가 발생한 것은 분명한 사실이지만 카발리 스포르차의 조심스런 충고도 잊지 말아야 할 것이다. "외모는 기후에 반응한 유전자가 만들어낸 것이라는 사실을 명심해야 한다. 인체가 환경에 적응하려면 변화가 필요하다. 이 변화는 외부 세계와 인체가 소통한 결과다. 인종 차이는 너무나 강력하게 머릿속에 각인되어 우리는 자동적으로 유전적 구조도 피부 색깔만큼이나 다를 것이라고 생각한다. 그러나 절대 그렇지 않다. 우리의 유전적 구조는 전혀 다르지 않다."[55]

전 세계를 여행하면서 인간 종의 형태학적 변화가 생겨났지만, 아프리카 출신의 후손들은 수백 년 아니 수천 년 후에도 질병의 원인이 될 수 있는 돌연변이를 보유하고 있었다. 미국 국립보건원에서 희귀 근육질환을 연구하던 폴 플로츠 Paul Plotz는 혈연 관계가 전혀 없는데도 유사한 돌연변이 인자를 보유한 아프리카계 미국인들에게 나타나는 희귀 질병의 원인을 찾고자 했다. 그는 돌연변이의 원인을 추적하기 위해 한 역사가와 팀을 이루어 연구를 수행했고, 이 돌연변이가 천 년 전쯤에 나이지리아의 하우사 족에서 발생했다는 결론을 내렸다. 하우사 족과 현재의 가나에 살았던 아샨티 Ashanti 족 간에 교역이 이루어지면서(당연히 유전자 교환이 있었다) 돌연변이는 아샨티 족에게 전달되었다. 이 돌연변이를 가진 미국인 환자들은 모두 미국에 노예로 끌려왔던 아샨티 족의 후예였다. 동일한 돌연변이에 의한 질병이 파키스탄 남성에게도 보고된 것은 아프리카 노예무역이 남아시아와도 관련이 있었다는 증거였다.[56]

1만 년 전에 인간 종은 북극을 제외한 모든 대륙으로 확산되었고, 훗날 다시 연결될 인간 공동체를 건설할 기반을 마련했다. 그리고 기원전 2만 년 이후에 지구는 따뜻해지기 시작했다. 기온이 오르내리기를 수없이 반복한 뒤에 다시 짧은 혹한과 가뭄이 찾아왔고, 1만 년 전에야 비로소 빙하기의 진정한 막이 내렸다. 지구 곳곳에서 대륙빙하가 녹아내리고, 농업이 출현하고, 농부와 이들을 보조하는 장인, 사제와 족장으로 구성된 정착 생활을 하는 공동체가 발생했다. 수렵 채집민으로 남은 사람들은 정착한 공동체들을 연결해주고 이동하며 유목 생활을 했다. 잉여 농산물이 생기면서 새로운 공예품과 일용품이 생산되고 마을이 형성되었다. 초기의 비공식적인 물물교환은 교역망의 형태로 발전했다. 수렵 채집 생활의 특징인 끊임없는 투쟁은 국가의 등장으로 더욱 조직화되고, 곧이어 제국이 건설된다. 기본적으로 인간이 타인과 관계를 맺으려는 동기는 거래상의 이익을 위해, 종교적 신념을 전파하기 위해, 새로운 땅을 탐험하려는 욕망에서, 무장한 권력으로 타인을 지배하려는 야망에서 시작되었다. 기원전 6,000년 전, 이 모든 동인이 갖춰지면서 현재 우리가 세계화라고 부르는 과정이 시작된다.

무화과나무의 뿌리

기후 변화로 사하라 사막의 나무에 싹이 트고, 초원 지대에 숲이 생겨나면서 풍경은 푸르게 변해갔다. 수증기가 많아져 호수와 강이 생기고 더 많은 인구 집단이 강기슭에 정착하면서 같은 땅에서 더 많은 식량을 생산해야 했다.[57] 하버드 대학교의 인류학자 오페르 바요세프Ofer Bar-Yosef는 이때 인간 정신이 결정적으로 변화했다고 말한다. "인간은 신이 내려주는 음식에 의지하기보다는 자연에 개입하여 스스로 식량을 공급하기로 했다."[58]

유프라테스 강에서 양쯔 강 유역에 이르기까지 농업 공동체가 나타났다. 동쪽으로 여행을 계속한 결과 더는 마땅히 이동할 곳이 없었기 때문에 사냥꾼의 유랑 생활은 실용성이 점차 떨어지게 된다. 그들은 한 지역의 식량이 줄어들면 그 옆 해변으로 옮겨 갔다. 그러나 1만 2,000년이 지난 후 이동 생활을 하는 사람들은 정착민들과의 충돌을 피할 수 없었을 것이다. 야생의 초원에 씨앗을 심는 방법을 배우고 동물을 길들이고 고기잡이를 하는 것이 더 쉬운 생존법이었을 터이므로.

경작이 가능해진 식물의 씨앗이 먼 곳까지 전달된 증거들이 있기는 하지만 농업은 세계 곳곳에서 동시적으로 발생했다. 지중해 동쪽의 비옥한 초승달 지대에 정착한 사람들이 처음으로 야생 식물과 동물을 길들이기 시작한다. 이 지역에서 먼저 밀, 보리, 호밀, 병아리콩, 렌즈콩이 재배되었고, 양, 염소, 돼지가 길들여진 후 인접한 구대륙으로 확산되었다. 현재의 터키 지역에서 처음으로 재배된 밀은 인더스 계곡으로 퍼져나가 6,000년에서 4,000년 전경에 중국까지 유입된다.[59] 중국의 양쯔 강 유역에서는 1만 1,500년 전경에 쌀이 경작되기 시작해 남쪽으로 확산되었다.[60] 논농사를 짓는 농부 이주자들의 물결은 동남아시아의 강가와 인도네시아 전역으로 퍼져 내려갔다. 현재도 이 지역 인구 집단의 유전자에는 이 고대 여행의 흔적이 발견된다.

농업 공동체의 출현을 계기로 먹을 수 있는 뿌리나 과일, 나무 열매 그리고 사냥감을 쫓아 대지를 떠돌던 인간에게 처음으로 정착민이라는 정체성이 형성되었다. 최근의 고고학적 증거를 보면 인간은 무화과나무를 심기 시작하면서 문자 그대로 뿌리를 내리기 시작했다고 한다. 인간이 최초로 재배한 작물이 무화과나무였다는 증거는 고향 땅에 대한 애착이나 지역 정체성의 기원을 이해하는 데 감질나는 실마리를 제공했다. 고고학자들은 예리코의 북쪽, 요르단 계곡 하부에 있는 고대 유적지를 발굴하면서 우연히 불에 탄 무화과를 발견했다. 분석 결과 이것은 1만 2,000년 전경의 무화과로서 식용 작물을 재배한 가장 초기의 증거인 것으로 밝혀졌다.

여러 번의 유전자 돌연변이가 발생해 생산력이 없는 열매가 열리게 된 것으로 보이는 무화과나무는 다른 유실수보다 뿌리를 접붙이기가 쉬워 쉽게 재배할 수 있었다. 연구자들은 무화과와 함께 저장된 야생 보리, 야생 귀리, 도토리 같은 다른 주요 식물들도 발견했다. 이것은 초기 신석기 농부들이 야생 식물과 재배한 무화과를 혼합적으로 이용하는 생존 전략을 썼음을 의미한다.[61] 무화과나무와 그 후에 재배된 올리브나 대추야자 같은 더 큰 나무들은 열매를 맺기까지 수년이 걸린다는 점을 감안하면, 나무를 심은 장소가 정착 생활을 선택한 사람들이 최초로 깃발을 세운 지점이라고 볼 수 있다.62 그리고 밀과 보리가 그 뒤를 이었다. 재배 작물의 연도를 더 뒤로 거슬러 올라가게 하는 새로운 발견이 있기 전까지 농경의 시발점은 무화과였던 것으로 간주될 것이다. 농업은 인간에게 뿌리를 내릴 것을 요구했고, 결과적으로 지구를 가로지르는 끊임없는 확산이 멈추어졌다. 중동의 뿌리이자 정체성의 상징이 된 올리브는 5,000년 전에 이르러서야 경작된다.63

인류는 처음에는 자신들이 정착한 땅에서 자라는 무화과 같은 품종을 선택해 길들이다가 세월이 흐르면서 다른 식물과 동물을 받아들였다. 기원전 1만 년 전의 정착 문화는 농작물 재배에 집중되었고, 동물 사육은 비옥한 초승달 지대 도처에서 모양을 갖추기 시작했다. 근동 지방, 인더스 계곡 또는 양쯔 강 유역 같은 특정 지역에 인류가 정착한 것은 문명과 국가와 제국의 출현을 알리는 신호였다. 요르단 계곡에서 최초로 농사를 지으며 정착한 이들은 나투프 인Natufians이다. 그 후 천 년 동안 비옥한 초승달 지대의 여러 지역에서 수메르, 아카디아, 아시리아, 히타이트, 스키타이, 가나안, 필리스틴, 페니키아, 헤브루 등의 많은 문명 집단이 출현했다.64

특정 지역을 점령하는 것은 끊임없는 전쟁의 결과였으며, 땅의 소유권은 정체성의 일부가 되었다. 기원전 500년경의 인도 서사시 『마하바라타 Mahabharata』에는 비극적인 전쟁의 시작을 알리는 최후의 통첩이 영광스러운 일로 그려져 있다. "전쟁이 아니고는 바늘 끝만큼의 땅도 양보하지 않겠다." 공동체가 출현하고 공국과 왕국으로 변화해가면서 이들은 물자를 교환하거나 군사적 공격과 점령의 과정에서 서로 연결되었다. 이 과정은 근대적 정치 구조가 출현할 때까지 계속된다.

새로운 이주

 농업은 이주와 무역과 종교와 국가라는 상호 연결성interconnectedness 을 강화하는 네 가지 요인의 토대가 되었다. 곡물 재배를 통해 식량이 안정적으로 공급되면서 인구가 증가했고, 이제 정처 없는 방랑이 아닌 목적의식을 가지고 연장과 씨앗을 찾아 이주하는 단계가 시작된다. 농업이 정착된 이후 이주를 촉진시킨 원인은 아프리카에서 인류가 처음 이주를 시작할 때와는 다른 것이었다. 이것은 단순히 생존을 위한 여정이 아니었다. 한 인류학자는 새로운 이주는 "뚜렷한 목표를 가진 하위 집단(대개는 부족에서 선발된)이 알려진 목적지를 정하고, 익숙한 방식으로 실행한 행동"[65]이었다고 설명했다.

 새로운 이주는 기존의 도구와 경작 방법을 가지고 정착할 만한 새로운 땅을 찾아 나선, 목적의식이 있는 여정이었다. 새로운 이주에서도 기존에 정착해 있는 다른 공동체를 만나게 된다. 고향 땅의 경제적 '압박'과 새로운 목적지의 '흡입력'은 별개로 하고, 문화이데올로기적인 요인이 새로운 이주를 촉진시켰을 것이다. 인류학자 데이비드 앤소니David Anthony는 "전쟁에서 승리하는 것이 남성의 지위와 역할을 결정하기 때문에 청년들이 전투의 기회를 적극적으로 찾게 되는 사회에서는 명예를 얻기 위해 다른 마을을 습격하는 일이 계속되면서 외부로의 이주를 발생시킨다."[66]고 했다. 평화적으로 동화되었든 폭력적인 점령을 통해서든, 알고 있는 지역 내에서 인간들의 연결은 긴밀해졌다. 이주는 시냇물이 장애물을 피하며 제 갈 길을 가듯 진행되었다. 선구자들이 나중에 올 사람들을 위해 만든 길은 더 많은 이주와 무역을 위한 잘 닦인 길이 되었다. 모험적인 선구자들과 이주자들이—즉 탐험가 그룹—세계화의 주역으로 등장했다. 자원 부족 문제를 해결하기 위해 시작된 단거리 이주는 머지않아 광대한 거리를 포괄하는 사회 현상이 된다.

이주의 원인이 무엇이었는지 논란이 분분하지만, 이주의 결과로 상호 관계의 네트워크가 형성된 것은 분명하다. 이를테면 대다수의 언어학자들은 아나톨리아에서 확산된 농경 생활이 유럽과 중앙아시아와 남아시아를 아우르는 광대한 지역의 원시 인도유럽 어족 Proto-Indo-European 언어의 확산에 핵심적인 역할을 했다고 믿고 있다. 유전학과 언어학적 증거의 분석 결과를 바탕으로 광범위하게 인정되는 가설에 따르면, 기원전 7000년경 터키와 소아시아에서 남동 유럽으로 더 많은 땅을 찾아 이주한 초기의 농부들이 산스크리트 어, 그리스 어, 라틴 어, 페르시아 어를 포함한 87개 언어를 탄생시킨 원시 유럽 어족을 확산시켰다고 한다. 이들 언어에서 영어, 프랑스 어, 러시아 어, 독일어 같은 현대 언어들이 파생된 것이다.[67]

인도유럽 어족의 확산에는 이들 '농사짓는 무리'와 함께 무력이 작용했다는 주장이 있다. 이 이론은 인도유럽 어족의 언어는 쿠르간 Kurgan 문명(현재의 우크라이나 지역)이라는 도끼를 휘두르고 말을 타던 침략자들이 확산시켰다고 주장한다.[68] 또한 따뜻한 기후로 목축 경제가 촉진되자 말을 길들인 볼가 강 하구의 어느 반半유목 부족이 유럽에서 중앙아시아와 현재의 터키와 그리스의 광활한 초원 지대를 가로질러 남쪽으로 이주했을 것으로 추측된다. 그 과정에서 쿠르간 혹은 다른 부족과 연합한 쿠르간 족이 정치적 힘을 획득하고 인도유럽 어와 그 문화를 확산시켰다고 한다.[69]

무엇이 언어를 확산시켰는지에 대한 논쟁은 계속되고 있지만, 기원전 4000년경 볼가-드니에프르 강 유역에 거주했던 사람들이 말을 길들인 일은 흩어져 있는 공동체를 연결하는 데 중요한 발전이었다는 점에는 이견이 없다. 말이 바퀴가 달린 마차에 묶여 짐수레를 끄는 동물이 된 것은 기원전 2000년 이후의 일이다. 훗날의 역사에서 말은 몽골 제국 확장의 동력이 되고, 근대까지 운송 수단의 역할을 한다. 뉴욕에는 19세기 후반까지 말이 끄는 시내 전차가 있었다. 데이비드 앤소니와 동료들은 말의 이빨 화석에 나타난 작은 흔적을 연구하여 말이 길들여지기 시작한 증거를 찾아냈다. 연구자들은 〈사이언티픽 아메리칸 Scientific American〉에 기고한 글에서 말을 길들인 결과를 이렇게 기술했다.

> 말의 가축화는 평원에 사는 부족들의 삶을 전면적으로 변화시킨 혁명이었다. 말을 타면 사람이 하루에 걸어서 갈 수 있는 거리보다 두세 배는 더 멀리 더 빠르게 이동할 수 있었다. 과거에 효율적으로 도달할 수 없었던 자원, 경제, 동맹, 시장이 갑자기 도달할 수 있는 거리에 놓이게 되었다. 건조한 초원에서 생계를 해결하고 살아남기 위해 걸어 다니던 사냥꾼들의 불확실하고 위험한 일은 이제 생산적이며 예측 가능한 일이 되었다. 인구와 생산성의 중심인 강가에 정착한 농경 마을의 주민들은 추격을 할 수도 없고, 형벌을 내릴 수도 없는 말을 탄 적들의 번개 같은 습격에 취약했다.[70]

말은 무역상들과 군인들이 과거에는 상상도 할 수 없이 멀리 떨어져 있던 농경 정착지들을 연결하는 데 일조했다. 나중에 살펴보겠지만, 유라시아의 광활한 초원 지대는 말 덕분에 인간과 물자와 사상의 광활한 운반 통로가 되었다.

무역 커넥션

농경 사회는 세계화의 두 번째 주역인 무역상을 탄생시켰다. 물물 교환이나 결혼을 통한 풍습의 교환, 기타 선물 증정의 풍습은 이미 수렵 채집 공동체에서 완성되었다. 사람들이 한 곳에서 정기적으로 농작물을 재배하여 작물을 가지지 못한 사람들에게 팔거나 다른 물건으로 교환할 수 있게 되면서 농업의 확산은 기존의 물물교환에 중대한 견인차 역할을 했다. 농업이 어떻게 초기의 교역을 촉진했는가는 최초의 도시 정착지 가운데 한 곳인, 현재 터키의 챠탈 회육Çatal Höyük(기원전 7400~6000년)에서 발견된 고고학적 증거에서 살펴볼 수 있다. 두 곳의 활화산 근처에 위치한 챠탈 회육은 당시 동지중해와 레반트 지역의 흑요석 무역에서 실질적인 독점권을 행사했다.[71]

날카로운 화산암인 흑요석은 풀과 곡물을 베는 큰 낫을 만드는 데 사용되었고 농작물 수확에 필수적인 도구였다. 수세대 전에 홍해 주변을 방랑하던 수렵 채집민의 주거지에서 흑요석은 굴을 까는 도구로 사용되었다. 나중에 다른 유럽 지역에서도 잉여 식량이 발생하면서 부싯돌을 캐는 도구가 만들어지고, 이것이 훗날 도끼머리가 되는 등 기타 여러 가지 특수한 기능을 가진 도구들이 출현하게 된다.[72] 흑요석의 교환 대가로 챠탈 회육에서는 홍해와 지중해에서 나는 조개껍질이나 돌, 장인들이 만든 석기, 축제용 물건 또는 직물 재료를 받았다.[73] 아프리카와 지중해를 잇는 힘겨운 여정을 거친 농산물 교역으로 예리코Jericho 같은 고대 도시들이 출현하게 된다. 짐승 가죽과 갈대로 만든 소형 배가 유프라테스와 나일 강 위를 운항했고, 기원전 4000년에 돛단배가 만들어졌다. 기원전 3000~4000년경에는 시리아와 아나톨리아 인접 지역에서 금속과 질 좋은 목재, 돌과 기타 이국적인 상품의 교역을 바탕으로 티그리스-유프라테스 강 계곡 하구에서 메소포타미아 문명이 출현한다. 세월이 흐르면서 교역망은 페르시아 만과 서인도까지 확장되었다.[74]

걸프 아랍 지역에서는 메소포타미아에서 생산된 보리로 식량을 조달하고, 무기와 연장을 만들기 위한 구리를 공급했다. 사치품과 선물 교환 역시 다른 공동체를 연결하고 부족장들 간의 동맹을 강화하는 중요한 방법이 되었다.[75] 유황, 몰약, 흑단나무와 기타 이국적 상품을 찾아 나선 이집트의 파라오들은 푼트(현재의 에리트레아)까지 교역 원정대를 파견하기 시작했다. 이집트 원정대는 푼트의 족장들과 물물교환을 하기 위해 구슬주렴, 도끼, 단검, 팔찌, 포도주, 맥주를 가져갔다. 원정대는 기린과 표범의 가죽을 가지고 돌아왔고, 왕족들 앞에서 춤을 추게 하려고 최초의 아프리카 인 노예로 보이는 피그미들을 데려간 것으로 보인다. 이로써 아프리카를 떠나온 인류와 아프리카에 남은 인류는 기원전 3000년 중반에 첫 만남을 가졌고, 이후 아프리카에서 이루어지는 광범위한 접촉의 토대를 마련하게 되었다. 수세기가 지난 후까지 아랍과 유럽 인들은 아프리카에서 노예를 사들이기 위해 거의 동일한 물품을 가져갔다.[76]

항해에 사용된 커다란 배들과 당나귀를 이용한 대상隊商이 동원된 푼트 원정대는 교역에서 이미 엄청난 발전이었다. 경제가 발달하면서 상인과 원거리 교역의 역할은 더욱 중요해졌다. 젖은 종이 위에 잉크 한 방울을 떨어트린 것처럼, 메소포타미아와 이집트에서 시작된 교역망은 계속 퍼져나갔다. 다음 장에서 살펴보겠지만, 챠탈 회육에서 시작된 당나귀 대상이 이끈 교역망은 메소포타미아에 이르고, 인더스 계곡과 사하라 사막의 이남까지 계속 확장되었다. 서기 1세기에는 중국과 인도와 동남아시아에서 새로운 잉크 방울이 번져

나가기 시작하여 사상과 문화의 확산 과정이 서로 겹치게 된다. 그리고 무역에 종사하는 계급이 통치권에 도전하면서 무역은 사회를 변모시키게 되며, 원거리 교역의 확대로 각 공동체는 더욱 긴밀하게 연결된다.77 무역상들이—상품과 서비스의 교환을 통해 생계를 확보하는 사람들, 요즘 말로 하면 비즈니스 종사자들—만들어낸 이 거래망은 지속적으로 확장되고 복잡해지면서 지구를 유례없이 단단한 거미줄로 에워싸는 일에 가속도를 붙이게 된다.

제국의 공세

농업 사회의 등장은 국가의 출현으로 이어졌다. 제국을 건설하려는 일부 국가의 야망은 아프리카-유라시아 세계와 다른 세 지역을 연결하는 세 번째 핵심 동력이 된다. 챠탈 회육 같은 도시 주변의 고립된 농업 공동체들은 비옥한 초승달 지대와 이집트는 물론이고 수단의 새로운 초원 지대까지 더욱 광범위한 영역으로 확장된다. 인도의 인더스 강 유역과 갠지스 평원, 중국의 황허 강 유역에서 농업 공동체가 성장하고 서로 유대 관계를 맺기 시작했다. 강력한 지도자에 의해 강요된 것이든, 아니면 점점 더 복잡해지는 사회를 운용하기 위한 필요에 의해서든 초보적인 국가 권력이 성립된다.78

5,000년 전경에는 유프라테스 계곡에 소규모 도시 국가들이 출현하고, 그 후 나일 강 유역에도 도시 국가가 나타났다. 인더스 평원에 농업이 발달하면서 모헨조다로와 하라파 문명이 도시 문명의 형태를 갖추게 된다. 유프라테스와 티그리스 강 사이에 위치한 메소포타미아에서는 오늘날의 시리아에서 온 사르곤Sargon이 지휘하는 사막 부족이 최초의 국가 아카드Akkad 제국(기원전 2340~230년)을 건설한

다. 사르곤의 점령지는 지중해에서 페르시아 만에 걸쳐 있었다. 이집트를 제외하고 레반트 지역에 있던 정착 마을을 모두 흡수하면서 아카드는 세계 최초의 제국으로서 각기 다른 인종, 종교, 문화를 1인 통치하에 두기 위한 정치적 도구를 모색했다.[79]

제국의 무력 간섭이 등장하게 되는 또 다른 핵심 요인은 자원이었다. 당시 사르곤 왕은 메소포타미아와 이집트에 부족한 생활필수품인 목재를 확보하기 위해 전쟁을 벌였다.[80] 그의 제국은 상비군과 행정부를 갖추고 조직화된 교역을 하는 최초의 국가였다. 제국의 자부심을 드높이기 위해 무역을 장려한 최초의 사례로, 사르곤은 자신이 딜문Dilmun(현재의 바레인), 마간Magan(페르시아 만), 멜루하Meluhha(하라파)의 배들을 새로 건설한 제국의 중심지인 아게이드Agade(티그리스와 유프라테스 강의 합류점으로 추정)에 정박시켰다고 자랑했다.[81] 사르곤 왕은 경쟁 도시 국가를 정복한 후 피정복민들에게 배상금을 요구하는 통상적인 정책 대신 그들을 제국민으로 편입시켰다. 역사학자 장 자크 글래스너Jean-Jacques Glassner는 아카드의 제국주의는 전쟁에 대한 새로운 태도가 나타난 것으로 볼 수 있으며, 강제 노역과 병역제도의 형태가 갖춰지면서 외부 세계와의 전쟁이 전리품과 조공을 획득하기 위한 조직적인 경제 활동으로 변화한 것이라고 설명했다.[82]

역사 이래 야심 찬 통치자들은 영토를 확장하고 주민 수를 늘리는 수단으로 전쟁을 벌여왔고, 이 과정에서 개별적인 인구 집단은 더욱 광범위하게 연결되었다. 사르곤의 시대에도 외교라는 이름으로 잠재적인 위협에 대응할 방법을 모색하고 동맹을 맺을 필요가 있었다. 원거리 외교 사절이 파견된 사례는 기원전 130년경, 중국의 한 제국이 당시 중국을 위협하던 유목 부족에 대항하기 위해 페르시아 부근

으로 사절을 파견한 것이 처음이었다.[83]

기원전 2000년 초반, 바빌론에는 성문법을 갖춘 최초의 '근대' 국가가 출현한다. 훗날 로마법의 기초가 된 함무라비 법전은 화폐와 교역에 관한 내용을 포함하여 개인 생활과 공공 질서 모두를 반영하는 282개 조항으로 구성되었고, 제국의 영토 확장과 더불어 다른 인구 집단에 전파되었다.[84] 국가가 교역에 더 깊이 개입하면서 나중에는 규범화되기에 이른다. "상인이 교역을 위해 상대자에게 옥수수, 양모, 기름 또는 어떤 종류의 상품을 제공하면, 교역 상대자는 물품의 가치를 기록하고 상인에게 (대금을) 지불한다. 교역 상대자는 상인에게 지불한 대금을 적은 봉인된 영수증을 수령한다."[85] 조직적으로 경영 관리되는 교역은 이제 막 태동하기 시작한 국가의 핵심 기능이었다. 그 결과 유라시아 지역을 묶는 거미줄 같은 원거리 물물 교환망이 생겨나고 이 망은 사회와 문화에 중대한 영향을 미쳤다.

제국의 크기는 더 효율적인 운송 수단, 특히 말과 전차가 출현하고 경제적 토대가 강화되면서 더욱 확장되었고 동시에 제국의 적도 늘어났다. 정치과학자인 레인 타아게페라Rein Taagepera는 제국의 통치 영역이 아카드 제국의 사르곤 왕 치하에서 0.6메가미터(1메가미터=10만 제곱킬로미터)였던 것이, 인도 마우리아 왕조Maurya Dynasty에 와서는 3메가미터, 로마 제국 치하에서는 4메가미터, 중국 한나라 치하에서는 6메가미터, 몽골 제국의 전성기에는 최대 25메가미터였다고 추산한다.[86] 바다에 대한 인간의 지배력이 커지면서 16세기 탐험의 시대에는 역사상 최초로 해가 지지 않는 제국이 건설되기에 이른다. 간헐적으로 중단되기는 했지만, 유럽 제국들은 경제 개발과 정치적인 관리 감독, 그리고 광범위한 이주를 통해 세계 통합의 원동력을 마련했다. 나중에 살펴보겠지만 제국주의의 공세는 상호 연결된 오늘날의 세계가 형성되는 데 핵심적인 역할을 했다(6장 참조).

선교의 사명감

인간 존재에 의미를 부여하는 상징적인 표현 양식으로서 종교는 태초부터 인간 존재의 일부였다. 농업의 출현과 동시에 각각의 농업 사회에는 풍요의 원천인 모신Mother Goddess 숭배가 나타났다. 모신은 수메르에서는 이난나Inana, 바빌론에서는 이슈타르Ishtar, 가나안에서는 아나트Anat, 이집트에서는 이시스Isis, 그리스에서는 아프로디테Aphrodite로 일컬어졌다. 인도에서는 어떻게 불렸는지 알려진 바 없지만 인더스 계곡에서 테라코타로 빚은 모신상이 발견되었다. 농업 문명이 번성하고 국가가 강력해지면서 국가는 점점 더 신성과 결합하기 시작했다. 국가의 번영은 곧 신의 은총으로 간주되었다. 통치자는 신성의 일부이며, 신의 거주지에 대한 상상은 바빌론의 지구라트Ziggurat 같은 신전 탑을 탄생시켰다.

삶이 점점 복잡해지자 사람들은 더 많은 신들을 상상하게 되고 신화가 꽃을 피웠다. 초기 농경 사회에서 종교는 지역적으로 한정되는 경향을 보였고, 주민들은 각자의 신에게 부족이나 도시의 안녕을 빌었다. 제국의 탄생과 교역망의 확장으로 다른 농업 공동체의 상이한 신앙과 신성이 도입되면서 세계 종교의 개념이 등장한다. 데이비드 크리스티안이 지적한 대로 대부분의 세계 종교는 메소포타미아와 인도 북부 사이에서 출현했다.

기원전 1000년의 물질적 진보는 "인간과 사회에 대한 극도로 부정적인 평가와 현실이 아닌 하늘의 왕국만이 유일하게 진실이고 영원히 가치가 있다는 생각에 대한 찬양"[87]을 발생시킨 것으로 보인다. 기원전 6세기 인도의 고타마 싯다르타에게 인생은, 그가 궁궐의 삶을 영위하고 있었음에도, 오직 바른 수행을 통해서만 끝낼 수 있는 영원한 번뇌였다. 불교는 500여 년의 간격을 두고 후에 나타난 그리스도교나 이슬람교와 마찬가지로 선교 신앙이었다. 고타마가 깨달음을 얻고 부처가 된 후, 그는 자신만의 지복에 만족하지 않고 세상으로 나가 그 길을 설파한다. 해탈 후 45년 동안 부처는 세상을 주유하며 설교 여행을 했다. 세상 저 끝까지 그의 믿음을 전파하는 임무는 훗날 헌신적인 왕들과 수도승들이 대신하게 된다.

예수가 제자들에게 주문한 내용도 많이 다르지 않았다. "가서 모든 족속을 제자로 삼아, 아버지와 아들과 성령의 이름으로 세례를 주고, 내가 너희에게 명한 모든 것을 지키도록 가르쳐라."(마태복음 29 : 19) 아라비아에서는 7세기에 무역의 발달이 초래한 쾌락주의와 부패에 반발해 등장한 일신교 신앙인 이슬람교가 비신자들을 개종시키려는 메시아적 사명감으로 교세를 확장해갔다. 보편주의에 입각한 이 종교들의 선교 열정은 앞으로 다가올 세기에 전 세계의 개별 집단들을 연결하고, 더욱 긴밀히 묶고, 삶을 규정하는 원동력으로 작용하게 된다. 이들의 선교 활동에 내재된 인간 조건의 보편성에 대한 믿음은 훗날 종교와 무관한 환경과 인권의 수호자들이 흡수하여 세계를 더욱 강력하게 하나로 묶고, 인류 전체에 도움이 되고자 하는 신앙을 전파하게 된다.

아프리카에서 전 세계를 향해 떠나온 인류의 여정을 이렇게 개략적으로 설명하는 것은 이 어마어마한 사건을 감히 요약해보겠다는 뜻은 아니다. 다만 핵심적인 경향을 이해하고, 우리를 점점 더 긴밀히 연결하는 동력이 무엇인지를 이해하려는 시도일 뿐이다. 이 책의 나머지 부분은 몇 가지 사례를 선별하여 세계화의 세부적인 부분을 탐사해 들어갈 것이다. 인간이 안전과 더 풍요롭고 충만한 삶을 찾아 어떻게 이주했고, 교역을 하고, 머나먼 곳으로 여행을 하고, 동료 인간들을 자신들의 신앙으로 개종시키려 했는지, 위대해지려는 야망을 가진 통치자들이 어떻게 먼 나라를 침략하고 제국의 우산 아래 더 많은 인구 집단을 흡수해갔는지 살펴볼 것이다.

나는 이와 똑같은 동기가 오늘날의 세계화를 이끌고 있다고 믿는다. 앞에서 교역망이 연결되는 과정을 젖은 종이에 잉크가 퍼져나가는 현상에 비유했는데, 교역의 확대는 또한 고요한 수면 위에 바위를 세게 던져 물결이 이는 것으로 이해할 수도 있다. 한 정착지에서 퍼져나간 물결이 다른 정착지의 잔물결과 부딪치고 합쳐지면서, 전 세계를 연결하는 어마어마한 패턴의 방사상의 라인이 되는 것이다. 잔물결은 시간이 흐르면서 파도가 된다.

오래전 우리 조상들의 이주와 확산을 연상시키는 수백만의 현대 아프리카 탈출자들은 배를 타고 대서양과 지중해를 건너 더 나은 삶의 희망이 보이는 다른 대륙으로 흘러가기를 계속하고 있다. 과거의 탐험가들은 관광객이라는 새로운 계층으로 대체되었다. 대상무역을 하던 무역상들은 컨테이너선에 상품을 실어 나르는 다국적 기업으로 이어졌다. 오늘날 세계화를 추진하는 또 하나의 주역은 더 저렴한 가격에 더 품질 좋은 상품과 서비스를 요구하는 소비자들이다. 현대는 소비자들이 세계 무역의 불길에 부채질을 하고 있다. 국제사면위원회Amnesty International와 국제인권감시기구Human Rights Watch는 공동선共同善을 향한 그들의 메시지를 먼 나라까지 전파하면서 전통적인 선교사의 영역을 확장하고 있다. 과거의 제국주의적 야망은 민주주의와 인권을 확산시키려는 정치적 야망으로 대체된다. 이 모든 일이 결론적으로 세계 인류의 삶을 더욱 긴밀히 연결하고 있다. 1만 년 이상 이전에 시작된, 분산된 인간 공동체를 다시 연결하는 과정은 더욱 견고해졌고 진보한 기술력에 힘입어 더욱 빨라지고 있다.

2장

낙타 대상에서 전자 상거래까지

> 천자지국에는 모든 것이 풍족하고 부족함이 전혀 없기 때문에 이방인들과 교역을 할 필요가 없다. 그러나 차와 비단과 도자기 같은 천자지국의 토산품은 그대와 그대의 나라에 절대적으로 필요한 것인 바, 광저우에 공행公行(무역상)의 설치를 허가하여 그대가 원하는 바를 이루도록 해주었으니, 그대의 나라는 천자의 은혜를 입은 것이다.
> ―중국 건륭제乾隆帝가 조지 3세에게 보낸 편지, 1793년.

    2004년 봄, 나는 아들의 대학 졸업 선물로 무엇이 좋을까 고민하다가 애플사의 아이포드 MP3를 사기로 마음먹었다. 모델명을 정확히 알고 있었기 때문에 쇼핑을 나갈 필요는 없었다. 곧장 애플 컴퓨터의 웹사이트로 들어가 아들의 손바닥 안에 수천 곡의 노래를 쏙 들어가게 해준다는 멋진 상품을 온라인으로 주문했다. 애플 사이트를 통해 반짝이는 금속 뒷면에 아들의 이름을 새겨넣을 수도 있었다.
    무료 택배 서비스도 선택했다. 애플 컴퓨터 본사가 캘리포니아에 있으니까 내가 사는 동부 해안까지는 길어야 며칠이면 배달이 될 것이라고 생각했다. 그다음에 일어난 일은 정말 놀라웠다. 온라인 주문서를 작성하고 몇 분 만에, 배송 현황을 확인할 수 있는 고유번호

◀ "페르시아 만의 오르무즈에 상륙하는 마르코 폴로", 마르코 폴로의 『세계 경이의 서』(통칭 『동방견문록』, 1298년) 삽화(1410년 필사본), 프랑스 국립도서관 소장.

와 함께 주문 확인 메일이 왔다. 나는 아무 생각 없이 택배 담당 회사인 페더럴 익스프레스의 웹사이트에서 배송 현황을 확인하다가 놀라서 펄쩍 뛰었다. 상품은 캘리포니아에서 선적되는 것이 아니라 중국 상하이에서 오는 것이었다. 그 다음 하루 반나절 동안 나는 넋을 놓고 태평양을 건너오는 아이포드의 여행을 컴퓨터 화면으로 지켜봤다. DNA의 유전자 표지자가 우리들 각자의 여행 기록을 담고 있듯이, 아이포드 포장 위에 새겨진 바코드는 세계 여러 지역을 통과할 때마다 행적이 탐지되고 추적되며 세계가 얼마나 작은지를 보여주고 있었다.

주문을 받고 몇 시간 만에 애플사의 중국 현지 종업원들은 아들의 이름을 아이포드에 새겨 액세서리와 함께 작은 상자에 담았다. 내가 주문 확인 메일을 받고 정확히 6시간 45분 후, 상하이 시간으로 1시 52분에 아이포드는 페덱스 트럭에 실려 애플 공장을 떠났다. 8시간 9분 후 그 상자는 알래스카 주 앵커리지로 향하는 비행기 안에 실렸다. 나는 아이포드가 태평양을 날아, 인디애나 주 인디애나폴리스에 있는 공항의 페덱스 집하장에 도착할 때까지 추적을 계속했다. 그때가 내가 주문서를 보낸 다음날 자정쯤이었다. 컨베이어벨트에 실려 스캐너로 검열을 받고, 로봇 팔에 들려 특정 지역 번호가 찍힌 컨테이너에 실리고, 다시 소형 트럭과 항공 여행을 거쳤다. 그리고 아이포드는 내가 '주문'을 클릭하고 48시간도 채 안 되어 뉴헤이븐의 우리 집 현관 앞에 도착했다. 우리 조상들은 아시아 본토에서 북아메리카까지 여행해 오는 데 수천 년이 걸렸는데, 이 작은 녀석은 이틀도 채 안 되는 시간 동안 1만 2,800킬로미터를 여행해 지금 우리 집 식탁 위에 놓여 있다.

담뱃갑만 한 크기의 반짝이는 하얀 금속 상자 뒷면에는 '캘리포니아 애플사 디자인, 중국 현지 조립'이라고 쓰여 있었다. 캘리포니아에서 디자인되고 중국에서 조립된 MP3가 내 집까지 오는 과정에서 미국의 택배 회사가 한 일은 일부에 지나지 않았다. 'made in'이라는 말만으로는 아이포드를 만드는 데 얼마나 많은 나라의 노동자들이 관련되어 있는지 알 수 없었다. 아이포드의 심장인 마이크로 드라이브는 일본의 히타치사에서 만들었고, 컨트롤러 칩은 한국에서, 소니 배터리는 중국에서 조립되었고, 스테레오 아날로그-디지털 변환기는 스코틀랜드 에든버러에 있는 회사가 만들었고, 플래시 메모리칩은 일본에서, 음악을 검색하고 1만 곡의 노래가 흘러나오게 하는 소프트웨어는 인도의 포털플레이어 프로그래머들이 설계했다. 세계의 수많은 소비자들과 마찬가지로, '미국' 제품이라고 생각하고 상품을 구매하면서 나는 의식하지 못하는 사이에 세계화에 동참하게 되었다. 여기서 세계화의 가장 중요한 주체는 애플 컴퓨터의 창업자인 마법사 스티브 잡스Steve Jobs다. 잡스는 내가 이 책에서 다루는 세계화의 네 가지 주요 범주의 한 곳에 속해 있다.

  잡스의 이름 앞에는 여러 가지 수식어가 붙지만 그를 무역상이라고 부르는 경우는 거의 없다. 현대에 무역상이라는 용어는 주로 컴퓨터 단말기 앞에 앉아 가상의 세계에서 모든 것을 일사불란하게 사고파는 남녀를 지칭한다. 그러나 기업가 잡스와 애플 컴퓨터사는 광범위한 의미에서 내가 '무역상'이라고 부르는 세계화의 주역에 속한다. 그는 원거리 소비자에게 제공할 재화와 서비스를 생산하는 사람들 가운데 한 사람이며, 그 과정에서 세계를 서로 연결하는 사람인 것이다. 이들 하이테크 세계의 진정한 스타들이 낙타에 상품을 싣고 실크 로드를 오가던 서력기원 이후의 무역상들, 아니면 동남아시아에서 정향나무를 배에 실어 나르던 네덜란드 무역상들의 현대화된 모습이라고 상상하기는 어려울 수도 있다. 그러나 국경을 넘어 상품을 생산하고 운반하여 이익을 남긴다는 점에서 잡스는 분명 무역상이다.

애플사 또한 과거의 무역상들과 같이 사람들을 연결하는 일을 하고 있다. 애플은 현대의 무역상들이 어떻게 전략을 변경했는지를 보여주는 훌륭한 사례이다. 애플은 선박을 소유하고 있지도 않고 제조 공장조차 없다. 캘리포니아 주 쿠퍼티노에서 스티브 잡스와 엔지니어들이 디자인한 MP3는 타이완, 한국, 인도 등과 같은 여러 나라의 혁신적인 기술을 통합하여 중국에서 조립하고 인터넷을 통해 판매하여 미국 택배 회사를 통해 내 집까지 배달된다. 애플은 수천 년 동안 무역상들이 해왔던 일과 마찬가지로 이윤 추구라는 동기를 가지고, 애플 주식을 보유한 전 세계 수백만의 사람들을 부유하게 만들며 시장을 확장한 것이다.

이번 장에서는 아담 스미스Adam Smith가 인간의 본능이라고 말했던 이윤 추구에 대해 살펴본다. 이 본능은 문명의 여명기부터 존재했고 교역망을 통해 세계를 연결해왔다. 비옥한 초승달 지대에 정착한 이래로 인간은 끊임없이 색다르고 더 나은 식량과 일용품과 도구 제작에 필요한 재료를 찾아왔다. 사회적 요구를 충족시키고, 싸게 사고 비싸게 파는 차액이 남는 거래를 통해 이윤을 축적하기 위해 무역상이라는 새로운 계층이 나타났다. 이익이 되는 거래를 위해서라면 위험한 장거리 여행과 외국 생활을 마다하지 않았던 무역상과 자본가들은 가장 중요한 중개자로 등장했다. 과일 같은 교역 품목을 운반하는 방법은 당나귀와 낙타에서 배와 증기선, 컨테이너선과 비행기를 거쳐 광섬유 케이블로 발달했다. 지불 방법은 물물교환에서, 조개류 화폐, 금속 동전, 종이 돈, 신용카드에서 온라인 결제 회사 페이팰Paypal과 같은 전자 결재 시스템으로 진화해왔다. 이런 진화 과정을 통해 상품을 대량으로 신속하게 수송할 수 있게 되었고, 소비자와 무역상과 기업가의 수도 증가했다. 과거 개인과 무역상이 하던 일은 1600년에 설립된 영국 동인도 회사의 계승자인 다국적 기업들이 대체했다. 유엔 집계에 따르면 2003년 현재 전 세계 다국적 기업의 수는 6만 3,000개 사에 달한다.[1] 이 기업들의 주주까지 모두 계산에 넣는다면 세계 무역의 활성화에 이바지하고 있는 사람의 수는 수백만에 이를 것이다. 과거 사막의 대상에서 시작된 '대상 무역'과 오늘날 내 집 앞까지 아이포드를 배달해주는 '전자 상거래' 사이에 차이가 있다면 거래 규모와 속도뿐이다. 국제 무역이 세계화의 동의어처럼 사용되는 것도 이상할 것 없는 일이다.

앞 장에서 보았듯이 이방인과의 거래는 비옥한 초승달 지대에서 정착 생활을 시작한 문명의 여명기부터 우리와 함께해왔다. 그때 공동체들 간에 가장 많이 거래된 일용품은 고기를 자르거나, 곡식을 수확할 때 낫으로 사용할 수 있는 흑요석(화산암)으로 만든 칼날이었다. 석재 도구와 조개껍질이 교환되었다는 증거는 중동과 서아시아 전역에서 발견된다. 반면에 교역을 했다는 최초의 문자화된 증거로는 기원전 2000년 초의 석판이 남아 있다.

외국 산물에 대한 필요와 기호가 인간을 상거래로 이끌었다. 농업이 발달하고 잉여 식량이 발생하면서 일부 사람들은 이익에 대한 기대 때문에 혹은 모험심에 이끌려 금과 은 또는 자신이 가지고 있는 교환 가능한 물품을 들고 신상품을 찾아 여행하는 상인이 되었을 것이다. 무역상들은 고대 메소포타미아에서 그랬던 것처럼 대개는 통치자의 인가를 받아 거래를 했고 세금을 냈다. 반면 사치품을 확보하고 상거래를 통한 이윤을 축적하기 위해 통치자 자신이 교역의 주체가 되기도 했다.

우리는 언제 더 큰 집에 살게 되나요?

비옥한 티그리스와 유프라테스 강 유역에는 충분한 식량과 옷을 만들 양모가 있었지만 청동제 전투 장비를 만들 만한 천연자원은 전혀 없었다. 4,000년 된 메소포타미아 점토판에는 이 물물교환을 긴급히 성사시켜야 한다는 기록이 남아 있다. 고고학자들이 상거래와 대상 무역의 세부 사항이 꼼꼼히 적혀 있는 쐐기문자를 판독해내면서 우리는 대외 무역상과 그들의 재정적 후원자라는 최초의 세계화의 주역들을 만날 수 있게 되었다. 그 안에는 아시리아의 수도와 화물 집산지인 카네시Kanesh(현재 터키의 아나톨리아 지역)를 오가며 대상 무역에 성공한 아수르이디Assur-idi, 수쿠붐Su-Kubum, 살림아훔Salim-ahum, 푸수켄Pusu-ken 같은 무역상들이 있었다.

기다란 대상의 행렬은 곡식과 양모를 실은 300마리의 당나귀를 끌고 1,280킬로미터에 달하는 여행을 하기도 했다. 마지막에는 당나귀까지 거의 다 팔아버리고, 광물과 금과 은을 실어 아슈르Ashur까지 돌아가는 데 필요한 몇 마리만 남겨두었다. 당나귀 대상은 하루 평균 약 32킬로미터를 이동했고, 당나귀 한 마리는 평균 90.7킬로그램의 짐을 날랐다. 재화의 양과 내용물은 교환이 가능한 품목이나 지형 지세를 감안하여 수송이 편리한 품목으로 제한되었다.[2]

최초의 무역상 거주지로 알려진 카네시에는 아시리아 상인들이나 상인들의 대리인들이 아내와 가족들과 떨어져, 대개는 두 번째 아내를 맞이해서 살고 있었다. 무역상들은 주석 거래를 통해 약 100퍼센트, 옷감 거래에서 200퍼센트의 이윤을 남긴 것으로 추산된다. 성공한 무역상들은 큰 집을 짓고 아프가니스탄에서 수입한 값비싼 라피스 라줄리lapis lazuli(청금석)를 소유할 만큼 큰돈을 벌었다. 무역상 푸수켄의 아내인 라마시와 그의 딸들은 집에서 양모를 가지고 카네시로 수출할 옷을 만들었다. 라마시는 남편에게 편지를 써서 물었다. "당신이 떠나고 나서 살림아훔(다른 무역상)은 두 배나 큰 집을 지었어요! 우리는 언제나 그런 집에 사나요?"[3] 더 큰 집을 짓느라 돈이 필요해서였는지, 높은 관세를 피하려고 그랬는지 푸수켄은 밀매를 했고 감옥에 갔다. 한 편지에는 그가 카네시의 왕자에게 '선물'을 바치고 감옥에서 풀려났다는 말이 있다.[4]

아시리아 무역의 주인공들은 필요한 자본과 재화를 공급했던 부유한 기업가, 움메아눔ummeânum이었다. 루이 로렌스 올린Louis Lawrence Orlin은 이렇게 설명했다. "그들은 잉여 물품을 판매할 시장을 찾기 위해 고민할 필요가 전혀 없었다. 아나톨리아의 소비자들에게 바로 판매하거나, 대리인 또는 현지 대표부에 인도할 물품을 자신이 고용한 행상들에게 실어 보내기만 하면 그뿐이었다."[5] 이 최초의 벤처 자본가는 컴퓨터가 아니라 점토판으로 화물 인도 명령(D/O)을 내렸다. 점토판은 장거리 여행에서 무게를 최소화할 수 있도록 작은 크기로 만들어졌다. 아시리아 인들의 당시 서한을 보면 거리가 중요한 문제였다는 것을 알 수 있다. 푸수켄에게 보내는 점토판에 쓰여 있는 전형적인 비즈니스 서한은 이랬다.

> 주석과 옷감 각각 절반씩입니다. 제 편의를 봐주시어 그 값은 은으로 치러주십시오. 은은 이나자Inaja의 대상이 오는 편에 제게 보내주십시오. 제가 안심할 수 있게 해주십시오!
>
> 주석과 옷감을 들여놓고 싶지 않으시다면, 저를 대신하여 현금 거래

나 장단기 채권으로 물건을 매각해주십시오.[6]

아슈르에서 카네시까지 바위산과 사막을 걸어야 하는 길고 고된 당나귀 대상들의 여정에도 문제가 있었다. 무역상들은 산적들의 습격을 받기도 하고 동물을 잃기도 했다. 이런 종류의 습격은 수세기 동안 원거리 무역의 기본적인 위험이었다. 운송 속도와 배달 지연에 따른 비용 문제는 그 당시부터 무역상들의 골칫거리였다. 오늘날에도 보험회사인 로이드Lloyd는 동남아시아의 해적 출몰 지역을 항해하는 배들에는 더 높은 보험료를 부가하고 있다. 무역상들은 항해 횟수를 늘리고 더 많은 상품을 인도하려는 욕망으로 끊임없이 거리를 단축시키고 더 빠른 수송 수단을 찾았다.

사막의 배

서력기원이 시작될 즈음엔 대량 수송 능력을 갖춘 운송 수단을 찾아야 한다는 압력이 높아지고 있었다. 낙타는 기원전 3000년에서 2000년경에 아프리카의 뿔(아프리카 동북부 지역 홍해 입구의 10개 국. 에티오피아, 소말리아, 지부티 등 - 옮긴이) 지역에서 가축화되었다. '아라비아 북부식 안장'이 발명되고, 아라비아 반도의 무역상들이 낙타를 '사막의 배'로 사용할 수 있게 된 것은 기원전 500년에서 200년 사이의 일이다.[7] 낙타는 6시간에 약 32킬로미터를 이동할 수 있고, 말이나 노새가 짊어질 수 있는 짐의 두 배에 가까운 250킬로그램가량의 무게를 감당할 수 있었다.

역사학자 윌리엄 맥닐은 낙타를 길들이게 된 일에 대해 이렇게 썼다. "대부분의 땅이 강수량이 매우 적고 버려진 황무지인 중동에서 대상들은 배를 타고 항해하는 것과 같은 효과를 가진 동력을 찾아냈다. 대상들은 이제 배와 경쟁할 수 있게 된다. 서력기원 초반에 중동 지역에서 낙타를 길들이는 방법을 확실히 연마하게 된 이후부터, 서기 1300년 이후에 선박 설계와 항해술이 발달하여 경쟁 구도가 변하기 전까지 천 년 동안은 낙타가 중요한 수송 수단 역할을 한다."[8]

무역에 낙타가 도입되면서 새로운 지평이 열렸다. 중앙아시아의 사막을 가로지르는 낙타 대상은 중국, 인도와 동지중해 연안을 처음으로 직접 연결시켰다. 오아시스와 스텝 지역과 타클라마칸 사막과 중앙아시아 산간 계곡을 따라 들어선 인간의 거주지들을 연결하는 일련의 교역로가 등장한 것이다. 이 길은 3만~4만 년 전에 사냥감을 쫓아 동으로 동으로 이동한 아프리카 탈출자들이 정착한 작은 촌락들을 통과하는 길이었을 수도 있다. 서기 1세기에 대외 무역상들은 타클라마칸 사막의 오아시스 마을 주변에 머물며, 비단과 칠기를 로마 제국으로 실어 나르고, 양모와 리넨 섬유, 유리, 산호, 호박, 진주를 중국으로 가져갔다. 중국의 비단은 그 무역로에서 가장 귀한 물품이었기 때문에 19세기 독일의 지리학자 페르디난트 폰 리히트호펜Ferdinand von Richthofen은 이 길에 '실크 로드'라는 로맨틱한 이름을 붙이게 된다.

이 길은 끊임없이 변화하며 천 년이 넘게 아시아와 유럽과 사하라 사막 이남을 연결하는 가장 중요한 통로로 이용되었다. 무역상들은 유럽과 아시아의 지배 계층이 갈망하는 사치품만 실어 나른 것은 아니었다. 중앙아시아산 말은 실크 로드의 중요한 수출품이었다. 말을 사육할 목초지가 없는 나라들 또는 중국이나 인도의 통치자들에게 이 말들은 호사스런 사치품이 아니라 강력한 기병대를 구성하기 위한 핵심 품목이었다. 중국의 당 왕조에서는 10만 마리의 말을 수입하는 데 연간 세금으로 거둬들인 비단의 거의 7분의 1을 지출했다는 기록이 있다.[9] 또한 11세기에 중앙아시아에서 중국으로 가는 주요 교역로를 지배했던 티베트 부족들은 중국의 차와 중앙아시아산 말의 물물교환을 통해 번영을 누렸다. 당시에 연간 2만 2,000마리의 말이 거래되었다. 실크 로드는 당연히 상품 그 이상의 것을 운반했다. 세 대륙에 걸쳐 있는 이 길은 천 년이 넘는 세월 동안 종교, 예술, 철학, 언어, 기술, 세균, 유전자를 전달하는 컨베이어벨트 역할을 했다.[10]

실크 로드를 통한 교역은 13세기 몽골 제국이 실크 로드 전역을 지배하면서 절정에 이른다. 쌍봉 낙타를 타고 아프가니스탄에서 베이징까지 가는 여정은 평균 1년이 꼬박 걸리는 힘한 길이었지만 그래도 상품들은 수송되었다.[11] 실크 로드를 따라 늘어선 몽골의 감시탑과 수비대, 그리고 대상의 숙소와 말들의 휴식처가 건설되고 평화로운 환경이 조성되면서 수송 물량은 더욱 증가했다. 무역상들은 중국의 밀국수와 비단을 이란과 이탈리아에 전했다. 두 나라는 수지가 맞는 자기들 고유의 실크 산업을 일으켰다. 유럽으로 전해진 중국의 종이 제조 기술은 인쇄술을 발달시켰고 르네상스의 토대가 되었다.[12] 명나라 도자기 공방에서는 이란의 무역상들이 들여온 코발트 덕분에 특별히 이슬람 시장을 겨냥해서 만든 청백자기가 발달했다.[13]

2세기부터 15세기까지 낙타 대상을 이끈 무역상들은 예전에 알려지지 않았던 사하라 이남 아프리카 지역에 새로운 정착지를 형성했다. 4세기경에는 사하라 이남 지역의 금이 북아프리카의 구리 및 대추야자나무와 교환되었다. 사하라 사막 주변의 오아시스에 많이 자생하는 대추야자는 금과 바꿀 수 있는 수익성 있는 작물이었다. 대상 무역상들이 지나간 길은 훗날 열렬한 신앙을 가진 북아프리카의 이슬람 무역상이 나이지리아, 가나, 세네갈 그리고 그 이남까지 이슬람 신앙을 전파하는 문화적 가교가 된다. 세네갈 강과 감비아 강 사이 지역의 언어에서는 이슬람교도Muslim라는 단어가 무역상의 동의어로 사용된다.[14]

7~8세기 중국 당 왕조의 수도인 장안(현재의 시안Xian)은 실크 로드의 동쪽 종착지였다. 주민이 100만 명에 이른 시안은 세계에서 가장 큰 도시였을 뿐 아니라, 국제 무역상들과 선교사들이 거주하는 가장 세계적인 도시이기도 했다. 나중에 살펴보겠지만 실크 로드와 시안은 불교의 확산에도 일익을 담당했다. 여기서 무역상들이 세계 문화를 어떻게 연결했는지를 보여주는 전형적인 사례로 시안을 짚고 넘어가는 것도 도움이 되겠다. 역사가 발레리 한센Valery Hansen은 시안의 서부 시장 주변에 있던 외국인 거주지를 세계 문화가 뒤섞인 떠들썩한 지역이었다고 설명했다. "중국인이 아닌 거주자들은 자신들의 종교 시설을 건설했다. 페르시아 어를 쓰는 상인들은 이란에서 들여온 종교를 신봉하는 두 종류의 사원에서 예배를 계속했다. 시리아에서 온 여행자들은 그들 고유의 그리스도교 신앙인 네스토리우스교nestorianism(5세기경 콘스탄티노플의 주교 네스토리우스가 주창한 그리스도교 일파 - 옮긴이)를 채택했다."[15]

달콤한 포도주, 말린 무화과, 학자들

조선술의 등장은 장거리 수송의 거대한 가능성을 여는 일이었다. 메소포타미아의 메마른 충적 평야에는 궁궐과 사원을 짓고 가구를 만들 나무에 대한 수요가 대단히 많았다. 이 나무는 동지중해와 인

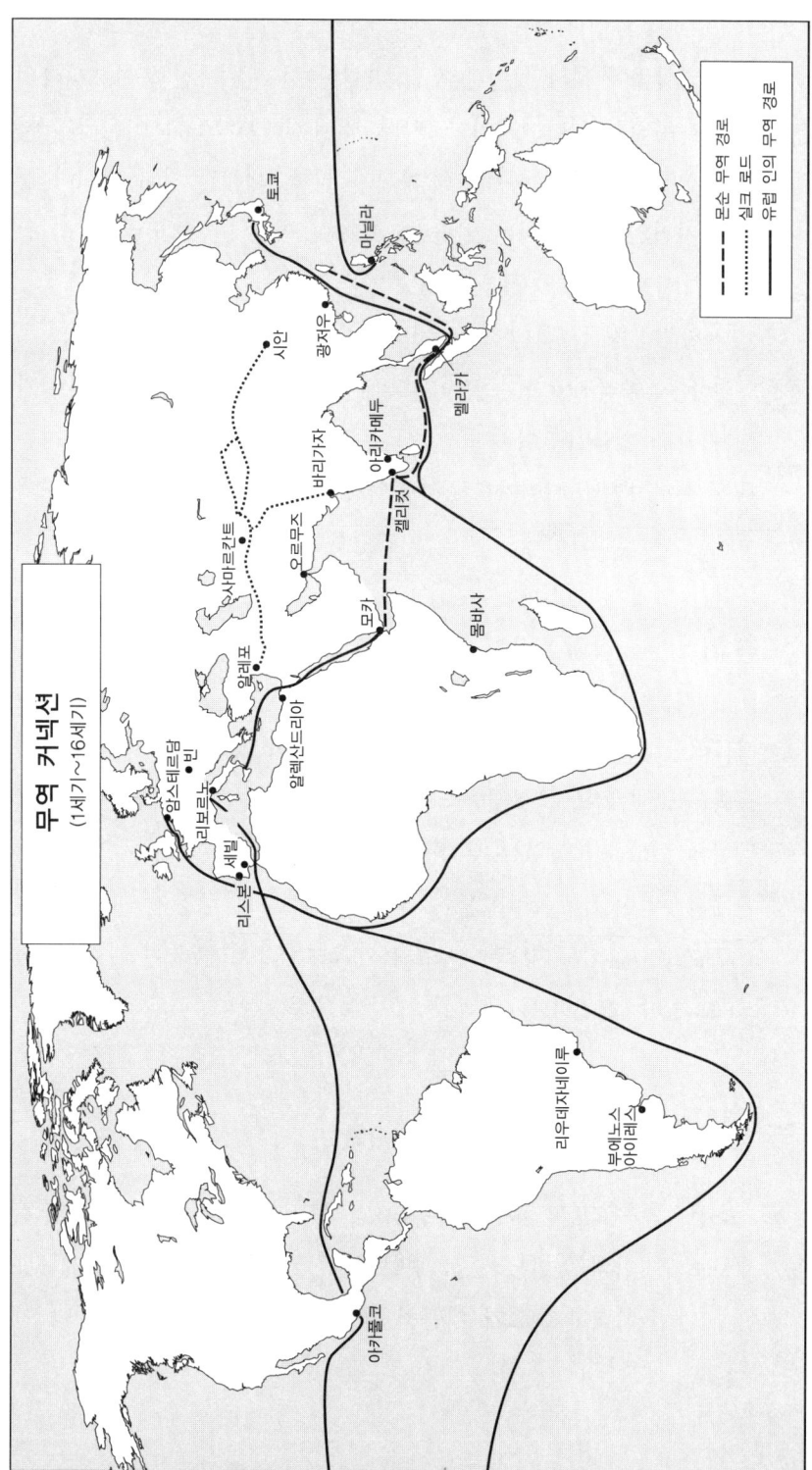

도 해안에서 들여왔다. 기원전 2000년 중반쯤, 페니키아 무역상들은 북쪽의 백향목(레바논 삼나무)을 유프라테스 강에 띄워 메소포타미아 하구로 가져가고, 서인도에서 들여온 귀금속, 광물, 활엽수를 운반하기 위해 갈대로 만든 배를 사용하기 시작했다.16

인도 아대륙의 강을 끼고 이루어지는 교역에 바탕한 모헨조다로와 하라파 문명은 나무배를 만드는 장인들, 금은보석을 세공하고 상아로 장식품을 만드는 직공들, 면섬유로 옷을 만들어 파는 사람들이 있었기 때문에 메소포타미아 최고의 무역 파트너가 되었다.17 아카드 제국의 통치자 사르곤이 유프라테스 강가에 있는 제국의 부두에 멜루하(수메르 어로 남아시아 지역을 지칭)와 다른 나라의 배들이 정박해 있었다고 자랑을 늘어놓았다는 이야기는 앞에서 이미 살펴보았다.18 인도는 사치품뿐 아니라 아대륙의 작은 원숭이들까지 수출했고, 원숭이는 메소포타미아 지역에서 대중적인 애완동물이 되었다!

지중해 동부 연안(현재 레바논의 시돈Sidon과 티레Tyre)에 거주했던 페니키아 인들은 항해술을 통해 페르시아 만과 지중해 전역으로 교역망을 확장한 최초의 전문 무역상들이었다. 사이프러스의 구리와 레바논의 백향목은 레반트 지역 전역으로 수송되었다. 페니키아 인들은 다양한 사람들과 소통하게 되면서 필요에 의해 복잡한 상형문자와 설형문자 대신 알파벳을 발달시키게 된다. 그들이 알고 있는 세계는 더 넓은 시장을 찾아 나선 페니키아 인들이 북아프리카 연안, 시칠리아, 사르디니아, 스페인 연안을 따라 건설한 식민지까지 확장되었다.

기원전 1000년 동안에는 그리스 무역상들이 페니키아 인들의 뒤를 이었고, 그리스 인 정착지는 동지중해와 흑해 연안 전역으로 확장된다. 그리스는 이탈리아 남부와 시칠리아를 강력하게 점령하여 이 지역은 마그나 그라이키아Magna Graecia, 또는 범그리스Greater Greece 라고 알려지게 된다.[19] 기원전 3세기경, 지중해와 인도의 교역은 인도의 왕 빈두사라Bindusara가 그리스의 왕 안티오쿠스Antiochus에게 '달콤한 포도주와 말린 무화과, 학자들'을 보내달라는 요청을 할 정도까지 발전했다.[20]

무임 승차로 인도양을 건너다

로마 제국이 홍해까지 세력을 뻗친 서기 1세기에는 오랜 세월 미지의 세계였던 이국적인 사치품의 원산지 인도와의 교역이 전면적으로 개방된다. 무역상 개개인의 이름은 전혀 알려진 바 없지만, 익명의 그리스 작가가 1세기 중반에 쓴 항해와 무역에 관한 탁월한 지침서에는 '알려진 세계'가 어디까지 확장되었는지 상세한 내용이 들어 있다. 『에리스리언 해(홍해, 아라비아 해, 인도양) 항해기The Periplus of the Erythraen Sea』에서 저자는 아프리카 해안을 따라 내려가다가 다시 인도양의 해안선을 따라 벵골 지방에 이르러 저 너머 중국까지 연결되는 여행에 관한 풍부한 지식을 담아냈다.

이 책에서는 그리스 인 혹은 이집트 인이었을 것으로 추정되는 히팔로스Hippalos라는 항해자가 요행히 남서풍을 '발견'했다는 사실을 언급하고 있다. 이 바람을 이용해 홍해의 어귀를 떠난 배들은 인도의 말라바르Malabar 해안까지 빠르게 갔다가, 바람이 반대 방향으로 불기 시작하는 겨울에 돌아올 수 있었다. 이 바람은 훗날 아랍 어로 계절을 뜻하는 마우심mausim에서 파생된 '몬순monsoon'이라는 이름으로 알려지게 된다. 플리니Pliny는 훗날 이 바람의 발견과 "이윤에 대한 갈망으로 우리는 인도와 얼마나 더 가까워졌는지"[21]에 대한 기록을 남겼다. 바람과 해류는 인도와 이집트 간의 항해 시간을 극적으로 단축시켰다. 로마 제국 통치하에 있던 동쪽 끝의 이집트에서 인도까지 왕복 30개월이 걸리던 항해길이 계절풍의 발견 이후 석 달로 단축되었다.[22] 한 역사가가 말했듯이 본국으로 돌아가는 바람을 예측할 수 있다는 사실 때문에 인도양은 세계에서 환경이 가장 좋은 원거리 여행지가 되었다.[23] 1780년 증기선이 도입되기 전까지 물자의 수송 속도는 1,700년 동안 이대로 유지된다.

약 3,000해리에 달하는 인도로 가는 바닷길의 항해 시간이 단축됨으로써 두 지역의 접촉이 강화되고 교역량이 증가했다. 그리스 지리학자 스트라보Strabo는 이렇게 기록했다. "이전에는 스무 척의 배도 감히 나서지 못했다……. (홍해의 입구인 바브엘만데브) 해협 밖을 슬쩍 엿보기만 하던 것이 지금은 인도와 에티오피아 끝까지 대규모 선단을 파견하고 있다."[24] 계절풍을 발견하기 전까지 연간 겨우겨우 스무 척 정도의 규모였던 것이 이제 계절풍이 부는 시기에는 주석, 납, 포도주, 산호, 유리, 은 동전을 실은 이집트 상선이 거의 매일 인도를 향해 출항했다. 수송 시간의 단축과 외해外海로 항해할 수 있는 선체 건조 기술과 조선술 전반의 발달은 로마가 '세계 경제'[25]의 중심지로 등장한 시기와 같은 기간에 이루어졌다.

로마의 지배 계급은 이국적인 취향을 만족시킬 만한 충분한 부를 축적했고, 해외 무역에 투자하고 재정적 위험과 원거리 항해의 위험을 감수할 준비가 된 상태였다. 머나먼 나라에서 들여온 사치품으로 로마 제국의 힘을 과시하기에 충분했고, 로마는 전형적인 소비 도시이자 유행을 주도하는 세계 도시가 되었다. 그랜트 파커Grant Parker가 진술한 대로 "로마의 소비자들에게 가본 사람도 거의 없는 그토록 머나먼 땅이 존재한다는 사실은 상상만으로도 엄청난 충격이었지만,

그 땅의 사치품을 소비하면서 그 충격은 미미한 것이 되어버렸다."26

로마에 향료 전문 시장이 들어서고, 로마의 가장 화려한 거리에는 후추의 거리라는 뜻의 비아 피페라티카Via Piperatica라는 이름이 붙여진다. 사치품 수요가 증가하면서 로마의 교역은 더 멀리까지 확장되는데, 로마의 공예품이 베트남의 항구에서도 발견될 정도다. 예를 들어 서기 152년의 황제 안토니우스 피우스Antonius Pius의 얼굴이 새겨진 금화는 로마의 교역이 아시아까지 확대되었음을 보여주는 증거다.27

계속 증가하는 사치품에 대한 수요가 스페인에서 금을 충당하고 있던 로마의 재정을 고갈시켰을 것이 분명하다. 티베리우스Tiberius 황제는 로마 원로원에서 이렇게 불평한다. "어찌하면 우리의 복식 취향을 바꿀 수 있겠는가? 여자들의 허영을 만족시켜줄 특별한 물건들, 특히 제국의 부를 고갈해가며 들여온 보석과 자질구레한 장신구의 유행을 어찌하면 좋겠는가? 우리는 하찮은 물건을 사들이기 위해 공화국 화폐를 외국에 넘겨주고, 때로는 로마의 적들에게까지 건네고 있지 않은가?"28 역사가들은 로마가 당시 모든 수입품에 25퍼센트의 관세를 징수했다는 점을 지적하면서, 티베리우스가 정말 현대식으로 말하면 보호무역주의자 같은 이런 비난을 했을지 의문을 품고 있다. 아무튼 황제의 불평은 로마 경제에서 아시아와의 교역이 얼마나 중요했는지를 암시하고 있다.

이탈리아에서 온 차갑고 향기로운 포도주

　로마 제국이 축적한 주화가 남인도에서 발견되고, 인도 무역상이 홍해의 항구에 드나들었다는 증거도 발견되어 양자 간의 교역이 계속 증가하고 있었음이 증명되었다. 로마 제국의 지배 계급은 비단과 상아와 유례없이 많은 양의 인도 향신료(검은 후추와 생강)를 소비했고, 인도에 정착하는 그리스·로마 인들이 생겨나면서 인도 귀족층은 이탈리아와 그리스의 포도주, 올리브유, 가룸garum이라는 생선으로 만든 소스를 소비하게 된다. 파피루스에 기록된 그 당시의 운송장을 보면 상아, 옷감, 향신료 식물을 실은 배 한 척이면 이집트에서 가장 비옥한 토지 2,400에이커를 사고도 남을 가치가 있었다는 것을 알 수 있다. 500톤급 정도의 크지 않은 배 한 척에는 약 150톤의 화물을 실을 수 있었으니 상품의 가치를 짐작해볼 만하다.[29]

　서력기원 초반에 로마와 교역이 이루어진 인도의 가장 중요한 항구는 남인도 해안의 아리카메두Arikamedu였다. 이곳을 통해 다량의 로마 금화와 엄청난 양의 그리스와 이탈리아산 포도주가 유입되었다. 고대 타밀 어로 쓰인 시에는 "서양인들이 아름다운 술동이에 담아 가져온 차갑고 향기로운 포도주를 금으로 장식한 잔에 담아 마시는 여자에게 반짝이는 장신구를 바치는 기쁨"[30]이 얼마나 큰지 노래하고 있다. 고고학자들은 그리스의 코스Kos 섬에서 제조된 다량의 질 좋은 포도주가 전형적인 코스 섬의 암포라amphora(복수형 amphorae, 액체를 운반하고 저장하는 데 쓰인 끝이 뾰족한 도기로 약 25.8리터가 들어가는 도량형 단위이기도 하다 – 옮긴이)에 담겨 인도로 수출되었다는 사실을 밝혀냈다.[31] 암포라의 사용 연대는 기원전 1~2세기 사이이므로 이 암포라는 모방 제품일 가능성이 크고, 이 경우 세계 무역사를 한층 더 뒤로 거슬러 올라가게 하는 증거가 될 수도 있다.

세계 무역의 심각한 폐해인 노예 매매는 아주 이른 시기인 3,000년 전부터 존재했고, 서력기원이 시작되는 시점에는 여성 인신 매매가 보태졌다. 『에리스리언 해 항해기』의 저자는 인도 바리가자Barygaza(현재의 브로치Broach)의 왕에게 보낼 상품들 가운데는 '왕의 하렘에 보낼 여자들'이 있었다고 적고 있다.32 14세기 벵골 지방 통치자들은 중국과 '로마 인(유럽 인)' 후궁을 들이는 것을 자랑으로 여겼다.33 원시적인 배와 광활한 대양을 가로지르는 험난한 여정을 감안한다면 승선 인원은 많지 않았을 것이다. 중부 유럽과 아프리카에서 대규모로 노예와 여자를 매매하는 일은 대상의 규모가 더 커지고 대양 운송 수단이 출현한 이후에 등장하게 된다.

계절풍을 이용한 교역이 자리를 잡으면서 인도양은 인도 서부 해안과 홍해, 동아프리카 해안에 항구와 화물 집하장이 있는 작은 호수가 되어버렸다. 인도인 무역상들 또한 이윤을 찾아 동쪽으로 고개를 돌렸고, 금과 향목香木을 구하기 위해 동남아시아의 미지의 바다를 항해했다. 고대 인도의 한 작가는 이 항해가 얼마나 큰 도박이었는지를 분명히 표현하고 있다. "자바로 떠난 사람은 영원히 돌아오지 않는다. 그러나 만의 하나 천만다행으로 돌아온다면 자신의 가족 일곱 세대를 부양할 만한 돈을 가지고 온다."34 계절풍을 이용한 교역은 화물 운임을 내리고 내륙의 대상 무역에 영향을 미쳤으며 아라비아 반도 연안의 교통량을 증가시켰다. 대상 무역이 개편된 결과, 운송업을 장악한 아랍의 한 부족인 쿠레이시Qurayish 족은 400년경 메카의 계곡에 정착촌을 건설했다. 2세기가 지난 후 쿠레이시 족 무역상들은 선지자 무함마드의 출현과 함께 교역을 주업으로 하는 부족에서 초기 국가 단계로 발전하여 이슬람 제국의 토대를 마련했다.35

인도양의 교역량은 날로 증가했고, 아랍과 인도인 무역상 인구도 증가하면서 그 다음 세기에는 소팔라Sofala, 킬와Kilwa, 모가디슈Mogadishu, 말린디Malindi 같은 번창한 항구 도시가 생겨난다. 노예, 금, 상아, 향목, 수지樹脂, 그리고 오래전 이집트 문명의 여명기에 하트셉수트 여왕을 매혹시켜 홍해를 따라 내려가는 원정대까지 파견되게 했던 기타 이국적인 물품들은 지중해 지역에만 풍요를 가져온 것이 아니라 저 멀리 인도와 중국의 지배 계층도 접근이 가능한 품목이 되었다. 8세기와 9세기 중국의 주화가 모가디슈, 킬와 같은 동아프리카 해안과 마피아 섬Mafia Islands에서도 발견되었다.36 필립 커틴Philip D. Curtin은 "사하라 이남 아프리카의 젠지Zenj에서 노예를 데려오기 시작한 것은 7세기까지 거슬러 올라가며, 12세기 초반에는 광저우의 부유한 사람들 대부분이 아프리카 노예를 소유했다."고 쓰고 있다. 수천의 노예들이 소금바위 광산에서 노역을 하기 위해 페르시아로 끌려갔고, 늪지 개간을 위해 이라크로 끌려갔다.37

티그리스 강에서 페르시아 만에 이르는 지역을 지배했던 아바스Abbasid 왕조의 수도 바그다드는 동방 무역의 시발점으로서 풍요와 사치의 중심지였다. 아바스 왕조의 한 왕은 이렇게 선언했다. "여기는 티그리스다. 이곳부터 중국까지 장애물은 전혀 없다. 우리는 바다를 통해 모든 것을 가져올 수 있다."38 그의 선언처럼 인도와 중국으로 가는 원양 운송 항로는 9세기 중반 아랍 선원들이 걸프 만과 홍해를 출발해 중국까지 왕복 1년이 걸리는 항해를 시작하면서 정기 항로가 되었다. 9세기경 바그다드의 기록을 보면 "인도, 신드Sind, 중국, 티베트, 터키 지역, 다일라미트Dailamites(카스피 해 남쪽 산악 지대 – 옮긴이), 카자르Khazars(드니에프르 강과 볼가 강 근처 – 옮긴이), 아비시니아Abyssinian에는 동서를 오가는 상품의 물결이 끊이지 않았다."고 적고 있다. 이로써 중국의 비단, 계피, 종이, 잉크, 도자기, 인도의 백단나무, 흑단, 코코넛, 그리고 이슬람 세계에서 가공된 과일과 견과류가 전 세계에서 유통된다.[39]

무역풍을 타고 이루어지는 아프리카, 인도, 중국 간의 교역으로 페르시아 만의 또 다른 도시인 시라프Siraf는 전례 없는 풍요를 누렸다. 교역의 발달로 조선공, 직조공, 금속 세공인, 보석 세공인, 도공 같은 직업이 성장했다. 제리 벤틀리Jerry Bentley는 "9세기에 시라프 주민들은 웅장한 이슬람 사원과 시장을 건설하고, 중국에서 수입한 도자기로 식탁을 차렸다."[40]고 기술했다.

아랍 세계에 칸푸Khanfu라고 알려진 중국의 항구 도시 광저우에는 아랍 인, 유럽 인, 유대 인 무역상의 집단 거류지가 건설되었다. 당시 문헌에는 서쪽으로 불어가는 계절풍이 불어오면 비단, 직물, 장뇌, 사향, 향료를 실은 커다란 아랍의 배가 "아시아 전역의 온갖 크기와 모양의 수많은 소형 선박을 지나"[41] 광저우를 떠났다고 쓰고 있다. 7세기와 8세기 중국의 문헌에는 방문 선박의 소유주들은 페르시아 인, 인도인, 말레이시아 인이었다는 기록이 있다.

10세기와 11세기에는 아랍 무역상들과 인도의 장인들이 상아 제조를 중심으로 한 초보적인 수준의 상품 공급망을 형성하기도 했다. 인도와 동남아시아 코끼리의 상아는 아프리카 코끼리의 상아보다 더 비싸고 단단했다. 그래서 아프리카 연안의 아랍 무역상들은 코끼리 엄니를 대량으로 인도에 수출했고, 인도의 장인들은 그것을 보석과 장식품, 그리고 중국과 지중해로 수출할 종교 상징물로 가공했다.[42]

기존에 선호되어온 교역 품목인 향신료에 더해 인도 장인들의 보석 세공 기술, 면직물 직조와 염색 기술, 청동 공예 기술과 강철 검

제조 기술이 외국의 무역상들을 인도로 끌어들였다. 수출 분야에서 초기 인도가 거둔 성공은 상아 세공, 금은 세공 등 모든 수공업 분야에 조직된 장인 조합을 바탕으로 이루어진 것이다. 이들 조직은 재정과 마케팅의 복잡한 시스템을 담당하는 전문화된 개인의 출현과 동시에 발전했다.

아나톨리아와 인도의 퐁디셰리Pondicherry 근처에 위치한 아리카메두의 사례에서 보았듯이 인류의 여행에 그토록 오랜 시간이 걸렸음에도 원거리 교역은 시작과 동시에 확산되었다. 외국 무역상들이 인도의 말라바르 해안에 정착하게 된 또 다른 이유는 교역량이 늘면서 계절풍이 불어와 본국으로 귀환할 수 있을 때까지 몇 달간 이국 땅에 체류할 필요가 생겼기 때문이었다.[43] 아랍, 페르시아, 아르메니아, 유대 인 무역상들은 캘리컷Calicut, 크랭가노어Cranganore(로마 시대에는 무지리스Muziris로 알려졌다), 킬롱Quilon 인구의 상당 부분을 차지했다. 인도에서 외국 무역상들은 풍요의 전조로 환영받았고, 마필라Mapilla 또는 양아들이라고 불렸다. 포르투갈 탐험가 바스코 다 가마Vasco da Gama가 1498년 캘리컷에 상륙했을 당시, 마필라라는 말은 9세기 아랍과 페르시아 무역상들의 후손으로 이슬람교를 신봉하는 무역상들을 의미하는 단어로 쓰였다.[44] 무역상들은 대양을 건너와 상품만 사고판 것이 아니라, 당연히 상대국의 유전자 풀도 풍요롭게 만들었다.

아랍의 삼각돛배와 중국의 러더

오랜 세월 계속된 십자군 전쟁이 끝나고 이슬람이 예루살렘을 재점령했을 때 원거리 교역은 새로운 추동력을 얻게 된다. 이슬람과 싸우기 위해 십자군으로 레반트 지역에 왔던 서유럽 인들은 향신료와 기타 아시아의 사치품에 대한 새로운 기호를 가지고 본국으로 돌아갔고, 새로운 상품에 대한 수입 수요를 창출했다. 상인들은 수요를 만족시키기 위해 더 나은 방법을 모색하기 마련이고, 교역에 유리한 도시였던 제노바와 베네치아는 전 세계의 기술력을 통합하여 어떤 날씨에도 안전한 항해가 가능한 항해술의 중요한 혁명을 촉발하게 된다.

1104년에 베네치아는 최초로 공공 조선소인 '아스날Arsenal'을 건설했다. 조선공들은 노를 갖춘 대규모 갤리선Galley을 건조했고, 무역은 새로운 절정기를 맞이한다. 별을 보며 방향을 잡고, 계절풍이 부는 방향을 따라 항해할 수 있는 인도양 항로의 배들과는 달리 유럽 인들의 배는 짙은 안개가 낀 북해의 바다에서 항해가 불가능했다. 그러나 유럽 인들은 이제 아랍의 '돛대에 삼각돛이 달려 있고, 돛을 펼 수 있는 긴 나무가 달린 커다란 삼각돛배'를 도입하여 바람을 이용해 속도를 높이게 된다. 이들은 또한 중국에서 배가 안전하게 항구로 진입하도록 방향을 조종할 수 있는 선미의 방향타 이용 기술을 도입한다. 조선공들은 북유럽에 많은 단단한 나무들을 사용해 원양 운송에 도입될 돛대가 3개(이물돛대, 주돛대, 사각돛) 달린 범선을 건조했다.[45] 9세기경부터 사용된 것으로 보이는 나침반이 중국에서 들어온 것인지는 학자들 간에 의견이 일치하지 않는다. 기원이 어디이든 나침반은 13세기 말에 유럽에 도입되었고, 지중해의 항구에서 영국 해협과 레반트 지역을 1년에 두 번 항해할 수 있게 되면서 교역량은 두 배로 늘었고, 여행은 좀 더 안전해졌다.[46]

중국의 조선공들 역시 괄목할 만한 발전을 했다. 마르코 폴로가 1292년 중국에서 인도로 항해해 갔을 때 중국에서 건조한 배는

1,520톤에서 1,860톤의 화물을 적재할 수 있을 만큼 컸고, 개인 선실을 갖춘 여러 층의 갑판을 갖추고 있었다. 200년 후, 중국의 해군 제독 정화鄭和는 인도양을 항해했다. 중국의 조선술은 돛대가 9개 달려 있고, 천 명의 선원이 탈 수 있는 122미터 길이의 '보물선'을 건조할 만큼 발달한 상태였다. 그러나 이렇게 앞서 있던 중국의 해양 기술력은 정화가 인도양으로 진출한 이후 황실의 명을 받아 곧바로 내항으로 돌아가게 되면서 중국의 수출에 큰 도움이 되지는 못했다. 그러나 조선술의 발달과 유럽의 향신료 수요가 증가함에 따라 동서양 모두의 항해 속도가 더 빨라지고 교역망은 더욱 넓어졌다. 역사가 제임스 버크James Burke는 이런 기술 혁신이 유럽의 상업에 어떤 영향을 미쳤는지를 이렇게 기술하고 있다.

삼각돛배가 확산된 결과, 출항을 위해 바람이 불기를 기다릴 필요가 없게 되어 항해 횟수가 증가했다. 교역 속도는 더 빨라졌고 배의 크기도 더욱 커져서 점점 더 많은 항구에 점점 더 많은 화물이 쌓여갔다. 이제 배 한 척으로 예전에 두 척이 하던 일을 할 수 있게 되었다. 경비가 절감되고, 수익은 많아지고…… 러더Rudder(선박이나 비행기의 진행 방향을 제어하는 장치. 일명 타舵라고도 한다 - 옮긴이)는 필요할 경우 커다란 배를 가로 방향으로 돌릴 수 있는 기술력을 제공했고, 상인들은 삼각돛과 사각돛, 이물의 러더와 나침반을 모두 사용하여 항해 일정을 즉각적으로 변경할 수 있었다……. 나침반이 발명된 덕분에 구름 낀 날씨에도 밤이나 낮이나 항해가 가능해졌다. 항해 횟수는 두 배로 늘었고 선원들은 정규 일자리를 유지할 수 있었다. 투자자들은 더욱 고무되었고 항해 횟수는 더 증가했다.[47]

말라바르 해안의 유대 인 무역상

카이로의 유대교 회당에 보관된 12세기와 13세기 문서들을 보면 이때 교역량이 증가하고 무역상들이 분산된 양상을 어렴풋이 짐작할 수 있다. 유대교 전통에서는 '신'의 이름을 입에 올리는 행위를 터부시하고 신의 이름이 쓰여 있는 문서는 신성 모독으로 간주되었다. 이렇게 해서 유대 인 무역상들이 기록한 수십만 장의 서신이 게니자geniza('숨은 장소'라는 뜻의 히브리 어. 성물고聖物庫 - 옮긴이)라고 불리는 유대교 회당의 지하 저장소에 보존되어 역사가들에게 귀중한 정보를 제공하게 되었다. 문자 그대로 신의 은총으로 우리는 이 문서들을 통해 멀리 있는 해안(극동, 인도와 예멘, 이집트, 팔레스타인과 시리아, 튀니지와 모로코)을 항해했던 무역상들과 그들의 상거래와 개인적인 걱정거리까지도 알 수 있게 되었다. 이들의 거래 품목은 섬유, 금속, 아마, 약초와 조제 약품, 향신료와 방향식물, 향수와 향 등이었다.

게니자에서 발견된 편지 가운데 아브라함 이유Abraham Yiju라는 튀니지에서 온 유대 상인이 쓴 편지가 있다. 그는 인도의 말라바르 해안에서 청동제품 제조공장을 운영했으며, 그가 고용한 인도인 노동자들은 구리와 주석, 그리고 아덴Aden과 스페인에서 새로 가공해달라고 보내온 오래된 청동 그릇을 가지고 일을 했다. 온갖 향신료와 섬유, 강철 역시 그가 인도에서 선적한 상품들이었다.

커다란 배들이 정기적으로 항해를 하고 있기는 했지만 여행에는 여전히 위험이 따랐기 때문에 신의 가호는 필수적이었다. 아브라함 이유의 편지는 고객에게 골치 아픈 소식을 알리고 있다.

신의 가호로 주인님의 영예로운 자리를 영원히 지킬 수 있으시길. 주인님께서는 비단을 판매하시고, 그 다음 절차로 라시미트의 배에 상품을 선적해 보내셨습니다. 라시미트의 배 두 척이 모두 유실되었다는 소식을 들었습니다. 성(스러운 그분)께서 주인님과 제게 은(총)을 베푸시어 손실을 보상해주시기를. 주인이시여, 당신의 화물을 잃은 일에 제가 얼마나 애통해하는지는 묻지 마십시오. 그러나 창조주께서 곧 보상해주실 것입니다. 어떤 경우에도 신의 섭리에 대항할 수는 없습니다.

당신이 아부알Abu'Alī로 보내신 구리 제품 전체와 '식기'는 도착했습니다. 제가 기원했던 그대로였습니다. 신께서 당신께 좋은 상을 내리시고, 보상의 책임을 맡아주시기를(오직 신의 뜻대로).[48]

아브라함 이유의 편지와 1,200여 통의 다른 서신을 통해 무역상들이 이윤을 좇는 과정에서 엄청난 위험을 감수한 사실을 알 수 있다. 무역상들은 원거리 무역으로 상당한 이익을 얻었고, 각 대륙에 사는 개인들의 삶에도 구체적인 영향을 끼쳤다. 아브라함 이유는 인도인 노예 소녀 아슈Ashu를 해방시켜 결혼하고, 인도에서 최소한 17년을 체류한 후에 아라비아로 돌아와서 유일하게 살아남아 있던 자식인 딸을 조카와 결혼시킨다.

이유가 인도에 있는 동안 노르만 족이 튀니지를 침략한 사건이 발생했고, 그의 형제는 가난한 망명자가 되었다. 이유는 다행히 인도에서 벌어들인 재산으로 가족을 도울 수 있었다. 이유가 1149년 형제에게 보낸 편지의 내용은 이렇다.

형제여, 신의 가호로 나의 재산과 생명과 아이들 모두 무사히 아덴에 도착했다는 소식을 알리려고 이 편지를 쓴다오. 이런 은혜를 베풀어주신 신께 감사의 기도를. "오, 신께서 축복을 내리시고 기적을 행하심을 찬미하라."

나는 우리 가족 모두가 먹고 살 만큼의 재물을 가지고 있다는 것을 형제에게 알리려 하오. 높으신 그분께서 이 돈으로 나와 내 아이들은 물론, 그대까지 충분히 살 수 있게 해주셨소.[49]

아브라함 이유의 편지와 그 밖의 1,200통의 편지를 보며 우리는 무역상들이 엄청난 위험을 감수하며 이윤을 추구는 과정에서 세계를 통합하는 모습을 그려볼 수 있다. 실크 로드와 인도양 무역의 호황에 힘입어 국제 무역이 북서유럽에서 중국까지 확장되면서 전례 없는 부가 창출되었다. 1293년 제노바의 해양 무역 거래량은 같은 해 프랑스 왕국 전체 국고 세입의 세 배 규모에 달했다.[50] 물론 제노바의 무역은 대개 지배 계층을 위한 사치품에 집중되어 있었기 때문에 오늘날의 세계화가 의미하는 상호 의존적인 관계를 형성하지는 못했다. 그러나 이들 국가의 경제는—내륙에 수출품 생산 기지를 두고 육로와 해로로 무역 도시들을 연결하는—점점 더 대외 무역에 종속된다. 무역은 상상도 할 수 없는 풍요를 가져왔지만 일정 정도의 착취와 고통이 수반되었다.

베네치아의 목을 죄는 멜라카의 손

항해 영역이 확장되면서 인도네시아 군도의 몇몇 섬에서만 생산되던 정향과 육두구 같은 고가의 향신료에 매혹된 아랍 무역상들은 동남아시아로 고개를 돌리기 시작했다. 말라바르 해안에서 동남아시아로 후추가 전해져 재배지가 확산된 것도 인도양 전역의 무역상들은 물론 중국 무역상들까지 동남아시아로 향하게 된 원인이었다. 14세기 수마트라와 자바의 북쪽 해안에는 아랍과 구자라트Gujarat에서 온 이슬람 무역상들의 집단 거주지가 산재하였다.[51] 부유하고 신앙심 깊은 무역상들은 현지 주민들을 이슬람으로 개종시키는 데도 성공했다.

1409년 말레이 왕자 파라메스와람Parameswaram은 말라카 해협에 있는 한 어촌에 멜라카Melaka(15~16세기 말레이시아 최대의 항구 도시. 해상 실크 로드의 동방 거점 도시 - 옮긴이)라는 도시를 건설하여 성장하는 무역의 수도로 삼을 방안을 모색했다. 기존에 이 지역을 점유하고 있던 이슬람 무역상들을 흡수하기 위해 왕자는 스스로 이슬람으로 개종하고 백성들까지 개종시켰다. 멜라카에 모여드는 무역상들의 다양한 국적과 신앙을 염두에 둔 왕자는 철저히 중립을 지켰다. 무역에 우호적인 그의 현명한 정책과 낮은 세금 덕에 멜라카 또는 말라카는 동남아시아에서 가장 활기찬 국제 도시가 되었다. '계절풍이 끝나는' 지점에 위치한 말라카는 남서풍을 타고 서쪽에서 온 무역상과 북동풍을 타고 온 일본과 중국의 무역상이 모여들면서 물물교환을 하기에 이상적인 화물 집산지가 되었다.

그러나 바스코 다 가마가 인도양에 도착하고 20년도 지나지 않아서 멜라카는 함포로 무장한 포르투갈 전함의 먹이가 된다. 약제사에서 무역상으로 변신한 포르투갈의 외교관 토메 피르스Tomé Pires는 그의 저서 『수마 오리엔탈Suma Oriental』(1512년)에서 세계 무역의 중심지가 된 멜라카의 모습을 생생하게 기술했다. 피르스는 멜라카의 인구를 4만~5만 명으로 추정했고, 61개 '국가'와 교역이 이루어지고 있었으며, 항구에서는 약 84개의 언어가 사용되었다고 쓰고 있다. 그는 상품을 싣고 페르시아 만과 아시아를 오가는 대외 무역상들이 쌓고 있는 어마어마한 부에 대해 이렇게 감탄하고 있다. "계절풍이 이곳에서 끝나고 또 다른 바람이 시작된다. 말라카는 세계에서 상품 거래를 하기에 가장 유리한 도시다. 말라카는 그 한복판에 있고, 무역과 상업을 하는 각 나라 수천 개 집단의 손이 말라카를 거쳐 간다……. 말라카를 지배하는 자는 누구든 베네치아의 목을 죌 수 있다."52

멜라카의 세력이 커지고 부를 축적한 것은 중국과 인도 사이의 중간 기착지라는 지리적 여건에 힘입은 바지만, 세계적으로 후추 수요가 증가한 때문이기도 했다. 포르투갈, 스페인, 네덜란드, 영국의 무역상들이 도착한 이후 백 년간 향신료 산지인 동남아시아는 국제 거래와 종교적 개종의 땅이었다. 역사가 앤소니 리드Anthony Reid는 "새로운 도시와 국가가 번창했고, 동남아시아 대부분의 지역이 성서에 입각한 세계 종교를 받아들였고, 많은 인구가 주거와 의복은 물론 식량까지 국제 무역에 의존하게 되었다."53고 적고 있다. 이런 의존 관계는 곧 엄청난 비극을 몰고 와 수천 명이 향신료 농장에서 죽임을 당하거나 노예가 되는 고통을 초래한다. 이 이야기는 유럽이 세계 전역을 정복하고 상업 제국을 일으키는 시기, 무역이 초래한 사악한 결과에 대해 더 자세히 살펴볼 제7장에서 설명할 것이다. 지금은 서유럽이 아시아를 지배하게 된 원인이 되는 향신료에 대한 갈망에 대해 알아보자.

앞에서 보았듯이 향신료에 대한 갈망은 로마 제국의 통치 시절부터 시작되었다. 408년 서고트Visigoth 족은 로마 포위 공격을 중지하는 대가로 금과 은, 후추를 요구했다. 로마 제국이 멸망한 후 무역은 일반 경제의 일부로 추락했고 정치적 불안정 속에 놓였다. 로마 제국의 금을 고갈시킨 향신료는 더 비싼 값에 팔렸다. 그 이후 아시아의 향신료를 홍해에서 지중해로 운반하는 거대한 집하장이었던 알렉산드리아의 몰락과 이슬람 세력의 확장으로 다시 한번 무역의 거센 바람이 일었다. 향신료의 품귀 현상이 보편화되고 값이 치솟으면서 베네치아의 상인들은 이슬람과의 협상에 의지해 유럽 전역의 향신료 공급을 거의 독점하게 된다. 이탈리아의 도시 국가들은 11세기 후반부터 13세기까지, 이슬람 세계로부터 성지聖地를 탈환하려는 유럽의 시도로 인해 이슬람 상권이 분열되었던 십자군 전쟁 기간에도 이런 역할을 계속했다. 늘 귀한 상품이었던 향신료는 사치품으로서 새로운 사회적 가치를 획득했다. 1194년 스코틀랜드의 왕이 영국의 리처드 1세를 방문했을 때 환영의 표시로 제공받은 여러 가지 물품 가운데는 매일 907그램의 후추와 1.8킬로그램의 계피가 포함되었다는 기록이 있다.[54]

"그대는 악마에 사로잡혔구나, 무엇 때문에 여기까지 왔는가?"

유럽 소비자들 사이에 아시아 향신료 수요는 나날이 증가했다. 그리스도교 군주들은 중동의 이슬람 무역상들을 경유하여 이 수요를 충족하는 한편 필사적으로 다른 공급로를 찾으려 했다. 그들은 아프리카 주변의 새로운 길을 탐사하고, 광활한 외해를 떠가는 모험적인 여행을 감당할 만한 배를 건조하는 데 박차를 가하게 된다. 원거리 교역에서 모험심과 욕망은 필수 요소였다. 15세기에는 포르투갈의 항해 왕자 엔히크Henrique가 등장하여 아프리카를 돌아 아시아로 가는 새로운 경로를 모색하는 선구자이자, 더욱 먼 항해에 필요한 배의 설계와 항해 도구를 만드는 조선술의 개척자 역할을 맡는다. 1497년, 포르투갈의 마누엘 1세Manuel I는 '향신료를 구하기 위해' 인도로 가는 바스코 다 가마의 항해를 허가한다. 캘리컷에서 다 가마가 보낸 전령을 마주한 튀니지 출신의 이슬람 상인은 스페인 어로 그에게 물었다. "그대는 악마에 사로잡혔구나, 무엇 때문에 여기까지 왔는가?" 전령의 대답은 간단했다. "우리는 그리스도 인과 향신료를 찾아왔다."55

이 여행에 따른 엄청난 위험을 감안한다면 악마에 사로잡혔다는 말이 틀린 말은 아니었다. 필립 커틴은 1500년에서 1634년 사이에 포르투갈에서 인도를 향해 온 배들 가운데 28퍼센트가 바다에서 사라졌을 것으로 추정한다. 아시아로 향하는 첫 항해에서 바스코 다가마와 카브랄Cabral은 절반 이상의 선원과 배를 잃었다. 그러나 높은 수익이라는 올가미는 끊임없이 배들을 바다로 나서게 했다.56 포르투갈의 이웃인 스페인의 카탈루냐Cataluña 군주는 대서양을 가로질러 곧장 인도로 가는 항로를 찾으려는 콜럼버스를 후원했다. 이런 노력들이 모두 모여 세계의 지평은 갑자기 넓어지게 된다.

콜럼버스가 우연히 신세계를 발견하고 20년도 채 지나지 않아, 페르디난드 마젤란Ferdinand Magellan의 선원들은 최초로 진정한 의미에서 지구 전체를 연결하는 세계일주 여행을 한다(단 10퍼센트만이 생존했다). 그때부터 세계적인 규모의 무역이 시작되고, 무역상과 탐험가와 선교사와 정복자 사이에 희미하게 존재했던 차이는 더욱 무의미해진다. 자원과 노예와 자국의 생산품을 판매할 새로운 시장을 찾아 앞 다투어 나선 결과 세계는 더욱 긴밀하게 연결된다. 이제 최초로 작은 배나, 노새의 등짐, 낙타 대상을 매개로 하는 연결 고리 없이 곧바로 선박을 통한 운송이 가능할 만큼 모든 대륙이 연결되었다.

인도의 고아Goa, 말레이시아의 멜라카, 중국의 마카오Macao에 포르투갈의 교두보가 건설된 16세기에는 진정한 의미로 세계 무역의 틀이 마련되었다. 동방으로 정기적인 화물 운송이 가능해지면서 중국은 도자기, 인도는 다이아몬드 하는 식으로 각국의 전문 분야가 생겼다. 포르투갈 무역상이 품질 좋은 중국 도자기를 싣고 아시아에서 귀환한 후, 포르투갈의 왕과 조신들은 사무엘 존슨Samuel Johnson이 신랄하게 묘사한 대로 '도자기를 좋아하는 전염병'에 감염되었다. 1580년 리스본의 루아 도스 메르카도레스Rua dos Mercadores라는 사람은 혼자서 중국 도자기 상점 여섯 곳을 운영했다.57 이 같은 도자기의 유행에 맞춰 17, 18세기의 서구 상인들은 최소 7,000만 점의 도자기를 수입했다.58

유럽의 항구에 무역상들이 남긴 다량의 서신 가운데 이탈리아의 항구 도시 리보르노에서 성공한 한 유대 인 다이아몬드 상인을 만나 보자. 에르가스앤드실베라Ergas & Silvera 무역상사 소속의 이삭 에르가스Isaac Ergas는 한 고객에게서 유명한 인도의 골콘다Golconda 광산에서 나는 다이아몬드를 주문받는다. 18세기 리보르노의 유대 인 무역상을 연구한 이탈리아 학자 프란체스카 트리벨라토Francesca Trivellato는 이 고객이 특별 주문을 했다고 한다. 이 이탈리아 고객은 에르가스와 교섭을 하고 현금을 공탁한다. 다이아몬드를 공급할 인도의 무역상들은 이탈리아 화폐인 리라에는 관심이 없었기 때문에 에르가스앤드실베라는 지중해의 산호로 만든 구슬을 배에 싣는다. 고객들은 운이 좋으면 계절풍이 시작되는 시기에 주문을 할 수 있었고, 산호를 실은 배는 리스본으로 보내져 영국이나 네덜란드의 큰 배에 실린다. 산호는 고아를 향해 1년에 걸친 항해를 떠나는 커다란 선체의 무장한 대형 상선(카라크선Carrack)으로 옮겨진다. 고아의 인도인이 운영하는 무역 상사는 산호의 시장 가격을 평가하고, 그에 알맞은 크기와 품질의 다이아몬드를 발송한다. 모든 일이 잘된다면, 배가 폭

풍에 침몰하지 않는다면 고객은 1년 혹은 14개월 후에 다이아몬드를 받을 수 있었다.[59]

포르투갈과 네덜란드 무역상들이 아라비아 해에 진출하면서 또 다른 특산물인 커피 무역의 문이 열렸다. 18세기 초반, 프랑스 무역상인 장 드 라 로크Jean de la Roque는 처음으로 프랑스 배를 이끌고 희망봉을 돌아 아덴과 모카를 향해 항해했다. 그는 터키, 네덜란드, 또는 영국인 도매상을 거치지 않고 산지에서 직접 커피콩을 구매하기 위해 1년에 걸친 이 여행을 시작했다. 그의 여행은 장장 2년 반이라는 긴 시간이 걸렸지만, 600톤의 커피로 얻은 수익은 그 고생을 보상할 만한 가치가 있었다. 이 여행을 기록한 그의 저서 『행복한 아랍 여행』Voyage de l'Arabie heureuse(1716년)에는 전 세계로 확산되기 이전에 에티오피아와 예멘에서만 생산되던 커피에 대한 최초의 상세 기록이 들어 있다. 로크가 모카로 항해를 하고 20년 후, 프랑스 인 대위가 카리브 해로 커피를 가져가게 된다(커피에 관한 이야기는 제3장에서 상세하게 이어진다).

대륙을 연결하는 운송 혁명으로 최초의 다국적 무역 회사가 출범할 조건이 갖춰졌다. 세계 최초의 다국적 기업이라고 간주할 만한 시도는 아시리아 무역상이 기원전 3000년에 아나톨리아에서 시행했던 것으로 알려져 있다.[60] 다국적 기업을 외국인 직접투자 기업이며, 국가 간의 무역을 중개하는 기업이라고 정의할 때 우리가 2장 초반에 만났던 푸수켄이 운영한 초기 기업의 형태도 확실히 다국적 기업이라 할 것이다. 한편, 1600년대 초반 영국과 네덜란드의 동인도 회사처럼 정부가 공인한 무역 독점 체제는 특혜받은 세계 기업의 출현이라는 새로운 국면을 선보였다. 7세기 말에 500여 개 정도였던 다국적 기업은 현재 6만 3,000개 이상으로 증가했다. 소비자 인구 역시 그만큼 증가했다.

　상대적으로 후발 주자였던 네덜란드 탐험가들은 해상 무역을 급부상시킨 핵심 공로자들이다. 16세기 말, 네덜란드는 플류트Fluyt 혹은 플라이보트flyboat라고 하는 운임이 저렴한 일반 화물선을 발달시킨다. 해적이 출몰하는 바다를 안전하게 항해할 수 있도록 대포를 올려놓는 자리를 만들고, 외장에 철갑을 입히고, 공간은 더 넓으면서 무게는 겨우 200톤에서 300톤급으로 대형 화물을 적재할 수 있었고, 소수의 선원만으로 항해가 가능한 배였다. 플류트는 안전한 항해를 위해 군인들을 승선시키기도 했다. 장비가 제대로 갖춰진 플류트는 유럽에서 아시아까지 왕복 항해를 8개월 만에 완수했다.[61] 당시 해양 운송을 지배하고 있던 네덜란드를 따라잡기 위해 영국 정부는 천문학과 지자기地磁氣 연구에 재정적 후원과 격려를 아끼지 않았다. 이 투자의 결과로 많은 발명이 이어졌고, 특히 항해자가 바다에서 배의 위치를 알 수 있는 최초의 신뢰할 만한 크로노미터(경도계)가 제작된다.

　여러 가지 소소한 혁신들이 항해 시간을 단축시키는 한편으로, 18세기 말 증기력의 도입은 항해의 안전을 월등히 강화하고 속도를 비약적으로 높이는 계기가 된다. 증기력이라는 새로운 동력 기관이 없다면, 19세기 중반에 사용되던 가장 빠른 영국 범선일지라도 광저우까지 왕복에 110일이 걸렸다. 쥘 베른Jules Verne이 상상한 80일간의 세계일주는 현실과는 아주 먼 얘기였다.[62] 1807년 로버트 풀턴Robert Fulton이 증기선을 발명하면서 모든 것이 변화했다. 선박 화물 운임은 극적으로 떨어졌고, 주요 국가들 간의 교역량은 급속하게 늘어 연간 교역량이 1840년에 2,000만 톤에서 1870년에는 약 8,800만 톤에 이르렀다. 같은 시기, 가장 공업화된 지역과 가장 멀리 떨어진 혹은 가

장 진보가 늦은 지역 간의 거래 가치 차이는 약 여섯 배 벌어졌다.[63]

선체가 더 커지고 증기선이 더 빨리 귀환한 덕분에 영국의 해양 화물 운임은 1840년과 1910년 사이에 약 70퍼센트까지 폭락했다. 같은 시기 전 세계 화물 운임은 매년 1.5퍼센트의 비율로 하락했다.[64] 세계 항로의 항해 속도는 그대로 운임 하락에 반영되었다.[65] 1869년 수에즈 운하가 완공되어, 홍해와 지중해 사이의 마지막 육지 장벽이 허물어지고, 여행 시간은 3분의 2 이상 단축된다.[66] 1877년에는 프랑스 엔지니어 페르디낭 카레Ferdinand Carré가 설계한 최초의 냉동 운반선 파라과이Paraguay가 출범해 신선 상태의 식품을 운반할 수 있게 되면서 원거리 무역의 새로운 장이 열렸다. 유럽 인들이 저녁식사 때 아르헨티나의 쇠고기와 오스트레일리아의 양다리를 먹을 수 있게 된 것이다. 케네스 포메란츠Kenneth Pomeranz는 이렇게 쓰고 있다.

국제 해운업의 속도가 크게 증가하고, 규모가 커지면서 운임이 가차 없이 하락하는 한편, 철도와 증기선은 시간과 공간과 상품 거래의 혁명을 가져왔다. 증기력을 사용하면서 대서양과 태평양은 연못이 되었고, 대륙은 하나의 작은 공국이 되었다……. 세계 슈퍼마켓은 19세기에 구체화되기 시작했다. 사치품은 더는 원거리 무역의 지배를 받지 않았다. 아르헨티나, 우루과이, 미국의 쇠고기와 양고기, 오스트레일리아의 밀이 유럽 인구를 부양했다. 일본의 공장에는 미국, 인도, 중국의 면이 뒤섞여 들어왔다.[67]

45년 후 파나마 운하의 개통으로 태평양은 서방과 더욱 가까워졌다. 뉴욕에서 샌프란시스코까지 거리는 기존의 60퍼센트, 뉴욕에서 홍콩까지는 30퍼센트 단축되었다. 항공 화물이 출현하기 전까지 세계는 수에즈 운하와 파나마 운하가 단축시킨 거리만큼 작아진 채 머물러 있었다.

파나마 운하가 개통되기 이전에 펜실베이니아에서 우연히 석유를 발견하면서 해양 운송을 촉진할 또 다른 아이디어가 출현했다. 셰일shale(점토가 굳어져 이루어진 수성암水成巖. 회색이나 검은 갈색을 띠며, 흔히 얇은 층으로 되어 잘 벗겨지는 성질이 있다. 이판암, 혈암血巖 － 옮긴이)에서 스며 나오던 석유는 과거에는 밤에 햇불이나 램프를 밝히는 용도로만 사용되던 것이었다. 1694년 영국이 이 자연의 선물을 다른 용도로 사용하기 위해 정제하는 방법에 관한 최초의 특허권을 허가했다. 이 특허는 '돌에서 다량의 피치와 타르와 기름을 추출하는 방법'에 관한 것이었다. 중유를 정제하여 석유를 추출하는 방법은 1859년 에드윈 로렌틴 드레이크Edwin Laurentine Drake가 펜실베이니아에서 유정 굴착 공법을 개발하여 중유가 펑펑 쏟아져 나오게 하면서 발견되었다. 그 후 반세기 만에 내연기관이 발명되고, 1970년대에 디젤을 연료로 하는 거대한 유조선이 등장하여 운임 원가를 낮추기 시작하면서 모든 화물의 운임을 끌어내렸다.

화물 운송비는 노스캐롤라이나에서 트럭 운송업을 하던 말콤 맥린Malcolm Mclean의 새로운 시도에 힘입어 더욱 하락한다. 그는 증기선에 그대로 적재할 수 있는 화물 트레일러를 만들어 세계 최초의 컨테이너선 아이디얼 익스Ideal X를 출범시켰다. 1956년 4월 26일 아이디얼 익스는 8시간 만에 58개의 컨테이너 선적을 마침으로써 화물 1톤당 15.8센트로 운임의 97퍼센트 이상의 절감 효과를 가져왔다. 이것은 지속적으로 운임을 하락시켜 해양 운송의 새로운 시대를 예고하는 것이었다.

'괴물'이라는 별명이 붙은 최대 규모의 컨테이너선은 트럭이 32킬로미터 늘어서 있는 것과 같은 분량의 컨테이너를 운반할 수 있고,[68] 500달러 미만의 운임으로 자동차 1대를 세계 어느 곳으로든 수송할 수 있다. 컨테이너선의 속도는 겨우 20노트에 불과하지만 각각의 배에 선적할 수 있는 엄청난 물량과 컨테이너의 선적 및 하역 속도, 그리고 배에서 곧장 트럭이나 기차로 옮길 수 있다는 이점을 이용해 운송비를 급격히 끌어내렸다. 현재는 상하이에서 로테르담까지의 바닷길에만 운임을 매기는 것이 아니라, 대개 최종 목적지의 항구에서 160킬로미터 이내의 육상 이동 거리를 포함한 가격을 산출하여 적용하고 있다.

   1950년대에서 1980년대에 항공 화물 운임이 극적으로 하락하면서 속도를 통한 이익은 극대화되기 시작한다. 특히 1970년에 동체가 큰 보잉747 점보 제트기가 도입되면서 항공 화물은 날개를 달았다. 한편 운임뿐만 아니라 시간 단축을 통해서도 비용 절감 효과가 나타났다. 상품 선적과 하역에 소모되는 시간이 단축될수록 항만 이용료와 초과 정박 요금이 줄고, 그 결과 수입 상품의 가격은 떨어진다. 경제학자들은 1950년부터 1998년까지 수송 속도가 빨라짐으로써 얻은 비용 절감 효과는 미국 공산품의 가격을 32퍼센트에서 9퍼센트로 인하한 것과 마찬가지라고 추산한다.[69]

금화에서 페이팔까지

   상품이 구매자에게 인도되기까지의 속도가 빨라진 요인은 배와 항공기가 더 빠르고 더 커졌기 때문만이 아니었다. 물물교환에서 조개 화폐로, 귀금속이나 금은의 가격을 명시한 증서에서 플라스틱 신용카드로 진화해온 교환 수단 역시 거래를 단순화, 표준화하여 무역을 촉진시켰다. 금속 화폐는 2,000년 이상 사용되었지만 7세기가 되어서야 지중해 국가들이 발행한 금화가 지중해와 인도 아대륙의 무역상들에게 통용되는 국제 통화가 된다. 앞면에는 아테나 여신의 두상이, 뒷면에는 아테나 여신을 상징하는 부엉이가 새겨진 아테네 은화가 오늘날의 비자나 마스터카드였다. 훗날 로마 제국이 발행한 금화와 은화는 무역상들이 인도양을 건너 동남아시아와 중국까지 도달하면서 사용 범위가 더욱 확장된다. 아시아 인들이 원하는 지중해 상품은 종류가 많지 않았고, 유럽은 아시아의 향신료와 섬유를 원했다. 아시아는 로마의 주문대로 섬유를 제조할 의지가 있었지만, 대금 지불은 항상 금과 은으로 받기를 선호했다.

  이탈리아 도시 국가들이 13세기 중반부터 금화를 주조하기 시작하기 전까지는 비잔틴 제국과 이집트의 금화가 계속 교환 수단 역할을 했다.[70] 로마 제국이 몰락하고 로마 주화가 귀해지자 머나먼 인도의 무역 관련 도시들까지 일시적으로 쇠퇴하는 역효과가 나타났다.[71] 인도 무역상들은 로마가 아닌 새로운 섬유 시장을 찾아 동남아시아로 눈길을 돌렸다. 몇 세기 후 인도네시아의 향신료 산지인 섬들과 교역이 증가하면서 아랍과 유럽 무역상들은 인도의 항구를 향신료와 인도산 섬유의 교환이 이루어지는 향신료 수입의 중개 기지로 활용했다. 인도 아대륙과 중동에서는 바이어가 후불을 약속하는 신용 증권이 발달해 있었지만, 유럽 인들은 인도에서 수입하는 물품 대금을 보석과 양모로 지불해야만 했다. 신용 증권은 일종의 비공식적인 신용 거래망으로, 연결 관계가 없는 개인들 사이에서보다는 그리스도교인, 유대 인 아니면 인도인처럼 거래 집단 내부에만 존재했다.[72]

13세기에 제노바, 피렌체, 베네치아가 다시 금화를 주조하면서 국제 무역은 새로이 상승 국면을 맞았다.[73] 반면, 페스트로 인한 대재앙으로 교역의 추동력은 그리 강하지 않았다. 14세기 흑사병이 맹위를 떨치고 있을 당시, 중앙 유럽의 은을 채굴하기 시작하면서 원거리 교역은 새로운 힘을 얻기 시작했다. 광갱鑛坑의 펌프 작업과 15세기 중반 은을 분리하는 화학적 공정의 기술 혁신으로 은 채굴 붐이 일었다. 일본의 은 광산은 네덜란드 무역상들이 아시아에서 사업을 벌이도록 유혹했다.

증가한 은의 총량은(특히 독일산) 베네치아 무역상들이 독일 공장으로 보내 가공할 시리아산 면을 구매하거나, 유럽 컨소시엄에 조달할 아시아산 향신료를 구매하는 데 사용되었다.[74] 그 시대 독일에서 채굴한 은으로 주조한 화폐의 영향력은 수세기가 지난 지금까지 남아 있다. 미국 화폐인 달러는 바로 독일산 은화를 지칭하는 요아힘스탈러Joachimstaler를 간단하게 '탈러Thaler'라고 줄여 부르던 것이 음운 변화를 일으켜 달러가 된 것이다.

콜럼버스는 마르코 폴로가 묘사한 지팡구Cipangu(현재의 일본)의 황금지붕을 얹은 집이 있는 땅을 발견하지 못하고 좌절한 영혼을 안고 죽었지만, 곧이어 막대한 양의 귀금속이 멕시코와 페루에서 발견된다. 한 역사가는 귀금속이 거의 '자유 화폐Free money'[75]나 마찬가지였다고 적고 있다. 노예 노동자들이 캐낸 멕시코와 페루의 은괴는 유럽 상인들이 상상도 못했던 어마어마한 양의 아시아산 사치품을 들여오는 것과 때를 같이하여 곧 아시아에서 유통되기 시작했다. 17세기 초반에는 매년 약 268톤의 은이 유럽에서 선적되어 발트 해 연안과 레반트 지역과 아시아에서 상품을 구매하는 데 사용되었다. 1세기가 지난 후 신세계에서 유럽으로 보내지는 은의 선적량은 500톤으로 증가했고, 그 절반은 향신료와 비단, 도자기와 기타 사치품 수입에 사용되었다.[76] 1621년 한 포르투갈 상인은 이렇게 적고 있다. "은은 온 세상을 떠돌며 편력을 계속하다가, 마치 당연히 가야 할 곳인 양 중국으로 모인다."[77]

은, 섬유, 향신료의 삼각 무역 체계

포르투갈 인들이 아프리카에서 채굴한 금에 이어 나중에는 브라질의 금까지 세계 무역 시장에 유입된다. 1712년과 1755년 사이, 매년 약 10톤의 금이 리스본으로 수송되어 아시아의 이국적인 산물들을 수입하는 데 사용되었다.[78] 향신료 생산지인 섬에 도착한 유럽 무역상들은 정향, 카더멈cardamom(약용이나 향료로 쓰이는 생강과의 식물로 스리랑카, 인도네시아 원산이며 카레가루의 주원료 – 옮긴이), 육두구와 계피를 공급하는 원주민들이 놀랍게도 은에는 관심이 없고 면직물을 원한다는 사실을 깨달았다. 네덜란드와 영국인들은 곧 은을 지불하여 인도인들이 베틀로 짠 직물을 구매하고, 구매한 인도 직물은 본국으로 가져갈 향신료와 물물교환을 하는 삼각 무역 체계를 형성한다. 한 역사가는 유럽 인들은 이제 "멕시코와 페루의 금은 광산을 지중해와 대서양 연안의 시장을 통해, 동남아시아의 향신료 밭과 방향나무 숲과 연결했다."[79]고 적고 있다.

국제 무역의 발전에서 베네치아의 공헌은 항해술 혁신뿐만이 아니었다. 베네치아는 성공적인 거래를 뒷받침해주는 은행과 회계 업무, 외환 거래, 신용 거래 같은 제도적 혁신 분야에서도 탁월함을 발휘했다. 15세기에는 영국과 네덜란드에서 환어음, 양도 증권, 이자 징수의 합법화 등 신용 제도가 발달하면서 무역 거래는 더 빨라졌다. 예를 들면 영국과 네덜란드의 동인도 회사는 은행의 역할을 시작하여 해외의 고용인들에게서 금과 은을 예금처럼 받아들였다. 고용인들은 독립적으로 사업을 벌여 부를 축적한 사람들이었고, 본국에 예치한 금과 은에 대한 이자를 약속받았다. 이로써 회사는 위험한 1년여의 항해를 거쳐 런던, 리스본, 암스테르담에 은괴가 도착할 때까지 기다리지 않고도 상품을 구매하고 선적할 수 있었다.[80] 그러나 18세기 후반에서 19세기 초반에 은 공급량이 감소하고 중상주의자들이 귀금속 비축에 대한 우려의 목소리를 내기 시작하자 정부 발행 지폐와 어음이 일반화되었다. 신용 화폐로 인해 상거래는 더욱 단순화되었지만 전쟁이 발발했을 때 문제가 발생했다. 18세기 후반과 19세기 초반의 예를 들면, 나폴레옹의 프랑스와 유럽 국가들 간의 전쟁 기간 동안 프랑스 정부는 은행 어음으로 약속된 금을 지불하지 않았다.

당시 신세계, 특히 캘리포니아에서 상당량의 금이 발견되면서 국제 무역의 제2 라운드가 시작되었다. 곧이어 오스트레일리아의 금이 합류하여 무역을 용이하게 할 만큼 충분한 귀금속이 세계 시장으로 유입되었다. 세계 모든 신용 화폐의 이면에는 금이 있었기 때문에 사실상 금은 유일한 국제 통화였다. 당시 미국 1달러는 순금 23.22그레인(약 1.5그램)에 상당했다. 금본위제가 끝난 제1차 세계대전 시기는 몇 가지 면에서 세계화의 '황금기'로 간주된다. 제1차 세계대전의 발발로 각국 정부는 금의 지불을 유예했고, 유럽과 대서양 전역에서 적대감이 팽배해 교역은 분열되었다. 1920년대에 잠시 되살아났던 금본위제는 1929년 주식시장 붕괴에 이은 대공황 시기에 가서야 비로소 폐기되었다. 월스트리트에서 시작된 재난이 미국의 모든 경제 파트너들에게 급속하게 영향을 미치게 된 그때부터 세계는 무역과 재정이라는 연결 고리로 긴밀하게 서로 연결되었다.

1945년 2차 세계대전의 공포에서 빠져나온 세계는 새로운 경제 질서를 정착시켰다. 미국 달러가 부활하고, 금과의 교환 가치가 성립되면서 달러는 새로운 국제 통화가 되었다. 모든 국가가 자국 화폐를 달러에 연계시켰고, 미국 달러는 국제 무역의 단위가 된다. 1920년대에는 소비자들이 현금 없이 쇼핑을 하고 차에 기름을 넣고 호텔에 숙박할 수 있도록 신용카드가 발명되어 생활의 편리를 제공했다. 호황을 맞은 미국 경제는 당연히 이 편리한 소비자 중심주의를 권장했다.

'전 세계에서 통용되는 카드'라는 아이디어는 은행가인 프랭크 맥나마라Frank X. McNamara가 뉴욕의 어느 최신 레스토랑에서 비즈니스 만찬을 하다가 곤란한 상황에 직면하면서 문득 생각해낸 것이다. 그는 계산할 때가 되어서야 자신이 지갑을 두고 왔다는 사실을 알았다. 고객을 접대하는 자리는 현금이 필요한, 주요 비용이 지출되는 자리였다. 여기서 착안한 맥나마라는 1950년 세계적으로 통용되는 최초의 신용카드인 다이너스클럽 카드를 선보였다. 8년 후에는 아메리칸 익스프레스가 그 뒤를 잇는다. 1970년대 전자 네트워크가 등장하면서 대륙 간 상거래는 새로운 도약에 성공한다. 금과 은이 오래 전에 화폐의 의미를 상실한 자리에 국제 거래를 매끄럽게 하기 위해 금이나 은 색깔을 입은 플라스틱 카드가 들어섰다.

점토판에서 인터넷으로

원거리의 상품을 사고파는 데 핵심적인 문제는 소통의 어려움이었다. 무역상들은 어떻게 교역 상대와 연락을 취하고, 판매와 구매

상황을 계속 추적할 수 있었을까? 기원전 5000년경에 현재의 이라크 땅에 살았던 수메르 인들은 문자를 발명하여 그 문제를 해결했다. 무역상은 작은 점토판에 판매된 가축의 숫자를 나무 막대기로 썼다. 상대방은 점토판을 읽으려면 점토판이 들어 있는 용기를 깨고 인도된 가축의 수를 확인했다. 아시리아 인 무역상 푸수켄은 바로 이런 점토판을 사용해서 자신의 아내와 자본가와 소통을 했다.

그 이후 조상들은 상거래를 위해 파피루스, 가죽 양피지, 문자를 새긴 대나무, 그리고 종이를 사용했다. 몽고 인들이 중국과 중앙아시아 전역을 지배하는 동안, 대륙을 횡단하여 정보를 전달하고 상거래를 하기 위해 실크 로드를 따라 일종의 우체국이 세워졌다. 12세기 말경에 칭기즈 칸은 귀소 본능을 가진 비둘기를 메신저로 이용하여 유럽에서 울란바토르까지 전령 초소를 확장했다. 카이로나 인도의 말라바르 해안의 유대 인 무역상들은 자신들의 상품 운반 설비를 통신에 이용했고, 이때 오고간 문서들은 카이로의 게니자에서 발견된 사본으로 남아 있다. 18세기 프랑스에서는 탑을 높이 세워 먼 거리에 신호를 보내는 시스템이 발달했다.

그러나 로마 시대부터 칭기즈 칸과 나폴레옹 보나파르트의 시대까지 원거리 통신은 대개 군주들이 멀리 떨어진 영토를 통치하고, 군사 작전을 지휘할 목적으로만 사용되었다. 전보가 발명될 때까지 거의 7,000년 동안 비즈니스 정보는 운송 수단의 속도가 빨라진 만큼의 속도로 전달되었다. 우리가 살펴본 18세기 리보르노에서 산호와 다이아몬드 무역을 하던 이삭 에르가스는 리스본, 런던, 고아에 있는 사업 상대에게 수많은 편지를 썼지만, 자신이 선적한 산호가 그 시장에서 어떤 값에 팔렸는지에 관한 정보를 듣기까지는 1년 혹은 그 이상이 걸렸다.

1844년 최초의 전신선이 완성되면서 이 모든 불편함의 막이 내렸다(전신이라는 말은 문자 그대로 '먼 거리tele-로 문자를graph 보낸다'는 뜻이다). 볼티모어에서 워싱턴 DC로 최초의 시험 메시지를 전송하면서, 전직 화가에서 발명가로 변신한 사무엘 모스Samuel Morse는 이렇게 썼다. "신께서 이 얼마나 위대한 일을 하셨는가?" 전자석과 구리 철사로 된 작은 장치를 사용해 점과 선으로 이루어진 모스 부호로 메시지를 전달한 것은 세계를 더욱 긴밀하게 엮는 지속적인 정보 혁명의 예고편이었다. 〈런던 타임스〉지는 이 사건에 대해 이렇게 썼다. "콜럼버스의 신대륙 발견 이래 전신만큼 인간의 활동 범위를 확장시킨 것은 없다."[81] 대서양 횡단 전신케이블의 선구자인 사이러스 필드Cyrus Field는 전신케이블은 "떨어져 있는 인간 가족들을 묶어주는 살아 있는 것이다."[82]라고 했다.

다른 많은 발명들과 마찬가지로 전신은 급속하게 상업화되었다. 유럽의 기업가 파울 율리우스 폰 로이터Paul Julius von Reuter는 1840년대에 이미 비즈니스맨들을 대상으로, 각 도시에서 돌아온 비둘기가 가져온 정보를 취합하여 최종 주식 가격 정보를 유포하는 뉴스 사업을 하고 있었다.[83] 전신 서비스가 상용화된 이후로 대부분의 케이블은 비즈니스 관련 정보, 특히 주식과 일용품 가격 정보를 전송하는 데 사용되었다. 사상 처음으로 광물에서 옥수수와 면화에 이르는 일용품의 가격이 실시간으로 제공되었다. 기차와 증기선을 통해 상품 운송이 이루어지고, 그와 더불어 '정보'는 진정한 세계 시장의 출현을 가능하게 했다. 1848년 전신 서비스가 제공되는 도시인 시카고에 선물거래소Board of Trade가 세워졌다. 1867년 주식시세 표시기가 발명되면서 무역 정보의 전달 속도는 더욱 탄력을 받는다. 뉴욕의 전신기사인 캘러한E. A. Callahan은 연속적인 주가 변동을 자동으로 종이에 기록하는 전신 기계를 고안해냈다. 그로부터 5년 후, 웨스턴 유니온 전신회사는 전신환매도 시스템을 도입해 소비자와 무역상을 더욱 밀접하게 연결했다.

본래 유럽과 미국 사이를 오가는 여객선으로 사용되던 증기선은 이제 다른 일을 맡게 된다. 과학소설 작가인 아서 클라크Arthur C. Clarke는 이 일을 빅토리아 시대에 아폴로 우주계획을 세운 일과 같다고 묘사했다. 그리고 방수성의 구타페르카gutta-percha(구타페르카나무의 수액을 말린 고무질. 전기 절연체, 방수 재료, 치과 재료, 골프공 재료 등으로 쓴다 – 옮긴이)를 씌운 어마어마한 구리 전신선이 대서양 바닥에 매설되었다.[84] 원래 구타페르카 고무는 말레이의 영국 식민지에서 온 것이다. 1866년 대서양 횡단 케이블이 도입되면서 상거래에 가속도가 붙고 가격은 급락했다. 그 이전에 시장의 차익 거래 전문가 arbitrageur는 증기선으로 배달된 10일이 지난 정보를 바탕으로 주문서를 제출하고, 이 주문서는 다시 10일이 지나야 집행되었다. 이제 전신케이블을 통해 실시간 가격으로 무장한 대서양 저편의 무역상들은 하루 안에 매매 주문서를 이행할 수 있게 되었다. 케빈 오룩크는 "그 결과 두 도시의 동일 자산에 대한 절대가격의 차이가 즉각적으로 69퍼센트 하락했다."[85]고 한다. 전신선은 곧 중동과 인도, 아시아의 오지까지 확장된다. 1870년, 영국령 인도의 해저 케이블 회사가 런던과 봄베이 사이에 처음으로 전신케이블을 설치했다. 그 후 1년이 채 지나기 전에 똑같은 라인이 멀리 홍콩까지 확장되었다. 제1차 세계대전 당시에는 9개의 라인이 유럽에서 극동까지 연결되어 있었고, 적대국 영토를 통과하는 일부는 사용이 불가능했다.

통신과 수송의 혁명으로 전통적인 가격 장벽이 무너지기 시작한 일은 무역의 엄청난 기폭제가 되었다. 1846년 영국의 곡물법이 폐기되고, 1849년 외국 선박의 운송을 제한할 목적으로 제정되었던 항해 조례가 폐기되면서 1870년대까지 계속된 자유 무역의 시대가 열렸다. 1860년, 영국은 프랑스 및 기타 유럽 국가들과 더욱 자유로운 무역 협정에 서명했다. 이들 모든 국가가 '최혜국 조항'을 두고 있었기 때문에 쌍방의 자유화를 통해 이익을 얻을 수 있었다. 한편, 미국 곡물 생산자와의 경쟁에 직면한 유럽은 가격 장벽을 높이기 시작했다. 보호무역주의는 제1차 세계대전과 대공황으로 19세기 세계화가 막을 내릴 때까지 계속 강력해졌다.

멜라카에서 멤피스로

전신 혁명에 이어 1876년 그레이엄 벨Graham Bell이 전화라고 하는 깔때기 비슷한 장비를 발명했다(전화는 말 그대로 '멀리Tele-, 떨어진 소리phone'였다). 전신과 달리 해저의 전화선은 발명 후 80년이 지나도록 설치되지 않았다. 뉴욕에서 런던까지 전화가 가능하긴 했지만 가격은 3분 통화에 현재 가치 458달러에 달했다.

미국 전신전화회사AT&T는 1956년 최초의 대서양 횡단 전화를 가설했고, 1년 후 일본과 홍콩의 태평양 횡단 케이블이 가설되었다. 1989년에는 북아메리카와 남아프리카를 연결하는 또 다른 대서양 횡단 케이블이 설치되었다. 신세계는 이제야 비로소 인간이 5만 년 전 첫 여정을 시작한 구대륙에 연결된 것이다. 기술력이 진보했는데도 1983년까지 아무 때고 뉴욕과 런던 간 통화를 할 수 있는 사람은 겨우 4,200명 선이었다. 이들 선택받은 사람들은 먼저 통화를 예약하고, 연결될 때까지 몇 시간을 기다려야 했으며, 통화 후에는 높은 가격을 지불했다. 1966년 제록스사가 팩스기를 도입하면서 교역 속도가 빨라졌다. 무게 17킬로그램의 마그나팩스Magnafax는 1장을 전송하는 데 약 6분이 걸렸다. 상거래와 제조 공정을 처리하기 위해, 송장送狀부터 디자인까지 온갖 종류의 텍스트를 바탕으로 한 통신은 몇 분 만에 지구를 가로질러 발송되었다. 뉴욕 메디슨 가의 패션 디자이너는 드레스를 스케치하고, 실시간으로 중국 선전深川에 있는 의류 공장의 책임자에게 물품 설명서를 보냈다. 1966년에는 미국의 한 컨소시엄이 아스키코드ASCII를 개발했고, 전 세계에서 즉각적으로 채택되어 전화선을 통해 모든 텍스트를 빛의 속도로 전송할 수 있게 된다.

전자 혁명이 세계를 휩쓸었다. 1960년대 중반, 예일 대학교 학생 프레드 스미스Fred Smith는 컴퓨터를 이용해 익일 배송이 가능한 시스템을 주제로 리포트를 썼다. 스미스의 맹아적 아이디어는 1970년 그가 페더럴 익스프레스사를 세우면서 구체화되었다. 이 회사는 수화물에 전산화된 추적 시스템을 도입하고, 소형 제트 비행기를 이용하여 미국 국내 도시를 상대로 서비스를 개시했다. 사업 첫날밤 운송한 수화물은 186개였다. 이 회사는 현재 조그만 물품부터 자동차 엔진과 이식 수술에 사용될 인간 장기에 이르기까지, 세계적으로 하루 평균 300만 개의 화물을 수송하고 있다.

테네시 주 멤피스에 있는 '어디든지 가는 페덱스'의 중심 공항Hub은 과거 전 세계의 환적화물이 모이는 항구였던 멜라카의 현대판이다. 우리가 앞서 살펴본 대로 15세기의 멜라카는 무역상들이 제각각 일용품들을 싣고 와서 계절풍을 이용해 귀향길에 오르기 전까지 몇 달을 머물며 매매와 교환을 하던 곳이다. 멜라카의 술탄은 무역상들의 창고에서 부두까지 향신료를 실어 나를 수 있도록 코끼리를 제공했다. 그러나 현대판 멜라카는 다르다. 페덱스 허브에는 전 세계에서 수천 개의 수화물이 모이고, 이것은 컨베이어벨트 위를 휙 지나가 로봇 팔에 포착되고, 목적지로 향하는 컨테이너 안으로 들어간다. 새벽 2시 7분은 마녀가 활동을 개시하는 시간이다. 매일 밤 이 시간이면 페덱스 허브센터에 있는 동굴 같은 넓은 홀에는 침묵이 내려앉는다. 그리고 분류되고 기록되고 처리 과정을 거친 300만 개의 수화물이 대기 중인 150대의 비행기에 적재될 준비가 완료된다. 페덱스 제트기로 구성된 하늘의 무적함대는 각각 힘차게 포효하며 활주로를 달리고, 테네시의 밤하늘 속으로 사라진다.

페덱스에서는 로봇형 바코드 스캐너가 수백만 개에 이르는 수화물의 목적지를 분류하는 작업을 진행한다. 각각의 수화물에는 외관상 아무 의미도 없어 보이는 직사각형의 검은 세로줄이 붙어 있다. 소리 소문 없이 정착한 신기술의 결과물인 바코드 또는 세계 상품 코드Universal Product Code는 1974년 6월 26일 미국의 식료품점에서 조용히 데뷔했다. 현재는 500만 개 이상의 상품에 바코드가 부착되고 스캔되고 전 세계에서 판매된다.[86] 상품 진열대에 감지 장치를 부착한 상점에서는 구두 상자, 셔츠, 샴푸 등에 붙어 있는 바코드가 읽히고, 재고가 부족해지면 자동으로 공급자에게 통보되기 때문에 비용이 많이 드는 재고 조사 작업을 할 필요 없이 곧바로 부족분을 채워 넣을 수 있다.

전신의 탄생 이후 가장 극적인 변화는 전자 혁명, 특히 개인용 컴퓨터와 월드와이드웹www과 함께 왔다. 1976년 대학을 중퇴한 21살의 재기발랄한 청년 스티브 잡스는 백만장자가 되겠다는 꿈을 안고 최초의 개인용 컴퓨터를 조립했다. 1년 후 애플 컴퓨터가 문을 열었고, PC 혁명이 시작된다. 1980년대에 IBM은 혁명의 깃발을 높이 들어 올리고, 그때까지 취미생활자의 전자 장난감에 불과했던 PC를 각 개인의 생산성을 높이는 강력한 도구로 변신시켰다. 1990년대에는 인터넷의 등장으로 전 세계의 PC가 연결되면서, 조상들이 아프리카를 떠나와 세계로 흩어진 이래 인간 공동체를 가장 긴밀하게 연결하는 역할을 맡았다.

상거래를 기록하는 수단은 수메르 인들의 점토판에서 시작하여 양피지, 타자기와 컴퓨터 키보드를 거쳐 PC로 진화했다. 비즈니스의 모든 면을 단순화하고 가속화하기 위해 워드프로세싱, 스프레드시트, 데이터베이스부터 무수히 많은 관련 소프트웨어까지 일괄적인 프로그램들이 개발되었다. 개인용 컴퓨터의 업무 처리 능력은 끊임없이 강화되고, 1980년대 중반의 규제 완화에 따라 가격이 지속적으로 하락하면서 세계 비즈니스에 전례 없는 추진력을 제공했다. 그리고 전 세계 수백만 대의 컴퓨터가 전화망을 통해 연결되었다. 그러나 어떻게 소통할 것인가가 문제였다. 영국 물리학자 팀 버너스 리Tim Berners-Lee가 해결책을 들고 나왔다. 버너스 리는 유명한 유럽의 입자물리학연구소CERN에서 연구원으로 일하며 여러 계층의 사람들, 컴퓨터, 연구소의 프로젝트 정보 공유를 위해 프로그램을 개발했다. 그는 당시 괴상해 보였던 이 아이디어가 어떤 것이었는지를 이렇게 회고했다.

나는 전 세계 컴퓨터에 저장된 정보들을 서로 연결한다면 어떻게 될까 하는 생각을 했다. 무엇이든 연결되는 공간을 내 컴퓨터에 프로그래밍해 넣는다면 어떻게 될까. 그렇게만 되면 모든 사람들이 CERN의 모든 컴퓨터와 지구상의 모든 컴퓨터에 저장된 정보를 활용할 수 있게 된다. 모든 컴퓨터가 단일한 정보 공간이 될 것이다.

이 공간의 정보 하나하나에 주소를 부여하면, 나는 내 컴퓨터에 정보를 찾아오라고 명령만 내리면 된다. 똑같은 절차를 거쳐 어떤 정보든 검색할 수 있게 된 컴퓨터는, 무관해 보이지만 사실은 모두 관련이 있는 정보들을 보여줄 수 있게 된다. 거미줄 같은 정보망이 형성되는 것이다.[87]

모든 정보를 연결시킨 해법은 HTML(HyperText Markup Language)이었다. 각기 다른 언어로 프로그래밍된 모든 컴퓨터가 이해할 수 있고, 읽고 쓰고 텍스트와 이미지와 사운드를 다른 장소에 있는 컴퓨터로 전송할 수 있는 브라우저였다. 모든 것을 연결하겠다는 엉뚱한 생각을 가지고 장난을 시작한 지 10년 후, 버너스 리는 클라이언트 프로그램(포인트앤드클릭 브라우저 에디터)을 개발하고 월드와이드웹이라고 지칭했다. 그 나머지는 역사다. 다른 과학자들이 컴퓨터에서 다른 컴퓨터로 전자 메일을 보내는 방법을 발명했다. 2006년 현재, 전 세계 인구의 6분의 1에 해당하는 거의 10억 가까운 인구가 인터넷으로 연결되어 있다.

억만장자가 된 스티브 잡스는 2001년에 주머니에 들어가는 소형 뮤직 플레이어 '아이포드'를 출시하며 다시 한번 신문의 헤드라인을 장식한다. 아이포드는 소비자들에게 선풍적인 인기를 얻어 2005년 320억 대라는 경이적인 판매고를 올렸다. 전 세계 아이포드 사용자들은 온라인상에서 음악을 다운로드하여 예전 같으면 잘 알지 못하거나 많이 듣지 않았을 수십 억 곡의 노래를 즐길 수 있다.

우리 시대의 계절풍

인터넷은 광섬유 커뮤니케이션과 나란히 성장했다. 파장이 일정하고 강한 빛인 레이저와 빛의 펄스pulse를 통해 정보를 전송할 수 있는 광섬유 케이블 생산에 성공하면서 커뮤니케이션 환경은 급격한 변화를 맞았다. 레이저 빔이 가느다란 유리섬유 가닥을 통해 사운드와 이미지를 실어 나르고, 지구 먼 구석까지 빛의 속도로 도달하면서 동시 커뮤니케이션의 새로운 시대가 열렸다. 19세기 중반의 전신 기사들은 사무엘 모스의 부호를 초당 4~5개의 점과 선으로 전송할 수 있었다면, 20세기 후반의 광섬유 케이블은 매초마다 1기가비트 또는 10억 개의 세그먼트 이상을 전송할 수 있다. 눈 깜박하는 사이에 『브리태니커 백과사전』을 통째로 전송하는 것이다.

1988년 대서양 횡단 광섬유 케이블이 깔린 이후로 약 3만 7,800회선의 동시 통화가 가능해졌다. 1990년대 중반에는 기존에 해저에 매설되어 있던 네트워크 전체를 합친 것보다 더 많은 정보를 소통할 수 있는 새로운 케이블이 설치되었다.[88] 1996년, 유럽과 북아메리카 간에는 130만 회선의 동시 통화가 가능해졌고, 아시아와는 거의 100만 회선의 동시 통화가 가능해졌다. 1960년대 중반 이후로 150개 이상의 통신위성이 발사되어 수용량이 증가하면서 전 세계에 흩어져 있는 100만 명을 동시에 연결할 수 있게 되었다.

비즈니스 세계가 이런 호기를 놓칠 리 없었다. 시카고 증권거래소는 1999년 폐장 후 거래 서비스를 시작하여 24시간 장터를 탄생시켰다.[89] 그 결과 우리는 전화선이나 고속케이블로 연결된 컴퓨터 앞에 앉아 주식을 사고팔고 세계 어느 곳과도 거래를 할 수 있다. 기존에 존재하던 상품 거래에 외환 거래가 추가되면서, 1983년에서 1992년 사이의 외환 거래는 일곱 배가 증가하여 거래량이 1,600억 달러를 넘어섰다.[90] 그 이후 10년에 걸쳐 고속 네트워크에 편승한 외환 거래는 하루 1조 달러 규모로 배가되었다. 이 돈은 100달러 지폐로 쌓는다면 높이 19만 2,000미터에 이르러 에베레스트 산을 난쟁이처럼 보이게 할 수 있는 규모다.[91]

인터넷의 성장으로 인도의 선도적 소프트웨어 기업인 인포시스 테크놀로지스Infosys Technologies의 공동 창립자 나라야나 무르티N. R. Narayana Murthy 같은 새로운 유형의 무역상이 탄생했다. 작은 체구에 안경을 쓴 무르티는 가난한 가정에서 태어난 뛰어난 소프트웨어 엔지니어였다. 대학을 졸업하고 첫 직장에서 판에 박힌 코드만 쓰는 일에 실망한 무르티와 6명의 프로그래머 친구들은 1981년에 인포시스를 창립했다. 그는 이렇게 회고했다. "우리는 우리 자신과 인도 사회의 더 나은 미래를 위해 봄베이에 있는 작은 방에 옹기종기 모여 있었다. 그리고 어쩌면 더 나은 세계를 건설하는 데 기여할 수도 있으리라는 꿈을 꾸었다."[92] 이 회사는 주문형 소프트웨어 프로그램을 개발하는 서비스를 제공했다. 1980년대 인도의 관료 체제와 컴퓨터 부족이라는 장애물에 직면한 무르티는 '인력 쇼핑bodyshopping' 모델을 개발했다. 그의 팀은 고객이 있는 곳으로 찾아가서 프로그램을 개발한 후, 현금을 받아들고 귀국했다.

무르티는 세계화의 촉진자이자 생산자인 많은 기업가들 가운데 한 사람이다. 그는 관료제의 엄청난 저항과 기반시설 부족이라는 어려움에 직면했지만, 세계화가 가져올 패러다임의 전환을 인식하고 있었다고 한다. 고속 케이블을 사용한 접속이 가능해지면서 인력 쇼핑은 필요가 없어졌고, 자기 자리에 있는 컴퓨터를 떠나지 않고도 서비스를 제공할 수 있게 되었다. 그는 세계화를 이렇게 이해했다고 말한다. "자본이 가장 흔한 곳에서 자본을 조달하고, 이용할 수 있는 최고의 인력이 풍부한 곳에서 인력을 조달하고, 최고의 비용 절감 효과를 노릴 수 있는 곳에서 생산을 하고, 국가라는 장벽의 압박을 받지 않는 시장에서 판매를 하는 것이다."

1990년대 인도는 자유주의 경제 체제로의 개혁을 통해 전기 통신 분야를 개방했고, 통신 비용이 하락하면서 제약이 사라졌다. 1세기에 계절풍의 발견으로 인도 향신료 무역의 주요 해안에 무역상의 행렬이 줄이었던 것과 마찬가지로, 컴퓨터와 통신 혁명은 외주 위탁outsourcing 서비스와 컴퓨터 시스템을 기반으로 전 세계 배송 서비스를 제공할 수 있는 길을 열었다. 1990년대 후반의 닷컴 붐이 일던 시기에 광섬유 케이블 다발이 해저에 설치되었고, 이후 닷컴 열기가 식으면서 가격이 폭락했다. 광섬유 네트워크 소유주들의 파산으로 염가 판매의 이익을 가장 크게 본 이들은 인도와 싱가포르 기업들이었다. 아시아 기업들은 거의 최신이라 할 수 있는 정보 고속도로를 95퍼센트 혹은 그 이상 할인된 가격으로 매입했다.[93] 인도의 거대 통신기업 VSNL(Videsh Sanchar Nigam Ltd.)은 파산한 티코Tyco사에게 AT&T의 해저 광케이블 네트워크를 단돈 1억 3,000달러에 사들였다. 원소유주는 30억 달러를 들여 설치한 케이블이었다.[94]

인도의 방갈로르에 위치한 인포시스는 광섬유라는 새로운 계절풍이 비즈니스에 어떤 의미인지를 직접 목격할 수 있는 곳이다. 광섬유는 거리가 전혀 문제되지 않는 원거리 무역 서비스이다. 200명을 수용할 수 있는 거대한 강당에는 벽면 크기의 TV 화면에 전 세계 고객과 엔지니어 들이 인포시스가 제공하는 다양한 제품에 대해 얼굴을 마주하고 논의할 수 있는 시스템이 갖춰져 있다. 잎이 무성한 회사 구내를 가로질러 있는, 냉방 설비가 갖춰진 또 다른 강당에는 프랑크푸르트, 런던, 뉴욕에 있는 고객의 컴퓨터 본체와 연결된, 20여 개의 프로그램이 설치된 컴퓨터 단말기가 있다. 그 프로그램들은 다른 대륙의 고객들을 위해 개발한, 미세 조정fine-tuning된 수억 달러에 달하는 소프트웨어 응용프로그램들이다. 〈포춘Fortune〉지 선정 세계 500대 기업들이 인포시스의 고객들이며, 1981년의 창업 당시의 자본금 250달러는 2006년 상반기에 자본 총액 약 220억 달러가 되었다.

광섬유 케이블과 비용이 많이 들지 않는 음성패킷망(VOIP : voice-over Internet telephony)은 세네갈 같은 국가에 새로운 기업가들을 양산해냈고, 유럽과 아프리카 대륙 간에 완전히 새로운 접속 방식을 만들어냈다. 최근까지 땅콩이 주요 수출품이던 세네갈은 이제 교육받은 젊은이들이 인터넷을 이용해 서비스를 수출한다. 파란 카펫이 깔린 다카르의 콜센터 사무실에서는 남녀 젊은이들이 한 줄로 죽 늘어선 반짝이는 컴퓨터 화면 앞에 앉아 전화로 조용히 속삭이고 있다. 전화를 건 프랑스 고객들은 이 전화를 받는 사람들이 4,000킬로미터 떨어진 다른 대륙에 있다는 사실을 알지 못한다. 프랑스 기업에 고용된 세네갈의 직원들은 세탁기를 판매하고 고객 조사를 하고 인터넷으로 들어오는 질문에 답변한다. "우리는 프랑스 현지보다 20~40퍼센트 싼 가격에 이 서비스를 출시했습니다." 냉방 장치가 된 커다란 사무실에서 이 회사 CEO 압둘라예 사르Abdoulaye Sarre가 말했다. 콜센터 서비스는 프랑스 고객들에게는 비용 절감을, 세네갈 직원들에게는 평균 임금보다 높은 임금을 받으며 고객 상담을 하는 완전히 새로운 직업을 제공한다.

인류가 흑요석과 옷감으로 물물교환을 시작한 이래 거의 5,000년 동안 국경을 넘는 무역상의 숫자와 그들이 수송하는 상품의 종류는 계속 증가해왔다. 아시리아 인 푸수켄에서 유대 인 아브라함 이유, 토메 피르스에서 장 드 라 로크, 스티브 잡스에서 나라야나 무르티까지 상인들은 끊임없이 상품을 확장하고, 더 넓은 시장을 찾아 나서며 세계를 통합해왔다. 이윤을 추구하는 그들의 갈망은 더 빠르고 더 많은 용량의 운송 수단과 신속 정확한 지불 방법을 찾게 유도했다.

개인용 컴퓨터의 성장과 끊임없이 증가하는 정보 처리 능력이 광섬유 전기 통신의 속도와 결합하여 거리라는 장애물을 단번에 제거하면서 지리적 요인은 더 이상 문제되지 않는 새로운 유형의 비즈니스와 산업을 발달시키고 있다. 아마존부터 트래블러시티Travelocity에 이르는 수많은 전자 상거래 사이트가 책, 전자 제품, 주말여행 패키지까지 집과 사무실에서 편안하게 구매하고 싶어하는 고객들에게 서비스를 제공하기 위해 우후죽순처럼 생겨났다. 1995년 전 세계 인터넷 벼룩시장인 이베이eBay의 탄생은 본질적으로 '오래된' 비즈니스를 새롭게 변신시킨 것이다. 과거의 시장 상인들이 그랬던 것처럼, 보통 사람들도 쓰던 가전제품이나 오래된 영화 포스터, 자질구레한 물건들을 전 세계가 연결된 네트워크 안에서 최고 입찰자를 찾아 판매할 수 있게 되었다. 은행과 판매자의 중계 역할을 하는 온라인 지불 시스템 페이팰의 도입으로 은행 계정이나 신용카드를 가지고 있는 사람은 세계 어디에서나, 누구나 처분하고 싶은 중고 책이나 카메라 같은 물건을 경매에 붙일 수 있게 되었다.

48시간도 안 되는 시간에 여러 나라를 거쳐 조립되고, 페더럴 익스프레스의 배송 서비스로 내 집에서 아이포드를 구매할 수 있었던 편리함은 세계 시장이 수천 년간 얼마나 진화했는지를 보여주는 아주 작은 예에 불과하다. 오늘날 우리가 사들이는 대부분의 상품들은 마틴 케니Martin Kenney의 말처럼 "국적을 초월하여 정교하게 편성된 오디세이의 최종 결과물"[95]인 것이다.

한편 내가 개인 신용카드로 아이포드 대금을 지불할 수 있었던 국제 지불결재 시스템의 등장으로 로마 시대부터 영국과 네덜란드의 동인도 회사에 이르기까지 무역상들을 괴롭혀왔던 장애물이 제거되었다. 이제는 주문받은 상품을 수송하기 위해 낙타몰이꾼을 수소문하거나, 네덜란드 플류트선의 선주를 찾아가거나, 계절풍이 부는 때를 기다릴 필요가 없다. 우리는 개인용 컴퓨터, 인터넷, 신용카드, 배송 업체의 트럭이 찾아올 수 있는 집 주소가 있기 때문에 수천 킬로미터 떨어진 곳에서 생산되는 제품을 사는 데 그 모든 수고를 할 필요가 없어졌다.

VOYAGE

3장

월드 인사이드

> 인간이 만들어낸 것들 가운데 우리가 이해하고 즐기는 것은 모두 기원이 어떻든 즉시 우리 것이 된다.
> – 라빈드라나드 타고르 Rabindranath Tagore

　에메랄드 시티라고 불리는 시애틀, 1999년 11월의 거리 습격 같은 폭력은 이 도시가 생긴 지 약 150년 이래 처음 있는 일이었다. 태평양 푸른 바다에 면한 이 도시가 세계무역기구WTO 각료 회의 장소로 선정된 후 주최측은 문제가 발생할 수 있다는 사실을 인지하고 있었다. 노동조합원부터 학생, 농민, 환경론자에 이르기까지 전 세계의 세계화 반대 시위자들이 시애틀에 모여 투쟁할 것을 계획하고 있었다. 그들은 자부심을 가지고 세계무역기구 회의를 주관한 클린턴 정부에게 자유 무역을 통한 세계화는 민중들에게 고통을 안겨줄 뿐이라는 점을 분명히 알리려 했다.

　개발도상국들에 대한 집요한 시장 개방 압력은 부유한 다국적 기

◀"예멘 모카 지방의 프랑스 인 커피 무역상"(1710년). 장 드 라 로크의 『행복한 아랍 여행』(암스테르담, 1716년)의 삽화.

업만 살찌울 뿐, 다른 모든 지역의 민중들에게 피해를 입히고 있었다. 선진국의 노동자들은 일자리를 잃고, 그 일은 중국이나 인도네시아 같은 국가의 노동 착취가 벌어지는 공장들이 대신했다. 기업의 이윤을 위해 열대 우림이 사라지고, 바다에서는 트롤어업을 통해 막대한 양의 어획고를 올리며 멸종 위기의 바다거북을 위협하고 있었다. 가장 강력하게 세계화된 미국 기업인 보잉, 마이크로소프트, 스타벅스의 본사가 있는 시애틀보다 세계화 반대자들의 분노를 표현하기에 더 좋은 장소가 있을까?

시애틀 시당국과 연방기관에서는 세계화 반대를 위해 모인 5만 명의 시위자들이 바닷가 도시를 마비시킬 계획을 세우고 있다는 정보를 사전에 입수했다. 그들은 시위대를 저지하기 위해 세계 지도자들과 세계무역기구 각료들의 만남이 예정된 회의장에 수천 명의 경찰을 배치했다. 그러나 각료 회의가 시작되기 전날 저녁에 발생한 일은 예상하지 못했다.

다스베이더Darth Vader(영화 〈스타워즈〉에 등장하는 악당, 기계인간 – 옮긴이) 같은 경찰들이 매운 최루탄을 발사한 곳은 회의 장소인 워싱턴 주 무역센터 입구가 아니었다. 도시를 마비시키고 결국은 각료 회의를 무산시킨 잊지 못할 폭력 장면이 연출된 곳은 시애틀의 상업 지구였다. 수많은 텔레비전 시청자들이 그 작은 드라마를 지켜봤다. 한 청년이 빈 깡통을 집어 들어 스타벅스 매장의 유리문을 향해 힘껏 던지자 지나가던 할머니 한 분이 젊은이를 꾸짖었다. "그만해요. 젊은이는 우리나라와 우리 도시를 웃음거리로 만들고 있잖아." "이건 정당방위입니다." 젊은이가 큰 소리로 대꾸했다. "무엇으로부터 방어한다는 말인가? 유리문이 젊은이한테 뭐라고 그래?" 할머니는 놀라서 물었다.[1]

시애틀이 전쟁터가 된 날, 세계화 비판에 열성이었던 수많은 사람들은 황금시간대에 전국으로 방영된 시설물 파괴 행위를 보며 당혹스러웠다. 그러나 세계무역기구 회담을 무산시킨 대규모 항의는 그 폭력성에도 불구하고 시위대가 세계화를 수용할 수 없는 불평등으로 이해하고 있다는 사실을 세상에 알리는 계기가 되었다. 시애틀 시위에 동참했던 글로벌 익스체인지Global Exchange(www.globalexchange.org. 국제 무역 질서의 경제 정의 실현을 목적으로 1988년에 설립된, 전 지구인의 연대를 촉진하는 연구 활동, 교육 활동, 사회운동을 실천하는 민간 단체 - 옮긴이) 같은 기구들은 스타벅스를 비롯한 거대 커피 소매 업체들을 상대로 소규모 생산자들에게서 공정한 가격에 커피를 구매할 것을 촉구했지만 성과는 없었다. 그들이 제시한 공정 가격은 커피콩 1파운드당(약 454그램) 1.50달러였지만 해당 기업들의 실제 구매 가격은 50센트에 불과했다. 이런 가격 차이는 거대 기업의 부당한 이익으로 돌아가고 소규모 생산자들은 궁핍해질 수밖에 없었다.

스타벅스와 여타 다국적 기업의 매장에 대한 파괴 행위로 기억되는 세계무역기구 시애틀 각료 회의 반대 시위대에는 노동자들이 광범위하게 참여했고, 농업인들, 학생들 그리고 다양한 불만을 가진 전문 직업인들이 포함되어 있었다. 그 자리에는 제강 노동자부터 섬유 노동자까지, 낮은 생산 원가를 무기로 하는 생산자들의 '덤핑'에 반대하는 미국 노동자들이 있었다. 그리고 아시아와 라틴아메리카의 커피 재배지 같은 곳에서 외국인 근로자에게 가해지는 노동 착취에 반대하고, 오염 유발 시설에 반대하는 환경·인권 운동 기구들이 있었다.

시애틀의 반세계화 시위는 세계화의 양면성을 분명히 보여주었다.

1차 상품의 거래를 주로 한 원거리 교역은 수세기에 걸쳐 세계를 더욱 긴밀하게 연결해왔다. 이 지역에서 재배된 면화는 다른 지역으로 건너가 의류가 되고, 케냐에서 커피콩을 따는 일꾼들의 뼈 빠지는 노동은 뉴욕과 런던의 커피 소매업자에게 많은 이익을 가져다주었다. 보잘것없는 임금을 받는 노동자와 소규모 생산자들에 대한 인간의 기본적인 연대감이 세계를 더욱 가깝게 묶었다. 대중들은 먼 나라의 불행한 커피 재배자들을 동정했다. 동시에 노동 착취가 빈번한 개발도상국의 공장으로 일자리를 보냄으로써 미국인의 일자리를 '빼앗는' 기업들에 대해 분노했다. 미국 섬유 산업 분야에서 가장 규모가 큰 노조인 UNITE는 시애틀에서 세계무역기구 반대의 목소리를 내는 데 총력을 기울였다. 통신 혁명 덕분에 시애틀에서 발생한 폭동의 극적인 이미지는 전 세계 수백만 대의 화면으로 방송되었다. 통신 혁명 자체가 세계화의 산물이었지만, 역설적으로 그 장면은 반세계화 운동에 대한 세계적 각성을 불러일으켰다.

이번 장에서는 우리가 입는 옷과 우리가 마시는 커피, 정보화 시대의 동력인 유비쿼터스 마이크로칩 같은 일용품들이 어떻게 수천 년 동안의 교역과 군사적 정복과 탐험이 초래한 상호 연관성을 통해 일상화되는지를 살펴본다. 목화와 커피, 마이크로칩이 전파되면서 세계의 상호 의존성interdependence과 상호 연관성은 끊임없이 증가해왔다. 미국 섬유 산업 분야의 일자리가 사라져가는 것에 반대한 시애틀 시위대는 17세기 동인도 회사 사무실을 공격한 영국 직조공들의 좌절과 분노, 그리고 1세기 후 영국의 관세와 산업 혁명으로 생계를 빼앗긴 인도 직조공들의 소리 없는 죽음과 여러 가지 면에서 연속성이 있다.

아프리카의 뿔 지역이 원산지인 커피가 전 세계로 확산되면서, 커피를 마시는 자와 커피를 비난하는 자—이슬람 학자들인 울라마, 그리스도교 목회자들, 술탄들, 심지어 커피하우스에 정신이 팔려 집에 붙어 있지 않는 남편에게 질린 가정주부들까지—의 숫자는 똑같은 속도로 증가했다. 물론 과거에 커피를 비난했던 사람들이 분노한 이유는 시애틀의 스타벅스를 공격한 사람들과는 그 내용이 달랐다. 16세기 오스만 제국 수비대 병사들이 이스탄불의 커피하우스를 유린한 일은 시애틀 시위처럼 위성텔레비전이나 인터넷을 통해 전 세계로 알려지지는 않았다. 모든 전자 장치에 내장된 조그마한 실리콘 조각(마이크로칩)이 바로 반세계화 시위를 전 세계적으로 확산시킨 범인이다. 마이크로칩 자체는 수천 년 동안의 탐험과 전 세계 상호 작용의 산물이다. 두 미국인이 발명한 마이크로칩은 도처에 존재한다. 뒤에서 살펴보겠지만 목화와 커피, 마이크로칩 같은 일용품 안에는 세계화의 주역들이 상호 연결된 세계를 만들어내기까지의 모든 역사가 담겨 있다.

인텔은 자사 제품을 사용하는 모든 상품에 인텔의 CPU가 내장되어 있다는 뜻으로 인텔 인사이드intel inside라는 슬로건을 붙인다. 그렇다면 목화, 커피, 마이크로칩은 세계를 담고 있는 '월드 인사이드 world inside'라고 할 수 있다.

목화가 화폐보다 더 현금 가치가 있다

우리 조상들은 인체를 보호하기 위해 동물 가죽과 털, 나무껍질, 풀 엮은 것, 여러 가지 식물 섬유소 등을 시도하다가 최종적으로 목화를 선택했다. 식물학자들은 셔츠부터 신발 끈까지 일상적인 모든 직물의 원료가 되는 고시피움 Gossypium속屬은 구세계와 신세계에서 각각 발달했다고 설명한다. 북아메리카의 이 식물은 콜럼버스의 항해가 있기 전까지 외부 지역에 알려지지 않았지만, 현재는 전 세계로 확산되어 면제품의 90퍼센트를 점유하고 있다. 구세계의 목화는 역사가 시작된 이래 첫 4,000년 동안 인도와 이집트에서 생산되는 귀한 상품이었다.

야생 목화는(영어의 코튼cotton은 아랍어 코톤qoton에서 유래했다) 기원전 2300년에서 1760년 사이에 인도 아대륙의 인더스 강 유역에서 재배되었다. 인도인의 면직물 직조 기술과 색이 변치 않는 염색법은 금방 이웃들의 눈에 띄어, 값비싼 금은보석을 싣고 와서 옷감으로 교환하려는 배와 낙타 대상들이 줄을 서게 된다. 서기 1세기에 계절풍이 발견된 후에는 바다를 건너오는 선박들이 기존의 대상 행렬에 합세했다.

기원전 1세기 중국에는 여러 종류의 목화가 알려졌지만, 중국의 전통적인 섬유 산업은 마섬유를 바탕으로 한 대량 생산 체계였다. 목화는 서기 10세기가 지나서야 인도에서 동남아시아에 소개되었고, 중국의 중요한 환금작물이 되었다.2 14세기에서 15세기 사이 중국에서 대규모 면직물 산업이 시작되고, 양쯔 강 유역의 목화가 한국과 일본으로 전파된다.3 처음부터 지배 계층에서만 사용되던 비단은 중국의 주요 수출품이었다. 한편 인도는 수출용 면직물 생산을 위해 변색이 없는 식물 염료나 나무토막을 이용한 날염 기술을 개발했다. 또한 조면繰綿 기술(목화 섬유소에서 씨를 골라내는 기술), 섬유소를 실로 만들어 대나무나 나무로 만든 베틀로 옷감을 짜는 기술을 연마했다. 기본 기술이 일단 전파되자 다른 나라들도 기술 개발에 합세했다. 인도 독립 운동의 상징으로 마하트마 간디에 의해 유명해진 인도의 실 잣는 물레는 13세기 페르시아에서 전해졌다는 설이 있

다. 물레라는 뜻의 힌디 어 차카Charkha는 페르시아 어에서 유래했다.⁴

목화 재배와 더불어 직조 기술 역시 인도에서 시작되었다. 중국 기술사를 연구한 마크 엘빈Mark Elvin은 중국이 "아마도 인도에서 면과 조면기가 들어온 이후 얼마 지나지 않아 여러 개의 방추가 달려 있고, 발로 페달을 밟아 회전시키는 기계를 발명한 것 같다."⁵고 밝혔다. 송대宋代(960~1279년)에 면직물 직조법은 항해용 돛을 제조하는 데까지 발전했다.⁶ 17세기와 18세기에 면직물 직조 산업은 중국에서 가장 큰 산업이 되었다. 수많은 농촌 가정에서 돈을 벌기 위해—때로는 세금을 내기 위해—매일 시장에서 생목화를 사서 실을 잣고 천을 짰다.

600년 초에 목화는 인도에서 이라크로 전해지고, 거기서 다시 시리아, 사이프러스, 시칠리아, 튀니지, 모로코, 스페인, 이집트까지 전파된다.⁷ 10세기경 아랍 인들은 서쪽 저 멀리 포르투갈 땅에까지 목화를 가져가 재배했다. 목화는 천 년 동안 광범위하게 전파되었지만, 직물을 짜는 일은 대부분 내수용이거나 추가적인 현금 수입을 얻기 위해 생산하는 정도로 한정되어 있었다. 고급 면직물은 여전히 수입되었다. 성스러운 이슬람 순례 여행인 하지Hajj〔이슬람교도의 5대 의무 중 다섯 번째 의무. Shahada(신조 암송), Salat(하루 5회 기도), Sakat(빈민 구제), Saum(라마단 금식), Hajj(성지 순례). 이슬람력 마지막 달인 '순례의 달' 7일부터 12일까지 진행되며, 성지 메카의 카바 신전 등을 순례한다−옮긴이〕 동안에 지다jidda와 메카에는 대규모 연례 옷감장이 열렸고, 이집트와 인도에서 건너온 직물이 다량으로 거래되었다.⁸ 산업 혁명 이전까지 인도에서 생산된 직물은 세계에서 가장 규모가 큰 수출품의 자리를 고수했다. 인도의 옛 문헌에 따르면 면직물은 1700년 인도 국내총생산GDP의 22퍼센트를 차지하는 중요한 상품이었다. 이제 왕관은 중국으로 넘어갔지만, 20세기에 중국이 풍부한 노동력을 바탕으로 대량 생산이 가능한 직물 공장을 건설하기 이전까지 면직물 수출은 거의 인도의 독점 사업이었다.

인도의 면직물은 로마 시대부터 홍해, 아라비아 해, 인도양 무역의 인기 품목이었다. 유럽 인들은 1498년 바스코 다 가마가 아시아와의 해상 무역을 개척한 후에야 인도의 면직물을 발견했다. 발견은 했지만 포르투갈 인들은 의류 제작에 사용할 천보다는 복잡한 수가 놓인 벵골 지방의 면 퀼트 제품에 더 많은 관심을 보였다. 포르투갈의 왕자 엔히크가 모로코 술탄에게 보낸 선물 가운데는 '수가 놓인 벵골산 침대 덮개'9가 있을 정도였다. 한편, 향신료를 사기 위해 아시아로 온 네덜란드와 영국인들은 곧 인도산 면직물을 화폐 대용물로 사용할 수 있다는 것을 깨달았다. 네덜란드는 신세계로 보낼 노예를 사들이기 위해 인디고 염색을 한 인도산 푸른 천들을 아프리카로 수출했다. 인디언 블루 색상의 이 면직물은 노예들의 옷을 만드는 데 사용되어 '슬픔의 옷감'10이라고 불렸다.

유럽 인들은 면을 발견하기 전까지 몇백 년간(비단을 입었던 부유층을 제외하고) 리넨과 양모로만 옷을 해 입었다. 색상이 선명하고 변색이 되지 않으며 물빨래가 가능한 친츠Chintz(화려한 색으로 꽃이나 새 등 자연 무늬를 날염한 면직물 - 옮긴이)는 대대적인 유행을 낳았다. 실을 잣고 직조하는 기술은 몇 세기 동안 변한 것이 없었지만 인도산 면직물 제조업은 갑자기 호황을 맞았다. 목화를 키우고 옷감을 생산하는 작업에 계속 더 많은 노동력을 투입하여 수요를 충족시킴으로써 호황을 유지하는 것이 가능했다. 일부 작업 공정이 전문화되긴 했지만 천의 종류와 디자인에 국한된 것이었다. 구자라트 지역과 코로만델Coromandel 해안의 모든 마을은 섬유 생산을 전문으로 했다. 노동자들은 정해진 시간 내에 일정 수량의 제품을 공급하는 대가로 현물이나 현금을 미리 받았다.

마을에 하나밖에 없는 물레로 자아낸 면사는 우마차에 실려 해안 마을과 항구에 있는 수백 개의 베틀이 갖춰진 작업장으로 운반되었고, 완제품으로 가공된 후 유럽으로 수출되었다. 옷감의 품질과는 별도로 인도산 직물의 가장 큰 매력은 생동감 있는 색상과 디자인이었다. 인도인들은 물빨래를 해도 바래지 않는 밝은 식물성 염료 제조 기술의 달인들이었다. 수요가 급증하자 인도인 생산자들은 유럽인과 아시아 인의 기호에 맞는 디자인과 색상에 재빨리 적응했다.[11] 인도네시아부터 나이지리아에 이르기까지 각국의 바이어들은 인도 마을의 직조공들에게 자기 나라의 모티프와 문양이 들어간 디자인을 제공하여 상품을 생산하게 했으며, 다음 계절에 돌아가는 무역상들을 통해 배송할 수 있게 했다.[12]

인도산 면직물이 유럽에서 대유행하다

원조 자본주의 생산 시스템은 인도에서 발전했다. 이것은 유럽에서 발전한 '선대제先貸制, putting out system'(상인이 수공업자에게 미리 돈과 원료를 제공해 물건을 생산하게 하고, 그 물건으로 상업과 무역을 전개하는 방식. 소생산자들을 한 곳의 작업장에 모으는 것이 아니라 각자의 작업장에서 작업하게 하므로 생산 규모의 축소·확대가 용이하다 – 옮긴이)와 아주 흡사한 것으로 증가하는 수요를 그때그때 충족시킬 수 있도록 규모를 확대할 수 있는 방법이었다. 약 1,700년 전에 로마의 역사가 플리니가 불평했던 상황과 다르지 않게, 인도산 직물의 수요가 너무 증가해 영국의 무역수지는 계속 적자를 면치 못했다.[13] 1710년에서

1759년 사이에 동인도 회사가 수입한 900만 파운드에 달하는 상품은 대부분 면직물이었고, 그 대가로 2,600만 파운드 상당의 금은괴를 지불했다.14 1695년 인도를 방문한 이탈리아의 여행가 제멜리 카레리Gemelli Careri는 전 세계에서 유통되는 금과 은은 마지막에는 모두 무굴 제국으로 모인다는 기록을 남겼다. 16세기에 신세계에서 대략 1만 7,000톤의 은이 채굴되었고, 이 가운데 약 6,000톤이 유럽인의 상품 수입 대금으로 인도에 지불되었다.15 이 무역이 정점에 이른 18세기 초에 인도는 연간 2,743만 2,000미터의 고급, 저급 직물을 전 세계로 수출했다.16

인도산 섬유가 시장을 지배하자 영국의 비단과 양모 직조공들은 경각심을 느꼈다. 로마 시대에는 여인들이 얇고 선정적인 옷을 입을 것이라는 두려움 같은 도덕적인 이유로 비단 수입 금지법이 제정된 일이 있었다. 그로부터 몇백 년이 지나, 일부 영국인들은 신앙심에서 면직물 수입을 금지할 훌륭한 명분을 찾아냈다. 『대외 무역으로 영국의 부를 축적하는 방법*England Treasure by Forraign Trade*』(1664년)에서 토마스 문Thomas Mun은 독실한 그리스도교인은 이교도들이 만든 면직물을 입지 말라고 간곡히 권고했다.17 반대자들과 노동자들의 폭동으로 결국 영국은 1701년 직물법Calico Act을 제정해 인도산 직물의 수입과 착용을 부분적으로 금지하게 된다. 그러나 저항은 계속되었다. 인도산 면직물이 가져온 재앙에 반대하는 선동의 중심에는 프랑스에서 신교도 박해를 피해 나온 많은 위그노들이 정착해 견직물을 생산하며 살아가는 마을인 스피탈필즈Spitalfields가 있었다. 한 역사 문서는 이렇게 적고 있다.

인도산 면직물과 날염된 리넨 옷의 유행은 1719년 심각한 소요의 원인이 되었다. 6월 13일에는 4천 명의 스피탈필즈 직조공들이 시내 행진을 하던 중에 인도산 면이나 리넨 옷을 입은 여성들에게 잉크와 질산 등 여러 가지 액체를 뿌리며 공격하는 사건이 발생했다. 시장은 시민군을 동원하여 폭도들을 진압했고, 근위기병대가 체포한 2명의 폭도는 마샬시marshalsea 감옥에 투옥되었다. 그러나 근위대가 떠나자마자 다시 모인 폭도들은 거리에서 면직물 옷을 입은 사람을 마주치는 족족 그들의 옷을 찢어버렸다.[18]

1721년 영국은 면직물의 수입을 전면 금지하는 두 번째 직물법을 통과시켰지만 이것은 오히려 밀수의 불을 지핀 셈이었다. 인도산 면직물의 인기에 부응해 영국 국내에서도 똑같은 원단을 생산하기 시작했지만, 유럽의 임금은 인도보다 여섯 배나 높았기 때문에 유럽산 직물은 인도산과 경쟁이 될 수 없었다. 노동력 절감을 위해 기술을 개발하려는 노력이 일련의 발명을 낳았고, 1771년 마침내 크롬포드Cromford에서 수차를 동력으로 하는 면방적 공장이 문을 열게 된다. 이른바 산업 혁명의 시작이었다. 랭커셔Lancashire는 '사악한 악마의 공장'과 함께 새로운 산업 시대의 상징으로 떠올랐고, 마케팅 중심지인 맨체스터Manchester는 '전 세계로 촉수를 뻗는 산업 시스템을 갖춘 최초의 국제적 공업 도시 코트노폴리스cottonopolis(맨체스터의 별칭 – 옮긴이)'[19]가 되었다.

기계를 가동하려면 여전히 많은 노동자가 필요하긴 했지만 생산량과 속도 면에서 이미 인도의 값싼 노동력을 상쇄하고도 남았다. 겨우 14년 만에(1814~1828년) 영국으로 수입되는 인도산 면직물의 양은 3분의 1로 줄었고, 인도로 수출되는 대량 생산된 영국산 직물은 관세 정책에 힘입어 다섯 배 이상 증가했다.[20] 인도는 역사상 처음으로 일반 시민대중이 입는 옷을 대량으로 수입하고 있었다. 직물 산업에 종사하던 수만 명의 인도인들은 먹고살 길을 잃었다. 인도 총독 윌리엄 벤틱William Bentinck은 1835년 기밀 문건에 이렇게 쓰고 있다. "직조공들의 비참함은 무역 역사상 유례가 없는 지경이다. 면 직조공들의 유골이 인도 초원을 하얗게 뒤덮고 있다."21

목화 왕과 아프리카 노예들

산업 혁명은 충분한 양의 목화를 영국에 공급하고 싶어도 할 수 없었던 미국의 목화 농장주들에게는 긍정적인 효과를 가져왔다. 그때까지 목화솜에서 일일이 손으로 씨를 제거해야 하는 고생스럽고 느린 공정 때문에 수출할 수 있는 면의 수량은 제한적이었다. 1793년 봄, 조지아 주의 목화 농장에서 휴가를 보내던 한 예일 대학교 졸업생의 우연한 발명이 그 문제를 해결했다. 엘리 휘트니Eli Whitney가 발명한 수동 조면기로 노동자 1명당 씨를 뺀 목화를 하루 약 23킬로그램까지 생산할 수 있게 되었다. 휘트니의 발명으로 생산 공정이 가속화되어 그다음 해 미국의 목화 수출량은 열 배까지 증가했다. 그 후 20년 동안 목화 수출은 72만 4,800킬로그램에서 1,585만 5,000킬로그램까지 성장한다.

조면기가 사용되면서 목화 수요가 급격히 증가했고, 목화는 최우선 품목이 된다. 목화 재배 면적은 다른 곡물을 완전히 제압하며 끊임없이 확장되었다. 그에 따라 아프리카 노예 인구도 증가했는데, 특히 목화 따는 일에 여성이 더 효율적인 것으로 간주되어 선호되었다. 1800~1810년 사이에 미국의 노예 수는 세 배가 증가했고, 그 후 10년 동안 다시 세 배가 늘었다. 여성 노예를 선호하는 경향 때문에 성별 구조가 변화하면서 미국은 북반구에서 가장 많은 노예 인구를 보유하게 되었다.22 수십 년 후에 노예제 폐지운동이 강화되자, 확고부동한 노예제 지지자인 하원의원 제임스 해먼드James H. Hammond는 1858년 3월 4일 미국 의회에서 이 유명한 연설을 한다. "당신들이 목화와 전쟁을 하겠다는 말입니까! 감히 목화에 도전할 힘이 있는 것은 세상에 아무것도 없습니다. 목화는 왕입니다." 그 후 얼마 지나지 않아 남북 전쟁으로 노예제도가 폐지되었으니 이 하원의원은 계산을 잘못한 셈이다.

전쟁으로 인해 물자가 부족해지면서 전 세계로 뻗어가는 목화 왕king cotton(19세기 중반, 미국 남부 지역의 정치가들이 남부 경제에서 목화가 차지하는 비중을 강조하기 위해 사용한 말 – 옮긴이)의 행진은 더욱 씩씩해졌다. 대체공급지를 찾던 공장주들은 즉각 인도를 끌어들였고, 이집트와 브라질에도 미국 목화를 도입하게 했다. 미국의 남북 전쟁 기간 동안 이집트 남부 옥토의 40퍼센트가 목화 재배지로 바뀐 일은 이집트 역사에 기록될 만한 사건이었다. 그러나 남북 전쟁이 끝나고 목화 가격이 떨어지면서 신참 재배자들의 일시적인 뜻밖의 횡재는 곧바로 불행으로 변했다. 브라질에서는 목화 가격의 폭락과 자연재해가 겹친 결과로 50만 명이 굶주림과 질병으로 죽었다는 기록이 있다. 세계 시장 가격의 폭락이 경작자들에게 미치는 영향이 어느 정도인지는 역사가들의 의견이 분분하지만, 목화 역사가인 스벤 베케르트Sven Beckert는 이렇게 말한다. "시장이 통합되면서 세상 끝자락에 사는 사람들이 직면한 경제적 불확실성이 증가한 것은 확실하다. 그들의 수입은, 아니 그들의 생존은 이제 자신들이 통제할 수 없는 시장 가격의 변동에 직결되어 있었다."23

시애틀의 세계화 반대 시위는 목화의 세계화가 150년 후의 미국에 어떤 영향을 미쳤는지를 보여주는 사례다. 국가 보조금으로 살찐 미국의 목화 농장주들이 편안히 집에 있는 동안, 미국의 직물 공장 노동자들은 거리로 나와 수입 직물 때문에 일자리를 위협받는다며 항의 시위를 했다. 그러나 아프리카 말리Mali에는 미국 정부가 자국의 목화 농장주들에게 넉넉한 보조금을 지원하며 목화를 수출하는 정책에 대해 반대의 목소리를 내는 사람이 없었다.

현재 목화는 전통적인 재배지를 떠나 유럽 식민 통치자들이 목화를 도입한 땅인 아프리카 국가들의 주요 환금작물이 되었다. 목화 수출은 중앙아프리카와 서아프리카 국가의 수출 이익의 약 30퍼센트를 차지하며, 약 1,000만 명의 재배자들이 목화에 의존해 생계를 꾸리고 있다. 곧 살펴보겠지만, 미국 정부가 지불하는 목화 보조금 때문에 생계를 위협받는 문제는 무역 협상을 들끓게 하며 반세계화 정서를 불러오게 된다. 목화 재배자 이야기로 다시 돌아가기에 앞서, 목화를 동력으로 한 산업 혁명이 어떻게 세계를 연결시켰는지 한 번 따라가 보자.

불 태워, 태워버리라고!

미국 목화 산업의 성장은 영국의 면직물 시장 지배가 막을 내리기 시작하는 신호탄이었다. 18세기 후반, 아크라이트Arkwright 수력 방적 공장의 견습공이었던 사무엘 슬레이터Samuel Slater는 기술 수출을 금지한 영국 법을 무시하고, 공장의 기술적인 세부 사항을 머릿속에 담아 미국으로 건너갔다. 슬레이터는 1793년 로드아일랜드 주의 포턱킷Pawtucket에 미국 최초의 방직 공장을 설립했다. 풍부한 목화 공급량과 연이은 발명들 그리고 뛰어난 경영 능력으로 미국은 곧 세계

섬유 산업의 제왕이 된다. 직물 생산의 기계화에 이어 재단과 의류 제작의 기계화가 이루어졌다. 1755년 영국 정부는 기계 바느질용으로 고안된 바늘에 대한 최초의 특허권을 인정했다. 그로부터 백 년도 채 지나지 않아, 기업가인 아이작 싱어Issac Singer는 엘리아스 하우Elias Howe가 1846년 특허받은 기술을 이용하여 최초의 재봉틀을 상품화했다. 아이작 싱어 이전에 프랑스에서 재봉틀에 대한 특허를 받으려는 시도가 있었지만 난관에 부딪혔다. 재단사이자 발명가인 바르텔레미 티모니에Barthélemy Thimonnier는 그의 발명으로 일자리를 잃을 것을 두려워한 동료 재단사들이 공장에 불을 지르는 바람에 거의 타죽을 뻔했다.[24] 티모니에는 방화 사건으로 무일푼이 되었지만 그와 동일한 발명을 한 미국인들은 운이 좋아 하우와 싱어는 백만장자가 되었다. 19세기 중반부터는 재봉틀로 선원들이 입을 유니폼을 생산하기 시작하면서 기성복 생산이 시작된다.[25]

미국은 수력이나 석탄 같은 천연자원을 사용하던 것에서 좀 더 효율적인 에너지인 내연기관과 전기로 방향을 전환했다. 그 결과 방적이나 직조에 가속도가 붙었다. 반면, 의류 생산 기술은 근본적으로 달라진 것이 없었다. 손잡이가 있고 발로 페달을 밟는 재봉틀은 겹박음질 기능이 있는 전기 재봉틀로 대체되었지만, 개인의 의복은 여전히 손바느질에 의존하고 있었다. 그러다보니 의류 산업이 근대 경제에서 가장 많은 고용 효과를 가져오는 분야로 등장한 것은 당연한 일이었다. 한편으로 의류 산업은 방적부터 단추를 다는 일까지 여러 가지 공정을 각국이 분업화하는 세계적인 공급망을 형성하여 경제 부흥의 기회를 제공하기도 했다. 2000년, 섬유 및 의류 분야에서 중국은 600만 명, 인도 150만 명, 미국은 80만 명을 고용했다.[26]

미국의 섬유 산업은 더 값싼 노동력을 찾아 계속 남부로 이동했다. 뉴잉글랜드에서 노스캐롤라이나로, 다시 카리브 해 연안 국가로, 마지막에는 태평양 너머의 경제 개발에 굶주린 신흥 개발국가로 이동해갔다. 임금 수준은 미국에서 시간당 10달러인 것이 중국이나 베트남에서 20센트가 되었다. 이 정도의 저임금이나마 중국의 농촌 지역이나 타이에서는 여전히 뼈에 사무치는 가난을 벗어날 수 있는 기회였다. 서구의 인권 단체와 노동자 단체들과 시애틀 시위대는 기업이 주도하는 세계화는 미국의 쇼핑몰에 노동 착취를 통해 생산된 상품만 쌓는 것이라고 비난했다.

상품 공급망과 노동 착취형 공장

1960년 이후, 섬유와 의류 생산 분야는 중국, 인도, 방글라데시, 스리랑카 같은 개발도상국으로 점점 더 많이 옮겨 갔다. 개발도상국들의 세계 의류 수출시장 점유율은 1970년대 초반 30퍼센트에서 1990년대 중반에는 60퍼센트로 두 배가 증가했다.[27] 다자간 섬유협정(MFA : Multi Fiber Textile Arrangement)은 당초 저임금 국가와의 경쟁에서 선진국의 의류 분야를 보호할 목적으로 1974년에 체결된 협정으로 50여 개 국가에 쿼터를 부여하는 복잡한 시스템이다. 이것은 전통적인 대규모 수출업자들을 제한하고, 더 작은 나라들이 세계 시장에 진입할 기회를 주는 효과가 있었다. 이 쿼터시스템은 의류 공급업자들에게 공급처를 다각화하도록 압력을 가함으로써 더 대형화되고 더 복잡한 세계적인 공급망을 형성하는 데 공헌했다.

'제조업 분산'의 선구자는 홍콩에 본사를 둔 의류 회사 리앤풍[Li & Fung]이다. 이 회사는 한국에서 생산한 방적사를 들여와 타이완에서 직조와 염색을 하고, 스리랑카나 캄보디아 또는 필리핀 등 쿼터가 남아 있는 나라에서 바느질과 일본산 지퍼를 다는 등의 마무리 공정을 하는 방식으로 의류를 생산했다. 완성된 바지의 상표에는 '메이드 인 캄보디아'라고 쓰여 있을 수 있지만 그 바지는 진정한 의미의 세계화 상품인 셈이다.28 이렇게 다양한 작업 분담이 이루어지는 공급망이 형성됨으로써 쿼터시스템은 섬유에서 얻는 이윤을 여러 나라에 분배하는 효과도 있었다.

2004년 말 현재 의류 무역의 규모는 3,500억 달러이며, 대부분은 개발도상국의 약 4,000만 명이 관련 직종에 종사하고 있다. 한때 최고 품질의 모슬린Muslin 생산국이었지만 세계 시장에 진입하지 못하고 있던 방글라데시 같은 나라는 쿼터시스템이 시행되면서 1983~1984년에 총수출의 4퍼센트를 차지하던 의류 수출이 1999~2000년에는 약 76퍼센트까지 증가했다. 여성 노동자가 대부분인 방글라데시의 의류 수출 산업은 150만 명의 고용 창출 효과를 가져왔다.

다자간 섬유협정에 심각한 문제가 없었다는 말은 아니다. 기업형 수출업자들은 이 쿼터시스템에서 원산지 표시가 중요하다는 점을 이용해 갖가지 눈속임을 했다. 'Made in The USA'라는 라벨에 더 많은 가치가 부여되자, 미국령 사모아 같은 태평양의 작은 나라는 값싼 노동력을 이용해 제이시 페니JC Penny, 시어스Sears, 엠브이 스포트MV Sport 같은 유통 업체로 납품할 의류를 가공하던 대우사Daewoosa 같은 섬유 수출업자들에게 새로운 명소가 되었다. 이 공장에서 탈출한 몇몇 베트남 여성 노동자들을 통해 노동자들에 대한 육체적 학대와 임금 체불, 불결한 숙소와 식사에 대한 이야기가 세계에 알려졌다.29 세계은행IBRD과 국제통화기금IMF의 경제학자들은 섬유 및 의류 분야의 무역 장벽이 개발도상국에 400억 달러의 수출 수익 손실을 가져왔고, 2,700만 개의 일자리를 빼앗았다고 추산했다.

2005년 1월 쿼터제가 종료되면서, 그간 쿼터제로 보호받던 개발도상국 노동자들은 물론이고 '쿼터 호핑quota-hopping'(쿼터 제한에 걸린 수출국 생산자가 쿼터가 아직 남아 있는 다른 나라로 이동하여 생산 활동을 하는 방법. 섬유 분야에서는 주로 스리랑카, 방글라데시, 캄보디아가 쿼터 호핑에 이용되었다 - 옮긴이)을 통해 작은 이익을 얻던 가난한 국가들까지 위협을 느끼고 있다. 중국의 어마어마한 섬유 생산량은 얼마 되지도 않는 쿼터를 순식간에 채워버렸고, 중국의 수출업자들은 쿼터가 남아 있는 다른 국가로 진출하여 생산을 계속했다. 쿼터제가 종료되면서 중국은 저렴한 노동력을 이용할 수 있는 수백 개의 현대식 섬유 공장을 건설하고 있다. 이 공장들은 기술력과 최첨단 운송 수단과 통신 기반 시설까지 갖추고 있어서 현재 10~15퍼센트로 추정되는 중국 의류의 미국 시장 점유율이 50퍼센트까지 증가할지 모른다는 두려움을 일게 한다.[30] 상당 부분 쿼터에 묶여 있던 인도 역시 세계 섬유 시장 점유율을 2002년 4퍼센트에서 17퍼센트까지 늘릴 수 있었다. 세계의 수입상들이 중국으로 몰려가는 것을 보며 다른 나라들은 자국의 수많은 노동자들이 실업으로 내몰릴 것을 우려했다. 한 극단적인 예측에 따르면 세계적으로 약 3,000만 개의 일자리가 위협받을 것이라고 한다.[31]

그 동안 수입 물량이 쿼터에 묶여 있었기 때문에 더 높은 가격을 지불할 수밖에 없었던 소비자들은 쿼터제의 종료로 더 저렴한 가격을 보장받게 되었다. 〈파이낸셜 타임스Financial Times〉는 "미국 소비자가 쿼터제로 인해 부담해야 하는 연간 비용은 700억 달러에 달했으며, 소득에서 의류비 비중이 상대적으로 큰 빈곤 가정이 가장 타격을 많이 받아왔다. 쿼터제로 보호받던 일자리 하나하나는 소비자들에게 평균 17만 달러의 비용을 전가해온 것으로 추산된다."고 보도했다.³² 미국의 납세자들은 2만 5천 명의 미국 섬유 노동자들을 지키기 위해 기꺼이 그 비용을 분담했는지도 모른다. 아무튼 항의를 하기 위해 시애틀로 갔던 노동자들이 어떤 중요성을 갖는지는 여기서 논의할 사항이 아니다. 빈곤 국가들을 위해 유지했던 쿼터제의 종료는 당초 예상했던 것보다 심각한 영향은 없었음에도 2005년 1월부터 중국의 대미, 대유럽 수출이 급상승하자 해당 지역 산업 관계자와 노동자들은 새롭게 반대의 목소리를 높였다. 결국 미국과 유럽연합 양측은 세계무역기구의 세이프가드 조항을 이용하여 3년 동안 중국의 수출을 제한했다. 시애틀 시위자들의 주장으로 인해 세계화의 행진은 일시적으로 중단되었으며 유예 기간을 갖게 되었다. 그러나 미국 농무부 분석가의 예측에 따르면, 섬유와 의류 분야의 현재 실업률을 기초로 계산해보면 2014년에는 미국에 더는 섬유 산업이 존재하지 않을 것이라고 한다.³³

기운이 나는 아랍의 검은 음료

시애틀의 스타벅스 매장을 닥치는 대로 부쉈던 시위대들은 그로부터 6년 후에도 커피의 고향인 에티오피아가 증오의 고리에 연결되지 않기를 바랐을지도 모른다. 그러나 스타벅스의 표준 인테리어로 꾸민 매장에서 초록색 앞치마를 입고, 스타벅스 국제 평균 가격의 5분의 1 가격에 카페라테를 판매하는 근로자를 고용한 스타벅스 매장이 아디스아바바Addis Ababa에 문을 열었다.³⁴ 그 매장은 처음으로 붉은 콩에 들어 있는 카페인의 힘을 발견했다는 전설 속의 염소치기를 기념하여 칼디Kaldi라는 이름이 붙여졌다.

세계화 반대 포스터에 증오의 상징으로 가장 많이 등장하는 스타벅스는 사실 에티오피아의 언덕을 넘어 세계로 전파된 커피의 여러 가지 변신 가운데 가장 최근의 현상일 뿐이다. 커피나무의 학명은 코페아 아라비카coffea arabica로 되어 있지만, 커피나무는 원래 에티오피아의 언덕에 야생으로 서식하던 식물이다. 그러다가 15세기 예멘에서 재배 가능 작물이 되면서 명성을 얻기 시작했다. 전설에 따르면 칼디라는 염소치기가 카파Kaffa 지방의 동서부 지역에서 처음 발견했다고 한다. 칼디가 어느 날 오후 늦게 염소 떼를 모으러 갔는데 그날따라 염소들이 이상하게 이리저리 뛰어다니며 머리를 부딪치고 집으로 돌아가지 않으려고 버텼다. 칼디는 염소들이 먹은 빨간 열매의 맛을 보고 이유를 알았다. 열매를 먹으니 혀끝에서 온몸으로 퍼져나가는 기분 좋은 흥분이 느껴졌다.35 일부 학자들은 커피라는 이름이 커피가 발견된 지역인 카파에서 유래했다고 하기도 한다.36

　염소치기가 커피콩을 발견한 장소에 대해서는 여러 가지 이론이 분분하다. 하인리히 에두아르트 야콥Heinrich Eduard Jacob의 『커피의 역사Coffee: The Epic of a Commodity』에 나오는 염소 이야기에 따르면 커피의 발견은 예멘의 이슬람교와 관련이 있다. 예멘의 시오뎃Shehodet 수도원의 한 이슬람 성직자는 염소치기에게서 염소들이 이상한 행동을 한다는 말을 듣고 조사를 시작했다. 성직자는 염소치기가 염소들이 열매를 먹고 "마법에 걸렸다."고 주장한 이상한 열매를 볶아서 끓였다. 야콥은 이렇게 쓰고 있다. "몇 분 만에, 시오뎃 수도원의 성직자는 마치 마법 주문에 걸린 것 같았다. 이제까지 알려진 어떤 종류의 취함과도 다른 도취 상태였다. 열성적인 이슬람교도인 그는 한 번도 술에 취해본 적이 없었다……. 그런데…… 몸에서는 거의 아무 느낌이 없었지만 정신은 평상시와 달리 즐겁고 활기차고 각성되었다. 그는 단지 생각만 하고 있는 것이 아니라 자신의 사고가 눈앞에 선명하게 펼쳐지는 기분이었다." 성직자는 곧 자정 기도를 올리기 전에 이 검고 쓴 음료를 독실한 수피교도들에게 대접하게 된다.37 커피를 사기 위해 예멘으로 항해를 나섰던 프랑스 인 무역상 장 드 라 로크의 책에는 밤샘 기도를 하기에 앞서 진행되는 커피 마시는 의식에 대한 묘사가 있다. "수도원장이 붉은 흙으로 만든 주전자에 담긴 커피를 각자의 잔에 따르자 수도사들은 아주 공손하게 잔을 받았다."38

그들은 이 음료를 '카와k'hawah', 곧 기운이 나는 음료39라고 불렀다. 검은 음료는 수피교도들에게 포도주를 연상시켰고, 이후 아랍어의 포도주라는 말은 이 음료를 의미하는 것이 되었다. 터키 인들은 커피를 '카베qahveh'라고 불렀는데 이 말이 코베kauve 니 카우베cauve 니 여러 가지로 발음되다가 프랑스 어의 카페café와 영어의 커피coffee로 발전했다. 600여 년이 채 지나지 않아 밤 기도에 도움을 주던 이 음료는 50개 국에서 2,000만 명의 직원을 고용하는 수십 억 달러의 비즈니스로 변화해 수많은 사람들에게 향기 나는 흥분을 안겨주고 있다. 이것은 세계화의 내력을 단편적으로 보여주는 이야기다. 1971년에 창업한 스타벅스는 모두 직영 체제로 운영되며, 2006년 현재 30개 이상의 국가에서 1만 개 이상의 매장이 영업을 하고 있다. 몇몇 미국의 대학 캠퍼스에는 도서관 바로 옆에 스타벅스 매장이 들어서서, 예멘의 시오뎃 수도원 수도사들에게 그랬던 것처럼 학생들이 긴 밤 동안 깨어 있을 수 있게 도움을 주고 있다.

발견된 연대가 정확히 언제이든, 13세기에는 이미 '카베 카네스kaveh kanes'라고 알려진 아랍의 커피하우스가 메카에까지 대중화되었다. 어쩌면 '이슬람의 와인'이라는 커피의 명칭 때문에 메카의 젊은 총독이 커피를 박해한 것인지도 모른다. 총독은 커피가 사회에 악영향을 끼친다는 이유로 커피하우스를 폐쇄했다. 커피를 마시는 사람들은 밤늦게까지 음악을 틀어놓고, 그들의 행동을 저지하려는 시도가 있으면 폭동을 일으키기도 했다. 야코프는 이렇게 썼다. "남편들이 밤새 커피의 흥분을 즐기느라 아내 곁에 눕고자 하는 욕망이 사라져버린 데 대해 화가 난 많은 여성들이 남편을 버렸다는 기록이 있다."[40] 젊은 총독의 상관이자 커피 중독자였던 카이로의 술탄은 총독에게 금지령을 풀라는 요청을 한다. 이후 커피는 "밤 기도를 올릴 수 있도록 깨어 있게 해주는 음료"[41]로 열성적인 이슬람교도들의 사랑을 받게 된다.

메카에서 커피의 적대자들이 커피를 막는 데 실패했다는 소식은 고향으로 돌아가는 순례자들에 의해 이슬람 세계 전역에 알려졌다.[42] 한 이슬람 성인은 이런 말을 했다. "몸 안에 카화Kahwa(커피)를 담고 죽은 자는 지옥 불에 떨어지지 않으리라." 독실한 어떤 신자는 이런 말을 하기도 했다. "바른 의도와 헌신과 온전한 종교적 확신을 가지고 커피를 마시면 숨겨진 신비를 느낄 수 있다."[43]

이렇게 해서 커피는 이슬람 세계에 뿌리내렸고, 오스만 제국의 이미지와 연결된 커피의 이미지는 유럽 인들에게 부와 동방의 이국 정서를 느끼게 하는 음료로 자리 잡는다. 커피는 각성제이긴 하지만 이슬람이 금하는 포도주처럼 사회적으로 부정적인 영향은 없었다. 커피콩은 운반이 쉽고 신선하게 보관할 수 있었다. 가장 중요한 점은 커피가 시간에 관계 없이 아무 때나 사교 모임을 가질 수 있게 해주었다는 것이다. 그러나 이슬람권에서는 커피가 와인을 연상시킨다는 점이 문제가 되었고, 기독교권에서는 커피가 이슬람과 연관성 있는 음료라는 점이 문제가 되어 때때로 충돌을 빚었다.

커피 문화를 즐기는 곳, 커피하우스

커피의 세계 여행은 16세기 오스만 제국이 예멘을 정복하면서 시작된다. 1544년 알레포Aleppo 출신의 한 상인이 다마스쿠스에서 온 다른 상인과 함께 이스탄불에 최초의 커피하우스를 열었다. 커피하우스는 불같이 일어났다. 문을 열자 곧바로 한가한 신사들, 기분전환 거리를 찾는 사람들, 교사와 시인 들이 커피하우스로 몰려들었다. 그들은 이곳에서 책을 읽고, 백개먼backgammon(서양식 주사위 놀이. 쌍륙雙六과 유사함 – 옮긴이) 놀이를 하고, 시 낭송을 했지만 모스크에는 자주 가지 않았다. 커피하우스는 반 농담으로 메크테비이르판mekteb-i-irfan(지식의 전당)이라고 불렸다. 랠프 해톡스Ralph S. Hattox가 커피의 역사에서 언급했듯이 커피하우스는 단지 기분 전환의 기회만 제공한 것이 아니라 이슬람 사회에 전혀 새로운 무언가를 주입했다. 커피하우스는 모든 사람이 언제든지 '집을 나올 수 있는' 기회를 제공했고, 이전에 불가능했던 새로운 사회적 관습을 창조했다.[44] 이 관습은 오스만 제국의 유럽 정복 이후 많은 사회로 퍼져나갔다.

이탈리아에서는 이 쓴 음료의 매혹이 독실한 그리스도교인들 사이에 걱정거리가 된다. 1592년 교황 클레멘트 8세는 성직자들 사이에 중독자가 늘고 있는 이 '이슬람 와인'에 대한 논쟁을 중재해달라는 청원을 받았다. 교황은 평결을 내리기에 앞서 커피를 한 모금 마시고 감탄하며 말했다. "사탄의 음료는 너무도 향기롭구나. 이런 음료를 이교도들만 마신다는 것은 유감스러운 일이로다. 이 음료에 세례를 베풀어 사탄을 속이도록 하라."[45] 그 당시 유럽에서는 와인과 맥주가 가장 일반적이고 안전한 음료였기 때문에 술을 깨게 하는 커피의 기능은 의미가 있었다. 교황이 커피를 인정했음에도 17세기 에티오피아 교회에서는 이슬람과 이교도들의 음료라는 이유로 그리스도교인들이 커피를 마시는 것을 금지했고, 담배(신세계에서 건너온)를 피우는 것도 금했다.⁴⁶ 그러나 유럽에서 커피는 이제 시작이었다.

카이로에서 이슬람 성직자들의 공격에 끄떡없이 버틴 커피였지만 위기를 모두 넘긴 것은 아니었다. 열성적인 이슬람 신학자들은 인간을 쾌락에 빠트려 기도에서 멀어지게 하는 악마의 음료를 주기적으로 맹렬히 비난했다. 이스탄불에서는 한때 커피하우스를 술집보다 더 나쁜 곳으로 간주했다. 17세기 초, 이슬람 법학자들과 신앙심 깊은 학자들은 젊은 술탄 무라드Murad 4세에게 커피하우스를 폐쇄시킬 것을 촉구했다. 당시 수천 개에 달했던 커피하우스는 외설적인 잡담과 시 낭송과 도박을 하기에 안성맞춤한 장소였고, 반정부 음모를 논하는 장소가 되기도 했다. 어느 날 변장을 하고 이스탄불의 한 커피하우스를 찾아간 무라드 4세는 그곳의 풍경이 죄다 마음에 들지 않았다. 그는 1640년 모든 커피하우스를 폐쇄하고 주인들은 감옥으로 보냈다. 그러나 금지 조치는 그리 오래가지 못했다. 담배연기 자욱한 카페가 다시 돌아온 정도가 아니라 터키식 커피를 마시는 것이 대유행이 되었다.

1650년 야곱이라는 터키 유대 인이 그리스도교의 유럽에서는 처음으로 옥스퍼드에 커피하우스를 열었다. 유럽 대륙에서 커피가 확산된 것은 당시 영국과 네덜란드 동인도 회사 무역상들이 페르시아에서 직면한 어려움을 해결하려는 방편에서 나온 우연의 산물일 뿐이다. 이스탄불에서와 마찬가지로 이란에서도 모스크에는 가지 않고 커피하우스에서 음탕한 잡담으로 시간을 보내는 사내들에게 화가 난 이슬람 성직자들의 충고에 따라, 넘쳐나던 커피하우스가 왕명으로 모두 폐쇄된 일이 있었다.⁴⁷

네덜란드와 영국 무역상들은 하는 수 없이 커피 재고를 영국으로 선적하여 투자금을 보존하려 했다. 이런 사정으로 옥스퍼드에서 야코프의 커피하우스가 문을 열었고 새로운 유행이 시작된 것이다. 학생들이나 교수들 그리고 지식인층이 출입하던 커피하우스는 1페니의 커피로 지식을 얻을 수 있다 하여 '1페니 대학교'라는 별명을 얻었다. 커피는 여전히 진하고 검게 내려 설탕을 넣어 마시는 이슬람 스타일로 마시고 있었다. 카리브 연안의 식민지에서 노예 노동으로 생산된 설탕의 수입이 증가한 덕분에 설탕은 더는 부유층만을 위한 사치품이 아니었기 때문이다.

유당乳糖에 내성이 있던 유럽 인들은 곧 커피에 영양가 있는 우유를 넣어 마시는 방법을 발견해냈다.[48] 우유를 섞은 커피의 명성은 1638년 오스트리아 빈 점령에 실패한 터키 군인들이 버리고 간 커피를 거둬들여 블루 보틀Blue Bottle이라는 커피하우스가 처음으로 문을 열면서 시작되었다. 전해오는 말에 따르면 카푸친capuchin 수도회(성 프란체스코 수도회의 한 분파 – 옮긴이) 소속의 마르코 다비아노Marco d'Aviano라는 이탈리아 수도사가 커피의 쓴맛을 부드럽게 하기 위해 꿀과 크림을 넣자는 아이디어를 냈다고 한다. 이 일을 고맙게 생각한 빈 시민들은 커피의 갈색이 수도사의 옷 색깔과 비슷한 것을 기리는 의미에서 카푸치노라고 명명했다고 한다.

태양왕 루이 14세의 프랑스에서는 네덜란드가 커피나무를 선물한 덕분에, 베르사유 정원에 있는 유럽 최초의 온실에서 커피를 재배해 프랑스 고유의 커피를 끓여 마시고 있었다. 1669년 오스만 제국의 대사가 베르사유를 방문한 일을 계기로 커피는 프랑스에서 대유행했다. 술레이만 아가Suleiman Aga 대사가 탁월한 커피 사절 역할을 했다. 1851년 영국의 기록에 의하면 아가 대사는 커피와 우아함과 외국인의 억양으로 파리의 여인들을 열광시켰다고 한다.

 비슷한 상황에서 프랑스 남자가 여성의 환심을 사려고 검고 쓴 음료를 선물했다면 그는 이 우스꽝스러운 행위의 대가를 치러야 했을 것이다. 그러나 그 음료는 터키 인, 그것도 근사한 터키 인이 대접한 것이었고, 헤아릴 수 없는 가치를 부여하기에 충분했다. 혀가 음료의 맛을 판정하기도 전에 여성들 앞에 놓인 금술이 달린 냅킨과 커피가 담긴 화려한 도자기 잔이 자아내는 우아함과 정결함에 눈이 먼저 매혹당했고, 거기 덧붙여 가구와 옷차림, 그리고 통역을 통해 전해지는 주인의 독특한 태도와 모든 이국적인 풍습들, 바닥에 앉는 것 등…… 이쯤만 이야기해도 프랑스 여인들의 머리가 돌고도 남겠다는 것이 이해가 갈 것이다.[49]

 커피와 그에 부속된 모든 것이 유행하면서 파리의 상류층은 터키 스타일의 터번과 부풀린 카프탄caftan(터키 사람들이 입는 셔츠 모양의 긴 상의 – 옮긴이)을 입고, 바닥 깔개와 쿠션에 기대앉기 시작했다. 그저 음료일 뿐인 커피가 생활 방식까지 바꾸어놓은 것이다. 사교계 여인들이 운영하던 살롱부터 지식인의 온상이었던 카페에 이르기까지, 예멘 수피들의 음료는 유럽의 문화가 되었다. 어떤 커피를 마시는가도 중요하지만 어떤 카페에 출입하는가가 그 사람이 누구인지를 말해주었다. 1689년 파리 최초의 카페 르 프로코프Le Procope가 등장하면서 카페 문화가 생겨났고 파리 시민들의 지적인 삶은 커피와 뗄 수 없는 관계가 되어버렸다. 르 프로코프의 단골손님이었던 볼테르Voltaire는 커피를 하루에 80잔이나 마신 것으로 유명했다.[50] 센Seine 강 좌안左岸의 카페와 장 폴 사르트르Jean-Paul Sartre 같은 지적 거인들의 놀이터였던 라 쿠폴La Coupole은 명소가 되었다.

커피하우스가 빠르게 확산되고, 최신 유행의 음료를 찾는 수요가 급증하면서 예멘의 항구 모카에서 선적되는 커피만으로는 수요를 충족시킬 수 없었다. 이 귀한 일용품을 여러 나라에서 원한다는 사실을 알게 된 예멘의 술탄은 끓이거나 볶지 않은 커피콩의 수출을 금지시켰다. 이미 커피에 미쳐 있던 유럽 인들은 다른 방법을 찾았다. 그들은 강수량이 풍부한 식민지 땅을 이용했다. 최초의 성공한 커피 밀수 사례는 17세기 초에 메카로 성지 순례를 갔던 인도인 바바 부단Baba Budan이 약간의 생커피콩을 숨겨와 인도 남부에서 재배하기 시작한 것으로 알려졌다. 네덜란드 무역상들은 곧 그 선례를 따라 실론과 인도네시아의 자바 섬에 커피를 심게 된다.

프랑스에서는 커피의 유행으로 예멘과 프랑스 간의 커피 무역을 독점하고 있던 무역상 장 드 라 로크의 인도 회사가 이윤을 남기고 있었다. 이 회사는 프랑스령인 카리브 해의 마르티니크 식민 정부가 예멘에 스파이를 보내 커피 씨앗을 몰래 가져가려는 음모를 꾀하고 있다는 것을 알고 경계 태세에 들어갔다.

커피콩은 사랑을 싣고

카리브 해에서 커피의 여행에는 영웅적인 행동과 희생에 얽힌 유명한 이야기들이 전해온다. 1723년 프랑스 장교 가브리엘 마티유 드 클리외Gabriel Mathieu de Clieu는 커피 묘목 한 그루를 마르티니크로 옮기는 임무를 맡았다. 네덜란드가 루이 14세에게 선물한 것과 같은 아라비카종 커피 묘목이었다. 마르티니크에서 지금도 회자되고 있는 이야기에 따르면, 클리외의 배는 대서양을 횡단하는 어려운 항해 중에 적도 부근의 무풍 지대에 갇히게 되었다. 그는 얼마 남지 않은

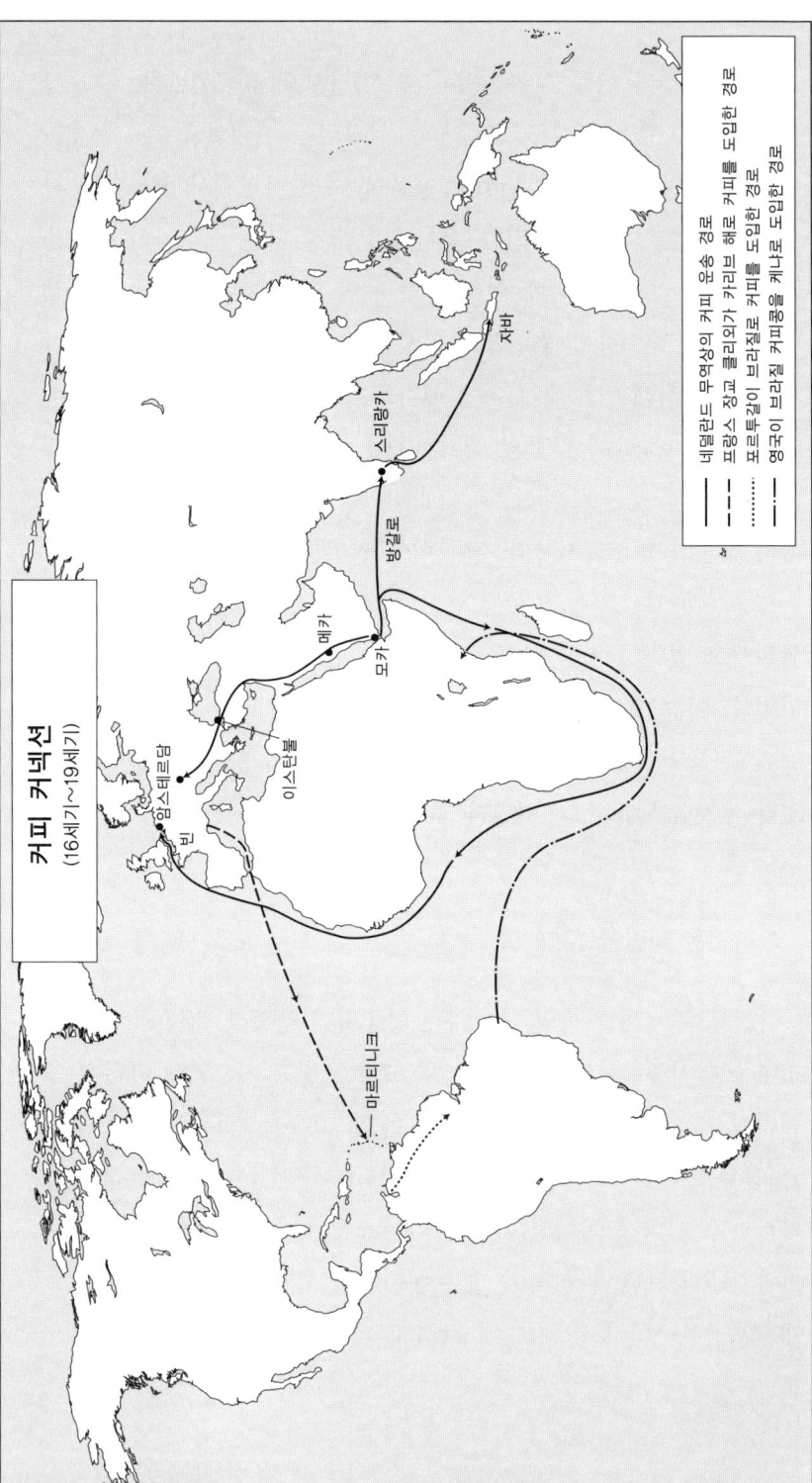

물을 자신이 마시지 않고 커피 묘목을 살리는 데 썼다고 한다.[51] 역사가들도 이 이야기가 설득력이 있다고 생각한다. 그 한 그루의 어린 묘목이 신세계에 커피를 알렸고, 백 년도 채 안 되어 마르티니크의 언덕은 200만 그루의 커피 관목으로 뒤덮였다. 1732년 로크의 인도 회사는 마음이 누그러져, 재수출에만 한정한다는 조건으로 카리브 해의 커피를 프랑스 항구에 상륙시키는 데 동의했다.

프랑스와 네덜란드는 생커피콩의 수출을 금지한 예멘의 전례를 남아메리카의 자국 식민지에 적용했다. 이 귀한 식물을 입수하려는 시도가 계속 실패로 돌아가면서 좌절해 있던 포르투갈은 1727년에 마침내 기회를 얻었다. 기아나 Guiana에서 프랑스와 네덜란드 식민 통치자들 간의 국경 분쟁이 발생하여, 중립적인 인물에게 중재를 맡긴다는 취지로 포르투갈계 브라질 공무원을 초청한 일이 있었다. 프랜시스코 드 멜로 팔레타 Francisco de melho Palheta는 즉각 초청을 수락했지만 그는 지역 분쟁의 해결보다는 커피콩을 몰래 빼낼 방법을 찾는 데 관심이 있었다. 팔레타는 프랑스 관료의 아내와 나눈 짧지만 정열적인 연애를 절호의 기회로 삼았다. 하인리히 야콥에 따르면 연회장에서 남편이 아무 의심 없이 아내를 바라보고 있는 가운데, 관료의 아내가 팔레타에게 커다란 꽃다발을 주었다고 한다. 꽃다발에는 잘 익은 커피콩 한 움큼이 감춰져 있었다. 팔레타는 이 보물을 가지고 나와 브라질을 세계 최대의 커피 생산국으로 만들었다. 1750년 예멘의 이슬람 신비주의자들을 매혹하고 마법에 걸리게 했던 커피는 이제 전 세계를 향해 5대륙 모두에서 자라게 되었다. 1893년에 브라질에서 영국 식민지인 케냐와 탄자니아로 커피콩이 수입된 일은 역사의 아이러니라 하겠다. 이곳은 거의 천 년 전에 그 유명한 염소치기가 커피콩을 발견한 장소에서 멀지 않은 곳이었다.[52]

브라질 커피의 기원과 관련해 프랑스 여인과 포르투갈 남자의 로맨틱한 이야기는 허구일 수도 있지만, 이 작물이 브라질에서 가까운 프랑스령 기아나에서 도입된 것은 확실해 보인다. 곧이어 커피는 브라질의 가장 중요한 수출품으로 부상했고, 브라질 역사에서 가장 잔혹한 장면을 탄생시키는 원인이 된다. 실론과 자바의 커피가 병해를 입어 브라질 커피가 부상할 기회를 얻었다는 기록이 있다. 16세기 이후로 광물 채굴과 설탕, 카카오, 담배 경작을 위해 점점 더 많은 노동력이 필요해지면서 브라질에서는 포르투갈의 지휘하에 대서양을 횡단하는 노예무역이 계속되었다.

아이러니하게도 커피가 도착할 무렵 브라질 식민지 정부는 영국의 압력에 굴복해 노예제 폐지를 선언했다. 땅을 개간하고, 커피를 심고 키우고 추수할 노동력 수요는 계속 증가하는데 노예무역은 예전 같지 않았다. 리우데자네이루에 주재하고 있던 영국 외교사절은 1830년 말에 브라질의 노예 수입이 '두렵고 인상적인' 단계에 도달했다고 보고했다. 유럽의 경제 번영과 커피, 설탕, 카카오 수요의 증가는 곧 브라질 커피 재배지의 경계가 더 확장된다는 의미였다. "브라질은 커피다O Brasil é o café"라는 속담이 있지만, 커피는 곧 노예제도였다. 노예무역은 불법이 되었지만 여전히 연간 4만 5천 명 이상의 아프리카 노예들이 브라질에 상륙했다.[53]

커피 재배는 노예무역의 인구 구성을 변화시켰다. 커피 농장에서는 성인 남녀보다 어린 노예를 선호했다. 소년들이 커피 관목들 사이로 돌아다니며 익은 열매를 따는 데 더 효율적이라고 생각했기 때문이었을 것이다. 커피 농장 노예의 3분의 2에서 4분의 3은 소년들이었다. 1870년, 마침내 노예제도가 폐지되었을 때 대부분 커피 농장에 잔류한 브라질 전역의 노예는 약 150만 명이었다.[54] 노예 해방은 유럽 인들—이탈리아, 포르투갈, 스페인, 독일, 러시아—과 일본 인들까지 일자리를 찾아 브라질 커피 농장으로 들어오는 새로운 계기가 되었다. 그 가운데 이탈리아와 포르투갈 이민자들이 약 60~70퍼센트를 차지했다.[55]

커피는 아시아에까지 피해를 입혔다. 이윤이 많이 남는 커피 무역은 동남아시아에서의 식민지 확장에 불을 붙였고, 식민 지배자들은 황금작물을 재배하는 데 강제 노동을 이용했다. 1707년 자바 서부 지역에 네덜란드 무역상들이 커피를 전파한 이후로 이 지역의 지배계층들은 커피 재배에 열성이었다. 그들은 커피를 재배해 네덜란드 무역상들에게 공급했고, 이것이 인도네시아가 세계 주요 커피 생산자로 부상하게 된 계기였다. 모카와 마찬가지로 자바도 커피를 지칭하는 세계적인 단어가 되었다.

1725년, 유럽에서 커피 붐이 절정에 이르렀고, 가격은 독립적인 재배자들이 경쟁할 수 없는 수준으로 빠르게 하락했다. 전 세계 커피 가격의 급락은 과도한 생산으로 공급이 초과된 결과였지만 유럽 회사들은 이윤 감소를 받아들이지 않았다. 군대의 힘을 등에 업은 네덜란드 동인도 회사는(그다음은 영국 동인도 회사가) 지역 주민들에게 커피와 기타 생산품을 양도하도록 강제했다. 해당 지역의 통치자들은 할당된 분량을 채우기 위해 주민들에게 강제 노역을 시켰다. 세계 시장에서 오르락내리락하는 커피 가격의 변동은 재배자들에게 고스란히 영향을 미쳤다. 네덜란드는 가격이 높을 때는 생산량을 늘리도록 강요했고, 수요가 감소할 때의 가격 손실은 재배자에게 떠안겼다. 이런 관행이 결국에는 최초의 반세계화 전쟁이라고 할 수 있는 1820년의 자바 전쟁을 초래했다.[56]

굶주림을 잠재우는 살인자

19세기에 이르러 커피는 지배 계층만의 특별한 음료에서 일반대중의 일용품이 된다. 18세기 후반 파리 거리의 모퉁이에는 질그릇 단지 한 단지에 2센트를 받고 카페오레를 파는 여성들이 있었다. 당시의 기록을 보면 다른 어떤 계층보다 노동자들이 더욱 심하게 이 음료를 통해 생계 유지에 필요한 힘을 얻었으며, 어마어마한 양의 커피를 마시며 늦은 시간까지 버텼다고 한다.57

일부에서는 초기 자본주의가 부상하는 이 시기에 커피가 노동력을 착취하는 도구였다고 지적한다. 시드니 민츠Sidney Mintz는 커피, 설탕, 차, 초콜릿 같은 가벼운 마약류는 "프롤레타리아의 굶주림을 잠재우는 살인자"라고 묘사했다. "기득권을 빼앗긴 시골 사람들이 유럽의 도시로 점점 더 많이 모여들고, 공업 생산이 더욱 확대되자 차와 설탕은 굶주린 사람들을 만족시켰다. 달콤한 칼로리는 환영받았고, 따뜻한 차를 마시면 차가운 음식도 따뜻하게 느껴졌다. 이 각성제는 환자, 영양실조인 자, 과로한 자, 젊은이와 늙은이 할 것 없이 모두의 기운을 북돋웠다."58

운송 비용이 절감되고, 미국과 유럽의 소득이 증대되고, 도시가 팽창하면서 커피는 서방의 후발 개발도상국에서도 일상 음료가 되었다. 커피는 증가하는 수요에 부응해 가는 곳마다 필연적으로 일시적인 호황과 불황을 반복적으로 일으키며 재배지를 확장하고 있었다.

세계적인 커피 붐의 어두운 단면이었던 노예제도와 강제 노역은 많이 사라졌다. 그러나 현재도 전 세계 약 2,000만 커피 재배자들은 기후가 나빴다거나, 해충 피해를 입었거나, 과잉 생산이 초래한 가격 변동에 울고 웃으며 살아가고 있다. 커피는 이제 전 세계적으로 소규모 재배자들이 생산하고 있다. 그리고 뉴욕의 커피거래소처럼 재배지와 멀리 떨어진 곳에서 무역상들이 커피콩을 좋은 가격에 팔아야 할지, 아니면 원가 이하로 팔 수밖에 없을지를 결정한다. 세계 제일의 커피 생산국인 브라질의 날씨가 좋을 것으로 예상되면 세계 커피 가격은 하락한다. 반대로 브라질의 날씨가 나빠 가격이 올라가게 되면 타 지역의 재배자들이 환호한다. 생커피콩은 장기 저장이 불가능해서 가격 변동에 대비해 대량으로 비축해둘 수 없기 때문이다. 1938년 잉여분의 커피콩을 처리해달라는 브라질 정부의 청원으로 스위스의 네슬레사는 커피를 가루로 만들어 장기 보관할 수 있는 냉동 건조 공법을 개발하여 뜨거운 물만 부으면 즉시 마실 수 있는 커피를 개발했다.

그러나 1960년 이후 일인당 커피 소비량은 꾸준히 감소하고 있고, 가격 하락의 부담은 늘 그래왔듯이, 네덜란드 동인도 회사 시절처럼 농민들에게 전가되었다. 1998년에는 파운드당 약 1.20달러의 높은 가격이 형성되었지만, 재배자들이 받은 평균 가격은 50센트 이하로 떨어졌다.59 기술 혁신에 힘입어 1997년 이후 브라질과 베트남의 커피 생산량은 두 배 증가했지만, 공급 과잉으로 가격 폭락이 뒤따랐다. 2002년 세계은행은 커피 농장의 노동력 절감과 폐업으로 중앙아메리카에서만 60만 명이 일자리를 잃은 것으로 추산했다. 세계화가 가져오는 흥망성쇠가 얼마나 변화무쌍한가는 커피의 원산지 에티오피아에서 극명하게 입증된다. 에티오피아에는 약 1,500만 명이 국가 수출 이익의 3분의 2를 차지하는 커피 경제에 의존해 살고 있다. 이 나라는 가격 폭락으로 2000년에서 2001년에 연간 총수출 이익의 절반에 해당하는 약 3억 달러의 손실을 입었다.60

세계 커피 시장의 40퍼센트를 쥐고 있는 4대 기업(프록터앤드갬블

Procter & Gamble, 크라프트 푸드Kraft Foods, 사라 리Sara Lee, 네슬레Nestlé)은 커피 가격 하락의 수혜자였다. 이들 기업은 가격 하락으로 얻은 이윤의 일부를 소비자들에게 환원하긴 했지만 여전히 엄청난 이윤을 남겼다. 재배자들에게 지불된 커피 가격은 1997년 이후로 80퍼센트 이상 하락했는데 미국의 도시에서 판매되는 분쇄커피의 평균 소매가는 고작 27~37퍼센트 내렸다.[61] 가격 하락 시기에 호황을 누린 회사들은 스타벅스 같은 전문 매장을 거느린 소매상들이었다. 이들은 농부들에게 1페니도 돌아가지 않는 커피를 소비자들에게 한 잔당 5달러까지 받는다.

네덜란드에 본부가 있는 NGO(국제 비정부기구) 컨소시엄에서는 가난한 농부들에게 안전망을 제공하도록 기업들에 압력을 가해, 이 분명한 노동 착취를 저지하려는 행동에 나섰다. 이 컨소시엄은 제3세계 생산자를 돕기 위한 공정거래 운동을 펼치고 있는 영국의 원조 기구 옥스팜Oxfam의 지원을 받고 있었다. 옥스팜을 포함한 관련 비정부기구들이 자유롭게 결집한 이 컨소시엄은 가난한 재배자들에게 파운드당 최저 1.26달러를 지불하고 커피를 구매하는 회사라는 인증서를 발급하는 공정거래 라벨링 국제기구Fair Trade Labelling Organization를 설립했다.

미국의 글로벌 익스체인지는 주요 커피 소매 업체들이 공정거래 인증을 받은 재배자들에게 커피콩의 일정 부분을 구매하도록 압력을 가하기 위해 캠페인을 벌여왔다. 전문 소매업자인 스타벅스는 전 세계 커피 공급량의 단 1퍼센트를 사용하고 있을 뿐이지만, 스타벅스라는 세계적인 브랜드 이미지 때문에 시애틀에서 항의 시위의 표적이 되었다. 1971년 커피 애호가 세 사람이 모여 회사를 설립한 이래로 스타벅스는 중국처럼 세계에서 가장 많이 차를 마시는 나라에까지 진출해 100개가 넘는 매장을 열었고, 세계 각국에 수만 개의 매장을 거느린 국제적인 아이콘으로 성장했다. 터키 대사 술레이만 아가가 파리에서 벌인 매혹적인 커피파티를 저도 모르게 재연해낸 스타벅스는 커피를 일종의 생활 방식을 표현하는 수단으로 바꿔놓았다. 스타벅스는 탁월한 마케팅 능력을 발휘하여 일상적인 음료를 전 세계 수백만 젊은이들 사이에 '쿨'한 무엇으로 바꾸어놓으면서 수십억 달러의 수입을 올렸다. 매력적인 이름이 붙은 여러 종류의 커피를 판매하는 이 회사는 코카콜라와 맥도널드, 나이키에 이어 미국이 지배하는 세계화를 상징하는 아이콘으로 부상했다.

스타벅스의 성공은 또한 커피 재배자들에 대한 노동 착취와 빈곤 문제를 수면 위로 부상시켰다. 과거에 커피를 반대한 이유가 커피를 마시는 사람과 이들이 카페에서 벌이는 행동을 반대한 것이었다면, 현대의 커피 비판은 커피 재배 농민들의 보잘것없는 수입에 대해 문제를 제기하고 있다. 마침내 2001년 압력 단체의 압박에 밀린 스타벅스는 18개월에 걸쳐 100만 파운드의 공정거래 커피를 구매할 것을 약속했다. 이것은 스타벅스 전체 커피 구매량의 단 1퍼센트에 불과하다. 공정거래의 압력을 받고도 동참을 거부하던 폴저스Folgers 커피의 제조사인 프록터앤드갬블도 결국 공정거래 인증을 받은 커피를 구매하는 데 동의했다.

그러나 공정거래 운동의 이 작은 승리만으로는 커피의 세계적인 과잉 생산이 초래한 깊은 수렁을 건널 수 없었다. 공정거래 가격으로 판매되는 커피의 양은 총체적 어려움을 감당하기에는 너무 적었다. 커피 생산국의 정부 당국은 농민들이 커피 생산을 중단하고 다른 곡물로 대체하도록 유도하는 데 어려움을 겪고 있다. 페루나 콜롬비아 같은 나라에서는 많은 농부들이 코카coca나 약용식물 재배로 전환하고 있지만, 여전히 세대에 걸쳐 재배해온 커피 단 한 가지 작물을 고집하는 사람들도 있다.

커피와 MP3와 인터넷을 한 곳에서 즐기다

시애틀 사건이 있고 정확히 1년 후인 2000년, 스타벅스는 또 다른 중독성 카페인이 들어 있는 뜨거운 음료인 차를 세계에 소개한 나라에까지 진출하여 대단한 성공을 기록했다. 스타벅스 매장은 국수주의적인 중국인들의 항의 시위가 열리는 가운데 500년간 최고 권력이 자리 잡고 있었던 베이징의 심장부에 문을 열었다. 정체를 알 수 없는 별도 건물에 조심스럽게 자리 잡은 이 카페는 우리가 생각하는 스타벅스는 아니었다. 그러나 중국 권력의 본산지였던 역사적인 장소에 미국 회사가 진입했다는 점에서 정치적 상징성은 분명해 보였다. "이것은 13억 중국인들과 5,000년 전통 문화에 따귀를 갈긴 것과 같다." 중국의 신문들은 비난을 퍼부었다. 그러나 스타벅스의 전진은 막을 수 없었다[62](자금성 스타벅스 매장은 2007년 7월 철수했다 – 옮긴이). 2003년 가을, 나는 미국 관광객들이 고향에서와 똑같은 카페라테의 친숙한 맛을 즐기며 이 스타벅스 매장의 카운터 주변을 맴도는 모습을 보았다. 그 가운데 중국인 고객은 많지 않았다. 대다수 중국인들의 하루 일당과 맞먹는 한 잔에 3달러라는 가격은, 우롱차 대신 커피를 마시고 싶은 마음이 있다고 해도 받아들일 만한 가격은 아니었다.

다시 미국으로 돌아가자. 스타벅스는 더 많은 고객을 유혹할 또 다른 전략을 내놓았는데 그것은 무선 인터넷Wi-Fi 서비스를 제공하는 일이었다. 2002년 가을, 스타벅스는 자신들의 매장이 고객들에게 일터와 집의 중간 장소가 되기를 기대하면서 무선 인터넷 접속서비스를 시작했다. 4년 후, 멋진 생활 방식을 누리시라며 고객을 유혹했던 이 전략은 음악과 비디오까지 범위를 확장했다. 고객들은 프라푸치노를 홀짝거리며 스타벅스의 재생 목록playlist에서 자신의 MP3로 음악을 다운받거나, 좋아하는 DVD를 주문할 수 있게 되었다. 다른 업체들도 스타벅스의 아이디어가 마음에 들었던 모양이다. 지금은 전 세계의 많은 카페들이 고객들이 노트북을 사용하는 동안 뜨거운 차 한 잔을 대접하고 있다. 커피와 소비자 가전제품과 인터넷이라는 가장 세계화된 상품들의 결합은 완벽한 조합임에는 틀림없다.

세계화된 이 상품들의 차이점은 각 상품의 원산지와 세계로 확산된 과정일 것이다. 커피나무는 사람들이 효용을 발견하고, 세계적인 생산과 소비품으로 확산되기 이전에 에티오피아와 예멘의 언덕에서 몇백 년 동안 자라고 있었다. 요즘 스타벅스 고객들의 전자 장신구들—컴퓨터, 아이포드, PDA, 카메라, 비디오—에는 가장 흔한 세계화의 산물이 들어 있는데 바로 마이크로칩이다. 컴퓨터나 가전제품뿐만 아니라 우리가 사용하는 대부분의 기계에는 정보를 담고 있는 논리회로나 메모리칩이 내장되어 있다.

1959년 실리콘을 이용한 집적회로를 발명해 계산기를 보급하려 했던 미국의 과학자 잭 킬비Jack Kilby와 로버트 노이스Robert Noyce는 이 발명 하나로 지구 전체의 삶을 바꿔놓는다. 50년이 채 안 되는 동안에 이 칩chip 혹은 반도체는 인류 역사상 가장 급속하게 삶의 모든 면을 변화시켰다. 낙타와 말을 가축화하고, 계절풍을 정복하고, 증기력과 내연기관과 전신의 발명은 길고도 느리게 우리가 세계화라고 부르는 상호 연결성을 발전시킨 것이었다. 그러나 2000년에 노벨상을 수상한 킬비(노이스는 1999년 사망했다)의 발명품은 현기증이 날

정도의 속도로 세계를 서로 연결하고 있다. 노벨상위원회는 트랜지스터를 실리콘웨이퍼silicon wafer(집적회로를 만드는 얇은 규소판-옮긴이)에 집적시킨 킬비의 공로를 인정했다. 킬비와 노이스가 세상에 선보인 마이크로칩은 우리 시대의 세계화를 과거의 세계화와 구분 짓는, 속도와 규모, 다양성, 운송의 가시화라는 네 가지 측면의 원인 제공자이다.

다른 발명과 마찬가지로, 마이크로칩은 논리를 해독하고 계산을 실행하는 전자electron의 무한한 힘을 해방시키려 했던 세계 전역의 아이디어와 실험이 하나로 통합된 성과물이다. 아이디어의 세계화가 낳은 결과물이며, 세계의 연결을 추진하는 놀라운 매개체다. 컴퓨터는 수백 개의 부품으로 구성되지만, 심장은 초록색 마더보드 위에 편안히 자리 잡고 있는 폭 1인치 정도의 실리콘 중앙처리장치CPU에 있다. 전원이 들어오면 중앙처리장치는 계산을 수행하고, 내가 이 글을 작성할 수 있게 하는 논리단계를 실행한다. 인터넷을 검색하고 웹에서 음악을 다운받고, 또는 자동차의 연비를 계산해가며 운전할 수 있게 해준다. 이것은 모두 몇십 년 전에는 상상도 할 수 없었던 일이다.

1969년 7월 20일 우주비행사 닐 암스트롱이 달 표면에 발을 디뎠을 때 인류는 이 일을 커다란 역사적 진보라고 받아들였다. 그 진보는 이름 없는 영웅들이 있었기에 가능했다. 아폴로호가 달에 도착할 수 있었던 것은 그에 필요한 수십 억 번의 계산을 실행해준 저출력, 고속 마이크로칩들이 있었기 때문이다. 그 뒤 계산 실행의 속도는 기하급수적으로 늘어났다. 요즘은 많은 개인용 컴퓨터에 인텔 펜티엄4 프로세서가 장착되고 있다. 당신의 걸음이 이 프로세서만큼 빠르다면 1초도 안 되는 시간에 걸어서 달을 왕복할 수 있을 것이다.[63]

수학의 발전, 전기에너지의 발명, 계산을 실행하고 다른 기계에 동작 명령을 내릴 수 있도록 전류의 흐름을 통제할 수 있는 물질의 발명들이 어떻게 결합하여 마이크로칩을 창조하게 했는지는 이 책에서 다루는 간략한 역사의 범주를 벗어난다. 그러나 전 세계의 과학자들, 수학자들, 사상가들의 오랜 노력을 간단히 그려볼 수는 있을 것이다. 이들은 모두 탐험가의 범주에 포함될 수 있다. 탐험가들은 지리상의 발견을 통해 지리적 지식을 확장했지만, 우리 시대의 탐험가들은 기존 지식의 틀을 벗어나 마이크로칩이라는 초고속 세계화의 도구로 세계를 연결시켰다. 마이크로프로세서가 어디에나 있음을 말해주는 인텔의 슬로건('Intel Inside', 인텔이 이 안에)은 인텔 또는 다른 메이커의 마이크로프로세서 안에 전 세계 과학 탐험가들의 사상과 실패가 들어 있다는 말로 해석할 수 있다. 그야말로 마이크로프로세서는 '세계를 그 안에World inside' 담은 것이다.

면화와 커피처럼 마이크로칩 또는 마이크로프로세서는 세계화 상품인 동시에 세계화의 촉진자다. 반면, 면화나 커피와 달리 현대의 모든 기계를 움직이는 이 작은 뇌는 눈에 보이지 않는다. 컴퓨터나 아이포드를 분해해봐도 미국, 일본, 타이완, 한국에서 미세한 에칭etching(반도체 표면의 부분을 산 따위를 써서 부식시켜 소거하는 방법 - 옮긴이) 공정을 거친 실리콘웨이퍼가 들어 있는 밀폐 용기 외에는 아무것도 볼 수 없다. 이 물건이 어디에서 설계되었는지 또는 어느 공장의 실리콘웨이퍼에서 가공되었는지를 말해줄 뿐이다. 작은 컴퓨터의 두뇌 뒤에 얼마나 많은 사람들의 발명과 무수한 사상이 들어 있는지는 말해주지 않는다.

영의 개념이 성립하기까지

가축은 몇 마리인지, 곡식은 몇 바구니나 되는지, 자신의 소유물을 세보고 싶어하는 것은 인간의 오래된 욕망이다. 메소포타미아의 점토판에서 볼 수 있듯이 인간이 가장 먼저 한 일 가운데 하나는 수를 세는 것이었다. 곧 숫자가 개발된다. 메소포타미아의 60진법에서 0의 자리는 굽지 않은 진흙 위에 쐐기 문양의 상징 2개를 그려넣는 것이었다. 숫자로서 0의 개념은 그때까지 성립되지 않았다. 찬란한 그리스 문명은 측정을 하기 위해 기하학을 발달시켰지만, 숫자로서 0의 개념에는 주목하지 않았다. 130년경에 쓰여진 『알마게스트 Almagest』에서 프톨레마이오스Ptolemy는 60진법에 기초한 바빌로니아인들의 숫자 시스템을 이용하고 있고, 최초로 0을 의미하는 빈 공간을 남겨두었다. 수냐sunya라고 불렸던 공空 혹은 텅 빈 상태에 대한 추상적인 사고를 발전시킨 사람은 그리스에서 공부한 인도인 천문학자였다. 고대 인도의 「가르기 삼히타Gargi Samhita」(가르가Garga라는 여인의 이야기라는 뜻으로, 서기 250년 이전에 쓰여진 『유가 푸라나Yuga Purana』의 일부분이다 - 옮긴이)의 작가는 이렇게 쓰고 있다. "그리스 인들은 야만인들이다. 그러나 그들에게서 천문학이 나왔으니, 이 공적은 신과 같은 공경을 받아 마땅하다."

그 공경은 그리스 인들이 폐기한 개념에서 새로운 것을 찾아낸 7세기 인도의 천문학자이자 수학자인 브라마굽타Brahmagupta의 연구로 표현되었다. 그는 0을 상징하는 빈 공간을 이용해, 그저 빈 공간이 아닌 숫자로서 0의 개념을 도입했다. 0의 개념은 아랍 어로 번역되어 바그다드의 과학자들에게 알려졌고, 그 이후 중동 지역의 학문 분야에서 가장 큰 자리를 차지하게 된다.[64] 그로부터 200년 후에 바그다드에 살았던 페르시아 수학자 알 콰리즈미al-Khwārizmī는 0이 되는 방정식에 관한 연구에서 인도의 숫자 체계를 설명했는데, 그것은 나중에 대수학Algebra이라고 알려졌다.[65] 그는 또한 숫자를 곱하고 나누는 빠른 셈법을 개발했는데, 이것이 훗날 알고리즘(그의 이름을 라틴 어로 옮기면서 알 고리트미Al-goritmi로 잘못 썼다)이라고 알려지게 된다. 알 콰리즈미는 산스크리트 어 수냐의 의미를 그대로 번역하여 0을 '시프르sifr'(아랍 어로 '비어 있는'이라는 뜻 – 옮긴이)라고 불렀고, 여기서 영어의 사이퍼cipher가 파생된다. 9세기 알 콰리즈미의 대수학(알제브라algebra는 그의 유명한 저서 『복원復元과 축소의 과학Al-Jabrwa Al-Muqubilah』에서 나온 이름이다)은 스페인에 무어 인이 도착할 때까지는 서양에 알려지지 않았다. 야코프 브로노프스키는 아랍의 문화를 '일종의 지식 시장'이었다고 칭송했다.[66]

그러나 0은 오랜 세월 동안 널리 쓰이지 못한 채 잠자고 있었다. 13세기 초, 북아프리카에서 계산법을 공부하며 거의 아랍 상인 행세를 한 이탈리아 수학자 피보나치Fibonacci가 그의 저서 『주판서珠板書, Liber Abaci』를 통해 알 콰리즈미의 개념을 대중화시켰다. 그 다음으로 0을 사용한 유명한 수학자는 좌표의 착안자인 프랑스 사상가 르네 데카르트René Descartes였다. 0은 유럽에서 사용되기 시작했지만, 1600년대 영국 물리학자 뉴턴Newton과 독일 철학자 라이프니츠Lebniz가 0과의 마지막 싸움을 끝내기 전까지는 여전히 답보 상태를 거듭했다.

0에 대한 이해가 계산법을 탄생시켰고, 0이 없었다면 현대의 물리학, 공학, 마이크로칩 혹은 경제학과 재정학의 많은 부분도 존재하지 않았을 것이다. 마이크로칩 발전의 원동력이 된 논리의 발전에 엄청난 공헌을 한 또 다른 인물은 영국 수학자 조지 부울George Boole

이다. 『사고의 법칙에 관한 연구 Investigation into the Laws of Thought』(1854년) 에서 그는 모든 결정은 예와 아니오, 참과 거짓으로 축약될 수 있다는 부울 논리 Boolean logic로 알려진 기호논리학이라는 새로운 과학을 발전시켰다. 이 2진 논리는 나중에 트랜지스터의 온/오프 on/off 스위치의 도움으로 논리 연산을 실행하는 데 완벽하게 적용된다.

탈레스의 호박

물질 세계와 그 법칙에 대한 이해는 수학의 발전과 더불어 성장했고, 인쇄술의 발전으로 지식의 확산 속도는 가속화했다. 그리스 철학자이며 그리스 과학 사상을 확립한 탈레스 Thales(기원전 600년경)는 최초로 정전기 전하를 관찰한 사람이다. 그는 호박 琥珀을 모피에 문지르면 충전이 되고, 머리카락 같은 작은 물체를 끌어당기는 현상에 주목했다. 몇백 년 후 중국인들은 독자적으로 어떤 돌에는 자성 磁性이 있다는 것을 발견하여 선원들이 사용할 천연 나침반을 만들었다. 나침반이 유럽에 도달하기까지는 몇백 년이 더 걸렸다.

영국 해군력의 팽창과 세계 정복을 가능케 했던 영국 과학자 윌리엄 길버트 William Gilbert는 도구에 심취하여 호박과 기타 천연 자석으로 실험을 했다. 극지방에는 배들이 다가가면 못이란 못은 다 끌어당기는 자석으로 된 산이 있을까? 자석 나침반은 속설처럼 마늘 근처에 두면 고장이 날까? 자기 磁氣에 관한 논문에서 길버트는 이런 물음에 답했고, 호박을 뜻하는 그리스 어(elektron)에서 차용하여 전기 electricity라는 말을 만들었다. 다음 단계는 네덜란드 라이덴 대학교의 물리학자 피터 반 뮈센브르크 Pieter van Musschenbroek가—이른바 라이덴 병 Leyden jar(1745년)이라고 불리는—전기를 충전하는 방법을 개발했는데, 여기서 건전지의 아이디어가 태어났다. 물리학과 화학을 공부한 런던의 마이클 패러데이Michael Faraday라는 소문난 독서광은 전선과 자석을 조정해 전기를 발생시키는 전자기 유도를 발견했다. 그의 발명으로 1831년에는 전기발전기와 모터와 변압기가 출현했다. 1873년 프랑스의 알프스 지역에 살던 한 제지업자는 수차water turbine에 발전기를 붙여 최초의 수력발전기를 만들었다. 10년 후 증기터빈이 발명되어, 전기를 발생시키려면 수자원이 풍부한 곳에 있어야만 했던 제약에서 벗어나게 되고 석탄에너지를 끌어 쓰게 된다. 정기 대서양 횡단 선박과 전신이 등장하고 여행이 빈번해지면서 대륙 간 과학 지식의 교환도 늘어갔다.

1883년 이미 전기가 어느 정도 사용되고 있을 때, 전구를 발명한 에디슨이 이끄는 과학팀이 전기의 또 다른 특성을 발견했다. 전자가 금속 표면을 떠나는 이 현상은 에디슨 효과라고 불렸는데, 현재 텔레비전이나 비디오 단말기 내부에 들어 있는 브라운관의 발명을 낳게 된다. 1897년, 대서양 건너 캠브리지 대학교의 물리학자 톰슨J. J. Thomson은 이 신기한 흐름의 정체를 밝혀낸다. 금속과 유리를 통과해 달려가는 보이지 않는 이 힘의 속도를 수학적으로 계산한 톰슨은 수소원자보다 질량이 천분의 일 작은 무엇인가가, 세상에서 가장 작은 물질일 수도 있는 무엇인가가 있다는 것을 알았다. 그는 이 초소형 물질을 '미립자'라고 불렀고, 훗날 우주에 존재하는 모든 원자에 보편적으로 존재하는 전자라고 불리게 된다. 톰슨이 전자를 발견한 데 이어, 또 다른 영국 과학자 플레밍J. A. Fleming은 전자의 흐름은 어떤 기계적 스위치보다도 더 빠르게 온/오프 할 수 있다는 것을 입증했다. 이 발견을 바탕으로 다이오드가 나왔고, 안심하고 사용할 만한 무선 전송 기술이 발명된다. 그다음은 전자의 흐름을 증폭시킨 다른 종류의 진공관을 발명한 뉴욕의 리 드 포레스트Lee De Forest에게 넘어갔다. 그가 발명한 진공관은 전기 신호를 증폭시켜 멀리까지 보낼 수 있었고, 여기서 라디오가 탄생하게 된다.

초당 1만 번 이상의 빠른 속도로 켜지고 꺼지는 스위치 기능을 할 수 있는 진공관과 신호를 증폭시킬 수 있는 진공관은 컴퓨터가 등장할 토대를 마련해주었다. 최초의 진공관은 라디오와 제2차 세계대전 당시 레이더에 사용되었다. 1950년대 등장한 라디오는 사람들에게는 너무나 황홀한 물건이었다. 라디오 뒷면의 통기구를 통해 치직거리는 소리가 들리고, 실체도 없는 목소리가 나오면 여러 개의 관들이 오렌지색 빛으로 가볍게 떨리는 것이 보였다. 진공관을 사용하는 이런 장치의 가장 큰 문제점은 엄청난 동력을 소비한다는 것과 열을 발산한다는 점이었다.

빠른 계산이 가능한 최초의 디지털 컴퓨터는 1930년대에 만들어진 펜실베이니아 대학교의 에니악(ENIAC : Electronic Numerical Integrator and Computer)이다. 에니악은 1만 8,000개의 진공관이 사용되었고, 방 하나를 모두 차지하는 크기였다. 진공관의 부드러운 불빛은 나방들을 끌어들여 누전을 일으켰다. 컴퓨터 용어 디버깅debugging(bug는 벌레, debug는 해충을 잡다는 뜻으로, 프로그램의 오류를 벌레에 비유했다. 프로그램 오류의 수정 작업 또는 수정 프로그램을 말한다 - 옮긴이)은 나방을 잡아야만 했던 시절에 나온 이야기지만, 반도체 소자가 등장하여 나방의 위협이 사라진 후에도 계속 사용되고 있다.[67]

1940년대 초반 덴마크 과학자 닐스 보어Niels Bohr는 물질의 원자 구조를 연구하여 태양 주위를 회전하는 행성들처럼 모든 원자의 전자는 원자핵 주위를 돈다는 사실을 입증했다. 물질은 각기 다른 전기적 특성을 가지고 있었고, 어떤 물질이 전기가 잘 통하는지, 어떤 물질이 통하지 않는지가 결정되었다. 구리는 잘 통했고, 나무는 잘 통하지 않았다. 과학자들은 게르마늄이나 실리콘 같은 물질은 그 중간에 해당한다는 것을 발견했는데 이 물질들이 '반도체半導體'였다. 도체라고도 부도체라고도 할 수 없는 자연물질들을 가지고, 과학자들은 전류를 차단하거나 아니면 속도를 내 흐름을 증폭시킬 수 있도록 화학적 조성을 변화시켜 '연구소에서 만든' 반도체를 만들어냈다.

1947년에 벨연구소의 존 바딘John Bardeen, 월터 브래튼Walter Brattain, 윌리엄 쇼클리William Shockley는 이 반도체들을 이용해 기존의 진공관과 같은 역할을 하는 장치를 개발했다. 이 장치는 기존의 진공관보다 스무 배 이상 빠르게 전기 신호를 온/오프 하는 스위치 기능을 하고 신호를 증폭시켰다. 트랜지스터는 전력 소비가 아주 적었기 때문에 최초의 휴대용 라디오, 보청기 그리고 건전지로 작동하는 모든 전기기구에 적합했다. 트랜지스터가 발명되고 7년이 지나지 않아, 세계 최초로 완전히 트랜지스터로 만든 라디오 '리젠시Regency'가 시판되어 1954년 크리스마스 시즌에 대단한 성공을 거둔다. 바로 3개월 전에, 당시 19세였던 엘비스 프레슬리가 그의 첫 음반을 발매했다.[68] 이렇게 로큰롤의 시대는, 출시 첫 해에 10만 대 이상이 팔린 휴대용 라디오와 함께 시작되었다. 트랜지스터 라디오와 텔레비전의 대량 생산으로 세계는 그 어느 때보다 가깝고 긴밀해진다. 0과 1의 조합인 2진법을 온오프 스위치에 적용할 수 있으리라고 예상했던 미국과 유럽의 과학자들은 트랜지스터를 계속 발전시켰다. 이후 영국과 헝가리의 과학자가 이 문제를 해결할 방법을 동시에 생각해낸다.

탁월한 영국인 과학자 앨런 튜링Alan M. Turing은 1937년 논문에서

"순서에 의해 계산을 실행하는 기계를 발명할 수 있다."[69]고 예견했다. 그는 제2차 세계대전 동안 독일의 암호를 해독해야 하는 긴박감 속에서 최초로 방대한 규모의 전기적 전환시스템을 개발하게 된다. 콜로서스Colossus라는 이 컴퓨터는 독일의 암호문 작성기인 에니그마 Enigma를 해독하기 위해 튜링의 통계이론을 적용한 것으로, 한편 1943년 영국의 블레츨리 파크Bletchley Park에서 제작되었다. 한편 1930년 헝가리 태생의 요한 폰 노이만Johann von Neumann이 뉴저지 주의 프린스턴 고등연구소로 오게 된다. 그는 환상적인 속도로 반복 계산을 해내는 필라델피아의 에니악 컴퓨터를 보고 영감을 받아, 일반 용도로 광범위하게 사용될 미래의 연산기계를 구상했다. 그는 튜링과 함께, 데이터와 명령을 받아 수행한 후 사용자에게 답을 알려주는 컴퓨터의 일반 구조를 설계한다. 튜링은 스위치의 온과 오프가 반복적으로 실행되어 컴퓨터 연산이 이루어지는 것이기 때문에, 1에는 온 값을, 0에는 오프 값을 할당하여 이 두 숫자만으로 모든 수학적 과정을 처리하게 하는 것은 당연한 일이었다고 회고했다. 리드T. R. Reid는 나중에 튜링의 말에 대해 이렇게 썼다. "2개의 숫자를 이용한다는 생각과 전기 스위치에 2진법을 적용하여 강력한 연산 도구로 변화시킬 방법을 생각해냈다는 것은 폰 노이만이나 튜링, 여러 관련 과학자들의 천재성을 보여주는 것이다."[70] 그들은 또한 단어나 숫자를 처리하기 위해 복잡한 '프로그램'을 실행하면서, 기계가 결정을 내리고 비교를 하는 완전한 논리회로를 설계했다.

콜로서스에서 마이크로칩으로

빠른 온오프 스위치로 동작하는 프로그램이 개발될 당시의 기계들은 콜로서스나 에니악처럼 엄청나게 컸다. 과학자들은 이제 '숫자의 장벽' 또는 '숫자의 횡포'라고 불리는 과제를 해결해야 했다. 트랜지스터가 더 많은 명령을 수행하게 하려면, 다이오드diode, 저항기resistor, 축전기capacitor, 전선들을 연결할 수천 개의 트랜지스터가 필요했다. 그래서 에니악에 수많은 진공관을 연결했던 것처럼, 얽히고설킨 전선과 트랜지스터를 한 방에 늘어놓을 수밖에 없었다. 콜로서스가 독일의 전쟁 기계에 대응하기 위해 개발되었던 것처럼, 마이크로칩 역시 냉전 시대의 자극으로 개발되었다. 로켓과 미사일을 제조하던 미국 방위 업체들은 정부로부터 대륙간 탄도미사일에 적합한 작고, 전력 소모가 적은 트랜지스터를 개발해내라는 압박을 받고 있었다. 러시아가 최초의 인공위성 스푸트닉Sputnik을 발사하자 1957년 10월 미국에서는 '미사일 갭missile gap'(미 · 소 간의 핵 장착 미사일 보유수에서 소련이 우세함을 가리키는 말 – 옮긴이) 문제가 불거졌다. 스푸트닉의 성공으로 소련이 미국을 공격할 수 있는 대륙간 탄도미사일을 보유했다는 사실이 확인된 것이다.

그로부터 2년이 지나지 않아, 텍사스 인스트루먼트Texas Instruments의 잭 킬비와 페어차일드 반도체Fairchild Semiconductor의 로버트 노이스가 해결책을 찾아낸다. 두 사람은 개별적으로 최초의 마이크로칩 혹은 집적회로Integrated Circuit 개발로 이어지는 아이디어를 우연히 생각해냈다. 명성을 얻은 후에 '자상한 거인'이라고 불렸던 198센티미터 키의 킬비는 캔자스 주의 시골 마을에서 자랐고, 14세 때는 아마추어 무선HAM에 푹 빠져 있었다. 그는 매사추세츠 공대 입학시험에 떨어졌지만, 미드웨스턴 대학교에서 공학으로 학위를 취득했고 60개의 발명 특허를 받았다. 그의 발명 가운데 가장 중요한 발명은 텍사스 인스트루먼트에 입사한 지 몇 달 지나지 않아, 수많은 트랜지스터와 다른 부품으로 회로를 만들기 위해 씨름을 하던 중에 이루어졌다.

트랜지스터, 축전기, 저항기, 이 세 가지 부품을 종이 집는 클립 절반 크기의 수정 실리콘에 모아 단일체로 만든다는 생각은 기발한 해결책이었다.71 킬비는 나중에 집적회로 디자인에 관한 생각은 세계 곳곳의 여러 사람들이 하고 있었다는 사실을 알게 된다. "1950년대 초에 영국의 제프 더머Geoff Dummer 역시 모든 전자 부품이 한 덩어리로 만들어질 날이 올 것이라고 예상했다."72 킬비는 실용적인 방법을 사용해 꿈을 현실로 만들었다. 한편, 트랜지스터를 발명한 영웅이며 노벨상 수상자인 윌리엄 쇼클리의 회사에서 일하고 있던 로버트 노이스도 킬비와 같은 문제를 연구하여 같은 결론에 도달했다. 다수의 트랜지스터를 동시에 배치해도 문제가 없는 방법을 모색하던 노이스는 독자적으로 1개의 조각 위에 회로들을 통합할 생각을 하게 된다. 그 외에 또, 실리콘웨이퍼에 사진식각공정 Photolithography을 이용하여 뒤엉켜 있는 전선을 처리할 방법까지 찾아냈다.

방위업체들이 미뉴트맨Minuteman(1962년에 개발된 미 공군의 대륙간 탄도미사일 - 옮긴이) 개발을 코앞에 두고 마이크로칩을 끼워넣고 있는 사이, 1959년 3월 24일 집적회로는 뉴욕의 콜로세움에서 전자 사회Electronic Society의 첫 번째 시민이 되었음을 선포한다. 이 상품을 출시하면서 텍사스 인스트루먼트의 대표는 킬비의 발명품이 실리콘 트랜지스터 이후로 가장 중요하고, 가장 이윤을 많이 내는 기술이 될 것이라고 말했다. 그러나 언론은 이 획기적인 기술의 출현에 거의 관심을 보이지 않았다. 실리콘웨이퍼로 만든 벌레같이 생긴 조각이 대체 무슨 일을 할 수 있을지 상상이 안 되었던 것이다. 트랜지스터가 휴대용 라디오의 출시와 함께 대중들에게 이해되었던 것과 마찬가지로, 텍사스 인스트루먼트로서는 이 신기술의 가치를 보여 줄 소비자 상품이 필요했다. 당시 사용되던 타자기만 한 계산기를 셔츠주머니에 쏙 들어갈 만큼 작게 만든다면 아주 효과적인 방법일 수 있었다.

텍사스 인스트루먼트는 소비자 상품 분야에 노하우가 없다는 사실을 인정하고, 트랜지스터 라디오를 생산하기 위해 외주 회사를 물색했던 것과 마찬가지로, 마이크로칩을 사용한 제품으로 사람들을 깜짝 놀라게 할 파트너를 찾아 나섰다. 미국과 일본의 기술 협력이 시작되는 중대한 순간이었다. 텍사스 인스트루먼트는 일본 소비자 가전회사인 캐논Canon과 협력 관계를 맺고, 종잇조각에 계산 결과가 인쇄되어 나오는, 무게 1.8파운드(약 800그램)의 포케트로닉Pocketronic 을 출시했다. 탁상용 계산기 1대 값이 2,000달러에 육박하던 시절에 포케트로닉은 400달러라는 저렴한 가격에 판매되었다. 미국의 산업 잡지들은 숨 가쁘게 보도했다. "신형 계산기는 슈퍼마켓에서 부인들이 가장 좋은 가격의 물건을 선택하는 데 도움이 될 것이다. 또 목재 집하장에서는 계획한 일을 하려면 어떤 합판과 판재와 하드보드를 조합하는 것이 가장 저렴한 가격인지를 결정하는 데 도움이 될 것이다."73 당연한 논리적 귀결로, 미국의 기술 혁신과 일본 제조업의 협력 관계를 통해 정보 혁명이 시작된다.

1968년 7월, 노이스와 고든 무어Gordon Moore는 페어차일드 반도체를 나와 인텔사(인텔은 Integrated와 Electronics의 합성어다)를 창업하고, 1개의 칩에 많은 수의 트랜지스터를 집어넣는 기술 개발에 운명을 걸었다. 이런 칩은 기능에 상관없이 모든 컴퓨터에 필요한 기억장치로 변환될 수 있는 것이었다. 인텔을 창업하고 얼마 후, 노이스는 신설 회사를 일으키기 위해 고군분투하며 비즈니스 관계를 수립하려는 희망을 안고 일본 반도체의 선구자인 샤프 전자의 타다시 사사키를 만난다. 노이스가 페어차일드에 근무할 당시의 동료였던 사사키는 열성으로 노이스를 돕고자 했다. 샤프는 다른 회사와 반도체 개발 계획을 맺은 상태였기 때문에, 사사키는 대학 동창인 요시오 코지마가 운영하는 계산기 생산업체 비지컴Busicom과 인텔을 연결시켜준다.

1969년 6월, 3명의 비지컴 직원이 캘리포니아 산타클라라의 인텔 사무실을 방문하여 비지컴이 원하는 작업에 대해 설명했다. 비지컴은 IC(집적회로) 구매를 포함하여 설계와 기술 비용으로 6만 달러를 제시했다.[74] 인텔의 주된 관심사는 메모리칩 개발이었지만, 이 고객의 주문에 맞춰 중앙처리장치를 갖춘 대용량 집적회로와 다른 필요한 기능을 모두 수행하기에 충분한 트랜지스터와 회로소자를 담은 칩을 개발하기 시작했다. 1971년, 인텔이 4004라고 명명한 이 마이크로프로세서의 개발을 완료한 시점에 비지컴이 파산하고 만다. 그러나 프로그램이 가능한 계산기를 만들려는 계획을 가진 다른 일본 회사가 인텔의 컴퓨터 출시를 돕는다. 인텔은 비지컴을 위해 개발한 마이크로프로세서의 권리를 다시 사들였다. 30톤 무게의 에니악과 동일한 연산 능력을 갖췄지만, 0.5인치(약 1.3센티미터) 길이밖에 안 되는, 2,300개의 트랜지스터가 집적된 이 칩이 컴퓨터 혁명을 일으켰다.

그로부터 30년 후, 이 칩들은 점점 더 많은 수의 트랜지스터가 집적되고, 격렬한 속도로 연산을 수행하면서 크기는 계속 작아졌다. 마침내 21세기 초에는 10억 개의 트랜지스터를 집적했다.[75] 이 칩들이 지구를 둘러싸고 있는 광섬유 케이블망을 통해, 혹은 우리 머리 위에서 돌고 있는 인공위성을 통해 지구를 순식간에 연결하고 있다.

무선인식 기술(RFID : Radio Frequency Identification)(각종 사물에 소형 칩을 부착하여 사물의 정보와 주변 환경 정보를 무선주파수로 전송 처리하는 인식시스템 – 옮긴이)이 세계적으로 광범위하게 사용되면서 상점의 모든 상품은 물론, 개인 신분증과 심지어는 가축이나 애완동물에까지 마이크로칩을 부착하게 되면서 인간이 만든 상품의 세계화는 완전히 새로운 차원으로 들어섰다. 폰 노이만과 튜링이 예측한 대로 이 작은 장치는 모든 데이터를 처리할 수 있었다. 이런 아이디어와 지식은 탈레스, 브라마굽타, 알 콰리즈미와 세상의 모든 사상가와 기존의 지식을 뛰어넘어 유비쿼터스 세상을 만들려는 어설픈 시도를 했던 탐구자들의 노력을 바탕으로 성장해온 것이다.

어디서든 필요한 정보를 얻을 수 있고, 순식간에 세상을 연결하는 속도 덕분에 마이크로칩은 이제 세계화의 중심에 서 있다. 2003년 세계무역기구 회담이 진행되고 있을 때, 항의 시위자들은 방송이 가능할 만큼 화질이 우수한 동영상을 방송국이나 다른 운동가들에게 전달하기 위해 P2P$_{\text{peer to peer}}$ 서비스를 이용했다. 그리고 반세계화 운동에 대한 연설을 인터넷 오디오로 전송하기 위해 무선 네트워크를 이용했다.[76] 마이크로칩으로 처리되는 정보는, 상호 의존과 상호 연결을 서서히 느린 속도로 발달시켰던 과거의 세계화와 오늘날의 세계화를 구분 짓는 유일한 요소이며, 가장 중요한 요소이다.

섬유 노동자들과 커피 재배자들에 대한 노동 착취를 맹렬히 비난하기 위해, 세계화의 폐단을 알리기 위해 개인용 컴퓨터 앞에서 월드와이드웹을 이용한 시애틀의 시위대들은 오랜 세월에 걸친 세계화의 진행 과정에 무의식적으로 참여한 것이다.

4장

선교사의 세계

> 수행자들이여, 이제 길을 떠나라. 많은 이들의 이익과 행복을 위하여. 세상을 불쌍히 여기고, 모두의 이익과 행복과 안락을 추구하라. 두 사람이 한 길을 가지 말라. 수행자들이여, 처음도 좋고 중간도 좋고 끝도 좋은, 의미와 표현을 갖춘 법을 설하라.
> — 2,500년 전 부처가 출가 제자 60인에게 하신 말씀

주중에는 늘 그렇듯이 그날도 엠파이어스테이트 빌딩의 무거운 유리문 밖에는 다양한 인종이 뒤섞인 군중들이 모여 있었다. 이탈리아 인 가족, 브라질 인, 나이든 인도인 부부, 캔자스 주에서 온 십대 학생들. 모두들 86층에 있는 전망대에 오르기 위해 엘리베이터를 기다리며 5번가에 늘어서 있었다. 2001년 9월 11일 세계무역센터 건물이 테러리스트의 공격으로 무너지면서, 약 443미터 높이로 하늘을 찌를 듯 서 있는 엠파이어스테이트 빌딩은 다시 뉴욕에서 가장 높은 빌딩의 명예를 탈환했다. 킹콩이 1편에서는 페이 레이Fay Wray를, 최근에는 나오미 와츠Naomi Watts를 움켜쥐고 공중 공격에 맞서 싸우던 그 유명한 건물 꼭대기에서 도시의 전망을 즐기기 위해 전

◀"645년, 600권이 넘는 불교 문헌을 가지고 시안으로 돌아오는 현장 법사", 오사카 후지타 미술관.

세계 수만 명의 인파가 몰려온다.

2005년 4월 1일 아침. 엠파이어스테이트 빌딩 로비에 줄지어 서 있는 군중들은 34층 국제인권감시기구Human Rights Watch 본부에서 열린 조촐한 기념 행사에 대해서는 모르고 있었다. 종교와는 무관하지만 과거 선교사들과 비슷한 활동을 하는 인권 단체가 맹렬한 아프리카의 태양 아래 얄팍한 플라스틱 대피소에서 신음하고 있는 다르푸르Darfur 난민들의 운명을 결정한 날이었다.

쭈글쭈글 구겨진 트위드 재킷을 입은 리처드 디커Richard Dicker가 동료 운동가들이 웃음을 머금고 기다리고 있는 34층 사무실에 들어섰다. 국제인권감시기구의 국제 정의 프로그램International Justice Program 책임자인 디커는 몇 달 동안 유엔사무국의 외교관들에게 다르푸르 문제의 해결을 촉구해왔다. 마침내 다르푸르의 비극을 세계에 알리려는 디커 같은 사람들의 노력이 결실을 맺어 요지부동인 것 같던 유엔이 국제인권감시기구와 여러 인권 기구들의 요청을 승인하기에 이르렀다. 승인 직전까지 우여곡절도 많았다. 바로 전날 유엔 안전보장이사회 회원국들이 다르푸르사태를 논의하기 위해 비공식 회의를 개최했지만 좋은 결과를 기대하기는 어려운 분위기였다. 그날 저녁은 안전보장이사회 의장직을 맡았던 브라질 대사의 임기가 끝나는 날이었다. 저녁 6시에 트라이베카TriBeCa에 있는 브라질 레스토랑으로 가기 위해 회의가 종료되자 상황은 더욱 안 좋아 보였다. 다르푸르에서 벌어진 폭력 행위에 관한 보고서에 대해 외교관들이 거의 반응을 보이지 않자 디커는 낙담하여 온종일 복도를 서성거렸다. "세상에 맙소사! 어떻게 이럴 수가! 사람들이 강간을 당하고 살해되고 있는데 레스토랑에서 삼바파티를 하겠다니!"[1]

지난 3년간 북아프리카 수단의 다르푸르 지역에서 일어난 내전으로 20만 명 이상이 살해되고, 거의 200만 명이 고향을 등져야 했다. 정부의 지원을 받는 아랍계 민병대 잔자위드Janjaweed가 '인종 청소'를 벌이며 주민들을 고향에서 내몰고 살해하고 있었다. 부시 행정부와 미국 의회는 이 사건을 대량 학살로 규정했지만, 유엔은 아직 아니었다. 수백만의 난민들이 인종 청소를 피해 떼지어 수용소로 몰려들었다. 잔자위드의 약탈과 공격과 강간이 계속되고 있는 한 고향으로 돌아갈 수는 없었다. 대량 학살이 벌어지고 있다는 명백한 증거가 나오고, 서방 국가들이 지속적으로 폭력을 중지하라고 청원했지만 수단 정부는 사실을 단호하게 부인했다.

디커는 유엔 안전보장이사회가 다르푸르 폭력 사태를 신설된 국제형사재판소(ICC : International Criminal Court)에 회부할 것을 촉구했다. 국제형사재판소는 바로 이런 행위들을 억제하기 위해 121개국의 동의 아래 1998년에 설립되었다. 국제형사재판소를 설립하는 일에 처음에는 동의했다가, 다시 반대 입장으로 돌아섰던 미국은 다르푸르사태를 법정에 회부하려는 유엔 안전보장이사회의 움직임에 제동을 걸었다. 3월 31일의 회의가 실패한다면 그간 국제인권감시기구와 여타 기구들의 노력은 물거품이 될 것이었다.

브라질 레스토랑에서의 만찬은 유쾌하기만한 삼바파티는 아니었다. 그리스도교 단체들의 압력은 차치하고, 언론의 캠페인 수위가 높아지자 미국 정부는 초기의 거부권 행사 방침에서 한 발 물러서기로 결정했다. 미국 국무장관 콘돌리자 라이스Condoleezza Rice와 영국 외무장관 잭 스트로Jack Straw를 포함한 주요 대표단들이 전화상으로 수차례 회의를 했지만 쟁점 사안은 해결되지 않았다. 레스토랑의 편안한 분위기 덕인지 마지막 순간에 회의를 재개한다는 합의가 이루어졌다. 외교사절들은 만찬을 끝내고 다시 모였고, 밤 11시에 다르푸르사태를 국제형사재판소에 회부한다는 합의문이 발표되었다. 회의장 밖에 몰려 있던 리포터들은 디커를 포위하고 핵심 사안에 대한 논평을 요청했다. 형사재판에 회부한다는 결의안은 다르푸르 폭력 사태가 종결될 수 있다는 희망을 준 것이고, 미국이 기권을 했다는 것은 국제형사재판소의 향후 판결에도 희망적인 소식이었다.

엠파이어스테이트 빌딩에 있는 국제인권감시기구 사무실에서 디커는 이렇게 말했다. "만족할 정도는 아니지만 실질적인 성과였습니다. 다르푸르 주민들을 보호하기 위한 첫 걸음을 뗀 것입니다. 수단 서부 지방에서 벌어지고 있는 대량 학살의 주범에게 국제 법정이 발부한 영장에 근거해 체포될 수 있다는 사실을 알린 것입니다." 상황을 평가하며 디커는 말을 계속했다. "결의안이 통과되고 곧바로 살해 행위가 중단되지는 않았지만 아주 극적으로 감소했습니다." 그는 잠시 말을 멈추고 덧붙였다. "다르푸르 주민들을 보호하기 위한 투쟁은 계속될 것입니다."2

내가 왜 다르푸르 주민들을 위해 투쟁하고 있는 리처드 디커와 그의 동료들 이야기를 하고 있을까? 넓은 의미에서 이 사람들은 인간 공동체를 다시 연결하는 세계화의 역사적 동인이었던 선교사들의 최신 버전이기 때문이다. 종교와 무관한 이들 선교사들은 종교를 전하려는 것이 아니라, 생명과 자유와 모든 인간의 해방을 목표로 세계를 하나로 묶기 위해 전 세계를 여행한다. 디커도 그렇고, 국제인권감시기구의 의장이며 인권 수호를 위해 법률 서비스를 무상으로 제공하고 있는 케네스 로스Kenneth Roth 역시 처음에는 자신이 '선교사'라고 불리는 것에 이의를 제기했다. 그는 이렇게 말했다. "선교사들은 개인을 개종시킬 방편을 찾지만, 인권 기구의 활동가들은 정부를 개종시킬 방법을 찾지요."3

인권 기구 활동가들은 높은 곳에 있는 신적인 존재의 복음을 전파하는 것이 아니다. 그들은 어떻게 살아야 하는지 삶의 지침을 설파하지는 않지만 자신들이 분노하는 행위나 도덕성의 문제를 다른 문화권의 사람들과 공유하려 노력한다. 그들은 정부 당국에 인권이 존중되는 문화와 모든 이의 권리를 보호할 수 있는 정치적 공간을 만들라고 요구한다. 활동가들에게는 정부도 예외가 아니다. 전지전능한 미국 정부에서 약소국의 독재자에 이르기까지, 인권 기구 활동가들은 개인의 인권을 침해하는 전 세계 모든 정권에 치욕을 안겨주고 있다.

이번 장에서는 무수한 선교사들이 동료 인간들을 개종시키기 위해 어떻게 세계 구석구석을 여행했는지, 무역상들은 어떻게 선교사의 역할까지 하며 외국 땅에 체류했는지, 불행한 일이긴 하지만 전사들은 또 어떻게 개종을 거부하는 사람들에게 무력을 행사했는지를 살펴본다. 무역상들이 상권을 확장하기 위해 더 빠른 운송 수단을 발달시키는 동안 선교사들도 그 진화에 함께했다. 인간 조건에 대한 대중들의 각성과 인간 종은 단일하다는 인식이 커가면서 새로운 유형의 선교사들이 등장했다. 이들의 신앙은 지구상의 모든 종을 구원하고, 환경을 보호하고, 인간의 생명과 존엄성을 교육하는 일에 중점을 두고 있다. 현대의 미디어와 통신과 여행의 발달로 이들의 메시지는 더욱 빠르게 세계 각지로 확산된다. 선교사들의 활동은 예나 지금이나, 종교와 관련이 있거나 없거나, 신념의 그물망으로 인류를 더욱 긴밀히 연결하며 세계를 좁혀왔다.

신앙과 함께 여행하라

1장에서 우리는 정착 공동체에서 초기 종교가 발생했다는 이야기를 했다. 인간은 자연의 분노를 피하기 위해 하늘의 신이나 크고 작은 것들의 신에게 기도를 올렸다. 하지만 이런 신들의 권세는 지역적인 것이었다. 신들은 오직 해당 지역의 언어로만 이야기했고, 해당 지역 사제들은 신의 뜻을 전달하는 중개자였다. 특정 신이 땅 위에 생명을 창조했다는 개념은 어디에나 있었지만, 그 신은 멀리 있는 존재였다. 그러자 창조주보다 급이 낮은, 건강과 여러 가지 삶의 문제에 도움을 청할 수 있는 하급 신들이 등장한다. 태양과 달의 신, 사랑의 신, 문자의 신, 신탁의 신 등 헤아릴 수도 없다. 이 신들은 숭배된 지역에 따라 제각각 다른 이름으로 불렸다. 특정 나무나 돌, 강과 산에는 더 낮은 신들이 깃들어 있었다. 그때 무역상들이 고향 마을을 떠난다는 것은 곧 그들의 보호령을 뒤로 하고 떠나는 모험을 감행하는 일이었다.

신은 오직 하나라는 일신교의 출현으로 인간은 애니미즘적인 지역 신들로부터 자유로워졌다. 지역의 한계에서 자유로워진 종교는 세계적인 것이 되었고 전파하는 것도 가능해졌지만, 신은 여전히 개인적인 것이었다. 새로 등장한 보편 종교들 가운데 유일한 예외는 불교였다. 불교는 신의 존재를 믿는 종교가 아니다. 부처는 인간의 번뇌는 보편적인 것이며, 구원의 길은 모두 같다고 가르쳤다. 어디에 사는지, 어떤 언어를 말하는지, 무엇을 먹는지에 상관없이 인간 존재에 호소할 수 있는 믿음 체계가 탄생한 것이다. 지역 신이나 특정 물체에 대한 숭배를 요구하지 않는 불교 신앙은 떠돌아다니는 상인들의 삶에 안성맞춤이었다. 당연히 헌신적인 불교도는 주로 상인들이었다.

그리스도교와 이슬람 또한 유일신의 메시지를 통해 어디를 가든 신앙을 간직할 수 있었다. 반면 이 두 종교는 전 인류에게 종교는 단 하나뿐이라는 입장을 취했다. 유일신 앞에 인간은 누구나 평등하다는 개념은 미래에 전 인류에게 영향을 주는 인권과 환경 문제까지 포괄하는 개념으로 발전한다. 이번 장에서 우리는 신세계에 그리스도교 신앙이 전파되는 동안 의식 있는 선교사들 사이에서 인권에 관한 고통스러운 의문들이 제기되는 과정을 살펴볼 것이다. 당시 싹을 틔운 인권 개념은 발전을 계속했고, 인권 운동과 관련한 비정부기구들에 의해 계승된다.

뉴욕에 있는 국제인권감시기구는 새로운 형태의 선교사들을 대표하는 사례로 볼 수 있다. 인권 기구의 등장은 냉전을 종식시키고 데탕트détente 시대를 열게 된 계기가 되었던 헬싱키 협약Helsinki Accord으로 거슬러 올라간다. 헬싱키 협약의 일부로서 1978년에 구소련과 소련이 지배하던 위성국가들이 인권 기준을 준수하게 할 목적으로 헬싱키 감시 기구가 설치되면서 처음으로 인권 기구가 등장했다. 시민의 권리를 유린하는 사례가 소련에 한정된 것이 아니라는 사실을 인식한 이 기구는 서방에서의 인권 감시를 위해 미국에도 감시 기구를 설립했다. 중동 인권감시기구 역시 같은 기능을 수행했다. 1988년, 세계 각지의 지역 기구들은 국제인권감시기구 산하로 통합된다. 150명의 법률가와 언론인, 학자들 그리고 각국 지역 전문가들이 모여 브뤼셀, 런던, 모스크바, 홍콩, 로스앤젤레스, 샌프란시스코, 타시켄트, 토론토, 워싱턴에 지부를 세우고 전 세계의 힘없는 개인들의 수호자 역할을 하는 단체로 출범했다. 개개인의 후원금으로 운영되고, 인도주의적 열정을 바탕으로 활동하는 국제인권감시기구 같은 비정부기구 활동가들은 새로운 유형의 선교사로서 세계를 향해 전진하며 세상을 연결하는 활동을 벌이고 있다.

앞서 언급한 대로 세계화의 주역들인 무역상, 탐험가, 선교사, 전사 간의 차이는 모호한 경우가 많았다. 무역상들이 탐험가들처럼 개종시킬 영혼을 찾아 나서는 일도 많았다. 전사들은 자신들이 섬기는 군주나 무역상의 영토를 안전하게 지키는 것뿐만 아니라 적극적으로 선교 대상을 찾아 나섰으며 때로는 신앙을 강요하기도 했다. 타인을 개종시키겠다는 선교사들의 열의는 여러 가지 면에서 미지의 세계로 모험을 떠나기 위한 명분 혹은 충동이기도 했다.

사회학자 막스 베버Max Weber는 선교란 "진실을 널리 알리고, 믿지 않는 자를 개종시키는 신성한 의무를 다하는 것"이라고 정의했다. 그는 "믿는 자의 영혼은 진실한 믿음이 모든 인류에게 받아들여질 때까지는, 자신이 진실이라고 믿는 메시지를 모든 인간의 영혼에 전하기 전까지는 만족을 모른다."[4]고 했다. 이런 정의는 그리스도교나 이슬람교 같은 거대 일신교뿐만 아니라, 노벨상 수상자인 엘리 위젤Eli Wiesel이 우리 시대의 '비종교적인 종교'라고 말했던 인권에도 적용된다. 위젤은 인권이라는 개념의 기본을 이렇게 설명했다. "타인은 나의 적이 아니라 동맹자이며 동족이며 친구다. 나와 관련된 타인에게 어떤 일이 생기든…… 타인이 굴욕을 당하고 있을 때 나는 방관할 권리가 없다."[5] 이와 유사한 열정으로 활동가들은 지구 온난화에 반대하고, 고래와 기타 멸종 위기 종의 보호에 힘쓰고, 에이즈 예방 활동을 벌이고 있다. 이들 활동가들은 선교사들과 마찬가지로 자신의 믿음을 설파하는 데 헌신한다. 자신들의 메시지를 전달하고, 자신들이 마음 깊이 간직한 세계의 모습대로 세상을 변화시키려는 불굴의 노력은 가히 종교를 설파하던 선교사들에 비견할 만하다.

대중들에게 '진정한 길'을 보여주려는 의미심장한 주장은 계속된다. 과거와 현대 선교사들의 차이가 있다면 지금은 과거 어느 때보다 행보가 빠르고 활동 영역이 전 지구로 확장되었다는 점이다. 낙타 대상과 대형 범선과 증기선은 제트 비행기로 대체되었다. 또 목판 인쇄와 구텐베르크의 활판 인쇄술에 라디오와 텔레비전, 인터넷이 선교의 도구로 가세했다. 현대는 집을 떠나지 않고도 선교활동을 전개할 수 있다. 노벨상 수상자인 조디 윌리엄스Jody Williams는 자기 집 부엌에서 팩스와 컴퓨터와 전화를 이용해 지뢰 없는 세상을 만들기 위한 캠페인을 벌였다.

윌리엄스와 각국에 흩어져 있는 헌신적인 동료 '선교사'들은 1992년부터 대인지뢰 금지운동을 벌였다. 대인지뢰 금지조약(대인지뢰의 제작·사용·비축·이송 행위 금지와 지뢰 제거에 관한 협약) 체결운동을 벌인 지 단 5년 만에 122개 국이 조약에 서명했고, 80개 국에서 수십 년간 수십만 명의 인명을 살상한 재앙을 제거할 수 있었다. 전쟁이 종결이 된 후에도 지뢰는 매년 1만 5천~2만 명의 사상자를 내고 있다. 이 조약은 새로운 지뢰의 추가 매설 금지와 기존의 지뢰를 제거할 것을 명시하고 있다. 1997년 윌리엄스와 국제지뢰금지운동은 이 업적으로 노벨평화상을 수상했다. 윌리엄스와 그녀의 동료들의 사례는 빙산의 일각일 뿐이다. 전 세계에서 이들과 같은 수많은 활동가들이 우리 모두에게 영향을 줄 수 있는 인도주의적인 문제를 해결하기 위해 국경을 넘고 있다.

과거와 현대의 수백만 설교자들과 선교사들의 공로로 그리스도교 공동체, 이슬람교 공동체, 불교 공동체, 그리고 시민 사회라는 세계 공동체가 형성되었다. 엄밀히 말하면 세계를 하나로 연결하는 종교 공동체의 출현은 선교사들 단독의 작품은 아니었다. 역사의 초기 단계에서 개종은 상당 부분 무력으로 강요된 것이었고, 개종을 강요한 동기가 항상 숭고한 것만은 아니었다. 이방인 혹은 이교도라고 불리던 사람들을 개종시켜 제국 건설에 이바지하게 유도하고, 새로운 자원과 시장을 획득한다는 면에서 선교는 이기적인 도구였다.

  십자군 전쟁 동안 그리스도교인들이 성지를 탈환하려는 시도 이면에 물질에 대한 탐욕이 있었다는 사실은 공공연한 비밀이다. 탐욕이 가장 확연히 드러났던 예는 1204년 제4차 십자군의 콘스탄티노플 약탈이었을 것이다. 당대의 한 작가는 그 일을 이렇게 적고 있다. "세상이 창조된 이래 그토록 많은 전리품을 가지고 돌아온 예는 없었다. 금은보화와 값진 물건들을 담은 자루는 헤아릴 수도 없이 많았다."[6] 또한 16세기 남아메리카에서 영토 확장에 전력한 스페인이 표면상 내세운 이유는 잉카 인들에게 진정한 신을 믿게 한다는 것이었다. 정복자 프란시스코 피사로Francisco Pizarro에게 페루 원주민을 개종시키는 데 실패한 이유가 무엇이냐고 묻자 그는 노골적으로 대답했다. "나는 페루의 금을 가지러 이곳에 왔을 뿐 다른 이유는 없다."[7]

  스페인 원정대가 멕시코에서 향신료가 풍부한 필리핀으로 항해해 가라는 명령을 받았을 때 사령관은 이렇게 설명했다. "이번 원정의 주요 임무는 원주민을 개종시키고, 누에바 에스파냐Nueva España(New Spain. 17세기 스페인 식민지 시절 멕시코의 이름 - 옮긴이)까지 무사히 귀환하여 안전한 항로를 개척하는 것이다. 이번 탐험을 계기로 스페인 왕국의 영토가 확장될 것이며, 합법적인 교역에서 발생하는 이윤도 증가할 것이다."[8] 개종이라는 이름 아래 수만 명의 식민지인들이 고문을 당하고 살해되었으며, 엄청난 양의 자원이 식민 본국으로 실려 나갔다.

황금을 찾아서

선교 활동은 오랜 세월 여러 부족을 공포에 떨게 했지만, 세계를 더욱 긴밀히 하나로 연결하는 결과를 낳았다. 신앙을 전파하는 일은 분산되어 있던 공동체들이 평화롭게 혹은 폭력적으로 만나는 계기가 되었다. 선교사들은 인쇄술을 소개하고 개종자들의 언어를 풍부하게 만들며 문화를 살찌우거나 타락시켰다. 오늘날 세계 어디를 가도 생활 방식이 흡사해 보이는 것은 많은 사람들이 히말라야 언덕과 중동의 사막에서 시작된 거대 종교를 받아들였기 때문이기도 하다. 지구상에서 가장 고립된 지역에도 이슬람 사원과 교회 혹은 절이 들어서 있다.

선교사들의 활동이 세계를 하나로 묶어 더욱 작게 만들었다는 말이 어떤 의미인지 이해하려면 불교가 인도의 한 작은 마을에서 믿어지고, 그리스도교와 이슬람 신앙이 아랍의 사막 한구석에 한정되어 있던 시절을 생각해봐야 한다. 역사의 중대한 한 시기에 선교 활동은 긍정적인 면이라고는 조금도 찾아보기 힘든 폭력과 학대를 수반하며 진행되었다. 그러나 타인들과 관계를 맺으려는 다른 모든 노력과 마찬가지로, 선교사들의 활동 또한 머나먼 세상 끝의 문화에 영향을 주고 인간의 삶을 변화시키는 예기치 않은 결과를 낳았다. 수도원은 지식의 보고 역할을 해왔고, 신앙의 전파는 문학과 예술이 꽃피울 발판이 되어, 코르도바의 이슬람 대사원 라 메스키타la Mezquita부터 비할 데 없이 웅장한 앙코르와트 사원에 이르기까지 수많은 유물과 유적을 창조하는 데 영감을 주었다.

선교의 기반은 누구에게나 보편적으로 적용할 수 있는 신앙이라는 확신이었다. 불교든 그리스도교든 이슬람교든 해당 교리가 온 인류를 이롭게 한다는 믿음을 바탕으로 선교 활동이 펼쳐진 것이다. 보편 종교가 전파되면서 세계는 하나라는 의식이 형성된 예는 10세기 중국 둔황의 모가오莫高窟 동굴벽화에서 볼 수 있다. 산중턱을 쪼아서 만든 어두운 동굴 안에는 여러 나라에서 온 조문객들에 둘러싸인 거대한 와불상이 있다. 부처의 죽음 앞에 비탄에 빠진 조문객들의 면면을 보면, 각자 고향의 다양한 의복과 특징적인 머리장식이 대단히 정밀하게 표현되어 있다. 어떤 이는 눈물을 흘리고, 어떤 이는 가슴을 치고, 심지어 가슴에 긴 칼을 꽂는 이도 있다. 부처가 열반에 들고 150년도 넘는 세월이 흐른 후에 그려진 이 벽화는 각기 다른 민족이 하나가 되어, 그야말로 세계적 비탄에 잠겨 스승을 애도하는 모습을 은유적으로 표현한 최초의 그림이다.

아주 오랜 옛날 인도에 살았던 부처가 나와는 얼굴 생김도 다르고 언어도 달랐다는 사실은 독실한 신자들에게 전혀 문제가 되지 않았다. 부처의 메시지는 보편적이고 영원한 것이었다. 부처가 열반에 들었을 당시 중국이나 티베트, 중앙아시아의 통치자들은 부처가 누구인지도 몰랐고 부처의 죽음을 애도하지도 않았다. 그러나 이 벽화를 그린 화가는 부처의 죽음이 가져올 슬픔이 어떤 것인지를 쉽사리 상상해냈다. 현실보다는 신앙심을 표현하려는 의도가 분명한 이 그림에서 우리는 현대인이 세계를 인식하는 속도가 어느 정도인지 극명하게 느낄 수 있다. 예컨대 잔 다르크의 죽음이 콘스탄티노플까지 알려지는 데는 18개월이 걸렸다. 1453년 오스만 제국이 콘스탄티노플을 함락했다는 소식이 유럽에 전해지기까지는 3개월이 걸렸다.[9] 한편, 우리는 위성텔레비전과 인터넷 덕분에 다이애나 왕세자비의 죽음을 즉각적으로 알았고, 교황 요한 바오로 2세가 선종한 뒤 곧바로 슬픔을 함께 나눌 수 있었다. 뉴욕과 워싱턴에 가해진 테러리스트들의 공격으로 3천 명이 넘는 생명이 사라지고 바로 다음날, 테헤란의 학생들은 희생자들을 추모하는 철야 촛불기도를 올렸다. 앞으로 자세히 살펴보겠지만, 인간의 운명이 이렇듯 즉각적으로 세계에 영향을 미치기까지는 오랜 세월이 걸렸다. 세계적인 관심사의 전달 속도는 점점 더 빨라지고 있다. 이런 긴밀한 연결 관계는 수개월에 걸쳐 몇천 킬로미터의 황량한 풍경을 지나 부처가 탄생한 인도까지 구도 여행을 떠났던 중국의 현장 법사 같은 선교사들의 느린 발걸음과 함께 시작되었다.

  인도 북부에 있던 작은 왕국의 왕자 싯다르타 고타마는 고통받는 인간의 모습을 보고 괴로워하다가 수도자가 되기 위해 몰래 궁을 빠져나왔다. 수년의 방랑 끝에 그는 번뇌를 벗고 해탈할 길을 찾기 위해 가부좌를 하고 명상을 시작했다. 명상을 시작한 지 49일째 되는 날, 기원전 623년의 보름달이 떠 있던 어느 봄날 밤에 싯다르타는 보디bodhi, 즉 깨달음을 얻었다. 그 후 그는 다섯 제자들에게 처음으로 설법을 했다. 보편적인 인간 고통의 원인과 구원의 길을 설파하는 그의 메시지는 사람들의 마음을 사로잡았다. 부처가 생존했던 시대로부터 700년이 흐른 뒤인 서기 1세기에는 '고통받는 구세주'라는 그리스도교 개념이 인도로 유입되어, 미래에 자신의 고난을 통해 인류를 바로잡고 세상을 구원하러 올 미륵보살 사상을 발전시키는 데 영감을 주게 된다.[10] 현재 파키스탄과 아프가니스탄 땅에 간다라 왕국을 건설했던 그리스 인의 후예들은 연꽃이나 법륜이 새겨진 부처의 발바닥 같은 부처의 상징적 이미지를 그리스적인 실물 형상으로 대체했다. 한편 희생과 금욕을 강조하며 새롭게 등장한 불교 종파인 대승 불교는 초기 불교의 엄격함을 일정 부분 변화시켰다. 대승 불교는 부처의 형상을 숭배의 대상으로 삼고 봉헌물을 바치는 행위를 허용했다. 그 후 천 년 동안 불교 포교에 나선 수행자들은 실크 로드를 따라 걷고, 벵골 만과 남중국해의 해안에서 배를 타고 가 소그디아나Sogdiana(현재의 이란 동부 지방과 중앙아시아) 사람부터 일본과 베트남 인들까지 불교로 개종시키는 데 성공했다.

기원전 3세기 막강한 군사력으로 인도의 광범위한 지역을 통치했던 마우리아 제국의 아소카Asoka 왕은 불교를 수용하고 통치권을 이용해 불교 전파에 힘썼다. 왕은 출가하여 승려가 된 그의 아들 마힌다Mahinda를 선교사이자 외교사절로 스리랑카 궁정에 파견하기도 했다.11 마힌다는 스스로 담마비자야dhammavijaya(법승法勝. 무력이 아닌 불법佛法을 통한 정복)라고 지칭한 선교사업에 착수하여 이집트, 마케도니아, 지중해의 여러 그리스 왕국의 왕들에게 많은 불교 포교승들을 파견했다. 마침내 기원전 약 250년 전에는 인간의 고통과 구원이라는 공통의 주제가 여러 민족들 간의 연결 고리로 자리 잡았고, 점차 성장하여 동쪽으로 확장되었다.

불교로 개종한 최초의 중국 황제인 한漢 제국의 명제明帝는 서기 1세기에 인도의 승려 다르마라크사Dharmaraksa(축법호竺法護)와 카샤파 마탕가Kasyapa Matanga(가섭마등迦葉摩騰)를 초청했다. 인도의 불경과 그림, 제례 도구를 가지고 중앙아시아의 사막을 건너는 위험한 여행을 마친 두 승려는 중국 뤄양洛陽에 도착해 수세기 동안 불교 전파의 중심지가 된 백마사白馬寺를 창건했다. 이후 중국의 승려들은 서역으로 구도 여행을 계속했고, 중앙아시아와 인도의 선교사들과 번역가의 물결이 중국으로 밀려들었다.12 508년 뤄양에 도착한 인도 승려 보디루치Bodhiruci(보리유지菩提流支)는 황제의 명에 따라 수많은 경전을 번역했다. 그가 번역한 『금강경』과 『법화경』은 천 년도 더 지난 후에 헝가리 출신의 고고학자 오렐 스타인Aurel Stein에 의해 발견되었다.

목판 인쇄술과 종이 제조 기술의 발달로 『금강경』의 중국어 번역본이 다량으로 인쇄되었고, 스타인이 발견한 사본은 868년 것으로 세계에서 가장 오래된 종이에 인쇄되었다.[13]

부처의 발자취를 따라서

과거 장안長安으로 알려진 중국의 고대 도시 시안西安의 안개 낀 아침. 밝은 초록색 택시들과 냉방시설이 된 관광버스들, 검은 매연을 토해내며 덜컹거리는 트럭들이 줄줄이 작은 공원 옆을 지나갔다. 그날 아침 시안의 서쪽 끝에 있는 공원의 방문객은 나밖에 없었다. 나는 실크 로드가 시작된 바로 그 자리를 보고 싶었다. 둥글게 울타리를 둘러친 공간의 한가운데 시멘트로 만든 4.5미터 높이의 대상隊商 조각상 하나가 쓸쓸하게 자리를 가리키고 있었다. 수염을 기른 무역상들과 흘러내리는 법복을 입은 승려 한 명이 돌로 만든 낙타 위에 앉아 있고, 질주하는 말 위에 앉아 있는 또 다른 남자들의 모습이 이 길이 무역상과 선교사와 전사 들의 고속도로였다는 사실을 상기시켜주었다. 중앙분리대가 설치된 도로를 덜거덕거리며 달리는 버스와 트럭 들이 남기고 간 지독한 배기가스 한가운데 서서, 그 옛날 대상의 행렬이 머나먼 서쪽 카스피 해까지 먼지 자욱한 길을 따라갔던 여정이 바로 여기서 시작되었다는 것을 상상하기란 쉽지 않았다.

중국의 유명한 승려이자 학자이며 포교승인 현장 법사가 629년 가을 어느 날 땅거미가 질 무렵에 16년에 걸친 여행을 몰래 떠난 곳도 바로 이 자리였는지 모른다. 현장은 불교 성지를 방문하고, 나란다Nalanda에 있는 불교 대학에서 수학하고, 학자들과 토론을 벌이고 대화를 나누며 12년 동안 인도 전역을 여행했다. 643년에 그의 후원자이자 친구였던 북인도의 하르샤Harsha 왕과 이별을 고할 때, 왕은 현장이 그간 수집한 다수의 그림과 700여 권에 달하는 불교 경전을 싣고 갈 수 있도록 수행원들이 딸린 말과 코끼리 들을 하사했다. 신기원을 열게 될 어마어마한 정보가 수송되는 와중에 코끼리 한 마리는 인더스 강을 건널 때 익사했고, 또 다른 코끼리는 놀랍게도 힌두쿠시 산맥을 넘을 때까지 살아 있다가 카슈가르Kashgar로 가는 길에 강도에 쫓기면서 골짜기에 떨어져 죽고 말았다.14

645년 어느 봄날 아침, 현장이 부처의 땅에서 돌아온다는 소문이 퍼졌다. 사람들은 황제의 금지령을 어기고 서역으로 여행을 떠났다가, 그 먼 나라에서 진귀한 보물인 부처의 그림과 657권의 성스러운 책을 가지고 돌아온다는 대단한 승려를 보려고 거리로 몰려나왔다. 여행을 금지했던 당唐 태종太宗은 마음을 바꿨다. "누구도 본 적 없는 곳에 가보고, 들어보지 못한 성스러운 말씀을 듣고, 자연을 초월한 영적인 비범함을 목격한" 유명한 승려를 간절히 만나고 싶었던 황제는 고위 관료를 시안으로 보내 현장 법사를 수행하게 한다. 중국의 어느 전기 작가는 현장의 귀환을 이렇게 묘사했다. "백성들이 서로 밟고 밟히는 사태가 일어날까 두려워한 관리들은 현장 법사 일행에게 움직이지 말고 서 있으라 명하고, 향을 피우고, 그들이 서 있는 곳에 꽃송이를 흩뿌렸다. 모여든 군중들은 마치 구름이 불경 위를 떠가듯 형형색색으로 흘러가고, 성스러운 물건들을 환영하듯 금과 은, 백단목의 형상이 나타나는 것을 목격했다. 이것은 참으로 부처가 열반에 드신 이래 가장 화려한 행사였다."15

현장은 태종의 명을 받아 자신이 방문했던 장소, 사람, 경제, 교육과 각 나라의 사회상, 종교적 관습, 예의범절, 풍습 등을 적은 자세한 여행 기록을 남겼다. 현장은 『서역기西域記』에서 놀라울 정도의 개방성과 다양성을 수용하는 면모를 보여주며 이렇게 결말을 맺었다. "나는 각 나라의 풍경을 충분히 설명했고, 각국의 경계를 확실히 규명했다. 또한 각국의 특이한 풍습과 기후를 설명했다. 도덕적 행위라는 것은 어디에서나 똑같은 것이 아니며, 기호는 변한다. 장소에 따라 달라지는 문제들을 나의 독단으로 판단할 수는 없다."[16]

현장 외에도 용기와 헌신으로 불교 신앙을 아시아 전역과 세계 여타 지역으로 전파한 수많은 선교사들이 있었다. 평화의 종교인 불교가 일본에 도입된 계기가 전쟁과 관련된 것은 아이러니한 일이다. 552년 한국의 사절단은 외세의 침략에 대항하기 위해 군사 협력을 요청할 목적으로 일본 왕궁에 갔다가 불교를 전파하게 된다. 현재 일본의 불교 신자는 1억 명에 달하고, 일본 사회와 예술과 문화에 깊은 영향을 주었으며, 일본인들은 불교의 열렬한 후원자가 되었다. 중국인 학자 탄 원샨Tan Yun-Shan은 "불교는 인도에서 태어나 중국에서 성장한 후 전 세계로 퍼져나갔다."[17]고 말했다. 이렇듯 불교 선교사들은 세계 의식의 성장에 공헌했을 뿐 아니라, 교역을 확장하고 아시아 인의 정체성을 규정하는 문화의 토대를 만들었다.

국가적으로 유교를 숭상하는 지배 계급의 탄압에 직면한 불교 선교사들은 궁정의 언어가 아닌 일반대중의 마음을 움직일 수 있는 지방 토착어를 발전시켰다. 이것은 "어떤 언어를 사용하든, 살아 있는 존재들이 깨달음을 얻을 수 있는 언어를 사용하라. 이것이 바로 '방편에 따르는 것'이다."[18]라는 부처의 말씀에 따른 것이었다. 토착어는 불교 경전을 제작할 필요가 있었던 동아시아 전역으로 퍼져나가 토착 문자가 창조되는 계기가 되었다. 아시아학 학자인 빅터 마이어Victor H. Mair는 "중국 문자의 영향을 받은 일부 문자를 제외하고는, 파미르 고원 동부에서 태평양까지 거의 모든 토착 문자는 불교 선교사업의 직접적인 성과물이었다."고 기술했다.[19]

비단 무역

두 세계를 연결하는 중요한 통로였던 실크 로드는 불교의 전파와 아주 밀접한 연관성이 있다. 중국 비단을 세계로 실어 나르던 이 길은 사찰에 기부할 호화스러운 비단을 잔뜩 싣고 위험한 순례 길에 오르는 순례자들이 증가하면서 그 명성을 얻게 된다. 불교를 매개로 인도와 중앙아시아의 중국 비단 수요를 충족시킴으로써 비단 무역이 유지된 것이다.[20] 인도인 선교사들은 중국으로, 중국 순례자들은 인도로, 그렇게 양측이 오고 간 덕분에 4세기 초반 중국의 비단 수출은 호황을 누렸고, 불교도들이 사용하는 향과 성화聖畵, 기타 종교 관련 물품들은 인도의 주요 수출품이 되었다.

아울러 인도 불교 선교사들과의 연관 관계를 통해 불교 교리가 전파되고, 그에 따른 신학적 논의도 촉진되었다. 고대 인도의 관습대로 종려나무 잎에 쓰여 있던 불교 원전은 중국어로 번역되어 종이 위에 기록되었고, 곧 인쇄되어 책으로 발행된다. 성스러운 경전을 소유하는 행위에 큰 의미가 부여되면서 불경의 수요가 늘고 종이 수요가 증가하자 생산 공정이 개선되고, 그 결과 책 제본 비용이 절감되었다. 중국인들은 인도인들이 한장 한장 떨어져 있는 종려나무 잎을 실로 엮는 것에서 영감을 얻어 인쇄된 종이를 묶어 책으로 만든 것으로 보인다. 반면 인도인들은 중국이 아닌 이슬람 통치자들에게 종이 제조 기술과 제책 방법을 배웠다.

차의 음용은 서기 1세기부터 중국에 알려졌지만, 불교의 전파를 계기로 새롭게 자극을 받는다. 예멘의 이슬람 수도사들이 커피를 마셨던 것과(제3장 참조) 놀라우리만큼 유사하게, 불교 승려들은 오랜 시간 명상하며 깨어 있기 위해 차를 마셨고, 여기서 차의 음용이 중국 전역으로 확산된다. 중국학 학자 존 키슈닉John Kieschnick은 7세기 초 당나라 건국 초기에 차가 이미 일반화되어 있던 지역에서 불교 승려들이 차를 마시기 시작한 것으로 보이며, 승려들은 인구 집단 가운데 가장 이동성이 높은 집단이었기 때문에 이 관습이 급속도로 중국 북부와 서부로 확산되었다고 말한다. 그 외에 인도 승려들이 들여온 물건으로는 의자와 사탕수수가 있었다. 키슈닉은 각 지방의 하위문화가 교차하는 수도자 생활을 했던 "중국의 승려들은 중국인의 정체성을 중요시했던 중국 관료 계층보다 인도의 습관, 풍습, 음식, 가구 등에 훨씬 더 개방적이었다."[21]고 기술하고 있다. 번영을 구가한 당나라 시대에 불교가 미친 영향은 비단 무역의 확장이나 차의 음용이 확산된 것 그 이상이었다. 중국인 학자 신루 류Xinru Liu는 이렇게 설명한다.

    심층적인 차원에서 불교는 중국인에게 종말론을 품게 했다. 그에 따라 통치자에서 사회 밑바닥의 소작농, 노예, 직공에 이르기까지 모두가 자기 자신과 사랑하는 사람들의 더 나은 내세를 염려하며, 불교 시설과 승려들에게 최고급 비단과 의류의 형태로 재산을 기부했다. 부처의 유품과 중국어로 번역된 인도 경전에 대한 숭배를 보면, 그들이 어떻게 물질을 통해 지옥의 저주에서 스스로를 구제하려 했는지, 정부가 강력하게 규제하는데도 어떻게 비단이 종교 시설로 흘러들어가게 되었는지 이유를 알 수 있다.[22]

불교 신앙은 당나라에 이어 한국을 거쳐 일본으로 전파된다. 불교 선교사들은 또한 인도양을 건너 수마트라 섬에 이르렀고 인도네시아의 스리비자야Srivijaya 왕국에 광범위하게 확산되었다.

21세기 현재 불교는 모든 대륙에 퍼져 있다. 불교의 중심은 초기의 순수 신앙주의에서 사회 개혁으로 그리고 명상과 같은 보편구제주의로 옮겨갔다. 출가를 희망하는 독일의 베트남불교협회 회원 한 사람은 세계 각국의 수행자들 앞에서 출가 의식을 거행하려고 비행기를 타고 오스트레일리아의 퍼스Perth에 있는 사찰까지 날아간다.23 보리살타의 환생인 티베트의 종교 지도자 달라이라마가 세계 각지에서 개최하는 기도회에는 청중들이 만원사례를 이룬다. 둔황의 동굴벽화에 그려진 것처럼 부처에 귀의하여 하나가 된 다양한 국적의 군중을 보는 것은 이제 일상적인 일이다.

나사렛의 목수

현재의 아프가니스탄 땅을 지배했던 쿠샨Kushan 왕조의 왕들이 부처의 은공을 기리기 위해 사리탑을 짓고, 사프란 색상의 승복을 입은 포교승들이 실크 로드를 따라 여행하며 부처의 말씀을 전하고 있을 때, 팔레스타인에서는 일신교와 도덕과 신과의 영원한 삶을 약속하며 전 세계를 개종시킬 새로운 세력이 등장했다.

바로 나사렛의 젊은 예수가 "하느님 왕국이 도래했다."는 설교를 하면서 세계 선교 역사의 제2막이 시작된다. 목수의 아들이며, 모든 인간에게서 신을 발견했던 대중적인 유대 인 설교자이며, 일신교와 사랑과 연민을 설파했다는 이유로 십자가에 못 박힌 예수는 세계 구석구석으로 전파되기에 앞서 지중해 지역을 사로잡은 새로운 신앙을 선보였다. 그는 십자가에서 죽음으로써 추종자들에게 자신이 구약성서에 예언된 구세주라는 확신을 안겨주었다. 글자 그대로 해석하면 '좋은 소식Gospel'(그리스 어 euangelion을 영역한 중세 영어 gō dspel에서 유래. gōd=good, spel=news – 옮긴이)이라는 뜻의 예수의 복음은 불같이 번져나갔고, 로마 제국의 박해를 받으면서도 수천 명이 개종하여 크리스천 즉 구세주의 가족이 되었다. 그리스도의 선한 삶과 수난과 부활에 관한 이야기는 로마 제국을 굴복시킨 지중해 연안 국가 대중들을 열광시켰다. 325년 예수의 신성을 논의하기 위해 소집된 니케아 공의회에 참석한 300명의 주교들은 머나먼 제국에서 온 사람들이었다. 이것은 신앙이 얼마나 멀리까지 퍼져 있었는지를 보여주는 생생한 증거였다. 드디어 로마의 콘스탄티누스 대제가 개종을 하고, 서기 380년에는 테오도시우스 황제가 그리스도교를 국교로 선포하면서 국가 권력은 선교사의 역할을 수행하게 된다.[24] 로마 제국의 주요 도시에 주교들이 배치되자 로마 교황은 확장일로에 있는 그리스도교 왕국을 지배하는 탁월한 권력자로 떠올랐다. 한 역사가의 말을 빌리면, 로마 가톨릭 교회는 "세계 역사상 가장 장엄하고 항구적인 비정부 조직"[25]이다.

로마가 그리스도교의 수호자가 되고, 그리스도교의 보급을 위해 공권력을 내주기 훨씬 전에 신앙은 이미 널리 퍼져 있었다. 인도에 있는 시리아 인들의 그리스도교 공동체에서는 성聖 도마 사도가 서기 52년경 남인도로 와서 현재의 첸나이Chennai 근교에서 설교를 시작했다고 믿고 있다. 신흥 종교를 전파하는 도마 사도의 설교는 적개심을 유발했고, 서기 68년에 죽임을 당했다고 한다.[26] 그러나 역사가들은 인도로 간 이 인물이 성 도마였는지 확실하지 않으며, 시리아 출신의 도마라는 그리스도교 상인이 이 종교를 인도로 들여왔다는 설은 더욱 신빙성이 없다고 보고 있다. 사실이 어떠하든, 지중해 바깥 세계인 인도에 첫 그리스도교 교회를 세웠다는 것은 이 새로운 신앙이 오랜 전통을 가진 타 문화에서도 개종을 이끌어낼 수 있다는 것을 증명하는 뜻 깊은 진보였다. 그 뒤 2세기 초에는 알렉산드리아에 선교 대학이 설립되었고, 5세기 초에 콘스탄티노플에 한 곳이 더 생겼다. 캔터베리의 성 패트릭Patrick은 아일랜드로, 성 아우구스티누스Augustinus는 영국으로, 성 보니파스Bonipace는 독일로 각각 복음을 전파했다. 수많은 이들이 그리스도교 신앙을 유럽 전역으로 전파했다.[27]

4세기에 프루멘티우스Frumentius는 에티오피아에 복음을 전했고, 그 다음 세기에는 페르시아의 네스토리우스파 신도들이, 결과는 미미했지만, 신앙을 중국에 전했다. 개종한 왕들과 교황의 후원을 받은 수도사들의 지속적인 선교 활동을 통해 유럽은 그리스도교의 본산이 된다. 그러나 곧이어 아라비아 반도와 북아프리카를 통합한 이슬람교가 부흥하고, 스페인이 이슬람의 통치하에 들어가면서 그리스도교 신앙은 유럽을 벗어나지 못하게 된다. 732년 프와티에Poitiers 전투에서 샤를 마르텔Charles Martel이 이끄는 프랑크군이 이슬람 군대를 막지 않았다면 전 유럽이 이슬람 칼리프의 지배 아래 들어갔을 수도 있었다. 이 사건은 유럽의 해군력과 선교에 대한 열정을 끌어올리는 계기가 되었다.

수세기에 걸친 이슬람과의 투쟁과 십자군 전쟁으로 단련된 유럽은 대륙에 한정되어 있던 그리스도교 신앙을 더욱 확장시키려 노력했다. 13세기에 교황 이노센트 4세는 중국과 중앙아시아의 신흥 지배 세력인 몽골과의 동맹 관계를 모색하며 처음으로 세력 확장을 시도한다. 교황은 탁발수도회 수도사들을 선교사로 파견하면서 "타타르 족의 상황을 철저히 조사하라."는 명과 함께, "피로 더럽혀진 인간 살육을 끝내고, 그리스도교 신앙을 받아들일 것"을 권하라고 명했다. 임무를 맡은 로마 교황의 사절 지오바니 데 피아노 카르피니Giovanni de Piano Carpini는 1245년 카라코룸Karakorum에 있는 몽골 황제의 궁정으로 갔고, 황제가 거의 그리스도교인이 되었다고 확신하며 귀환했다.28 그의 확신은 근거 없는 환상일 뿐이었다. 그래도 선교사들은 꾸준히 중국으로 떠났고, 유럽 인의 시야를 넓혀갔다. 이탈리아의 포르데노네Pordenone에 있는 탁발수도회의 한 수도자는 인도와 말레이 반도를 거쳐 선편으로 중국에 도착했다. 그는 유럽 인으로서는 처음으로 1325년 티베트를 방문하고, 중앙아시아를 거쳐 유럽으로 돌아왔다. 아시아에서의 선교 활동을 진지하게 고려한 것은 그 다음 세기의 일이다. 15세기 포르투갈과 스페인은 아시아와의 새로운 교역로를 찾기 시작했고, 교황은 무역과 개종을 위해 포르투갈의 항해 왕자 엔히크에게 북회귀선 이남의 모든 영토에 진입할 수 있는 권리를 부여했다.

선교 포도

종교적 열정의 시대에 탐험가들은 금과 향신료가 풍부한 새로운 땅을 발견하는 일을 신앙 전파의 한 수단으로 이해했다. 콜럼버스는 이렇게 쓰고 있다. "금이 최고다. 금은 보물이며, 금을 가진 자는 누구든 세상에서 하고 싶은 일은 모두 할 수 있다. 금을 가짐으로써 타인의 영혼을 천국으로 보낼 수도 있다."29 콜럼버스에게 개종은 긴급한 문제였다. "우리 주께서 이 일을 재촉하고 계신다. 빠른 시일 내에 아주 많은 나라에 복음이 선포되어야 한다." 그는 카리브

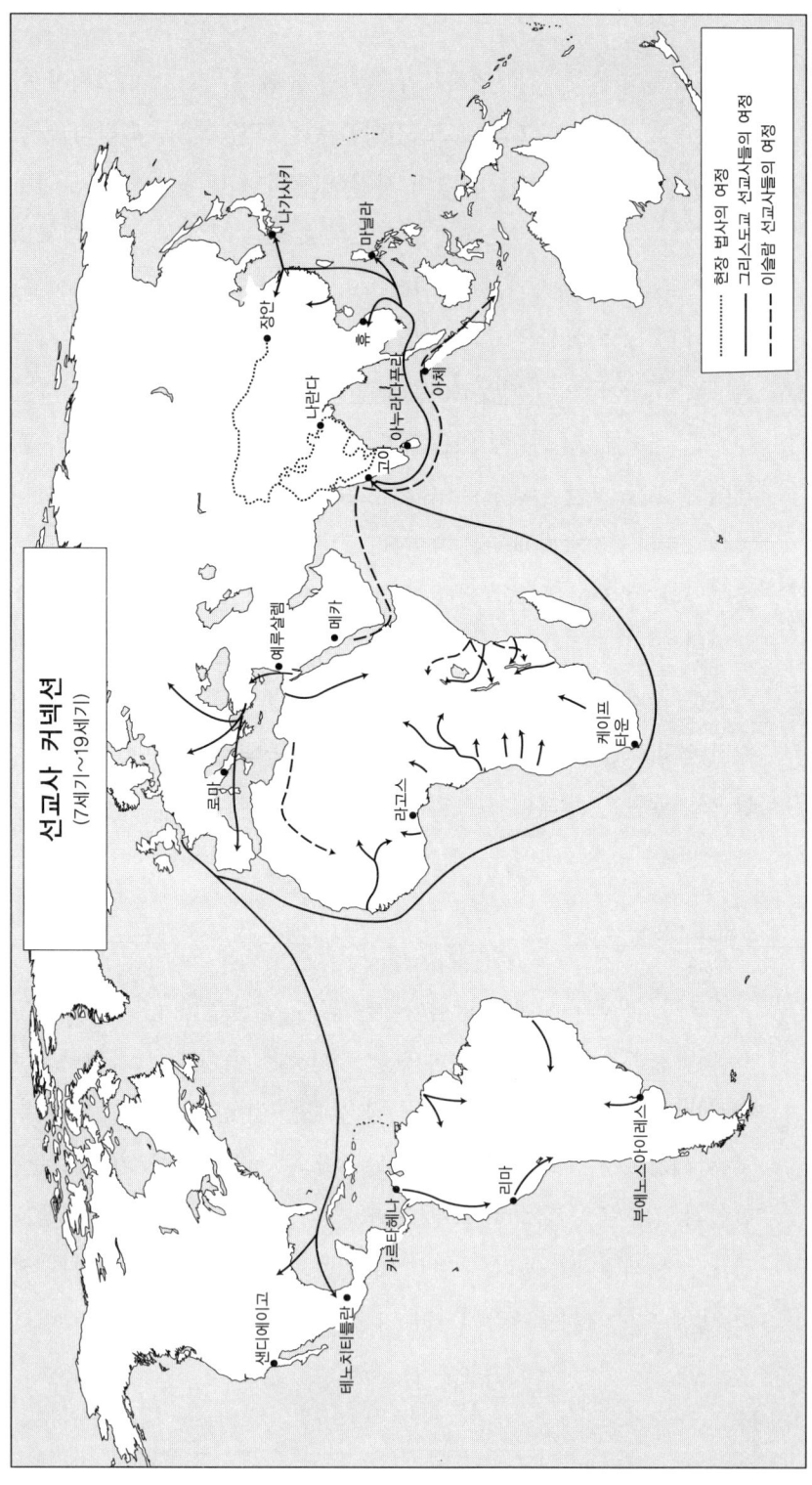

해의 섬에 도착해 산살바도르San Salvador(=Holy Savior, 거룩한 구세주)라는 이름을 붙인 것을 시작으로 복음 전파의 임무를 개시했다고 생각했다. 또 콜럼버스는 자신이 주도하여 복음을 전파했다는 증표로 내세우기 위해 24명의 아메리칸 인디언을 납치해 스페인으로 끌고 갔다. 이들 가운데 고향인 신세계로 살아 돌아온 사람은 겨우 6명뿐이었다.[30]

선교에 대한 야망은 그렇다 치고, 유럽 인들의 식민지 확장은 십자군 시대 이후로 계속된 코르도바 칼리프와의 투쟁을 통해 눈뜨게 된 것이었다. 포르투갈 탐험가들은 아프리카 해안에 도착하여 자신들의 소유지임을 표시하기 위해 꼭대기에 십자가가 달린 석회암 기둥인 파드랑스padrãos를 세웠다.[31] 그리스도교 신앙과 포르투갈의 통치권은 나란히 확장을 계속하고 있었다. 스페인 카스티야Castilla 왕국 역시 향신료뿐 아니라 그리스도교 전파를 목적으로 콜럼버스의 항해 비용을 지원했다. 콜럼버스는 '인도'에 있는 섬을 발견했다고 군주에게 알리는 편지에서, 항해의 목적이 성지聖地를 재탈환하는 데 필요한 기금을 모으려는 것이었음을 상기시키고 있다. "이번 항해의 목적이기도 했던, 예루살렘 정복 전쟁에 필요한 기병대 5천 명과 보병 5만 명을 모을 만한 자금을 폐하께 바칠 수 있을 것이옵니다."[32]

스페인 군주가 주도한 또 다른 유형의 선교는 유대 인을 강제로 개종시키고, 세례를 거부한 15만여 명을 국외로 추방한 것이었다. 이 일은 1세기 이후 중동과 유럽 지역으로 흩어진 유대 인 집단 이주의 역사에 기록될 또 하나의 사건이었다. 카렌 암스트롱Karen Armstrong은 다음과 같이 기술했다. "유대 인 디아스포라가 시작된 이래 이슬람 치하의 스페인은 유대 인에게 가장 좋은 안식처였다. 그랬던 스페인 땅에서 유대 인이 전멸하게 된 일은 서기 70년의 성전

파괴 이후 유대 인 최대의 재앙이었으며, 세계 각지의 유대 인들이 애통해한 사건이었다." 스페인에서 내몰린 유대 인들 가운데 다수가 포르투갈로 피난을 갔다. 포르투갈에서는 형식적인 개종 절차만 견뎌내면 언어와 사업 수완을 인정받을 수 있었다. 포르투갈 그리스도 교인이 된 이들은 포르투갈 국내에서의 종교 생활과는 대조적으로, 동남아시아에서 아프리카와 브라질과 아시아의 관계를 이용해 사업적 이윤을 추구하고, 제노바와 카탈로니아의 자본을 끌어들였다.33

그러는 사이 교황들은 신대륙 발견을 통한 원주민 개종을 지원하고 있었다. 콜럼버스의 항해가 있고 2년 후, 교황은 과거 포르투갈의 엔히크 왕자에게 특권을 주었던 것과 마찬가지로, 서경 47도를 기준으로 서쪽에서 발견되는 땅은 스페인에 권리를 부여했다. 포르투갈과 스페인 군주에게 새로운 영혼을 찾아 개종시키라는 성스러운 의무를 부과한 것이었다. 개종에 대한 선교사들의 열의로 신세계에는 유럽의 문화와 생활 방식이 도입되고, 성직자들은 스페인 식민지 개척의 최전방에 서게 된다. 포도주가 없이는 성찬식을 할 수 없었기 때문에 선교사들은 곧 포도밭을 경작하기 시작했다. 1760년 샌디에이고에서 임무를 시작한 예수회 신부 후니페로 세라Junipero Serra는 소위 선교 포도Mission Grapes(신대륙 정복자들이 북아메리카로 가져온 사르디니아산 포도나무 가지)라고 불린 포도를 처음으로 재배하기 시작하여 캘리포니아에 와인을 소개하게 된다. 이와 비슷한 사례로 약 백여 년 전에도 종교적인 이유로 네덜란드 식민지인 남아프리카로 망명한 200여 명의 프랑스 위그노들이 남아프리카에 와인 산업을 일으킨 역사가 있었다.

바스코 다 가마가 인도에 도착하고 40여 년이 지난 후인 1542년, 예수회 선교사 프란치스코 사비에르Francis Xavier가 포르투갈령 고아에 도착한다. 인도인들과 동화하기 위해 산스크리트 어를 읽고 힌두교 브라만의 옷을 입었던 로베르토 데 노빌리Roberto de Nobili부터 심오한 학식과 중국 지식인층의 예의범절을 익혀 짧은 동안이나마 중국의 수도에서 성공을 거뒀던 마테오 리치Matteo Ricci 같은 선교사들을 계승한 사비에르는 아시아 대륙의 복음 전파에 새로운 장을 열었다. 아시아에서는 전통주의자들과 황제의 두려움 때문에 새로운 신앙에 대한 적대감이 쌓여가고 있었다. 황제가 아닌 교황에게 충성하는 집단에 대해 두려움을 느끼고 있는 황제를 개종시키고, 수백만 중국인들을 개종시키겠다는 복음주의적 희망은 마침표를 찍어야만 했다. 일본의 상황도 마찬가지로 1596년 나가사키에서 프란치스코회 선교사들이 사형을 당했고, 복음 전파의 노력은 심각한 반대에 직면하여 고난을 당했다.

한편 마카오의 포르투갈 선교사들은 일본의 박해를 역이용하여 오히려 선교를 강화했다. 프란치스코회 수사의 순교를 주제로 한 그림 몇 점이 마카오에서 그려져 멕시코와 스페인으로 보내졌다. 멕시코의 가톨릭 개종자들은 신앙의 표현으로 나가사키 순교자의 그림을 어깨에 메고 거리행진을 했다. 세르주 그뤼진스키Serge Gruzinski가 『세계화의 역사Les quatre parties du monde』에서 설명한 대로, 여러 대륙에서 그리스도교인들이 자신의 육신을 수난의 도구로 쓰는 전례 없는 사건이 벌어지자 온 세상에 구원의 소식이 전파된다는 구약의 예언이 실현되는 것만 같았다.34 일본과 베트남에서 실패를 거듭했음에도 아시아에서의 선교는 꾸준히 계속되었다. 서방 선교사들은 1842년의 아편 전쟁과 1858년 유럽 무역상들이 중국의 항구를 강제로 개항시킨 후에 다시 아시아로 돌아왔다. 자칭 지상천국을 건설하기 위해 보내진 예수의 작은 아들이었던 홍수전洪秀全도 그리스도교 개

4장 선교사의 세계 203

종자였다. 그는 '태평천국太平天國'의 기치를 내걸고 피로 얼룩진 긴 세월의 반란을 일으켰다. 1864년 반란이 진압되기까지 약 20만 명의 사망자를 낸 것으로 추정된다. 그로부터 수십 년 후인 1899년부터 1900년까지, 서구 열강에 반기를 든 새로운 집단인 '정의로운 주먹(의화권義和拳)'은 대사관과 무역상들과 선교사 등 외국 문물과 관련된 모든 것을 공격했다(유럽 인들은 의화단원을 권투선수들이라고 불렀다). 이 폭동으로 약 3만 명의 중국인 그리스도교인들과 몇백 명의 외국 선교사들이 죽임을 당했다.

  그리스도교 선교사들은 중국인들과의 관계에 많은 문제가 있었고, 개종자도 소수에(1900년까지 고작 10만 명 정도) 불과했지만 문화적 가교를 건설하는 데는 선구자 역할을 했다.[35] 선교사들은 풍요로운 서양 문명을 이용해 중국인들을 개종시킬 목적으로 수많은 서양 고전을 번역했고, 도서관과 자연사박물관을 세우고, 서구의 과학과 철학을 경험하게 해주었다. 또한 서구의 정부와 역사에 관한 연구물을 잡지에 기고하는 방식으로 광범위하게 문물을 보급했다. 역사가 조너선 스펜스Jonathan Spence는 이렇게 쓰고 있다. "선교사들의 작업으로 중국인들은 세계 정세라는 큰 틀 안에서 중국을 바라보게 되었고, 중국학자들에게는 역사를 새롭게 조명하는 계기가 되었다."[36] 1847년 용굉㝢(룽 훙Yung Wing)이 최초의 중국인 유학생으로서 예일 대학교에 유학하게 된 것도 선교사들이 주도한 일이었다. 그 후 용굉은 120명의 중국인 유학생을 미국으로 데려오게 된다(유미유동留美幼童 - 옮긴이).

  아울러 선교사들은 중국어로 된 온갖 문서들을 체계적으로 유럽어로 번역하여 서방 세계에 중국을 알렸다. 선교사 학자들은 알쏭달쏭 '수수께끼 같은' 중국의 정치나 사회생활을 서양 세계가 이해할 수 있도록 중국학의 기초를 확립했다. 유창한 언어 능력과 중국에 대한 깊이 있는 지식 덕분에 많은 선교사들과 중국에서 성장한 선교사의 후손들은 훗날 학문과 외교 관계에서 공산주의 중국을 서방과 다시 연결시키는 중요한 역할을 했다. 예컨대 헝가리 출신의 예수회 사제 라즐로 라다니Laszlo Ladany는 공산 혁명이 발발한 이후 중국에서 피신해왔고, 중국에 관해서라면 백과사전 수준의 지식을 가진 사람이다. 그가 중국의 라디오 방송과 망명자 보고서를 바탕으로 발행하는 〈차이나뉴스 애널리시스China News Analysis〉는 한때 중국 전문가들의 교과서였다.

아메리카 대륙의 영국 식민지에서는 아주 다른 상황이 벌어졌다. 신대륙을 세례 요한에게 계시하신 '약속의 땅'이라고 생각한 퀘이커교도들과 침례교도들이 이주하면서 그리스도교인의 숫자는 계속 증가세였다. 영국이 인도에서 새롭게 획득한 식민지 역시 영국 선교사들에게는 복음을 전파할 처녀지였다. 인도에는 천 년 전에 도마 사도로 알려진 최초의 선교사가 개종의 열의를 품고 인도로 온 이래 처음으로 새로운 교회들이 생겨났다. 구두 직조공 출신의 침례교 선교사 윌리엄 케어리William Carey는 1793년 인도로 와서, 설교를 하려는 열정으로 인도의 수많은 토착어를 배우기 시작했다. 그는 신약성서를 번역하면서 탁월한 문법학자이자, 무수히 많은 인도아리안 어의 어휘학자로 변신했다. 최초로 벵골 문자를 인쇄하고, 근대 벵골 어의 기초를 세운 것도 그의 업적이었다. 그리스도교 선교사들은 전 세계에서 이와 유사한 업적을 남겼다. 예일 대학교 신학부 교수인 라민 사네Lamin Sanneh는 이렇게 설명한다. "선교사들의 번역 작업은 식민주의에 반대하는 저항 운동이 발생할 수 있는 토대가 되었다. 각국의 그리스도교인들은 자국어로 번역된 성경을 보며 모국어에 대한 자신감을 얻었다. 식민지 체제는 세계 경제와 군사 질서를 대표하는 것이었지만 선교는 모국어 수호의식을 대표했다."37

베트남에서 선교사들이 복음 전파를 위해 번역을 시도한 일은 의외의 결과를 낳은 재미있는 사례다. 프랑스는 19세기 중반 베트남 황제가 프랑스 선교사들을 처형한 일을 구실로 백 년이 넘도록 인도차이나에서 통치권을 행사했다. 중국 문자를 사용하고 있던 베트남에 국어 체계quôc-ngu가 창조된 것은 프랑스 식민 통치의 유산이었다. 프랑스 선교사 알렉상드르 드 로드Alexandre de Rhodes는 전통적인 유교 사상과 베트남 어를 중국어로 음역하는 문자 체계에서 대중들이 자유롭게 벗어나도록 처음으로 로마자 표기법으로 된 베트남 교리문답집을 발행했다.38 이 일은 장기적인 관점에서 베트남에 지식을 전파하고 인쇄술을 발전시키고 중국의 영향력을 약화시키는 등 국가적으로 의미심장한 결과를 가져왔다.

그리스도교 선교사들은 여성을 의사와 간호사로 훈련시키는 분야에서도 선구자적인 역할을 했다. 지금도 인도의 간호사는 대부분 그리스도교 여성들이고, 수녀가 아닌데도 '시스터sister'라고 불리고 있다. 과거 스페인과 미국의 식민지였던 필리핀에서는 의사이자 선교사였던 사람들이 병원을 짓고 숙련된 간호사들을 양성했다. 현재 필리핀은 국가 주요 인력인 이들 숙련된 간호사들을 전 세계로 파견하고 있다.

한편 이슬람의 영향권에 들어 있던 북아프리카에서는 신세계로 가는 위험한 여행을 떠나기 직전에 노예들에게 즉석 세례를 베푸는 방식으로 그리스도교로의 개종이 이루어졌다. 합동 세례라는 정신적 충격을 받고서도 이때 개종한 아프리카 인들과 그 후손들은 브라질, 앙골라, 대서양의 섬 등의 포르투갈 식민지에서 가장 헌신적인 그리스도교인이 되었다. 그들은 독립적으로 후원금을 모금하여 교회를 지원하고 가톨릭 기념일을 지켰다.[39] 19세기 후반부터 아프리카에서 선교를 시작한 개신교 선교사들은 과거 구교(가톨릭) 선교사들에 비해 긍정적이든 부정적이든 더 큰 충격을 가한 것으로 보인다.

아프리카에 '하느님의 고속도로'를 개통하다

스코틀랜드 선교사 데이비드 리빙스턴David Livingstone의 이름을 말하지 않고는 아프리카를 말할 수 없다. 그는 '아프리카 지리학의 아버지'[40]로 불리고 있지만, 처음 아프리카로 오게 된 것은 우연한 일이었다. 1813년 스코틀랜드의 가난한 가정에서 태어난 리빙스턴은 10살 나이에 방적 공장에서 일을 시작했다. 그는 복음주의의 영향을 받아 중국으로 선교를 떠날 준비를 하던 와중에 아편 전쟁이 발발하자 계획을 바꾸게 된다. 아프리카에서 선교 활동을 하고 있던 유명한 스코틀랜드 선교사를 만나면서 감명을 받은 리빙스턴은 중국 대신 아프리카로 갈 결심을 한다. 그는 준비된 선교사가 되기 위해 글래스고에서 그리스 어, 신학, 의학을 공부했다.

유럽 인들이 아프리카 해안 지역과 관계를 유지해온 지가 300년도 더 지난 때였지만 광활한 대륙은 여전히 미지의 세계였다. 그때까지는 주로 직물, 술, 공산품을 노예와 상아로 교환하는 교역 관계뿐이었다. 노예상인들을 제외하고는 말라리아 모기가 들끓는 삼림 지역과 거친 사막과 포효하는 강으로 뒤덮인 대륙의 깊숙한 내륙까지 들어간 유럽 인은 없었다. 리빙스턴은 선교 기지를 세울 만한 거주지를 찾아 내륙 지역으로 더 깊이 더 깊이 들어갔다. 그러나 선교사로서 그의 역할은 철저히 실패했다. 단 한 명의 아프리카 추장을 개종시켰지만 그마저 일부일처제의 고통을 견디지 못하고 믿음을 저버렸다. 여기서 그는 온전한 탐험가로 변신한다.

리빙스턴은 하느님의 소명은 미지의 대륙을 탐험하고, 지도를 만들어 '하느님의 고속도로'를 여는 데 자신의 재능을 쓰려는 것이라고 결론을 내렸다. 그는 아프리카 서쪽에서 동쪽 해안으로 흐르는 잠베지Zambezi 강이 '그리스도교와 교역과 문명'을 실어 나르는 대륙의 고속도로가 될 수 있다고 생각했다. 산업 혁명과 아담 스미스의 사상으로 개조된 영국에서 성장한 리빙스턴은 그리스도교와 무역을 불가분의 관계로 이해했다. 그는 상아나 밀랍 같은 아프리카의 풍부한 천연산물이 적법한 자유 무역을 통해 거래된다면 이 대륙을 변화시키고 아랍 인의 노예무역을 끝낼 수 있을 것이라고 믿었다.[41] 하지만 잠베지 강을 동서 고속도로로 이용하려던 그의 희망은 100미터가 넘는 높이의 빅토리아 폭포를 발견하면서 불가능한 것으로 결론이 났다. 8년에 걸친 나일 강의 수원조사 작업 역시 실패였다. 기원전 460년 그리스 역사가 헤로도토스가 나일 강 수원의 신비를 밝히지 못한 것처럼 리빙스턴도 발견하지 못했다.

그러나 그가 가족과 떨어져 사자의 습격을 받고 질병과 싸우며 아프리카 탐험에 보낸 30년은 아프리카를 세상에 알리는 계기가 되었다. 그는 영국의 우상이 된다. "4만 6,600킬로미터의 아프리카 땅을 밟고, 100만 스퀘어마일이 넘는 새로운 나라를 세상에 선보인" 리빙스턴은 '아프리카의 사나이'라는 명성을 얻었다.[42] 그의 책 『아프리카 전도여행기Missionary Travels』는 출간 즉시 베스트셀러가 되어 7만 권 이상 팔려나갔고, 여러 언어로 번역되었다. 당시 카메라가 발명되기는 했지만 망판인쇄 기술이 나오기 이전이었기 때문에, 리빙스턴의 저서에 삽입된 삽화는 주로 그의 설명에 근거하여 영국 예술가들이 그려낸 부정확한 그림들이었다.[43] 그러나 이 같은 결점에도 리빙스턴과 그의 저서는 유럽 인의 아프리카에 대한 인식과 열광을 불러일으켰다. 심지어 과거에 아프리카에서 신대륙으로 끌려간 노예들에게까지 관심이 쏠리기 시작했다. 하지만 노예 출신의 아프리카 인들은 자기들의 고향 땅에 대한 백인들의 관심을 경멸했다. 1913년, 아프리카 노예 출신의 미국인 선교사인 부커 워싱턴Booker T. Washington은 다음과 같이 썼다. "리빙스턴의 아프리카 이야기는 이 나라의 수많은 유색 인종들에게 아프리카와 아프리카 사람에 대한 진정한 지식을 심어주었을 뿐만 아니라, 처음으로 아프리카와 아프리카 사람에 대한 관심을 불러일으켰다."[44]

리빙스턴에게 영감을 받은 수백의 선교사들이 아프리카로 떠났다. 인류의 기원이 바로 아프리카였다는 사실은 그로부터 백 년이 지난 후에야 확인되지만, 리빙스턴의 동시대 사람들은 서구인에게 아프리카를 최초로 인식시킨 그의 공적을 찬양했다. 그러나 리빙스턴의 탐험을 계기로 아프리카의 풍부한 천연자원을 차지하려는 쟁탈전이 시작되었기 때문에 훗날 그는 제국주의의 도구였다는 비난을 받게 된다. 세계에서 가장 규모가 큰 다이아몬드 광산과 금광이 발견된 이후 아프리카는 영국, 포르투갈, 프랑스, 독일, 벨기에의 식민지로 조각조각 분할되었다. 리빙스턴은 폭력적인 식민 정책을 끔찍스러워했을 것이다. 그는 영제국의 전성기와 지리상의 발견 시대를 살았지만 아프리카 사람들에 대해 온정주의적인 관점을 가지고 있었다. 그의 전기 작가인 앤드루 로스Andrew Ross가 지적했듯이 1860년대에 리빙스턴이 진정으로 원했던 것은 식민지가 아니라 아프리카 사회와의 건설적인 무역과 선교였다. 광범위한 그의 저술과 사적인 자료들과 서신에는, 그가 사망하고 몇 년 뒤에 벌어진 부끄러운 식민지 쟁탈전을 반대했을 것이라는 추정이 가능한 부분이 많이 보인다. 노예제도에 철저히 반대했던 그는 평생 노예제 폐지를 주장한 운동가이기도 했다(그의 아들은 18세에 북부 연합군으로 남북 전쟁에 참전했다가 전사했다). 리빙스턴은 원래 아프리카 사람들을 그리스도교로 개종시킬 목적으로 고향을 떠났지만, 아프리카에서의 경험을 통해 당시 진행 중이었고 현재까지도 계속 진행되고 있는 좀 더 폭넓은 흐름을 인식하게 된다.

태평양 철도, 수에즈 운하, 몽세니Mont Cenis 터널, 인도와 아시아 서부 지역의 철로, 유프라테스 철도 등을 보건대 시대 정신과 경향은 점점 더 세계 자본을 필요로 하는 대규모 산업과 기술력을 동원하는 방향으로 가고 있다. 철도, 증기선, 전신의 사용과 증설은 국경을 무너뜨리고, 지역적으로 떨어져 있는 사람들을 상업적으로나 정치적으로 가깝게 연결시켰다. 기술력은 세계를 하나로 만들고 자본은 마치 물처럼 한 곳으로 모여든다.[45]

리빙스턴이 이 글을 쓴 이후 세계는 더욱더 하나가 되는 길로 나아갔다. 자본은 이윤이 있는 곳이면 어디든 물처럼 흘러들어가고, 부유한 서방 국가들은 예수의 말씀을 전하기 위해 더 많은 자원과 기술적인 수단을 찾아냈다. 선한 목적으로 일한 선교사도 있었고, 가난한 사람들을 이용하려는 선교사도 있었다. 미국과 유럽의 가톨릭과 개신교 선교 단체들은 가난한 지역에서 행해지는 선교 활동에 막대한 자금을 지원해왔다.

국제 우편 서비스가 등장하고 우편 엽서가 발행되자 그리스도교 선교사들은 이를 새로운 선교 수단으로 이용했다. 17세기에 이미 프란치스코회 수도사들의 순교를 주제로 한 그림을 전시한다는 생각이 꽃을 피우기 시작했지만, 우편 업무가 도입되자 선교사들은 하느님의 솜씨를 묘사한 그림을 담은 우편 엽서를 제작하여 세계에서 가장 오지에 속하는 땅에까지 발송할 수 있게 된다. 마사 스몰리Martha Smalley는 "선교사들이 묘사한 원주민들과 원주민들의 삶의 모습은 대중들 사이에 동정과 호기심을 불어넣었고, 선교 운동에 중대한 경제적 도움을 주었다."고 기술했다.46 복음을 전파하고 개종으로 이끌기 위한 '마케팅'의 성공 여부를 떠나 선교사들이 제작한 우편 엽서는 머나먼 땅을 바라보는 미국과 유럽 사람들의 인식을 확장시켰다. 우편 엽서에 표현된 '원주민' 사회에 대한 왜곡된 이미지는 대륙간 연결의 진행 과정을 한층 강화시켰다.

유타 주에 본부를 둔 말일성도 예수그리스도교회The Church of Jesus Christ of Latter-day Saints는 세계를 하나로 통합하기 위한 지속적인 노력과 헌신을 보여주는 좋은 사례다. 유타 주 프로보Provo에 있는 선교사 훈련센터에서는 매년 수천 명의 젊은이들이 18개월 또는 2년간 선교사로 파견되기에 앞서 여러 가지 외국어 교육을 받고 있다. 이 과정은 모든 신도의 의무다. 때문에 현재 세계화의 주역이라 할 수 있는 외국과의 비즈니스나 외국 관련 정부 조직에서 일하는 사람들 가운데 모르몬교 선교사 출신들이 많은 사실은 전혀 놀라울 것이 없다. 미국 중앙정보부CIA까지 조직 내에 다수의 모르몬교도들이 있을 것으로 추정하고 있다.

단파 라디오가 등장하면서 그리스도교 방송은 세상 구석구석에 도달하지 않는 곳이 없었고, 인공위성 텔레비전과 인터넷 덕에 선교사의 활동 영역은 전례 없는 단계로 확장되었다. 이를테면 15개의 인공위성을 사용하는 세계적인 그리스도교 방송사 GOD TV는 전 세계 약 2억 7천만 명이 청취할 수 있다. 또한 인터넷 기반의 수많은 그리스도교 뉴스 네트워크들은 충실한 신자들을 즉시 연결하여 집단 행동과 캠페인에 나서도록 자극하고 있다. 그리스도교 네트워크는 다르푸르에서 벌어진 대량 학살에 대한 여론을 각성시켜 국제 인권감시기구 같은 비정부기구 단체들이 행동에 들어가도록 유도했다. 그러나 과거에 그랬던 것처럼 이 선교사들의 활동은 증오와 학대와 고통을 불러오기도 한다. 어느 방송 해설자는 GOD 채널이 "시간마다 증오를 더 높이 쌓아올리고, 민중을 선동하고, 동성애를 혐오하는 편협한 시각 면에서 미국의 우익 복음주의자들과 비슷하다."[47]고 비난했다(GOD는 우익 복음주의자의 자금 지원도 받는다).

아랍 어로 꾸란을 들으라

앞서 보았듯이 그리스도교 선교 역사에서는 알렉상드르 드 로드, 마테오 리치, 데이비드 리빙스턴 같은 이들이 선교 활동을 위해 외국어를 배우고 여러 언어로 성경을 번역했다. 반면, 이슬람교의 세계화는 본질적으로 단일한 언어를 통해 이루어졌다. 꾸란 번역본이 존재하기는 하지만, 진정한 이슬람교도는 신께서 선지자 무함마드에게 말씀하실 때 사용된 언어인 아랍 어로만 신의 말씀을 들을 수 있다. 현재 이슬람 텔레비전과 인터넷 사이트들은 아랍 어 강의를 제공하여 전 세계의 독실한 신도들이 무함마드 이븐 압달라Muhammad ibn Abdallah(마호메트의 아랍 어 표기 – 옮긴이)의 말씀을 낭송할 수 있게 돕고 있다.

일부 기록에 따르면, 쓸 줄도 읽을 줄도 몰랐던 메카의 무역상 무함마드는 서기 610년에 메카 근교의 히라 동굴Mount Hira에서 수행을 하던 중에 어둠 속에서 계시를 받았다고 한다. 한 천사가 그를 깨워 신의 말씀을 읽으라고 명했다. "미물에서 사람을 창조하신 수호자의 이름으로 읽어라. 수호자는 지극히 관대하여, 읽고 쓰는 법을 가르치시고, 미지의 것, 전혀 알지 못했던 것을 가르치시는 분이시다." 무함마드는 어느새 아름다운 아랍 어로 말씀을 낭송하고 있었다. 이것이 아랍 어로 된 최초의 신의 말씀이었고, 이슬람 공동체 '움마umma'에서 사용하는 경전의 도입부였다. 움마는 부족에 대한 충성심이 아닌 이슬람 신앙에 근거한 공동체였다. 선지자는 이후 23년에 걸쳐 신의 계시를 한 구절 한 구절 계속 받았고, 여기서 꾸란(낭송이라는 뜻)이 만들어진다. 그는 하나뿐인 신에게 순종하고, 형제애를 가지고 도덕적인 삶을 살며, 무함마드의 부족인 쿠레이시Quraysh 족에게 정의를 행사하라는 말씀으로 설교를 시작했다.

632년 선지자가 사망했을 당시는 아라비아 반도의 거의 모든 부족들이 '이슬람'이라는 새로운 종교 아래 하나로 연결되어 있었다. 이슬람이라는 말은 창조자에 대한 전적인 복종을 의미한다. 이후 백 년이 채 지나기도 전에 선지자의 계승자인 칼리프의 지휘 아래 이슬람은 파죽지세로 아르메니아에서 스페인까지 영토를 확장해갔다. 732년 프랑스로 입성하는 관문인 투르Tours 전투에서 이슬람이 패배하지 않았다면 아마도 서유럽 전체를 휩쓸고 갔을 것이다. 14세기 후반에는 일부 몽골 인들이 이슬람으로 개종하면서 이슬람의 확산이라는 과업에 기마민족의 잔인성이 더해졌다. 터키에서도 가자Ghaza(성전聖戰) 정신에 영향을 받은 부족이 등장했다. "동서로 이슬람의 길을 확장하는 알라의 검"이 되기 위해 선택받은 자라는 믿음을 가진 성전의 전사들은 오스만 베이Osman Bey(훗날 오토만으로 불리게

됨)의 지휘 아래 가장 거대한 이슬람 제국을 건설하고 칼리프의 영토를 회복했다.[48]

드디어 오스만과 기타 이슬람 세력이 아시아 대륙을 정복한 결과 동일한 종교와 문화로 연결된 광대한 이슬람 공동체가 형성되었다. 이슬람이 소수 집단으로 전락해버린 남유럽을 제외한 나머지 지역에서는 비아랍계 주민들의 대대적인 이슬람 개종이 이루어졌다. 비옥한 초승달 지대에서는 다수의 이집트 사람들과 북아프리카 사람들이 아랍 어를 채택하고, 이슬람의 언어 이전에 사용하던 고유의 언어를 버렸다. 이슬람과 아랍 어는 신문명의 중심축으로 등장했다. 광범위한 영토를 강력하게 통치했던 이슬람 제국의 대중들 사이에는 긴밀한 상호 작용이 이루어졌고, 이것은 현대의 세계화된 사회를 예고하는 것이었다. 한 이슬람 학자는 이렇게 기록했다. "이슬람 세계는 정치 · 경제 · 문화 영역에서 서로 맞물려 있었고, 생존과 상호 작용을 함께하는 공동체였다……. 공동체는 자본과 사상과 일용품을 광범위하게 공유했고 구성원들은 끊임없이 이동했다."[49]

그리스도교와 이슬람교는 자신들의 신앙이 전 인류에게 유일한 종교가 되어야 한다는 동일한 추동력으로 움직였다. 반면 그리스도교와 달리 이슬람교에는 신앙을 전파할 임무를 띤 성직자 또는 성직자 조직이 특별히 존재하지 않는다. 이슬람 학자와 선교사 들은 무역상들과 함께 이동했지만, 칼리프의 지원을 받는 특별한 선교 공동체나 해외 선교사는 없었다. 이슬람교가 출현하고 처음 몇백 년 동안 이슬람교는 주로 지중해 지역과 중앙아시아에 대한 군사적 정복을 통해 확산되었다. 한편 아프리카와 동남아시아에서는 이슬람 신자가 아닌 사람들과 어울려 생활했던 평범한 이슬람교도들의 선교 활동으로 개종자가 생겨났다. 동유럽에는, 토머스 아널드Thomas Arnold

가 고전이 된 그의 연구에서 밝혔듯이, 비잔틴 제국에 포로로 끌려간 이슬람 법학자들을 통해 처음으로 이슬람교가 도입되었다.50

그러나 대개는 이슬람 무역상들을 통해 더 멀리 더 광범위하게 신앙이 전파되었다. "신은 유일하며 무함마드는 그의 선지자다."라는 이슬람 교리의 단순성과 충실한 신도들이 일상에서 실천하는 종교적 열정은 많은 사람에게 강한 인상을 남겼다. 신학이 복잡하지 않은 것은 물론이고, 이슬람교도에게 요구되는 종교적 의무 또한 신앙 고백, 하루 다섯 차례의 기도, 규정된 금액의 헌금, 라마단 기간의 단식, 메카로의 성지 순례로 단순했다. 유명한 14세기의 모로코 여행가인 이븐바투타는 메카가 '이슬람 세계의 연례 총회'51 장소가 되었다고 적고 있다. 로마 제국 시대 이후로 사하라 사막의 낙타 대상들이 발달시켜온 무역로는 서아프리카로 이슬람이 확산되는 주요 통로였다. 예멘과 오만의 무역상들은 노예와 상아를 구매하기 위해 동아프리카의 스와힐리 해안을 여행하며 이슬람 신앙을 전파했다. 서기 1000년경에는 많은 아프리카 왕국들이 이슬람을 받아들였고, 아랍 어는 종교와 학문의 언어가 되었다. 14세기 말리 제국의 통치자였던 만사 무사Mansa Musa가 초호화판으로 메카 순례를 한 것은 유명한 일이다.52 아랍 무역상들은 아프리카로 신앙을 전파하는 한편, 오랜 세월 그들의 활동 무대였던 아시아에서도 전진을 계속했다.

앞 장에서 살펴본 대로 인도에서 이슬람의 확산은 말라바르 해안에 마필라Mappila라는 이슬람 무역상들의 공동체가 생겨나면서 평화롭게 시작되었다. 시작은 평화로웠지만 인도에서 이슬람의 확산은 이슬람 역사상 가장 폭력적인 사건으로 변해갔다. 명목은 힌두교도에 대한 성전聖戰이었지만, 가즈니Ghazni 왕조의 인도 침략은 힌두교 사원의 금은보화를 약탈할 기회였다. 서기 1000년, 델리에서 포로로

잡힌 가즈니 왕조의 술탄 마흐무드Mahmud는 이런 기록을 남겼다. "나는 이교도들을 무찌르기 위해 힌두스탄으로 갔다. 적들을 무찌르고, 수십만 명의 이교도와 우상숭배자들을 죽였다. 그리고 신앙의 원수들의 피로 내 개종의 칼을 물들였다."53 이런 유형의 선교사들에게 이교도를 개종시키는 일과 이교도의 황금을 약탈하는 행위는 별개의 것이 아니었다.

마흐무드의 침략으로 힌두교도들은 엄청난 피를 흘렸고, 이슬람에 대해 수세대에 걸쳐 지독한 원한을 갖게 된다. 결국 그로부터 9세기가 지난 후, 이슬람교의 파키스탄이 인도에서 분리되는 씁쓸한 결과를 초래했다. 마흐무드의 인도 원정에 동행한 중앙아시아의 탁월한 학자 알 비루니Al Biruni는 10년간 인도에 머물며,54 훗날 역사가들의 보고가 되는 『인도지印度誌』를 남겼다. 그의 저서는 무엇보다 인도와 아랍 세계를 연결하는 지식의 가교 역할을 했다는 데 중요성이 있다. 알 비루니가 산스크리트 어를 배운 목적은 우상숭배적인 종교를 비판하려는 것이었지만, 그가 번역한 인도 고전은 세계를 보는 시야를 넓히는 데 기여했다. 알 비루니가 인도의 수학 관련 문건을 번역하여 소개한 결과로 아랍 수학자인 알 콰리즈미는 인도의 숫자 체계와 영의 개념을 서방에 알리게 된다. 한 역사가는 알 비루니를 '세계 최초의 동양학 학자'이며, "사실은 이슬람과 전혀 관계가 없는 것인데도, 이슬람교도들이 이슬람이라고 잘못 판단하고 있는 여러 가지를 지적한 사람"55이라고 불렀다. 인도는 힌두교가 주요 종교인 나라이지만, 700년간 이슬람의 통치를 받으면서 세계에서 두 번째로 이슬람 인구가 많은 나라가 되었다. 그에 따른 마찰과 정치적 분열은 피할 수 없었지만, 풍부한 두 문화의 융합을 통해 타지마할, 음악, 회화, 문학에서 탁월한 성과를 낳기도 했다.

아시아로 확산된 성전

위계 질서가 확실한 아시아 사회에서 이슬람의 평등주의와 단순한 교리가 많은 사람을 매혹시킨 것은 사실이지만, 아시아에서 이슬람이 확산된 데는 또 다른 실용적인 이유가 있었다. 이슬람 무역상들은 7세기 또는 8세기 초반에 광저우廣州에 중동 외부 지역으로는 처음으로 모스크를 건설했던 것으로 추정된다. 그러나 몇 세기 후에 동남아시아에서 활동하는 아랍 무역상의 규모가 더 커지기 전까지는 확고한 발판이 마련되지 못했다. 큰 삼각돛배와 나침반을 사용하게 되고, 십자군 전쟁 이후 유럽 인들의 아시아 향신료 수요가 증가하면서 인도와 동남아시아의 후추 왕국과 아랍 간의 교역은 두드러지게 성장했다. 마르코 폴로는 1298년에 "퍼를락Perlak(수마트라 북부) 백성들은 원래 이교도들이었지만, 그 지역에 계속 드나들던 사라센 상인들과 접촉이 잦아지면서 모두 무함마드의 교리로 개종했다."56고 적고 있다.

동남아시아의 항구에 이슬람 거류지가 증가한 것은 수세기 동안 동남아시아와 교역을 해온 인도인 이슬람 상인들이 세력을 확장한 데 따른 것이었다. 1500년에는 인도 구자라트 출신의 이슬람 상인들이 인도양과 동남아시아의 주요 항구 어디에나 존재했다. 그들은 인도에서 강력한 이슬람 군주의 후원을 받고 있었다.57 말레이와 인도네시아 사람들은 이슬람 무역상들이 종교에 헌신하는 모습과 꾸란에 끌리기도 했지만, 그들의 부유하고 세련된 생활 양식에 영향을 받아 이슬람으로 개종하기도 했다. 역시 필리핀 사람들도 비슷한 이유로 이슬람에 끌리게 된다. 무역상들이 성공에 이르는 가장 확실한 방법은 이슬람 무역상조합에 가입하는 길이었다. 16세기 스페인의 문헌에는 이런 기록이 있다. "필리핀 사람들은 모로스Moros(브루나이의 옛 이름)의 종교에 귀의해야 사업에 성공하고, 죽어서 천국에 갈 수 있다고 믿는다……. 모로스 사람들은 장사를 하기 때문에 더 부유하며 노예를 거느리고 땅을 경작한다."58 역사가 앤소니 리드는 상업에 종사하는 사람들은 이동이 잦았기 때문에 조상의 영혼이나 나무나 산에 깃든 영혼을 숭배하는 것과는 다른, 어디에나 편재하는 신을 기본으로 한 신앙이 필요했다는 점을 지적한다. "이리저리 옮겨 다니는 무역상은 더 광범위하게 적용할 수 있는 신앙이 필요했다. 고향을 떠났을 때도 교역 상대 도시에서 신에게 받아들여지고, 신과 소통할 필요가 있었다. 이슬람교는 무역상들의 이런 필요에 적합한 신앙과 사회적 시스템을 제공했다."59

강력한 경제력 때문에 이슬람이 전파된 예로는 1409년 힌두교를 믿던 말라카의 왕과 그의 신하들이 모두 자진해서 이슬람으로 개종한 사례가 있다. 이후 무역 도시인 팔렘방Palembang의 중국인 통치자가 말라카 왕의 뒤를 따랐고, 두 도시는 국내외적으로 이슬람의 강력한 후원자가 되었다.60 이슬람으로의 개종은 동남아시아에서 주요 무역항의 지위와 영화를 누리는 가장 확실한 방법이었다. 동남아시아 해상 무역에서 구자라트와 아랍 무역상들의 지위가 높아지자 점점 더 많은 주민들이 이슬람을 따르고, 스스로를 세계 이슬람 공동체의 일원으로 생각하며 개종이 계속되었다. 17세기 초반에는 터키, 파키스탄, 그리고 아랍 상인들의 상당수가 동남아시아에 근거지를 두고 있었다. 동남아시아에서 이슬람교와의 연결 관계는 부와 명예를 가져왔고, 일종의 정통성까지 얻을 수 있는 수단이 된 것이다. 자바를 통치했던 마타람Mataram 왕조는 메카로 사절단을 파견해 술탄 칭호를 사용할 수 있는 권리를 획득했다.61

교역을 통한 이슬람교의 평화로운 성장은 16세기에 공격적인 그리스도교 세력이 도착하면서 막을 내리게 된다. 그리스도교 세력은 향신료를 얻으려는 갈망과 전도의 열정과 이슬람에 대한 적대감으로 뭉쳐 있었다. 포르투갈 인들이 이슬람교도의 배를 공격하고, 항구 도시 멜라카를 점령한 일은 아시아 대륙에 십자군 정신을 불어넣는 계기가 되었다. 앤소니 리드는 이렇게 서술했다. "세계적인 강대국 간의 분쟁이 시작되었다. 지역 분쟁은 갑자기 십자군과의 성전으로 변했고, 아시아의 통치자들은 개종이 생존 문제가 되는 사태를 맞이했다."62 포르투갈의 맹공으로 멜라카를 빼앗긴 이슬람 무역상들은 "이교도 침입자들에 저항하는 이슬람교도의 도시"63를 건설하여 또 다른 무역 중심지로 삼았다. 수마트라 끝자락에 있는 아체Aceh 왕국이 그 영예를 차지하여 '메카의 베란다'라는 칭호를 얻게 된다. 아체는 순례자들과 학자들이 성스러운 땅으로 가는 후추 배를 기다리는 항구이자 본부가 되었다. 포르투갈과의 분쟁으로 새롭게 불붙은 지하드jihad의 열정으로 아체의 통치자는 오스만 제국의 술탄에게 포르투갈을 상대로 한 성전을 도와줄 것을 요청한다. 그는 이슬람교도들에게 순례길을 열어주면 현재 '이교도'들이 장악하고 있는 지역의 막대한 금은보화도 얻을 수 있을 것이라고 덧붙였다. 오스만 제국의 황제는 이 계획에 관심을 보였지만 그가 보낸 원군은 포르투갈의 세력을 약화시키는 데는 미미한 수준이었다.

동남아 지역에 십자군 정신이 고취되면서 이슬람 국가들은 기존의 힌두교 및 불교 왕국들과의 충돌을 면할 수 없었다. 규모는 작지만 커다란 터키 대포와 화기火器로 무장하고, 알라 신이 함께한다는 믿음으로 충만한 이슬람 군대는 저항 세력을 전멸시켰다. 패배한 통치자들과 백성들은 정복자의 신앙을 받아들였다. 이슬람의 무력에 굴복해 공식적인 개종이 이루어지고, 이슬람 문화는 기존 힌두교와 불교의 신화와 종교 의식의 상층부에 자리 잡게 된다. 리클리프M. C. Rickleffs는 자바 지역을 연구하고 이렇게 썼다. "인도네시아에서 가장 유명한 섬의 문화는 불교 유적지인 보로부두르Borobudur의 탑들이 건재한 가운데 이슬람의 옷을 입고 성장했다……. 자바의 이슬람교도들은 자신들의 신앙이 진실하고 올바르다는 점을 조금도 의심하지 않았을 것이다."64 인도네시아 이슬람의 이런 종교적 절충주의와 타 종교에 대한 관용은 새로 등장한 아랍 정통파와 충돌하게 되고 내전이 발생한다. 그러나 내전이 있기 전에 이슬람은 이미 자바 지역의 문화에 다양한 영향을 미치고 있었다.

살아 있는 것을 형상화한 모든 것에 대한 숭배를 금지하는 이슬람이 열대 동남아시아의 꽃무늬 패턴을 만나면서 아랍풍의 모티프와 기하학적 디자인에는 새로운 장이 열렸다.65 성인聖人 숭배를 금지하는 율법은 인도네시아의 전통 그림자 인형극을 변질시켰다. 힌두교의 고전인 『라마야나 Rāmāyana』에 등장하는 주인공을 형상화한 그림자 인형들은 어색한 형상으로 왜곡된다. 자바 마타람 왕국의 술탄은 신앙의 표현으로 중동 의복을 입었고, 무역상들은 경쟁적으로 술탄의 모범을 따랐다. 항해술이 발달하면서 더 많은 인도네시아 무역상들이 메카로 순례를 떠나기 시작하자 복식도 변했다. 인도네시아 이슬람 상인들은 메카 순례를 마치고, 시리아와 이집트 사람 같은 복장을 하고 돌아왔다.

모든 길은 메카로 통한다

이슬람 세계의 심장으로 떠오른 메카는 아이러니하게도 그리스도교 식민 정권이 개발한 증기선과 철도의 도입으로 더욱 힘을 얻게 된다. 1869년 수에즈 운하가 개통되고, 네덜란드와 영국 회사가 메카로 떠나는 정기적인 성지 순례 여행서비스를 제공하자 범이슬람권의 연결 고리는 더욱 강화되었다.66 네덜란드 증기선 덕에 메카 순례자의 수는 인도네시아에서만 1850년대에 2천 명 선이던 것이 20세기에 접어들면서 7천 명으로 증가했다. 메카 순례라는 이슬람의 연례 모임을 통해 사우디에서 들은 설교와 종교적 사상이 전 세계로 전파되었다. 더구나 순례자들은 종교 연구를 심화하기 위해 메카나 카이로에서 체류하는 기간을 연장하는 경우가 많았다.67 아랍 세계의 새로운 사상, 특히 보수적인 사상에 강한 영향을 받은 인도네시아는 세계에서 가장 큰 이슬람 국가로 변신하게 된다.

인도네시아 최초의 폭력적인 정치 운동은 1803년 메카에서 정통 와하브 운동에 영향을 받고 귀국한 세 사람의 수마트라 인들에 의해 촉발되었다. 이 운동의 창시자인 무함마드 이븐 아브알 와하브 Muhammad ibn Abd al-Wahhab는 이슬람이 다른 문화권으로 확산되면서 유입된 불순한 종교 의식과 관습을 버리고, 선지자 무함마드가 메디나에 건설했던 정통 이슬람 공동체로 돌아갈 것을 주장했다. 와하브파의 원리주의를 거부한 이슬람교도들, 특히 시아파Shiah와 이슬람 신비주의인 수피교도들은 모두 이들의 칼 아래 희생되었다. 자바의 신비주의 전통을 바탕에 깔고 있던 인도네시아의 절충주의적인 이슬람은 당연히 와하브파의 공격 대상이었다. 와하브파는 음주와 도박과 가부장적인 사회를 허용하고, 수피Sufi 수행자와 성인 숭배를 허용하는 인도네시아 이슬람에 대항하는 지하드를 선포했다. 수마트라 남부의 지하드는 점점 야만스런 전쟁으로 변해갔다. 이 전쟁은 아라비아의 와하브 왕국이 이집트 군대에 의해 폭력적으로 진압된

시기와 비슷한 때인 1838년, 네덜란드 식민 정권이 개입한 후에야 끝난다.68

와하브파는 훗날을 기약했다. 강력한 한 아랍 부족의 통치자인 무함마드 이븐사우드Muhammad Ibn Saūd(현 사우디 왕조의 시조)의 보호 아래 와하브의 사상은 오스만 제국의 붕괴로 부흥의 기회를 잡을 때까지 살아남았다. 이븐사우드의 후손인 압드 알아지즈Abd al-Aziz는 1932년 영국군의 지원을 받아 아라비아를 장악하고 사우디아라비아 왕국을 창건한다. 사우디 왕국과 관련하여 와하브가 알아지즈에게 이런 맹세를 받아냈다는 소문이 있다. "그대는 신앙이 없는 자들(와하브파가 아닌 이슬람교도들)에 맞서 지하드를 행하라. 그리하면 그대는 이슬람 공동체를 통치하고, 나는 종교를 이끌게 될 것이다."69

압드 알아지즈는 이 맹세에 따라 4만 명을 처형하고, 와하비즘을 국교로 삼았다.70 사우디아라비아에 원리주의 신앙이 등장하자 인도네시아 인들은 다룰Darul 이슬람(아랍 어로 dar al-Islam, '이슬람의 영토'라는 뜻이다) 운동에 박차를 가했다. 이 운동은 모하메드 하타Mohammed Hatta와 수카르노Sukarno 같은 인도네시아 민족주의자들이 건설하려는 비종교적인 인도네시아 공화국에 반대하는 것이었다. 결국 다룰 이슬람 운동은 패배했고, 지도자들은 죽임을 당했다. 그러나 인도네시아 이슬람교도들에게 영감을 준 와하브파의 이데올로기는 현재까지도 살아남아 샤리아Sharia(이슬람법)를 바탕으로 한 이슬람 정권을 세우려는 노력이 계속되고 있다.

이슬람교를 받아들인 이래 동남아시아의 이슬람교도들은 사우디와 이집트의 마드라사Madrasa(고등 교육기관)에서 종교 교육을 받고, 메카로의 순례를 통해 서서히 세계 이슬람 공동체에서 더 큰 자리를 차지하게 된다. 와하비즘에 바탕을 둔 사우디아라비아가 창건된 이후, 왕국의 종교적 영향력과 석유에서 얻은 부는 원리주의 신앙을 확산하는 데 바쳐졌다. 사우디가 자금을 지원하여 수많은 개발도상국에 수천 개의 신학교와 모스크가 건설되었다. 예컨대 인도네시아의 페산트렌pesantran(이슬람 기숙학교)에서는 성스러운 꾸란의 언어로 학생들을 가르친다.

2002년 미국의 9.11 공격과 발리 나이트클럽 폭파 사건이 이슬람 근본주의자들인 것으로 밝혀지자, 이슬람 칼리프의 영토를 수호하고 이슬람 국가에 대한 외세의 영향력을 제거하는 데 헌신하는 다국적 테러리스트 조직인 알카에다al-Qaeda와 와하브파의 교리 사이에 연관성이 있는지에 대한 정밀조사가 이루어졌다.71 알카에다는 이슬람 칼리프의 영토를 수호하고, 이슬람 국가에 대한 외세의 영향력을 제거하는 데 헌신하는 국적 불문의 테러리스트 조직이다. 5,000년 전에 아라비아 사막에서 출현한 신앙이 전파되면서 시작된 동남아시아 지역의 변화는 지금도 계속되고 있다. 한때 '메카의 베란다'라고 불렸던 아체는 폭력적으로 이슬람법을 강제하려는 근본주의 이슬람교도들의 본거지가 되어 다시 모습을 드러냈다. 9.11 공격 이후 아프가니스탄과 파키스탄은 새롭게 주목받는 분쟁 지역으로 등장했다. 사우디아라비아의 재정 지원을 받는 이슬람 신학 대학은 젊은이들에게 종교 교육을 하고, 그 위에 알카에다 테러리스트들의 지원병을 양성하는 이슬람군의 인큐베이터인 것으로 판명되었다. 프랑스의 이슬람문제 전문가인 올리비에 로이Olivier Roy는 알카에다가 1960년대 '프롤레타리아 국제주의'와 '혁명'을 꿈꾸던 급진주의자들과 비슷하게 전 세계 이슬람 공동체를 꿈꾸고 있다고 말한다. "그들은 잃어버린 세대lost generation다. (서구에 살고 있는 이슬람 젊은이들은) 자신들의 전통적인 사회와 문화에 소속되지 못하고, 서구 사회 또한 그들의 기대를 충족해주지 못하는 것에 좌절감을 느끼고 있다. 전 세계 이슬람 공동체라는 그들의 비전은 현재 그들의 상황을 비추는 거울이며, 그 상황을 초래한 세계화에 대한 복수인 것이다."72

현대의 잦은 여행과 통신의 발달로 세계적인 테러리즘이 가능해졌고, 동시에 이슬람 형제애를 더욱 강화하는 수단이 되기도 한다. 일생에 한 번은 메카를 순례해야 하는 의무는 전 세계 이슬람교도들을 하나로 묶는 강력한 도구였다. 수세기 동안 머나먼 곳에서 상품을 싣고 온 낙타 대상들의 연례 교역이 이루어지는 화물 집하장이었던 메카는 지구상에서 가장 세계화된 성지가 되었다. 2004년 통계에 의하면 세계 각지에서 약 2,300만 명의 이슬람교도가 메카로 모였다. 다양한 인종의 다양한 언어를 말하는 남녀들이 하얗고 기다란, 솔기 없는 면 가운을 입고, 신성한 의무를 다하기 위해 카바Kaaba 신전 주위로 몰려들었다. 그곳에서 서로 간의 모든 차이는 눈 녹듯이 사라져버린다.73 중동과 남아시아의 이슬람 종교 지도자들은 유럽의 모스크에서 금요일마다 열리는 기도회에 설교를 하러 가기도 한다.

메카와 사우디 왕국은 변함없이 전 세계 이슬람 신앙의 중심지로 남아 있지만 현대의 기술력은 선교사의 활동 영역을 광범위하게 확장했다. 사우디의 알아라비아al-Arabiya, 카타르의 알자지라al-Jazeera, 레바논 시아파 헤즈볼라Hezbollah의 방송국 알마나르al-Manar를 포함한 10여 개의 위성텔레비전 채널이 세계 어디에서나 시청이 가능한 뉴스와 이미지를 전송하고 있다. 1995년 미국에서 문을 연 이슬라미시티IslamicCity 사이트는 아랍 어 강좌를 제공하고 있고, 한 달에 100만 명이 꾸란 낭송을 듣기 위해 이 사이트를 방문하고 있다고 주장한다.74 한 유명한 이슬람 사이트는 자신들의 임무를 이렇게 설명하고 있다. "우리의 임무는 몇 가지 언어로 이슬람교도와 비이슬람교도 모두에게 서비스를 제공하는, 유일무이의 세계적인 이슬람 사이트를 건설하는 것이다. 우리는 이슬람교와 이슬람 과학, 문명, 국가에 관한 모든 것의 척도가 되고자 한다."75 2005년 가을, 테러리스트 조직인 알카에다는 사우트 알 킬라파Sawt al-Khilafa(칼리프의 목소리)라는 인터넷 뉴스 서비스를 시작했다. 이 사이트에서는 책상 위에 총과 꾸란을 얹어놓고, 전투복을 입은 뉴스 캐스터가 나와서 충실한 신도들에게 전 세계의 지하드 소식을 전하고, "이슬람 국가의 건승을 기원한다."76 얼마나 많은 사람들이 이 뉴스를 듣는지는 알려지지 않았지만, 이것은 우리가 가상 공간에서 설교가 이루어지는 새로운 세기에 살고 있다는 사실을 일깨워준다. 국경을 초월한 이슬람 공동체 건설이라는 선지자 무함마드의 비전은 실현 단계에 더욱 가까이 다가서고 있다. 시아파와 수니파의 분쟁이 여전히 신앙을 분열시키고 있지만, 전 세계 16억 이슬람 인구는 라디오와 텔레비전, 인터넷으로 연결되어 있고, 개종자의 수는 계속 증가하고 있다.

"악마의 자식이여, 펄펄 끓는 물에 익어버려라!"

선교사들은 개종시킬 영혼을 찾기 위해 계속 먼 나라, 먼 대륙으로 떠났다. 신대륙을 발견한 것도 일정 부분은 이런 선교의 열정이 계기가 되었다. 앞서 살펴본 대로 선교사들과 원주민의 만남은 엄청난 재난을 야기했다. 이 고통의 증인인 선교사들은 무자비한 행위와 비극적인 이야기의 주체이기도 했다. 그러나 그들은 처음으로 인간이란 무엇인가, 인간의 권리란 무엇인가라는 문제를 제기했다. 인권에 관한 선교사들의 우려와 그들이 쓴 인권 관련 문건들은 가치의 세계화를 낳았다. 완전히 다른 문화권에 속하는 인간의 권리에 대한 각성과 인간 공통의 원칙 및 국제 사회의 목표를 탐색하는 노력 끝에 국제사면위원회나 국제인권감시기구 같은 새로운 유형의 '선교' 조직이 출범하게 된다.

인권 문제에 주목한 초기 사상가들 가운데는 바르톨로메 데 라스카사스Bartolomé de las Casas라는 탁월한 가톨릭 사제가 있었다. 신세계에서 44년간 체류한 그는 인권에 대한 근본적인 의문을 안고 귀국해, 스페인 그리스도교도들이 원주민들에게 자행한 잔인한 행위를 알렸다. 그의 저서 『인도 제국들의 몰락에 관한 간략한 보고A Short Account of the Destruction of the Indies』(1542년)에는 이런 무시무시한 구절이 들어 있다(콜럼버스는 1492년 아메리카를 발견하며 '인도'라고 생각했고, 아메리카가 인도가 아니라는 사실이 밝혀진 후에도 스페인은 물론 유럽의 지식층은 아메리카 대륙을 계속 인도 제국las Indias이라 불렀다 - 옮긴이).

말을 타고 창과 칼을 든 그리스도교인들은 원주민들에게 유별난 잔인성을 보이며 학살을 자행하기 시작했다. 그들은 마을을 공격하고, 아이들과 노인과 임신부는 물론이고 분만 중인 여인들에게까지 예외를 두지 않았다. 찌르고, 팔다리를 절단하고, 도살장의 양을 다루듯이 조각조각 잘라버렸다……. 어머니 젖가슴에 꼭 매달려 있는 아기를 빼앗기 위해 아기의 다리를 잘라낸 후, 머리부터 바위산에 던져버리거나 팔을 잘라 강물에 던져버렸다. 그들은 아기가 물 속으로 추락하는 모습을 보며 웃음을 터트리고 큰 소리로 외쳤다. "악마의 자식이여, 펄펄 끓는 물에 익어버려라!"

스페인의 필리페 2세에게 헌정된 라스카사스의 책은 인권에 대한 최초의 논쟁을 불러오는 계기가 되었다. 신에게 인간을 제물로 바치는 원주민들을 인간이라고 할 수 있는가? 그들에게도 권리가 있는가? 라스카사스는 당대의 선도적인 신학자 후안 기네스 데 세풀베다Juan Ginés de Sepúlveda와 역사적인 논쟁을 벌였다. 세풀베다는 아메리카 원주민들은 "야만적이고 단순하고 글자도 모르고 교육받지 못했고 짐승 같고 소소한 기술 외에는 아무것도 배울 능력이 없다."[77]는 의견을 표명했다. 라스카사스는 원주민의 인간성에 대해 다음과 같이 대답했다.

모두가 똑같은 인간이다. 인간이란 무엇인가에 대한 정의는 집합적이든 개별적이든 단 한 가지, 이성을 가진 존재인가 아닌가로 결정된다. 이해력과 자유의지를 가졌으며, 신의 형상대로 창조되었다면 모두 인간이다. 아직 가지지 못한 지식을 이해하고 습득할 자연적인 능력을 가진 자는 모두 인간이다. 선에서 기쁨을 얻고, 악을 혐오한다면 모두 인간이다. 인간은 누구나 똑같이 창조되었고, 누구도 태어날 때부터 계몽된 상태로 세상에 오지 않는다. 우리 모두는 우리 이전에 태어난 사람들에게 도움을 받고, 인도를 받아야 한다. 지구상의 야만족은 잡초와 쓸모없는 가시를 제거하면 비옥한 땅으로 만들 수 있는 경작되지 않은 대지와 같다. 그들은 타고난 덕이 있으며 수양을 통해 훌륭한 열매를 맺을 수 있다. 모든 인류는 하나다.[78]

라스카사스는 강제적인 개종을 금지시키도록 국왕을 설득했다. 그러나 강제 개종 금지령은 오래가지 못했고, 도덕의 목소리는 권력과 탐욕에 묻혀버렸지만 라스카사스와 세풀베다의 논쟁은 미래의 개혁가들에게 영감을 주게 된다.

본래 선교 임무를 띠고 아프리카로 갔던 데이비드 리빙스턴은 아프리카 내륙으로 들어간 노예상인이 아닌 최초의 유럽 인이었다. 그의 보고서는 노예무역의 참상을 고발하여 세상을 각성시키는 데 힘이 되었다. 그는 아랍 무역상들이 천여 명의 노예들에게 상아나 다른 무거운 화물을 짊어지게 하고, 목에 줄을 묶거나 족쇄를 채워 한 꺼번에 끌고 가는 행렬을 목격했다. 그 상태로 노예들은 정글을 지나고 바닷가에 이를 때까지 터벅터벅 걸어갔다. 리빙스턴의 문건들 가운데는 그가 나일 강 수원을 찾는 동안 목격했던 일로, 콩고의 은양게Nyangwe에서 발생한 대량 학살 사건에 관한 기록이 있다. 가지고 있던 종이를 다 써버린 리빙스턴은 눈에 보이는 종잇조각은 모두 동원하여 이렇게 써 내려갔다. "이 글을 쓰는 동안에도 커다란 울부짖음이 들린다. 살아남은 노예들은 강기슭에 서서 루알라바Lualaba 강 깊은 곳으로 사라진 수많은 친구들을 본 척도 않는 학살자들을 향해 울부짖는다. 오, 주님의 나라가 임하시길!" 보고서를 출간하기 위해 영국으로 보내면서 리빙스턴은 이렇게 말했다. "이 책이 우지지 Ujiji(탄자니아 내륙, 탕가니카 호수 동쪽 연안의 항구로 19세기 전반 인도양 연안의 잔지바르와 콩고를 잇는 대상 무역의 중개지 – 옮긴이) 마을의 끔찍한 노예무역을 금지하는 데 힘이 된다면 나일 강 수원을 발견하는 것보다 훨씬 더 의미 있는 일을 한 것이다."79 이 문제는 의회에서 논의되었고, 1873년 리빙스턴이 사망하고 한 달 후에 영국은 잔지바르 술탄에게 해상봉쇄령을 내리겠다고 위협하여 노예시장을 폐쇄하도록 강제했다.

　남아프리카 보어 인 정권을 비난하는 리빙스턴의 과격한 발언은 보어 인들의 아파르트헤이트apartheid 정책을 반대하는 여론을 조성하는 데 기여했다. 리빙스턴은 이렇게 경고했다. "하얀 도둑놈들아, 너희도 흑인들에게 똑같이 당할 날이 올 것이다. 보어 인들은 카프르

Caffre(남아프리카에서 흑인을 비하하여 부르는 말. kaffir, kafir, caffer로 쓰기도 한다-옮긴이)의 피는 개코원숭이의 피와 똑같다고 생각한다. 머지않아 보어 인들의 피도 그렇게 싼값이 매겨질 날이 올 것이다. 그날이 오면 '당해도 싸다'는 말을 꼭 해주고 싶다."[80]

리빙스턴은 영국에서 노예제 전면 폐지론자의 전통을 이어간 사람이었다. 그보다 50년 이상 앞서 윌리엄 윌버포스 William Wilberforce라는 복음주의자 의원이 노예제 반대 캠페인을 시작했다. 윌버포스는 장장 18년 동안 해마다 노예제 폐지 법안을 의회에 상정했다. 1789년 노예제 폐지를 호소하는 첫 연설에서 그는 무역상들의 동정심에 호소했다. "나는 리버풀의 상인들을 비난하지 않겠습니다. 그들이 인류애를 가진 인간임을 믿습니다. 따라서 그들 개개인이 마음을 어지럽히는 극악한 악마에게 사로잡힌 것이 아니라면, 그들은 절대 노예무역을 고집하지 않을 것임을 믿습니다."[81]

1833년, 윌버포스가 사망하고 한 달 후 영국 의회는 제국 전역의 노예제를 전면 폐지했다. 반면 윌버포스의 캠페인은 아메리카 대륙에는 큰 영향을 미치지 못하고, 플랜테이션 농장의 노예제는 30년간 더 계속되었다. 노예제 반대 운동은 모든 인간은 평등하다는 개념을 확인하는 최초의 운동이었으며, 훗날 미국 헌법과 프랑스 혁명기의 인권 선언에 구체적으로 반영된다.

"어둠을 욕하기보다 촛불 하나를 밝히는 것이 낫다"

그 후 150년간 인권은 종교 집단과 지식인 계층에서 논의되는 개념이었지만, 정부가 국가 질서 유지라는 명목으로 시민권에 가하는 폭력을 중지하지 않았기 때문에 실천적 의미는 없었다. 인권을 보호하자는 호소가 응답을 받기까지는 미디어로 더욱 긴밀히 연결된 지구 공동체가 출현할 때를 기다려야 했다. 인권 수호를 목적으로 하는 최초의 국제 비정부기구가 출현한 시점이 최초의 통신위성 발사 시기와 일치한 것은 우연이 아닌지도 모른다. 국제 전화와 텔렉스로 이미 얼마간 확장되어 있던 세계 뉴스의 도달 범위는 통신위성의 등장으로 새로운 도약을 맞았다. 이제 사상 처음으로 집을 떠나지 않고도 선교사가 될 수 있는 시대에 접어든 것이다.

피터 베넨슨Peter Benenson이라는 영국의 청년 변호사가 바로 집을 떠나지 않고 인권의 선교사가 된 첫 번째 인물이었다. 1961년 어느 봄날 아침, 런던에서 신문을 읽던 베넨슨은 돌연 희생자가 있는 곳까지 가지 않아도 인간을 부당하게 취급하는 행위에 맞서 싸울 수 있다는 사실을 깨달았다. 그는 2명의 포르투갈 학생이 리스본의 레스토랑에서 자유를 위해 건배했다는 이유로 체포되어 투옥되었다는 기사를 읽고 분노했다. 포르투갈의 독재자 안토니오 데 올리베이라 살라자르António de Oliveira Salazar 치하에서 벌어진 일이었다. 베넨슨은 기본적인 인권을 무시하는 이런 행위에 대한 반대 여론을 조성할 방법을 고민했다. 그는 훗날 이렇게 회고한다. "매일 신문을 펼쳐 들면 세상 어딘가에서, 어느 누군가가, 정부가 허용할 수 없는 의견이나 종교를 가졌다는 이유로 투옥되고, 고문당하고, 처형을 당했다는 보도를 접하게 된다. 독자들은 이런 일이 벌어지는데 아무것도 할 수 없다는 무력감을 느낄 것이다. 이런 행위에 혐오감을 느끼는 세계의 독자들이 함께 행동에 나선다면 뭔가 효과적인 일을 할 수 있을 것 같았다."[82]

백 년 전에 여론의 압력으로 노예 해방이 이루어졌다는 사실을 알고 있던 베넨슨은 〈옵저버Observer〉지의 편집자를 설득하여 5월 28일자 일요 증보판 제1면에 '잊혀진 수인囚人들'이라는 제목의 기사를 싣게 했다. 이제 정치범과 양심수가 있고, 고문이 자행되는 나라의 정권이 부끄러움을 느끼도록 여론을 조성할 때였다. 국제화된 미디어 덕분에 그의 호소는 전 세계 신문에 게재되었다. 영국, 벨기에, 프랑스, 독일, 아일랜드, 스위스, 미국에서 베넨슨과 뜻을 같이하는 사람들이 그해 7월 한자리에 모여 "사상과 종교의 자유를 수호하기 위한 항구적인 국제 운동 단체"[83]를 결성했다. 이렇게 해서 최초의 국제 비정부기구 인권 단체인 국제사면위원회Amnesty International가 탄생했다. 국제사면위원회의 첫 번째 본부는 런던에서 문을 열었고, 이후 서독, 네덜란드, 프랑스, 이탈리아, 스위스가 곧 뒤를 이었다. 설립 후 1년이 지나지 않아 양심수 석방을 위한 활동 기금이 조성되었다. 미디어 캠페인에 힘입어 7개 국에서 약 210명의 양심수가 선정되었고, 철조망에 둘러싸인 촛불의 모습이 국제사면위원회의 로고로 채택되었다. 베넨슨은 이렇게 회고했다. "강제수용소와 생지옥 같은 곳이 존재하는 세계는 어둠입니다. 이제 국제사면위원회의 촛불이 밝혀졌습니다. 철조망에 둘러싸인 촛불입니다. 처음 촛불을 밝혔을 때 나는 '어둠을 욕하기보다 촛불 하나를 켜는 것이 낫다'는 중국의 옛 속담을 떠올렸습니다."[84]

베넨슨이 선교사의 역할을 자원한 것은 하루아침의 일은 아니었다. 고통받는 인간과 정의에 대한 그의 관심은 일찍부터 시작되었다. 열여섯 살 때 그는 이미 스페인 내란의 전쟁 고아들을 후원하는 캠페인을 벌였다. 독일이 히틀러 치하에 있을 때는 이튼스쿨 동창생들과 그 가족들을 중심으로 기금을 조성하여 2명의 독일 유대 인을 영국으로 탈출시키기도 했다. 청년 변호사 시절에는 인권 변호사로 명성을 얻었다. 스페인, 사이프러스, 헝가리, 남아프리카공화국에서 겪은 경험을 통해 그는 정권과 법의 지배에서 개인을 지켜야 한다고 확신했다. 그리고 바로 1961년에 세계가 충분히 통합되어 있고, 국적을 초월한 풀뿌리 민주주의 캠페인을 시작할 토대가 형성되었다는 자각을 한 것이다. 1977년 국제사면위원회가 노벨평화상을 수상하게 되었을 때, 위원회는 107개 국 16만 8천 명의 활동가들과 지지자들의 이름으로 상을 수락했다. 2005년 현재, 위원회의 활동가와 지지자의 수는 150개 국 이상에서 180만 명을 훌쩍 넘어섰다.

지구적 각성의 고속화

국제사면위원회는 규모와 영향력만 커진 것이 아니라 세계인권선언에 규정된 인권을 모두 포괄하는 방향으로 활동 범위를 확장해왔다. 1948년 12월 10일 유엔 총회에서는 모든 인간은 생존과 자유, 신변 안전에 관한 권리를 가지며, 누구도 자의적인 체포, 구금, 추방될 수 없다는 세계인권선언을 채택했다. 방글라데시 출신의 국제사면위원회 사무국장 이렌느 칸Irene Khan은 인권선언이 채택된 이후에도 세계 인권의 상태는 유감스러운 수준이라고 안타까워한다. 칸은 2005년 국제사면위원회 연례 보고서에 이렇게 쓰고 있다. "현재 유엔은 회원국들을 통제할 의지와 수단이 없는 것으로 보인다. 가장 최근의 예를 들면, 안전보장이사회는 다르푸르사태에 대해 효과적인 행동을 취할 수 있도록 회원들의 의지를 규합하는 데 실패했다. 중국은 원유 문제가 걸려 있었고, 러시아는 무기 밀매의 이해관계가 얽혀 있어서 다르푸르사태를 해결하는 데 협조하지 않았다. 그 결과 장비도 변변히 갖추지 못한 아프리카연합 감시단은 지금도 무력하게 두 손을 놓고 인류애에 반하는 범죄와 전쟁 범죄를 지켜볼 수밖에 없다."[85] 국제사면위원회와 국제인권감시기구 같은 2,000여 개의 국제 비정부기구들은 연합하여 압력을 가했다. 그때서야 안전보장이사회는 다르푸르사태를 국제형사법정에 회부했다.

국제인권감시기구 의장인 케네스 로스는 해당국의 국민과 동조자들보다는 해당국 정부에 치욕을 주는 것이 더욱 강력한 무기이며, 인권 기구들은 언론을 통해 그 일을 한다고 설명한다. 국제사면위원회도 홍보라는 무기 외에는 다른 도구가 없다. 언론을 도구로 사용한다는 로스의 말은 정기적으로 인권침해 사례 보고서를 발표하는 것은 물론 가장 강력한 도구인 인터넷을 포함하는 것이다. 인터넷을 통해 세부 보고서와 영상을 유포할 수 있고, 전 세계의 사이트 방문자들과 의견을 교환할 수 있다. 국제인권감시기구의 웹사이트는 현재 6개 국어로 보고서를 게시하고 있고, 사무국 직원들은 약 45개 국어를 할 수 있다. 모든 인권 운동은 정부가 여론에 대해 책임 있는 행동을 할 것이라는 믿음을 바탕으로 한다. 그리고 정부는 여론뿐만 아니라 타국 정부의 압력에도 반응한다.[86] 로스는 맨해튼이 내려다보이는 그의 사무실에서 이렇게 말했다. "20년 전에 내가 인권 운동을 처음 시작했을 때 인권 보고서를 낸다는 말은 한 나라를 여행하며 몇 주 동안 정보를 수집하고, 귀국해서 보고서를 써서 발행한다는 의미였습니다. 모든 과정이 굉장히 느리고 시간이 아주 오래 걸렸지요." 인권 운동은 인터넷이 출현한 후에야 본격적으로 시작되었다. "인터넷은 극적인 변화를 가져왔습니다."[87]

인도의 아소카 황제는 불교를 장려하기 위해 부처의 가르침을 바위에 새겼다. 현장 법사는 10여 마리의 말 등에 불교 경전을 싣고 중국으로 가져왔다. 그리스도교 선교사들은 전 세계로 흩어져 수많은 언어로 성경을 번역하고, 개종자들과 함께 교리문답을 읽었다.

독실한 이슬람교 신자들은 메카를 방문하고, 마드라사에서 교육을 받기 위해 수천 킬로미터를 여행했다. 이제 그리스도교 선교 방송은 강력한 라디오와 텔레비전 방송국에서 그리스도의 말씀을 전파로 발송하고, 이슬람교도들 소유의 위성채널은 이교도들을 상대로 한 지하드를 선동하는 시대가 되었다. 인터넷은 말씀을 전하고, 개종할 것을 설득하려는 종교와 운동이 활동하는 데 어디에나 편재하는 강력한 도구가 되었다. 전 세계 인권 운동과 환경 단체들은 서로 연결되어 있고 더 많은 지지자를 얻기 위해 끊임없이 노력하고 있다.

유엔 안전보장이사회에서 다르푸르사태를 표결에 부쳐 승리한 후에 디크는 이렇게 말했다. "미국이 국제형사재판소 회부를 거부한 상황에서, 다르푸르에서 벌어진 잔학 행위에 대한 여론을 환기시키는 작업을 계속하는 한편으로, 찬성표를 던질 경우 미국의 보복이 있을 것을 두려워하는 회원국들에게 안전을 보장하는 작업을 집중적으로 해야 했습니다."[88] 그는 각국 정부들이 원칙을 고수하고, 미국이 최소한 거부는 하지 않도록 강제하기 위해 유럽, 아프리카, 라틴아메리카에서 많은 작업을 했다고 밝혔다. 나름대로 의미 있는 성과를 거두었지만, 인권 활동가들은 이것이 다만 새로운 시작에 불과하다는 것을 알고 있었다. 안전보장이사회의 결의가 있은 후에도 유혈사태는 계속되었다. 아랍 민병대의 대량 학살 중지를 설득하기 위해 파견된 아프리카연합 평화유지군은 그 임무를 수행하기에는 너무 약했던 것으로 드러났다. 인권 운동 비정부기구들이 세계적인 캠페인을 계속하는 가운데 2006년 11월, 수단 정부는 아프리카연합과 유엔 평화유지군 2만 명의 주둔에 동의했다. 다르푸르의 평화를 위해 앞으로도 기나긴 장정을 계속해야 한다. 국제사면위원회의 이렌느 칸은 자신과 같은 활동가들은 보통 사람의 힘을 굳게 믿는다고

했다. "우리는 영원히 희망을 전파하는 임무를 계속할 것입니다."[89]

디커는 자신이 선교사에 비유되는 것을 불편해했지만, 소명감이 있어야 타인을 위해 싸울 수 있다는 점에는 동의했다. 현대의 선교는 과거 한때 그랬던 것처럼 가장 이윤이 많이 남는 분야도 아니고, 오랫동안 가족을 떠날 필요도 없다. 인권 피해에 관한 보고서를 쓰기 위해 위험을 감수할 일도 없어졌다. 어떤 사람들은 전통적인 종교적 신념에서 출발하여 인권 운동에 뛰어든다. 이들은 인권 운동이 "신이 모든 개인을 창조하였고, 모든 개인은 유일하고 특별하다."는 믿음을 반영하는 것이라고 생각한다. 종교와 무관한 많은 사람들도 이런 믿음을 공유하고 있다. 로스는 이렇게 말했다. "신을 믿든 믿지 않든, 관심을 가지고 보호할 가치가 있는 것이 무엇인지는 각자의 도덕적 판단입니다. 우리의 활동은 인간을 보호하고 돕는 것입니다. 이런 활동 안에는 신앙의 요소가 들어 있다고 생각합니다."[90]

누구에게나 보편적으로 적용되는 사상에 대한 믿음은 2,000년이 넘는 세월 동안 세계를 하나로 묶어왔다. 이제 세계적 관심사와 인식은 순식간에 공유되고, 그 결과가 좋든 나쁘든 더욱 즉각적으로 나타나는 시대가 되었다.

5장

움직이는 세계

> 가장 높이 칭송하고 평가해주어야 할 점은 우리가 서에서 출발하여 동으로 귀환하는, 지구를 완전히 일주하는 항로를 발견했다는 사실입니다.
> – 1522년 9월 6일, 마젤란의 몰루카 제도 항해에서 살아남은 지휘관 후안 세바스티안 엘카노Juan Sebastián Elcano가 스페인의 카를로스 1세에게 보낸 보고서.

2004년 6월의 어느 평온한 아침. 세비야의 과달키비르Guadalquivir 강은 제방을 따라 줄지어 서 있는 종려나무와 꽃이 만발한 관목 숲 사이를 고요히 흐르고 있었다. 나는 신세계가 열리고, 세상을 영원히 바꿔버릴 대규모 이주가 시작되는 모습을 목격했을 고요한 강을 바라보고 있었다. 한때 스페인을 지배했던 아랍 사람들은 이 강을 와디 알케비르Wadi al-kebir(큰 강)라고 불렀다. 태양이 아직 아침 안개를 채 걷어내지 못한 시간이라 한때 수많은 배들로 분주했던 강은 과거의 영광을 그리며 안개에 덮여 있었다. 신세계에서 금은괴를 싣고 온 온갖 배들이 이곳으로 들어왔다. 향신료 섬에서 가져온 향기

◀ "신세계에 도착한 크리스토퍼 콜럼버스", 워싱턴 어빙Washington Irving의 『콜럼버스의 생애와 여행Columbus, His Life and Voyages』의 에칭판(New York : G. P. Putnam's Sons, 1914년)

로운 정향과 생강이 담긴 나무상자를 내려놓고, 유명한 세비야의 올리브오일과 밀을 싣고 외국으로 떠나려는 배들이었다. 이민자들이 탄 높은 돛대가 달린 나오선nao(16세기 스페인과 포르투갈 무장 상선으로 200~600톤급이다. 콜럼버스의 산타마리아호와 마젤란의 빅토리아호는 모두 나오선에 속한다 – 옮긴이)은 황금의 탑Torre del Oro(과달키비르 강의 산텔모San Telmo 다리 옆에 있는 정십이각형의 탑. 13세기 이슬람이 적의 침입을 감시하기 위한 망루로 건설했고, 현재는 해양박물관으로 사용되고 있다 – 옮긴이)을 지나 바다를 향해 나가려 돛을 펼쳤다. 한때 유럽 탐험의 중심지였던 세비야는 아시아로 가는 새로운 항로와 지구를 한 바퀴 도는 항로를 찾기 위한 사상 초유의 여행이 시작된 곳이다. 16세기 동안 거의 50만 명의 스페인 사람들이 신세계를 찾아 나선 여행에 동원되었다. 세계의 인구 구성을 휘저을 사건은 이렇게 시작되어 현재까지 계속되고 있다. 신세계로 이주한 최초의 스페인 사람 5명 가운데 1명이 세비야 출신이었으니[1] 세비야는 현시대의 세계화를 열었다고 할 수 있다.

 1519년 8월 포르투갈 인 선장 마젤란은 스페인 국왕 카를로스 1세의 깃발을 휘날리며 선단을 지휘해 바다로 나갔다. 항해를 떠나기 전날 밤 선원들은 산타마리아 델라 빅토리아 성당을 찾아가 고해성사를 보고 안전한 항해를 기원했다. 다음날 아침, 천둥 같은 소리를 내며 몇 발의 예포가 일제히 발사되고 흰 연기가 피어오르자 아침의 고요는 산산이 찢겨 나갔다. 강둑에 모여 있던 군중들은 몰루카 제도를 향해 떠나는 다섯 척의 무적함대가 트리니다드호의 지휘 아래 대서양으로 나가는 모습을 지켜봤다. 선원들은 머나먼 향신료의 나라로 간다고만 알고 있었다. 그들은 동서를 관통하는 새로운 항로를 찾기 위해 남아메리카 미지의 바다를 에두르는 항로로 가게 될 줄은

꿈에도 몰랐다. 선원들은 나중에 선장인 마젤란의 이름이 붙게 되는 해협을 발견하고, 거기서 항해를 계속하여 광활한 태평양으로 미끄러져 들어가게 된다. 그러나 대부분의 선원들은 영원히 세비야로 돌아오지 못했다. 3년 후인 1522년 9월, 빅토리아호 단 한 척만이 느릿느릿 과달키비르 강의 선창으로 들어왔다. 살아남은 선원은 18명뿐이었다. 넝마가 된 옷을 입고 제정신이 아닌 듯한 선원들은 맨발로 산타마리아 델라 빅토리아 성당을 향해 걸어갔다. 그들은 신께 감사기도를 올리고 미지의 세계를 여행하며 저지른 죄를 회개했다. 마젤란 원정대의 우울한 귀환은 몇 발의 의례적인 대포가 발사되는 것으로 끝났지만, 그것이 얼마나 중대한 사건이었는지 우리는 알고 있다. 1만 2,000~1만 4,000여 년 전에 인류의 조상들이 태평양을 건너간 이후 처음으로, 유럽에 정착한 후손들이 그 바다를 건너고 살아생전에 지구를 한 바퀴 돌아온 것이다. 이제 인간은 지리학적인 관점에서 지구 전체를 완전히 연결시킨 것이다.

성聖 프란치스코가 말한 대로 인간은 영원한 이주자homines viatores이다.[2] 또한 옥스퍼드 영어사전의 정의처럼 인간은 "모험을 즐기며, 모험을 하게 되어 있는" 모든 생명 가운데 가장 모험적인 종이라는 말을 덧붙일 수 있다. 인간은 미지의 것을 배우기 위해, 고난을 면하기 위해, 혹은 단순히 개인의 성취를 위해 모험을 감행해왔다.

아프리카를 떠나온 선조들의 여정은 인간의 모험적인 본성을 가장 잘 드러내주는 것이다. 인류의 여정은 농경의 시작과 함께 정착생활에 들어간 것으로 끝나지 않았다. 이번 장에서는 모험적인 사람들이—탐험가, 여행자, 이주자—어떻게 국경을 넘어 끊임없이 인간 공동체 간의 연결을 강화해왔는지를 살펴본다. 앞 장에서는 더욱 쾌적한 환경을 찾으려는 욕망에 이끌려 농경 집단이 중앙아시아와 인도 전역으로 이주해가는 과정을 살펴보았다. 타인의 강요에 의해, 또는 새로운 기회와 더 나은 삶을 찾아 자발적으로 낯선 땅을 찾아가는 일은 인류의 탄생부터 지금까지 늘 있어왔다. 전쟁과 박해를 피해 위험한 여행을 할 수밖에 없었던 사람들도 모험가의 범주에 넣을 수 있다. 아나톨리아가 아시리아 인들의 식민지가 된 시절부터 망명자들은 외국 땅에 집단 거주지를 형성해왔다.

  내가 알고 있는 저 경계 너머에는 무엇이 있을까 하는 호기심에 이끌린 탐험가들은 위험한 여행을 하고, 세계에 대한 더 많은 지식을 가지고 돌아왔다. 여행이 극도로 위험했던 시절에는 단순히 새로운 정보를 얻기 위해 탐험에 나선 것이 아니었다. 마르코 폴로의 경우 여행의 원래 목적은 사업 때문이었다. 크리스토퍼 콜럼버스, 바스코 다 가마, 페르디난드 마젤란은 부를 쌓기 위한 새로운 길을 찾아 공식적인 탐험에 나선 것이었다. 그들의 발견이 있고 300년 동안 인류 역사상 가장 큰 이주의 물결이 일었다. 지구의 구석구석이 '발견된' 후에도 인간은 여행을 계속했다. 산 너머 혹은 바다 건너에 무엇이 있는지를 찾아 나섰던 과거의 호기심어린 여행자는 현대의 관광객이 되었다. 과거 부를 찾아 나섰던 사람들과 강제로 낯선 땅으로 끌려와 이주 노동자가 되었던 사람들은 현대의 합법·불법 이민자가 되었다. 그리고 희생자가 대량으로 발생하는 현대전이 등장하면서 난민의 수는 크게 증가했다. 여행의 수단과 조건이 진화하자 국경을 넘는 인간의 이동은 대규모화되었다. 2005년, 세계적으로 약 2억 인구가 이주를 했다. 평생 한 번도 국경을 넘지 않는 사람들이 더 많기는 하지만, 세계적으로 이주 인구가 확산되면서 다시 한번 아프리카를 떠나온 조상들의 원유전자들이 연결되어 지구촌을 만들고 있다. 이번 장에서는 모험적인 여행을 통해 알려진 세계가 확장되고, 아주 오래전부터 연결의 거미줄망이 커온 과정을 살펴본다.

한노 장군과 하마

원정대에 관한 최초의 기록은 기원전 3000년경, 이집트의 하트셉수트 여왕이 아프리카 동부 해안으로 원정대를 파견한 일이다. 카르타고의 한노Hanno 장군이 아프리카 서부 해안으로 원정을 다녀왔다는 감질나는 기록도 있다. 기원전 500년 즈음에 한노는 새로운 식민지 건설을 목표로 지중해를 떠나 대서양에 도달했고, 귀환 후에 탐험의 기록을 청동으로 새겨넣은 것으로 추정된다. 이것을 한 그리스 여행자가 탁본한 것이 살아남아 우리에게 한노 이야기를 들려준다. 한노의 보고서에 따르면 원정대는 지브롤터 해협을 통과해 모로코 해안을 따라 항해해 갔다. 선원들은 베두인Bedouin 족의 온화한 해안을 따라 더 남쪽으로 내려가, 거대한 강 초입을 지나고 거대한 만灣에 도달했다. 한노는 그 강의 입구가 두 곳으로 갈라져 있었다고 쓰고 있다. "깊고 넓은 강에는 악어와 하마 들이 들끓고 있었다." 만 바로 옆의 섬에는 지중해 사람들이 처음 보는 풍경이 펼쳐져 있었다. 한노는 '털이 많은 몸'의 남녀를(아마도 개코원숭이나 침팬지였을 것이다) 만났고, 이 생물의 가죽을 카르타고로 가져왔다고 기록했다.

한노의 원정 보고서 사본은 15세기에 처음 발견되었고, 역사가들은 내용의 정확성 여부를 두고 논쟁을 계속해왔다.[3] 한노는 현재의 시에라리온에 있는 셰르브로Sherbro 강 입구에 도달했던 것으로 추정된다. 일부 학자는 그가 중앙아프리카에 정말 도달했는지 의문을 품고 있다. 이런 의문들은 그렇다 치고, 한노가 묘사한 것과 같은 원정대가 아주 초기부터 존재했다는 것만은 분명한 사실이다.

역사가 헤로도토스는 기원전 600년경에 페니키아 선원들이 현재의 시에라리온과 시리아를 일주한 일을 자세히 서술했다. 헤로도토스가 이집트에 체류하고 있을 때, 당시의 파라오 네코Necho가 홍해를 출발해 지브롤터 해협을 통해 귀환하라는 명령과 함께 해군 원정대를 파견했다는 이야기를 들었다. 원정은 3년이 걸렸는데, 원정대는 아프리카 해안을 따라 항해하다가 상륙하여 땅에 씨를 뿌리고 수확을 기다리느라 몇 달씩 항해를 멈추고 다시 출발하기를 반복했다.

헤로도토스는 이 원정에 대해 어느 정도 거리를 두고 회의적인 반응을 보였다. "다른 사람들은 원정대의 보고서를 믿는지 모르겠지만 나는 아니다. 예를 들면 그들은 아프리카를 돌아서 항해했다는데 태양이 늘 오른쪽에 있었다고 말한다." 이 말은 그들이 아프리카 서해안을 따라 북쪽으로 항해했다는 뜻이 된다. 헤로도토스는 일부는 미심쩍어하면서도 원정대가 발견한 것은 인정했던 것 같다. "리비아, 즉 아프리카는 아시아와의 경계를 제외한 나머지 모든 부분이 바다에 면해 있다." 아프리카 일주를 했다는 사실은 믿기지 않는 부분이지만, 태양의 위치에 관한 흥미로운 구절 때문에 현대 역사가들은 이 이야기를 간단히 덮어버리지 못한다. 헤로도토스는 용감한 선원들이 남회귀선 아래에서 남서쪽 혹은 서쪽으로 항해해 가면 태양이 오른쪽에 있게 된다는 점을 지적한 것이다.[4]

헤로도토스는 또 몇 개월에 걸쳐 아프리카 남서쪽 사막을 여행한 북아프리카 출신의 젊은 탐험가 5명에 관한 이야기도 하고 있다. 그들은 거대한 강을 발견했고 헤로도토스는 이것을 상 나일Upper Nile이라고 생각했다. 그것은 아마 니제르Niger 강이었을 것이다.

최초의 아프리카 일주 항해 기록의 사실 여부를 떠나, 아프리카 대륙은 계속 미개척지로 남아 있었다. 최초의 역사가이자 기자라고 할 수 있는 헤로도토스 자신도 나일 강의 수원을 찾아 여행을 떠났다가 좌절한 채 귀환했다. 그리스 인들은 흑해와 지중해 해안을 따라 식민지를 건설했다. 페니키아 인들도 항해를 계속했고, 북아프리카와 지중해 서쪽에 도시 국가들을 건설했다. 기원전 300년, 주석을 찾아 나섰던 그리스 탐험가 피테아스Pytheas는 지중해와 완전히 구분되는 영국 해안 근처를 항해한 것으로 보인다. 그는 북쪽으로 엿새를 더 항해한 후에 "바다도 아니고 공기도 아닌 것이⋯⋯ 모든 것이 뭉쳐 있는 바다의 허파 같은⋯⋯" 것을 보았다고 기록했다. 아마도 표류하는 얼음 덩어리나 자욱한 바다 안개를 말하는 것 같다.[5] 한편, 홍해 주변에 살고 있던 아랍 인들은 나무나 동물 가죽으로 만든 다우선dhow을 타고 스와힐리 해안을 따라 남쪽을 탐사하고, 동쪽으로 페르시아와 인더스 강 유역까지 항해했다.

여행의 위험과 막대한 경비 때문에 새로운 영토를 탐사하는 데는 공식적인 후원이 필수적이었다. 일부 대담한 무역상이나 선교사들이 개인적으로 탐험에 나선 예외가 있긴 했지만, 탐험가들은 보통 공식적인 후원과 축복 아래 모험을 감행했다. 이런 탐험에 관해서는 기원전 510년 페르시아의 다리우스Darius 대왕이 인더스 강 유역을 탐사하러 스킬락스Scylax를 파견했다는 초기 기록이 남아 있다. 인더스 강에 도달한 스킬락스는 페르시아 만과 홍해를 향해 서쪽으로 항해해 돌아왔다. 그로부터 200년 후, 알렉산더 대왕의 군대가 그 길을 따라 인더스 강으로 갔다. 알렉산더는 해군 대장 네아르쿠스Nearchus에게 계절풍이 불 때를 기다렸다가 페르시아 만 북쪽 해안을 탐사하고 돌아오라는 명령을 내리면서 그에게 인도에 남으라 한다. 알렉산더의 군대가 홍해 입구의 소코트라Socotra 섬을 점령했을 때, 그들은 섬에 인도인 거주지가 있는 것을 보고 깜짝 놀란다. 소코트라의 외국인 인구는 그 후 수세기에 걸쳐 증가했다. 서기 1세기의 소책자 『에리스리언 해 항해기』에는 이 섬에 "교역을 위해 이주한 아랍 사람과 인도 사람과 그리스 인들이 뒤섞여 있었다."⁶는 기록이 있다. 그리스 · 로마 무역상들이 계절풍을 '발견'하면서 인도양의 무역은 더욱 성장했다. 이에 따라 인도양 해안에 유대 인, 아랍 인, 페르시아 인, 인도인 무역상들의 거주지가 건설된다.

기린을 본국으로 실어가며

지중해 연안 국가들이 정찰병과 탐험가 들을 파견했던 것과 마찬가지로 중국과 중앙아시아도 움직이기 시작했다. 황허 강 유역에 등장한 중국의 왕조는 흉노匈奴 족(훗날의 몽골 족)의 약탈이 심해지자 만리장성 건설에 박차를 가하고 서방에 비상한 관심을 보였다. 한나라 무제武帝는 흉노에 대항하기 위해 중앙아시아의 월지月氏와 동맹을 맺을 기회를 엿보고 있었다. 그러다 기원전 138년, 무제는 장건張騫을 서역으로 파견했는데, 이때 100명도 넘는 남자 종들과 흉노족 노예가 통역으로 대동했다. 장건 일행은 동맹군을 끌어들이지는 못했지만, 13년에 걸쳐 중앙아시아를 여행하며 사막에 분포하고 있는 36개 왕국의 지리, 문화와 풍습, 사람들에 대한 최초의 상세 기록을 남겼다. 이 여행은 중국과 그리스 식민지인 박트리아Bactria(현재의 아프가니스탄) 간의 최초의 접촉인 것으로 알려져 있다.

장건은 박트리아 남동쪽에 있는 인도의 거대 왕국 이야기를 전해 서역에 대한 중국인들의 관심을 자극했다. 인도와의 최초의 만남에서 중국은 인도를 "코끼리를 타고 전투에 나가는 무더운 나라"로 묘사했다. 중국 역사가들의 기록에 따르면, 장건의 원정을 통해 중국 황제들은 서역에도 문명국이 존재한다는 사실을 알게 된다. "중국인들과 같은 방식으로 백성들이 땅을 경작하여 생산한 진귀한 산물이 풍부하다. 이 나라들은 모두…… 군사적으로 취약하고 한나라의 재화를 부러워했다."7 한무제의 사절은 또한 중국산 죽순과 갖가지 상품들이 박트리아에서 판매되고 있는 것을 보고 깜짝 놀랐다. 이것은 중국 남서 지방의 무역상들이 인도를 거쳐 들여온 상품들이었다. 중앙아시아의 산과 사막을 가로지르는 실크 로드가 유명세를 얻기 훨씬 전에 이미 타이와 미얀마를 거쳐 인도와 남중국을 잇는 남서 실크 로드가 발달해 있었다.8

중국이 서역 원정에 관심을 갖는 일은 오래가지 못했다. 장건의 서역 원정이 있고 200년 후 또 다른 사절인 감영甘英을 로마로 파견했지만 그는 메소포타미아까지만 갔다가 돌아왔다. 로마와의 무역을 독점하려던 파르티아Parthia(BC 247~AD 226 간 존재했던 고대 이란의 왕국–옮긴이)의 관료들은 로마까지 가려면 몇 달 아니 몇 년이 걸린다며 감영이 더는 여행을 계속하지 못하도록 설득한 것으로 보인다. 중국 문헌에는 감영이 본국으로 돌아왔고, 이후 천 년 이상 중국은 지중해 세계와 단절되었다고 적고 있다.9 그 이후 1405년 명나라의 영락제永樂帝가 환관 정화鄭和를 대장으로 하는 원정대를 파견한 일을 제외하고는 중국이 서역이나 인도로 전진을 시도한 경우는 없었다.

포르투갈이나 스페인은 어딘가에 있다고 알려졌긴 하지만 접근할 수 없는, 자원이 풍부한 땅을 찾기 위해 원정대를 파견했지만, 중국이 정화의 원정대를 파견한 동기는 정찰과 세력을 과시하는 것이 목적이었다. 명나라의 역사가 진학림陳學霖이 기술한 대로 영락제는 "자신의 세력과 부를 세상에 알리고, 서아시아의 티무르와 몽골 족

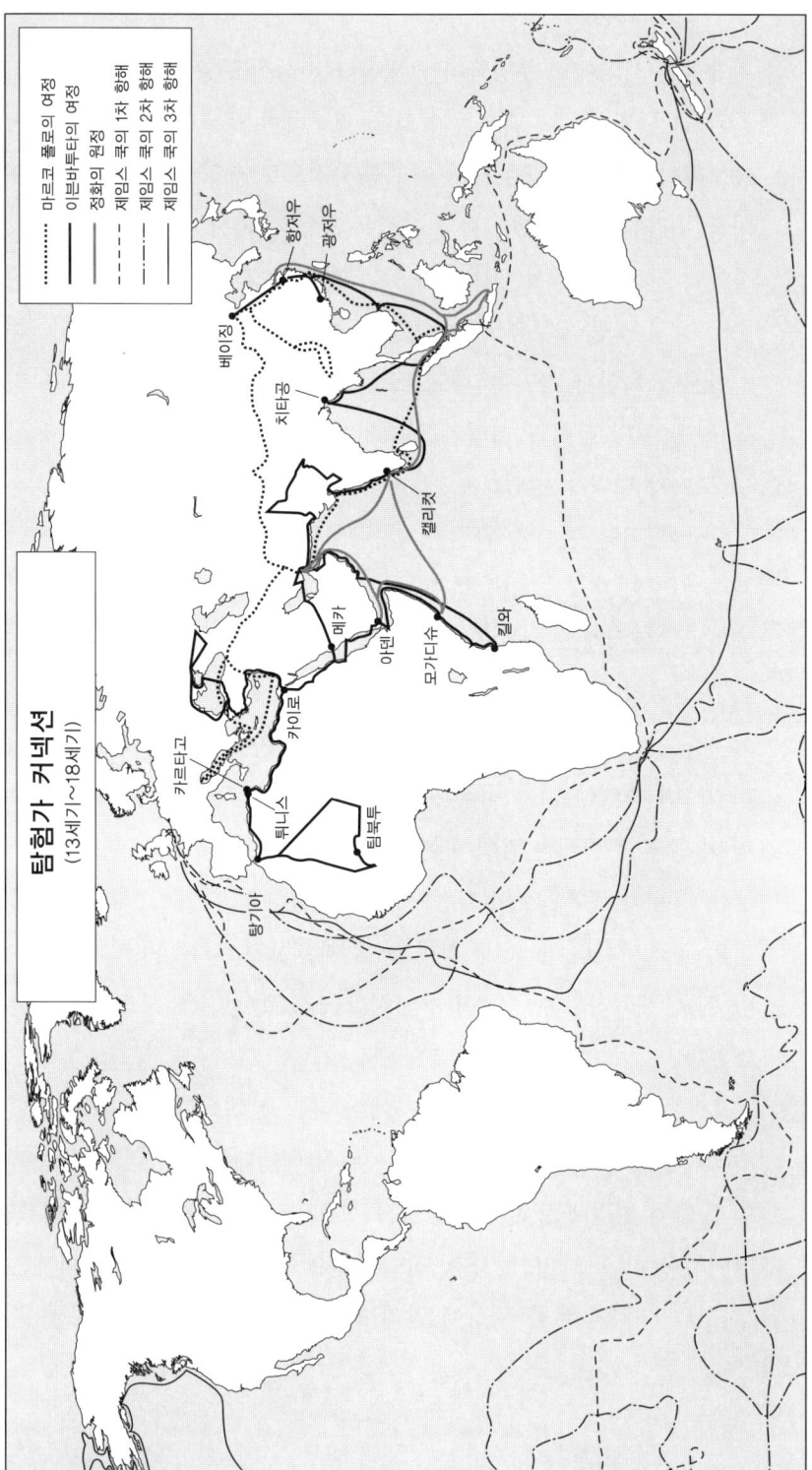

의 계획을 정탐하고, 조공을 바칠 나라를 확대하고, 자신의 허영심과 영예를 높이려는 탐욕을 만족시키고, 환관들을 이용할 목적으로"[10] 해양 원정대를 파견했다. 정화의 선단이 방문한 30개의 이상한 나라들은 모두 무역이 활발한 곳이었다. 황제는 야만국이 눈이 부셔 쳐다보지도 못할 만한 보물선을 건조하라는 명을 내렸다.

당시 포르투갈이 사용하던 작은 카라벨Caravel 범선에 비해, 중국 선박은 길이 122미터, 폭 49미터, 9개의 돛대와 12개의 돛, 4층의 갑판을 갖추고 있었고, 2,500톤의 화물과 작은 대포 10여 문을 실을 수 있을 만큼 규모가 컸다. 1405년에서 1433년 사이에 중국 함대는 주로 동남아시아와 인도양을 항해하며, 천자天子를 배알하러 가는 야만국의 사절을 태우고, 최음제인 코뿔소 뿔과 살아 있는 기린 등의 이국적인 상품들을 수송했다. 중국 탐험가들은 아프리카 해안에 약간의 중국인 유전자를 남기는 데도 성공했다. 최근 중국 정부는 정화의 아프리카 원정대에서 조난당한 선원들의 가계에 속하는 중국계 아프리카 인들이 일부 존재한다는 사실을 확인했다.[11] 그러나 1497년 바스코 다 가마의 선단이 인도양에 출현했을 때 중국 함선은 발길을 끊은 지 오래였다.

역사가 필립 스노Philip Snow는 정화를 중국의 콜럼버스라고 부른다. 스노가 보유하고 있는 자료를 보면 제노바 출신 탐험가는 마치 아마추어 정도로밖에 보이지 않는다. "정화의 항해는 콜럼버스의 항해와 규모만 다른 것이 아니라 시작 자체가 다르다……. 정화는 콜럼버스처럼 우호적인 정부의 재정 지원만 받은 것이 아니었다. 환관 출신인 정화와 휘하의 선장들은 황제의 대리인이자 황제 개인의 종복으로 선택된 사람들이었다."[12]

정화의 원정대는 7회에 걸친 원정을 마친 후에 갑자기 중단되었다. 일부 문헌에 따르면, 원정을 자원 낭비라고 바라보던 황실 측근들이 원정을 중지시키고 모든 기록을 없애버렸다고 한다. 현대의 역사가들은 이런 주장을 터무니없다고 생각한다. 사실, 원정 관련 기록들은 대부분 보존되어 15세기 중국의 지리적 지평을 확장시킨 귀중한 증거로 남아 있다.[13] 정화의 원정대에 동행했던 4명의 관리 가운데 마환馬歡은 페르시아 어에 능통했고, 아랍 어와 기타 아시아권 언어에도 능통했던 것으로 보인다. 그는 정화를 수행해 메카까지 갔고, 중국인으로는 처음으로 이슬람의 하지hajj 의무를 수행한 듯 보인다. 마환은 인도양에 대한 중국의 광범위한 지식을 담은 항해 기록을 남겼다.

마르코 폴로는 중국에 갔을까?

페르낭 브로델의 표현을 빌리면 "무역의 바다를 싹 쓸고 있는"[14] 이슬람의 번영기에 외부 세계를 향한 유럽 인의 관심은 상당 기간 침체되어 있었다. 중세 유럽의 해상 활동이 시들하긴 했지만 여행은 활발하게 계속되었다. 중세 유럽 인들은 주로 돈을 벌고 영예를 얻거나 순례를 목적으로 여행을 했다.[15] 의학 수준이 초보 단계였기 때문에 환자들은 진료를 받기보다 성인들이나 성지 순례를 선호했다.[16] 하버드 대학의 역사학자인 마이클 맥코믹Michael McCormick은 중세 고문서를 연구하여 669명의 여행자 이름을 확인했다. 대부분 외교관, 순례자, 선교사와 망명자로 서유럽에서 비잔틴 제국까지 약 480~960킬로미터의 상당한 거리를 여행한 사람들이었다.[17] 십자군 전쟁기의 불안정한 조건이었음에도 아랍 지배하의 안달루시아 사람인 이븐 주바이르Ibn Jubayr 같은 이슬람 여행자들은 1183~1184년 서

유럽에서 메카까지 여행을 하고 귀중한 여행 기록을 남겼다.[18]

거의 2세기에 걸쳐 계속된 십자군 전쟁은 유럽의 정치, 경제, 문화에 깊은 영향을 미쳤다. 13세기 몽골 제국이 등장하면서 실크 로드는 다시 부흥기를 맞아 과거에 그랬던 것처럼 유럽과 중국 간의 무역과 문화의 컨베이어벨트 역할을 했다. 아마 마르코 폴로만큼 유럽 인의 의식에 중국의 화려함을 강하게 각인시킨 사람도 없을 것이다. 폴로 이전과 이후에도 중국을 방문한 유럽 인들이 있긴 했지만, 폴로의 여행기는 서구인들이 신비스런 동양에 눈을 뜨게 한 주요 요인으로 전대미문의 고전이 되었다.

1271년 말, 베네치아의 부유한 무역상이던 아버지와 삼촌을 따라 나선 17세의 마르코 폴로는 쿠빌라이 칸에게 보내는 교황의 신임장을 가지고 중국으로 떠났다. 사업차 떠난 여행이지만 약간의 종교적 의무가 부과된 것이다. 앞서 간 많은 유럽과 아랍 무역상들과 마찬가지로 폴로 일가는 부를 쌓기 위해 비단과 옥玉과 도자기로 유명한 나라를 찾아 나선 상인일 뿐이었다. 그러나 24년 후, 폴로 일가는 세계를 바라보는 유럽 인의 인식을 영원히 바꿔버릴 동방 이야기를 안고 귀환했다. 크리스토퍼 콜럼버스가 산타마리아호를 탈 때 가져간 몇 권의 책 가운데는, 손때가 묻고 여기저기 설명을 써넣은 마르코 폴로의 『동방견문록』 사본이 있었다. 인쇄기가 없던 시절이므로 콜럼버스는 값비싼 수사본手寫本을 구입한 것이다. 폴로의 기록을 통해 콜럼버스는 지붕까지 황금으로 얹을 만큼 황금이 풍부한 지팡구(일본)라는 나라가 있다는 것을 알게 된다. 황금지붕 이야기는 사실 마르코 폴로가 로맨스 작가에게 『세계의 서술*The Description of the World*』(『동방견문록』의 원제는 『세계의 서술(세계의 묘사)*Divisment dou Monde*』이다 – 옮긴이)을 받아쓰게 할 때 나온 꿈같은 이야기일 뿐이다. 기묘한 생물, 이상한 풍습, 이국적인 향신료 산지에 관한 수많은 이야기에는 모순과 생략도 많고, 창작이 분명한 것으로 보이는 부분도 있어서 기록의 신뢰성에 의문을 낳고 있다. 마르코 폴로가 고국으로 돌아와 자신이 본 것을 들려주었을 때 사람들은 쉽게 믿지 않았다. 그의 허풍 같은 이야기 때문에 마르코 폴로는 '마르코, 일 밀리오네Marco, Il Millione', 다시 말해 백만 개의 거짓말을 한 사람이라는 별명을 얻었다는 얘기도 있다. 폴로 일가는 자신들의 말을 믿지 않는 회의론자들과 반대자들을 설득하려고 쿠빌라이 칸이 하사한 값비싼 보석을 동양의 옷 밑에 감춰두었다가 꺼내 보였다는 이야기도 있다.

탁월한 영국의 중국 학자 프랜시스 우드Frances Wood는 『마르코 폴로는 중국에 갔을까?Did Marco Polo Go to China?』라는 책에서 여행의 진위 여부에 대한 의문을 정리해냈다. 그녀는 폴로의 여행기에는 중국 여행자들이 흔히 언급하는 만리장성, 젓가락, 차, 한자, 전족纏足 풍습 같은 특수한 부분을 소개하는 세부적인 묘사가 없다는 점을 지적했다. 또한 폴로는 쿠빌라이 칸의 칙사로 일했다는 말을 했는데, 중국 문헌 어디에도 마르코 폴로에 관한 기록이 없다. 중국인들이 보통 사소한 일까지 꼼꼼히 기록을 남기는 점을 생각하면 이상한 일이다.

우드는 폴로의 책에 등장하는 노골적인 거짓말과 의문스러운 세부 묘사를 증명하기는 했지만, 폴로가 이탈리아를 떠난 뒤 그 세월 동안 중국이 아니라면 대체 어디에 있었는지는 증명하지 못했다. 그녀는 폴로가 흑해 너머를 여행한 적이 없으며, 여행기는 다른 저자들의 필사본과 가족들에게 들은 이야기를 바탕으로 썼을 것으로 추정하고 있다. 반면, 일부에서는 폴로의 여행기에 등장하는 믿을 수 없는 이야기들은 당시의 여행기 스타일에 익숙했던 로맨스 작가가 첨가한 것일 수도 있다고 주장한다. 현존하는 140종의 여행기 필사본은 폴로의 시대에 존재했던 모순을 설명하기 위해 첨삭과 해석이 들어간 자료들이 분명하다. 일부 내용에 논란이 있기는 하지만 중국의 지폐, 대운하, 몽골 군대의 체계, 황국의 우편 체계에 대해 폴로의 책에 묘사된 부분은 매우 상세하고 정확하다. 그때까지 서구에 알려지지 않았던 이런 정보들 가운데는 태양에너지를 축적한 것이거나 석탄일 것으로 추측되는 '불타는 돌'에 관한 언급이 있다. "중국 전역의 산에는 지층에 깔려 있는 돌 비슷한 것이 있다. 중국인들이 광맥에서 캐내는 이 돌은 마치 장작처럼 불타오른다. 중국에는 나무도 아주 많지만 이 돌이 더 화력이 좋고, 비용이 저렴하기 때문에 나무를 베어 장작으로 쓰지 않는다."[19] 300년 후 영국은 산에서 이 불타는 돌을 캐내 산업 혁명의 동력으로 사용하기 시작했다. 중국 학자 우드는 폴로의 책이 본인의 목격담을 기록한 것이 아닐 수도 있지만, 그래도 13세기 중국에 관한 유용하고 정확한 정보를 제공하는 "대단히 풍부한 자료"[20]라는 결론을 내렸다.

크리스토퍼 콜럼버스는 마르코 폴로의 책을 바탕으로 스페인 궁정이 아시아의 부에 확신을 갖도록 설득했다. 황금지붕을 얹은 집이 있다는 전설의 나라 지팡구에 다 왔다고 믿은 콜럼버스는 카리브 해에 도착해 금을 찾으러 섬 안쪽으로 깊숙이 들어간다. 폴로의 여행기는 또한 중국의 역사, 사회, 정치에 대한 학자들의 관심에 불을 지폈다. 무역상들의 탐욕은 또 얼마나 자극했는지 말할 필요도 없을 것이다.[21] 각국의 언어로 번역된 폴로의 여행기는 지금까지도 수백만의 관광객들을 중국으로 이끌고 있다. 서구인들에게 이국적이고 머나먼 나라였던 중국은 지금은 또 하나의 이웃일 뿐이다.

바스코 다 가마와 콜럼버스가 '그리스도교인과 향신료'를 찾아 인도에 도착하기 몇십 년 전인 1466년, 러시아 무역상 알파나시 니키틴Afanasii Nikitin은 러시아의 고대 도시 트베르Tver(현재의 칼리닌Kalinin)를 떠나 인도로 가는 여행길에 올랐다. 그는 이 여행을 '세 개의 바다를 건너는 여행'이라고 불렀다. 러시아의 공식적인 후원과 동방정교회 주교의 축복을 받은 니키틴은 볼가 강을 따라 인도에 이르고, 페르시아 무역상들의 고대 대상 무역로를 거쳐 돌아왔다. 호르무즈 항구에서 그는 인도에 가서 팔기 위해 말 한 필을 샀다. 말 한 마리라면 별 것 아닌 것으로 들리겠지만, 한 역사가의 기록을 보면 당시 순종의 아랍 종마는 한 마리만 가져도 상당한 이익을 낼 수 있는 귀한 상품이었다고 한다.[22] 니키틴이 남긴 여행 기록은 러시아 독자들에게 어렴풋이 알고만 있던 머나먼 나라에 관한 정보를 주는 최초의 기록이었다. 니키틴은 동방정교회를 신봉하는 그리스도교인이었지만, 6년간의 여행 내내 길에서 만나는 사람들은 그를 페르시아 출신의 이슬람 무역상으로 간주했다. 니키틴은 그런 식으로 여행자들의 시중을 드는 노예 소녀들이 있는, 국가가 운영하는 여행자 숙소에 머물며 별 탈 없이 여행을 했다.

마르코 폴로보다 앞선 스페인 랍비의 여행

중세 유럽의 여행은 대부분 성지 순례를 의미했다. 앞 장에서 우리는 종교적 열정에 자극받은 불교도들이 동남아시아와 인도까지 길고 위험한 여행에 나선 이야기를 했다. 십자군 전쟁 이후에는 지중해의 유대 인과 이슬람 여행자들이 알려진 세계의 경계를 상당히 확장시키는 여행을 했다.

1160년, 투델라Tudela 출신의 베냐민Benjamin이라는 스페인 랍비가 성지 순례길에 나섰다. 그의 여행은 마르코 폴로보다 1세기나 앞선 것이지만, 그는 지금까지도 유대 인 마르코 폴로라는 별칭으로 불리고 있다. 베냐민의 성지 순례는 중동과 중앙아시아 지역을 광범위하게 거쳐 간 여행이었다. 그는 예루살렘과 바그다드를 거쳐 사마르칸트에 이르는 길을 여행하며 13년을 길 위에서 보내고, 아라비아 해, 홍해, 카이로를 거쳐 1173년 스페인으로 돌아왔다. 그가 남긴 『베냐민 여행기 _Voyages of Benjamin_』에는 십자군 시대 중동 지방의 삶에 관한 생생한 기록이 담겨 있다. 여러 도시의 유대 인 공동체에 관한 그의 상세 기록은 당시 세계가 어떻게 연결되어 있었는지를 그려보는 데 소중한 자료가 되고 있다. 베냐민은 유대 인을 두 사람밖에 만나지 못했던 제노바를 높이 평가하지는 않고 있다. 상업권이 부상하고 있는 도시에 대한 그의 가치 없는 평가는 이랬다. "성벽으로 둘러싸인 이 도시에 왕은 없고 시민들이 지정한 재판관들만 있다. 모든 사람이 자기 집에 탑을 세워두고, 불화가 있을 때는 탑 꼭대기로 몰려가 서로 싸운다. 그들은 바다를 지배하고, 갤리선이라는 배를 건조하고, 그리스도교도와 이슬람교도들의 나라를 약탈하러 나선다. 시칠리아처럼 먼 그리스 땅까지 나아가 모든 궁궐에서 전리품을 가지고 제노바로 돌아온다."[23]

  페르시아의 섬 마을인 키시Kish(호르무즈 근처)에 대한 기록에서 베냐민은 그 시대의 북적거리는 상거래를 묘사하고 있다. "이곳에는 인도인 상인들이 있고, 그들이 가져온 일용품이 거래되는 중요한 시장이다. 이라크, 예멘, 이란 무역상들은 온갖 종류의 비단, 자줏빛 옷감, 아마, 면, 대마, 콩, 밀, 보리, 기장, 호밀 등 갖가지 곡물을 수입한다. 섬사람들은 인도에서 수입한 상당량의 향신료를 가지고 중개 무역을 통해 벌어들인 돈으로 살아간다. 섬에는 약 500명의 유대 인이 있다."[24]

이븐바투타의 중국과 아프리카 여행기

　세계 각지의 이슬람교도들은 오래전부터 독실한 이슬람교도의 의무를 수행하기 위해 메카로 순례 여행을 해왔다. 뿐만 아니라 이슬람은 새로운 지식을 추구하라는 또 다른 목적의 여행을 장려했다. 선지자의 언행을 적은 하디스Hadith에는 이런 인용문이 있다. "지식을 구하라, 중국에서까지도."(중국은 이슬람 외부 세계에 대한 은유다) 이슬람 문학에서 여행기Rihla는 전통적으로 독립적인 장르로 존재해왔다. 선원들과 무역상들이 들려준 이야기, 모험가들의 이야기, 상상 속의 나라와 사람들에 대한 보고서를 아우르는 수백 종의 여행기가 출판되어왔다. 전 세계 독자들의 사랑을 받고 있는 9세기의 선원 신드바드 이야기는 그간 전해오는 여행기에서 허구적인 이야기들을 모은 것이다. 역사상 최초로 자기 만족을 위해 여행을 한 사람은 아마도 모로코 탕헤르 출신의 이슬람 법률가인 이븐바투타였을 것이다.
　1325년 6월의 무더운 어느 날, 22세의 이븐바투타는 메카로 성지 순례를 떠나고, 이 여행은 당시 세계에서 가장 긴 여정이 되었다. 이슬람교도의 의무를 다하기 위해 당나귀를 타고 집을 떠나면서 그는 30년에 걸쳐 12만 킬로미터를 여행하게 될 줄은 몰랐다. 그 길은 두 발로 걷고, 나귀, 말, 낙타, 우마차, 선박 등등 14세기에 사용할 수 있는 모든 수단을 동원해 평생 동안 돌아다닐 경우에 도달할 수 있는 최장거리였다. 바투타의 여행은 아랍 어로 바라카Baraka, 즉 성지를 방문하고 신성한 은총을 얻기 위한 욕망에서 시작된 것이었다. 그러나 여행기를 보면 바투타는 음식과 이성異性을 포함한 여러 가지에 관심이 있었던 것이 분명하다.
　바투타는 탐험가는 아니었지만 세상에 대한 호기심으로 세계 최초의 여행가이자 가장 유명한 여행가가 되었다. 훗날 그는 이렇게 설명하고 있다. "내 마음은 빛나는 지성소를 순례하려는 소망과 굳은 의지로 가득했다. 그리하여 마치 새가 둥지를 떠나듯, 사랑하는 사람들의 곁을 떠나 고향에 이별을 고하기로 결심했다." 30년간의 여행 동안 그는 중앙아시아의 몽골 제국부터 중국은 물론 전 세계의 모든 이슬람 국가를 방문했다. 인도의 이슬람 통치자를 만났을 때는 그의 궁정에서 법학자로 일했고, 중국으로 가는 사절로 파견되기도 한다. 바투타가 탄 중국 정크선junk은 동인도 제도의 어느 항구에서 침몰했고, 그는 다른 배를 타고 중국에 이르게 된다.

중국의 문명에 감명을 받은 것은 분명하지만, 그의 종교적 감수성은 이슬람이 철저히 배격된 중국 문화의 일면에 상처를 입는다. 마르코 폴로와는 완전히 대조적으로 바투타는 돼지고기를 먹는 것 같은 중국의 불쾌한 풍습에 오염되느니 차라리 방 안에 머물러 있기를 택한다. 중국에서도 지식을 구하라는 선지자 무함마드의 훈계를 따르기에는 바투타는 분명 한계가 있었다. 그는 이렇게 썼다. "중국은 아름다운 나라지만 내 마음에 들지는 않았다. 이교도의 풍습이 너무도 강하여 마음이 무척 언짢았다. 숙소를 나서면 수많은 비행이 눈에 띄어 불쾌한 마음이 드는 통에 필요한 경우를 제외하고는 숙소에만 틀어박혀 있었다." 바투타가 중국에서 드물게 기쁨을 느낀 경우는 부유한 동포 사업가를 만나러 갈 때였다. "그는 약 50여 명의 백인 노예와 그와 비슷한 수의 여종을 거느리고 있다고 말했다. 그리고 내게 백인 노예와 여종 각 2명씩과 많은 진기한 선물을 주었다."[25]

바투타는 1349년 페스Fez로 돌아왔다가, 다시 유럽과 북아프리카 여행길에 오른다. 그는 '흑인들이 사는 가장 북쪽 땅'인 수단 서부 지방을 탐사했다. 그는 여기가 나일 강이라고 생각하며 니제르에 도착했다. 2,000년 전 한노가 그랬던 것처럼 바투타는 아프리카에서 엄청나게 큰 하마를 보고 경악했고, 이를 코끼리라고 생각했다. 이상하게 바투타는 모로코 술탄이 필경사를 붙여주며 여행기를 쓰라는 요청을 해올 때까지 기록을 남길 생각을 하지 않았다. 놀라울 정도로 세부적인 묘사나 탐사를 하려는 그의 열광이 보이지 않는 점 등을 이유로 그의 기록을 의심쩍어하는 사람들도 있다. 아무튼 바투타의 여행기는 20세기 초에 발견되어 유럽 언어로 번역될 때까지 방치되어 있었다. 많은 비이슬람 국가의 사회와 경제에 관한 그의 묘사들, 특히 세계에서 가장 광활한 땅을 지배했던 몽골 제국에 관한 기록은 대단히 귀한 사료로 남아 있다. 댄 모건Dan Morgan은 "중세에 동서양을 통틀어 바투타에 비견할 만한 여행 기록을 남긴 여행자는 없다. 몽골 제국을 여행한 마르코 폴로나 루브룩의 윌리엄 수사 같은 서양 여행자는 거리 면에서 바투타에 필적하지 못한다."[26]고 기술했다.

종교는 개인들이 장거리 여행을 떠나도록 영감을 불어넣었고, 이를 통해 연결은 계속 강화되었다. 유대 인 여행자 데이비드 드베스 힐렐David d'Beth Hillel도 종교적인 이유로 아라비아, 쿠르디스탄, 페르시아, 인도를 여행했고, 19세기 초반의 상호 연결성이 강화되는 과정을 담은 귀중한 기록을 남겼다. 먼 땅에 있는 잊혀진 "이스라엘의 유물과 형제들을 찾아야 한다는 조바심과 맹렬한 욕망"에 사로잡힌 힐렐은 8년간 여행을 계속하여 역사가들과 인류학자들에게 보고가 되는 풍속, 종교, 언어, 사회경제적 조건에 대한 기록을 남겼다.[27] 종교는 무역상들에게 영감을 주기도 했지만, 1453년 이슬람이 콘스탄티노플을 함락시킨 후에는 무역의 중대한 걸림돌이 되기도 했다. 오스만 제국이라는 거대한 장벽이 있는 대서양은 점점 피해 가야만 하는 길이 되었다. 베네치아, 제노바, 피렌체, 리보르노의 상인들과 자본가들은 비단과 향신료와 다이아몬드가 있는 아시아로 갈 다른 길을 찾을 준비를 한다. 이에 따라 도시 국가들은 콜럼버스, 아메리고 베스푸치Amerigo Vespucci, 존 캐벗John Cabot, 세바스티안 캐벗Sebastian Cabot 같은 선장들이 새로운 항로를 찾을 수 있도록 재원을 마련해주게 된다.

신세계로, 신세계로

새로운 땅과 항로를 개척하는 데는 종교적 동기도 한몫을 했다. 독실한 가톨릭교도였던 포르투갈의 항해 왕자 엔히크는 이슬람 세력에 맞서 싸울 원군을 요청하기 위해, 동아프리카 어딘가에 있다는 전설의 그리스도교 왕국인 프레스터 존Prester John의 왕국을 찾는 데 열성을 보였다. 엔히크는 또한 아프리카에서 조금씩 흘러나오고 있던 황금도 찾고 싶어했다.[28] 그는 최초로 해양 연구개발팀을 꾸려 대양과 해안에 관한 정보를 세심하게 수집하고 해양기술력을 혁신했다. 엔히크가 재정을 지원한 원정대는 1444년 아프리카 기니에서 최초의 인간 화물(200명의 가련한 남녀와 아이들)을 싣고 와 유럽 땅에 내려놓는다. 엔히크는 자기 지분의 노예를 인수하려고 부두에 서 있었다. 노예매매로 발생하는 이익은 그의 사유재산을 증가시킬 것이었다. 다니엘 부어스틴Daniel J. Boorstin은 아프리카에서 수입된 최초의 인간상품이 도착하면서, 장난 같은 원정대에 공적 자금을 낭비하고 있다는 비난을 받고 있던 엔히크가 어떻게 변했는지에 주목했다. 왕자에게는 이제 "전도유망한 기니 무역을 통해 이윤을 낸다."[29]는 강력한 근거가 생겼다. 엔히크의 후계자인 주앙 2세는 향신료의 나라로 가는 새로운 길을 찾아 아프리카 해안으로 원정대를 파견한 엔히크의 정책을 이어갔다.

탐욕과 공상이 원정대를 바다로 내몰고 있었다. 피렌체 출신의 천문학자이자 지리학자인 파올로 토스카넬리Paolo Toscanelli는 포르투갈 궁정에 유럽에서 계속 서쪽으로 항해해 동아시아에 이르게 되는 항로를 그린 지도를 소개했다. 그는 가장 중요한 목적지는 1세기 전에 마르코 폴로가 말했던 지팡구라며 이렇게 기록했다. "이 섬(지팡구)에는 황금과 진주와 보석이 엄청나게 풍부하다. 주민들은 황금으로 망토를 만들어 사원과 왕궁을 장식한다……. 반드시 이 섬으로의 접근을 시도해보아야 할 것이다." 토스카넬리는 이 시도를 하기에 앞서 마크로 폴로가 묘사한, 대 칸Great Khan의 지배하에 있지 않으며 중국이 금과 값비싼 목재와 온갖 향신료를 공급받는 곳이라는 7,440개의 섬을 찾아야 한다고 조언했다.[30] 포르투갈은 이미 아프리카를 돌아 인도로 가려는 시도를 한 적이 있었다. 아시아로 가는 대서양 항로는 훗날 스페인의 카스티야 군주들 차지가 된다.

아시아의 부를 쫓는 경주의 열기는 포르투갈의 항해가 바르톨로뮤 디아스Bartolomeu Dias가 1487년 희망봉을 발견한 후에 더욱 치열해졌다. 아시아로 가는 직항로를 발견하면 큰 부를 쌓을 수 있다는 희망이 경쟁을 부추겼고, 다양한 지리상의 발견이 이어졌다. 현대 실리콘밸리의 기업가들이 엔젤투자자를 찾으려는 열망으로 줄지어 나섰던 것처럼, 야심만만한 선원들과 지도 제작자들과 자본가들은 탐험의 후원자를 찾으려고 리스본과 마드리드의 궁정으로 떼지어 몰려들었다.

한 피렌체 은행가의 재정적 후원에 힘입어 주앙 2세는 페로 다 코빌랑^{Pêro da Covilhã}을 파견해 인도로 가는 북쪽 항로를 조사하게 했다. 이 항로는 아랍과 그리스 선원들이 이미 천 년 동안 이용하고 있었지만 유럽에는 그때까지 알려지지 않았다. 1489년 이슬람 무역상으로 변장한 코빌랑은 아랍의 다우선을 타고 인도양을 건너 캘리컷에 도착해, 향신료와 품질 좋은 면과 아랍산 말이 활발하게 거래되는 모습을 목격한다. 카이로로 돌아온 코빌랑은 향신료의 원산지와 동쪽 항로에 관한 상세한 보고서를 보냈다. 이 보고서를 근거로 바스코 다 가마는 희망봉을 돌아 캘리컷으로 향하는 역사적인 여행을 떠날 준비를 갖추게 된다.

다 가마가 여행을 떠나기 10년 전에 콜럼버스는 포르투갈 궁정에 탐험을 후원해줄 것을 탄원했다. 그는 프톨레마이오스, 마르코 폴로 등의 문헌을 연구하여, 유럽과 아시아는 둥글게 연결되어 있기 때문에 바다를 항해해 가면 도착할 수 있을 것이라는 확신을 가졌다. 콜럼버스는 북대서양에서 남서로 방향을 잡으면, 중국과 인도를 거쳐 황금지붕 집이 있는 나라에 도착할 수 있다고 설명했다. 그러나 1484년 포르투갈 궁정의 전문위원회는 콜럼버스의 계획은 실현 가능성이 없다고 판정했다. 포르투갈은 당시 아시아로 가는 더욱 확실한 항로로 보였던 아프리카 최남단에 접근하기 위해 애쓰고 있었다.

포르투갈을 설득하는 데 실패한 콜럼버스는 7년 동안 스페인 카스티야 궁정의 지원을 받으려 노력했지만 별 소득이 없었다. 그가 스페인을 포기하고 프랑스의 소환에 응하려는 순간, 이사벨라^{Isabella} 여왕은 콜럼버스가 타고 갈 노새까지 하사하며 산타페의 궁정으로 돌아오라고 청을 한다.[31] 이슬람 지배하의 그라나다를 함락시킨 역사적 승리를 거둔 직후였던 이사벨라 여왕은 콜럼버스에게 동양의 황금과 향신료를 확보하고, 미지의 세계에서 새로운 영혼들을 그리스도교로 개종시키라는 신성한 임무를 부여했다. 독실한 가톨릭 신자였던 콜럼버스 역시 이번 기회에 이슬람으로부터 예루살렘을 탈환하기 위해 중국의 칸과 동맹을 맺을 수 있는 것이라고 생각했다.32 더불어 콜럼버스는 왕실과의 계약(산타페 문서 the Capitulations of Santa Fe)을 통해 그토록 갈망하던 영예를 약속받았다. 계획이 성공한다면 콜럼버스는 해군 제독의 직위를 획득할 예정이었다. 또한 계약 문서에는 그가 발견한 땅의 총독 지위와 "금은보화든 무엇이든 모든 종류의 이익에서 10분의 1을 차지한다."33는 내용도 들어 있었다. 그는 중국의 칸을 포함하여 탐험에서 만날지도 모를 여러 통치자들에게 보내는 왕실의 신임장도 가지고 있었다.

 1492년 8월 3일 아침. 콜럼버스의 배 세 척이—산타 마리아 Santa María, 니냐 Niña, 핀타 Pinta—돛을 펼치고 팔로스 Palos 항을 떠나갔다. 왕실이 이번 여행에서 얻고자 했던 모든 것을 고려해보면 투자금 200만 마라베디 maravedís (카스티야의 화폐 단위 – 옮긴이)는 소박하기 짝이 없는 것이었다. 여왕의 결혼식 비용은 그보다 서른 배 이상이 들었다.34 1492년 10월 12일 이른 시각, 보름달 빛이 지평선을 비치는 가운데 핀타호에 타고 있던 후안 로드리고 베르메조 Juan Rodrigo Bermejo 라는 선원이 "육지다, 육지다!"를 외치고 한 발의 총을 발사했다. 37일간 바다를 떠돌며 아시아를 찾을 것이라는 희망이 희미해져가고 있을 때 훗날 산살바도르라고 명명될 섬을 발견한 것이다. 해안에 상륙한 콜럼버스는 무릎을 꿇고 기도를 올렸다. 벌거벗은 원주민들은 배에서 막 내린 턱수염이 더부룩한 남자를 보려고 몰려들었다. 인류가 아프리카를 떠나와 흩어진 지 5만 년, 헤어져 지낸 지 2,000세대가 지난 후에 사촌들은 다시 만났다. 그러나 이 만남은 충격적이고 피비린내 나는 재회였다. 세계를 가장 격렬하게, 가장 심층적으로 변화시킬 통합의 시작이기도 했다. 콜럼버스는 죽을 때까지 우연히 발견한 신세계가 인도였다고 믿었지만, 그의 발견으로 알려진 세계는 이제 유례없이 확장되었다. 18세기 초에 거의 100만에 가까운 스페인 사람들이 아메리카 대륙의 뉴스페인으로 이주했다. 뉴스페인은 훗날 멕시코로 불리게 된다.

필리핀 마카탄 섬에서 최후를 맞은 마젤란

6년 후, 남인도의 캘리컷 항구와 필리핀의 세부Cebu 섬에서도 콜럼버스와 아메리카 원주민의 만남과 유사한 해후가 이루어진다. 동아프리카의 말린디Malindi에서 아랍 사람들의 안내를 받은 포르투갈의 바스코 다 가마 선단은 1498년 5월 20일 인도양을 건너 캘리컷에 닻을 내렸다. 그리스와 아랍 선원들은 2,000년 동안 인도양을 부지런히 항해하였지만, 유럽 인이 인도양 직항로를 항해한 것은 다 가마가 처음이었다. 콜럼버스가 산살바도르에서 원주민을 직접 대면한 것과는 달리, 캘리컷에 도착한 다 가마는 카스티야와 제노바의 언어를 구사하는 튀니지 무역상을 만나게 된다. 그래서 그는 그리스도교인과 황금을 찾아왔다는 말을 전할 수 있었다.[35]

그로부터 백 년이 지나기 전에 포르투갈은 향신료의 독점권을 획득했다. 이 일을 두고 뉘른베르크 시의회는 이렇게 불평했다. "포르투갈 국왕은 향신료의 제왕이다. 그는 제 마음대로 가격을 책정한다……. 독일은 후추 값이 아무리 비싸도 살 수밖에 없다."[36] 향신료와 황금과 노예라는 미끼 앞에서 유럽의 그리스도교 군주들 간의 유명무실한 조화는 위협받았으며, 군주들은 새로운 항로 개척을 위한 경주에 나서게 된다. 교황은 가톨릭 군주들이 새로 발견한 땅을 통치하고, 원주민들을 개종시킬 권리를 부여했다. 1494년 포르투갈과 스페인은 토르데시야스Tordesillas 조약을 체결하여 교황이 제안한 경계선을 수용했다. 이로써 포르투갈이 점령하고 있던 카보베르데 제도Cape Verde Islands 서쪽 1,200해리로 분할경계선이 결정되고, 이 경계선의 동쪽에서 발견되는 모든 나라는 포르투갈에 속하고, 서쪽은 스페인이 점유하게 된다. 따라서 바스코 다 가마는 인도로 가는 직항로를 찾아 나섰을 때 스페인의 도전은 걱정하지 않아도 좋았다. 1년 후 이 경계선을 근거로 포르투갈은 아프리카, 동남아시아, 그리고 새로 발견한 브라질의 소유권을 획득하게 된다. 그러나 토르데시야스 조약은 지구 반대편의 발견되지 않은 땅의 권리 문제는 다루고 있지 않았다. 이 문제는 마젤란이 세계일주 여행을 완료한 후, 이베리아 반도의 두 강대국이 동남아시아의 향신료 섬을 두고 대립하게 되면서 추한 머리를 들어올리게 된다.

마젤란이 태평양에 도착하면서 유럽 인들은 오래전부터 태평양에서 인도양의 마다가스카르까지를 장악하고 있던 사람들과 대면하게 된다. 콜럼버스가 카리브 해에서 발견한 원주민 '인디언'은 순순히 노예가 되었지만, 마젤란과 원주민의 첫 만남은 치명적인 것이었다. 1521년 4월 7일 필리핀의 세부에 상륙한 마젤란의 선원들은 화려한 영접을 받았다. 그러나 곧 관계는 악화되는데, 필리핀 사람들을 그리스도교인으로 개종시키려는 마젤란의 열의와 잔인성은 격렬한 반발에 부딪혔다. 결국 그는 세계일주 항해를 마친 영웅으로서 세비야로 귀환하지 못하고, 역사적인 첫 발자국을 남긴 땅에서 마지막 숨을 거둔다. 자신의 신을 믿으라고 강요하는 이방인에게 호의적이지 않았던 주민들은 마카탄 섬의 해변에서 탐험가의 목을 베어버렸다. 마젤란의 최후로 모든 관계가 끝난 것은 아니었다. 그 후 스페인은 주민들의 저항을 무력으로 진압했고, 식민지 필리핀은 세계적인 무역 네트워크의 중요한 연결 고리가 되었다. 콜럼버스, 다 가마, 마젤란 같은 서구 '발견자들'과의 첫 만남은 그 이후 5세기에 걸친 강요된 세계 통합의 시발점이었다.

그 후 2세기 동안, 여러 원정대들이 대양을 종횡무진하며 세계 곳곳에 유럽의 존재를 알렸다. 제노바 출신의 선원인 존 캐벗은 영국 국왕의 후원을 받아 대서양을 건너 서쪽으로 항해하여 뉴펀들랜드Newfoundland에 상륙했다. 아시아로 가는 북서 항로를 찾으려 했던 캐벗의 시도는 영국과 프랑스의 해양 탐험가들이 계승하게 된다. 영국, 네덜란드, 북유럽 국가의 해양 탐험가들이 태평양으로 가는 북서 항로 탐사를 하면서 북유럽의 경계가 확장되고, 베링 해협이 발견되었다. 이곳은 바로 우리 선조들이 아시아에서 북아메리카 대륙으로 건너갈 때 다리 역할을 해준 베링기아라는 육지가 있었던 바다였다. 1577년 영국의 항해가 프랜시스 드레이크Francis Drake와 토머스 캐번디시Thomas Cavendish는 서에서 동으로 세계일주 항해를 완료했다. 새로운 땅에 근거지가 마련되자 영국 왕실과 무역상들은 무역 관련 정보를 수집하기 위해 더욱 적극적으로 탐험을 후원했다. 이로써 남아메리카 대륙의 지도가 작성되고 점령되었고, 북아메리카는 본격적으로 식민화 단계에 접어들었다.

상업적인 목적에서 시작된 탐사를 통해, 먼 옛날 프톨레마이오스가 '미지의 땅Terra incognita'이라고 표기했던 지도의 아랫부분을 포함하여 고대 지도의 빈 공간이 서서히 채워졌다. 18세기가 끝나갈 무렵에는 네덜란드의 아벨 타스만Abel Tasman, 프랑스의 루이 앙투완 드 부갱빌Louis-Antoine de Bougainville, 영국의 제임스 쿡 선장, 항해가 조지 배스George Bass와 매튜 플린더스Matthew Flinders 등이 유럽과 오스트레일리아, 뉴질랜드 간의 연결을 마무리했다. 새로 발견된 땅에는 발견자의 이름이 붙었다. 오스트레일리아는 고대 유럽의 지도에 '남쪽에 있는 미지의 땅Terra Australis Incognita'이라는 가상의 이름이 붙어 있었기 때문에 '오스트레일리아'라는 이름을 얻게 된다. 마오리Maori 족 원주민들이 아오테아로아Aotearoa라고 부르는 섬을 처음 발견한 네덜란드 인은 고국의 한 지방인 젤란트Zeeland의 지명을 따서 '새로운 젤란트Nieuw Zeeland'라는 이름을 붙였다. 태평양에서 새로 발견한 스페인 식민지였던 필리핀의 이름은 스페인 필리페 국왕의 이름에서 유래했다.

프랑스 탐험가 라페루즈Comte de La Pérouse 백작은 1786년 4월 9일 이스터Easter 섬에 상륙했다. 그는 원주민들에게 염소, 양, 돼지, 오렌지와 레몬 나무 씨앗, 옥수수, 그리고 "섬에서 잘 자랄 수 있는 온갖 향신료"를 주고 상당 시간을 머물렀다.[37] 수천 년 전 비옥한 초승달 지대에 정착한 것을 시작으로 전 세계에 퍼져 있던 인류 공동체의 베일이 서서히 벗겨져 이제 세계는 온전히 제 모습을 드러냈다. 지구상에 살 만한 땅은 대부분 드러났고, 인간은 더 많은 땅을 점령하고 이용하기 위해 새로 발견된 땅으로 몰려가고, 더 빠르고 더 큰 운송 수단을 발명해 지구를 연결한다. 많은 사람들이 조상 대대로 살아온 고향을 떠나 다른 나라에서 새 삶을 시작하는 새로운 모험의 시대가 시작된 것이다.

통치는 곧 거주민을 늘리는 것

콜럼버스가 지휘했던 대서양 횡단 노예무역 항로를 따라 지상 최대의 인구 이동이 이어졌다. 역사가들은 스페인의 아메리카 대륙 지배가 절정에 달했을 당시 43만 7천 명의 스페인 사람들과 10만 명의 포르투갈 사람들이 각각의 식민지로 이주했을 것으로 추정한다. 파나마에 막 도착한 한 아버지는 스페인에 있는 아들에게 이런 편지를 썼다. "아들아, 더 나은 삶을 원하는 사람은 고향에 머물 수 없단다." 더 나은 삶을 찾는 길은 마드리드로 가서 이민 허가를 받고, 재산을 팔아 돈을 마련하고, 세비야로 가서 4월과 8월에 떠나는 배를 타는 것이었다.38 세비야에 있는 무역관은 장래의 이민자들이 등록을 하러 가는 장소였다. 폭풍우가 휘몰아치는 대서양을 건너야 하는 위험한 항해였지만 16세기에 약 5만 6천 명이 등록을 했다.

19세기 중반에 증기선이 도입되자 대양을 횡단하는 대규모 인구 이동이 가능해졌다. 1840년대부터는 증기선이 정기적으로 운항하여, 인구 과잉인 유럽에서 자원은 풍부하지만 인구가 적은 신세계로 더욱 큰 규모의 이주가 시작된다. 케네스 포메란츠Kenneth Pomeranz와 스티븐 토픽Steven Topik은 이렇게 묘사했다. "증기력을 사용하면서 대서양과 태평양은 연못이 되고, 대륙은 작은 공국이 되었다……. 세계 슈퍼마켓은 19세기에 모양을 갖추기 시작했다."39 그 후 70년간 약 6,000만 명의 유럽 인이 고향을 떠나 해외에 정착했다. 3,700만 가량은 미국에, 그 나머지는 남아메리카 대륙으로 갔다. 미국으로의 이민은 1913년에 연간 210만을 기록하면서 정점에 달했다.40

19세기 초반 유럽에서 온 이민자들은 대부분 농부들과 장인들로, 가족 단위로 미국에 건너와 땅을 사들이고 정착한 사람들이었다. 이들의 이주 동기는 신석기 시대에 밀 경작 기술과 원시 인도유럽 어를 가지고 정착지를 찾아 온갖 곳으로 이주했던 아나톨리아 농부들과 크게 다르지 않았다. 19세기 농부들은 증기선을 타고 대서양을 횡단했다는 점이 다를 뿐이었다. 유럽의 산업화로 이민자의 구성에도 변화가 있었다. 여권은 17세기부터 영국에서 사용되었지만, 당시는 국경을 분명히 하려는 목적보다는 단순히 여행자를 보호하려는 것이었다. 1872년 영국 법을 보면 "모든 외국인은 제한 없이 영국에 입국하고 거주할 권리가 있다."[41]고 명시되어 있다.

자본주의 시대가 개막되고, 산업이 발달하고, 대규모 플랜테이션 농장이 자리를 잡으면서 노동력 수요가 급증해 노동자들의 국제적인 집단 이주가 이루어진다. 가장 많이 인용되는 사례로 아일랜드의 경우가 있다. 맨체스터의 방직 공장들은 100만여 명의 아일랜드 가톨릭 노동자들을 끌어들였다. 1844년 프리드리히 엥겔스Friedrich Engels는 매년 약 5만 이상의 아일랜드 노동자들이 영국으로 이주해서 영국 노동자들의 임금을 하락시키고 있다고 보고했다. 한편 유럽의 정치적 분쟁과 기근이 심화되자 고통받는 민중들은 더 나은 미래를 찾아 고향을 떠나게 된다. 1846~1850년에 닥친 아일랜드 기근으로 400만 명 이상의 아일랜드 사람이 미국으로 향했다.[42]

아르헨티나처럼 땅은 넓지만 인구가 희박한 국가들은 19세기 중반에 이민자들에게 땅을 무상으로 양도하고, 이주비와 주거비까지 지원했다. "국가를 통치하는 것은 인구를 늘리는 것이다."[43] 아르헨티나의 사상가 후안 바우티스타 알베르디Juan Bautista Alberdi의 이 말은 당시 아르헨티나 지배 계층의 관점을 제대로 보여준다. 브라질도 노예해방 후의 노동력 공백을 메우기 위해 이민을 장려하고, 정착민들에게 보조금을 지급하고 특혜를 부여했다.[44]

캐나다, 아르헨티나, 브라질로의 이민의 문이 열리고, 일본의 산업화가 이루어지면서 유럽 식민지에서 시작된 세계 경제의 통합은 속도가 붙었다. 수천 년 역사를 가진 인간의 이주는 이제 고속으로 진행된다.

노예, 쿨리, 나리

국경을 넘는 인구 이동에서 가장 큰 자리를 차지하는 집단은 더 나은 미래를 찾아 나섰던 유럽 인 집단이 아니라 식민지에 노동력을 공급하기 위해 강제로 이주시킨 노예 집단이었다. 1444년 포르투갈이 최초로 노예를 수송하기 시작한 후 노예무역의 규모는 더욱 확대되고 전 방향에서 진행되었다. 노예무역을 통한 강제 이주로 약 1,200만 명의 아프리카 사람이 신세계로 이주했다. 그러다 1830년대 영국의 노예무역이 폐지되자 죄수들을 보내 식민지 오스트레일리아에 거주시키는 정책은 막을 내렸다. 1865년 미국의 노예제 폐지는 새로운 범주의 이민자를 탄생시켰다. 데이비드 노스럽David Northrup이 '자유롭지 못한 노동Unfree labor'이라고 칭한 이 범주의 이민자들은 유럽 식민 제국의 한 식민 국가에서 다른 식민 국가로 이주한 사람들이었다. 이것은 새롭게 나타난 서로의 부족한 부분을 채워주려는 것이었다. 노동력 부족과 높은 임금에 허덕이던 신세계와 오스트레일리아의 농장, 플랜테이션 농장, 광산은 새로운 이민자를 물색했다. 전쟁과 기근, 빈곤에 시달리던 중국과 인도의 빈곤층은 고단한 운명에서 벗어나기 위해 이국 땅에서의 자유롭지 못한 노동에 기꺼이 동의했다(쿨리coolie : 노예해방 이후 노동력 공백을 메우기 위해 등장한 중국이나 인도의 비숙련 육체 노동자를 가리키는 말. 중국어 쿠리苦力에서 유래했다 – 옮긴이). 이런 이민은 동시대 유럽의 자유로운 이민자들처럼 더 나은 삶의 기회를 찾아 나선 것일 수도 있겠지만, 노스럽의 주장처럼 과거 노예제와 강제 노동의 연속선상에 있는 '새로운 노예제도'라고 할 수 있다.[45]

기술의 발달로 대량 수송이 가능해지고, 1869년 수에즈 운하의 개통으로 거리가 단축되면서 노동력 이동은 더욱 촉진되었다. 16세기에 이미 선박 1척당 수송 원가가 하락했고, 대형 범선이 출현하자 여행 비용은 급격하게 떨어졌다.[46]

인구 밀도가 높은 중국과 인도는 '자유롭지 못한 노동'의 핵심 공급처였다. 역사가 휴 베이커Hugh R. Baker는 중국의 전 역사에서 인구 압력은 항상 남쪽으로의 이주를 초래했다고 설명한다. 19세기 중반에는 특히 객가客家와 본지인本地人(Hakka - Punti Clan wars : 하카는 객가의 광둥식 발음. 푼티는 본지인을 말함. 1840년대 중반 이후, 독특한 방언과 관습을 가지고 장기간에 걸쳐 광동 성에서 유입된 객가와 먼저 공동체를 형성했던 한족漢族의 자손인 본지인 사이에 집단 분쟁이 끊이지 않았다 - 옮긴이)의 대립과 태평천국의 난으로 유혈 사태와 파괴가 이어지자 수많은 중국인들이 이주를 택했다. 여기에는 신세계와 오스트레일리아의 플랜테이션 농장과 광산이 제공하는 일자리가 또 다른 요인으로 작용했다. 베이커는 이렇게 쓰고 있다.

일자리와 식량을 찾아야 한다는 절대적 필요 앞에서 야만국으로 간다는 것은 문제가 아니었다. 해외에서 부를 쌓을 수 있다는 생각지도 못한 소문에 혹한 중국인 노동자들은 불운한 희생자의 고통 따위는 안중에도 없고 이윤만을 탐하는 상인들에게 팔려나갔다. 그들은 쿠바의 사탕수수 농장, 오스트레일리아와 캘리포니아의 금광, 싱가포르의 수화물 하역장, 남아프리카의 탄광, 나우루Nauru의 인산광燐酸鑛, 말레이 반도의 천연고무 생산지와 주석 광산, 미국과 캐나다의 철도 건설 현장, 인도의 가죽 염색 공장으로 갔다. 페루에서는 하인으로 일하거나 구아노guano(건조한 해안 지방 특히 페루 연안 섬에 수백 미터 높이로 쌓인 새들의 배설물 퇴적층. 주로 인산질 비료로 이용된다 - 옮긴이)를 퍼 담는 일을 했다.[47]

카리브 해로 가는 영구선

서양귀신(洋鬼子)들에게 속아 넘어간 것이든 강요를 당한 것이든, 고향을 등진 새로운 유형의 중국인 '탐험가'들을 수송하기 위한 선박이 개발되었다. 중국 노동자들을 실어 나른 이 배는 영구선靈柩船, coffin ship이라고 일컬어졌다. 배는 정원을 초과하여 승객을 실었고, 카리브 해까지 3~4개월이 걸리는 긴 여행 동안 사망자가 발생할 것을 예상하여 갑판에 8개의 관을 비치했다. 1843년 영구선을 탄 최초의 중국인 노동자그룹이 쿠바에 도착했다.[48] 30년 후 스페인 어를 하는 쿠바의 중국인들은 흑인 노예 해방이 낳은 공백을 채우기 위해 미국 남부의 목화와 사탕수수 농장으로 보내졌다. 중국인과 미국인 '중개상'들, 대농장주들과 은행가들의 네트워크가 조직되고, 더 많은 인력이 캘리포니아와 뉴욕으로 수송된 후 남부의 여러 주로 보내졌다.[49] 1842년부터 1900년까지 중국인 이민이 절정에 달한 시기에, 약 40만의 중국인이 미국과 오스트레일리아, 캐나다로 갔고, 또 다른 40만이 카리브 해와 라틴아메리카로, 150만 명이 영국령 말레이 제도, 미얀마, 필리핀, 인도네시아로 갔다.[50] 19세기부터 20세기 초반에 약 200만 명의 아시아 인이 한시계약indentured contract(인신 구속을 바탕으로 한 계약 - 옮긴이)을 맺고 해외로 이주했다(1700년대 영국에서 미국으로 대서양을 건너는 뱃삯은 당시 영국 일인당 연간 소득의 절반에 해당하는 액수였다. 하층민들은 뱃삯을 마련하려고 인신을 담보로 돈을 빌리고 대부자에게 일정 기간 종servant으로 일했다. 한시노예라는 명칭의 유래는 이주 희망자와 상인이 법원에서 계약서에 날인한 뒤 서류를 찢어서 1부를 법원에 보관하고 나머지를 각자 보관했는데, 찢은 자국indent으로 서류의 진위를 확인했기 때문에 indentured servant란 말이 생겼다 - 옮긴이).

1830년대부터 1920년대까지 약 130만의 인도인이 한시계약을 통해서 혹은 자기 자본을 가지고 인도양과 카리브 해, 아프리카, 피지와 캐나다, 미국에 있는 영국, 프랑스, 네덜란드의 식민지로 이주했다.[51]

캘리포니아와 오리건 주의 철도 건설과 기타 공사에 중국인 노동자를 수입하는 정책에 정치적으로 반대 여론이 일자 이에 부응한 미국 의회가 1882년 중국 이민 배척법Chinese Exclusion Act을 통과시키기 전까지, 미국은 모든 이민자들에게 가장 개방적인 나라였다. 1924년 국적 기원법National Origins Act이 제정되면서 중국 외의 국가에 대해서도 이민을 제한하는 추가적인 조치가 내려졌다. 유럽 이민자들에 대해서도 제1차 세계대전을 계기로 이민의 자유방임주의 시대는 막을 내리게 된다. 그때까지 너그러운 입장을 취하고 있던 정부들은 이민을 통제하고, 강제 이주에까지 규제를 강화하기 시작했다. 먼저 영국, 이탈리아, 프랑스 정부가 20세기의 표준이 되는 이민법을 제정했고, 러시아, 오스트리아, 독일이 그 뒤를 이었다. 이것은 중국 황실이 외국인의 거주를 금지했던 것보다 더욱 정교하고, 더욱 엄격한 세계화의 장벽이었다.

이민의 문이 닫히기 시작하기 전에, 과거 유럽의 식민지 여러 곳으로 이주한 인도인 이민자의 수도 상당했다. 모리셔스Mauritius는 인도계 주민이 전체 주민의 70퍼센트를 차지하며 거대 민족 집단을 이루고 있다. 인도인은 피지(48퍼센트), 수리남(36퍼센트), 트리니다드토바고(36퍼센트), 가이아나(30퍼센트) 같은 나라에서도 상당한 비율을 차지한다. 인도와 지중해 세계를 연결했던 고대의 무역로를 따라 중동의 산유국으로 이주한 인도인들도 상당수 있었고, 현재 아랍에미리트의 경우는 전체 인구의 11~15퍼센트를 차지하고 있다.[52] 20

세기에는 5,000만 명이 더 나은 삶을 찾아 러시아와 중앙아시아에서 시베리아와 만주로 이동했다.53 식민 통치가 끝나갈 무렵 인도인 이민자의 총수는 대략 250만으로, 6명 중 1명은 무역과 재정 분야에서 일했다.54

20세기 초반에 미국 이민의 문이 닫힌 데 이어 다른 국가들 특히 브라질, 아르헨티나, 오스트레일리아도 유사한 이민 제한 조치를 취했다. 이민의 문은 양차 세계대전으로 유럽에서 대규모 지각 변동이 일어난 후 다시 한번 열리게 된다.

구세계로 향하는 노동 이민

제2차 세계대전이 종결된 시점에 이민과 비자 절차가 자리를 잡았지만, 인구 이동의 방향이 역전되었을 뿐 대규모 이민은 또다시 시작된다. 유럽 인과 식민지 개척자들이 신세계로 떠났던 과거와 달리, 이제 식민지의 유색 인종들이 대단위로 식민 본국의 대도시를 향해 이주했다. 전쟁으로 황폐해진 유럽에는 노동자가 필요했고, 이런 필요를 채워준 것이 식민 정책과 전쟁과 기근에 시달리던 가난한 국가의 국민들이었다. 영제국에 속한 국가들 간에는 이동이 쉬워서 떠나려는 의지와 비용만 마련하면 그뿐이었다. 1948년 영국 국적의 엠파이어 윈드러시호Empire Windrush는 귀환하는 병사들을 태우고 자메이카를 떠나 영국으로 향했다. 당시 신문에는 런던까지의 선실 요금이 28.10파운드라는 광고가 실렸다. 전쟁이 끝나고 영국에 노동자가 필요하다는 것을 알고 있던 가난한 사람들에게 이것은 놓칠 수 없는 기회였다. 영국인들에게 끌려왔던 아프리카 노예들의 후손인 300여 명의 자메이카 사람들은 본국으로 향하는 배에 몸을 실었다.

이때 영국 땅에 유색 인종이 들어온다는 것에 대한 백인들의 적대적 반응은 향후 수십 년간의 인종 관계를 결정하게 된다. 인종 폭동과 공동체 내부의 긴장감이 존재했지만 이민의 물결을 막지는 못했다. 자메이카 인에 이어 인도인, 파키스탄 인, 방글라데시 인, 아프리카 인들과 중국인들이 뒤따라 들어왔고, 2005년 현재 영국 총인구의 8퍼센트인 580만의 이민자들이 소수 집단을 이루고 있다.

역사가들이 세계화의 1차 황금시대라고 부르는 19세기에 가장 많은 이민을 받아들였던 미국은 다시 한번 전 세계 이민자들이 가장 많이 찾는 나라가 되었다. 특히 미국에 이웃한 가난한 나라의 국민들이 미국 남부로 이주하는 경우가 많았다. 1990년부터 2005년 사이 1,500만의 이민자가 미국으로 들어왔다. 2005년의 통계를 보면 전 세계 이민자 5명 가운데 1명은 미국에 정착했다.

유럽은 늙어가고, 과거 유럽의 식민지 국가들은 인구 밀도가 높은 상황에서 유럽 대륙 역시 이민자들의 주요 목적지가 되었다. 전 세계 2억 이민자 가운데 약 5,600만이 유럽에 살고 있다. 세계 41개 국은 주민 구성에서 이민자가 차지하는 비율이 약 20퍼센트에 달한다.

역사는 순환하여 다시 출발점으로 돌아온 것 같다. 식민지 시대 이전에 세계화를 주도했던 중국과 인도는 급격한 경제 성장과 이민자의 확산으로 다시 한번 세계화의 전방에 나서고 있다. 2005년 통계로, 3,500만으로 추정되는 중국인들이 전 세계에 퍼져 살고 있고, 2,000만의 인도계 인구가 외국에 살고 있다.[55] 중국은 또 세계 제일의 관광대국으로 부상하고 있다. 지난 반세기 동안 세계 관광은 비약적으로 증가했다. 전 세계 관광객 수는 1950년의 2,500만에서 2005년에는 8억 600만으로 도약했다. 이 시기 유럽 인과 미국인 관광객의 비율은 하락하고, 아시아와 태평양 관광객 수는 가장 큰 성장률을 보였다. 2005년에는 경제 성장에 힘입은 3,100만의 중국인이 해외 여행에 나섰다. 중국의 관광 산업 전문가들과 국제 관광 산업 전문가들은 2010년까지는 최소 5,000만, 2020년에는 1억의 중국인 관광객들이 해외 여행에 나설 것으로 예측하고 있다.56 수세대에 걸쳐 관광객을 유혹하고, 마르코 폴로에게 명성을 안겨주었던 중국은 이제 자국민들이 제트 비행기를 타고 카메라로 무장한 채 전 세계를 여행하는 것으로 역할을 바꾸게 될 것이다.

또 다른 역사의 아이러니는 빈곤 상태의 아프리카를 탈출한 수천의 아프리카 인들이 유럽을 점령하기 시작했다는 점이다. 15세기 초반에 포르투갈의 항해가 엔히크는 이슬람교도들의 항구 도시인 세우타Ceuta를 정복하여 국력을 확장하는 발판으로 삼았다. 세우타에서 발견된 부와 아프리카 내륙의 자원에 대한 이야기를 들은 포르투갈은 남쪽으로 원정대를 파견하는 데 박차를 가했다. 현재 스페인령이 된 세우타는 유럽으로 들어가려는 아프리카 이민자들의 새로운 기착지가 되어 뉴스의 조명을 받고 있다. 2005년 10월 5일 먼동이 트기 전, 500명 이상의 젊은 아프리카 이민자들이 모로코와 세우타를 가르는 높이 3미터가 넘는 담장을 넘으려 돌격해 왔다. 이들 중 70명 정도가 담장을 넘는 데 성공했고, 스페인은 여행 관련 서류가 없는 이 사람들을 어디로도 돌려보낼 수가 없었다. 그 이후 유럽으로 가려는 사하라 이남 아프리카 피난민의 행렬이 파도처럼 모로코로 밀려들고 있다. 또한 수천 명의 말리 인과 세네갈 인들이 스페인으로 입국하기 위해 당장 부서질 것 같은 고깃배에 몸을 싣고 카나리아 군도에 상륙하고 있으며, 그 과정에서 수천 명의 익사자가 나오고 있다. 2006년 상반기 6개월 동안에만 약 1만 명이 카나리아 군도에 상륙하여 유럽 국가들의 경계심을 유발하였고, 세우타 당국은 철조망의 높이를 3미터 더 높일 것을 계획하고 있다.

미국으로 입국하기 위해 황량한 사막과 다양한 장벽에 도전하는 멕시코 이민의 물결이 이어지고 있는 미국-멕시코 국경에서도 비슷한 일이 벌어지고 있다. 세우타와 미국-멕시코 국경의 철조망은 6,000년에 걸쳐 현재의 세계를 형성한 원동력이 무엇이었는지를 상기시키며 오늘도 버티고 서 있다.

이민의 속도 : 세비야에서 사이공까지

베트남 전쟁이 끝나던 날, 나는 사이공에서 취재를 하고 있었다. 사이공 강의 황토색 강물은 프랑스 식민지 시대에 지어진 호텔들과 벽토를 바른 건물들과 부두와 시멘트로 만든 방파제를 지나 남중국해로 흘러가고 있었다. 사이공 강은 공산주의자들의 맹공을 앞두고 겁에 질린 군중들의 유일한 생명줄이었다. 1975년 4월 말, 미군 신문 〈성조기 *The Stars and Stripes*〉는 임박한 공산주의자들의 승리로 수백만이 살상당할 수 있다는 긴박한 경고를 내보냈다. 미군에 부역한 수천의 베트남 인들과 그 가족들, 그리고 공포에 사로잡힌 수백만의 사람들이 피난할 곳은 아무 데도 없었다. 미군은 2년 전에 철수한 상태였지만 계속 이 전쟁을 지원하고 있었다.

공항이 공격당하기 전에 거대한 미 공군 수송기들이 5만 7,300명의 미국인과 베트남 관리들과 그 가족들을 수송하는 대량 공수 작전이 실행되었다. 4월 29일, 미군 제7함대의 헬리콥터가 동원되어 하루 만에 또 다른 7,800명의 미국인과 기타 국적의 사람들이 지붕 꼭대기에서 신속하게 옮겨졌다. 폭격을 앞두고 도주하는 와중에 고아가 된 것으로 보이는 2,600명의 베트남 아기들까지 공수되었다. 승리한 공산 군대가 러시아산 T-54 탱크를 몰고 사이공으로 진격한 4월 30일, 미군 해상 수송 사령부 휘하의 함대는 베트남 항구에서 7만 3천 명을 싣고 필리핀과 괌의 미군기지로 향했다.57 나는 마젤란이 최초로 태평양을 횡단해 상륙했던 바로 그 자리에 사상 최대 규모의 이주자들이 도착했다는 우연에 강한 인상을 받았다. 그리고 세비야의 과달키비르 강가에 앉아 현대사의 한 장면을 생각하면서, 문득 내가 사이공에서 목격한 일은 바로 콜럼버스와 마젤란이 과달키비르 강을 떠날 때 시작되었다는 사실을 깨달았다. 유럽 인들이 아메리카 대륙을 식민지화하면서 시작된 세계 인구의 대규모 확산과 혼합은 지금까지 계속되고 있다. 수십만의 베트남 사람들이 프랑스 식민주의자들에 의해 캄보디아, 라오스와 다른 머나먼 프랑스 식민지로 옮겨졌고, 거의 100만의 중국인들과 수십만 명의 인도인들이 베트남으로 들어갔다. 1975년 베트남에서는 가장 최근의 단일 이민으로는 최대 규모의 이민이 이루어졌다. 백 년 동안 범선을 타고 신세계로 이주한 스페인과 포르투갈 사람 전체를 합한 수의 4분의 1에 달하는 사람들이 단 몇 주일 만에 지구를 반 바퀴 돌아 수송되었다.

드라마의 한 장면 같은 베트남 탈출은 박해와 위험을 피해 고향을 등져야 했던 역사 속의 수많은 사람들의 현대적 버전일 뿐이다. 현대전의 공세는 더 많은 탈주자들을 낳았고, 더 크고 더 빠른 수송수단이 이들을 수송하고 있다. 민간인들이 처한 위험은 정치적인 이유로 더욱 과장되기까지 한다. "최소 100만 명의 베트남 인들이 학살당할 것이다." 사이공 함락이 임박했을 때 미군 〈성조기〉는 이런 헤드라인을 내보냈다.58 베트남전 이후 폭발적으로 증가한 미디어는 고통받는 인류의 참상을 세계에 알리고, 각성을 불러온 동시에 피해당사자들에게는 외국으로 가면 기회가 있을지 모른다는 생각을 품게 해왔다. 20세기가 시작되면서 각국 정부는 정치적·인도주의적 동기에서, 또는 경제적 이유(국내 노동력 부족을 해결하려는)로 고난에 처한 사람들에게 피난처를 제공하거나 정착시키려는 의지를 보였고, 이는 새로운 망명의 시대를 예고하는 것이었다. 볼셰비키 혁명 이후 약 150만 명의 러시아 인들이 망명했고, 100만 명 이상의 아르메니아 인들이 터키의 대량 학살을 피해 유럽 각국으로 망명했다. 한국 전쟁부터 발칸 전쟁까지 20세기의 모든 분쟁으로 400만 이상의 난민이 발생했고, 이들은 망명국의 인구 통계를 변화시켜왔다. 19세기 6,000만 명의 유럽 인들이 미국과 오스트레일리아로 떠났던 이민의 황금시대 이후에 동아시아와 동북아시아에서 약 1억 인구가 미국과 오스트레일리아로 이동했다.

　많은 국가에서 이민자들은 삶의 일부로 통합되고 있다. 구자라트 출신의 인도인들은 저가低價 호텔을, 한국인들은 식료품점을, 중국인들은 식당을 주로 운영한다. 알제리, 모로코, 튀니지 인들은 과거 식민 본국이었던 프랑스에서 가족 단위의 식료품점을 운영한다. 터키 출신의 이주자들은 네덜란드에서 빵가게와 식품점을 연다. 유엔의 최근 보고서에 따르면 노동 시장이 세계화되면서 이민도 변화하고 있다. 이를테면 인디애나에 있는 한 회사의 현장 감독이 노동자들에게 새로운 생산 방법을 훈련시키기 위해 중국으로 간다. 남아프리카 요하네스버그의 어느 교사는 오스트레일리아의 시드니로 이주한다. 그는 시드니에서 다시 홍콩, 중국으로 교직을 찾아 이동한다. 마닐라에서 교육받은 간호사는 일자리를 찾아 두바이로 간다.

　긴 역사를 돌이켜보면 현재의 이민 행렬은 수천 년 전에 시작되어 계속되고 있는 여행의 아주 작은 부분에 지나지 않는다. 탐험을 위해서든 이주를 위해서든, 모험을 떠나는 근본적인 이유는 한노가 지중해를 탐사할 때나, 이븐바투타가 나귀를 타고 사하라 사막을 건넜을 때나, 세비야의 부두에서 뉴스페인을 향해 갤리선에 몸을 실었던 시절이나 변한 것이 거의 없다. 사람들은 살기에 적합하지 않은 기후나 경제적 몰락 혹은 기근, 혹은 종교적·정치적 박해를 피해 새로운 땅과 새로운 미래를 찾아 나선다. 이미 살펴본 대로, 역사에는 더 나은 삶을 찾아 나선 모험가, 탐험가, 이민자, 망명자 들이 끊임없이 등장했다. 그들의 여행, 체류, 정착 과정을 통해 세계는 더욱 가깝게 연결되어왔다. 수송 수단은 계속 더 싸고 편리해지고, 부국과 빈국의 격차는 더욱 심화되고 있는 상황에서 인간의 이주를 막을 수는 없다. 수송과 통신 기술의 발달과 더불어, 경계 너머의 것을 보고 싶어하는 인간의 호기심 또한 새로운 추동력으로 작용하고 있다. 1519년 마젤란의 원정대에 참여한 비첸차Vicenza 출신의 안토니오 피가페타Antonio Pigafetta는 원정에서 살아남아 여행기를 남겼다. 그는 최초의 세계일주 항해를 하게 될 배에 오른 동기를 이렇게 설명한다. "1519년에 나는 스페인에 있었다. 나는 책과 사람들의 이야기를 통해 바다를 여행하면 경이적인 것들을 볼 수 있다는 사실을 알았다. 나는 보고 들은 모든 이야기가 사실인지를 내 눈으로 확인하기로 결심했다."[59] 현대에는 여행 안내서인 〈론리 플래닛Lonely Planet〉과 여행사만 있으면 떠날 수 있다. 인터넷에 접속하여 피가페타가 보고 싶어했던 장소의 여행 계획을 세울 수도 있는 시대다.

6장

제국의 형성

한마디 말도 전 세계에 영향을 줄 수 있는 영국의 장관들은 여러 가지 면에서 세계 전체를 고려해야 한다.
—뉴캐슬 공작이자 영국 수상인 토머스 펠햄Thomas Pelham, 1760년

 1997년 6월 30일 월요일은 아시아에서 영제국의 해가 지는 날이었다. 보슬비가 내리기 시작하더니 곧 억수 같은 장대비가 쉼 없이 쏟아졌다. 기상대는 남중국해의 저기압이 영국의 홍콩 반환이라는 역사적인 날을 흠뻑 적셔줄 것이라고 예보했다. 나는 프랑스 라디오 방송국과의 인터뷰를 마치고 막 스튜디오를 나온 참이었다. "아닙니다. 중국 인민해방군의 탱크가 홍콩 중심부로 진입하는 일은 없을 것입니다. 중국의 검열관들이 〈파 이스턴 이코노믹 리뷰Far Eastern Economic Review〉를 장악하는 일은 없을 것으로 생각합니다." 나는 당시 그 주간지의 편집자로 일하고 있었다.

◀"플라시 전투에서 승리 후, 동인도 회사의 관리와 인도인 협력자가 만나는 모습", 프랜시스 헤이먼Francis Hayman의 『1757년 플라시 전투 승리 후의 로버트 클라이브와 미르 자파Robert Clive and Mir Jafar after the Battle of Plassey, 1757』에 나오는 삽화(1760년), 런던 국립초상화박물관.

나는 홍콩이 자유분방한 자본주의 도시에서 사회주의 중국 본토의 일부가 되는 변화는 서서히 진행될 것이라고 생각했다. 그러나 영국 통치하에서 보내는 마지막 저녁의 돌풍에 어둠이 더해졌던 것처럼, 미래를 우려하는 기운이 홍콩 전역을 불온하게 뒤덮고 있었다. 반짝이는 우산들이 숲을 이룬 홍콩 항 방파제에 서서, 나는 홍콩의 마지막 총독 크리스 패튼Chris Patten과 찰스 황태자가 낡아가는 왕실 요트 브리태니아호Britannia에 오르는 모습을 지켜봤다. 홍콩 왕실 경찰밴드의 백파이프가 '지배하라, 영국이여Rule Britannia'를 연주하기 시작하자 요트는 선창을 빠져나가 부드럽게 어둠 속으로 사라졌다. 감정을 드러내지 않은 이 출항은 156년에 걸친 홍콩 식민 통치의 종말이며, 영제국의 막이 내려졌음을 의미했다.

홍콩은 최초의 세계화 전쟁의 결과물이었다. 영국의 무역상, 인도의 아편, 중국의 차, 신세계의 은銀 고갈이라는 다양한 요인들이 결합해 홍콩의 탄생으로 이어지는 소용돌이를 만들었다. 1841년 1월 26일, 인도인 시크교도 병사들이 주로 타고 있던 영국 해군 함선이 중국 주장珠江강 하구에 있는 바위투성이 섬의 작은 어촌을 점령했다. 충격전에 패한 중국 황실은 홍콩이라고 알려진 이 섬을 영국에 양도하게 된다. 영국은 인도에서 재배한 아편을 중국의 차와 비단으로 자유롭게 교역할, 신이 내린 권리를 가지고 있다고 주장했다. 중국이 홍콩을 양도하는 결과를 낳은 1841년의 아편 전쟁은, 스페인 정복자들이 멕시코와 남아메리카를 점령한 이후에 풍부하게 유입되던 은의 생산량이 감소하면서 값이 오르자, 영국이 아편을 판매하여 은을 대체하려 한 데서 시작된 일이었다. 아편 중독자가 늘어가고, 중국 황실 금고로 유입되던 은괴의 양이 감소하자 경각심을 느낀 중국은 영국을 저지하려 했지만 실패하고 만다.

폭풍을 피하려는 어부들과 밀수업자들의 피난처로 쓰였던 26스퀘어마일의 바위투성이 쓸모없는 땅에 불과했던 홍콩은 찬란한 거대 도시로 변모했고, 성장을 거듭하는 금융과 무역 네트워크 안에서 동아시아의 핵심 허브hub 도시가 되었다. 효율적인 공항과 항구, 수많은 호텔, 전 세계 상품이 쌓여 있는 시장들, 그야말로 세계적이라 할 수 있는 음식 등으로 홍콩은 관광의 메카가 되어 지난 영제국 통치 시절 내내 수백만의 관광객을 끌어들였다. 홍콩은 『웹스터 사전』의 세계화 항목에 나온 대로 "범위 혹은 적용 면에서 전 세계로 확대되는 것"이라는 말에 그대로 부합하는 사례였다.

앞서 우리는 무역상, 선교사, 탐험가 들이 1만 2,000년 전경부터 존재했던 정착 마을들을 다시 연결하고 통합해온 과정을 살펴보았다. 더 나은 삶을 살려는 갈망, 타인의 영혼을 개종시키려는 의지, 경계 너머에 있는 것을 보고 싶은 호기심은 평화적으로든 폭력적으로든 각기 다른 국가와 민족이 접촉하게 되는 기본적인 동기였다. 전사들은 세계 통합을 앞당긴 4대 주역들 가운데 하나다. 정확히 말하자면 군사력을 통해 '제국'이라는 정치 조직을 만들어낸 사람들이다. 제국이라는 뜻의 라틴 어 임페리움imperium은 지배하다는 의미의 임페라레imperare에서 파생된 단어다. 제국의 탄생에는 지상에 신의 왕국을 건설하려는 욕망, 부를 얻으려는 탐욕, 미래의 영광, 정치적 보편주의 사상 등 여러 가지 동기가 작용했다. 역사를 보면, 아카드의 사르곤이 세운 세계 최초의 제국부터 선지자 무함마드가 창건한 이슬람 제국, 그리고 몽골 통치자 칭기즈 칸부터 스페인 정복자 프란시스코 피사로에 이르기까지 역사는 전사들로 넘쳐난다. 머나먼 나라를 침략하고, 민족과 종교와 언어가 다른 집단의 수많은 사람들을 자신들의 통치하에 두려는 이들의 욕망이 제국을 건설한 것이다.

제국은 원거리 무역로를 건설했고, 화폐와 법적 체제를 제공하여 상업을 촉진시켰다. 제국을 건설할 욕망에 사로잡힌 제왕들과 술탄들은 원거리 여행에 필요한 과학적·기술적 지식을 축적하기 위해 국경 너머로 탐사 원정대를 파견하는 데 국가 자원을 사용했다. 또한 제국은 선조들이 아프리카를 떠나온 이후 지리적으로 분산되어 있던 인류의 유전자를 뒤섞는 유전자 혼합기의 역할을 했다. 그 과정에서 미생물과 생물학적 개체의 변화를 가져오기도 했다. 제국은 단순히 지배구조를 세계적으로 확장한 것뿐 아니라 종교를 전파하고, 원거리 무역을 촉진하고, 전 세계에 수송과 통신 네트워크를 건설하고, 언어와 동식물상을 확산시켰고, 지식과 기술을 전파했다. 이번 장에서는 전사들과 제국이 누구도 상상할 수 없었던 수많은 길을 연결하는 과정을 살펴본다. 제국은 과거의 유물로 보일 수도 있지만, 제국주의라는 통치 개념은 지금도 번영을 구가하고 있다. 로마 제국의 팍스로마나Pax Romana와 별로 다를 바 없는 팍스아메리카나Pax Americana는 미국이 전 세계에 영향력을 행사하는 것에 분노를 불러일으키고 있지만, 한편으로 세계를 더없이 조밀하게 연결하고 있다. 또한 칼리프의 붕괴 이후 이슬람 형제들이 고통받고 있는 현실에 격렬히 분노하는 이슬람 극단주의자들은 "알라의 통치권을 바탕으로 한 제국"[1] 건설을 꿈꾸고 있다.

세계 제국 건설의 꿈

과거와 현재를 통틀어 제국을 건설한 사람들이 타인에게 지배력을 행사하는 행태에 정치적·철학적 정당성을 내세우지 못한 경우는 없었다. 플라톤은 언어적 관점을 이용해 인간의 우열을 정당화했다. 플라톤에게 야만인 또는 그리스 어를 사용하지 않는 바르바로스 barbaros(그리스 어를 말하지 않고 '바르바르'처럼 알아들을 수 없는 소리를 내는 사람들)는 완전한 인간이 아니었다.² 그는 야만인은 날 때부터 적敵으로 태어나고, 그들을 상대로 전쟁을 벌이는 것은 정당한 일이며, 노예로 삼거나 멸종시키는 것까지도 합당하다고 생각했다. 아리스토텔레스는 '날 때부터 적敵'이라는 개념을 더 발전시켜 야만인들은 노예로 태어난다고 단언했다(그가 지칭한 야만인은 특히 보스포러스 Bosporus 해협 동쪽에 사는 사람들을 말한다). 심지어 아리스토텔레스는 제자들에게 마케도니아의 젊은 왕 알렉산더가 야만인들을 노예로 삼은 것은 정당한 일이라고 말했다.³ 그러나 알렉산더 왕은 선한 것은 모두 그리스적인 것이며 악한 것은 야만적인 것으로, 선과 악의 차이는 인종으로 구분되는 것이 아니라 행위에서 비롯된다고 해석했다. 그는 악을 정복하고 선을 결집하여 이상적인 왕권이 실현된 호모노이아homonoia, 즉 세계 공동체 또는 한마음 한뜻으로 조화된 공동체를 건설하고자 했다. 위대한 헬레니즘 학자인 윌리엄 타른 William Tarn 경卿은 알렉산더가 "동료 의식과 일치감으로 제국민들을 하나로 묶어 조화를 이루는 자Harmonizer이자 세상의 화해자Reconciler"⁴ 이기를 원했다고 진술했다. 알렉산더는 정복자가 아니라, 플루타르크의 말처럼 "세계의 중재자이자 화해자로 신이 보낸 사람"으로 기억되기를 원했다.⁵ 호모노이아라는 세계 제국 건설의 꿈을 실현하기 위해 알렉산더 대왕의 군대는 서아시아와 소아시아로 전진했다. 페르시아 제국을 제압하고, 페르세폴리스Persepolis를 불태우고 약탈한 후에, 알렉산더는 동쪽으로 인도의 펀자브 평원까지 계속 진군했다. 이로써 지중해 세계는 최초로 인도 아대륙과 연결된다. 알렉산더는 새롭게 정복한 영토를 통치하기 위해 수천 명의 군사들과 행정관들을 남겨두고 진군을 계속했다.

티베르Tiber 강가의 작은 도시 국가에서 출발한 로마 제국은 당시 세상의 끝이라고 여겨진 지역까지 영토를 확장했다. 이들 또한 야만인에 대한 지배권을 정당화할 사유를 발달시켰다. 로마 인들은 진화한 행정 조직과 법 체계를 발달시켰고, 그들의 행위는 모두 키비타스civitas(문명civilization이라는 용어는 여기서 파생되었다), 즉 시민 공동체의 확장을 위한 것으로서 간주되었다. 앤소니 파그덴Anthony Pagden은 이렇게 쓰고 있다. "로마 인들에게 제국주의는 한 민족이 다른 민족을 억압하고 땅과 재화 등을 점령하는 정복이 아니라, 타인의 삶을 향상시키는 데 중점을 둔 자비로운 후원의 일종이었다."6 이것은 훗날 영제국이 내세운 '백인의 짐White Man's Burden'과 프랑스의 '문명화의 사명Mission civilisatrice'이라는 주장의 선구자격인 말이다. 로마의 역사가 키케로는 아프리카, 스페인, 갈리아 같은 '야만국'들도 올바른 통치를 받을 자격이 있다고 쓰고 있다. 파그덴은 이 대목을 "타 민족의 통치자에게 능력이 없다면 로마가 기꺼이 나서서 통치를 대신해주겠다.'"7는 뜻이라고 조소를 보내고 있다.

세계 제국 건설의 꿈은 대부분 권력과 영광을 향한 한 개인의 야망일 뿐이었다. 12세기에 자칭 세계 제국의 황제였던 캄보디아의 자야바르만 7세Jayavarman VII부터 16세기 일본의 군벌인 도요토미 히데요시까지, 통치자들은 자신들이 아는 세계에 한정된 세계 제국이긴 했지만 어쨌든 세계 제국 건설이라는 이상에 매혹되어왔다. 히데요시는 스스로를 "베이징 또는 인도에 있는 자신의 왕궁에서 모든 인간을 통치하게 될"8 세계 군주라고 생각했다. 그는 자신이 알고 있는 세계의 끝인 중국으로 가기 위해 두 번에 걸쳐 한국을 침략했지만 끝내 중국에 이르지는 못했다.

고대 그리스 – 로마가 정의한 '제국'의 정치적 개념은 미국 독립혁명 이후 새롭게 변화했다. '야만을 문명화시킬 의무'라는 개념은 토머스 제퍼슨Thomas Jefferson의 '자유의 제국'으로 전환되고, 1823년 먼로주의Monroe Doctrine가 채택되면서 '반식민지주의'를 표방하게 된다. 루즈벨트 대통령 시절에 먼로주의는 미국이 미국의 뒷마당인 라틴아메리카 국가에 자유롭게 개입할 수 있는 근거가 되었다. 자유의 수호자임을 공언한 미국의 임무는 제2차 세계대전 이후 소련의 군사적 팽창이라는 도전을 받게 된다. 이후 해외에서 미국의 영향력을 확장함으로써 자유를 확대한다는 개념은 더욱 집요해졌다. 1947년 트루먼 대통령은 "미국의 책무는 다리우스 1세의 페르시아, 알렉산더 대왕의 그리스, 하드리아누스의 로마, 빅토리아 시대의 영국보다 더욱 중요하다. 전체주의로부터 세계를 구원하는 유일한 길은 전 세계가 미국 시스템을 채택하는 것이고, 미국 시스템은 '세계 시스템'이 되어야만 살아남을 수 있다."[9]고 주장했다.

60년이 지난 현재까지도 트루먼의 주장은 건재하고, 소련 제국이 붕괴되었음에도 근본적인 원리는 약화되지 않았다. 미국은 세계 민주주의의 선도자라는 개념을 앞세워 제국의 속성을 획득해왔다. 세계 경제의 중심에 선 미국은 전 세계에 700여 개 이상의 군사 시설을 배치하고, 어마어마한 정치적·문화적 영향력을 행사하고 있다. 저술가인 조너선 셸Jonathan Schell은 미국을 '황제 없는 제국'이라고 부르는 편이 나을 것이라고 얘기한다. 호칭이 어떠하든 민주주의와 인권을 수호하고, 세계 평화와 자유를 지킨다는 명목하에 미국의 힘은 전 세계를 지배하고 있다. 미국이 어떤 선택을 하든 그 선택은 전 세계의 국가와 대중들에게 영향을 미친다. 또한 120개 국에서 영업 중인 맥도널드 같은 미국 브랜드가 세계 어디에나 존재하는 현실에서 비평가들은 세계화는 곧 미국화라는 말을 하게 된다.[10] 경제적 지배는 차치하고, 세계 안보를 이유로 미국 공군력은 6개 대륙에 주둔하고 있고, 170개 국에서 수천 회에 걸쳐 군사훈련을 실행하고 있다.[11] 영국의 저술가이자 노동당 정치인인 해럴드 라스키Harold Laski는 이미 1947년에 이렇게 쓰고 있다. "미국은 거인처럼 세계를 지배한다. 로마 제국의 전성기에도, 영제국이 경제적 패권을 쥐고 있던 시절에도 이렇게까지 직접적이고 깊은 영향력을 행사하지는 못했다."[12] 미국이 거인처럼 세계를 지배한다는 라스키의 표현이 지금처럼 적절해 보인 적은 없다. 그러나 세계 제국 건설의 꿈은 아주 기나긴 역사를 가진 것이고, 오래전부터 영향을 미쳐왔다.

아스텍과 잉카 인의 '제국'은 서구 제국들처럼 보편론에 입각한 것은 아니었다. 그들은 고유의 우주론과 죽은 자의 영혼을 섬기는 신앙으로 제국을 건설했다. 아스텍의 우주론은 태양신을 만족시키기 위해 끊임없이 노력할 것을 요구한다. 태양신에게 전사의 원기왕성한 피를 바치지 않으면 태양은 어둠의 세력에 대항하는 매일의 전투에서 점차 힘을 잃고 세계는 종말을 맞게 된다. 그래서 아스텍 인들은 사로잡힌 포로들을 태양신에게 희생 제물로 바쳤다.[13] 희생 제물을 찾기 위한 무자비한 추적이 계속되면서 15세기 중앙아메리카의 여러 종족이 아스텍 인들에게 정복당했고 제국이 건설된 것이다. 잉카 인들의 경우는 죽은 통치자들을 숭배했고, 숭배 의식에 소요되는 재화를 마련하는 데 상당한 규모의 땅과 미라를 유지 보존하기 위한 노동력이 필요했다. 잉카 인들은 새로운 영토를 정복하고, 정복한 땅의 부와 자원을 이용해야 했다. "새로운 농경지 수요와 왕실 미라 숭배 의식에 따른 경제적 압력으로 잉카 인들은 끔찍한 군사원정을 감행해 타완틴수유Tawantinsuyu('4개의 지방'이라는 뜻으로서,

잉카 제국의 동서남북 사방의 영토를 의미한다. 잉카 제국은 서구인들이 붙인 명칭이고, 잉카 인들은 자신들의 제국을 타완틴수유라고 불렀다 - 옮긴이)를 건설했다."14 믿기지 않을 정도로 다양한 종족이 잉카 제국의 영토로 끌려왔다. 이렇게 다양한 종족으로 구성된 혼합 제국 내부의 불화는 훗날 스페인 정복자들의 손에 제국이 몰락하는 원인이 된다.

잉카와 아스텍이 출현하기 거의 천 년 전에 대양 건너편에서는 신을 섬기는 또 다른 제국이 탄생했다. 선지자 무함마드가 건설한 이 제국은 과거의 어떤 제국과도 달랐다. 이 제국은 왕이 세운 제국이 아니라 스스로 신의 사도임을 자청하는 수백만의 신도들이 세운 신의 제국이었다. 선지자가 언덕에서 신의 말씀을 듣게 되는 숙명적인 밤이 오기 전까지, 말씀을 전파하는 사명은 여러 사람에게 분산되어 있었다. 그때는 신의 의지를 해석하는 사제들이 있었고, 그 뜻을 수행할 속세의 통치자들이 있었다. 그러나 이슬람은 중재자를 없앴고, 종교 권력과 세속 권력의 차이도 없애버렸다. 꾸란에 표현된 대로 신의 권능은 절대적이며, 신의 선지자인 무함마드의 것이었다. 꾸란은 이렇게 확언한다. "일러 가로되 백성들이여, 나는 너희 모두에게 알라의 사도니라……. 그분 외에는 어떤 신도 없다……. (그러니) 알라와 그의 사도를 믿으라." 보편주의에 대한 이런 절대적 선언을 바탕으로 선지자가 요구했던 이슬람 형제들의 공동체 움마가 탄생한다. 국가가 이미 존재하는 상태에서 세속 권력자가 개종을 하고 신앙을 전파했던 불교나 그리스도교와는 달리, 이슬람교의 경우는 국가가 없는 상태에서 아랍 부족들 간의 격렬한 투쟁이 한창일 때 이슬람 국가의 탄생을 맞았다. 선지자는 움마는 전적으로 평등해야 한다고 명하였다. "백성들이여, 하느님은 한 분이시며 그대들의 선조 또한 한 분이시다. 그대들은 모두 아담과 이브의 후손들로 이 땅에 태어났다." 이슬람교도로서 움마의 일원이 되고 난 후에는 가난한 자를 구제하고, 억압이 있을 때 서로를 위해 싸울 의무를 가진다. 이 의무에는 또한 전 인류를 움마의 일원이 되도록 하고, 이에 저항하는 '이교도'들에 대항해 싸울 것을 규정하고 있다.

우상 숭배자를 죽여라

팽창 정책이 이슬람 고유의 속성이냐 아니냐의 문제는 지금도 학자들 간에 논란이 분분하다. "너희에게 도전하는 하느님의 적들에게 맞서 싸우되, 먼저 공격하지 말라. 하느님은 공격하는 자들을 사랑하지 않으시니라." 꾸란의 일부 구절은 오직 방어를 위한 전쟁만을 암시한다. 그러나 분명히 선제공격을 암시하는 구절도 있다. "너희가 발견하는 불신자들마다 죽이고, 포로로 잡거나 포위할 것이며, 그들에 대비하여 복병하라." 632년 마지막으로 메카를 방문한 선지자는 모든 이슬람교도는 형제이며, 형제들 간의 싸움은 안 되지만 믿지 않는 자들에 대해서는 그들이 "하느님 외에 신은 없으며 무함마드는 하느님의 사도임을 증언하고, 인두세를 지불할 때까지 싸워야 한다."15고 말했다. 이런 모순된 선언을 바탕으로 중세 이슬람 학자들은 성전聖戰의 교리를 발전시켰다. 이슬람 학자인 마이클 쿡Michael Cook은 성전에 대해 "이슬람 지배를 확장할 목적의 공격적인 전쟁이라는 것이 기본 개념이지만, 그와 동시에 성전을 일으킬 수 있는 다양한 조건과 목적에는 제약이 있었다."고 설명한다. 쿡의 견해에 따르면 성전의 적용에는 모호한 부분이 있긴 하지만 그럼에도 성전은 이슬람교의 핵심적인 개념이다. "성전의 개념은 이슬람교도들이 이교도의 땅을 정복하도록 길을 열어준 도덕적 허가증이었다……. 이슬람교 내부에는 세계적인 문화를 형성하는 데 적합한 무엇인가가 분명히 존재했다."16

선지자 무함마드는 이슬람으로 개종한 부족의 재산과 가축을 약탈하는 행위를 금지했기 때문에 신도들은 아랍 부족의 땅 너머로 전진할 수밖에 없었다. 꾸란은 이교도의 재산을 빼앗는 행위를 허용했고, 원정을 나간 병사들 간에는 전리품을 재분배할 수 있다고 규정했다. 재산을 늘리는 또 다른 방법은 비신자들에게 세금을 징수하는 것이었다. 630년에 무함마드는 몸소 3만여 명의 군사를 이끌고 비잔틴 국경까지 진군했다. 아카바Aqaba 만까지 800킬로미터를 진군한 무함마드는 그곳에서 20일간 야영을 하며 그리스도교도인 아일라Aylah 족의 왕자와 평화협정을 맺었다. 그리스도교도 같은 성서의 사람들the people of the Book(이슬람의 시각에서 유대 인과 그리스도교인들은 엄밀히 말해 이교도나 신앙이 없는 자들이 아니다. 꾸란에서는 이들을 '성서의 사람들'이라고 묶어, 신의 계시를 받기는 했지만 무함마드가 최종적으로 밝힌 신의 진실을 받아들이지 않은 무리라는 뜻으로 사용했다 - 옮긴이) 또는 딤미dhimmi(이교도. 이슬람교도가 아닌 시민들 - 옮긴이)는 충성을 맹세하고 1년에 한 차례씩 조공을 바치는 대가로 움마의 보호를 받으며 신앙의 자유를 보장받았다. 이후 수세기 동안 이슬람 제국의 수입은 다른 종교와의 공존을 위한 이런 실용적인 합의를 통해 증가했다. 일부 학자들은 이슬람 제국 초기에는 알라의 이름으로 순교하여 천국에 들고자 하는 충동이 개종자들을 사로잡았을 것이라고 주장한다. "문명화된 비옥한 초승달 지대의 안락과 사치를 누리려는 갈망을 즉각적으로 만족시키기 위해 개종을 택한 사람들이 많았다."17

637년, 아랍군은 메소포타미아를 침략하여 유명한 알 카디샤al-

Qadisiyah(현재의 바그다드 근처) 전투를 승리로 이끌면서 페르시아에 이슬람을 전파했다. 그 후 이 전투는 이슬람교도들에게 이슬람의 영광을 위해 한몸 바치겠다는 생각을 계속 불어넣어 왔다. 1980년대 이란(과거의 페르시아)과의 전쟁이 연장되었을 때 사담 후세인까지도 군의 사기를 높이기 위해 알 카디샤의 승리를 언급했다.

북아프리카에서 거듭 승리를 거둔 아랍군은 폭이 좁은 지브롤터 해협을 건너 유럽에 도착한다. 유럽의 심장부를 향한 아랍군의 진군은 732년 프랑크 왕국의 샤를 마르텔이 이끄는 투르 전투에 패하면서 중단되었다. 그러나 이슬람 제국의 동진과 남진은 계속되었다. 과거 칼리프의 영토인 바그다드를 약탈했던 몽골 제국은 이슬람으로 개종한다. 오스만 제국의 영토는 지중해 동부와 중동 지방에 국한되어 있었지만, 대서양에서 태평양과 사하라 이남 아프리카의 대부분이 이슬람교의 통치하에 들어갔다. 2장에서 살펴본 대로, 이슬람 무역상들은 동남아시아 지역까지 진출하였고, 인도네시아는 세계에서 이슬람 인구가 가장 많은 국가가 되었다. 이 과정에서 이슬람은 세계를 연결하고 각지의 문화를 하나로 녹여냈다. 물론 이슬람 제국의 확장이 곧 이슬람 신자수가 증가했음을 의미하는 것은 아니었다. 이슬람은 신자에게 세금을 부과하는 것이 금지되어 있고, 제국의 수입은 비신자들에게서 충당해야 했기 때문에 현실적인 이슬람 통치자들은 개종을 장려하지 않았다. 선지자는 온 인류를 이슬람으로 개종시켜야 한다는 의무를 부과했지만, 통치자들은 비신자들이 내는 세금으로 속세 권력을 유지하는 것이 먼저였다.[18]

한편, 세계에서 가장 광범위한 땅을 통치했던 제국은 타인의 영혼을 개종하거나 자유롭게 해주겠다는 신념을 바탕으로 건설된 것이 아니었다. 종교적 의무와는 상관없이 세계를 다스리겠다는 야망을 가진 유목 민족인 몽골 족이 광활한 제국을 건설한다. 1190년 칭기즈 칸이 몽골의 유목 부족들을 통합한 것을 시작으로 1258년 그의 손자가 이슬람 영토인 바그다드를 약탈할 때까지, 몽골은 시베리아 남쪽 해안부터 서쪽으로 헝가리와 폴란드, 그리고 남중국해에서 페르시아 만까지의 광대한 지역을 정복했다. 몽골 인들은 '영원한 푸른 하늘Eternal Blue Sky'(알타이 내몽고 지역 유목 민족의 종교관인 텡그리즘 tengriism의 텡그리tengri를 말한다. 텡그리는 하늘 아버지, 천신天神 중의 천신, 끝없는 하늘을 의미한다 - 옮긴이)이라는 유일신을 믿고 있었지만 이슬람으로 개종하기 전까지는 놀라울 정도로 세속적이었다. 몽골의 영토 확장은 식량과 생활필수품을 찾아 방목지를 이동해야 하는 필요에 따른 것이었다. 예일 대학교의 역사학자 발레리 한센은 기후 조건도 한 원인이었을 것이라고 말한다. 1175년에서 1260년 사이 몽골 지역의 연간 기온이 가파르게 떨어지면서 가축을 먹일 목초지가 부족해지자 새로운 영토를 찾아 나섰다는 것이다.[19] 일부 학자들은 중앙아시아 초원 지대를 유랑하는 몽골 부족들을 통합하기 위한 전략의 하나로 인접 국가를 공격하고 약탈했다고도 설명한다.

또 다른 학자는 이렇게 기술하고 있다. "칭기즈 칸은 초원 지대의 유목민들을 통합해야만 권력을 장악할 수 있다는 점을 이해하고 있었다. 부족 간의 통합이 이루어져야만 주변의 정착 문명을 정복할 수 있었고, 또한 통합을 이루려면 약탈을 계속해야만 했다. 이 두 가지는 분리될 수 없는 것이다. 몽골 사회는 목동과 사냥꾼의 공동체였지만 약탈 사회이기도 했다."[20]

부상하는 몽골의 통치자 칭기즈 칸은 선지자 무함마드가 아랍 부족에게 명했던 것과 마찬가지로 통합된 부족 내부의 공격을 금지했고, 식량과 필수품과 유목 생활로 얻을 수 없는 사치품들은 인접한 정착 공동체를 약탈하고 합병하여 얻도록 했다. 중국이나 페르시아나 아바스 왕국처럼 방어벽이 굳건한 강력한 이웃 국가들을 약탈하려면 대규모 조직이 필요했다. 제국이 건설되어 다양한 몽골 부족들 간의 내부적인 평화가 유지되고, "집단 외부에서 부를 축적할 기회"[21]도 마련되었다. 더 많은 전리품을 약탈하고 더 많은 숙련공들을 포로로 삼을수록, 몽골 제국은 포로들에게 노동을 계속 강요하려면 더 많은 식량과 도구가 필요했다. 과거의 정복자들이 그랬던 것처럼 칭기즈 칸 역시 세계를 통치하기 위해 스스로 하늘의 '기름부음anointment'을 받아야 했다. 아르메니아의 연대기에는 칭기즈 칸이 "땅을 점령하고", 몽골의 법과 세금을 부과하여 "질서를 유지하는 것은 신의 뜻이다."라고 말했다고 쓰고 있다. 칭기즈 칸은 "저항하는 자들을 죽이고, 그들이 사는 곳을 파괴하여, 이를 듣고 보는 다른 사람들이 두려움을 느껴 반항하지 못하게 해야 한다."[22]고 덧붙였다.

아프리카의 매혹

종교적 열정은 대개 탐욕과 결합하여 제국주의적 야망의 추동력이 되었다. 아카드 제국의 사르곤 왕조에서는 광물과 목재를 차지하려던 소박한 욕망이 황금과 기타 사치품을 획득하려는 탐욕으로 진화했다. 문명화된 세계 제국을 꿈꿨던 알렉산더 대왕까지도 최상품 포도와 알로에가 생산된다는 이유로 아라비아 해의 소코트라 섬을 정복하려 했다.[23] 포르투갈과 스페인 제국은 신의 영광뿐 아니라 향신료와 황금을 가지려는 탐욕에 이끌렸다. 항해가 엔히크는 "아프리카 내륙에는 황금이 산더미처럼 쌓여 있어서 사람들이 금을 싣고 모로코로 와서 상품과 교환을 한다."는 말을 듣고, 북아프리카 해안의 이슬람 항구 도시인 세우타를 공격하고, 아프리카 내륙으로 더 많은 원정대를 파견했다.[24] 이슬람에 대항하는 십자군 전쟁과, 이교도들을 그리스도인으로 개종시켜야 할 임무 또한 결국은 이윤이 남는 비즈니스였다. 15세기 초반에 출범한 엔히크의 해군 원정대는 희망봉을 돌아 인도로 가는 바스코 다 가마의 여행으로 절정에 달했다. 이 발견으로 포르투갈은 향후 400년간 제국의 지위를 누리게 된다.

 엔히크 왕자가 대서양 원정을 시작하고 백 년도 채 지나지 않아, 포르투갈 제국은 멀리 아시아와 아메리카에서 전체 국고 수입의 4분의 3을 조달했다.[25] 기존에 라틴아메리카와 동남아시아까지 확장된 제국을 통치하고 있던 스페인 군주 필리페 2세는 포르투갈 자체에 욕심을 내게 된다. 스페인이 제국이 된 것은 콜럼버스의 우연한 신대륙 발견으로 시작된 황금과 향신료와 개종할 영혼을 찾아 나선 원정의 결과였다. 콜럼버스의 항해가 있고 1년 후, 교황은 카스티야의 군주 페르디난드와 이사벨라에게 대서양에서 새로 발견되는 모든 이교도의 땅에 대한 통치권을 보장하고, 그 땅의 사람들에게 복음을 전파할 의무를 부여했다. 교황은 그리스도교인뿐 아니라 '이교도'로 불리는 다른 신앙을 가진 사람들에게도 속세 권력을 행사할 권리가 있는 것으로 간주되었다.[26] 남아메리카 대륙에서 스페인 제국 건설에 힘쓴 에르난 코르테스Hernán Cortés나 프란시스코 피사로 같은 스페인 정복자들은 정복자로서의 명성에만 관심이 있었던 것이 아니라 신세계를 약탈할 목적이 있었다. 그들은 아메리카 대륙의 노동력을 착취하기 위해 스스로 '엥코멘데로스encomenderos(주인, 보호자)'라는 입장을 취했다.[27]

 가장 거대하고 가장 오래 지속된 제국인 영제국 역시 탐욕과 선망이 낳은 자식이었다. 콜럼버스가 믿기지 않는 어마어마한 부에 관한

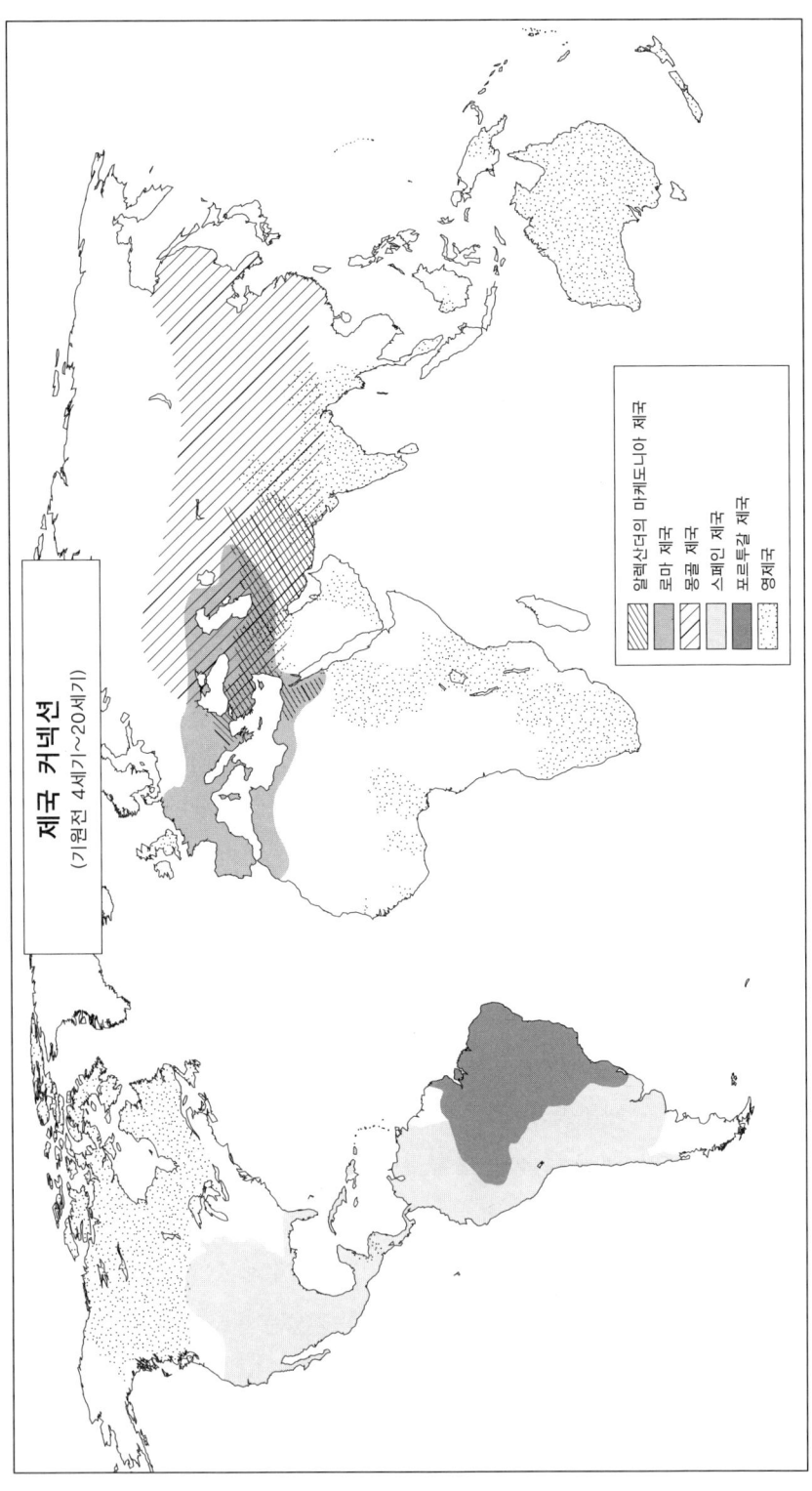

이야기를 가지고 신세계에서 귀환한 후, 영국 왕실과 선원들과 상인들은 신대륙의 금과 은을 꿈꿨다. 콜럼버스의 항해가 있고 4년 후인 1496년 3월, 헨리 7세는 카스티야 군주들의 선례를 따라 베네치아의 항해가 존 캐벗과 그의 아들의 항해를 인가했다. 헨리 7세는 캐벗에게 이런 권한을 부여했다. "사방천지의 해안과 땅을 항해할 전권을 주어…… 그들이 발견한 마을과 성, 도시, 섬 들을 모두 정복하고 점령할 수 있는 완전하고 자유로운 권력과 권위를 부여한다. 그들은 우리의 봉신封臣이요, 대리 총독으로서 우리를 대신해 새로 발견한 모든 것에 통치권과 재산권, 재판권을 획득한다."[28] 그 이후 영제국은 산업 혁명을 통해 변화했고, 정치경제적 자유주의가 확립된다. 이제 과거의 노골적인 탐욕은 고상하게 포장된 이론의 옷을 입게 된다. 1901년 영국 역사가 제임스 브라이스James Bryce는 "새로운 종류의 통일이 이루어지고 있는 것 같다."고 주장했다. 1908년 바그다드로 진격한 스탠리 모드Stanley Maude 장군은 "우리 영국군은 정복자로 여러분의 도시와 땅에 온 것이 아니라 해방자로 왔다."[29]고 선언했다. 이 선언은 2003년 3월 미국이 '이라크 자유 작전Operation Iraqi Freedom'으로 이라크를 침략하기에 앞서 백악관에서 발표한 성명과 지독하게 닮았다.

수세기 전에 모험적인 영국 무역상들이 영국 국기를 달고 버지니아와 인도의 수라트 해변에 처음 상륙한 것은 전 세계에 걸친 제국 탄생의 씨앗이었다. 500년 제국의 역사가 진행되는 동안 제국 건설의 정당성을 주장하는 영국의 논리는 먼저 다른 나라를 문명화시킬 의무(백인의 짐)에서 자유 무역을 옹호하는 상업적 논리로, 독재 국가를 해방시킨다는 논리로, 세계적인 인류 공동체를 창조한다는 논리로 진화해왔다.

선조들이 아프리카를 떠나온 이래로 그 후손들은 지구상의 거주가 가능한 모든 지역으로 흩어졌고, 점차 피부색과 체형이 변화했다. 인간은 정착 단계에 이르러 농경을 발달시키면서 서로 간의 차이를 드러내게 된다. 이후 무역상들과 선교사들의 활동을 통해 상대적으로 작은 규모의 이종교배가 이루어졌다. 그러나 제국이 출현하면서 다양한 인종과 언어와 종교적 신념을 가진 사람들이 단일한 권력의 통치 아래 연결되었다. 제국은 역사상 가장 효과적인 유전자 혼합기의 역할을 했고, 이주를 촉진했다. 이주는 자발적인 경우도 있었지만, 대개는 강제된 것이었다. 때로는 빈곤 때문에, 때로는 정권의 강제에 의해 사람들은 더 풍요로운 삶을 찾아 떠났다. 파그덴은 이렇게 설명하고 있다.

유럽에서 아메리카 대륙으로 이주한 사람들 때문에 한때 번창했던 사회가 불가피하게 파괴되고 새로운 사회가 구성되었다. 시간이 흐르면서 새로운 민족이 생겨나는 경우도 있었다. 근대 그리스와 발칸 반도의 주민들은 과거 알렉산더 대왕 시대의 주민들과는 다르다. 또한 근대 이탈리아 인과 로마 인이 다르며, 아메리카 흑인들과 그 선조인 서아프리카 인도 다르다. 스페인령 아메리카 대륙의 주민 대다수는 유럽 인도 인디언도 아니다. 이들은 '해방자' 시몬 볼리바르Simon Bolivar가 1810년에 지적한 대로 "이 땅의 합법적인 소유자와 스페인 침략자 사이에 태어난 일종의 중간종中間種들이다."30

문명이 시작된 이래 인구 이동의 역사는 이 책의 주제를 벗어나는 것이지만, 몇 가지 예만 슬쩍 봐도 제국들이 유전자 생산에 결정적인 역할을 했고, 그 결과 사회적, 경제적, 문화적 상호 연결성을 증가시켰음을 알 수 있다. 기원전 4세기 알렉산더 대왕의 제국은 더 넓은 세계에 대한 각성을 불러왔다. 수천의 그리스 인들이 고향을 떠나 정착한 땅의 여인들과 결혼했고, 알렉산더 제국의 머나먼 어느 구석에서 군인으로서, 행정관으로서 새 삶을 시작했다. 윌리엄 타른의 말에 따르면, 형제애로 가득한 세계 제국이라는 알렉산더의 비전은 '노예로 가득한 세계'[31]였다. 그리스 인이 아닌 사람들은 노예가 되었고, 때로 가난한 그리스 인들까지 노예의 신분을 면치 못했다.

로마 제국은 더 많은 인구를 통치했다. 스코틀랜드 골짜기부터 아라비아 해의 해안까지 제국의 영토는 약 500만 스퀘어마일에 달했고, 제국민의 수는 5,500만 명으로 추정된다. 제국이 성장하면서 조직도 확장되었다. 로마 제국은 영토 확장을 꾀하는 한 통치자와 그 휘하의 소규모 상비군에서 출발하여, 나중에는 제국의 모든 자유민 남성이 연고지에 관계없이 군대에 징집되었다. 제국 말기에는 정복지 출신의 황제가 나오기도 했다.[32]

몽골 인의 자손들

5세기에 걸친 통치 기간에 로마 제국이 다양한 지역의 사람들을 뒤섞어 놓았지만, 뒤에 등장하는 아랍 민족의 이슬람 제국은 또 다른 지역에 유전적 씨앗을 뿌렸다. 중동 아랍 민족의 유전적 구도는 개종한 마왈리mawalis(이슬람으로 개종한 비아랍 사람, 예속 평민) 또는 무역상들의 고객이었던 민족과의 결혼을 통해 변화했다. '아랍'이라는 단어는 원래 아라비아 반도의 베두인 유목 민족을 가리키는 명칭이었지만, 페르시아부터 스페인까지, 아랍 지배자들이 현지인들과 결혼을 하는 과정에서 점차 아랍 어를 말하고 아랍 문화를 가진 모든 사람을 의미하는 단어로 변해갔다.33 그러나 13세기에는 피정복민의 수가 토박이 베두인 족을 압도하게 되고, 베두인 족은 더는 칼리프가 요구하는 만큼의 병사를 제공할 수 없게 된다. 칼리프는 중앙아시아에서(현재의 투르크메니스탄) 노예 소년들을 수입하여 병사로 훈련시키기 시작했다. 이들은 맘루크mamluk라고 일컬어졌는데, 훗날 이슬람 제국을 지배하고 권력을 획득하기에 이른다.

어떤 제국도 몽골 제국만큼 폭력적으로 유전자 혼합을 실행한 예는 없었다. 한 역사가는 "투르크계 종족이 지구상의 3개 지역(중국, 인도, 중동)으로 분산된 것은 몽골 제국의 영향이었다."34고 한다[중국의 경우 험윤, 훈죽, 훅육, 산융, 훈, 돌궐, 위구르 족 등이 투르크계 종족으로 분류되며, 인도에서는 몽골 제국 멸망 이후 등장한 무굴(페르시아 어로 몽골을 의미) 제국이 투르크 계열의 국가로 간주된다 – 옮긴이]. "적들의 육신을 조각내기에 앞서 재산을 몰수하고, 그들이 흘리는 눈물을 보고, 그들의 아내와 딸을 취하는 데 최상의 환희를 느꼈다."35는 칭기즈 칸의 말이 종종 인용되기도 한다. 남자들과 아이들을 대량 학살하고, 수많은 여인들을 취한 칭기즈 칸과 그의 후계자들은 유전자 지도에 흔적을 남겼다. 한때 몽골 제국의 일부였던 지역에서 행해진 집단유전학 연구에서 그 흔적이 드러났다. 과학자들로 구성된 한 연구팀은 아시아 대륙의 상당 지역의 남성 DNA 가운데 8퍼센트가 칭기즈 칸의 가계에 속하는 Y염색체를 보유하고 있음을 밝혀냈다. 연구팀은 백분율을 계산하여 세계적으로는 약 1,600만 명이 이 DNA 가계에 속하는 것으로 추정했다.36

강제 이주도 한몫을 했다. 유목 민족인 몽골 족은 사냥과 목축 외에는 아는 것이 없었기 때문에 점령한 영토에서 전문 직업인들과 온갖 유형의 장인들을 포로로 삼았다. 역사가 잭 웨더포드Jack

Weatherford는 이렇게 쓰고 있다. "몽고군은 악사, 요리사, 금세공 기술자, 곡예사, 화가를 분배한 것과 마찬가지로 통역, 필경사, 의사, 점성술사, 수학자를 모아들여 분류했다. 행정 당국은 이들 지식 노동자들을 장인들, 동물들, 수송할 재화와 함께 기나긴 대상 무역로나 바닷길을 통해 여러 몽골 부족에 보냈다."[37] 쿠빌라이 칸은 페르시아의 통역과 의사를 수입했고, 약 만 명의 러시아 병사를 수입하여 현재의 베이징 북쪽에 정착하게 했다. 러시아 인들은 그곳의 영주자로 살아가며, 중국 공식 연대기에서 언급이 사라지기 전까지 거의 백 년을 머물렀다.[38]

정복과 식민

15세기와 16세기에 바다를 기반으로 한 유럽 제국들이 등장하면서 역사상 가장 멀리까지 영향을 미친 이종교배가 시작된다. 한 기록에 따르면, 16세기에 매년 30만에서 40만의 젊은이가 포르투갈을 떠나 포르투갈령 인도로 갔다고 한다. 1709년에 포르투갈 북부 지방의 인구가 심각하게 감소하자, 국왕 주앙 5세는 여행을 떠나기 전에 초보적인 여권을 발급받도록 하라는 명령을 수차례 내렸다. 그러는 사이 브라질의 황금광시대가 펼쳐졌고, 브라질에 정착한 포르투갈인의 수는 17세기 말에 연간 2천 명이던 것이 1700년에서 1720년 사이에는 연간 5천~6천 명으로 급증했다. 이렇게 포르투갈 인 정착민이 쇄도한 데다 플랜테이션 농장과 광산에 투입될 아프리카 노예 인구가 더해졌다. 1818년 브라질 인구는 약 380만 명이었고, 이 가운데 원주민 인디언의 수는 25만으로 추정된다. 이것은 브라질 인구의 93퍼센트 이상이 과거 3세기에 걸쳐 유입된 유럽과 아프리카 이

주민이었다는 의미다.[39]

몽골과 마찬가지로 스페인 정복자들도 아메리카 대륙의 원주민 남자들을 살상하고 여자들을 부인으로 삼았다. 이주자들 가운데는 여성 인구가 약간 있었다. 세비야에 보관된 일부 기록에 따르면 신세계로 떠난 사람들의 5퍼센트 미만이 여성이었던 것으로 추정된다. 식민지 인구를 근심하던 페르디난드 왕은 1514년, 간결한 한마디로 원주민과 스페인 사람 간의 결혼을 허가한다. "인디언과 스페인 사람의 결혼에 장애가 될 것은 아무것도 없다. 원하는 상대가 누구든 전적으로 자유롭게 결혼할 수 있다."[40]

스페인 사람이 아닌 유럽 인들의 스페인 식민지 이주까지 허가되었다. 16세기 말 스페인의 인구가 감소하기 시작하자 1590년 포르투갈 인, 독일인, 플랑드르 인, 이탈리아 인, 그리스 인, 영국인 등 비스페인계의 정착을 허가하는 법이 뉴스페인(현재의 멕시코)에서 통과된다. 그 결과 엄청난 수의 메스티조 mestizo가 양산되었다. 아시아의 스페인 식민지인 필리핀에서도 신세계로 인구가 유입되었다. 17세기 초반에는 매 10년마다 약 6천 명의 '동양인들'이 마닐라에서 뉴스페인으로 왔다고 한다.[41] 확실한 자료는 부족하지만, 스페인 제국의 아프리카 노예 수입 역시 라틴아메리카 대륙의 인구 통계에 영향을 준 것은 틀림없다. 1795년 페루 리마의 경우, 자유민 흑인과 노예가 도시 총인구의 45퍼센트를 차지했다. 역사가 헨리 케이먼 Henry Kamen은 "노동자와 하인으로 쓸 목적으로 아프리카 사람들을 데려왔지만, 그들은 아메리카 대륙의 사회와 경제를 광범위하게 변화시켰고, 가는 곳마다 자신들의 인종과 문화를 이식했다."[42]고 기술했다.

현재 남아메리카 인구는 일반인의 눈으로 봐도 흑인의 비율이 두

드러지는 것을 알 수 있는 반면, 유럽 이주민들의 영향은 눈에 덜 띈다. 콜롬비아에서 수행한 유전학 연구를 보면 남아메리카와 중앙아메리카 대륙의 스페인 식민지에서 유럽 인 남성 DNA의 압도적 우위가 확인되었다. Y염색체의 약 94퍼센트가 유럽에서 유래한 것으로 밝혀졌다. 반면 아메리카 원주민 mtDNA(모계 DNA)의 다양성을 확인한 현대 유전학의 아버지 제임스 왓슨은 그 이유를 이렇게 설명했다. "밀려드는 스페인 남성들은 현지 여성들을 아내로 삼았다. 아메리카 원주민의 Y염색체가 사실상 거의 존재하지 않는다는 것은 식민지에서 비극적인 대량 학살이 있었음을 의미한다. 다시 말해 정복자들은 아메리카 원주민 남성들을 살해하고, 원주민 여성들을 성적으로 '흡수했던' 것이다."43

16세기의 영국인 무역상 거주지는 영제국의 일부로 변화했고, 제국의 유산은 다양한 민족이 함께하는 현대의 세계화를 예비하는 것이었다.44 북아메리카와 카리브 해에 상륙하고, 오스트레일리아, 뉴질랜드, 캐나다의 자치령을 발달시키기까지 영제국의 새로운 영토에는 '모국' 이민자들의 물결이 정기적으로 유입되었다. 그 가운데는 본국의 죄수들과 아프리카 노예들이 다수 포함되었다. 19세기와 20세기까지, 특히 제1차 세계대전 이후에 영국은 재정 지원을 해가며 자발적 이민을 유도했다. 캐나다 이민의 경우 이주와 정착을 위해 10파운드의 보조금과 여객 운임이 보조되었다. 영국의 한 고위 관리는 이렇게 설명했다. "제국의 이민은 개인들에게 (여기서 개인은 식민지에서 삶을 향상시킬 수 있는 영국 시민들을 의미한다) 더 많은 기회를 부여하기 위한 것이었다."45 1600년대 초반부터 1950년대까지 2,000만 명이 넘는 영국인이 식민지에서 새 삶을 시작하기 위해 영국을 떠났다. 니알 퍼거슨Niall Ferguson은 "영국의 대량 이민은 세계를 변화시켰다. 이로 인해 모든 대륙이 하얗게 변했다."⁴⁶고 쓰고 있다. 제1차 세계대전이 있기 한 세기 전에 약 5,000만의 유럽 인이 이주했다. 그 가운데 대다수인 4,600만은 신세계로 갔다. 영제국 또한 아메리카 대륙을 다양화하는 데 기여했다. 1807년에서 1882년 사이, 영국 선박들은 거의 350만 명의 아프리카 인 노예를 신세계로 수송했다. 이 수치는 같은 시기 백인 이주자 숫자의 세 배에 달하는 것이다. 탈식민지 시대 이후가 되어서야 식민지 국가의 색깔은 다시 변하기 시작한다.

그러다 20세기를 향해가면서 식민 제국의 인구 유입은 역방향으로 진행되어 식민지 원주민들이 대규모로 본국의 대도시로 유입되었다. 프랑스는 서아프리카 식민지에서 과거의 노예들을 보병으로 전환시켰고, 이들 식민지 보병대는 더 많은 식민지 확장을 위한 도구로 사용되었다. 말리 지역이 바로 이런 과정을 통해 훗날 샤를르 망쟁Charles Mangin 중령의 그 유명한 '사병 저장소reservoir of men'가 된다. 망쟁은 제1차 세계대전 당시 식민지 보병대를 앞세워 독일에 대항해 싸우게 할 것을 주장했고, 그 결과 16만 명의 서아프리카 인들이 동원되었다.⁴⁷ 동원이 해제된 후 많은 병사들이 아프리카로 귀환하지 않음으로써 프랑스의 아프리카 인 이민 공동체의 핵심 집단이 형성되었다. 또한 프랑스가 마그레브Maghreb 지역의 식민지를 상실한 후에 프랑스로 이주한 북아프리카의 베르베르Berber 족은 2005년 현재 500만 명까지 증가했다. 이들은 프랑스 사회에 통합되지 못한 채 분쟁의 씨앗으로 남아 있다.

제2차 세계대전이 끝나고 윈드러시호를 시작으로 과거 식민지 주민들의 귀환이 시작된다. 계속 제국의 영토로 남아 있던 지역과 미국 같은 부유한 과거 식민지에서의 역이민은 세계 인구 이동의 가장 강력한 물결로 등장하여 튼튼한 통합의 거미줄을 엮어냈다. 마지막 영국 총독이 홍콩을 떠나기 전에는 수만 명의 홍콩 인들이 영국, 캐나다, 오스트레일리아, 미국으로 이주했다.

지난 세기 미국이 전 세계의 전쟁에 개입한 일은 전쟁 국가의 이민에 영향을 미쳤다. 베트남전으로 100만 이상의 베트남, 캄보디아, 라오스, 몽Hmong 족이 미국에 정착했다(몽 족은 베트남, 라오스 북부와 중국 위난성雲南省 산악 지대의 원주민. 미국 CIA가 북베트남과 중국 등 공산주의 세력의 남하를 막기 위해 몽 족을 이용하면서 삶의 터전을 잃었다. 1973년 미군이 베트남에서 철수한 후 10만이 넘는 몽 족이 살해되었고, 미국 난민법으로 망명이 허용된 후 위스콘신 주 최대의 아시아계 소수 민족이 되었다-옮긴이). 로마 제국이 2세기에 발칸, 중동, 북아프리카에서 군사력을 강화하기 위해 정복지의 지배 계층에 시민권을 보장했던 것처럼, 부시 행정부는 미국에 귀화한 2만 명의 외국인을 미군으로 받아들여 파병했다.[48] 전쟁에 용병을 고용하는 일은 오래전부터 있어왔지만, 현대처럼 긴밀하게 통합된 세계에서 이것은 지구적 현상이 되었다. 최근 몇 년간, 미국 국방부의 청부업자들은 이라크 주둔 미군에 복무시킬 목적으로 3만 5천 명의 외국인을 고용했다. 2005년, 네팔의 오지에 사는 한 농부 가족의 사례가 알려지면서 지구촌 전체가 죽음의 장이 될 수 있다는 인식이 불거졌다. 불과 몇 주 전까지 이라크가 어디인지도 몰랐던 농부 가족은 하루아침에 자식들이 이라크 반군의 손에 죽임을 당했다는 소식을 들었다. 지독하게 가난한 이 젊은이들은 미국의 인력 수급 대리인들의 꾐에 넘어가 요리사나 주방 보조로 일하기 위해 중동으로 간 사람들이었다.[49]

언어의 거미줄

제국의 강요로 고향을 떠나게 된 이주민들은 자신들의 언어, 음식, 복식, 관습, 문화를 가지고 새로운 땅에 정착했고, 이는 장차 상호 연결된 세계의 밑거름이 된다. 이런 면에서 제국이 야기한 유전자 확산은 역사를 쓰고 그 위에 또 쓰는 것처럼, 계속 반복되며 현재의 세계화 시대를 창조했다고 할 수 있다.

제국들은 광활한 영토에서 무역을 촉진하여 현지 언어를 살찌웠다. 예를 들면 말레이 어는 동남아시아 섬들의 전통적인 공용어lingua franca지만 세월이 흐르면서 아랍이나 인도 무역상 같은 핵심 무역상들의 표현과 어휘가 덧붙여지며 발전했다. 포르투갈과 네덜란드의 식민 통치 역시 새로운 어휘가 도입되는 계기였고, 상거래에 사용된 말레이 어는 무역상들의 표현과 어휘로 새롭게 부흥했다. 동아프리카도 마찬가지로 이슬람의 확장과 유럽 식민 통치의 영향으로 스와힐리 어에 상거래용 언어가 풍성하게 유입되었다.[50]

야심만만한 통치자들이 군사를 이끌고 행군을 시작하기 훨씬 전부터 메소포타미아와 인더스 강 유역의 사람들은 재화를 교환하기 시작했고, 기초적인 공용어를 만들어 사용했다.[51] 이를테면 코이네Koine('공통적인', '보통의'라는 의미의 그리스 어. 지중해를 중심으로 한 헬레니즘 세계의 통속 그리스 어를 가리킨다 – 옮긴이) 그리스 어는 알렉산더 대왕이 건설한 제국 전역에서 지배 계층과 무역상들의 공용어로 쓰였다.[52] 로마 제국이 라틴 어를 공용어로 채택한 후까지도 그리스 어는 공용어로 남아 있었다. 본래 티베르 강 하구에 살던 소그룹이 사용하던 라틴 어는 로마의 정치적 영향력과 함께 성장하여 이탈리아에서 유럽의 서부와 남부로, 그리고 지중해 북부 해안과 아프리카 해안 지방까지 확산되었다. 현대의 로맨스 어는 로마 제국의 영토에서 사용된 통속 라틴 어에서 발달한 것이다.[53]

반면 가장 빠르고 가장 광범위하게 확산된 언어는 아랍 어였다. 선지자 무함마드와 그의 계승자들은 이슬람을 메소포타미아, 페르시아, 북아프리카의 마그레브 국가로 전파했고, 꾸란의 언어는 그 지역에 존재했던 쿠르드 어, 베르베르 어, 아람 어, 콥트 어를 압도했다.[54] 8세기 초에 아랍 어는 제국의 공식 언어로 진화했다. 마이클 쿡은 이렇게 설명한다. "이슬람교와 아랍 어를 바탕으로 한 새로운 지배 계급의 문화가 형성되었다. 아랍 어는 중국어나 라틴 어가 그랬던 것처럼 정통 언어가 되었다. 교육받은 지배 계층이 읽을 만한 것은 무엇이든 아랍 어로 쓰여 있었다."[55] 페르시아의 경우는 아랍인들에게 정복되고 이슬람 신앙을 받아들인 후에도 문화와 언어가 살아남긴 했지만 철저히 변질되었다. 아랍 문자를 채용하고, 아랍어 어휘를 광범위하게 사용함으로써 페르시아 사람들의 언어인 파르시Farsi는 두 번째로 규모가 큰 문어文語로, 멀리 인도까지 확산되었으며 더 나중에는 오스만 제국 전역으로 확산되었다.[56] 투르크의 경우는 아랍 사람들에게 정복당한 것은 아니지만 13세기에 이슬람으로 개종함으로써 상당 부분 아랍 어휘가 도입되었고, 터키 어는 아랍 문자로 쓰여지게 된다.[57] 모든 피정복 민족들이(이란 인, 시리아 인, 그리스 인, 콥트 인, 베르베르 인, 유대 인, 그리스도교인 등) 아랍 어를 채용함으로써 제국 전역의 학문, 예술, 과학, 역사, 기술의 문호가 열린 것은 대단히 중요한 부분이다. 아리스토텔레스와 플라톤을 포함한 그리스 고전들이 아랍 어로 번역된 덕분에 세계적인 지적 유산이 보존되었다.

문자가 없었던 몽골 정복자들은 경험을 통해 변화했다. 언어가 없다는 결함이 있었지만 그 대신 몽골 제국은 다른 언어의 보급자 역할을 했다. 광대한 제국을 통치하기 위해 몽골은 현지어를 할 줄 아는 행정관과 서기가 필요했다. 잭 웨더포드의 진술은 이렇다. "적의 병사들을 처형하고 난 후에 몽골은 사무 관리들을 파견해 일반인을 직업에 따라 분류시켰다. 글을 읽고 쓸 줄 아는 사무원, 의사, 천문학자, 재판관, 예언자, 교사, 이맘, 랍비, 사제 등은 모두 포함시켰다. 몽고 인에게는 특히 상인, 낙타 몰이꾼, 여러 언어를 할 줄 아는 사람들과 장인들이 필요했다."58

포르투갈과 스페인을 필두로 나중에 네덜란드, 프랑스, 영국이 가세한 유럽의 제국들은 로마 제국의 선례를 따랐다. 이렇게 해서 오늘날 세계 인구의 거의 3분의 1이 식민지 시절에 확산된 유럽 언어를 사용하고 있다. 영어는 표준 중국어Mandarin와 힌디 어 다음으로 세계에서 가장 광범위하게 사용되는 언어다. 거의 세계 공용어가 된 영어의 사용자가 가장 많은 곳이 과거 영제국의 일부였던 나라인 것은 당연한 일이다. 1835년 2월 2일, 인도 주재 영국 최고회의 위원인 토머스 매콜리Thomas Macaulay 경은 그 유명한 인도 교육에 관한 초고에서 이렇게 주장했다. "영어는 동양의 바다 전역에서 상거래용 언어가 되었다. 또한 아프리카 남부와 오세아니아에서 부상하고 있는 두 곳의 유럽 인 공동체의 언어이기도 하다……. 지금 우리가 통치하고 있는 수백만의 사람들과 우리들 사이에서 통역의 역할을 할 수 있는 계급을 양성하기 위해 최선을 다해야 한다. 이 계급은 혈통과 피부색은 인도인이지만, 기호와 견해와 도덕과 지성 면에서는 영국인이어야 한다."59

한 달 후인 1835년 3월 7일, 인도 총독 윌리엄 벤팅크William Bentinck는 매콜리의 의견을 반영하는 지침을 내렸다. 영어 교육에 관한 이 역사적 결정은 훗날 통합된 세계에까지 중대한 영향을 미치는 결과를 가져오게 된다. 인도는 세계에서 영어 사용 인구가 가장 많은 나라가 되었고, 바로 이 점이 21세기 초반에 인도가 서비스 직종의 용역과 외국인 투자를 유치하는 데 핵심적인 흡입 요인이었다.

식민지 교육 정책의 차이가 어떤 결과를 낳았는지는 신세계의 경우를 통해 살펴볼 수 있다. 영국의 자유 교육Liberal Education 정책 덕분에 미국 독립 전쟁 당시 미국에는 9개의 대학교에서 250만 명이 대학 교육을 받을 수 있었고, 13개 주 식민지에 존 애덤스, 벤자민 프랭클린, 토머스 제퍼슨 같은 엘리트들이 있었다. 반면 스페인 식민 국가들과 브라질, 카리브 해에는 1,700만 인구가 살고 있었는데 대학은 멕시코시티와 과달라하라Guadalajara 단 두 곳밖에 없었고, 신학과 법학 교육에 치중하고 있었다.

신의 도구로서의 제국

신이 제국을 창조하게 하였다는 발상이 있었고, 제국들이 종교 전파에 특별한 역할을 수행하기는 했지만, 특별히 신학적 근거를 바탕으로 건설된 것이 아니었다.

기원전 3세기에 인도 마우리아 왕조의 아소카 황제는 역사상 최초로 종교 확산에 황제의 권력을 행사한 인물이었다. 3세기 전에 출현한 불교로 개종한 아소카 황제는 개종 전에 이미 북인도에 거대한 제국을 건설했다. 황제는 칼링가Kalinga 전투에서 승리한 후에 한 승려의 가르침에 따라 비폭력과 자비의 종교로 개종했다. 황제는 공익 광고처럼 바위에 불교도의 행동 규범을 새긴 것은 물론, 인도 아대륙 전역과 스리랑카, 미얀마, 그리스, 중앙아시아 왕국들에까지 선교사를 파견하여 종교적 정복을 시도했다.[60] 아소카의 권력과 영향력에 힘입어 선교사들은 각국의 궁정과 민중들에게 접근할 수 있었고, 많은 불교 개종자들이 생겨났다. 그 가운데 가장 성공적이었던 경우는 황제의 아들인 마힌다가 이루어낸 스리랑카 선교였다.[61] 거기서부터 불교는 동남아시아 전역으로 확산된다. 아소카 황제의 선교 사업은 다른 통치자들에 의해 계승되었고, 특히 쿠샨 왕조의 카니시카Kanishka 왕의 업적은 더욱 두드러졌다. 그의 노력으로 아프가니스탄, 박트리아, 이란 동부, 중앙아시아 왕국들은 모두 불교도가 되었고, 서기 1세기에 중국으로 불교가 전파되는 길을 열었다.[62]

로마 제국의 콘스탄티누스 황제는 그리스도교를 전파하면서 아소카 황제와 같은 역할을 했다. 수년간 그리스도교를 박해했던 콘스탄티누스는 312년 예수가 설파한 신앙에 귀의하여 종교의 운명을 극적으로 변화시켰다. 그는 이교도의 신전에 있던 자원을 아낌없이 그리스도교에 바쳤고, '제국의 무한한 후원'[63]을 약속했다. 325년 황제와 교황은 제국 전역에서 약 300명의 주교들을 소집했다. 금으로 온몸을 휘감고 황금 왕좌에 앉은 콘스탄티누스는 제1차 니케아 공의회를 주재하여 교회 제국을 출범시켰다.[64] 콘스탄티누스의 개종이 낳은 결과에 대해 한 역사가는 이렇게 개괄했다. "콘스탄티누스가 로마에 건설한 성 베드로의 새로운 교회는 황실에서 사용하던 공회당의 형태로 설계되었다. 성직자들이 보강되었고, 신도들의 기부금으로 소박하게 살던 성직자들은 갑자기 황실 관료의 일원이 되어 막강한 권력과 지위와 부를 얻었다."[65]

로마가 몰락한 후 교회는 이교도의 땅에 사제들을 파견하는 선교 정신으로 소생했다. 5세기 후반에는 위대한 프랑크 왕국의 클로비스가 그리스도교로 개종했고, 3천 명의 병사들이 그 자리에서 세례를 받았다. 그리스도교 개종의 임무는 클로비스의 후계자들이 계속 이어갔고, 800년에는 샤를르마뉴 대제가 교황에게 로마 황제의 칭호를 받기에 이른다. 샤를르마뉴는 이 칭호에 걸맞는 임무를 성실하게 수행하여 그가 정복한 모든 영토에서 즉각적인 개종을 이끌어냈다. 한 역사가는 "승리한 후에는 언제나 강요된 세례가 뒤따랐다. 수천 명의 포로들에게 저항은 곧 죽음이었다."[66]고 적고 있다. 그로부터 약 730년 후인 1532년, 스페인 정복자들은 남아메리카 원주민들을 그리스도의 이름으로 정복했다. 프란시스코 피사로가 그리스도의 영광을 수호하기 위해 2천 명의 잉카 인을 살해하고, 잉카의 황제를 포로로 삼은 것은 유명한 일이다.[67] 원주민에게 강요된 폭력적인 개종은 계속되었다. 원주민을 착취하는 행위에 반대한다는 교황의 교시가 있었지만, 스페인은 계속 원주민들의 신전을 파괴하고 그 자리에 교회를 세웠다. 경제적·군사적 힘을 바탕으로 포르투갈과 프랑스 식민 통치자들 역시 원주민 개종을 계속했다. 포르투갈은 모잠비크에서 일본까지 약 1,200만 명 정도를 개종시켰다고 주장했다.[68]

상업적 제국이었던 영제국까지 기독교 국가로서의 종교적 의무를 끌어안았다. 니알 퍼거슨은 이렇게 적고 있다. "영국이 제국의 역할을 인식한 것은 종교 개혁 이후 단시간에 형성된 것이었다. 영국은 가톨릭 제국인 스페인과 포르투갈에 맞서는 신교도의 제국을 건설할 종교적 의무가 있다고 주장하기 시작했다."[69] 영국은 인도 식민 정부 내의 최고위직과 군대에 기독교 선교사들을 배치했다. 본국의 지원으로 인도 아대륙에 있는 학교의 절반을 선교사들이 운영하게 되었다.

미국의 아시아 식민 지배는 그리 오래가지는 못했지만, 그 와중에 그리스도교 선교 활동이 있었다. 미국은 스페인에 승리하여 필리핀을 점유하면서 필리핀을 문명화하는 것은 미국의 사명이라는 논리를 내세웠다. 윌리엄 매킨리 대통령은 감리교 성직자들에게 이렇게 말했다. "필리핀 사람들을 교육하고 문명화하여 기독교인으로 만들어야 합니다. 그리스도께서 우리 이웃을 위해 돌아가셨듯이, 신의 은총으로 그들을 위해 최선을 다해야 할 것입니다."70

필리핀 정복을 시작으로 1917년까지 미국은 대서양과 태평양 전역에서 군사적으로 영토를 점령하고, 시장 개방을 강요하고(1850년대 매슈 페리Matthew Perry 제독의 일본 개항 요구) 해군기지를 건설하고 파나마 운하를 파고 있었다. 이렇듯 개종과 무역과 투자가 뒤를 이었다.

프랑스의 황제 나폴레옹 3세는 가톨릭 선교사를 박해하는 나라를 응징하겠다는 명분을 내세워 원정군을 파견해 베트남을 점령했다.71 오늘날 베트남에서 가톨릭은 소수파에 속하지만 상당한 영향력을 가지고 있고, 외국과의 조직적인 연결에 중요한 역할을 하고 있다. 현재 그리스도교 인구는 세계 인구의 3분의 1에 달하며, 가톨릭은 대다수가 과거 스페인과 포르투갈과 프랑스 식민지에 분포하고 있다.

유럽 식민 제국이 그리스도교 개종자를 찾아 나선 일은 예기치 않게 이슬람교도들의 공동체인 움마의 연대감을 강화하는 결과를 낳았다. 1869년 수에즈 운하가 개통되고, 인도, 동남아시아에서 유럽, 지중해를 연결하는 정기선이 도입되자 하지hajj의 의무를 다하기 위해 메카로 순례를 떠나는 이슬람교도들의 수가 급격히 늘었다. 20세기 초반에 인도에서 칼리프의 영토를 회복하고자 했던 이슬람 운동(파키스탄의 칼라파트 운동(1919~1924년)을 말한다. 무굴 제국이 멸망한 후 인도의 이슬람교도들은 칼리프의 지위를 유지해온 터키 국왕을 정신적 지주로 생각해왔는데, 제1차 세계대전 결과 터키 제국이 분열됨에 따라 영국에 대한 감정이 악화된 것이 한 원인으로 작용했다 - 옮긴이)은 광범위하게 확산되어 있는 이슬람교도들 간의 긴밀한 연결 관계를 상기시키는 사건이었다. 파키스탄의 한 역사가는 이 일을 자랑스럽게 적고 있다. "터키에서 수천 킬로미터 떨어져 있지만 그들은 인도에서 터키를 위해 싸울 의지가 확고했다."72

오스만 제국과 칼리프의 영토를 뜻하는 '이슬람 평화의 영역Dar-al-Islam' 그리고 '비이슬람권 전쟁의 영역Dar-al-Harb'은 갈등을 계속했다. 이집트의 사이드 쿠틉Sayyid Qutb(이집트 무슬림 형제단의 이론을 형성한 사상가, 작가. 1966년 나세르 대통령에 의해 처형되었고, 그의 저서 『이정표Milestone』는 레닌의 『무엇을 할 것인가? What is to be done?』에 비유되기도 한다. 오사마 빈 라덴이 쿠틉의 동생에게 교육을 받기도 했다 - 옮긴이)에서 사우디의 오사마 빈 라덴까지, 현대 이슬람 국가의 계승자들 가운데 많은 수가 이슬람 근본주의의 영향을 받았다. 그들은 모두 이슬람 본래의 영광과 권력을 재건할 방법을 모색하고 있다. 새로운 칼리프의 시대를 꿈꾸는 영국의 한 이슬람 단체가 스페인 열차테러를 일으킨 이유 또한 스페인의 칼리프 영토 반환을 주장하려는 것이었다. 빈 라덴은 전 세계 이슬람교도들에게 "이슬람 움마의 종교와 존재 자체를 위협하는 시온주의 십자군Zionist-Crusader에 맞서 싸울 것"73을 호소하고 있다.

제국의 법

제국들은 새로 획득한 영토에 언어, 종교, 음식, 풍습과 더불어 그들의 법 체계를 도입했다. 법을 제정하고, 국가 권력을 이용해 법을 강제하는 시스템을 최초로 체계화한 것은 로마 제국이었다. 로마의 법학자들은 그간 수집된 과거의 법과 위대한 로마 법학자들의 의견을 두 가지 근간으로 삼았다. 또한 로마법에는 법 체계의 초보적인 윤곽이 담겨 있고, 유스티아누스 황제가 제정한 새로운 법 조항이 통합되어 있었다.

15세기 후반에 로마의 왕관을 계승한 게르만 족에 의해 수정된 로마법은 유럽 전역에서 채택되었고, 로마 인과 외국인 모두에게 적용되는 국제법Law of Nations이라는 법적 범주로까지 확장된다. 파그덴은 이렇게 설명하고 있다.

'국제법' 개념은 유럽의 모든 법 사상에 지속적이고 강력한 영향을 미쳤다. 유럽의 힘이 로마 인들은 존재하는 줄도 몰랐던 세계로까지 뻗어 나가면서 이 '국제법'은 오늘날 '국제 공법公法'이라고 불리는 법의 근간이 되었다. 이 법은 현실적으로 항상 그런 것은 아니지만, 이론상으로는 모든 '국제 공동체'의 행위를 지배한다. (중략) 정복자의 권리는 전쟁에서의 승리로 결정될 뿐이다. 반면 로마 인들은 '정당한' 전쟁과 '부당한' 전쟁이라는 복잡한 이분법을 도입했는데, 이런 구분은 오늘날의 분쟁에도 여전히 적용되고 있다.[74]

떠오르는 영제국은 '세계 제국, 만국 자연법, 형제애와 인간 평등'[75]을 바탕으로 했던 로마 제국의 고상한 이념을 표방했다. 영국의 관습법과 프랑스의 나폴레옹 법전은 아프리카와 아시아의 식민지로 확산되었고, 장차 탈식민지 시대에 등장할 법 체계의 토대를 형성하게 된다.

이슬람 칼리프의 통치와 이슬람교의 확산과 동시에 도입된 샤리아(이슬람법)와 하디스(무함마드의 언행록)는 현재 전 세계 약 20억 인구의 삶을 공식·비공식적으로 지배하고 있다. 유럽에서 유래한 세속법 지지자와 샤리아 지지자들 간의 불화는 세계적인 분쟁의 주요 쟁점이 되어왔다. 본래 대규모 인구 집단을 동일한 법 체계 아래 함께 묶으려 했던 제국의 법은 오늘날 주민을 분열시키고 공동체 간의 분쟁을 낳는 위험 요소로 인식되고 있다. 2004년 나이지리아 정부는 간통죄를 범한 한 여인을 샤리아법에 근거해 사형시키려 한 일로 국제적인 규탄의 대상이 되고, 사형 선고를 철회하라는 압력을 받은 예가 있다. 샤리아를 영국 관습법으로 대체하라는 요구는 아프리카와 아시아의 많은 국가에서 계속 정치적 긴장의 원인이 되고 있다.

상호 연결된 현대 세계의 삶과 상거래를 뒷받침해주는 법 체계가 제국에 의해 발달된 것과 마찬가지로, 새로운 수송로의 발달은 제국의 외교 정책이 낳은 결과였다. 로마 제국은 도로를 건설하고, 대서양에서 아라비아까지 해적으로부터 자유로운 수송 시스템을 갖춰 무역과 통신을 획기적으로 발달시켰다. 로마가 이집트를 합병하고, 홍해의 해적을 소탕하면서 인도와 동남아시아까지의 해로도 되살아났다. 무역은 대부분 외국의 수도로 외교사절을 파견하면서 시작되었다. 기원전 25년, 인도의 왕은 바리가자(현재 수라트Surat 근처)에서 출발한 사절단을 로마로 파견했다. 이 사절은 메소포타미아까지 항해해 와서 대상들을 따라 이동하는 4년에 걸친 여행 끝에 로마에 이른 것으로 보인다. 인도 왕의 선물에는 호랑이, 꿩, 뱀, 거북이, 원숭이, 발가락으로 화살을 쏠 수 있는 팔이 없는 소년 같은 기묘한 사람과 동물이 포함되어 있었다.[76]

원래 향신료 상인이었던 선지자가 건설한 이슬람 제국은 특히 처음부터 무역에 우호적이었다. "아랍 인, 이집트 인, 페르시아 인은 이슬람 이데올로기와 공통의 규범 아래 새롭게 통일되었다. 페르시아 만과 홍해는 경쟁을 멈추고, 과거 알렉산더의 시대에 그랬던 것처럼 한 바다가 되었다."77 서역의 이슬람 제국과 이슬람 무역상에게 우호적이었던 중국 당 왕조(618~907년)의 시대에는 대륙 간 무역이 장려되어 새로운 국면이 펼쳐졌다. 다마스쿠스에서 바그다드까지 칼리프 영토에서의 수송은 중력의 중심을 동쪽으로 이동시켰다. 피터 맨스필드Peter Mansfield가 지적했듯이 바그다드는 "광활하고 끊임없이 성장하는 자유 무역 지대의 중심에 서게 되어, 대부분의 인구 집단이 활발한 상업 활동에 종사할 기회를 얻었다. 아랍의 배들은 중국, 수마트라, 인도를 항해했고, 남쪽으로 아프리카 해안을 따라 멀리 마다가스카르까지 갔다."78

유럽과 중국 간의 무역은 몽골 제국 시대에 절정에 달했다. 재닛 아부 루그호드Janet L. Abu-Lughod는 13세기에 몽골 인들이 유라시아 대륙 중앙부를 통일함으로써 천 년 만에 처음으로 유럽과 중국이 직접적으로 연결되었고, 중국과 흑해 사이의 북쪽 루트를 열었다고 쓰고 있다.79 물과 피난처가 어디 있는지도 모르는 일부 중앙아시아의 험난한 지형 지세는 실크 로드 무역의 장애물이었다. 생산품은 양모와 육류뿐이었지만, 외국 상품의 중계 무역에 힘썼던 몽골 인들은 갈 수 있는 모든 길을 개척해 무역을 장려했다. 그들은 역참을 설치하고 수송용 동물들에게 먹일 우물을 관리했다. 몽골 인들은 여권과 신용카드의 기능이 결합된 초보적인 신분증을 발행하기까지 했다. 게레게gerege 또는 파이자paiza라고 불린 이 신분증은 금이나 은으로 만든 명판의 형태로, 이것을 보유한 사람은 몽골 제국 전역을 여행하면서 당국의 보호를 받고, 편의시설을 이용할 수 있었고, 지방세나 관세를 면제받았다.80

몽골의 선물 : 바지와 현악기의 줄

몽골군이 중국과 유럽의 상업적 연결을 강화한 무역의 챔피언이며, 유럽 르네상스의 토대를 마련해주었다는 점은 아이러니한 일이다. '팍스몽골리카Pax Mongolica'는 무고한 생명들을 담보로 한 것이었지만, 세계를 상호 연결하는 데 공헌한 바도 크다. 프랑스의 한 몽골 역사가는 이렇게 기술하고 있다. "몽골이 지배하던 당대에는 오직 약탈과 재난과 공포뿐이었지만 후대는 세계 제국이 남긴 여러 가지 이점을 누렸다. 위대한 문화들의 만남이 낳은 풍요로운 결실은 이후 몇 세기 동안 유럽에서 기대하지 않았던 추동력으로 작용했고, 광범위한 변화를 가져오는 데 가장 필수적인 요소였다."[81] 몽골 무역상들은 페르시아에 중국 도자기를 소개했고, 페르시아에서 코발트 염료를 수입하여 중국의 유명한 청화백자를 발달시켰다. 중국인들은 코발트로 만든 청색을 회회청回回靑 또는 이슬람 블루라고 불렀다. 초원 지대 부족들이 사용하던 활로 타는 악기부터 바지와 새로운 음식까지 유럽 인의 삶은 몽골의 영향으로 전면적인 변화를 맞았다. 유럽 인들은 심지어 몽골 인들이 용기를 북돋으며 격려할 때 사용하는 감탄사인 '후레이hurray!'를 그대로 차용해 쓰기도 했다.[82]

몽골 제국이 멸망하고, 인도양 무역이 이슬람의 오스만 제국의 손에 넘어간 후 유럽 인들에게 대서양 항해는 더는 피할 수 없는 길이 되었다. 앞서 살펴본 대로 포르투갈의 항해 왕자 엔히크는 새로운 선박과 해로를 개척하는 데 전력을 다했다. 그는 사그레스Sagres에 있는 기지에서 안전한 원거리 여행을 가능하게 할 기술을 개발하는 일을 독려했다. 엔히크는 4개의 돛대가 있는 가볍고 튼튼한 배를 설계했고, 해도海圖와 지도를 작성했다. 이를 바탕으로 바스코 다 가마는 희망봉을 돌아 1498년에 인도에 도달할 수 있었고, 아시아에 유럽 제국주의의 시대를 열게 된다.

제국 건설에는 타 민족을 정복할 군대만 필요한 것이 아니라, 거리를 정복할 수단도 필요했다. 로마 제국이 건설한 도로나, 몽골 제국이 개척한 말과 낙타로 여행할 수 있는 길, 잉카 제국이 주민과 자원을 관리하기 위해 건설했던 통로들은 모두 미래의 침략과 세계 무역의 기반이 되었다.

콜럼버스가 사용한 배 세 척 가운데 두 척은 엔히크 왕자가 사그레스에서 설계한 것과 유사한 카라벨선caravel이었다. 범선 조선술은 각국으로 확산되었고, 1514년 영국의 헨리 8세는 양쪽 갑판에 대포를 탑재할 수 있는 범선을 건조했다. 해적의 출몰이 빈번하던 시절에 양쪽 갑판을 포함砲艦으로 무장한 배를 사용하게 된 영국 함대는 유리한 고지에 서게 된다.[83]

산업 혁명과 증기력의 등장으로 원양 정기선과 철도는 전시에는 물자 수송을 위해 동원되고, 평시에는 상업용으로 사용되었다. 1853년 영국이 인도에 건설한 최초의 철도는 봄베이와 주변 34킬로미터를 연결하는 것이었다. 이후 인도 철도는 농산물과 광물을 항구로 실어 나르고, 더 많은 영국 공산품들이 인도 아대륙으로 침투해 들어갈 수 있도록 3만 8,000킬로미터가 넘는 튼튼한 네트워크로 확장되었다.[84]

제국들은 무역로를 건설하고 상업 활동을 지원하는 안전한 수송망 구축에 기여한 것뿐만 아니라, 거래의 윤활유 다시 말해 먼 나라의 당국과 대중들이 인정하는 통화를 만들었다. 알렉산더 대왕이 국제적인 경화硬貨를 만들기 시작했고, 이집트의 페니키아 인들이 또 다른 통화를 발행하여 기원전 3세기의 지중해 세계는 두 개의 통화권으로 나뉘었다.85 로마와 비잔틴 제국의 금은 주화들은 피렌체, 베네치아, 제노바 같은 이탈리아 도시 국가들이 고유의 주화를 주조하기 전까지 오랜 세월 동안 국제 무역의 법정 화폐 역할을 했다. 오스만 제국이 발행한 통화는 레반트 지역의 무역을 장악했지만 이탈리아 도시 국가들이 발행한 주화보다는 영향력이 떨어졌다.

세계 무역은 16세기에 포르투갈과 스페인 제국이 남아메리카 대륙에서 채굴한 막대한 양의 은괴를 시장에 유입시키면서 전례가 없는 수준에 도달했다. 17세기 전반 50년 동안 스페인 주화는 동남아시아에서 실제적인 국제 통화가 되었다. 한 필리핀 관리는 "중국 황제가 페루에서 흘러들어온 은괴로 궁궐을 지을 수도 있을 것"86이라고 평할 정도였다.

스페인은 또한 귀금속을 대체하기 위해 기한 내에 즉각적인 지불을 약속하는 차용증서의 사용을 장려했다. 스페인 정부는 나날이 증가하는 군사 비용 때문에 재정적 어려움을 겪고 있었다. 스페인은 군대와 자본가들과 후원자들에게 일종의 '신용장'을 발행하여 제국을 유지했다. 무역이 확대되면서 스페인, 영국, 네덜란드 제국은 어마어마한 세계 상품의 백화점이 되었다.87

중국의 화약, 페르시아의 공학

타 민족을 정복하기 위해 먼 거리를 여행하고, 광활한 공간을 통제해야 했던 제국들은 기술을 전달하고 융합하는 매개체 역할을 했다. 무장한 유목 부족의 지도자였던 칭기즈 칸은 다른 어떤 황제보다 타 지역의 기술력을 확보할 필요가 있었다. 그는 화약을 사용하는 중국의 전쟁 기술을 배운 다른 유목 부족민 가운데 기술자들을 선발했다. 화약은 당시 저장과 수송과 사용 면에서 가장 앞선 기술이었다.[88] 칭기즈 칸이 이 기술 인력을 이끌고 서쪽으로 진군하자 중국과 이란 양측 모두의 기술과 공학이 자극을 받았고, 여기서 대포가 개발된 것이 거의 확실하다.[89] 중국의 화약과 철 제련 기술이 페르시아와 아랍의 공학 기술과 결합되어 더욱 정교해진 무기를 사용해 몽골 제국은 강력한 송宋 왕조를 멸망시켰다. 기술사학자 아널드 페이시Arnold Pacey는 몽골 제국이 사용한 포위 공격의 도구는 아랍에서 설계되고 중국의 화약을 장착한 것으로 탄환과 폭탄을 더 멀리 발사할 수 있는 것이었다고 한다.[90] 13세기 몽골이 송을 멸망시키고 얼마 후, 유럽의 전쟁에도 동일한 기술 혁명이 일어났다. 알프레드 크로스비Alfred W. Crosby는 "유럽은 사랑하는 연인의 꽃다발이라도 되는 것처럼 화약을 가슴에 안았다."[91]고 쓰고 있다. 화기火器는 영국의 노르만 정복과 스페인 가톨릭이 무어 인을 상대로 벌인 전쟁에도 사용되었다.[92] 마침내 갑판에 대포를 탑재한 배 덕분에 유럽 인들은 아시아와 신세계에서 영향력을 확장하는 데 결정적인 우위를 차지하게 된다.

탱크와 항공기가 말을 대체한 20세기에도 영국과 독일의 군사 기획자들은 몽골 제국의 전략을 연구했다. 제2차 세계대전 동안 기계화된 전쟁의 탁월한 지휘관이었던 에르빈 롬멜Erwin Rommel과 조지 패튼George S. Patton은 몽골의 전술을 열심히 공부한 학생들이었다.[93]

제국은 관료화된 군사력을 이용해 법률을 공표하고 강제하는 한편 새로운 작물과 동물을 받아들였다. 인류는 오랜 세월 가축을 끌어 모으고 거래해왔지만 그 규모는 작았고, 낙농이나 농업 발달에 미친 영향은 제한적이었다. 그러나 제국의 정복과 행정력이 확대되면서 크로스비가 지칭한 대로 '생태 제국주의Ecological Imperialism'라고 할 만한 생물학적 통합이 이루어졌다. 제국의 확장은 생물학적 지식의 지평을 확대했다. 기원전 327년 알렉산더 대왕의 인도 침략에 동행했던 그리스 역사학자 아리스토볼루스Aristobolus는 쌀이 무엇인지를 배운 최초의 서구인이었을 것이다. "모판에 씨를 뿌리고, 물에 잠겨 있는 이상한 식물…… 이삭이 많이 달려 있고, 대량으로 산출된다."[94] 쌀은 이렇게 초기에 발견되었지만 르네상스 이후에야 유럽의 저녁식탁에 오르게 된다.[95]

송나라의 진종眞宗 황제(재위 998~1022년)는 현재의 베트남 중부에 속하는 참파Champa에 가뭄에 강하고 성장이 빠른 벼 품종이 있다는 말을 듣고 사절을 보내 씨앗을 들여왔다. 벼 품종의 다양화는 식량 공급에 두드러진 영향을 미쳤고, 급격한 인구 증가로 이어졌다. 역사가 제리 벤틀리는 중국의 인구가 서기 1000년에 6,000만에서, 1100년에는 1억, 1200년에는 1억 1,500만으로 두 세기 만에 두 배로 증가했다고 진술했다.[96]

이슬람 제국도 전 세계에 농산물의 씨앗을 뿌렸다. 아랍 제국의 동부 지역은 식물, 의학, 약리학적 지식이 도입되는 관문이었다. 역사가 앤드루 왓슨이 설명한 바와 같이, 이슬람 통치자들의 후원 아래 면화, 사탕수수, 쌀, 경질밀hard wheat, 수수, 감귤류, 코코넛, 바나나, 아티초크, 시금치, 가지 같은 무수히 많은 작물들이 스페인과 모로코 전역과 인도의 동쪽 끝까지 확산되었다. 왓슨은 이렇게 적고 있다. "동서로 연결된 이 경로를 통해 새로운 작물이 이동하고, 경작법과 농업 혁명의 핵심 요소인 관개灌漑 기술이 전해졌다. 그러나 무엇보다 고등교육, 산업 기술, 복식, 예술 양식, 건축, 음악, 춤, 조리법, 예절, 놀이와 기타의 전통적인 이슬람 세계 형성에 필요한 것들이 이동했다. 이런 매개체를 통해 각지의 이슬람 공동체는 함께 성장해갈 수 있었다."97

몽골 통치자들은 제국 전역에서 재배할 수 있는 목화 같은 작물에 관심을 가졌다. 목화는 10세기에 중국에 도입되었지만, 몽골 인들이 본격적으로 재배를 시작했다. 1289년 몽골 황제는 목화 재배를 장려하기 위해 목면제거사木綿提擧司를 설치하고, 새로 정복한 지방으로 관리들을 파견했다.98 몽골 제국은 인도, 중국, 페르시아의 약리학을 비교하고 융합하여 서로가 풍요로워지는 통로 역할을 하기도 했다. 몽골 인들은 약용식물은 사용법을 모르면 들여오는 것만으로 아무 의미가 없다는 것을 깨달았다. 몽골 왕궁은 페르시아, 인도, 아랍의 의사를 데려와 중국에서 병원을 운영하게 했다. 쿠빌라이 칸은 서양 의학을 연구하는 부서를 설립하고, 그리스도교 학자에게 감독을 맡겼다.99

한국인, 매운 김치를 얻다

제국이 뜻하지 않게 외국에 새로운 작물이나 향신료를 도입시킨 사례도 있었다. 민족주의적이며 자긍심이 강한 일부 한국인들은 맵디매운 한국 김치의 탄생 이면에 16세기 후반 한국을 침략했던 도요토미 히데요시가 있다는 사실을 인정하기 힘들어할지도 모른다. 고추는 원래 포르투갈 사람들이 신세계에서 일본으로 들여갔고, 16세기에 일본군이 철수하면서 한국에 씨앗을 남기게 된 것이다. 고추가 한국에 들어오기 전까지의 김치는 마늘과 배추를 기본 재료로 만든 맵지 않은 음식이었다. 1997년 경제 위기로 촉발된 한국의 반세계화 운동을 바라보며 한 저술가는 이런 논평을 했다. "일본인들은 고추만 남기고 간 것이 아니라 광범위한 파괴 행위를 저질렀다. 한국 음식의 역사에 고통을 수반한 세계화가 관련된 경우는 아마도 김치가 마지막은 아닐 것이다."100

인도 무굴 제국의 자한지르Jahangir 황제는 포르투갈의 갤리온선들이 신세계에서 고아로 들여오는 새로운 동식물에 호기심이 많았다. 그는 2주일에 한 번씩 고아로 사람을 보내 신상품을 가져오게 했다. 이렇게 해서 포르투갈 선박들이 들여온 파인애플은 델리의 궁정 그림으로 남아 불후의 명성을 얻게 되었다. 황제는 훗날 "유럽 항구에서 볼 수 있는 수천의 과일이 아그라Agra에 있는 황실 정원에서 자라고 있다."고 자랑스럽게 적고 있다.101

대륙을 연결하는 바다를 포르투갈이 장악하면서 포르투갈 선박은 식물과 야채를 다른 토양으로 운반하는 주요 운송 수단이 되었다. 향신료가 엄청난 가격으로 거래되자 포르투갈은 자신들의 통제하에 있는 땅에서 향신료를 재배하려는 열망을 불태웠다. 이와 관련해 바스코 다 가마에 얽힌 전설이 전해온다. 1498년 그가 이식해서 심을 수 있는 후추나무를 요청하자, 말라바르의 통치자 자모린Zamorin은 조용히 이렇게 대답했다고 한다. "후추를 가져갈 수는 있겠지만, 우리 땅의 비는 절대 가져갈 수 없을 것이오." 한편 브라질을 획득하면서 후추 재배에 필요한 태양과 비를 갖게 된 포르투갈은 후추나무를 이식하겠다는 허락을 구하지도 않았다.102

영제국은 아마존 식물 한 종을 세계에 알려 산업의 역사를 바꾸었렸다. 아메리카 원주민들이 카우추크caoutchouc라고 부르는 이 식물은 방수 장화나 잘 튀는 공을 만드는 데 사용되고 있었다. 1755년 포르투갈의 주제Jose 1세는 원주민들이 나무에서 받아내는 하얀 유액으로 방수 처리를 하기 위해 왕실 부츠 몇 벌을 브라질로 보냈다.103 이 나무 유액은 실험용으로 유럽에 보내졌고, 19세기 초반에 고무로 만든 우비가 탄생한다. 이 우비에는 천연고무를 방수 섬유로 만드는 데 성공한 스코틀랜드 과학자 찰스 매킨토시Charles Mackintosh의 이름을 따서 매킨토시라는 이름이 붙었다. 고무는 곧 자동차 혁명의 핵심 물질이 된다. 천연고무 수요가 급증하자 영제국이 발을 들여놓는다. 1876년 영국 정부와 브라질에 거주하는 영국민들의 요청을 받은 헨리 알렉산더 위컴Henry Alexander Wickham은 7만 개의 고무나무 종자를 은밀히 가지고 나갔다. 큐Kew 왕립식물원의 식물학자들이 성공적으로 키워낸 묘목은 영국의 열대 식민지인 실론과 말레이시아로 수송되었다. 나중에 헨리 포드의 초기 자동차인 '모델 T'의 생산 라인이 가동 속도를 높이자 금값이 되어버린 하얀 고무나무 수액을 얻으려고 말레이시아 전역은 고무나무 플랜테이션 농장으로 뒤덮였다. 1924년 1,000만 대째 포드 자동차가 도로에 나섰을 때 당시 말라야로 불리던 말레이시아는 연간 20만 톤의 천연고무를 수출하고 있었다. 이것은 세계 고무 생산량의 절반을 넘는 수치였다. 그 과정에서 약 120만 명의 인도인이 한시계약 노동자로 이주하여 말레이시아의 인구 구성을 영원히 바꿔버렸다. 현재 말레이시아 총인구의 10퍼센트를 차지하는 인도계의 대다수가 천연고무 채집 노동자의 후손들이다.[104]

필리핀은 19세기 말에 스페인의 장려 정책으로 코코넛 주산지로 변신했다. 그 후 폭풍과 가뭄으로 소기름(牛脂)과 동물기름(獸脂)이 부족해지면서 곤란에 처한 회사 프록터앤드갬블사가 들어오면서 필리핀의 코코넛 플랜테이션 농장은 더욱 급속도로 증가했고, 미국의 새로운 대체재代替財 공급지가 된다. 증가하는 코코넛오일 수요를 충족시키기 위해 1930년에는 필리핀 경작지의 거의 13퍼센트가 코코넛 플랜테이션 농장으로 바뀌었다. 그러나 코코넛보다 가격이 낮은 콩기름과 목화씨기름이 대체 상품으로 등장하면서 전 세계 코코넛 오일 수요는 감소했고, 필리핀 농부의 3분의 1이 빈곤 상태로 추락했다.105

노아의 방주

스페인 식민지 개척자들은 아메리카 대륙에 떠나온 고향을 재건할 희망으로 가축들을 데려갔다. 말, 개, 양, 돼지, 염소, 닭 등의 가축들은 모두 신세계에 처음 도입된 종이었지만 동물들은 재빨리 적응했다. 헨리 카멘Henry Kamen은 이 일을 "선박들이 마치 노아의 방주처럼 대서양을 횡단했다."106고 적고 있다. 아메리칸 인디언들은 마치 제짝을 만난 듯이 말을 다뤘다. 말의 도입으로 북아메리카 중부 평원 지대 인디언들의 문화는 완전히 변화했고, 가축과 양을 키울 광활한 목초지가 있던 남아메리카의 아르헨티나는 쇠고기와 양모의 주요 생산국이 되었다.

1768년 제임스 쿡 선장이 처음 태평양 항해를 떠날 때 뻔한 것이었지만 비밀에 부쳐졌던 그의 임무는 원주민과 교역 관계를 맺고 생물학적 교환을 수행하는 것이었다. 그는 주의 깊게 '토양과 산물의 성질'을 관찰하고 '동물과 가금류'를 살폈다. 그리고 본국으로 가져갈 '나무와 관목, 과일과 곡물, 수집할 수 있는 모든 특산물의 표본'을 조사했다.107 쿡 선장의 오른팔이었던 조지프 뱅크스Joseph Banks는 큐 왕립식물원의 명예이사였다. 한 학자는 이렇게 설명한다. "뱅크스의 역할은 '식물종 교환'의 대표자로서 아시아와 태평양 네트워크에 씨앗과 묘목의 이동을 용이하게 하고, 대서양까지 확산시키는 것이었다."108

제국들은 또 세계에 대한 인류의 지식을 구축하는 데 중대한 역할을 했다. 이슬람 칼리프가 지식을 수집·보호·전파하는 데 맡은 역할은 아무리 높이 평가해도 지나치지 않다. 바그다드의 아바스 칼리프의 궁정에는 전 세계의 필사본이 수집되고 학자들이 초청되었다. 그리스 어, 페르시아 어, 산스크리트 어와 기타 언어들로 된 서적들이 번역되었다. 고전 원본의 대다수가 사라져버렸기 때문에 바그다드의 아랍 어 번역본이 유일하게 현존하는 사본인 경우가 많다. 스페인을 통치했던 우마이야Umayyad 왕조는 정기적으로 바그다드, 다마스쿠스, 카이로로 사절을 파견해 학자들을 데려오고 희귀 서적을 사들였다.[109] 이슬람이 통치했던 스페인의 도서관들이 없었다면 유럽의 르네상스는 불가능했을 것이다.

지식을 수집하는 일은 유럽 국가들이 자국의 식민지에서 이윤이 남는 식물과 자원을 찾아가는 과정에서 계속되었다. 포르투갈, 스페인, 네덜란드와 영제국이 활성화한 대륙 간 동식물 교환에 이어, 유럽 각국의 수도에는 식물학과 역사학 탐사 등 전문화된 여러 학회와 기관이 설립되었다. 이들 기관들은 식민주의 확장 정책(이른바 '야만을 문명화시킬 의무')에 정당성을 부여했고, 더욱 견고한 지식의 통합을 가져왔다. 과거의 탐험가들은 식민 권력에 고용된 탐사와 연구 전문가로 변신했다. 영국의 박물학자 찰스 다윈은 상호 연결되고 상호 종속적인 생명의 본질을 확실히 입증해낸 탁월한 인물이었다. 그는 영국 과학탐사단의 일원으로 1831년부터 1836년까지 해군 탐사선 비글호를 타고 태평양의 갈라파고스 제도로 가게 된다. 다윈은 갈라파고스에서 행한 연구와 관찰을 토대로 진화론을 정립하고, 독창적인 저서 『자연선택에 의한 종의 기원에 관하여 On the Origin of Species by Means of Natural Selection』(1859년)를 출간했다.

빅토리아 여왕의 세계 케이블

말과 낙타와 코끼리를 탄 병사들을 파견해 머나먼 나라의 타 민족을 정복하는 일은 비용이 많이 들고 힘든 일이었다. 제국 통치자들은 장기적인 관점에서 그보다 더 심각한 문제가 있다는 것을 깨달았다. 역사가 페르낭 브로델이 지칭한 대로 "정복의 적 제1호는 거리"였다. 광범위한 영토에서 대중을 통치하고 계속 통제하에 두기 위해서는 조직화된 정보망이 필요했다. 정보는 점토판, 파피루스, 양피지, 그리고 기타 매개물에 기록되어 전령을 통해 전달되었다. 정교한 도로망과 말이 끄는 마차를 갖추고 있던 로마 제국은 최초의 정보망을 발달시켰다. 가축이 풍부하여 전통적인 양피지 생산지였던 아나톨리아의 도시 페르가뭄Pergamum은 로마 제국 치하에서 독보적인 양피지 공급지가 되었다(양피지Parchment라는 말은 페르가뭄의 지명이 통속화하면서 파생된 단어다).[110] 동물 가죽으로 만든 양피지는 유럽이 아랍을 통해 중국의 종이 제조 기술을 배우기 전까지 정보의 저장과 전달의 핵심적인 매개체였다.

그런데 양피지나 종이에 기록한 정보는 손수 전달해야만 하는 매체였다. 알렉산더, 한니발, 시저는 각각 말을 탄 전령이 이어달리기로 정보를 전달하는 정교한 전달체계를 구축했다. 이 체계는 중국 당 왕조와 그 후의 몽골 제국에서 더욱 발달하게 된다. 휴게소와 교체할 주자들로 구성된 칭기즈 칸 시대의 통신망은 하루에 160킬로미터씩, 정보가 전달될 때까지 몇 주일 동안 전령들이 이동할 수 있을 정도로 넓은 지역을 포괄하고 있었다.[111] 몽골 영토를 엿보고 있던 이집트의 맘루크 술탄은 칭기즈 칸의 통신망을 모방해 사용했고, 가톨릭 왕국까지 전해져서, 마침내 합스부르크 제국에 이르러서는 우편 제도가 꽃을 피우게 된다.112 그 이후 19세기 중반 혁명적인 전신 기술이 탄생했다. 전신은 1854년 크림 전쟁 시기에 영국이 최초로 사용했다. 그로부터 4년 후 대서양을 가로지르는 해저 케이블이 설치되고, 빅토리아 여왕은 제임스 뷰캐넌 대통령에게 최초의 전보 메시지를 전송했다. 모스 부호를 해독하는 데 장장 16시간 30분이 걸렸지만, 여왕의 메시지가 도착하자 불꽃놀이와 함께 열렬한 축하 행사가 벌어졌다. 유감스럽게 이 불꽃놀이로 뉴욕 시청에 화재가 발생하기도 했다. 1880년까지 영국과 아시아, 캐나다, 아프리카, 오스트레일리아의 영국 식민지를 연결하는 15만 7,020킬로미터의 해저 케이블이 설치되었다. 빅토리아 여왕은 즉위 60주년 기념일에 이메일과 유사한 형태의 축전을 발송했다. 제임스 모리스는 이 일을 이렇게 묘사했다. "1897년 6월 22일 아침, 영국의 빅토리아 여왕은 버킹검 궁에 있는 무선 전신실로 갔다……. 11시에서 몇 분이 지난 시각이었다. 여왕이 버튼을 누르자 충격 전류impulse가 중앙 전신국The Central Telegraph으로 전송되었다. 여왕의 즉위 60주년 축하 메시지는 정말 몇 초 만에 제국 구석구석으로 전해졌다. 메시지는 간단했다. '사랑하는 국민 여러분, 감사합니다. 하느님의 은총이 함께하시기를!'"113

오늘날 집이나 사무실에서 매일 아침 이메일을 확인하는 거의 10억에 달하는 인터넷 사용자들과 비슷하게, 빅토리아 여왕은 궁 안에 있는 무선 전신실로 걸어가 그녀의 제국 전역에서 보내온 전보문을 읽었다. 20세기 초반에 런던은 산업 세계의 수도가 되어 있었고, 경제학자 존 메이너드 케인스John Maynard Keynes는 지금도 전혀 낯설지 않은 이런 묘사를 했다. "런던 시민들은 침대에서 아침의 차 한 잔을 홀짝거리며 자신이 원하는 지구상의 온갖 상품들을 전화로 주문하고, 최대한 빨리 집 앞까지 배달되기를 기대할 수 있다. 동시에 동일한 방법으로 세계 각지의 자연 자원이나 사업에 투자할 수 있으며, 수고하고 근심하지 않고도 장래의 성과와 이익을 함께 나눌 수 있다."[114]

전신과 전화의 발달에는 개인 사업가들과 회사들이 핵심적인 역할을 했지만, 안전한 통신망이 필요했던 제국은 '세계 전기 신경망'[115]이라고 불린 체제를 발달시킨 주역이었다. 전신망과 함께 출현이 예고되었던 인터넷은 핵 전쟁이 발발할 시에 지휘권과 통제력을 잃을 것을 우려한 미국 국방부에서 먼저 시작한 작품이었다.

영제국이 건설에 일조했던 세계적인 '전기 신경망'이 제국이 사라져가는 순간에도 사용된 것은 어쩌면 당연한 일인지도 모른다. 1997년 7월 1일 왕실 요트 브리태니아호가 홍콩 항을 빠져나갈 때 영국의 마지막 총독 크리스 패튼은 요트 안에서 간단한 전보를 발송했다. "나는 홍콩의 통치권을 양도했다. 신이시여 여왕을 구하소서."[116] 브리태니아호는 어둠 속으로 사라지고, 영국과 기타 제국들이 건설한 상호 연결된 다문화 세계는 제국이 사라져가는 것은 관심도 없다는 듯 계속 고동치고 질주하기를 멈추지 않았다.

7장

노예, 세균, 트로이 목마

> 섬은 아니지만 섬과 비슷한 육지(반도¥島-옮긴이)에 여섯 채의 오두막이 있는 것을 발견했나이다. 이틀 동안 파내면 완전한 섬으로 만들어버릴 수도 있지만 그럴 필요가 없다고 생각되옵니다. 그 이유는 두 국왕 폐하께서 제가 귀환할 때 데려가 우리의 언어를 가르친 후 되돌려 보낼 목적으로 붙잡은 7명을 보시면 곧 아시게 되겠지만, 그들은 팔을 사용하는 데 아주 서툴기 때문이옵니다. 그러나 두 분 폐하께서 명령만 하시면 언제든 그들 전원을 붙잡아 카스티야로 보낼 수도 있고, 이 섬에 그대로 포로로 놓아둘 수도 있습니다. 50명의 부하만 동원하면 그들을 모두 복종시킬 수 있고, 뭐든 우리가 원하는 대로 행동하게 할 수 있기 때문이옵니다.
> — 콜럼버스가 신세계에 처음 도착해 카스티야의 페르디난드 왕에게 쓴 편지, 1492년

견딜 수 없이 더웠던 여름밤, 영국의 도버 항. 신문에서는 다음날인 2000년 6월 18일이 그 해의 가장 무더운 날이 될 것이라고 보도했다. 5명의 영국 세관 직원이 제브뤼헤Zeebrugge에서 도버 항으로 들어오는 야간 페리를 기다리고 있었다. 그들은 몇 시간 전에 팩스로 벨기에의 항구를 떠난 이 배에 실린 트럭의 화물 내역을 받았다. 이 항로를 왕복하는 트럭은 유럽 대륙과 영국 간의 화물을 운송하는 잘 알려진 회사들의 낯익은 트럭들이 대부분이었다. 그런데 그날 밤, 트럭 한 대가 세관원의 눈길을 끌었다.

토마토라는 화물 내역은 이상할 것 없었지만, 반 데르 슈펙Van Der

◀ "19세기 아프리카에서 아랍 인에게 포획된 노예들", 그라탄 기니스H. Grattan Guinness의 『중앙아프리카의 신세계The New World of Central Africa』(뉴욕, Fleming B. Revell, 1890년)에 수록된 삽화.

Spek이라는 회사명은 처음 듣는 것이었다. 트럭의 페리 요금이 회사 이름으로 선불되지 않았고, 신용카드로 지불된 것도 아니라는 점은 더욱 수상했다. 얼핏 보기에는 트럭 운전기사가 지브뤼헤의 페리 요금소에서 운임을 현금으로 지불한 것 같았다. 이런 예외적인 지불 수단을 사용했을 때는 화물의 내용이 수상쩍은 경우가 많다. 양파나 과일 상자 사이에 술이나 담배처럼 이윤이 많이 남는 일용품을 영국으로 밀수하기 위해 신고하지 않은 상자가 들어 있는 경우가 흔히 있었다.

반 데르 슈펙의 흰색 트럭이 트랩을 내려와 세관 검문소에 멈추자 세관원은 서류만 흘긋 보고 트럭을 통과시키지 않았다. 몇 사람은 운전기사와 대화를 나누고, 몇 사람은 냉장 트럭 뒤로 돌아가 강철 문을 열고 내부를 들여다봤다. 상품을 적정 온도로 냉장하기 위해 돌아가고 있어야 할 발전기 소리가 들리지 않았다. 들리는 소리라고는 세관원이 문을 열어젖히자 쉬익하고 문에서 압축 공기가 빠지는 소리와 문을 연결한 볼트가 쾅하고 부딪히는 소리뿐이었다. 순식간에 뜨거운 열기와 부패한 악취가 밀려나왔다. 희미한 불빛 속에서 세관원은 뒤집어져 있는 토마토 상자들과 숨을 헐떡이고 있는 사람의 형체를 봤다. 사람 뒤편으로 드리워진 그림자 깊숙한 곳에는 반나체의 시신들이 금속 바닥 위에 뒹굴고 있었다. 세관원은 현대 유럽에서 가장 끔찍한 인신매매 현장을 발견했다는 사실을 몰랐다. 그는 소리쳐 동료들을 불렀다.

지게차가 동원되어 은폐용으로 쓰인 토마토 상자들을 내리자 충격적인 장면이 드러났다. "시체 위에 또 시체, 시체더미뿐이었습니다. 완전히 구역질나는 장면이었죠." 나중에 한 세관원이 리포터에게 말했다. 그날 밤 발견된 '동양인' 외모를 한 54명의 남자와 4명의 여자는 중국에서 온 불법 이민자들인 것으로 밝혀졌다. 서구의 행복한 삶이라는 미끼에 걸려든 이들은 러시아와 동유럽을 횡단하는 기나긴 고문과도 같은, 거의 치명적인 여행을 떠나기 위해 소개업자에게 수천 달러를 지불했다. 그들 가운데는 19살의 첸 린이라는 청년이 있었다. 그는 대륙을 횡단하는 비참한 여행을 하는 동안 정기적으로 중국에 있는 어머니에게 전화를 걸었다. 마지막으로 어머니에게 전화를 했을 때는 며칠이면 사촌이 있는 영국으로 들어간다고 말했다.[1]

두 세기 전에 대서양을 건너는 동안 죽어간 아프리카의 수많은 노예들처럼, 첸과 그의 동포들은 국제 인신매매라는 가장 유해하고 비극적인 세계화의 폐해를 입은 희생자가 되었다. 1495년 콜럼버스는 최초로 신세계에서 유럽으로 노예를 실어 보냈다. 신세계에서 상당량의 금을 발견하지 못한 것에 실망한 그는 이스파뇰라Hispaniola(에스파냐 어로는 에스파뇰라Espan'ola - 옮긴이) 섬에서 인디언을 포획하기 위해 무장 원정대를 조직했다. 도버 항 세관원들이 충격적인 장면을 발견하기 정확히 505년 전인 1495년 2월, 550명의 아메리카 원주민을 태운 배가 스페인을 향해 떠났다. 바람이 순조로워서 항해 일정은 평소보다 단축되었다. 그럼에도 마데이라 군도의 한 섬에 배가 도착했을 때는 200명의 노예들이 얼어 죽어 있었다.[2]

대서양 횡단 노예무역은 17세기에 용적량이 큰 배들이 건조되고, 신세계의 처녀지를 개척할 값싼 노동력 수요가 생겨나면서 호황을 맞았다. 수세기 동안 아프리카 노예들은 특별히 선체를 크게 건조한 배에 실려 대서양을 건너 수송되었다. 이 배는 바닥에 족쇄가 달려 있고, 450명을 빽빽이 실을 수 있었다.[3] 한 달에 걸친 이 무시무시한 중간 항로Middle Passage에서(노예를 포획해 아프리카의 대서양 해안까지 강제로 끌어오는 것을 시작으로, 신세계에 도착해 경매를 거친 후 새 주인에게 인도하기까지) 노예 10명 중 4명은 질병과 갈증과 굶주림으로 죽어갔다. 불운한 자들의 시체는 아무런 의식도 없이 그저 먼 바다라고만 알려진 바닷물 속으로 던져졌다.

유러피언 드림

영국이라는 '신세계'를 향해 길을 나선 54명의 중국인 예비 노동자들에게 냉장 트럭의 금속적재함은 숨 막히는 관이 되었다. 과거와 달리 그들은 식민지 농장주들에게 경매를 통해 팔려나갈 운명으로 노예 무역상들에게 납치된 것이 아니었다. 노예제도는 19세기 말에 거의 모든 곳에서 폐지되었다. 그러나 기회주의적인 브로커들이 제물로 삼을 만한, 유혹에 넘어가기 쉬운 이민 희망자들은 여전히 넘쳐났다. 1970년대 저렴하고 빠른 대규모 여행 수단의 등장은 인신매매 브로커들에게는 수천, 수만 킬로미터 떨어진 나라의 고용주들에게 인신이 구속된 노동자들을 값싸게 수송할 새로운 기회였다. 이런 작전은 은밀하게 진행되기 마련이고, 배와 트럭의 눈에 띄지 않는 구석 어딘가에 숨어 위험한 여행을 해야 하니 현대식 여행 수단의 편리함과 속도는 희생자들에겐 아무 의미가 없다.

고향 땅의 가난과 절망적인 상황이 유럽에서 더 나은 삶을 살 수 있다는 꿈과 결합되어 54명의 중국인을 현대판 노예무역의 문턱에 서게 했다. 동산動産의 개념으로 노예를 사들였던 신세계 토지 소유주들 대신, 현대 유럽과 미국의 비즈니스가 저비용 노동력 수요를 창출하여 불법 이주자들을 끌어들였다. 해외로 팔려나갈 운명으로 고향 마을에서 납치되는 대신, 운 나쁜 중국인 이주자들은 '사두파蛇

頭派'라는 국제 인신매매범들에게 약 3만 달러씩을 지불하고 비극으로 끝날 은밀한 여행길에 올랐다.

중국인은 옛 유고슬라비아, 아프가니스탄, 콩고, 이란, 이라크, 루마니아, 스리랑카, 옛 자이레 등지에서 유럽으로 몰려드는 불법 이주자들의 극히 일부에 불과하다. 1999년만 해도 약 7만 천 명이 불법으로 영국에 입국해 보호시설을 찾았다. 미국 중앙정보국 리포트에 따르면 같은 해 4만 5천 명에서 5만 명의 여자들과 아이들이 미국으로 매매되었고, 세계적으로 70만에서 200만 명에 이르는 여자들과 아이들이 매매되었다고 한다.[4] 미국으로 불법 이민을 시도하는 이주자의 수는 계속 증가하고 있고 사상자의 비율도 증가세에 있다. 〈월스트리트 저널〉의 보고서에 따르면, 2000년 이후 매년 평균 400여 명의 이민자들이 멕시코 국경을 넘어 미국으로 불법 이민을 시도하다가 목숨을 잃는다고 한다. 비교해보자면, 28년간 존재했던 베를린 장벽을 넘으려다 사망한 사람들은 240여 명이었다.[5]

그 옛날 대륙 간 노예무역을 일으켰던 이윤 추구의 욕망과 경제적 불평등과 힘의 불균형이라는 똑같은 칵테일이 현대판 생명수가 되어 사람들을 취하게 하고 있다. 미국 노예제 반대 모임The American Anti-Slavery Group의 대변인 제시 세이지Jesse Sage는 "방글라데시의 유아가 아랍에미리트로 팔려가든, 중국의 어린이가 사두파라는 범죄 조직에 의해 로스앤젤레스로 밀입국을 하든 인신매매가 존재한다는 것은 분명한 사실이다. 세계 경제는 값싼 상품의 수요를 창출했고, 노예 노동보다 더 값싼 노동은 없다."[6] 석유 달러를 벌어들인 중동 국가부터 비즈니스로 부를 쌓은 아시아 대도시까지, 부자나라의 가사일을 하는 수백만의 하녀와 보모는 가난한 나라에서 조달된다. 세계은행은 하녀들을 포함하여 부당한 대우와 학대를 감수하며 살아가는 전체 이주 노동자들이 고국으로 송금한 금액이 2004년에만 1,500억 달러 이상일 것으로 추산한다.7 이렇게 송금된 돈으로 집을 짓고, 장사를 시작하고, 아이들을 학교에 보내고, 고국의 소비자 경제가 굴러간다.

앞 장에서 우리는 인간 공동체들의 경제적 연결 관계가 확대되고, 무역상들에 의해 추동력을 얻고, 소비자의 수요에 부응하기 위해 더욱 박차를 가하며 지속적으로 상호 종속적인 세계를 창조해낸 과정을 살펴봤다. 또한 멀리 떨어진 공동체들을 1인 통치자의 지배에 두려는 제국주의 침략 정책이 현재의 상호 연결된 세계를 형성하는데 미친 영향을 살펴봤다. 그 과정에서 무역상과 전사라는 세계화의 주역들은 고통과 격동과 비탄을 초래했다. 전쟁과 무역을 통해 인간이 연결 관계를 맺기 시작한 이래 노예제도는 관계의 중요한 구성 요소였다. 승자는 포로들을 노예로 끌고 갔고, 무역상들은 국경을 넘는 인신매매를 통해 이익을 얻었다. 이런 세계화의 과정에는 항상 어두운 면이 존재해왔다. 도버 항의 비극이 다시 한번 보여준 것처럼 변한 것이 없다. 다만 기술의 진보로 진행 과정에 속도가 붙으면서, 세계가 하나로 연결되었기 때문에 폐해 또한 더욱 광범위하게 확산되고 가속화된다. 어두운 그림자는 인신매매뿐만이 아니다. 전쟁과 상업은 아주 오래전부터 비극적인 전염병을 발생시키는 병원균을 옮겨왔다. 세계 무역과 여행이 증가하면서 그 위협은 계속되고 가속화하고 있다. 이번 장에서는 세계화의 부정적인 결과들이 어떻게 진화해왔는지, 나날이 빨라지고 있는 커뮤니케이션과 상업의 속도는 어떤 새로운 위협을 가져왔는지를 살펴본다. 새로운 위협은 파괴적인 컴퓨터 바이러스를 유포하는 해커들, 사이버 공간을 공격해 개인들의 컴퓨터에서 개인 정보와 신용카드 번호를 훔치는 범죄자들을 말한다. 세계화가 가져온 속도와 편리함에는 비싼 대가가 따랐다.

가장 오래된 무역

애덤 스미스는 노예제도를 탈선으로 이해했다. 1776년 이 스코틀랜드 경제학자는 유럽과 신세계의 교역이 노예 무역상의 탐욕 때문에 얼마나 타락했는지를 이렇게 한탄했다. "유럽의 일용품은 대부분 아메리카에 새로운 것이고, 아메리카의 일용품은 대부분 유럽에 새로운 것이었다. 따라서 양자 간에는 과거에 상상해본 적도 없는 일련의 교환이 이루어졌다. 이는 당연히 신대륙에 모험적인 것이었고, 구대륙에도 그랬다. 만물에서 이익을 추구하는 유럽 인의 야만적인 불법 행위는 불행한 몇몇 국가들에 파괴적이고 터무니없는 사건을 야기했다."[8] 대서양 노예제도의 규모와 야만성은 전례가 없는 것이었지만, 네덜란드 역사가의 평가에 의하면 노예제도는 세계에서 '가장 오래된 무역'이다. 데이비드 크리스티안은 노예 소유주들은 노예를 '인간 가축, 살아 있는 배터리'로 간주했다고 진술했다. 전근대 세계에서 인간의 노동력은 대단히 중요한 에너지원이었기 때문에 강제 노동이 그토록 만연했던 것이다.[9] 노예라는 단어가 공식적으로 존재하기 이전에도 수세기 동안 다양한 형태의 노예제도가 존재했다. 부를 탐하는 인간의 마르지 않는 욕망이 인간 공동체 간의 힘의 불균형과 결합하여, 19세기 초반 절정에 달하는 시스템을 성장시켰고 인간 문명을 뿌리부터 바꿔놓았다.

노예slave라는 단어는 9세기 중부 유럽 인들(슬라브 족)의 노예화가 확대되던 시기에 생겨났다. 중부 유럽 인들은 중세에 바이킹과 아랍 인들의 교역에서 중요한 '자원'이었다. 아직 그리스도교로 개종하지 않은 남녀 '이교도'는 물건으로 취급되었고 정당한 교역 품목이었다. 역사가 시작된 이래 사람들은 자연재해, 개인 재산의 감소, 전쟁과 기아 같은 요인이 발생하면 고향을 떠나 다른 곳으로 일자리를 찾으러 가거나, 생존을 위해 강제 노동을 해야 했다. 강제 노동은 경우에 따라서는 아리스토텔레스가 '인간 기계'[10]라고 칭한 노예에게 할당된 거칠고 위험한 작업을 의미하기도 했다.

인간성을 박탈당한 채 '일하는 기계들'은 시장에서 사고 팔리는 일용품이나 수레를 끄는 동물과 다를 바 없는 취급을 당했다. 그러나 가재도구와 달리 노예들은 고향에서 멀리 떨어진 그곳까지 자신들의 혈통과 언어와 문화를 가져왔다. 노예무역으로 말미암아 5만 년도 더 전에 선조들이 아프리카를 떠난 이후 계속 확산되어온 인간 종에서 갈라져 나온 다른 가지들이 서로 대면했다. 천 년이 넘는 세월 동안 노예주와 노예들이 뒤섞이면서 인간 공동체와 공동체 문화의 규모와 형태와 색깔이 변화했다(이민과 정착민 편에서 다시 살펴본다). 앞서 우리는 기원전 3000년경에 이집트 인들이 최초로 아프리카 인과 대면한 사건이 파라오의 노예를 공급하는 계기가 되는 것을 살펴보았다. 인간을 다른 일용품과 교환하는 일은 역사 시대 초반에 시작되었다.

기원전 1세기의 역사가 디오도루스Diodorus는 이탈리아 상인들이 갈리아의 노예를 술과(젊은 청년 노예 한 명에 포도주 한 항아리) 교환할 수 있었다고 진술했다. 가난한 부모들은 자식을 무역상에게 팔거나 빚을 갚기 위해 넘겨주었고, 국가는 유죄선고를 받은 사람들을 팔아넘겼다. 그리고 전쟁포로는 당연히 건강한 노예의 거대 공급원이었다. 기원전 468년 페르시아에 대항한 전쟁을 주도했던 아테네의 해군 제독 키몬Cimon은 2만 명의 포로를 노예시장으로 보냈다.[11]

이 노예들이 한 일은 주로 맨손과 석기로 땅을 파고, 은 같은 귀금속을 캐는 것이었다. 광산은 아테네의 부흥에 중요한 역할을 했다. 기원전 1000년 중반기에 발칸 반도와 에게 해 주변의 은 광산에는 수십만의 노예들이 투입되었고, 따라서 잘 조직된 대규모 노예무역이 필요했다. 또한 전투에 내보낼 전쟁 노예도 필요했다. 아테네는 은 광산에서 페르시아 전쟁이나 스파르타 전쟁 등에 필요한 자금을 공급했고, 노예들을 보충병으로 편입시켰다.

노예 : 병사, 노동자, 말동무

서기 1세기 익명의 저자가 쓴 유명한 해양 무역서 『에리스리언 해항해기』에는 로마 인들의 무역에서 노예는 일상적인 상품이었다고 적고 있다. 노예들은 육체 노동을 시키고, 노래를 부르게 하고, 벗으로 삼을 목적으로 수입되었다. 노예였을 것으로 추정되는 로마의 작가 마르티알Martial은 로마 인들이 다양한 외국인을 사귀는 것이 일반화되어 있었음에도 캘리아Caelia를 조롱했다. "당신의 이집트 인 애인은 알렉산드리아에서 데려온 것이고, 검은 피부의 인도인은 홍해를 건너왔다." 이렇듯 노예는 인도양 해안에서도 거래되었다. 고대 인도 문학에는 그리스나 로마에서 왔을 서양 노예를 소유하는 것이 부의 상징이었음을 짐작할 수 있는 근거가 있다.[12] 중국 황실의 경우에도 인접국들이 바치는 조공 목록에는 여자 노예와 공중회전을 하는 중앙아시아 소녀 같은 곡예사들이 종종 포함되어 있었다.

중부 유럽의 일부 슬라브 족은 로마 인들에게 대거 팔려나갔다. 로마의 귀족 사회가 높은 생활 수준을 영위하는 동안, 일반대중의 삶, 특히 남부–중앙 유럽 대중의 삶은 거칠고 짐승 같고 짧았다.

사망률이 높고 평균 수명이 짧고 인구 밀도가 높았던(역사가들이 '인구 저장소'라고 부르는 사회) 이들 인구 집단은 노예상인들에게 천연의 사냥감이 되었다. 로마 제국 북쪽 땅에 살았던 슬라브 족, 그리스인, 페르시아 인, 게르만 족, 켈트 족, 그리고 로맨스 어권의 민족들과 사하라 이남 아프리카에서 온 사람들이 노예 거래의 상품 저장소를 형성했다.

로마 제국에 농장 노예와 귀족들에게 봉사할 노예가 점점 더 많이 필요해지자, 노예의 납치부터 매매가 이루어지는 과정도 더욱 빨라졌다. 그리스 지리학자이자 역사가인 스트라보는 델로스 부두에서 단 하루 만에 만 명의 노예를 싣고 내리고 할 수 있었다고 썼다. 노예들 간의 연대(초보적 형태의 노동조합으로 볼 수도 있는) 또는 노예들이 불온한 마음을 품는 것을 예방하기 위해 소아시아와 지중해 각 지역의 다양한 민족적 기원을 가진 노예들은 의도적으로 뒤섞여서 배치되었다.[13](흥미롭게도 거의 2,000년이 지난 후 포르투갈 노예상들이 아프리카 노예들을 브라질에 공급하는 과정에서도 똑같은 방법을 사용했다. 그들의 정책은 "불행한 결과를 사전에 방지하기 위해 브라질 전역 혹은 어떤 식민지 행정 단위에도 한 부족 출신을 지나치게 많이 배치하지 않는다."는 것이었다. 이렇게 예방 조치를 했지만 수단에서 온 한 부족이 일련의 폭동을 조직했다.[14]) 서기 1~2세기에 로마 제국의 영토가 대서양에서 유프라테스 강까지 확장되자 로마의 외국인 노예 집단은 '축소된 세계'가 되었다. 로마는 노예무역의 중심지였고, 세계 각지에서 끌려온 희생자들은 고국의 복식, 언어, 풍속, 문화를 가져왔다.[15] 세월이 흐르면서 노예들 간의, 로마 인들과 다른 종족 노예들 간의 결혼이 이루어졌고 새로운 혼혈 민족이 양산되었다.

그 이후 천 년 동안, 노예제도는 지중해 주변 사회로 계속 확장되어 일반적인 현상이 되었다. 국내 생산을 위해 존재했던 유럽의 노예제도는 11세기 점진적으로 농노제도로 대체되었지만, 광산과 농장은 더욱 노예 노동에 의존하게 된다. 국제 무역이 증가하고 해당 분야의 노동력 수요가 늘어난 결과였다.[16] 9세기와 10세기에는 바이킹과 러시아 무역상들이 유럽 동부의 슬라브 족 국가, 무어 인이 지배하고 있는 스페인, 북아프리카 등지에서 하인, 군인, 광부로 부릴 노예를 데려왔다. 노예무역은 유럽과 중동에 국한되지 않았다. 7세기 중국에는 젠지Zenj(사하라 이남 아프리카)에서 노예를 데려왔다는 기록이 있고, 1119년 광저우에서는 흑인 노예를 소유한 것이 부의 상징이었다고 한다.[17] 이탈리아 도시 국가에는 14세기까지 가사를 담당하는 슬라브 족 노예들을 흔히 볼 수 있었고, 스페인과 포르투갈에는 16세기까지 아프리카 노예들이 있었다. 에릭 울프Eric Wolf는 베네치아가 이룩한 부의 많은 부분은 노예무역을 통해 쌓은 것이라고 쓰고 있다. 1386년 이후 베네치아에서는 공개 경매로 노예를 매매할 수 없었지만, 사적인 매매는 16세기까지 계속되었다.[18]

중동에서 노예는 흔히 흥을 돋우는 연예인, 공예품을 만드는 장인, 군인으로 훈련되었다.[19] 바그다드의 아바스 왕조의 칼리프를 위해 유럽 전역은 물론 사하라 이남 아프리카에서도 노예들을 데려왔다. 대부분 중동이나 인도에서 끌려온 여자 노예들은 많은 구애를 받았고, 당대의 기록에는 이 노예들의 우열을 주제로 한 논평이 남아 있다. 일종의 상품 소개서라고 할 수 있는 한 보고서에는 각 지역의 노예들을 비교하고 다음과 같은 결론을 내렸다. "가장 이상적인 여자 노예는 베르베르 족 태생으로, 9살에 고향을 떠나 알 메디나에서 3년을 보내고, 3년은 메카에서, 그리고 16살에 이라크로 가서 그 나라의 문화를 습득한 노예다. 21살에 다시 팔려갈 때가 되면

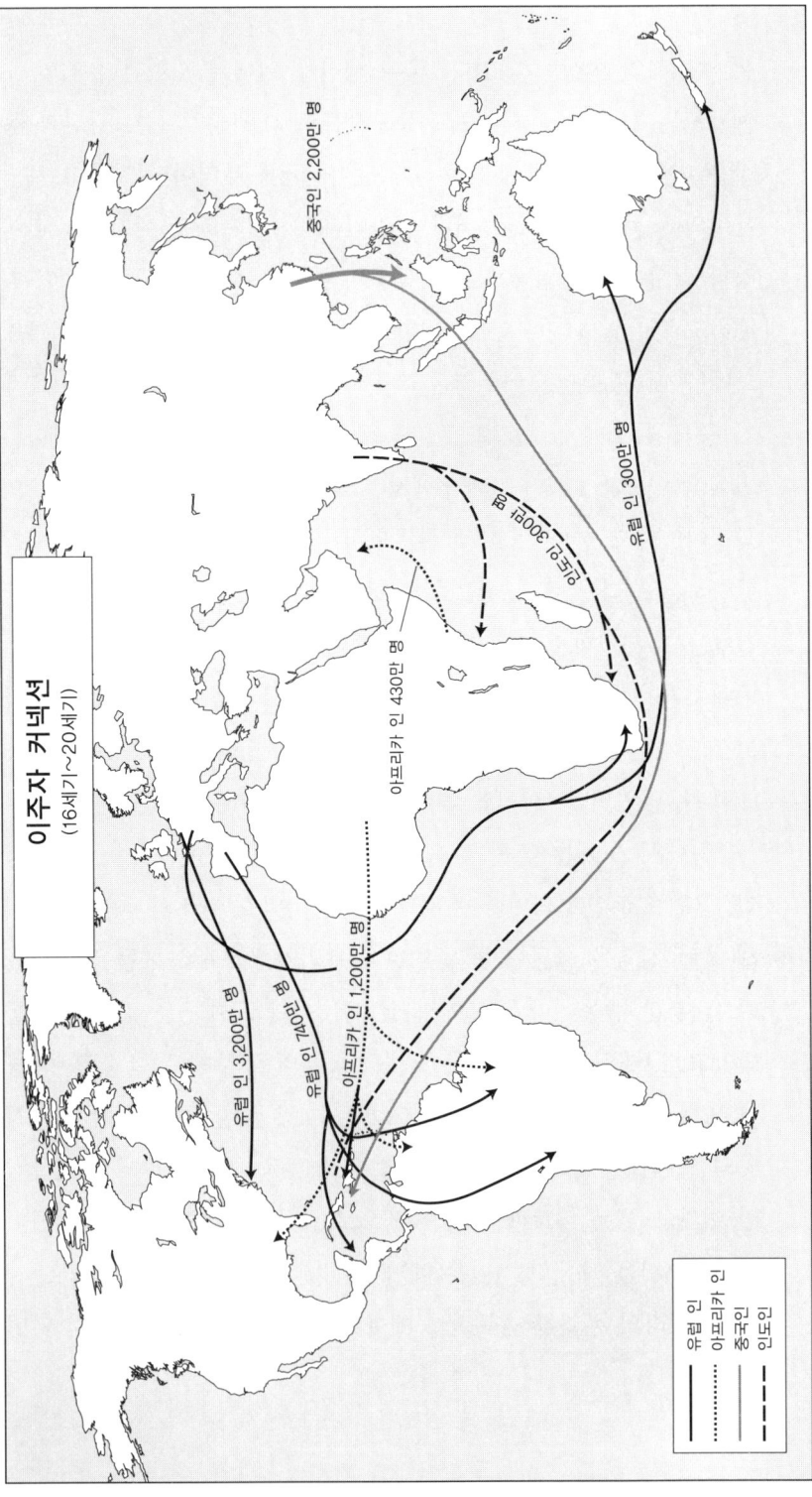

알 메디나의 교태와 메카의 부드러운 예의범절과 이라크의 문화까지 고루 갖춘 노예가 된다."[20]

아랍 무역상들은 위험을 무릅쓰고 인도양 해안을 따라 남쪽으로 그리고 서아프리카 내륙으로 더 깊이 전진해 들어갔고, 사하라 이남 아프리카 출신의 노예들은 중요한 거래 품목으로 떠올랐다. 선지자 무함마드 자신도 노예를 소유했고, 특정 조건에서는 노예 소유를 허용했다. 아랍 어로 검다는 뜻의 압드abd는 노예의 동의어가 된다. 652년 초, 누비아(현재 에티오피아)의 그리스도교 왕국은 아바스 왕조의 칼리프와 연간 300명의 노예를 공급한다는 협정을 체결했다. 이 협정은 6세기 동안 지속되었다.[21]

아바스 제국(현재 이라크의 일부 지역)으로 수입된 아프리카 노예의 일부는 보병대에 편입되었고, 대부분은 대규모의 설탕 생산 공정에 동원되거나 농장 노동자로 일했다.[22] 19세기 바스라Basra의 토지 소유주들은 현재의 이라크 남부 지역을 늪지에서 곡창지로 바꾸겠다는 희망으로, 소금에 절어 있는 땅을 배수시키기 위해 수천 명의 동아프리카 노예를 데려왔다. 가혹한 노역과 최소한의 생존 양식에 대한 노예들의 분노는 가장 최초로 알려진 흑인 노예 폭동으로 분출된다. 선지자 무함마드의 딸 파티마와 결혼했던 제4대 칼리프 알리의 후손임을 주장하는 페르시아 인 알리 이븐 무함마드는 이슬람의 이름으로 노예들에게 자유와 평등을 약속하며 노예 집단의 지지를 끌어냈다. 알리를 지도자로 한 잔지Zanj(아프리카 인 노예)들은 14년 동안 칼리프의 보병대를 장악하고, 바스라를 점령하고, 칼리프의 통치권을 남부 이라크와 페르시아 동부 지역으로 한정시켰다. 후에 그들은 이집트 원정에서 돌아온 칼리프의 군대에 의해 진압되었다.[23] 실패한 반란이었지만 잔지는 가혹하고 무서운 복수로 칼리프의 영광을 흔들어놓았다. 당시의 한 역사가는 이 사건을 다음과 같이 적고 있다. "알리의 군사들은 알 하산과 알 후세인과 알 아바스(알리 이븐 아비 탈리브와 아바스 왕조의 후손들이라는 의미) 혈통의 여자들을 공개 경매에 붙여 팔아넘길 만큼 엄청나게 잔인무도했다. 그들은 쿠레이시(선지자의 가계) 가계의 여자들과 그 외 아랍 부족의 여자들도 팔아넘겼다. 여자들은 단돈 1디르함이나 3디르함에 팔렸고, 어느 가계 출신인지를 공개적으로 선전했다. 잔지들은 10명, 20명, 30명을 첩으로 삼기도 하고, 아니면 여자 잔지들의 하녀로 봉사하게 했다."[24]

군인 노예제도는 아바스 제국에서 중요한 부분을 차지했다. 독립적이고 신뢰할 수 없는 아랍 부족의 군대에서 신병을 모집하는 것에 점점 더 불안을 느낀 아바스 왕조는 처음에는 아프리카 인 흑인 노예들을, 나중에는 중앙아시아 출신의 기마족인 투르크 인 노예들을 군대에 편입시키기 시작했다. 수세기 동안 아랍 제국에 편입된 군인 노예의 수를 계산하기는 어렵지만, 한 학자는 대략 1,000만 명으로 추산한다.[25] 중동의 노예제도는 너무도 뿌리가 깊이 박혀 있어서 사우디아라비아에서는 1960년대까지도 시행되는 제도였다.

노예 – 설탕 복합체

12세기 유럽의 십자군은 지중해 동부 연안에 도착하여 노예 노동을 기반으로 농장에서 자라는 설탕이라는 달콤한 상품을 발견했다. 태평양의 섬들이 원산지인 사탕수수는 인도까지 확산되어 있었고, 지중해 세계에서는 아직 사치품이었다. 달콤함을 갈망하는 유럽 인의 입맛은 그 이전까지 사탕무가 채워주고 있었다. 사탕수수 경작은 이슬람이 출현하고 아랍 세계와의 교역이 강화되던 시기에 레반트 지역에 소개되었다. 이탈리아의 식민지들, 특히 사이프러스는 유럽의 주요 설탕 공급지였다. 동지중해의 이탈리아 기업가는 곧 소위 '노예-설탕 복합체slave-sugar complex'라고 불리는 경작법을 개발했다. 노예 노동을 최대한 이용하여 사탕수수를 경작하고 설탕으로 만드는 정교하게 고안된 방법이었다. 이것은 300년 후에 맨 먼저 신세계로 이식되는 생산 모델이기도 했다. 초기 자본주의 모델에서 이윤을 극대화할 수 있는 방법으로 토지와 자본과 노동력을 조합한 것이었다. 바버라 솔로Barbara Solow는 "노예는 새로 나온 기계처럼 생산력 발달의 요소였고…… 노예 노동자는 소유주의 자산으로 간주되었다."26고 했다.

이탈리아는 크레타, 사이프러스, 그리고 후에 시칠리아에서 수출과 결합된 농장 노예제도가 처녀지를 어떻게 어마어마한 부를 생산하는 기업으로 바꿔놓을 수 있는지를 보여주었다. 1425년 대서양에서 무인도였던 마데이라Madeira 군도를 발견한 포르투갈 인들은 이탈리아의 선례를 따라 노예-설탕 복합체를 도입했다. 서아프리카 해안에서 포획하거나 사들인 노예들은 유럽에 판매할 사탕수수를 경작하는 데 동원되었다. 그 외의 유럽 인들도 곧 마데이라, 상투메São Tomé, 카나리아 제도에서 실행되고 있는 노예-설탕 모델을 도입했다.

대서양을 횡단하는 첫 여행에서 콜럼버스는 배를 고치기 위해 카나리아 제도에 정박했다가 노예 노동이 설탕 농장에서 어떻게 이용되는지를 직접 볼 기회를 얻었다. 이스파뇰라 섬을 발견했을 때 향신료와 금을 찾지 못해 실망한 그는 노예 노동을 이용할 수 있는 기회를 놓치지 않았다. 그는 스페인 궁정으로 편지를 썼다. "이 섬(이스파뇰라)도 다른 섬들과 마찬가지로 카스티야 왕국처럼 분명한 왕자님의 땅이올시다. 명하는 것은 무엇이든 할 수 있는 이 섬의 주민들에게 명령을 내려줄 스페인 백성들이 이곳으로 와서 정착하기만 하면 되옵니다……. 인디언들은 무기도 없고 거의 벌거벗은 자들이 옵니다. 이들은 전쟁에 대해 아는 바가 전혀 없고, 천여 명이 우리 병사 셋을 겁내어 맞서지도 못하나이다……. 그들에게는 일을 시키거나, 씨를 뿌리게 하거나, 필요한 일이 무엇이든 명령을 내려주어야 하옵니다."27

콜럼버스는 신세계에서 유럽으로 노예를 실어 보낸 최초의 노예상이었지만, 대서양에서의 노예 수송 방향은 곧 뒤바뀌게 된다. 신세계의 무한한 자원을 개발할 절박한 노동력 수요는 아프리카가 충족시키게 되면서 대서양 횡단 노예무역의 막이 오른다. 유럽 인들은 수출용 일용품을 생산하는 데 노예제도를 이용하는 것이 대단한 수익 모델일 뿐더러, 노예무역 자체가 돈이 된다는 사실을 깨닫게 된다. 영국은 군대를 동원해 노예를 포획하는 포르투갈의 방법은 비용이 발생할 수 있다는 것을 알고, 아프리카 족장들과 인간 대 일용품의 물물교환을 통해 더 많은 수익을 올릴 방법을 모색했다.

1562~1563년, 존 호킨스John Hawkins는 시에라리온으로 영국 최초의 노예매매 항해를 떠나, 300명의 노예와 기타 상품들을 실은 세 척의 배를 이끌고 귀환한다.28 노예무역을 독점하고 있던 스페인의 혹독한 공격을 받기도 했지만, 그는 스페인령 카리브 해 제도에서 노예매매로 엄청난 수익을 올렸다. 호킨스의 원정대 소식을 들은 엘리자베스 여왕은 화를 내며 "혐오스럽다."고 비난했다. 그러나 노예무역을 통해 거둬들일 수 있는 수익 규모를 이해한 여왕은 마음을 바꾸고 호킨스의 다음 노예 원정대에 투자를 하기에 이른다. 포르투갈령 아프리카에서 스페인령 아메리카로 노예를 실어 나르면서 호킨스는 스페인과 포르투갈의 독점 체제에 도전했다. 곧이어 다른 노

예상들이 그의 뒤를 따랐고, 신세계에서 노예제도를 기본으로 한 상업이 자리를 잡게 된다.

노예가 안정적으로 수입되면서 포르투갈 식민지인 브라질은 마데이라를 누르고 세계적인 설탕 생산국으로 부상했다. 1513년 포르투갈 국왕은 교황에게 화려한 선물을 보냈다. 설탕만을 사용해서 만든 300개의 양초와 12명의 추기경들에게 둘러싸여 있는 교황의 실물 크기 조각상이었다.[29] 1575년부터 1650년까지 브라질은 유럽의 설탕 대부분을 공급했고, 상당량의 공산품과 아프리카 노예를 수입했다. 제3장에서 본 것처럼 노예들은 나중에 예멘에서 스리랑카와 인도네시아를 거쳐 프랑스령 가이아나에서 브라질로 도입된 커피 농장에서 일하게 된다. 표면상 무제한으로 공급될 것만 같은 노예 노동과 끝도 없이 펼쳐진 농장은 브라질을 세계 최고의 커피 재배지로 변신시켰다. 페루와 멕시코 아열대 해안의 토지는 스페인에 설탕 재배지와 포도밭을 제공했다. 노예 노동이 이용되는 멕시코 북부와 볼리비아의 값진 은 광산은 스페인이 이룬 부의 원천이 되었고, 국제 교역의 통화로 사용된다. 브라질의 다이아몬드와 금 광산에서 일하는 아프리카 노예들은 포르투갈 제국의 광채를 더욱 빛나게 했다. 영국, 프랑스, 네덜란드는 카리브 해의 설탕, 커피, 코코아 재배와 북아메리카의 담배 재배로 부를 축적했다. 유럽 식민지의 번영과 상호 의존적인 세계 건설의 선두에 나선 국제 무역의 증가는 아프리카 노예에 대한 무자비한 착취를 바탕으로 한 것이었다. 18세기와 19세기에 약 1,200만 명의 아프리카 인 노예가 아메리카 대륙으로 유입된 것으로 추산된다.[30]

신세계의 노예제도에 대한 불만은 이미 1688년 초반부터 필라델피아의 퀘이커교도들 사이에 제기되고 있었다. 거의 백 년이 지난 후에 퀘이커교도들은 처음으로 의회에 중요한 노예제 반대 청원을 제출한다. 18세기 후반 영국에서 노예제도 반대 여론이 강화된 것은 복음주의에 근거한 강력한 박애주의 운동이 불간섭주의와 보호 무역 반대 여론과 더불어 성장한 데 따른 것이었다. 방대한 인구 집단과 천연자원이 있는 인도에서 영제국이 번영을 구가하고 있고, 카리브 해의 중요성이 쇠퇴한 것 또한 설탕-노예 시스템을 폐지하자는 주장에 힘을 실어주었다. 1807년 영국 의회는 아프리카 노예의 매매를 금지하는 최초의 노예제 반대 법안을 통과시켰다. 10년 후에 영국과 스페인은 스페인이 적도 이북의 노예매매를 즉각 중지하고, 적도 이남은 1820년에 중지한다는 데 합의하는 협정에 서명했다. 이 협정으로 영국 해군 군함은 노예상으로 의심되는 자들을 수색할 권리를 얻었다. 그러나 협정의 허점만을 노린 노예무역은 1830년 중앙아메리카와 남아메리카 대부분 지역에서 노예제도를 공식적으로 금지하는 영국과 스페인 간의 또 다른 협정이 체결되기 전까지는 굳세게 계속된다.

한편, 미국에서 불기 시작한 반노예제 운동은 1793년 엘리 휘트니 Eli Whitney가 조면기繰綿機를 발명하면서 뒷걸음질치게 된다. 영국 공장들의 면화 수요가 급상승하고 있었고, 휘트니의 발명으로 면화를 쉽게 손질할 수 있게 되자 미국 남부는 노예제가 소생할 기회를 제공하며 면화의 제왕이 되었다. 이 일로 남부의 11개 주가 연방을 탈퇴했고, 노예제의 종말을 위해 미국은 피비린내 나는 내전을 치러야 했다. 브라질에서는 커피 농장이 확산일로였기 때문에 1833년 영국령 서인도 제도에서 의회법으로 노예제가 공식 폐지되었음에도 그 후 50년 동안 계속 노예제가 살아남은 원인이 되었다. 1800년 브라질에는 약 150만 명의 노예가, 미국에 85만 7천 명, 영국령 서인도 제도에 60만, 스페인령 아메리카에 25만, 그리고 또 다른 영국 식민

지들에 15만 명의 노예가 있었다.³¹

그러나 법을 공표한다 하여 세계 각 지역에 이미 자리한 경제적 불평등이 사라지지는 않았다. 세계에서 가장 오래된 무역은 현대까지도 살아남아 있다. 2004년에 탈출한 브라질 인 노예의 증언은 브라질의 성공적인 수출 이면의 어두운 세계를 한눈에 파악할 기회를 제공했다.³² 브라질 정부는 지금도 벌목업자들이 열대 활엽수종의 나무에 접근할 수 있도록 아마존 숲을 개간하고, 가축 방목지를 만들고, 콩을 심을 땅을 고르면서 5만 명가량이 '노예제와 유사한 조건'에서 노동하고 있다는 사실을 인정했다. 그 결과 저가의 목재, 쇠고기, 콩이 생산되어 브라질의 수출을 증가시키고, 다국적 기업들은 이를 전 세계 소비자들에게 판매하는 것이다. 세계화의 물결 밑에 은밀하게 떠다니고 있는 빙산의 끝자락을 눈여겨볼 기회를 주었던 도버 항의 비극은 다른 지역, 특히 미국에서 계속되고 있다.³³

아시아와 신세계의 연결

노예 해방 선언이 있고 3세기 동안 우리 세계는 민족적, 경제적, 문화적으로 더욱 긴밀히 그물처럼 연결되었다. 지중해에서 시작되어 신세계를 점령해버린 설탕 - 노예 복합체는 역사가 로버트 함스 Robert Harms가 밝힌 대로 세계 무역의 척추가 될, 대륙을 연결하는 무역 시스템의 필수불가결한 고리를 만들어냈다. 노예무역은 "유럽의 신세계 무역 그리고 신세계의 아시아 무역에서 없어서는 안 될 다리 역할"을 했다. 아프리카에서 노예는 옛 포르투갈 어로 'uma peça d'India', 즉 '상품으로 교환할 그 또는 그녀'라는 의미로 1명이 아니라 '1개'로 불렸다.³⁴ 프랑스의 배들은 노예와 교환할 상품을 싣고 아프리카로 항해했다. 노예들은 다시 프랑스의 신세계 식민지로 수송되어, 식민지에서 재배한 설탕과 기타 플랜테이션 농장의 생산품과 교환되었다. 함스의 연구를 보면 프랑스 노예선의 여정을 분명히 이해할 수 있다.

    1731년 노예선 딜리전트호Diligent가 서아프리카 해안으로 가기 위해 프랑스를 떠날 때 선적 화물의 절반 이상은 무늬개오지조개cowry shell와 각종 인도산 직물이었다. 서아프리카 연안 지방의 주요 통화로 사용되는 무늬개오지조개는 인도 근처의 몰디브 군도에서 가져온 것이었다.
  인도와 중국에서 귀환하는 인도 항로의 선박 회사는 몰디브 군도에 들러, 오늘날 우리가 스티로폼으로 팝콘만 한 조각을 만들어 완충재로 사용하는 것과 비슷하게, 상품과 도자기를 보호하는 쿠션으로 사용할 무늬개오지조개를 사들였다. 이 조개들은 선박을 안정적으로 유지하는 바닥짐(배에 실은 화물의 양이 적어 배의 균형을 유지하기 어려울 때 안전을 위해 배의 바닥에 싣는 중량물―옮긴이)으로 사용되기도 했다. 아시아의 도자기, 차, 향신료, 섬유는 프랑스에서 싣고 온 유럽의 교역 상품들보다 가격이 높았기 때문에 귀환하는 배에는 빈 공간이 많이 남았다. 그 공간에 무늬개오지조개가 채워졌다. 프랑스에 도착한 후 이 조개들은 서아프리카로 보낼 통에 담겨 다시 포장되었다.[35]

    역사가들은 노예제도와 노예무역이 아프리카 인구 집단에 미친 영향을 산정해보려고 노력하고 있다. 1650년에서 1800년 사이에 약 150만 명의 노예가 영국의 카리브 해 식민지로 보내졌지만, 이 시기가 끝나갈 무렵 이질과 황열병과 영양실조로 카리브 해의 아프리카계 인구 집단은 겨우 50만을 간신히 넘길 정도로 감소했다.[36] 급성장한 국제 상거래는 엄청나게 많은 인간의 생명을 담보로 한 것이었다.

우리는 16세기에 선체가 크고 더 빠른 범선이 출현하고, 19세기 증기선이 출현하면서 무게의 장벽이 어떻게 극복되었는지를 살펴보았다. 비단, 향신료 자루, 진주와 다이아몬드처럼 비싸고 가벼운 물건을 싣던 자리에는 점점 더 무거운 상품들을 실을 수 있게 되었다. 노예제는 규모가 커진 배를 채우고, 증가하는 소비자의 욕구를 만족시킬 더 많은 상품을 생산할 수 있도록 생산 규모를 변화시키는 데 일조했다. 수십만의 노예들이 설탕, 커피, 코코아, 담배의 생산 확대에 기여했고, 한때 사치품이었던 이 상품들은 대중적인 상품이 되기 시작했다. "1750년에는 영국의 가장 가난한 농장 노동자의 아내도 차를 마시면서 설탕을 넣었다."37 왕이 교황에게 선물로 설탕을 보내던 시절은 가고 없었다. 새로 발견된 코코아는 스페인의 이사벨라 여왕이 종일 코코아를 마셔대는 바람에 옷이 차츰 갈색으로 얼룩질 정도로 환영을 받았다. 한편 동남아시아 시암Siam의 라마 3세Rama Ⅲ도 이웃한 캄보디아로 군대를 보내 설탕을 재배할 노예 노동자들을 데려왔다. 강제 노동의 결과 19세기 초반 시암에서 설탕은 가장 중요한 수출 품목이 되었다.38 아프리카 인 노예들이 미국 남부에서 생산량을 끌어올리고 면화의 가격을 낮추는 동안, 영국의 섬유 제조업은 붐을 맞았고, 가벼운 면셔츠는 더는 왕자와 귀족들만의 사치품이 아니었다.

멕시코와 페루의 은 광산에서 부지런히 일하는 수만 명의 아프리카 인 노예들은 세계 무역에 살아 있는 피를 공급하는 어마어마한 양의 은괴를 생산했다. 역사가들은 1450년에서 1800년 사이에 멕시코와 페루에서 약 13만에서 15만 톤의 은이 채굴된 것으로 추정한다. 이 은괴는 유럽과 스페인 제국의 아시아 전초 기지인 마닐라로 실려 갔다.39 은괴와 은화는 마닐라에서 다시 엄청나게 늘어난 교역 물품의 대금으로 지불되어 전 세계로 유통되었다.

다른 상품과 연계된 노예무역은 대륙을 더욱 긴밀하게 연결시켰다. 함스가 기술한 대로 "아시아 무역은 노예선이 필요로 하는 교역 물품을 공급했고, 노예선은 아시아 생산품의 안정적인 시장을 제공했다."40 노예무역은 낭트와 보르도의 브랜디 제조업을 활성화시켰고, 더 중요하게는 인도와 함부르크의 섬유 산업, 몰디브의 무늬개오지조개잡이, 네덜란드의 총기와 파이프 산업, 스웨덴의 철강 산업에 기여하는 결과를 낳았다.41

노예 공급이 안정적으로 이루어지자 식민지 시스템의 수명이 연장되었다. 준비된 노예 노동자들은 생산성을 강화할 수 있는 신기술이 잠식해 들어와도 굳건히 견뎌낼 수 있었고, 식민지 투자에서 지속적인 이윤이 돌아오는 시대를 열게 된다.42 또한 노예제를 바탕으로 한 플랜테이션 농장 경제에서 산출된 부는 영국 공산품의 새로운 시장을 형성해주었다. 한 역사가는 1780년대와 1790년대에 "거의 60퍼센트의 추가 생산된 공산품이 수출되었다."43고 지적했다. 19세기 대서양의 노예무역은 동인도의 섬유 산업, 유럽의 금속 공업, 아프리카의 대상 무역, 유럽의 선박 회사, 미국의 대농장주라는 복잡한 국제 무역 관계를 발달시켰다.44

초기에 설탕, 무늬개오지조개, 럼주, 담배와 노예를 교환하던 대륙 간 무역은 세월이 흐르면서 다른 분야로 확장된다. 노예무역은 초기에는 오직 지배 계층의 수요를 충족하기 위한 것이었지만, 곧 대량으로 소비되는 일용품을 제공하기 시작했다. 노예무역을 연구한 한 학자는 "소수 지배 계층이든 일반대중이든 대부분의 사람들은 이들 상품을 생산하는 노동자들의 비극적인 운명은 어떤 모습인지 제대로 알지도 못했고 관심도 없었다."45고 적고 있다. 이것은 중국이나 기타 국가의 가난한 노동자들이 열악한 근로조건에서 장시간 노동으로 생산한 제품을 판매하는 월마트나 시어스 같은 할인매장의 '언제나 좋은 가격'을 즐기는 오늘날의 소비자들도 마찬가지다. 저렴한 가격에는 대가가 따르기 마련이다! 그러나 소비자들은 외국 노동자의 근로조건을 보도하는 뉴스를 듣는 것조차 좋아하지 않으며, 여전히 이런 매장으로 떼지어 물건을 사러 간다. 개발도상국가의 제품에 적정가격을 보장하는 프랑스의 수입 회사 알테르 에코Alter Eco의 창립자이자 CEO인 트리스탕 르콩트Tristan Lecomte는 이렇게 말한다. "소비자들은 정말 제정신이 아닙니다. 입으로는 사회적 책임을 져야 한다고 하면서 가격파괴 행사라면 모두 맹렬하게 덤벼듭니다."46

산업 혁명의 영향력

노예무역으로 얻어진 부를 통해 하버드, 예일, 브라운을 포함한 세계 유수의 대학을 세울 기금이 마련되었고, 미국의 산업 혁명을 출범시킬 핵심 자본이 형성되었다. 당시 브라운 대학교가 있던 프로비던스의 노예 무역상들은 양모와 철강 산업에 관여하고 있었고, 브라운 대학을 창립한 모지스 브라운Moses Brown은 면직물 산업의 발달에 핵심적인 역할을 했다. 노예제 반대 운동의 지도자였던 브라운은 1790년에 영국인 이민자 사무엘 슬레이터(그는 기계 설계를 암기하여 영국의 기술수출 금지 장벽을 뛰어넘었다)를 고용하여, 프로비던스 외곽의 포터컷Pawtucket에 미국 최초의 방직 공장을 설립할 자금을 제공했다.47

영국만큼 노예제의 이익을 많이 본 나라도 없다. 1662년부터 1807년 사이 영국 배들은 약 340만 명의 노예를 아프리카에서 아메리카로 수송했다. 아메리카로 수송된 전체 노예의 거의 절반이 이 시기에 수송되었다.48 노예무역의 절정기에 영국은 가장 많이 노예를 수출하는 나라였다. 영국은 식민지에 자국 제품을 팔아 번창했고, 영국의 산업은 노예 노동으로 생산한 제품을 판매하여 이윤을 올렸다. 온 나라가 아프리카 노예제도의 이윤으로 부를 축적했다. 1834년 대서양 노예제도에 반대 입장을 취하기 전에 영국은 이미 세계를 지배할 기반을 다진 상태였다.

역사가들은 19세기에 아시아에서 약 100만 명의 노예가 동원된 것으로 추산한다.49 아시아에도 물론 국제 노예무역이 있었다. 정치적으로 분열된 힘없는 사회의 민중들은 더 강하고 부유한 나라에 강제로 편입되었다. 1820년 이전 아시아 대륙에서 도시 인구의 대다수가 전쟁과 무역을 통해 정복된 나라에서 편입된 사람들이었다는 기록으로 보아 아시아 사회에 노예제가 확산되어 있었음이 분명하다.50 이것은 유럽 도시의 풍경과는 상당히 대조되는 모습이다. 당시 유럽은 봉건제도의 풍경 위에 장인조합을 기반으로 한 생산 시스템과 도시가 등장하고 있었고, 도시는 탈출한 농노들의 피난처였다. 탈출한 농노가 도시에 1년 1일 동안 살면 법적으로 자유 시민이 될 수 있었다. 그래서 독일인들은 "도시의 공기가 (우리를) 자유롭게 한다."는 말을 했다. 이와 반대로 동남아시아의 식민화된 도시들은 노예제의 거점이었다. 노예매매는 너무나 이윤이 많이 남는 장사여서, 동남아시아 섬으로 침략 원정대를 보내 획득한 노예를 바탕으로 다수의 국가들이 부를 쌓고 번영을 구가하기까지 했다. 동남아시아 지역은 20세기 후반 일본이 신흥 산업국가로 부상할 때까지 계속 노예 노동을 공급했다. 일본은 인종적 혼합에 거부감이 심했지만, 제2차 세계대전 동안 심각한 노동력 부족을 해소하기 위해 1939년부터 1945년까지 70만 아시아 인을 강제 노동에 동원했다.[51]

국제적인 노예무역은 아프리카 대륙 내부의 노예제를 확산시키기도 했다. 포획된 전체 노예 가운데 3분의 1에 해당하는 700만이 아프리카 내부의 노예로 끌려갔다. 수출된 노예는 남성이 압도적으로 많았기 때문에 서아프리카와 중앙아프리카의 성비性比는 여성의 비율이 현저히 높았다. 그리고 아프리카 궁정에 여성 노예들이 집중된 결과 일부다처가 발생하게 된다.[52] 노예제는 아프리카 인의 삶의 일부로 철저히 통합되어, "노예무역으로 번영을 누린 감비아, 콩고, 다호메이Dahomey 등 아프리카 국가의 부족장들은 런던과 파리로 사절을 파견해 노예제 폐지에 강력하게 항의"[53]를 하는 지경에 이른다. 건강한 인구 집단이 노예로 빠져나가면서 아프리카의 인구 증가에 영향을 준 것은 물론이고, 노예무역이 초래한 전쟁과 사회적 분열은 출생률 저하의 원인이 되었다. 결국 노예무역은 아프리카 인의 사회, 정치, 경제, 문화를 심각하게 약화시켰다.

한편 노예무역으로 아프리카에 신상품이 도입된 결과 대륙의 문화와 식생활은 영원히 변화했다. 황금 해안(현재의 가나)의 영국 노예상들은 럼주, 치즈, 맥주, 정제 설탕, 담뱃잎을 들여왔다. 포르투갈 무역상들은 설탕, 브랜디, 담배, 총과 화약, 마니옥manioc(카사바라고도 하며, 남아메리카 열대 원산의 감자 대용식물 – 옮긴이) 가루, 아시아와 포르투갈의 장신구를 가져와 노예와 교환했다. 아프리카 소비자들은 유럽 상품에 매우 익숙해졌고, 이런 기호는 노예무역이 끝난 후에도 오래도록 남게 된다.[54] 또한 포르투갈 인들이 고구마, 파인애플, 캐슈, 파파야와 그 외 10여 종의 식용식물을 도입했다. 그 가운데 옥수수와 마니옥은 아프리카에서 가장 중요한 주식으로 자리 잡았다. 브라질의 플랜테이션 농장에서 생산된 커피 씨앗은 상투메로 역수출되어 아프리카 본토로 확산된다. 300년간의 노예매매는 서아프리카의 일상에 음식, 종교, 대중적인 축제와 건축을 포함하여 브라질의 것이 확실한 여러 흔적을 남겼다.55

유럽 인들이 브라질을 발견했을 당시 브라질에는 약 150만의 아메리칸 인디언들이 있었던 것으로 추정된다. 그 후 350만 명의 아프리카 노예가 브라질로 유입되었다. 브라질 인구 구성에서 아프리카 인구 집단의 영향은 1960년대 초반의 자료를 보며 설명할 수 있다. 당시 브라질의 인구 분포는 아메리칸 인디언 1퍼센트, 흑인 브라질인 2퍼센트, 혼혈 26퍼센트, 그리고 나머지는 유럽 인 혈통이었다. 브라질의 탁월한 저술가인 질베르투 프레이리Gilberto Freyre는 "모든 브라질 사람의 영혼에는, 흰 피부에 금발의 외모를 가진 사람일지라도 흑인의 피가 흐르고 있다."56고 기술했다.

노예무역은 브라질의 음식, 의복, 종교, 언어, 음악, 민속 등 삶의 모든 면에 지울 수 없는 흔적을 남겼다. 삼바 음악부터 콩고 왕의 즉위식을 묘사한 노래와 춤인 콩가다스congadas, 아카라제acarajé(구운 콩을 넣어 야자유에 튀긴 빵)와 카루루carurú(새우와 오크라okra(아프리카 북동부 원산. 열매는 식용이고, 어린 깍지는 스프요리에 사용하고, 딱딱한 깍지는 술을 담근다 – 옮긴이)로 만든 스튜) 등 이런 일상을 가져온 세계화를 생활 속에서 매순간 떠올리게 된다.57 콩고와 기니 만에서 들어온 전통 신앙은 아프리카 이민자들의 제례와 시각적 표현 양식에 영향을 미쳐왔고, 브라질의 지배 종교인 그리스도교 의식과도 융합되었다. 일부 사람들이 움반다교Umbanda를 브라질의 국가 종교로 간주하고 있는 점은 주목할 만한 대목이다. 이 일에 대해 네이 로페스

Nei Lopes는 이렇게 설명한다. "움반다교는 반투Bantu 족의 조상 숭배와 폰 요루반 오리샤Fon-Yoruban Orishas(서아프리카의 창조신 – 옮긴이) 숭배에서 시작된 것으로 다양한 요소가 융합된 종교다. 움반다교를 연구한 일부 학자들에 따르면 움반다교는 아메리카 원주민의 광적인 신앙심을 바탕으로 힌두교에서 윤회, 업, 환생의 법칙을, 그리스도교에서 형제애와 사랑의 기본 원칙을 가져와 융합시킨 것이라고 한다."[58]

카리브 해의 요리와 문화(트리니다드 섬 흑인들의 노래인 칼립소Calypso부터 아이티의 부두교까지)에도 수세기에 걸쳐 아프리카 노예들과 상호 작용을 한 흔적이 남아 있다. 현재 카리브 해 지역에서 광범위하게 사용되는 크레올Creole은 오랜 노예제의 흔적으로, 프랑스 노예상인의 언어와 아프리카 어가 결합되면서 탄생한 언어다. 한편 신세계에 유럽 인들의 등장은 노예제와 장기적으로 노예제가 초래한 사회경제적 결과보다 더한 사건을 초래했다. 일부 역사가들은 이 일을 미생물 균주가 일으킨 대량 학살genocide이라고 부른다.

저 먼 곳의 보이지 않는 위험

1492년 10월 12일의 이른 아침. 카리브 해의 섬에 이상하게 생긴 둥둥 떠다니는 집들이 모습을 드러냈다. 벌거숭이 원주민들은 눈이 휘둥그레져 모여들었다. 산타마리아, 니냐, 핀타에서 내린 턱수염을 기른 창백한 선원들은 알 수 없는 말을 하고 이상한 덮개를 쓰고 있었다. 그들은 바위투성이의 평지를 찾게 되어 미친 듯이 기뻐하는 것 같았다.

살아남은 콜럼버스와 그의 선원들도, 호기심에 가득 찼던 원주민들도 이 만남으로 장차 어떤 일이 벌어질지 상상하지 못했다. 씻지도 못하고 면도도 하지 않은 괴상한 옷차림의 이방인들은 신세계 인구를 초토화시킬 보이지 않는 바이러스와 병원균의 숙주들이었다. 알프레드 크로스비 주니어Alfred W. Crosby, Jr.는 『콜럼버스가 바꾼 세계 *The Columbian Exchange*』에서 이렇게 기술했다. "고립되어 있던 신세계의 문이 열렸을 때, 콜럼버스가 둘로 나뉜 세계를 하나로 묶었을 때 아메리칸 인디언들은 처음으로 최악의 적을 만났다. 그것은 백인도 아니고, 백인들이 거느리고 온 흑인 노예도 아니었다. 그것은 그들의 피와 숨결에 들어 있는 보이지 않는 살인자들이었다."[59]

겨우 70여 년 만에 8,000만에서 1억 명의 원주민이 천연두, 인플루엔자, 디프테리아 같은 유럽 인들이 바다 건너에서 옮겨온 질병으로 죽어갔다. 퍼거슨은 "중세에 흑사병을 옮긴 쥐들처럼 백인들은 치명적인 세균의 매개체"[60]였다고 말한다. 1621년 메이플라워호를 타고 미국으로 와 플리머스에 정착한 영국인 청교도들은 뉴잉글랜드 원주민의 90퍼센트가 그들이 도착하기 10년 전에 모두 질병으로 죽었다는 사실을 감사히 여겼다. 1690년대에 캐롤라이나의 주지사였던 존 아치데일은 "하느님의 손길이 영국인들에게 자리를 내주기 위해 인디언들의 수를 줄이는 탁월한 일을 하셨다."[61]고 말했다.

아메리칸 인디언의 집단적인 죽음은 세계를 잇는 인간의 교류에 수반된 죽음과 고통의 기나긴 역사에서 바라보면 한 편의 에피소드일 뿐이다. 인간, 곤충, 소, 가축화된 동물 등은 모두 바이러스와 세균을 지니고 국경을 넘었고, 새로운 숙주를 찾았다. 질병이 전 세계로 보급되는 현상은 아주 초기부터 상호 연결성이 낳은 부정적인 측면이었다. 그러나 인간의 이동 자체가 항상 질병의 세계화를 낳은 것은 아니다. 초기에 식량을 찾아 늘 이동해야 했던 수렵 채집민들은 건강했던 것으로 보인다. 유랑하는 삶의 방식 때문에 그들은 쓰레기를 쌓아두고 살지 않았고, 가축 또는 가금류를 지키지도 않았다. 인간은 농경을 바탕으로 정착 생활을 시작하여 공동체를 형성하면서 소와 가금류, 설치동물, 곤충과 밀접한 생활을 하게 되었고, 세균의 매개체가 된 것이다. 이어 대상들과 무역상들의 배가 분산되어 있는 인간 공동체들을 연결하기 시작했고, 그들은 뜻하지 않게 상품과 더불어 세균, 세균을 보유한 설치류, 모기, 벼룩을 실어 나르게 된다. 거래된 일용품, 특히 노예의 경우는 거래가 이루어진 나라에 전염성 질병을 가지고 들어갔다. 원정을 떠난 병사들은 세균을 가지고 새로운 땅으로 갔고, 역병부터 인플루엔자까지 새로운 병원균과 감염 물질을 안고 귀환했다. 대규모 여행이 가능해지면서 현대의 탐험가들인 관광객들도 세계적 유행병의 매개체가 되었다. 따라서 세계화의 4대 주역 가운데 적어도 무역상, 전사, 탐험가, 이 세 범주의 사람들은 모르는 사이에 재난의 전달자 역할을 한 것이다.

세균 전파와 관련해서는 2세기에 메소포타미아에서 파르티아군과의 전쟁을 마치고 귀환한 로마 병사들이 지중해 세계를 강타한 전염병을 가지고 들어왔다는 최초의 기록이 있다. 이 전염병이 페스트였는지 최초의 천연두였는지 약간의 논란이 있지만, 어느 쪽이든 이 끔찍한 전염병으로 감염자의 3분의 1에서 2분의 1이 사망했고, 지중해 인구는 급격히 감소했다. 542년 발생한 전염병은 쥐를 매개체로 하는 예르시니아 페스티스Y. pestis가 원인균으로 림프절 부종浮腫, 서혜부 림프절염과 이차적인 폐 감염을 일으키는 선腺페스트bubonic plague가 확실하다. 당시 로마 황제의 이름을 따서 유스티아누스 역병이라고 불린 이 전염병은 인도에서 발생했고, 홍해의 항구로 오는 아랍 무역선을 드나들던 쥐들에 의해 이집트로 옮겨진 것으로 추정된다. 번식이 빠른 쥐와 벼룩의 서식지에 선페스트가 유입되자, 전염병은 보스포루스Bosporus 해협의 콘스탄티노플에서 이베리아 반도까지 지중해 무역로 전역으로 퍼져나갔다. 역사가 프로코피우스Procopius는 역병이 절정에 달했을 때 콘스탄티노플에서만 하루 만 명이 죽었다고 기록했다. 로마 제국 인구는 전염병이 발생하기 이전에 약 1,600만에서 2,600만 명이었던 것으로 알려져 있다. 그 중 30~40퍼센트가 이 세계적인 전염병으로 사망했다.[62] 현대의 한 저술가는 이 사건을 생생하게 묘사하고 있다. "페스트는 마을 주민들의 목숨을 앗아가고, 나라 전체를 사막으로 만들어버리고, 인간의 거주지를 사나운 짐승들의 서식지로 바꿔버렸다."[63]

로마 제국의 동쪽과 서쪽을 통틀어 최소 4분의 1이 사망한 것으로 추정된다. 그로부터 6세기가 지난 후, 흑사병으로 알려진 세계적 유행병이 이 기록을 갱신한다(흑사병black death이라는 명칭은 라틴 어 어구 아트라 모르스atra mors를 오역한 것이다. '아트라'는 '검다'는 뜻 외에 '지독한' 혹은 '무서운'이라는 뜻이 있는데, '끔찍한 죽음'이 아니라 '검은 죽음'이라고 옮기면서 굳어진 명칭이다). 보통은 이 명칭이 페스트에 감염되고 이틀 후에 나타나는 피부 변색과 림프절의 검은 궤양에서 나온 것이라고 생각되었다.[64]

죽음의 고속도로

1347년 크림 반도에 있는 흑해의 항구 카파(현재의 테오도시아)를 떠난 이탈리아 상선들이 페스트균을 싣고 콘스탄티노플과 지중해 연안의 항구에 속속 도착했다. 페스트는 곧 소아시아, 중동, 북아프리카, 유럽 전역으로 퍼져나갔다. 설치류 동물이 들끓는 중앙아시아의 초원 지대를 횡단하는 무역상들은 예기치 않게 질병의 전달자가 되었다. 고대의 실크 로드는 몽골 제국의 보호 아래 꽃을 피우며 산적이 출몰할 위험은 줄었지만, 설치류와 벼룩이 무역상들에게 옮기는 세균에는 무방비 상태였다.

흑사병은 1331년 중국에서 발생하여 1345년 크림 반도로 전파되었다고 한다. 1347년 콘스탄티노플에 전파되었고, 곧이어 피사와 제노바로 확산되었다. 유럽의 주요 항구에 상륙한 선페스트는 주요 도시들을 차례로 함락시키며 육로를 따라 전진했다. 한때 유럽의 도시에 번영을 가져다 준 유명한 무역로는 털북숭이 검은 쥐들이 이동하는 죽음의 고속도로로 변했다.

역사가 올레 베네딕토Ole Benedictow는 8,000만 명으로 추정되는 당시 유럽 인구의 60퍼센트인 약 5,000만 명이 페스트와 페스트 관련 질병으로 사망했다고 한다.[65] 당시 땅에 묻히지도 못하고 썩어가는 시체들이 산을 이루었다는 기록이 있다. 인구 10만의 피렌체 같은 도시에서는 매일 400명에서 천 명이 죽어갔다. 1347년 발생하여 1722년 완전히 소멸되기 전까지 페스트는 유럽에서 산발적으로 계속 발병했다. 이 시기 무역은 거의 정지되었다. 그때 세계화라는 단어가 알려져 있었다면 아마도 '죽음의 세계화'라는 말이 나왔을 것이다. 반면 유럽의 인구 감소는 새로운 사회경제적 경향을 만들어냈고, 훗날 세계 역사의 전환점으로 평가받는 의학 발달의 동력이 되었다.

페스트 이후의 참상을 살펴보면 무역을 통해 상호 연결된 세계의 특징을 인식하는 데 도움이 된다. 절반 혹은 절반이 넘는 인구가 사라졌다는 것은 생존자 일인당 부가 급격히 증가했음을 의미했다. 상속받은 땅과 자본, 금과 은으로 새롭게 구축된 부에 기분이 들뜬 유럽의 생존자들은 아랍과 베네치아 상인을 통해 풍부하게 유입되는 아시아의 비단, 향신료 같은 사치품을 사는 데 과도하게 열중했다. 이들의 쇼핑 탐닉은 한 역사가가 '15세기의 극심한 금은 기근'이라고 부른 금은金銀 부족 사태를 초래했다. 주화가 절대적으로 부족해지자 귀금속 탐사 활동이 강화되었고, 1516년에 독일의 요아힘스탈Joachimstal에서 '역사상 가장 큰 은광 가운데 하나'를 발견하게 된다. 이 마을의 은으로 주조한 주화는 요아힘스탈러Joachimstaler라고 불리다가 나중에 간단하게 '탈러Thaler'라고 줄여 부르던 것이 오늘날의 달러dollar가 되었다.[66] 그러는 사이 유럽 인들은 베네치아와 아랍의 중개자들이 완전히 장악하고 있는 향신료 무역의 벽을 깨기 위해 아시아로 가는 대체 항로를 찾는 데 골몰했다.[67] 흑사병은 여러 측면에서 새로운 소비자 사회가 구축되는 전조였다.

노동력이 부족하고 노동 비용이 증가하자 이를 보완할 더욱 합리적인 인력 운용과 효율적인 생산 공정, 노동력 절감 장비의 개발이 뒤따랐다. 13세기 초반에 개발된 수력을 이용하는 제재소가 광범위하게 확산되었다. 많은 수의 필경사들이 사망했기 때문에 필사본 가격은 하늘 높은 줄 모르고 솟아올랐고, 일종의 자동화된 복사 기술이 더욱 필요해졌다. 당시 중국에서 도입된 종이 제조법으로 값싼 종이가 생산되고 있었고, 목판 인쇄술도 이미 알려져 있었다. 1447년 독일 마인츠 출신의 구텐베르크는 야금술과 인쇄술을 결합하여 유럽 최초의 금속활자 인쇄기를 만들어 혁명의 발판을 마련했다.[68] 영국과 네덜란드에서 값싼 소비재가 생산되면서 경제의 중력 중심은 지중해에서 북쪽으로 이동했다. 바로 산업 혁명의 전조였다.

흑사병 같은 엄청난 규모의 재난은 또한 오랫동안 존재해온 유대인 같은 '이방인'에 대한 편견을 표면화하는 계기가 되었다. 유대 인과 기타 '그리스도교 왕국의 적들'이 우물과 식수원에 독약을 풀어 엄청난 죽음을 초래했다는 논리는 유럽의 많은 지역에서 소수자에게 가하는 폭력적인 박해로 이어졌다. 이것은 "유대 인을 무차별적으로 대량 학살한 중세의 홀로코스트였다. 박해는 유대 인의 후손들이 살고 있던 동유럽으로 번져 또다시 대규모 학살로 이어졌고, 중세의 홀로코스트는 600년 후의 홀로코스트보다 더욱 폭력적이었다."[69]

검역의 탄생

흑사병은 공중보건 정책에도 중대한 영향을 미쳤다. 최초의 여행자 검역은 1377년 7월 27일 달마티아 해안에 있는 베네치아의 식민지 라구사Ragusa(현재 크로아티아의 두브로브닉Dubrovnik)에서 실행 명령이 내려진 것으로 알려져 있다. 페스트 발생 지역에서 오는 여행자들을 30일간 격리시키라는 이 명령은 나중에 40일로 확대된다. 여기에서 사용된 이탈리아 어 쾨란테나리아quarantenaria에서 검역quarantine이라는 단어가 유래한 것이다. 이것에 대해 조지 로젠George Rosen의 설명을 들어보자. "14세기 중반의 흑사병을 겪은 이탈리아, 남프랑스 그리고 인접 국가들은 전염병을 통제하기 위해 검역소와 격리 병동, 살균 절차를 도입하는 등의 위생 관리 시스템을 구축했다. 이 시스템은 르네상스 시대와 그 이후까지 채택되었고, 더욱더 강화되어 현대의 공중보건 시스템의 일부로 남아 있다."[70]

그러나 검역이 항상 효과를 발휘한 것은 아니었다. 1720년 봄, 레반트 지역의 배가 페스트균을 싣고 리보르노 항구에 나타났다. 이 배는 리보르노에서 마르세유로 쫓겨 갔다. 트리폴리에 잠시 정박한 것을 포함하여 몇 달간 지중해를 떠돌던 이 배는 프랑스의 툴롱 항구에 다시 나타났다. 툴롱에서는 많은 승객들이 뇌물을 주고 검역 증표를 사는 일이 벌어지고 있었다. 곧 툴롱에 페스트가 발생했고, 마르세유로 확산되어 10만 주민의 거의 절반이 죽음을 맞았다.[71] 마르세유의 참사로 검역이 더욱 강화되고, 중동 지역과의 섬유 무역을 제한하려는 시도가 있었다. 이런 제한 조치는 당시 부상하고 있던 인도와 유럽의 섬유 무역에도 적용되었다.

인간 공동체의 긴밀한 통합이라는 측면에서 세계화가 낳은 가장 심각한 폐해는 유럽의 병원균에 면역력이 없던 신세계 원주민들에게 질병을 전파한 일이었다. 1519년 스페인 정복자 에르난 코르테스 Hernán Cortés가 소규모 군대만으로 수적 우위에 있던 아스텍 인들을 정복할 수 있었던 것은, 코르테스가 동반한 아프리카 인 노예들이 전파한 천연두에 감염된 아스텍 인들의 전력이 약화된 상태였기 때문이었다. 역사가 윌리엄 맥닐에 따르면, 아스텍 부족들은 이 역병을 스페인 인들의 신이 자신들의 신보다 우위에 있음을 증명하는 것으로 받아들였다고 한다. 그 결과 코르테스는 오합지졸 군대를 이끌고 약 1,250만 명 인구의 아스텍 제국을 손쉽게 정복할 수 있었다. 천연두는 멕시코에서 과테말라로 확산되었고, 남쪽으로 계속 퍼져 나가 1525년경에 현재의 페루에 해당하는 잉카 족의 땅에 도달했다. 1563년에는 포르투갈 식민지 개척자들이 브라질을 천연두에 감염시켜 모든 원주민 부족을 몰살시켰다.[72] 1500년에 현재의 미국 영토에는 200만 명의 원주민이 있었다. 이 숫자는 1700년에 75만으로 떨어지고, 1820년에는 불과 32만 5천 명으로 감소했다.[73]

노예무역과 식민지 정복으로 신세계에 천연두가 전파된 것과 마찬가지로, 치료제도 한 국가에서 다른 국가로 전파되었다. 우두접종 牛痘接種으로 알려진 천연두 예방 접종은 기원전 1000년에 인도에서 시작된 것으로 여겨진다. 이후 티베트로 전파되었고, 서기 1000년경에 쓰촨四川 지방 불교 수도원의 수도승들이 중국에 전했다.74 17세기 중반에는 대상 무역상들이 아라비아, 페르시아와 북아프리카로 전파했고, 오스만 제국 전역에서 부족 단위로 접종이 실행되었다. 18세기 콘스탄티노플 주재 영국 대사의 부인인 메리 몬태규Mary Montagu는 자신이 천연두를 앓고 난 후에 아들을 접종시켰고, 영국에 우두접종법을 소개했다.75

에드워드 제너Edward Jenner는 우두에 걸린 사람의 고름을 주사하여 더 심각한 천연두 감염을 예방하는 접종법을 개발했다. 1798년 이 접종 절차를 설명하는 책에서 그는 라틴 어로 암소를 의미하는 바카vacca에서 따온 백신vaccine이라는 단어를 만들고, 종두vaccination라는 이름을 붙였다. 1881년 프랑스의 미생물학자 루이 파스퇴르Louis Pasteur는 제너에게 경의를 표하는 의미로 종두에 한정된 단어의 의미를 전염성 질병에 면역성을 주입하는 모든 예방 접종을 의미하는 것으로 범위를 확장시켰다. 백신은 그 어떤 의학적 발명보다 더 많은 생명을 구하고 세계의 인구 분포를 변화시켰다. 헤이스J. N. Hays의 말을 인용해보자. "공중보건과 위생에 경각심이 높아지고, 예방 접종과 최대의 사건이었던 항생 물질의 발견을 포함한 여러 가지 강력한 치료제가 개발되자 각종 전염성 질병이 하나씩 하나씩 사라져가는 것 같았다."76

유명한 독감 바이러스 학자인 케네디 쇼트리지Kennedy Shortridge는 세계적인 독감의 발생지를 추적해 들어가면, 인구 밀도가 높고 사람과 돼지, 오리와 기타 가금류가 오랜 세월 한데 어울려 살아온 중국 광둥성廣東省에서 모든 독감이 시작되었다고 믿고 있다. 1918년의 스페인독감 역시 1888년 광둥에서 발생한 조류독감에서 시작된 것일 수 있다. 제1차 세계대전 시기에 프랑스 병영에서 연합군이 사용할 참호를 파는 데 동원된 중국 노동자들이 세계적인 독감을 발생시킨 변종 바이러스를 들여왔을 가능성이 있다. 스페인독감 희생자의 유골 DNA를 분석한 결과 스페인독감은 조류독감의 일종인 것으로 확인되었다. 그러나 이 결과를 미심쩍어하는 일부 전문가들은 중국 발생설을 인정하지 않고 있다.[77]

군인, 증기선, 스페인독감

1918년의 유행성 독감(스페인독감) 진원지가 어디든간에 유럽에서 발병한 지 1년 만에 세계 인구의 5분의 1, 미국 인구의 28퍼센트가 독감에 감염되었다. 전체 희생자의 수는 2,000만에서 4,000만 명 범위에 있는 것으로 추정된다.[78] 스페인독감이라는 명칭이 붙은 것은 제1차 세계대전 당시 스페인은 비동맹국이었기 때문에 뉴스 보도에 검열이 없어서 독감 확산 소식이 세계에 더 많이 알려졌기 때문이다.

지나 콜라타Gina Kolata는 그녀의 저서 『독감Flu』에서 1918년의 세계적 유행병의 확산 범위를 생생하게 묘사했다.

그해 9월에 발생한 전염병으로 50만 명의 미국인이 사망했다. 이 질병은 지구상의 가장 먼 곳까지 퍼져나갔다. 일부 에스키모 마을은 지구상에서 사라져버릴 정도로 희생자가 많았다. 서사모아 인구의 20퍼센트가 사망했다……. 이 독감은 세계가 전쟁에 지쳤을 무렵에 등장하여 몇 달 만에 지구를 휩쓸고 전쟁과 함께 끝났다. 불가사의하게 나타났다가 불가사의하게 사라져버린 것이다. 독감의 유행이 진정된 후, 인류는 겨우 몇 달 만에 이 질병이 역사상 그 어떤 병보다 더 많은 사람을 죽음으

로 몰고 간 것에 충격을 받았다.[79]

1918년 독감은 진정한 의미의 세계적 질병이었다. 증기선과 증기기차는 세계에서 가장 먼 곳까지 사람들을 실어 나르며 **빠르게 질병을 확산시켰다**. 가장 잔인한 전쟁에서 살아남아 제대한 수천의 병사들은 자신은 물론이고 반가워하는 가족과 친구들까지 죽음으로 몰고 갈 치명적인 전염병을 가지고 귀환했다. 당시 대부분의 대륙이 정기선으로 연결되어 있었고, 광범위한 지역에 철로가 개설되어 있었기 때문에 독감은 전 방향으로 확산되었다. 페스트는 중앙아시아에서 유럽을 황폐화시키는 데 3년이 걸렸지만, 스페인독감은 1년 반 만에 전 세계에 피해를 입혔다.

H_2N_2로 알려진 조류독감 바이러스는 1957~1958년에 100만에서 400만 명의 희생자를 발생시켰고, 2005년 초에 다시 한번 세계를 위협했다. 2005년의 바이러스는 새로운 변종 바이러스가 출현한 것이 아니라, 세계적으로 분포하고 있던 과거의 바이러스가 우연히 다시 모습을 드러낸 것이었다. 2004년 말, 신시내티 소재 메리디언 바이오사이언스사Meridian Bioscience Inc.는 통상적인 품질관리 인증 절차의 일부로 미국 병리학회가 주관하는 실험을 위해 약 4,000곳의 연구소와 연구자들의 사무실로 바이러스 샘플을 발송했다. 샘플 안에는 우연히 현대인에게 면역성이 없는 H_2N_2 바이러스가 들어 있었다. 6개월 후에야 실수가 발견되었고, 놀란 세계보건기구WHO는 이 위험한 샘플들을 긴급 폐기 처분할 것을 권고했다.[80]

2003년에 나타난 사스SARS는 단 6개월 만에 남중국에서 남아프리카로, 오스트레일리아와 브라질까지 확산되었다. 중국 남부의 광둥성에서 발생한 사스는 그 지역에서 식용하는 야생 사향고양이를 숙주로 한 변종 코로나Corona 바이러스(단순 감기의 원인균)가 원인인 것으로 밝혀졌다. 현대인은 이 바이러스에 면역성이 없었다. 전염성이 아주 높은 이 질병을 전파할 수 있는 중국 음식 한 가지가 홍콩의 어느 호텔에 들어왔다. 세계 주요 관광지이며 비즈니스 중심지인 홍콩은 곧 세계에서 가장 전염성이 강한 질병의 살포자가 되었다. 베트남에서 사스의 첫 번째 희생자가 보고되고 한 달이 채 지나기 전에 세계보건기구는 세계 여행 자제를 권고했다. 비행 정보를 알리는 전광판에 '결항' 불빛이 반짝이고, 홍콩의 첵 랍 콕Chek Lap Kok 공항은 휑하니 비어버렸다. 놀란 시민들은 마스크를 착용했고, 학교와 상점은 문을 닫았다. 사스의 확산을 막기 위해 베이징에서는 세 곳의 병원을 격리하고, 감염 가능성이 있는 8천 명의 주민들의 외출을 금지시켰다. 중국 수도의 공립학교, 영화관, 디스코텍은 문을 닫았다. 싱가포르 재래시장도 문을 닫고 병원 출입이 통제되었다. 세계의 대다수 공항과 항구 들이 어느 때보다 철저한 검역 절차를 실시하는 가운데 10개 국 13개 연구소의 과학자들이 새로 등장한 살인자를 물리칠 치료제를 찾는 데 전력을 다했다.

스페인독감의 치사율이 2.5퍼센트인 것과 비교해 사스는 10퍼센트의 치사율을 보이는 네 배나 더 치명적인 바이러스였다. 세계적인 검역과 예방 공조 체계 덕분에 희생자는 13개 국 813명에 그칠 수 있었고, 대다수 희생자는 홍콩과 중국 본토 사람들로 한정되었다.[81] 세계보건기구가 여행주의보를 발령하지 않았다면, 진보한 과학과 의료 체계가 없었다면, 바이러스를 확인하려는 전 과학자들의 공조가 없었다면, 사스는 1918년 유행병보다 더 멀리 더 빠르게 확산되었을 것이다. 12억 중국 인구의 20퍼센트만 이 바이러스에 감염되었다고 가정해도 1억 2천 명이 사망할 수 있는 것이다. 1918년의 세계 여행자수는 거의 미미한 수준이었지만, 2003년의 비행기 이용객은 약 16억이었고, 이 가운데 국경을 넘은 3분의 1은 온갖 바이러스를 지니고 세계를 다녔다. 바이러스의 급속한 확산을 막기 위해 과학자들이 애틀랜타부터 밴쿠버, 싱가포르로 이어지는 연구소들 간의 네트워크를 형성해 공동의 노력을 펼친 결과 한 달 만에 사스 바이러스의 유전자 지도를 완성했다. 이렇게 세계화는 바이러스 제트기의 속도를 더해준 것뿐 아니라, 대응책 마련의 속도 역시 증가시켰다.

국경 없는 질병

2003년 5월에 열린 연례회의에서 세계보건기구는 사스가 "21세기에 나타난 최초의 심각한 전염성 질병"이며, "전 세계인의 건강과 생활, 보건 시스템과 안정적인 경제 성장에 심각한 위협 요소"라고 밝혔다. 제트 비행기를 타고 국경을 넘으며 세계 보건시스템을 위협하는 사스 바이러스는 '베스트팔렌 체제post-Westphalian 이후 최초의 병원균'[82]이라고 불리고 있다. 1648년 체결된 베스트팔렌 조약은 국가 주권을 기반으로 한 국제 질서가 처음 공식화된 것으로, 국경을 결정하고 공공보건의 표준을 정한 조약이었다. 유럽 강대국들은 국제적인 법규를 마련하기 시작했고, 1851년에는 전염성 질병에 공동으로 대처하기 위한 외교적 절차를 마련하기도 했지만 주권 국가의 권한을 제한할 수는 없었다. 그러던 것이 세계보건기구가 특정 국가에 여행 금지 권고를 발령하고 감시 체계를 강화하면서 새로운 현상이 나타났다. 세계적인 질병에 사상 처음으로 전 세계가 반응을 한 것이다. 조지 부시 대통령까지 질병과 싸우기 위해 국제 협력과 투명성이 필요하다는 점을 인정했다. 사스가 남긴 교훈은 분명했다.

부시는 이렇게 말했다. "치명적인 신종 바이러스의 출현을 막기 위해 힘을 모아야 하는 것은 우리 모두의 이해가 걸린 문제입니다. 함께 노력함으로써 우리는 태평양에 면해 있는 모든 이의 생명을 구할 수 있습니다."[83]

1918년의 치명적인 독감이 조류독감이었다는 사실을 안 과학자들은 들불처럼 국경을 넘어 번져갈 또 다른 바이러스의 출현을 우려하고 있다.[84] 1997년 남중국에서 발생한 또 다른 독감은 종의 장벽species barrier을 뛰어넘었다. 일반적으로 닭과 오리에 발생하는 독감에 한 소년이 감염되어 사망했다. 그때부터 조류독감 병원균은 홍콩 전역과 남중국을 넘어 캄보디아, 인도네시아, 타이, 베트남, 말레이시아, 한국, 일본까지 확산되었다. 2006년 말까지 93명이 감염되었고 42명이 사망했다. 75퍼센트라는 이 경이적인 조류독감의 치사율에 (일반 감기의 치사율은 1퍼센트 미만이다) 보건당국은 인간 대 인간 감염으로 이어질 경우를 우려하며 전율을 느꼈다.[85] 사스가 제트 여객기의 속도로 전 세계에 확산될 수 있는 변종 바이러스라면, 1918년 4,000만 명을 죽음에 이르게 한 독감 정도는 재앙도 아닌 그저 미미한 에피소드 정도가 될 것이다.

독감 바이러스는 대단히 빠르게 돌연변이를 일으키기 때문에 한 종의 치료제가 개발되어도 다른 종에는 거의 쓸모가 없다. 세계보건기구의 '세계 인플루엔자 프로그램'에 참여하고 있는 전 세계 120여 개 연구소의 과학자들은 인간을 감염시킬 수 있는 독감의 돌연변이를 사전에 감지하기 위해 전자현미경으로 계속 새로운 샘플을 관찰하고 있다. 일단 위험성이 감지되면 세계보건기구는 세계의 하늘을 종횡무진하는 수천 대의 여객기의 이륙을 금지하고, 모든 국가의 검역을 강화하는 여행 관련 권고를 발령할 수 있다. 이런 대처 방법은 흑사병이나 스페인독감이 지구를 휩쓸 당시에는 존재하지 않았던 것이다. 그러나 사이버 공간에 잠복해 있는 또 다른 위험에 대처할 국제적인 보호 체계는 아직 없는 실정이다.

바이러스 사냥꾼

늦은 저녁 시간. 저녁 노을이 희미해지고 별들이 태평양 위에 반짝이기 시작한다. 유리를 덧댄 시만텍Symantec사 건물의 2층은 불이 밝혀져 있다. 캘리포니아 주 산타모니카에 있는 이 소프트웨어 회사 연구실에는 유리로 둘러싸인 방 안에, 제방을 쌓은 듯이 늘어서 있는 키 큰 서버들이 신비스런 붉은색 발광다이오드LED 불빛을 발하고 있다. 옆방에는 칸막이를 높이 세운 개인 공간마다 티셔츠와 청바지 차림의 젊은 남녀가 컴퓨터 화면을 들여다보느라 여념이 없다. 그들은 세계 각지에서 왔고 다른 언어를 말하지만, 고요한 연구실에서 같은 목표를 가지고 일한다. 그들은 조용히 반짝이는 서버가 차단하고 제거하라고 알려준 신종 바이러스의 제조자를 찾아내고 백신을 개발하고 있다. 산타모니카와 그 외 다른 시간대에 위치한 각지의 연구소에서 인터넷을 지키는 이 젊은이들은 기본적으로 세계보건기구와 함께 일하는 120여 개 의학연구소의 과학자들과 다를 것이 없다. 과학자들은 독감의 돌연변이 바이러스를 감시하고, 컴퓨터 엔지니어들은 사이버 공간에서 치명적인 병원균을 정밀 검사한다. 인간이 고의적으로 만들어낸 사이버 병균은 세계화의 새로운 고속도로를 위협하며, 세계적으로 10억 대에 달하는 컴퓨터에 몰래 접근한다. 이 악의적인 프로그램은 우리의 컴퓨터를 감염시키고, 우리의 파일을 검색하고 변경시키며, 데이터를 훔치고, 파괴적인 명령을 수행하게 조종한다.

'바이러스' 프로그램이라는 이름은 실제 바이러스의 악명을 그대로 반영하고 있다. 육안으로 보이지 않는 생물학적 바이러스도 생존을 위해 투쟁하고 증식한다. 스페인독감 바이러스와 사스가 숙주를 통해 생존하고 번식하려는 투쟁은 인간과 다른 동물들에게 치명적인 것이지만, 자연의 투쟁은 악의가 있거나 탐욕 때문이 아니다. 그러나 컴퓨터 바이러스는 의도적으로 기능한다. 우리의 동료 인간들 가운데 어떤 이들은 혁신적인 기술을 바탕으로 타인의 이익을 훔치거나, 단순히 적의를 품고 익명의 다수에게 피해를 입히려 한다. 의도적으로 통신을 방해하는 행위는 인터넷을 기반으로 벌어지는 21세기만의 독특한 현상은 아니다. 이를테면 처음으로 전신을 사용했던 일부 사람들은 이를 이용해 경마에서 불법적인 내기를 하고, 성실한 시민들이 송금한 돈을 횡령하기도 했다.

반면 컴퓨터는 여타의 기술과 확연히 다른 점이 있는데, 대부분의 기술사학자들은 컴퓨터가 인간의 삶을 그대로 본뜬 것이라는 점에 동의한다. 과학소설 작가인 데이비드 제럴드David Gerrold는 그의 소설 『할리가 하나였을 때When Harlie Was One』(1972년)에서 악의적인 프로그램을 고안하고 이것을 바이러스라고 불렀다.[86] 그로부터 10년 이상이 지난 후, 서던 캘리포니아 대학교의 대학원생인 프레드 코헨Fred Cohen은 연구의 일환으로 최초의 자기 복제와 자기 번식이 가능한 프로그램을 제작했다. 이 프로그램과 생물학적 바이러스의 유사성에 깊은 인상을 받은 코헨의 담당 교수는 이것을 '컴퓨터 바이러스'라고 부르자고 제안했다. 코헨은 이 프로그램으로 논문을 썼고, 평생 인간이 만든 신종 바이러스 연구에 헌신했다.[87] 최초의 세계적인 바이러스 프로그램은 1986년 파키스탄 라호르 출신의 암자드 알비

Amjad Alvi와 바시트 알비Basit Alvi 형제가 제작했다. '브레인Brain'이라고 불린 이 바이러스는 두 형제가 판매하는 컴퓨터 소프트웨어가 복제되면 언제든 특허 경고가 뜨고, 복제자의 하드디스크에 자기 복제가 되도록 설계되어 있었다.[88]

자연계의 바이러스가 번식하려면 영양을 빨아들일 숙주가 필요한 것처럼, 컴퓨터 바이러스도 숙주가 필요하다. 컴퓨터가 인터넷으로 연결되기 전에는 플로피디스크가 바이러스를 옮기는 매개체 역할을 했다. 파키스탄 인 형제의 브레인 바이러스처럼 초기의 컴퓨터 바이러스들은 경고성이었고 자기 과시였다. 컴퓨터가 급속도로 보급되고 인터넷이라는 경로가 생기자 '악성 코드malware'로 불리는 더욱 치명적인 바이러스들이 급격히 증가했다. 바이러스들은 프로그램을 바꾸거나, 화면에 장난스런 메시지가 뜨게 하는 정도에서 중요한 데이터를 지우고, 패스워드와 신용카드 정보를 훔치는 심각한 수준으로 진화했다. 단순한 자기 복제 바이러스부터 자기 복제를 통해 컴퓨터에 설치되어 이메일을 발송하는 웜worm, 뱃속에 병사들을 숨기고 잠입했던 유명한 트로이 목마처럼 착한 얼굴 뒤에 악의를 숨기고 들어오는 트로이 목마 바이러스까지 새로운 형태의 각종 악성 코드들이 등장했다. 젤루Zelu 같은 트로이 목마 바이러스의 변종은 '밀레니엄 버그Millennium Bug'를 치료하는 프로그램으로 가장하고 들어와 하드드라이브의 데이터를 파괴했다.[89]

러브 바이러스

2000년의 전형적인 어느 여름날. 홍콩에서의 일상이 보여주는 온갖 색채와 냄새보다는 서늘한 실내가 그리운 시기였다. 나는 코즈웨이 베이에 있는 내 사무실에 앉아 어느 먼 곳에서 온 불쾌한 침입자를 맞았다. 점심을 먹고 돌아와서 이메일을 확인하는 중이었다. 몇 개의 메시지를 클릭했더니 수신함에 갑자기 전혀 모르는 누군가의 메시지가 떴다. I Love You라는 호기심을 자극하는 제목이 마구 쏟아지기 시작했다. 몇 분 만에 마음을 끄는 똑같은 제목이 붙은 10여 통의 이메일이 모니터 화면에 폭포처럼 떨어지고 있었다. 나는 즉시 바이러스 공격이라는 것을 알고 재빨리 화면을 채우고 있는 메시지들을 삭제하기 시작했다. 곧이어 기술지원 담당자가 내 사무실로 와서 "I Love You라는 메시지는 절대 열지 마세요!"라는 경고를 하고 잰 걸음으로 달려갔다. 그러나 이미 피해가 발생한 후였다. 호기심 많은 일부 동료들이 첨부파일을 클릭했고, 별로 사랑하는 것 같지 않은 이메일을 받고 말았다. 똑같은 사랑 고백을 담은 수백 통의 메시지가 몇 분 만에 산지사방으로 전송되어 수천 킬로미터 밖에 있는 컴퓨터들에 도탄跳彈사격을 퍼부었다. 이 바이러스는 프로그램된 대로 하드디스크의 데이터, 이미지, 음악 파일을 파괴하기 시작했다. 나중에야 이 바이러스가 이메일 사용자를 무차별적으로 공격한다는 사실을 알았다. 회고록을 쓰기 위해 컴퓨터를 사용하기 시작한 지 얼마 되지 않았던 싱가포르의 전임 총리 리콴유李光耀도 사랑을 고백하는 이메일을 받았다. 그는 겸연쩍은 웃음을 지으며 내게 말했다. "보낸 사람이 누군지는 몰랐지만 호기심이 생겼죠. 대체 누가 나한테 그런 메시지를 보내겠습니까?"90 그의 컴퓨터는 곧 맹렬한 공격을 당했고, 그의 아들이자 당시 부총리였던 컴퓨터광 리시엔룽李顯龍이 컴퓨터를 살살 구슬러 바이러스를 제거했다. 약 1,600킬로미터 떨어진 영국에서는 호기심이 생긴 의원들이 이메일을 열었고, 예기치 않게 감염된 메시지를 발송하는 바람에 의회의 컴퓨터 시스템이 마비되는 사태가 벌어졌다.

  2000년 5월 4일 하루 종일 러브 버그는 아시아에서 유럽과 아메리카로 태양의 길을 따라 전 지구를 돌며 파일들을 삭제하고 컴퓨터 시스템을 마비시켰다. 범인은 마닐라에 사는 24살의 불평분자 해커인 오넬 데 구즈만Onel de Guzman이었던 것으로 밝혀졌다. "학교 가는 것이 끔찍하다." 그가 악성 코드에 함께 써넣은 이 짧은 문장은 한 인터넷 서버에 업로드upload되어 파괴의 행진을 계속했다.[91] 러브 버그는 사이버 공간을 희롱하고 뛰놀며 전 세계 1,000만 대의 컴퓨터를 감염시켰다. 백악관과 미국 의회, 국방부는 물론 영국과 네덜란드 의회와 수백 곳의 유럽과 미국 회사의 컴퓨터가 감염되었고, 한 통계에 따르면 100억 달러에 달하는 경제적 손실을 가져왔다.[92]

  2001년 7월에 발생한 코드레드Code Red 바이러스는 사용자와의 상호 작용이나 클릭 같은 것이 전혀 필요치 않은 최초의 바이러스였다. 코드레드는 컴퓨터 운영체계의 안전상의 취약점을 이용하여 인터넷을 통해 다른 컴퓨터로 자기 증식하는 바이러스였다. 이 바이러스는 우리가 잠든 사이 컴퓨터를 감염시킬 수 있었다. 코드레드 바이러스 제작자가 이 안전 취약점을 이용하는 데는 3주가 걸렸다. 그러나 시만텍사의 자비에 산토요Javier Santoyo는 "당시는 3주였지만 현재는 24시간 아니면 그 미만까지 줄일 수 있다."[93]고 한다. 7월 19일에 14시간도 안 되어서 코드레드 웜은 세계 35만 9,104대의 컴퓨터와 서버를 감염시켰다. 이 웜이 얼마나 빠르게 확산되는지는 인터넷의 생생한 동영상을 통해 확인해볼 수 있다.[94]

제로데이 바이러스의 등장

지금 돌이켜 생각해보면 러브 버그 정도의 파괴 행위는 거의 순진한 장난에 불과하다. 초창기에 바이러스 프로그램은 프로그램을 만드는 사람들이 실력을 과시하려는 것이었다. 그들은 남들이 하지 못하는 일을 할 수 있는 사람들이었다. 그러나 현재 바이러스 제작은 점점 더 이윤을 추구하는 방향으로 진행되고 있다. 인터넷의 속도가 케이블에 접속하기 위해 다이얼 호출식을 사용하던 것이 디지털 가입자회선(DSL : digital subscriber line)으로 더욱 빨라졌고, 웹에서 악성 바이러스가 탄생하는 속도도 그만큼 빨라졌다. 우리의 컴퓨터에 조용히 자리 잡고 앉아 우리가 방문한 사이트나 입력한 내용을 감시하는 스파이웨어 프로그램도 있다. 값싼 약품과 싸구려 호텔 광고 같은 스팸 광고를 항구적으로 내보는 애드웨어adware도 있다. 많은 컴퓨터 사용자들이 자신도 모르는 사이에 악성 프로그램에 감염된 컴퓨터를 사용하고, 자신도 모르게 슬레이브 컴퓨터slave computer 역할을 수행하며 타인들의 컴퓨터에 스팸메일의 폭격을 가하는 것으로 밝혀졌다. 또한 계좌 정보와 신용카드 정보 또는 개인의 인증번호를 훔치려는 피싱phishing 프로그램이 있다.

2004년에 인터넷은 더욱 성가시고 위험스러워졌다. 예전부터 웹 사이트를 방문할 때마다 팝업 광고pop-up ads가 무척 성가셨지만, 2004년 겨울의 어느 아침에는 화면을 가득 채운 팝업 광고의 폭포를 통과하지 않고는 컴퓨터를 어찌할 수도 없는 지경이었다. 광고를 닫으려고 기를 쓰면 쓸수록 더 많은 광고가 튀어나왔고, 컴퓨터 화면은 마치 쪽지 위에 쪽지를 붙이고 또 붙인 대학 게시판처럼 변해버렸다. 물론 내 화면에는 강연에 관한 정보나 댄스 공연을 알리는 쪽지는 하나도 없었다. 싸구려 비아그라와 복권과 값싼 비행기 표를 판다는 광고들뿐이었다. 이런 일의 원인이 된 스파이웨어는 마이크로소프트 웹브라우저의 빈틈을 이용해 은밀히 내 하드디스크로 들어와서 호시탐탐 기회를 노렸다. 결과는 시간 낭비와 욕구 불만이었다. 나는 망할 놈의 물건에 버릇을 들였다는 생각이 들었고, 이 물건을 창밖으로 던져버리고 싶었다. 세계화라고!? 고마워서 눈물이 날 지경이었다. 나는 옛날의 올리베티 타자기가 얼마나 그리웠는지 모른다.

결국 나는 컴퓨터 운영체계를 업그레이드하고, 온갖 안티스파이웨어와 안티바이러스 소프트웨어를 설치했다. 웜에 감염되어 파일이 삭제되고, 모르는 사이에 개인 정보를 도용당한 수많은 컴퓨터 사용자들에 비하면 운이 좋은 편이었다. 피싱 프로그램을 이용해 전자금융 서비스의 안전에 문제가 있다는 경고를 하며 당신의 폐쇄된 계정을 다시 활성화시키라고 재촉하는 사기꾼에게 속아 개인 정보를 모두 넘겨주는 경우도 있다.

여러분은 코넬 대학원생 로버트 모리스 주니어, 타이완 육군병장 첸잉하우陳盈豪, 뉴저지 출신의 데이비드 스미스, 네덜란드의 얀 드 비트, 아니면 독일 10대 소년 스벤 야쉔의 이름을 들어본 적이 없을지 모르지만, 이들이 만든 악성 바이러스들은 직간접적으로 전 세계 컴퓨터 사용자들의 삶에 영향을 미쳤다. 모리스는 소위 '모리스 웜'이라고 불리는 웜을 유포하여 며칠 만에 6,000대의 컴퓨터 본체를 감염시켰다. 타이완 육군의 불평분자가 만든 체르노빌 바이러스는 감염된 컴퓨터의 하드드라이브를 파괴했다. 1999년에 나타난 데이비드 스미스의 멜리사 바이러스는 이메일함을 마비시켰고, 러시아의 테니스 스타 안나 쿠르니코바의 이름을 붙인 네덜란드의 비트가 만든 바이러스도 동일한 유형이었다. 독일의 바펜센이라는 작은 마을에 살았던 야쉔이라는 해커는 가정용 컴퓨터로 소위 '서비스 거부 공격Denial of Service Attacks'이라고 불린 바이러스를 유포했다. 이 바이러스는 대량의 데이터를 보내 공격 대상이 된 시스템에 과부하가 걸려 고장을 일으키게 하는 것이었다. 지난 25년간 약 5만 6,000종의 컴퓨터 바이러스와 웜과 트로이 목마들이 인터넷을 통해 유포되어 세계화의 도로 위에서 충돌하고 소동을 일으켜왔다.[95] 이렇게 악성 프로그램들은 계속 등장하고 바이러스에 맞서 싸우는 전사들의 칼날도 날카로워졌다.

여러분이 야나 리우Yana Liu를 만난 적은 없을 것 같다. 그녀는 커다란 뿔테안경에 상냥한 미소를 머금고, 시만텍사의 자기 자리에 있는 2개의 모니터 앞에 앉아 있다. 중국 쓰촨 성의 성도省都인 청두成都 출신으로 중국 전자과학기술대학교UESTC를 졸업하고 안티바이러스 소프트웨어를 만드는 이 회사에 입사했다. 그녀와 같은 수많은 젊은이들이 시만텍, 소포스Sophos, 맥아피McAfee, 트렌드 마이크로 Trend Micro 같은 이 분야의 선도적인 업체에서 일하고 있다. 각각의 엔지니어는 최신 악성 코드의 치료 프로그램을 개발하는 데 7시간에서 30시간을 사용할 수 있다.[96] 그들은 전 세계 고객의 서버에 대해 '제로데이 바이러스Zero-day Virus'라고 알려진 바이러스를 경계하며, 서버에 대한 지속적인 공격 유형을 감시한다. 바이러스는 일단 출현하면 태양과 동일한 경로를 따라 세계를 일주한다. 아침에 잠에서 깬 사람들이 인터넷 전자우편함을 열고 메시지를 확인하기 때문이다. 사람들은 무의식적으로 첨부 파일 또는 이메일을 클릭하고, 악성 바이러스는 자기 증식을 시작한다. 바이러스는 대개 컴퓨터 주소록에 등록된 모든 사람에게 발송되므로, 바이러스는 가속도가 붙어 몇 배수로 증식한다. 리우 같은 엔지니어들의 작업은 다시 증식할 기회를 차단하기 위해 해당 바이러스를 확인하고 해독decode하는 것이다. 악성 소프트웨어는 해가 지기 전에 차단되어야 하고, 제로데이 바이러스는 또 다른 어느 날 수백만을 감염시킬 기회를 노리며 살아간다.

인터넷 범죄 시장

수백만 통의 스팸 메시지를 발송하거나, 하드드라이브의 데이터를 모두 삭제해버리는 바이러스들은 현재 인터넷에서 일어나는 범죄 행위에 비교하면 상대적으로 무해한 것들이다. 2004년 〈비즈니스 위크Business Week〉 지는 인터넷으로 연결된 세계를 무대로 유유히 자행되는 사이버 범죄에 대한 법 집행이 성공한 보기 드문 사례에 관한 기사를 실었다. 미국 연방수사국FBI은 이름도 절묘한 사이버 범죄단 '섀도크루ShadowCrew'를 체포했다. 범인들은 200만여 명의 신용카드 번호를 훔치고, 1,800만 명 이상의 이메일 계정의 데이터에 접근하여 수많은 사람들의 개인 정보를 수집했다. 위조된 영국 여권과 미국 운전면허증도 있었다. 연방수사국은 이들이 애리조나와 뉴저지에서 학생들을 고용해 이베이eBay 형태의 범죄 사이트를 운영하며, 불가리아에서 스웨덴까지 전 세계 4천 명의 회원들에게 신용카드 번호를 판매했다고 밝혔다. 한 연방수사국 관리는 이것은 '범죄 시장'이라고 말했다.[97]

섀도크루는 인터넷을 배회하는 수많은 범죄 조직의 하나일 뿐이었다. 2004년 1월에 등장한 마이둠MyDoom이라는 신종 바이러스는 은밀히 트로이 목마 소프트웨어를 설치하며 웹사이트를 공격했다. 이 악성코드는 하드드라이브에서 신용카드 번호와 은행 정보를 빼

내기 위해 설계된 것으로 밝혀졌다. 이 바이러스가 발견되고 차단되기 전까지, 마이둠은 48억 달러의 손실을 입힌 것으로 보고되었다. 러시아의 아르항겔스크에서 활동한 또 다른 사이버범 죄단 행업 HangUp은 스콥Scob이라는 웜을 제작했다. 스콥은 감염된 사이트 방문자들의 컴퓨터에 잠입해 있다가, 사용자가 컴퓨터 자판을 누르면 이를 복사하는 방식으로 수천 명의 비밀번호와 신용카드 번호를 러시아에 있는 서버로 전송했다. 생물학적 바이러스가 증식을 위해 숙주 세포를 취하는 것처럼, 사이버 범죄도 사이버 범죄 관련 법과 법 집행이 미약하거나, 당국의 부패가 만연한 국가를 호시탐탐 노리는 것 같다. 세계가 고속 인터넷으로 연결된 덕분에 사이버 범죄자들은 외국의 서버를 사용해 범죄 행위를 할 수 있기 때문이다. 세계화는 내가 아이포드를 구매하고 이틀 만에 대양을 건너 현관까지 배달되는 국경 없는 세계를 만들었다. 범죄자들은 수백만 명의 신용카드 번호를 훔쳐내 아이포드보다 훨씬 더 비싼 물건들을 훨씬 더 짧은 시간 안에 주문할 수 있다. 은행과 카드사 들은 평판이 손상될 것을 우려해 범죄로 손실을 입었다는 사실을 숨겨왔다. 그러나 미국의 한 연구기관의 조사에 따르면 2004년 사이버 범죄로 인한 총손실은 175억 달러에 달하며 이는 2003년보다 30퍼센트 증가한 수치였다.

세계화는 과거 노예제처럼 엄청난 분노를 불러왔다. 웨스트잉글랜드 대학교의 강사인 매지 드레서Madge Dresser는 19세기의 세계화가 현재 인류가 겪고 있는 참상의 원인이라고 비판을 계속해왔다. 그녀는 "노예무역이 세계화의 시작이었다."고 쓰고 있다. 드레서는 세계화를 노예제의 동의어로 인식하고 있다. "세계화는 노예제의 착취라는 특징을 가장 잘 보여주는 형식으로 노예제가 새로운 얼굴을 하고 다시 등장한 것일 뿐이다."[98] 그녀의 말은 부분적으로 옳다. 앞서 살펴본 대로 인간 사회를 서로 연결하고, 상호 종속적인 관계를 형성해 온 세계화는 우리 역사의 일부였다. 노예무역이 세계화를 강화하는 데 주요한 역할을 한 것은 분명하지만, 넓게 보면 인간의 노예화 그 이상의 의미가 있다. 세계화는 세계를 무대로 펼쳐지는 교훈극이 아니다. 선과 악의 영원한 투쟁에 관한 이야기가 아닌 것이다. 세계화는 더 나은 삶과 안전을 얻기 위해 싸우는 끝없는 모험담이다. 수백만의 개인들이 이윤을 추구하고, 생활 방편을 찾고, 지식과 내면의 평화를 찾고, 자기 자신과 사랑하는 사람들을 보호하고, 공동체를 지키는 과정을 담은 모험담이다. 이 모든 것에 대한 갈망과 탐사가 끊임없이 지리적, 정신적 국경을 넘게 만든 것이다. 그 결과 일부 사람들은 승리했고, 나머지 타인들은 믿을 수 없을 정도의 참상과 고난을 당해왔다. 노예와 노예주, 고통받는 사람들과 고통을 치유해주는 사람들, 무직자와 새로 고용된 사람들. 이 모든 사람들이 삶이라는 직물을 영원히 바꾼 날실과 씨실이 되어 오늘날 우리가 알고 있는 세계를 만든 것이다.

인간의 왕래, 무역, 커뮤니케이션의 속도가 빨라지면서 질병에도 날개가 달렸다. 범죄자들과 악당들에게도 현대의 쉽고 빠른 커뮤니케이션을 이용할 수 있는 가상의 문이 열렸다. 대상 무역상들과 범선들이 닦아둔 재난과 질병의 통로는 이제 새로운 수단을 이용해 도달 범위를 더욱 확장하고, 속도를 높이고 있다. 지식을 추구하고, 물리적 세계를 이해하려는 과학자들과 기술자들의 끊임없는 노력으로 우리는 광속으로 타인들과 접속할 수 있는 기술을 영위하게 되었다. 그러나 이 속도가 언제나 선善을 위해 사용될 것이라는 생각은 역사를 제대로 살피지 않은 사고일 것이다.

8장

세계화 : 실체 없이 요란한 유행어에서 저주의 말이 되기까지

> 적개심과 폭력적 저항의 중심에 놓여 있는 세계화는 영원히 논쟁의 대상이 될 운명을 타고났다. 지지자들은 세계화의 미덕과 불가피성을 나열한다. 반대자들은 세계화의 악덕과 피해갈 수 있는 이유를 말한다. 반세계화 주장의 대부분은 자본주의적 사고에 대한 불만, 세계화의 과정에 대한 불만, 그 과정에서 기업들이 보인 행위에 대한 불만의 3부작으로 구성되어 있다. 반대자들의 사고 속에 이 3부작은 서로 연결되어 있다. 세계화 반대론자들은 세계화를 B52 폭격기의 광범위한 공격 범위에 들어가는 것처럼, 전 세계가 다국적 기업의 공격 범위에 들어가는 자본주의의 세계적 확장이라고 이해한다.
> ─ 자그디시 바그와티Jagdish N. Bhagwati, 2002년 〈포린 어페어Foreign Affairs〉 기사

세계화라는 꽤나 성가신 낱말은 지난 세기말 세계에서 가장 많이 다뤄졌고, 앞으로 10년간은 더 물의를 일으킬 말이다. 40년이 넘게 우리가 사용해온 이 단어는 무슨 이유로 수십만 명의 시위 군중을 거리로 나서게 하고, 수천 명의 저술가들이 그 의미를 주제로 수많은 논쟁을 벌이는, 양극단의 의미를 갖는 용어가 되었을까? 세계화는 많은 논설위원들이 주장하듯이 '위험한' 것일까? 아니면 세계은행의 주장대로 수백만의 사람들을 빈곤의 고통에서 벗어나게 할 책임을 떠맡은 단어일까? 이 질문은 다음 장에서 풀어보기로 하고, 그에 앞서 세계화의 개념이 진화해온 과정을 추적해보는 것이 유용하겠다. 지금까지 살펴본 대로 세계화는 세계의 상호 연결성과 상호

◀ "독일 지리학자 마르틴 베하임과 그의 지구본".

의존성이 증대되어온 일련의 역사적 진행 과정이다. 이 과정 전체를 정의하는 한 단어는 서서히 모습을 드러냈다. 신문·잡지의 조사와 정부 보고서가 보여주듯이 세계화의 속도가 빨라지고 범위가 확장되면서 단어의 의미 자체가 상당한 변화를 겪었다. 세계화의 결과를 놓고 비판이 증가하면서 오히려 세계화라는 과정에 대한 정의가 내려졌다. 단어의 사용 빈도로 비추어, 긍정적 함의든 부정적 함의든 현재 세계화라는 단어는 점점 눈에 띄지 않는 곳으로 물러나고 있다. 그 대신 선진국 중산층이 영향을 받는 것으로 보이는, 세계 경제 통합이 가져온 기업 운영의 한 형태인 아웃소싱outsourcing 또는 오프쇼어링offshoring이 최대 관심사로 떠오르고 있다.

엄청나게 선전되던 세계화라는 단어는 거듭된 토론에 지쳐 모든 사람에게 모든 것을 의미하는 단어가 되어버렸다. 독일 역사가 위르겐 오스터하멜Jürgen Osterhammel과 닐스 페터슨Niels P. Petersson은 『세계화 약사Globalization: A Short History』에서 의미심장한 소동을 일으킨 장본인으로 언론인들을 지목했다. 두 사람은 세계화라는 단어가, 유명 인사의 이름을 친구인 양 부르며 자기 과시를 하는 식으로, 왜곡된 채 일반화될 위험에 처해 있다고 말했다. 반면 그들은 우리가 살고 있는 시대에 명칭을 부여해야 할 필요를 충족시키기 위해 이 용어가 대중성을 얻었을 수도 있다는 점은 인정하고 있다.[1] 우리가 살고 있는 시대는 분명 세계화라는 과정을 통해 형성된 것이다. 세계화라는 용어가 대중적 이해를 얻기까지의 진화 과정을 살펴보기 위해 나는 팩티바Factiva 데이터베이스를 참고했다. 로이터 통신과 다우존스가 합작하여 구축한 이 전자 문서보관소에는 전 세계 약 8,000종의 신문, 잡지, 보고서가 보관되어 있어 직종을 막론하고 누구에게나 훌륭한 정보의 원천이 되고 있다.[2] 팩티바 검색에서 세계화라는 용어는 1979년, 밤하늘에 아주 작은 점 하나가 반짝 한 것처럼 유럽경제공동체EEC의 행정 문서에 처음 등장한다. 이후 1980년대 후반에 점차 자주 등장하더니, 어느 순간 지구로 접근해오는 혜성처럼 증가세를 보인다. 1981년 불과 두 번 등장했던 이 용어는 2001년에는 5만 7,235회나 언급된다. 2003년에는 사용 빈도가 감소했다. 2005년부터 4만 9,722회로 다시 상승하기 시작했고, 2006년에는 10월까지 4만 3,448회에 걸쳐 언급되었다.

이 용어가 여기저기서 경쟁적으로 다뤄지며 일으킨 돌풍은 진정되고 있는 것 같다. 세계화라는 주제에 그렇게 관심이 집중되었다는 것은 이 현상을 바라보는 대중의 이해관계를 말해주는 것이다. 세계화 탓이라는 사악한 모든 결과들이 현재는 차분하게 점진적으로 수용되고 있다. 세계의 통합과 상호 의존성이 증대되는 일련의 흐름으로서 세계화는 굳건히 그 자리에 있다. 세계화를 비판해온 사람들은 이제 세계화 자체에는 반대하지 않는다고 말한다. 그들은 '대안 세계화alter-globalization' 또는 돌이킬 수 없는 세계화의 흐름을 다루기 위한 대안적 접근 방법을 말하고 있다. 세계무역기구 회담이나 G8 정상회담이 열리는 회담장 밖에서 벌어지는 시위에서는 "다른 세계는 가능하다!Another World is Possible!"는 새로운 슬로건이 들려온다. 대중 담론에는 세계화라는 흐름의 특정 결과인 일자리 '아웃소싱'과 선진국에서 개발도상국으로의 생산기지 이전을 말하는 '오프쇼어링'이라는 단어가 '세계화'를 대체하며 새로운 버즈워드buzz word로 등장했다.

세계화 논의는 근본적으로 몰역사적인 것이지만, 이 단어의 진화 과정은 그 자체가 최근의 사회경제사·문화사와 직접 연결되어 있다. 지난 40년간 세계화를 언급한 수없이 많은 기사를 보면 이 현상은 인간의 다양한 욕망이 수천 년간 축적되어온 과정 또는 연속체로

'세계화'라는 용어가 언급된 기사 수의 증가 양상

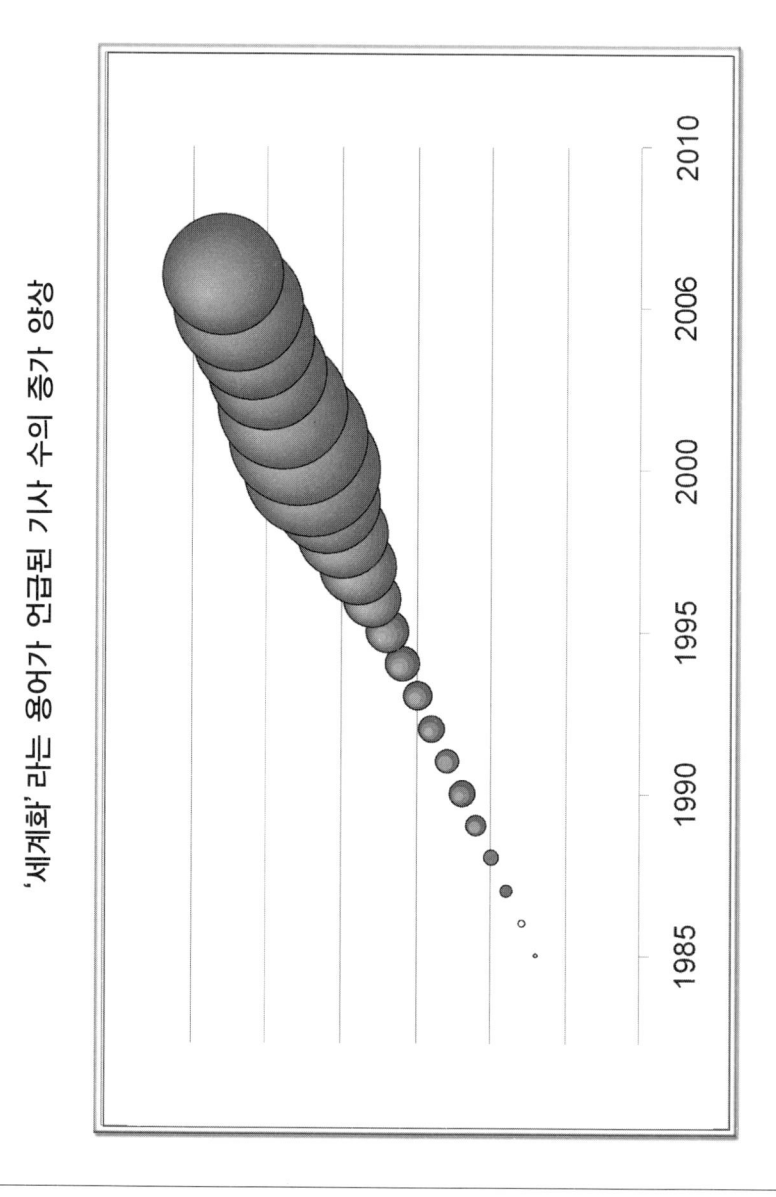

출처 : 팩티바 데이터베이스(다우존스와 로이터 통신 합작)

이해되기보다는 무역과 투자가 확대된 결과 또는 특정 정부와 기업의 의도적인 정책으로 이해되고 있다. 20세기의 마지막 40년을 대략 훑어보는 것은 세계화라는 단어의 이면에 어떤 사고가 자리하고 있는지를 역사적 맥락에서 이해하는 데 도움이 될 것이다. 바로 그 시기에 이 단어의 진화가 이루어졌고, 공개적인 논의의 중심에 서게 되었기 때문이다.

우리는 지금까지 무역과 전쟁, 종교의 전파와 탐험을 통해 알려진 세계에 대한 지식이 성장해온 과정을 살펴보았다. 우리가 둥근 행성에 살고 있다는 생각은 세계화 또는 1961년 『웹스터 사전』의 세계화 항목(범위 혹은 적용 면에서 전 세계로 확대되는 것)을 상상할 수도 없던 시절에 생겨나야만 했다. 인간 상상력의 산물로서 최초의 지구본은 15세기 초반에 존재했다. 현존하는 가장 초기의 지구본은 1492년 뉘른베르크의 지리학자 마르틴 베하임Martin Behaim의 공로로 만들어졌다. 바로 그해에 콜럼버스가 지구 반구 통합의 전조였던 동방으로 항해를 떠났다는 사실은 분명 우연이 아니다. 콜럼버스는 역사적인 여행을 떠나기 전에 베하임의 지구본을 본 적이 없겠지만, 그 지구본은 콜럼버스가 향신료의 나라를 찾아가는 데 왜 대서양 항로를 택하게 되는지를 분명히 보여주고 있다. 베하임의 지구본에는 대서양 건너편의 네모난 땅이 중국과 인도로 표기되어 있었다.

스푸트니크와 국제사면위원회

세계화라는 단어는 1961년 처음 『웹스터 사전』에 등장했지만, 등장 즉시 시 · 공간 압축time – space compression을 논할 수 있는 용어는 아니었다. 다만 세계화라는 신조어가 나올 만큼 세계가 축소되었다고 생각하는 것이 적절하겠다. 기술 변화는 여러 가지 면에서 하나의 세계라는 개념을 한층 강화시켰다. 1957년 10월 4일 아침, 세계 최초의 인공위성을 쏘아 올리기 위해 바이코누르Baikonur 우주기지에서 러시아 로켓이 발사된다. 스푸트니크Sputnik는 위성의 궤도하에 있는 지상 어디에서나 들을 수 있는 라디오 신호를 내보내며 96분 주기로 지구를 돌았다. 지구를 극적으로 축소시키게 될 전 지구적 통신의 시대가 열린 것이다. 1964년에는 도쿄 올림픽의 승리와 좌절이 담긴 감격적인 이미지가 전 세계에 생방송으로 전송되었다. 5년 후 전 세계 시청자들은 대기권 밖에서 고속으로 달을 향해 가고 있는 아폴로 II 우주선의 승무원들이 본 것과 똑같은 지구의 이미지를 볼 수 있었다. 아폴로 II 승무원이 1969년에 찍은 지구돋이 사진은 우리의 고향인 지구별의 상징적 이미지가 되었다. 1961년은 '세계화'가 사전에 등재된 해이고, 지구를 돌보기 위해 전후戰後 최초의 비정부기구인 세계야생생물기금(WWF : World Wildlife Fund)이 설립된 해였다. 또한 가톨릭 신자인 한 변호사와 한 퀘이커교도가 세계 최초의 인권기구인 국제사면위원회를 창설한 해이기도 했다.

이런 사건들은 분명 세계의 통합이 증대된 것과 관계가 있었지만 그 당시에는 '세계화'와 관련지어 생각하지 않았다. 세계화라는 단어는 관료 사회에서 처음 사용되기 시작하여 1970년대와 80년대에 비즈니스계의 유행어가 되었고, 세계 경제 통합이 가시화되면서 광범위하게 통용되었다. 세계화라는 용어의 사용 빈도와 의미가 변화하는 양상은 세계의 정치적·경제적 변화와 직접적인 연관성을 보인다. 1980년대 중반까지 생산의 세계화와 상품 판매의 세계화는 서서히 진행되다가, 전자금융 시스템의 등장과 1986년 '금융 빅뱅'이라고 불린 영국의 금융개혁 정책을 계기로 엄청나게 증가했다. 국제

통화기금이 권고한 자본 시장의 자유화가 진전되고, 관세 및 무역에 관한 일반협정GATT이 성공적인 결과를 가져오고, 북미 자유무역협정 NAFTA이 발효됨으로써 세계 통합은 전례 없는 수준으로 강화된다.

1995년부터 1997년까지는 세계화 이야기가 수도 없이 쏟아져 나왔고, 특히 긍정적인 의미로 사용되었다. 자유 시장 확대(세계화를 의미하는)가 부정적 결과를 낳으리라는 우려는 1990년대 중반부터 조금씩 움트기 시작하여, 1997년 아시아 금융 위기를 겪으면서 눈덩이처럼 불어났고, 마침내 1999년 시애틀의 세계무역기구 정상회담에서 분노로 폭발하기에 이른다. 2001년 세계화를 언급하는 기사의 숫자는 그간의 기록을 갱신했지만, 더는 새로운 현상을 정의하거나 세계화가 어떻게 성장을 촉진하는가에 초점을 맞추고 있지 않았다. 대다수의 신문 기사는 세계화의 재앙이라고 인식된 것들에 대한 반대 또는 반세계화 운동을 보도하고 있었다. 그렇게 세계화는 실체 없이 소문만 무성한 단어에서 저주로 변하는 바로 그 시점에 대중들의 의식 속에 자리 잡게 된다. 영국의 한 논자는 "세계화가 정말 유명해진 것은 바로 반세계화 운동 때문이다."라고 예리한 지적을 했다. 그는 이렇게 쓰고 있다. "단어는 1960년대부터 존재해왔지만, 이른바 반세계화라는 것은 새로운 과정이다. 세계화 반대론자들은 '세계화'가 사람들의 삶을 서열화하는 수단이라고 비난하며, 금융계와 학계의 전문 용어였던 말을 모든 사람이 쓰는 시사 용어로 끌어냈다."[3]

세계화가 보호무역주의를 의미했던 시절

전자 데이터베이스에서 사용 빈도를 살펴보면 세계화라는 단어는 처음 등장하고 20년간은 거의 사용되지 않았고, 지리적인 면에서 세계를 모두 포괄한다는 비유적 의미로만 쓰였다. 하지만 논쟁을 불러오는 단어가 되기까지 그리 오랜 시간이 걸리지는 않았다. 1977년 유럽경제공동체의 관료들은 가난한 나라의 섬유 수출품에 대한 관세 부과를 골자로 하는 '세계 계획안'을 발표했다. 그들은 형평성을 지키려면 관세의 세계화가 필요하다고 주장했다. 사실은 홍콩과 한국 같은 핵심 공급자들로부터 섬유 수입을 제한하기 위한 장치였고, 이 안은 강력한 반발을 불러왔다.4

세계화라는 단어는 이후 몇 년간 이와 동일한 맥락으로 사용된다. 영국의 〈가디언Guardian〉 지는 1981년 이렇게 보도했다. "개발도상국들은 제3세계 국가의 수출품을 포괄적으로 수입 규제하려는 목적인 '세계화 계획'이 폐기되기를 희망한다." 같은 해 〈월스트리트 저널〉은 이런 기사를 썼다. "수출국들은 '세계화' 조항이 포함된 새로운 형태의 다자간 섬유협정이 체결될 것을 우려하고 있다. 이 조항이 포함되면 수입국은 모든 수입품에 쿼터를 설정할 수 있게 된다. 수출국들은 결국 이런 조항이 홍콩, 타이완, 한국과 같은 강력한 경쟁국들을 차별하는 수단으로 사용될 것으로 보고 있다."5

세계화의 의미가 근본적인 변화를 맞이한 것은 1980년 관세 및 무역에 관한 일반협정의 협상으로 무역 장벽이 무너지기 시작하고, 선진국의 제조업 부문이 저임금 국가로 이전되기 시작하면서부터였다. 세계 각지와의 연결이 더욱 쉬워지면서 세계화라는 용어는 『웹스터 사전』의 원래 정의에 합당하게 사용되는 횟수가 증가한다.

1970년대에는 수송과 통신 혁명이 시작되어 인적·물적 자원의 대량 수송과 신속한 정보 전송이 가능해졌다. 500석 규모의 보잉 점보 제트기는 1970년부터 서비스를 개시했다. 컨테이너 화물 수송은 베트남 전쟁 기간 동안 성장했다. 화물을 배에서 곧장 트럭이나 기차로 수송하게 되면서 운송 원가가 급격히 낮아졌다. 국제 무역의 매개체인 통화 역시 극적인 변화를 겪었다. 금본위제가 폐지되고 1971년 미국 달러의 변동환율제가 들어서면서 달러는 세계 무역의 근본 통화가 된다. 전자 화폐와 주식 거래 시스템의 발달은 금융 시장 개혁과 결합하여 세계 상거래의 새로운 시대를 열었다. 화폐는 컴퓨터상의 숫자로 전환되었고 순식간에 지구를 일주했다. 개발도상국의 경제 개혁과 선진국의 경제 성장으로 새로운 시장이 열렸고, 디지털화한 현금의 사용은 계속 확대된다. 1980년대 초반에는 세계화를 파악하는 일반 이론이 성장했고, 1970년대에 비즈니스계에 살금살금 등장한 이 과정을 개념화하려는 시도가 있었다. 1983년 5월 테드 레빗Ted Levitt은 〈하버드 비즈니스 리뷰 Harvard Business Review〉에 '시장의 세계화The Globalization of Markets'라는 제목의 독창적인 기사를 실어 논쟁에 불을 붙이는 주장을 선보였다. "세계 소비자들의 수요와 욕망은 돌이킬 수 없이 동질화Homogenization되어왔다. 때문에 다국적 기업Multinational Company은 시대에 뒤떨어진 것이 되고, 글로벌 기업 Global Corporation이 확고한 우위를 점하게 된다." 레빗에 따르면 다국적 기업은 고비용을 투입하여 각기 다른 국가를 상대로 제품과 서비스를 판매하는 반면, 글로벌 기업은 세계를 하나의 시장으로 간주하고, 상대적으로 낮은 비용을 투입하여 동일한 제품을 동일한 방식으로 모든 곳에 판매하기 때문에 동질화가 가능했다. 레빗은 "글로벌 경영을 채택하는 기업만이 장기적 성공을 거둘 수 있을 것"이라고 예견했다.[6]

레빗의 기고문과 같은 제목으로 그의 저서가 출간된 후, 전 세계 다국적 기업들은 앞 다투어 글로벌 기업으로 변신했다. 레빗의 제자로 유명한 인물 가운데는 거대 광고회사인 사치앤드사치Saatchi & Saatchi의 모리스 사치가 있었다. 그는 글로벌 브랜드의 글로벌 광고 캠페인을 하는 글로벌 기업을 목표로 창업을 했다. 이 회사가 제작한 영국 항공British Airways의 광고에는 SF영화 같은 장면이 펼쳐지는 가운데 '세계인이 가장 좋아하는 항공사The World's Favorite Airline'라는 카피가 등장한다. 사치앤드사치의 또 다른 글로벌 광고로 덴마크 맥주가 글로벌 브랜드로 변신할 방법을 모색하던 시기에 제작된 것이 있다. 이 광고에는 "아마 세계 최고의 맥주일 걸요! Probably the best beer in the world"라는 슬로건과 함께, 세계 각지를 배경으로 지역 특색을 반영한 칼스버그 맥주 로고가 새겨진 트럭이 등장한다.

또한 레빗의 에세이는 '세계화'라는 단어가 1984년 7월 〈파이낸셜 타임스〉의 기사에 처음으로 헤드라인에 사용되는 계기를 제공했다. 레빗의 연구에 이어 1985년 비즈니스 구루guru로 불리는 오마에 겐이치Ohmae Kenichi의 『트라이어드 파워Triad Power』가 출간된다. 맥킨지 재팬의 회장인 겐이치는 산업과 제품의 세계화가 증대되는 이면의 주요 원인을 상세히 설명하고, 세계화 시대의 비즈니스 전략을 제시했다.[7]

비즈니스 관련 출판물들은 세계화 전략이 협소한 국내 시장의 한계를 극복하고, 광고를 통해 해외의 더 큰 시장을 개척할 수 있게 해줄 것이라고 강조했다. 각 분야의 업계 경영진들은 소비자의 기호를 포함한 모든 것이 세계화되고 있기 때문에 어떤 사업을 하든 세계화가 관건이라고 생각했다.[8] 그때부터 세계화라는 단어는 저임금 국가로 생산 기지를 이전하는 오프쇼어링과 결합되기 시작한다. 1984년 포드 자동차의 필립 콜드웰Philip Caldwell 회장은 이렇게 말했다. "임금과 원자재 가격이 낮은 국가와의 경쟁이 치열해지는 것을 특징으로 하는 자동차 산업의 세계화로 인해 제조업자들은 생산 투자 전략을 재고할 수밖에 없다."⁹ 이 전략이 실행에 옮겨지면서 플린트나 미시건 같은 자동차 도시의 제조업이 쇠퇴하고 실업이 발생하면서 벌어진 상황은 마이클 무어Michael Moore 감독의 〈로저와 나Roger and Me〉의 소재가 되었다. 영화는 공장을 멕시코로 이전함으로써 3만 명의 플린트 노동자들을 곤경에 빠트린 제너럴 모터스의 이기적인 기업 정책을 맹렬히 비난하는 내용이었다. 세계화는 그때까지 비즈니스 용어였을 뿐 아직은 논쟁을 부르는 용어의 대열에 서기도 전이었지만, 이 영화는 최초의 반세계화 영화가 아닐까 싶다.

국제 무역은 과거요, 세계화가 미래다

그 시기의 신문들은 북미 산업의 지형을 바꾸기 시작한 이 새로운 현상에 놀라움을 표시했다. 한 캐나다 신문은 이렇게 보도했다. "포드 자동차의 차기 소형차는 포드가 25퍼센트의 지분을 보유하고 있는 일본의 마쯔다 모터사에서 생산할 수도 있다는 추측이 나오고 있다. 제너럴 모터스 역시 아시아의 자동차 업체 몇 곳에 지분을 보유하고 있다. 분석 전문가들은 이것이 자동차 업계가 '세계화'를 겨냥한 포석일 것으로 보고 있다."¹⁰ 그로부터 10년 후, 세계 각지에서 생산된 부품의 조립과 공급망 관리Supply Chain Management 시스템은 각 분야로 광범위하게 확산되었고, 미국 의류제조업자협회AAMA는 '지구에서 만든 제품made on the planet earth'이라는 캠페인을 제안하기에 이른다. 이 협회는 저비용을 강점으로 하는 외국의 의류 생산자들과 경쟁하기 위해 세계적인 공급망을 구축할 것이라고 밝혔다. 후임 회장인 노먼 프라이맨Norman Fryman은 전략을 이렇게 설명했다. "적절한 제품을, 적절한 가격에, 적절한 시기에 가질 수 있다면 제품이 어디서 생산되는가는 중요하지 않다."¹¹ 이를 계기로 한 신문의 증보판에는 "국제 무역은 과거요, 세계화가 미래다."라는 선언이 실렸다.

한편 다양한 공급망을 통해 생산된 제품은 의류가 아니었다. 전혀 그럴 법하지 않은, 밝은 오렌지색 용기에 담긴 액체세제가 세계화 상품이 되었다. 1983년 프록터앤드갬블은 미국에서는 리퀴드 타이드, 일본에서는 보너스2000이라는 상표를 붙여 미국·일본 동시 출시를 목표로 액체세제를 개발했다. P&G 관계자는 세분화된 시장을 목표로 하기보다는 세계 시장을 대상으로 신제품을 개발하면 개발 시간을 몇 년은 절약할 수 있다는 생각으로 제품을 만들었다고 설명했다. 〈파이낸셜 타임스〉는 오렌지색 플라스틱 용기에 담긴 이 세제가 P&G로서는 "세계화라고 알려진 그 무엇인가를 향하여 첫 발을 내딛은 제품"¹²이라고 보도했다. 세계화의 광기는 곧 다른 분야로 확대된다. 1988년 한 캐나다 신문은 이런 보도를 했다. "이번에는 항공사들이 국경이라는 단어를 지워버리려는 트렌드를 가리키는 말로 '세계화'라는 단어를 쓰고 있다. 항공사들은 국제 파트너십을 통해 서로 연결되고 있고, 이런 추세는 더욱 가속화할 것으로 보인다."¹³

기술 진보로 정보와 자본의 급속한 흐름이 가능해진 데 힘입어, 1980년대 보수적인 마거릿 대처와 레이건 정부가 실행한 규제 완화의 물결은 '금융 시장 세계화'¹⁴라는 해일을 몰고 올 초석이었다. 1985년 말 세계 주요 주식시장들은 24시간 영업을 하고 있었다. 신문들은 이렇게 보도했다. "영국과 유럽의 주요 주식거래소들은 해외 시장에서 판매될 지분을 보유하고 있다. 투자자들에게 이런 세계적 시각은 새로운 기회를 창출해왔다."¹⁵ 일찍이 24시간 거래 환경을 구축한 미국 최초의 전자 주식거래시장 나스닥(NASDAQ : National Association of Securities Dealers Automated Quotations)은 1985년에 유명세를 얻게 된다. 나스닥은 런던거래소와 네트워크를 연결했고, 이로써 금융 시장의 세계화는 현실이 되었다.[16]

1986년 영국이 자국의 금융 시장을 개방한 소위 '금융 빅뱅'은 세계 금융계에 극적인 변화를 몰고 왔다. 대처 내각은 외국 금융기관과 투자사 들이 영국에서 기업 활동을 할 수 있게 허용함으로써 자본 흐름의 물꼬를 열었고, 곧 세계 자본 시장이 형성된다. 금융 빅뱅 직전에 한 금융계 논자는 이렇게 평했다. "세계화라는 개념은 진부한 표현이 되어가고 있지만 현 시점에서는 공허한 단어가 아니다. 이번 가을 런던의 개혁이 세계 증권 시장을 변화시킬 것이라는 주장에 이의를 제기하는 사람은 아무도 없다."[17] 그는 "금융 세계화를 추구하는 제1의 이론적 근거"는 국가 경제 발전을 저해하며 자본의 흐름을 왜곡시키는 인공적인 경계와 규제를 제거하여, 세계 최고의 수익률에 자유롭게 접근할 수 있도록 자본을 효율적으로 이용하는 데 있다고 말했다. 여기서 세계화는 은행가들에 의해 새로운 정의를 얻게 된다. "세계화는 자본 시장과 금융 서비스 산업을 변화시키고 있는 다양한 힘들을 가리키는 약칭이다."[18]

미디어들이 새로운 현상에 대단한 관심을 보인 가운데 〈아메리칸 뱅커American Banker〉 지는 금융 세계화를 추진시킨 배경을 두 가지로 분석했다. 비용 절감을 모색하는 기업들이 일자리를 해외로 이전하면서 국경을 넘나드는 자본의 이동성이 증가일로에 있던 점, 컴퓨터 통신 기술을 바탕으로 한 소위 금융엔지니어링 혹은 금리변동과 통화 스왑currency swap 같은 펀드 조성의 새로운 기법이 가능해진 점이었다.[19] 세계화는 이제 피할 수 없는 흐름인 것처럼 보였다. 〈아메리칸 뱅커〉는 '세계화'를 전 세계를 포괄하는 예금, 대출, 자본조달 기능이라고 정의했다. 1985년부터 1987년까지 2년 동안 국제 은행의 연간 대출 규모는 3조 2,000억 달러에서 5조 2,000억 달러로, 62퍼센트라는 경이적인 증가세를 나타냈다.[20] 뉴욕 연방준비은행 총재는 이 일을 담담하게 설명했다. "우리가 좋아하든 싫어하든, 금융 시장과 금융기관의 세계화는 현실이다. 기술력과 혁신이 낳은 이 현실은 어떤 법률적 방법으로도 되돌릴 수 없다."[21] 세계화는 돌이킬 수 없는 현실이라는 그의 발언은 1987년 금융 시장이 붕괴되는 양상을 바라보며 나온 것 같았다. 그리고 돌이킬 수 없는 현실은 계속되었다.

블랙 먼데이

전 세계 증권사 트레이딩룸의 최신 기술력을 타고 퍼져나간 1987년 10월 19일 월스트리트 블랙 먼데이의 공포는 세계화된 시장에서 24시간 주식거래의 급소를 찌른 것이었다. 그러나 이 위기를 초래한 금융 시장 규제 완화와 컴퓨터·통신 기술의 진보 같은 핵심적인 추동력을 뒤로 물릴 수 없다는 것도 분명한 사실이었다. 한 금융계 지도급 인사는 이렇게 말했다. "증시 폭락으로 기업들이 세계화 프로그램을 중단하지는 않았지만, 이제부터는 더욱 신중하고 합리적인 접근을 할 것으로 예상된다."[22]

자본 시장의 세계화가 강화되면서 세계화의 엔진 역할을 하는 한편으로, 선진국의 컴퓨터와 통신 기반 시설은 발달을 거듭했고, 그 결과 비용이 절감되자 국경을 넘는 정보의 흐름은 대량으로 증가했다. 그리고 이번에는 교대로 정보의 흐름이 투자 흐름과 시장 확대의 속도를 높였다. 1989년 루이 우첼Louis Uchitelle은 〈뉴욕 타임스〉 기사에서 세계화된 시장의 일부를 점하고 있는 기업들의 낙관적인 분위기를 이렇게 요약했다.

1989년 〈하버드 비즈니스 리뷰〉에서 산업계가 용감하게 걸어가야 할 길이라고 예고한 세계화는 1990년대 미국 기업의 전략으로 채택되고 있다. 세계화의 이름으로 해외 설비 투자를 늘린 미국 기업들은 10년 만에 처음으로 부흥의 기운을 보이고 있다. 경영진들은 점점 더 미국이 거점이 아닌 것처럼 말하고 있다. 콜게이트 팔몰리브사Colgate – Palmolive Co.의 최고 재무관리자CFO인 시릴 시워트는 "미국은 우리 제품을 자동으로 모두 소화할 수 없다."고 말했다. 콜게이트는 국내 시장보다 해외 시장에서 더 많은 치약과 비누와 기타 화장품류의 매출을 올렸다.[23]

피할 수 없는 일이라는 인식은 〈매니지먼트 리뷰Management Review〉에 실린 신시아 바넘Cynthia Barnum과 나타샤 왈니언스키Natasha Walniansky의 기사에도 그대로 반영되었다.

우리가 좋든 싫든, 이해를 하든 못하든, 24시간 내내 우리 주변에서 벌어지고 있는 일이다. 전화, 팩스, 야간 메일을 통해 아이디어, 인수 합병 계획, 비즈니스가 동서남북으로 돌아다니고, 재화와 서비스와 자본은 비행기와 배와 전자이체를 통해 지구를 회전하고 있다. 이렇게 수십억의 종횡무진 교차 거래가 이루어지는 과정을 우리는 세계화라 부른다. 광범위하게 가속화되고 있는 비즈니스 상호 작용은 21세기를 향하고 있는 지구의 삶의 특징이다.

바넘과 왈니언스키는 국가라는 조건하에서 사고하는 것이 유용한지 의문을 제기했다. 미국의 일자리는 해외로 나가고 있고, 외국인 투자자들은 미국으로 들어오고 있었다. "우리가 무엇을 어찌할 수 있을까?" 그들은 이렇게 묻고 대답했다. "국산품 애용 캠페인을 벌여야 할까? 그러나 '미국' GTE사의 제품이 타이완에서 생산된 것이라면?"[24] 1993년 12월, 소매업계 비즈니스 간행물 가운데 한 종은 이런 선언을 하기까지 한다. "세계화는 지금 그리고 21세기에 소매업계의 경영진이 직면한 단 하나의 가장 중대한 사안이다."[25] 기업들이 이해한 대로 세계화는 단순한 트렌드가 아니었다. 세계화는 달성해야 할 목표이며, 새로운 세계에서 살아남기 위한 생존 전략이었다. 신문은 1983년 처음으로 일부 기업의 '세계로, 세계로go global' 전략을 다뤘다. 1988년 '세계로!'라는 구호는 52회 언급되었다. 그다음 해에는 236회로 치솟았고, 꾸준히 증가하여 2000년에는 2,600회로 정점에 달했다. 반면 2002년에 '세계로!'는 더는 기업의 전략을 공식적으로 설명하는 자리에서 선호되는 구호가 아니었다. 그해 기사에 언급된 횟수는 1,833회로 급격히 떨어졌다. 이후에는 더욱 하향세로 접어든다.

  1995년 세계화는 국경 없는 세계를 기반으로 한 생산 시스템을 의미하게 된다. 한 저술가는 이렇게 쓰고 있다. "한때는 디트로이트에서 자동차의 디자인, 제작, 판매가 모두 이루어지던 시절이 있었다. 지금 미국(그리고 일본) 자동차 업체의 디자인 센터는 캘리포니아에 있지만, 조립은 테네시나 앨라배마처럼 임금이 더 낮고 덜 숙련된 노동자가 있는 주에서 이루어진다. 수천 개에 달하는 자동차 부품은 말레이시아, 멕시코, 미시사우가Mississauga(캐나다 온타리오 주의 도시 – 옮긴이), 온타리오 등지에서 온 것이다. 이와 동일한 세계화 트렌드가 산업계 전반을 휩쓸고 있다."[26]

세계로! 세계로!

'세계로!'를 내세운 기업들 사이에는 눈에 보이는 흥분과 약간의 우려가 있었다. 세계화(글로벌화)는 곧 모든 기업의 만트라가 되었다. 1990년대 신문과 산업 관련 출판물들은 세계화 전략을 세우느라 분주한 기업을 다룬 뉴스로 채워졌다. 세계화 전략과 이 새로운 방법을 통해 이윤을 획득하는 방법론을 배우기 위해 세미나와 컨퍼런스가 개최되었다. 세계로! 세계로! 돌진하는 행렬에 나서지 못한 기업들은 공황 상태에 빠졌고 경쟁력을 잃을 것을 우려했다. 세계화 광풍은 미국 외부에도 영향을 미쳤다. 한국 정부와 정권의 후원을 받는 비즈니스 복합체인 재벌은 선두에 나서기 위한 수단으로 세계화 캠페인에 착수했다.

1995년 소매산업의 세계화를 파악한 보고서에서 〈포춘Fortune〉지는 숨 가쁘게 보도한다. "월마트와 카르푸 같은 초대형 소매상들은 엄청난 비율로 전 세계에 괴물 같은 매장을 건설하고 있다. 그들 모두에게 지구는 너무 작다." 보고서는 새로운 매장을 대규모로 전진 배치하게 되면 세계적인 소매상들이 새로운 시장으로 진입하면서 가격 보호Price Umbrella를 붕괴시킬 우려가 있다고 적고 있었다. 이제 소매업계도 코카콜라와 펩시처럼 매장의 이름을 세계적인 브랜드로 변화시키기 위한 경주를 시작했다.[27]

세계은행도 거들었다. 1995년 「세계 경제 전망 보고서」에서 세계은행은 이렇게 선언했다. "세계화는 성장을 촉진한다. 개발도상국이 세계 경제에 통합되고 시장 개방이 확대되면 장기적으로 선진국은 물론 개발도상국에도 소득을 증가시킬 중요한 기회가 될 수 있을 것이다."[28]

아시아의 세계화된 국가들이 제2차 대전 이후 최대의 붕괴 사태에 직면하기 불과 세 달 전인 1997년 3월 말, 평소 신중하기로 소문난 리포터 파스칼 자카리G. Pascal Zachary가 〈월스트리트 저널〉에 기고한 기사는 세계화가 열게 될 새로운 황금시대를 맞이할 기대감에 취해 있었다. "경제학자들은 세계 경제가 이례적으로 장기적인 성장기에 진입한 징후를 보이고 있다고 한다." 경제적 자유와 재산권이 광범위하게 확장된다는 의미의 세계화는 정부의 개입 축소, 무역과 개인 투자의 폭발적 증가와 짝을 이루어 "지난 3년간 세계 경제 성장률을 과거 20년간 성장률의 거의 두 배 가까이 끌어올렸다."고 알려졌다. 하버드 대학교의 경제학자 제프리 삭스Jeffrey Sachs는 특별히 전쟁이나 환경 재앙이 발생하지 않는 한 경제 성장은 더 많은 사람들의 삶의 표준을, 세계의 더 많은 지역에서, 역사의 그 어떤 시기보다 높일 수 있을 것이라고 말했다. 1990년대 아르헨티나의 드라마 같은 경제 부흥의 설계자였던 도밍고 카발로Domingo Cavallo가 행복에 도취되어, "우리는 수십 년간 지속될 황금시대에 진입했다."고 말한 것도 이해할 만한 일이다. 평소 과장법을 잘 사용하지 않는 전 유엔 사무총장 코피 아난까지 세계가 새로운 황금시대에 진입했다고 생각했다. 아난의 관점에서 개인 투자의 확대와 기술 진보는 가난한 국가들이 "발전을 위해 다른 나라들이 통과해야 했던 장애물을 뛰어넘을 수 있게 해줄 도구"였다.[29]

세계화 관련 기사의 데이터베이스 검색 결과를 보면 세계화가 확산되어 그 결과가 가시화되기까지 과정과, 미디어가 이를 인식하기까지는 시차가 존재했음이 드러난다. 자본 시장, 투자, 무역의 세계화 트렌드는 1995~1996년에 최고점에 도달했지만, 4년 후에 더욱 폭넓은 분야에서 직접적인 효과를 느끼게 되기 전까지 대중의 인식은 별로 확대되지 않았다. 국경을 넘는 자본은 (외국인 직접 투자 제외) 1992년 5,360억 달러에서 1996년에는 1조 2,000억 달러로 증가했다. 1986년부터 1990년까지 연평균 262억 달러였던 외국인 투자는 1996년 2,500억 달러를 넘어서 거의 열 배가 넘는 증가세를 보였다.[30] 그러나 그때까지도 이런 현상을 언급하는 기사의 수는 서서히 증가하고 있었다.

한편 북미 자유무역협정 체결에 앞장서며 세계화의 열렬한 지지자로 등장한 빌 클린턴 대통령은 반대 세력의 저항을 만날 수 있다는 점을 인식하고 있었다. 1995년 10월에 개최된 세계은행과 국제통화기금 회의에서 클린턴은 세계화가 통합과 분열이라는 거대한 힘을 풀어놓았고, 그 결과를 관리하는 데 신중을 기할 것을 촉구했다. "지금은 산업 혁명 이후 가장 격렬한 경제 변화의 시기다." 그는 새로운 세계 경제를 끌어안을 수 있는 사람들이 얻을 어마어마한 이익을 언급하고, 더불어 이렇게 경고했다. "이 힘은 가장 부유한 국가부터 가장 가난한 국가에 이르기까지, 전 세계 모든 국가의 일자리와 생계에 직접적인 영향을 미칠 수 있으며, 우리 모두는 사회 불안에 더욱 취약해질 수도 있다." 클린턴은 다음과 같은 소견을 밝히며 연설을 마쳤다. "국가 간의 상호 의존성은 너무도 깊어져서 이제 대외 정책과 국내 정책을 엄밀히 구분해 말하는 것이 무의미할 정도다."[31]

2년 후 세계무역기구에 대한 대통령의 패스트트랙fast-track 권한을 의회가 거부하면서 반대 세력의 위험을 예견했던 클린턴의 관측은 정확했던 것으로 드러났다. 1999년 클린턴은 시애틀에서 무역 주체와 세계화에 반대하는 어마어마한 시위에 직면하여 세계무역기구 정상회담을 포기해야 했다.

세계화가 가져온 '대나무 효과'

세계화의 '부정적인 면downside'이라는 말은 1989년 신문 기사에 처음 등장했다. 그 후 1990년대 후반에 가서야 일반화되고, 2000년에 정점에 달했다. 세계화의 부정적인 면은 선진국 기업들이 저임금 국가로 생산 기지를 이전하면서 발생한 실업 문제를 의미했다. 생산 기지의 해외 이전으로 인한 충격은 미국뿐 아니라 일본에서도 감지되고 있었다. 1985년 9월 22일 일본 엔화와 독일 마르크화의 평가절상(달러 가치 하락)을 골자로 한 플라자 합의Plaza Accord로 엔화 가치가 대폭 절상되자, 일본의 주요 수출업체들은 생산 기지를 해외로 이전할 수밖에 없었다. 이런 일본 산업의 세계화 과정은 구어적 표현으로 '대나무 효과Bamboo Effect'라고 알려지게 된다. 일본의 산업은 대나무처럼 속이 텅 빈 채, 껍데기만 일본 땅에 남게 되었다. 세계화라는 단어는 이제 근로시간 단축과 실업의 공포를 불러오는 단어가 된다.[32]

이 시기 세계화의 중요성을 말하는 헤드라인 수는 급격히 증가했지만, 논조는 점점 더 부정적으로 변했다. 반세계화 정서가 급격히 확산되고 있다는 기사의 수가 증가한다. 세계화가 기적을 부르는 단어에서 위협적인 단어로 변해버린 1997년의 아시아 위기 이후에도 반세계화 정서를 언급한 기사는 67편뿐이었다. 그러나 아시아 위기의 충격이 도미노처럼 브라질에서 러시아까지 전 세계로 확산되자, 선진국에서 '세계화 극력 반대'의 종이 울리기 시작하고 '반세계화'가 대중 담론에 등장하게 된다. 세계화는 점점 성장과 번영의 추동력과는 거리가 먼 현상으로 인식되기 시작했다. 반세계화 분위기를 언급한 신문 기사의 수는 2000년 292건에서 2003년에는 거의 9,000

건으로 치솟았다.

사실 시애틀에서 참패를 당하기 3년 전에, 세계화의 대제사장인 다보스 세계경제포럼World Economic Forum 회장 클라우스 슈바프Klaus Schwab와 사무총장 클로드 스마쟈Claude Smadja는 다음과 같이 경고했다. "세계화의 결과에 반대하는 것, 특히 산업민주주의에서의 후퇴는 많은 국가의 경제 활동과 사회 안정에 대단히 파괴적인 결과를 낳을 것으로 우려된다……. 민주사회에서 그런 반대 의견을 어찌할 수 없는 일이지만, 불안 요소의 하나다."[33] 이 말은 기업이 주도하는 세계화와 밀접한 관계를 갖고 있는 포럼 지도자의 입에서 나온 대단히 의미심장한 고백이었다. 1971년 스위스의 스키리조트인 다보스에서 관계官界와 재계財界의 인사들이 모여서 결성한 세계경제포럼은 1990년대 후반에 세계화의 챔피언 자리에 등극했고, 세계경제포럼 연례회의는 세계 비즈니스의 향방을 결정하는 풍향계 역할을 했다.

1997년 7월 2일, 세계화는 엄청난 과속 방지턱에 걸려 넘어지며 우려했던 저항을 낳게 된다. 그날 아침 타이의 바트화가 폭락하자 투자자들이 우르르 빠져나갔고, 곧이어 아시아는 전면적인 위기에 휩싸였다. 아시아에 투자된 수십 억 달러가 증발해버렸고, 전전긍긍하던 외국 은행과 투자자 들은 대출금 상환을 요구하고, 공장이 문을 닫고, 빚에 넘어간 자산들은 경매에 부쳐지고, 수만 명이 거리로 나와 시위를 벌였다. 몇 달 만에 몇 개국 정부가 쓰러졌다. 세계화 비판자들은 거인들이 어마어마한 돈을 걸고 게임을 하는 거대한 카지노에서 소인들이 셔츠까지 모두 잃은 격이라고 비유했다. 경제의 세계화가 혼란의 근본 원인으로 지목되었다. 실체 없이 요란하기만한 비즈니스 유행어로 여겨졌던 세계화는 곧 저주의 말이 되었다. 세계화는 모든 악의 원인이었다. 세계화는 다국적 기업의 착취, 천연자원의 무분별한 개발, 세계화된 어장의 그물에 걸린 돌고래와 바다거북의 도살, 지구의 오염, 개발도상국 문화와 전통의 파괴, 식습관의 맥도널드화, 세계무역기구를 통한 약소국 통치권 침해를 의미했다.

아시아 위기의 의미는 분명했다. 많은 국가를 빈곤에서 벗어나게 한 상호 의존성의 증대는 순식간에 그들을 다시 고통으로 원위치시킬 수 있는 것이었다.[34] 세계 경제의 통합이 계속되면서 이제는 러시아처럼 극히 일부에서만 고장을 일으켜도 전 세계가 영향을 받게 되었다. 코피 아난은 세계화된 세계를 작은 보트에 비유했다. "우리는 이 작은 보트에 동승한 동료 승객들의 상황을 모른 척할 수 없다. 그들이 병에 걸리면 우리 모두가 감염의 위험에 놓인다. 그들이 분노하면 우리 모두가 상처를 받는다." 인도의 영향력 있는 신문 〈힌두 Hindu〉는 '위험뿐인 세계화'라는 기사를 대서특필했다. 캐나다 신문의 사설은 "세계화가 우리를 사지死地로 몰고 가는 것 같다."[35]는 의견을 실었다.

클린턴 대통령은 1999년 1월 국정연설에서 세계화에 문제가 있음을 간접적으로 인정했다. "무역이 우리를 분열시키고, 이 방 밖에 있는 미국인들을 오랫동안 분열시켜온 것 같습니다. 우리는 합의점을 찾아야 합니다……. 우리는 세계 경제가 인간의 얼굴을 갖도록 해야 합니다." 좌파를 겨냥한 비판의 말에 이어 그는 "세계적인 근로기준을 제정"하고, "세계 전역에서 아동 노동 학대를 금지"하는 조약을 담보할 새로운 국제노동기구의 창설을 제안했다. 그는 또한 "노동자의 권리와 노동의 품위"를 높여줄 무역 규범을 약속했다.[36]

세계화의 결과라고 간주되는 모든 해악에 대한 분노가 커가는 것을 느끼며, 바로 몇 달 전만 해도 '황금시대'를 예견했던 코피 아난을 포함한 세계 지도자들도 우려의 목소리를 높였다. 아난은 세계화가 '인간의 얼굴'을 갖게 하자고 호소했다. 인도 재무장관 야스완트 신하Yashwant Sinha는 다보스에서 열린 세계경제포럼 연례회의에서 각국 정부가 자유 시장과 사회 관심사의 균형을 잡을 필요가 있다고 말했다. "세계화 과정은 민주화 과정이 되어야 합니다……. (그렇지 않으면) 소외된 사람들은 세계화의 위협이 될 것입니다." 신하는 세계화 과정에서 권리를 빼앗긴 사람들에게 "세계화는 세 글자의 더러운 말"37이 될 것이라고 경고했다.

WTO는 죽음이다, WTO를 죽여라

확실히 더러운 단어였다. 몇 달 후 시애틀에서 5만 명의 반세계화 시위대가 세계무역기구 제1차 정상회담을 결렬시키면서, 세계화는 은혜로운 단어의 자리에서 공식적으로 추락한다. 1999년에는 반세계화 운동이 세계화되었고, 세계화라는 단어는 반대자들이 경쟁적으로 반드시 사용해야 하는 저주의 말 목록에 등재된다. 일부 반대자들은 색종이를 뿌려대며 "WTO는 죽음이다, WTO를 죽여라"는 노래를 불렀다.38 좌절한 세계무역기구 수뇌부의 마이크 무어Mike Moore는 시애틀에서 반대자들에게 격렬한 비난을 퍼부었다. "경제 개방을 공격하는 것은 넓게 보면 국제주의를 공격하는 행위다. 외국과 이민, 좀 더 다원적이며 통합된 세계를 공격하는 것이다. 반세계화는 케케묵은 분리주의와 부족주의, 인종차별주의가 새롭게 단장하고 나타난 최신 용어다."39

미디어가 반세계화 운동에 초점을 맞추던 1999년 분위기에서 무어의 말은 쓸쓸한 외침일 뿐 조명을 받지 못했다. 대중들은 저항운동을 보며 세계화 현상이 무엇인지를 광범위하게 인식하게 되었다.

반세계화 정서는 자유 시장과 국제통화기금이 주도하는 세계 경제 질서에 도전한다는 공통점을 가진 몇몇 영웅이 등장하는 계기가 되었다. 캐나다의 모드 발로Maude Barlow는 경제 규제 완화의 모든 면을 반대하며 반세계화 운동의 세계적 지도자로 부상했다. 프랑스에서는 콧수염을 기르고 파이프담배를 피우는 목양업자 조제 보베Jose Bové가 명성을 얻었다. 그는 맥도널드를 미국의 무역 '헤게모니'와 경제 세계화의 상징으로 내세워 맥도널드 패스트푸드 반대 캠페인을 이끌었다. 미국의 세계무역기구 반대 운동 활동가인 로리 발라흐 Laurie Wallach는 시애틀에서 유명세를 얻었다. 경찰과 싸우고, 스타벅스 매장을 부수는 발라흐의 사진은 신문 제1면에 실렸다. 큰돈을 벌기 위해 개발도상국의 가난한 커피 농부들을 착취하고 있다는 비난을 받았던 스타벅스는 세계화 기업의 상징이었다.

시애틀에서의 저항이 있고 2년 동안, 세계화라는 용어는 만여 건의 기사에 등장했다. 세계화는 좀 더 가시화된 현상이었고, 더는 추상적인 단어가 아니었다. 비즈니스 구루들과 컨설턴트들이 사용하던 전문 용어는 세계의 모든 악을 지칭하는 포괄적인 단어가 되었다. 1990년대 후반에 더러운 단어가 되기 시작한 세계화에 대한 나쁜 소문은 시애틀 사태가 있고 몇 달 후부터 더욱 빠르게 퍼져나갔다. 얼마간 국제통화기금의 정책 권고를 따르던 아르헨티나는 통화 폭락으로 경제 위기에 빠졌고, 수백만이 해고되었다. 세계화 보고서에서 아르헨티나를 성공적인 사례로 지목했던 세계은행은 위기가 발발하자 재빨리 인용문을 지워버렸다.[40] 소련 제국의 붕괴 후 이미 고군분투하고 있던 러시아는 1997년 위기를 맞아 더욱 궁지에 몰렸다. 모범적인 경제 운영으로 국제통화기금의 박수를 받았던 타이는 대량 해고와 파산 사태를 맞이했다. 무너져가고 있던 인도네시아 경제는 국제통화기금의 구제 금융으로 연명하며 무릎을 꿇었다. 오랫동안 계속될 세계화 비판이 물을 만났다. 인도의 선도적인 환경 운동 활동가 반다나 시바Vandana Shiva는 이렇게 말했다. "세계화는 경제 전체주의라고 설명하는 것이 가장 적당하다. 근본주의의 또 다른 형태인 전체주의인 것이다."[41]

1990년대 말에는 세계화와 관련된 자유 시장과 수출주도형 모델의 기세가 꺾였고, 시장의 세계화를 밝힌 테드 레빗의 이론도 의기양양하던 질주를 끝냈다. 이제 현지화Localization가 새로운 만트라로 등장한다. 세계 시장을 개척하며 재미를 봤던 세계적 브랜드의 소유주들은 지역에서의 경쟁을 생각하고, 동질화된 세계적 기호보다 지역의 특수한 기호가 부활하는 것을 고민했다. 시장의 세계화라는 개념은 수정될 준비 태세를 갖췄다.

2000년 1월 27일 연두교서에서 클린턴 대통령은 "세계화는 우리 시대의 중대한 현실"이라는 믿음을 재확인하고, "세계화는 경제 그 이상의 것"이라는 말을 덧붙였다. 시애틀 사태에도 사기가 꺾이지 않은 클린턴은 이렇게 말했다. "우리의 목표는 세계가 함께 자유와 민주와 평화를 이루는 것이어야 하며, 자유와 민주와 평화를 해치는 것에 반대하는 것이어야 합니다." 3년 후 한 인터뷰에서 클린턴은 많은 사람들이 세계화에 분노한 이유는 "이 시스템이 지구상의 절반의 사람들에게는 제대로 작동하지 않았기 때문"이라고 말했다. 그는 세계 사회 시스템을 건설하지 않고는 세계 경제 시스템이 있을 수 없기 때문에 "무역 협정에서 환경과 노동 관련 조항을 더 많이 다룰 필요가 있다."고 주장했다.[42]

세계사회포럼의 "다른 세계는 가능하다"

1990년대가 끝날 무렵, 성장률이 둔화되고 주가가 떨어지자 가장 세계화된 브랜드의 소유주들은 경영진을 교체하고 있었다. 2000년 3월 〈파이낸셜 타임스〉에 기고한 글에서 코카콜라의 신임 회장 더글러스 대프트Douglas Daft는 새로운 사고를 어렴풋이 감지할 수 있는 실마리를 제공했다. 대프트는 이렇게 쓰고 있다. "코카콜라는 전통적으로 '전 분야를 현지화multi-local'한 기업이지만, 세계화의 행보에 맞춰 의사 결정 과정을 중앙 집중화했고 기업 활동을 표준화했다. 그러나 세계화의 현 단계에서는 '민첩성, 속도, 투명성, 지역 감수성'이 요구된다. '세계로!' 다음의 진화 단계는 '지역으로go local!'가 되어야 한다." 문화를 획일화할 것이라는 비판론자들의 우려와 달리 세계화는 소비자의 선택 폭을 더 넓히는 방향으로 진행되었다.43 〈파이낸셜 타임스〉의 이 칼럼은 다방면에서 진행된 세계화를 바라보는 인식이 변화하고 있음을 의미했다. 마닐라의 한 신문은 이렇게 적고 있다. "세계화는 심하게 남용된 단어다……. 유아적인 좌파들은 이 말을 제국주의와 동일한 것으로 생각한다. 정치가들은 똑똑한 척하려고 이 말을 쓴다. 그들은 대중에 영합하기 위해 세계화에 반대하며 민중을 선동한다. 시애틀에서 마닐라까지, 세계화는 누구나 함부로 다루기를 좋아하는 단어다." 기사 작성자는 이런 결론을 내렸다. "세계화를 두려워해도 상관없다. 세계화를 증오해도 상관없다. 그러나 우리가 좋아하든 싫어하든 세계화는 굳건히 그 자리에 있다."44

2002년 미국 경제학자 로버트 리탄Robert Litan은 회의적인 미국 국내 여론에 직면한 세계화의 문제들을 인정하고 이렇게 말했다. "세계화를 주시하는 미국인의 불안을 해결해야 한다. 경제는 더욱 폭넓게 변화하고 있다……. 우리는 세계화가 가져올 기회를 잡아야 하고, 세계화가 낳은 불안을 진정시키고, 세계 경제의 안정과 성장을 촉진하기 위해 창설된 세계 경제 기구들을 더욱 강화하고 개혁해야 한다."[45]

세계은행은 세계화 연구보고서를 발행했다. 보고서는 세계화가 낳은 문제를 인정하는 한편, 미묘하게 다음과 같은 지적을 했다. "세계화라는 단어가 때로 자본주의나 시장 경제의 또 다른 이름처럼 사용되는 것은 (과히 유용하지는 않지만) 놀라운 일은 아니다. 이런 의미로 사용될 때는 시장 경제의 핵심적 특징에 대한 우려를 표현하는 것이다. 이윤을 추구하는 개인 기업이 생산 주체이며, 수요 공급의 변화에 따라 자원이 유동적으로 사용되고, 예측할 수 없는 급격한 기술 변화 같은 시장 경제의 특징들을 우려하는 것이다."[46]

시애틀에서 대단한 승리를 거둔 세계화 반대자들은 대안 프로그램을 찾기 시작했고, 제1회 세계사회포럼World Social Forum이 개최된다. 이 포럼은 다보스 세계경제포럼이 주장하는 정통 신앙에 도전하는 한 비정부기구 그룹이 제안한 것이었다. 제1회 세계사회포럼은 "다른 세계는 가능하다"를 공식 모토로 내걸고 2001년 1월 브라질의 포르투알레그레Porto Alegre에서 개최되었다. 기업 주도의 세계화 반대 운동을 이끌어온 캐나다의 저술가 나오미 클레인Naomi Klein은 다음과 같이 썼다.

세계무역기구, 세계은행, 국제통화기금 반대 시위를 한 지 1년 반이 흘렀다. 세계사회포럼은 우리가 반대하는 것들에 함성을 지르기를 멈추고, 우리의 진정한 목표가 무엇인지를 생각할 기회를 갖자는 취지문을 발표했다. 시애틀은 저항 운동을 세상에 알린 커밍아웃 파티였다. 포르투알레그레는 '50년이면 충분하다50 Years is Enough' 운동의 정책 분석가인 소렌 암브로스Soren Ambrose의 말대로 "진지하게 대안을 생각하는 그룹의 존재를 알리는 커밍아웃 파티다."47

반세계화에서 대안 세계화로

테러리스트들의 9.11 공격이 있은 후, 현재의 세계화를 극복할 진지한 대안을 찾아야 할 필요가 더욱 긴박하게 제기되었다. 뉴욕과 워싱턴에서 일어난 대규모 학살은 열린 세계가 점점 더 가시화되고 있는 것과 관련한 문제를 전면에 부각시켰다. 비판자들은 세계화를 문화적 지배에 의한 전 세계의 미국화로 바라보고 있었다. 세계화가 낳은 부정적인 결과의 목록은 계속 늘어가고 있었고, 이제 테러리즘이 덧붙여진 것이다. 9.11 공격은 증가하는 세계의 상호 연결성이 불법 이민자들의 노동력 착취만 가져온 것이 아니라, 테러리스트와 범죄자들에게도 문을 열어주었다는 증거였다. 테러리스트들은 인터넷과 휴대폰으로 공격 음모를 꾸미고 온라인으로 항공 티켓을 구입했다. 세계화는 테러리스트들의 공격을 유도한 분노의 원인으로 지목되었다. 9.11 공격은 많은 사람들에게 가장 폭력적인 반세계화 시위로 인식되었다.

프랑스의 반세계화 단체인 아탁ATTAC(국가 간의 자본 이동에 반드시 조세를 부과할 것을 주장하는 시민 연대 - 옮긴이)은 9.11 공격을 강력하게 비난하는 성명을 냈다. 충격과 분노의 와중에 워싱턴에서 개최될 세계은행과 IMF의 연례총회 때 진행될 예정이었던 반세계화 시위가 취소되었다. 몇 주 후에 시애틀에서의 성공적인 시위 2주년을 기념

하는 행사에 모인 군중은 단 200명뿐이었다. 그 전 해에는 천 명 이상이 집결했다. 9.11의 충격으로 변화한 분위기에서 의회는 부시 대통령에게 대외 통상 교섭권을 대통령이 일괄 수행하는 권한인 패스트트랙 권한을 인정한다. 이것은 과거 클린턴 대통령에게는 거부된 권한이었다. 시애틀에서 무산된 세계무역기구 정상회담이 카타르의 도하에서 열렸다. 세계화에 대한 도전이 커가는 분위기에서 각국 정상들은 무역을 통해 빈곤을 해소할 새로운 세계 무역 라운드인 '도하 개발 라운드Doha Development Round'를 출범시키는 데 합의했다.

이 시기에 반세계화 정서라든가 반세계화 운동에 관한 기사의 수는 계속 줄었다. 2001년 8,718회로 최고에 달했던 반세계화 관련 기사는 그다음 해에 6,021회로, 2005년에는 1,695회로 지속적인 하향세를 기록했다. 그런 반면 전반적인 분위기는 세계화가 가져올 이익보다는 세계화에 대한 우려가 훨씬 지배적이었다. 2004년 세계화에 대한 언급은 2만 4,516회로 떨어졌고, 2005년에는 소폭 상승하여 2만 6,627회에 그쳤다. 2005년 이후부터는 세계화를 언급한 기사의 숫자도, 헤드라인으로 내세운 기사의 숫자도 점진적으로 떨어지고 있다. 이것은 세계화라는 현상이 더는 독자들의 관심을 끌 수 없는 소재여서가 아니다. 세계화는 여전히 삶의 현실로서 빈번히 언급되지만, 이 현상을 묘사했던 1990년대의 열정과 흥분이 사라진 것뿐이다.

시간이 흐르면서 반세계화 운동은 미국 이외의 지역에서 다시 부상하기 시작했다. 세계경제포럼은 2002년 연례회의 장소를 다보스에서 뉴욕으로 옮겼고, 반대자들은 포럼 참석자들을 기꺼이 맞아줄 태세였다. 그러나 9.11 이후 테러리스트들의 공격에 대비해 보안이 강화되었고 반대자들의 행동 반경은 더욱 위축되었다. 반세계화 활동가들은 회합 장소를 포르투알레그레로 옮겨 제1회 세계사회포럼을 개최하였으며[48] 2003년 세계사회포럼은 다시 인도 뭄바이에서 개최되면서 여기서 포럼 참석자들은 노벨상 수상자이며 전前 세계은행 임원이었던 조지프 스티글리츠Jeseph Stiglitz가 운동에 합류한 것을 열렬히 환영했다. 스티글리츠는 『세계화와 그 불만Globalization and Its Discontents』에서 국제통화기금이 개발도상국에 근본주의적인 도그마를 강제하여 재난을 초래했다고 격렬히 비난했다.

도하와 칸쿤Cancún에서 열린 세계무역기구 각료회의는 반세계화 세력이 결집하고, 신자유주의 정책이 가져온 온갖 병폐에 저항할 더 많은 기회를 제공했다. 2003년 10월 칸쿤에서 열린 세계무역기구 각료회의에서는 서방 국가들의 농업 보조금 폐지 문제가 합의에 도달하지 못한 후, 수천의 시위대가 모여 기쁨에 넘쳐 춤을 추었다. 시위대들에 밀린 개발도상국들은 농업 보조금을 일부 삭감하겠다는 미국과 유럽의 제안을 거부했다. 세계화 반대자들에게 이것은 그들이 건설하고자 하는 '다른 세계', 다시 말해 가난한 국가들이 자신들의 운명을 스스로 개척하고, 부유한 국가들의 착취에 저항하는 세계를 건설하기 위한 첫 걸음이었다.

어쩌면 알카에다 테러리스트들이 세계화를 무효화하려는 시도를 지켜보며 세계화의 부정적인 모습을 재평가하고, 허무주의적인 이미지를 버려야 할 필요가 있었기 때문에 세계화 비판자들이 더욱 구조적인 접근을 선택한 것일지도 모른다. 환경론자, 노동자 단체, 인권 운동가, 무역 반대론자까지 각자 다양한 비판의 목소리를 내던 세계화 반대론자들은 이제 모두 한 목소리로 '대안 세계화'를 호소하기 위해 결집한다. 반대자들은 세계화가 그저 기업의 교활한 음모나 특정 정부가 추구하는 파괴적인 정책이 아니라는 것을 암묵적으로 받아들이기 시작했다. 세계화는 반세계화 슬로건으로 사라져주기를 바랄 수 없는 하나의 흐름이었다.

유럽의 여론은 미국의 여론보다는 세계 통합을 잘 수용하고 있었다. 2003년 유로바로메트르Eurobaromètre가 수행한 여론조사에 따르면, 63퍼센트의 유럽 사람들이 세계화에 우호적이며, 절반 이상이 세계화가 증대되면서 이익을 얻었다고 생각했다. 62퍼센트의 사람들은 세계화의 과정을 조절할 수 있고, 효과적으로 통제할 수 있다고 믿고 있었다. 거의 80퍼센트가 반세계화 운동이 의미 있는 문제 제기를 하고 있다고 생각했지만, 절반 이상이 확실한 대안이 빈약하다고 응답했다.[49]

세계화 반대 진영의 새로운 접근 방법은 2004년 1월 다보스에서 세계경제포럼 연례회의가 개최되는 동안 분명하게 드러났다. 이 연례모임은 수년간 세계화 반대 시위의 장이었고, 자본주의 시스템의 온갖 해악을 논하는 기회를 제공해왔다. 그러나 2004년 회의에서 반대자들은 "이윤과 주주가치Shareholder Value 창출을 위해 환경과 사회 문제를 짓밟는 착취뿐인 신자유주의적 세계 질서에는 지금도 반대한다."고 말했지만, 전술은 달라졌다. 그들은 세계 통합이 증대되는 일련의 과정인 '세계화'가 돌이킬 수 없는 현실임을 받아들였다. 세계화라는 풍차를 향해 돈키호테처럼 돌진하는 대신, '대안 세계화' 또는 그들이 중단시킬 수 없는 과정의 대안이 될 수 있는 무엇을 주장했다(대안 세계화라는 말은 2001년 프랑스의 한 에세이에 처음 등장했다).[50] "우리는 세계화에 반대하지 않는다. 우리는 노동자의 권리와 환경을 보호할 수 있는 다른 유형의 세계화를 원하는 것뿐이다." 스위스 활동가인 마티아스 헤르펠트Matthias Herfeldt가 말했다.[51] 대안 세계화 운동은 현재 세계무역기구 협상에서 개발도상국 대중들이 의약품에 확실히 접근할 수 있도록 영향력을 행사한다거나, 섬유 산업 분야의 노동력 착취 근절 등의 특정 사안을 놓고 정부와 기업에 로비 활동을 벌이는 데 집중하고 있다. 경찰과 대치하고 세계경제포럼에 항의하는 대신, 활동가들은 '다보스 대중의 눈Public Eye on Davos'이라는 이름의 대안 컨퍼런스를 조직했다. 세계경제포럼 그 자체와 세계경제포럼이 세계의 상황을 개선할 자신들의 임무라고 언명한 것들에 반대하는 컨퍼런스였다. 2003년 초 프랑스 에비앙에서 G8 정상회담이 개최될 때 집결했던 반대자들은 '세계 지도자들'의 협상 테이블에 대안 세계화를 알리는 정도로 조용히 만족했다.[52] 2006년 상트페테르부르크에서 열린 G8 정상회담에서는 러시아의 블라디미르 푸틴 대통령이 대안 세계화를 주장하는 비정부기구 대표들과 회담을 갖기까지 했다.

아웃소싱의 위협

2003~2004년, 세계화라는 다목적 용어는 세계화보다 더 논란이 많은 아웃소싱이라는 용어에 자리를 양보하고 후퇴했다. 아웃소싱은 1981년 제너럴 모터스의 로저 스미스 회장이 제너럴 모터스는 노동 비용 절감의 한 방법으로 외부 협력 업체를 점진적으로 늘릴 것이며, 자동차 업계 전반에 '아웃소싱'이 일반화될 것이라는 예측을 내놓으면서 처음 사용되었다.[53] 2004년 아웃소싱은 자동차 업계뿐 아니라 서비스 경제 전체로 확산되어 모든 직종이 아웃소싱의 위협에 직면한 듯했다. 당시 미국 경제는 고용 없는 성장Jobless Recovery을 계속하고 있었고, 대통령 선거전이 가속화되고, 소프트웨어 아웃소싱·콜센터 직종·백오피스back office가 논설위원들과 정치인들의 중요한 쟁점 사안이었다. 세계화는 선거운동의 도구가 되기에는 너

무 모호한 개념이었지만, 아웃소싱으로 파생된 일자리 문제는 모든 사람이 이해할 수 있는 문제였다. 신문은 민주당 후보인 존 케리 상원위원이 아웃소싱을 선거전의 핵심 사안으로 채택한 이면의 정치적 계산이 무엇인지를 설명했다.

뉴햄프셔에서 치러진 민주당 예비선거에서 일자리 감소 문제는 중대 사안이었다. 전국제조업협회에 따르면 2000년 7월부터 2003년 6월까지 뉴햄프셔에서만 2만 1,000개, 거의 20퍼센트의 생산직 일자리가 사라졌다. 2004년 선거에서 선거인단 투표에 중요한 변수가 될 다른 주(캘리포니아, 일리노이, 미시건, 오하이오, 펜실베이니아 등)들도 같은 시기에 15~18퍼센트의 생산직 일자리 감소율을 보이고 있었다. 그다음으로 규모가 큰 다섯 곳의 공업기반 주(조지아, 인디애나, 뉴욕, 노스캐롤라이나, 위스콘신)에서도 13~20퍼센트의 생산직 일자리가 사라졌다. 두말할 것도 없이 11월 중간선거가 다가오자 아웃소싱을 언급한 각종 기사의 수는 2003년 6만 622건으로 급격히 증가했다.

2001년 아웃소싱이라는 단어가 떠오르기 시작한 이후 세계화를 언급한 기사의 수는 5만 1,641회에서 2004년 4만 3,545회로 급격히 감소했다. 반대로 '아웃소싱'을 사용한 기사는 2001년 5만 3,259회에서 2004년 9만 6,387회로 증가했다. 사실 서비스 직종의 아웃소싱을 통해 해외로 빠져나간 일자리는 미미한 숫자에 불과했지만, 아웃소싱이라는 신기한 경험은 너무나 불안한 무엇이었다. 더욱이 이제는 과거처럼 미숙련 노동자만 해고를 당하는 것이 아니었다. 고도로 숙련된 프로그래머, 엔지니어, 방사선 기사까지 동일한 기술을 가졌지만 임금이 싼 외국인 근로자들 때문에 일자리를 잃고 있었다. 무겁고 추상적인 세계화라는 단어는 갑자기 아웃소싱보다 뭔가 덜 위협적인 단어가 된다. 아웃소싱은 미국 화이트칼라 노동자들에게 더욱 긴박한 위협이었다. 그러나 선거전의 열기가 사라진 후 아웃소싱이라는 단어를 사용한 기사의 수는 2005년 7만 9,863회로 떨어졌고, 그 이후 계속 하향세를 보이고 있다. 경제가 회복 기미를 보이고, 아웃소싱으로 사라진 일자리의 수가 미미한 것으로 보이자 세계화라는 단어의 대역으로 사용되던 아웃소싱이라는 단어도 힘을 잃고 있는 것 같다. 세계화가 미국 경제에 미친 영향을 파악하는 데도 새로운 시각이 등장하고 있는 것으로 보인다. 경제학자들은 외국의 저축금이 미국으로 유입된 것과 결합한 자본 시장의 세계화로 미국의 장기 금리가 낮고 안정적으로 유지되어왔다고 인식하고 있다.

사전에 등재된 지 40년이 지난, 1990년대에 실체 없이 요란한 유행어에서 저주의 말이 되기까지 다양한 변화를 겪었던 세계화는 대중의 의식 속에 힘을 잃어가고 있는 것 같다. 이 단어의 기본적인 의미인 통합과 상호 의존성이 증대되는 과정은 지금도 계속되고 있지만, '세계화'가 번영 혹은 불행의 원인이라고 설명되는 경우는 점점 줄고 있다. 10년간 대중 담론을 지배했던 세계화는 자유로운 경제 교류가 초래한 결과에 대한 분노와 공포를 표현하기 위해 다용도로 쓸 수 있는 단어라기보다는, 장기적인 흐름을 묘사하는 단어로 더욱 안정적인 존재감을 획득하고 있다. 우려와 분노 대신, 이제 가시화된 세계화의 영향(생산 기지 해외 이전과 비즈니스 과정의 많은 부분을 외국에서 아웃소싱하는 것)에 점점 더 주목하고 있다.

2006년 〈뉴욕 타임스〉에는 '아웃소싱은 왜 더 이상 두려운 단어가 아닌가'라는 제목의 논평이 실렸다. 칼럼리스트는 한 해에 약 28만의 일자리가 사라졌지만, 사라진 일자리가 2006년 7월 현재 전체 노동력 1억 3,500명에서 차지하는 비율은 바다의 물 한 방울 정도에 불과하다고 주장했다. 하지만 모든 사람이 아웃소싱은 더는 계속되지 않을 것이라거나, 정치의 계절에 헤드라인이 되지 않을 것이라고 확신하는 것은 아니다. 경제학자 앨런 블라인더Alan Blinder는 이 칼럼에서 "기술이 발달하고 해외 노동력의 품질과 경험이 향상되면 전자적으로 서비스를 전송할 수 있는 능력은 증가될 것"이라고 말했다. 장기적으로 2퍼센트가 훨씬 넘는 서비스 직종의 일자리가 해외 아웃소싱의 위협을 받을 것으로 예상된다. 블라인더는 "이 문제가 쟁점이 되지 않을 것이라는 착각에 빠져서는 안 될 것"이라고 말했다.[54]

세계화는 2004년이나 2005년처럼 수많은 뉴스거리를 양산하고 논평의 대상이 되지는 않았지만, 2006년에도 미국 노동자들의 지평에 여전히 검은 구름으로 자리하고 있었다. 신문사설과 기고란은 여전히 세계화를 바라보는 불안을 반영하고 있지만 분노와 불협화음은 줄어들고 있다. 미국의 임금이 정체를 벗어나지 못하는 것을 세계화에 직접 연결시키지는 않았지만, 2006년 행크 폴슨Hank Paulson 재무장관은 이렇게 시인했다. "무역에서 얻는 이익이—높은 경제 성장, 더 많은 일자리, 더 높은 삶의 표준 등—확대되고 있는 것은 분명한 사실이지만, 유감스럽게도 일자리 해외 유출처럼 즉각적으로 가시화되지는 않으며, 때로 가시화되기까지 많은 시간이 걸린다."[55]

세계화는 관료들의 전문 용어에서 비즈니스 유행어로, 기적 같은 경제 성장의 도구에서 악마의 음모로, 드디어는 반대자들이 대안 모델, 대안 세계화를 호소하게 되는 단계까지 진화해왔다. 복잡한 현실과 도저히 빠져나갈 수 없는 미로처럼 연결된 세계를 어떻게든 설명해보려는 시도와 함께 진화했다. 그러나 상호 연결되어 있고 상호 의존적인 세계의 현실을 이해하기 위해 세계화의 의미론을 두고 반목하기보다, 상호 연결성의 역사적 과정을 이끌어온 힘을 면밀히 조사하는 것이 더 나은 방법이 될 것이다.

9장

누가 세계화를 두려워하는가?

> 세계화는 기록된 역사를 통틀어 계속 진행된 과정이고, 막대한 이익을 가져온 과정이다. 세계화에는 변화가 수반되기 때문에 두려움을 낳고, 수혜자들조차 두려움을 느끼기도 한다. 변화의 시기에 일부 사람들은 단기적인 손실을 입는다. 그러나 세계화는 호흡과도 같은 것이다. 인간의 힘으로 막을 수도 없고, 막으려는 시도를 해야 하는 과정도 아니다. 물론 좀 더 편안하게 호흡할 수 있는 방법이 있다면 분명 그 방법을 택해야 할 것이다.
> – 앤 크루거Anne O. Krueger 국제통화기금 수석 부총재(2002년).

> 세계화는 통합된 세계라는 그릇된 희망을 실어 나르기 위해 날조된 단어다. 현실은 그 반대다. 21세기 자본주의는 생산과 소비에 기여도가 적거나, 거의 기여하지 않는 수백만의 사람들을 거부하고 소외시키며 쓸모없는 사람들로 치부한다.
> – 수잔 조지Susan George, 〈칼리지 타임스Khaleej Times〉 2004년.

2003년 9월 10일 수요일, 멕시코 유카탄 반도에 자리한 유명한 휴양지 칸쿤은 전형적인 여름 날씨를 보이는 듯했다. 카리브 해의 청록색 바다는 정오의 태양 아래 반짝이고 있었다. 16킬로미터에 걸쳐 펼쳐진 하얀 모래와 부드러운 파도 속에 수천의 관광객들이 철벅이며 수영을 하고, 모래 위에 누워 도마뱀처럼 해바라기를 했다. 수평선 위에 희미하게 보이는 두 대의 멕시코 해군 포함만이 칸쿤의 그날이 예사롭지 않은 날임을 상기시켰다.

두 대의 포함 중 한 대가 S자 모양의 섬 북쪽 끝에 있는 궁궐 같은 컨벤션 센터를 향해 다가가자 포함이 떠 있던 이유는 분명해졌다. 세계무역기구의 149개 회원국 장관들이 수억 인구에 영향을 미

◀ "2003년 9월 멕시코 칸쿤에서 세계무역기구 반대 시위대와 대치 중인 경찰"(사진 출처 : infernalnoise.com).

칠 수 있는 문제들을 논의하기 위해 모여 있었다. 세계무역기구 각료회의가 세계에 미칠 영향이 어떤 것인지를 증명이라도 하듯, 수천의 반세계화 시위대도 칸쿤에 모였다. 이런 모습은 세계무역기구 회담의 일부가 되어버린 지 오래였다. 1999년 세계무역기구 정상회담이 예정되었던 시애틀에서 폭력적인 시위가 발생한 이래, 세계은행과 국제통화기금, G8 정상회담에 이르기까지 세계적인 기구들의 주요 회합이 있을 때면 항상 반세계화 시위대를 대비해야 했다.

섬 진입로와 컨벤션 센터 주변에는 군중을 통제하기 위해 강철과 철사로 만든 장벽이 세워졌다. 멕시코 경찰은 시애틀의 실패나, 2001년 제노바에서 G8 정상회담 동안 사망자가 발생한 사건과 같은 사태를 막기 위해 총력을 기울였다. 헬멧과 진압봉, 최루탄으로 무장한 경찰들이 장벽 뒤에 늘어서 출입이 금지된 방문객들을 통제하고 있었다. 세계적으로 1억의 회원이 있다고 주장하는 국제 농민 단체인 비아 캄페지나Via Campesina는 칸쿤에 모인 그룹 가운데 가장 환영받지 못하는 그룹이었다. 1993년에 설립된 비아 캄페지나는 영세 농업인과 농업 노동자들이 '식량 주권food sovereignty'을 지키기 위해 결성한 단체였다.

가장 공격적인 회원들은 시위 경험이 많은 한국의 농민들이었다. 한국 대표단에는 이경해라는 중년의 헌신적인 농민 지도자가 있었다. 작은 키에 다정한 얼굴을 한 이경해는 한국의 전라북도에서 실험농업을 하는 농민이었다. 1970년대에 그는 후배들에게 과학영농과 생산량 증대 방법을 가르쳤다. 그러나 농업인으로서 그의 삶은 실망스러운 것이었다. 충분한 수확고를 올리지 못했고, 나중에는 빚 때문에 농지를 넘겨야 했다. 그는 한국 농민의 고단한 삶의 원인을 농업 시장 개방과 농산물 가격 폭락 때문이라고 생각했다. 무역 규모 세계 12위에, 거대한 컨테이너선과 자동차부터 텔레비전과 휴대폰에 이르기까지 전 세계에 공산품을 공급하고 있는 한국은 농산물 수입 장벽을 낮추라는 압력을 받고 있었다. 한국의 대기업은 이윤을 갈퀴로 긁어모으고 도시 근로자들은 풍요로운 삶을 누리고 있었지만, 20세기 후반 한국 총인구의 10분의 1에 달하는 농민들은 고난 속에 있었다. 세계무역기구의 농산물 수출국들은 한국 정부에 수입 쿼터와 농업 보조금을 폐지하고, 흉작일 경우 한국 농민을 보호하기 위해 마련된 100퍼센트 관세 장벽을 낮추라는 압력을 지속적으로 행사하고 있었다. 이 와중에 부채를 상환할 능력이 없던 많은 농부들이 살충제를 마시고 자살을 기도했다. 이경해는 자살한 한 농민의 집을 방문한 후 이렇게 썼다. "그 아내의 울부짖음을 듣고 있을 뿐 나는 아무것도 할 수 없었다. 당신이 나였다면 어떤 기분이었겠는가?" 그는 2002년 세계무역기구 농업 협상이 진행된 제네바로 가서 자신이 어떤 감정을 느꼈는지를 보여주었다. "WTO가 농민을 죽인다WTO Kills Farmers"고 쓰인 플래카드를 들고 이경해는 세계무역기구 사무국 건물 밖에서 한 달간 단식 투쟁을 벌였다.

  1년 후, 그는 세계무역기구 반대 시위를 위해 칸쿤에 모인 수천의 시위대에 합류하려 다시 한번 집을 떠났다. 9월 11일 아침, 시위대는 도심의 공원을 출발해 컨벤션 센터를 향해 전진했고, 진격을 가로막는 강철 바리케이드를 만나게 된다. 의도된 것은 아니었겠지만 바리케이드는 '휴양 도시에 잘 오셨다'는 광고판 바로 밑에 설치되어 있었다. 정오의 태양이 내리쬐고, 북소리와 금속성의 뎅그렁 소리가 울리는 가운데 "WTO에 죽음을!"이라는 외침이 들렸다. 한국 농민들은 WTO라고 쓰여 있는 종이로 만든 관棺을 들고 바리케이드 앞에 섰다. 성조기가 불태워지고, 수백 명의 시위대가 강철 바리케

2003년 멕시코 칸쿤에서 개최된 세계무역기구 각료회의에 반대하는 시위대에 참석하여 "WTO에 죽음을!"을 외치고 있는 이경해(왼쪽). 그는 반세계화 투쟁 최초의 순교자였다.

이드를 향해 달려들어 바리케이드의 일부를 파괴했다. 경찰이 불을 끄기 위해 황급히 호스를 들고 달려왔다. 노란색 체크무늬 셔츠를 입고, 붉은 손수건을 두른 모자를 쓴 이경해는 바리케이드 꼭대기로 기어 올라갔다. 그는 군중들을 향해 인쇄물을 뿌리고, 다시 한번 "WTO에 죽음을!"을 외치기 위해 주먹을 들어 올렸다. 군중들이 구호를 따라하고, 전 세계 미디어의 카메라가 돌아가고 있을 때 그는 갑자기 낡은 스위스 군용 칼을 꺼내 재빨리 자신의 심장을 찔렀다. 절망이 낳은 완고한 결단의 힘으로, 이경해는 두 손으로 칼을 더 깊이 밀어넣었다. 경악한 시위대들이 비명을 지르고, 피를 흘리던 이경해는 바리케이드 위에서 쓰러졌다. 곧바로 응급의료진이 그를 병원으로 옮겼지만 소용없는 일이었다. 이경해는 2003년 9월 11일 칸쿤에서 사망했다.

반세계화 투쟁임을 명확히 밝힌 최초의 순교가 되어버린 그의 자살은 사전에 계획된 것이었다. 칸쿤으로 떠나기 전 그는 아내의 무덤을 찾아가 그 옆에 자신의 무덤을 준비하듯 주변의 풀을 베었다. 사망하기 전에 군중들을 향해 뿌린 인쇄물에는 이런 글이 있었다. "나는 56세, 한국에서 온 농민이며, 큰 희망을 안고 농민단체를 결성하여 우리의 문제를 스스로 해결해보고자 노력했다. 그러나 나는 결국 실패만 거듭한 다른 많은 농촌지도자 중 한 사람이었다. 내 육신을 그토록 오랫동안 들끓게 한 말들…… 이제 나는 당신들에게 절규한다……. WTO는 농업에서 손을 떼라!"[1]

반세계화 시위의 함성에 "WTO 체제에서 농업을 제외시켜라"와 "식량 주권 회복" 같은 슬로건들이 등장하고, 검은 테가 둘러진 이경해의 사진은 반세계화 투쟁의 국제적 연대를 표현하는 필수 아이콘이 되었다. 프랑스 농민 조제 보베 같은 반세계화 활동가들은 식량 주권 수호 투쟁에 맥도날드와 유전자 변형식품으로 대표되는 말부프malbouffe('나쁜 음식'이라는 의미로 1981년 스텔라와 조엘 드 로스네이Stella and Joël de Rosnay가 『나쁜 음식 La Malbouffe』에서 건강에 해로운 패스트푸드를 설명하며 만들어낸 신조어) 반대 운동을 결합시켰다. 물론 이런 반대가 농민들에게만 국한된 것은 아니다. 항의자들은 모든 국제 회의—세계무역기구, 세계은행, 국제통화기금, G8—에 통과의례처럼 모습을 드러냈고, 온갖 계층의 반대자들이 참석하여 그 수가 증가했다. 반대자들과 비판자들의 눈에 세계화는 저주였다. 세계화는 타이의 승려이자 비평가인 술락 시바락사Sulak Sivaraksa의 말처럼 "새로 등장한 악마의 종교"인 것이다. 시바락사는 이렇게 썼다. "거대 기업이 주도하는 세계화가 시작된 이래 미디어는 우리에게 맹목적으로 더욱더 많은 기술, 패스트푸드와 정크푸드, 콜라와 청바지로 이루어진 맥월드Mc World의 획일적인 문화를 향해 가라고 명령하는 것이 습관이 되었다."² 그들에게 세계화는 상상할 수 있는 모든 악의 배후 조종자다. 증가하는 빈곤과 불평등, 무자비할 정도의 천연자원 개발, 범죄와 질병의 확산, 세계적 테러리즘, 환경 재앙, 이 모든 것이 세계화 때문인 것이다.

그들이 반대하는 세계화의 내용으로 미루어, 세계화를 다양한 힘이 추진해온 기나긴 역사적 과정으로 바라보고 있지 않다는 점은 분명하다. 그들은 세계화를 특정 집단 또는 기구가 계획적으로 선택한 정책이나 수단으로 이해한다. 세계화의 수없이 많은 해악을 다룬 미디어와 학계의 보고서는 때로 신자유주의 정치 철학과 그 철학을 바탕으로 하는 국제통화기금이나 세계은행 그리고 세계무역기구를 세계화의 배후 조종 세력으로 규정한다. 또 어떤 경우는 세계화를 자본주의나 자유 시장 정책의 약어처럼 묘사하기도 한다. 세계화에 유죄판결을 내리는 모든 시민 단체들의 목소리를 검토해보면 세계의 상호 연결성이 증가하는 것에 그들이 걱정하는 것이 무엇인지를 하나하나 밝혀낼 수 있겠지만, 일일이 열거하기에는 너무 많다. 그래서 반세계화를 주장하며 경쟁적으로 제시하는 주제들과 그 출처를 개략적으로 살펴보도록 하자. 반세계화 진영에는 무정부주의자, 반자본주의자(사회주의자, 공산주의자), 유전자 변형식품 반대자, 환경보호론자, 반핵 운동가, 인권 운동가, 노동조합, 이민 찬성 또는 반대 로비스트, 노동 착취 반대 단체 등의 주장이 들어 있다. 또 반전反戰 단체, 생물다양성 수호단체, 문화주권 수호단체, 반미反美 단체가 있다. 무엇보다 세계화에 대한 가장 중대하고 심각한 저항은 노동계급과 선진국의 화이트칼라 노동자들로부터 비롯된다. 선진국의 화이트칼라 노동자들은 저임금 국가와의 경쟁으로 일자리를 잃을 것을 두려워하며 세계화에 반대한다. 그 외 반세계화 정서를 유발하는 요인으로는 패권을 장악한 부유한 서방 국가의 문화적 지배로 여타 문화가 말살되거나 오염될 것에 대한 두려움이 있고, 이민의 물결로 민족적·문화적 정체성을 잃을 것을 두려워하는 사람들의 공포가 있다.

환경보호론자들은 부유한 국가들이 가난한 국가로 오염을 수출하고 있다고 비판하고, 생태 재난에 일부 책임이 있는 세계화된 무역과 관광을 불만스러워한다. 무역이 경제 번영의 가장 중요한 축이라고 생각하는 사람들까지 "세계화가 과도하게 진행된 것은 아닌가?"[3]라고 묻는다. 좌파 비평가들은 신자유주의 자본주의자들의 세계화는 불평등과 부정을 양산하고 있다고 비난하며 '대안 세계화'[4]를 요구하고 있다. '대안 세계화'라는 명칭은 이제 하나의 약어가 되었다. 그들의 비판은 상호 연결성의 과정에 가속이 붙으면서 양산된 부정적인 결과를 반대하는 것이다. 그러나 이런 문제들은 현대적 수송과 통신이 등장하기 이전부터 있어왔고, 세계화라는 단어가 등장하기 이전에도 존재했다.

역사의 전 과정에서 통합의 증대는 이질적인 것의 지배를 당하는 사람들 또는 낯선 물건이나 사상의 등장으로 고통받는 사람들의 저항을 유발해왔다. 세계화의 주역들—무역상, 선교사, 탐험가, 전사, 이주자—을 상대로 한 저항은 무장을 하고 국경을 폐쇄하는 것부터 관세와 무역 장벽을 세우는 것까지 다양한 형태로 나타났다. 역사에 등장하는 세계화의 주역 가운데 핵심적인 두 사람인 마젤란과 제임스 쿡 선장은 그들이 연결을 시도했던 원주민들의 손에 죽임을 당하기까지 했다.[5] 그런데 세계화가 가져온 충격이 과거와 그토록 다르게 보이는 것은 우리 눈에 보이기 때문이다. 미디어로 연결된 지금

세계는 패자의 고통과 승자의 부를 눈앞에 보여줌으로써 해묵은 이야기를 새롭게 부각시키는 것이다. 상호 연결된 세계의 폭력성과 비인간적인 측면에 반대하는 문제제기는 세계화를 강요당한 편에서만 나오는 것이 아니라, 세계화의 주축이었던 사람들 내부에서도 나온다. 라스카사스나 윌리엄 윌버포스 같은 사람들은 신의 이름으로 또는 인종적 우월성을 내세워, 또는 자유 무역의 권리를 주장하며 외국 땅에서 동료 인간들이 벌인 행위를 비판하며 양심과 도덕의 목소리를 높인 역사가 있다. 발달을 거듭하며 조밀해진 통신망 덕분에 오늘날 비판의 목소리는 전 지구적으로 확산되고, 그들이 비판하고 있는 세계적 기업과 기구들만큼이나 비판자들 또한 긴밀히 연결되어 있다. 또한 과거와 달리 현대 세계화가 초래한 사악한 결과에 대한 저항은 항상 가장 세계화된 지역 또는 세계 시민 의식이 가장 많이 성장한 곳에서 나오고 있다. 소외되고 가난한 사람들, 머나먼 나라의 부자들이 어떻게 살고 있는지를 깨달은 가난한 사람들이 아닌, 세계화의 혜택을 받은 사회와 국가의 의식 있는 구성원들이 문제를 제기하고 있다. 바로 그들이 상호 연결성의 과정에 언제나 존재해온 불평등과 부정을 바로잡으라고 외치고 있다.

그러나 무엇보다 중요한 차이는 현재의 반세계화 논의에 사용되는 분석틀의 발달과 관계가 있다. 2,000년 역사가 흐르는 동안 늘 있어온 세계화에 대한 저항과 다르게, 오늘날의 저항은 상호 연결성의 부정적인 결과만을 꼬집어 반대하는 것이 아니다. 오늘날의 저항은 세계화의 주역이라고 인식된 거대 기업과 그 후원자들이 가지고 있는 이데올로기와 철학 그 자체를 반대한다. 탐욕스런 기업들이 현재의 세계화를 낳았다고 비판하는 사람들은 의식적으로든 무의식적으로든 자본주의 발달 초기에 마르크스가 체계적으로 정리한 비판의 영향을 받고 있다. 마르크스와 엥겔스의 『공산당 선언Communist Manifesto』(1848년)에 나오는 아래의 글을 인용해보는 것이 의미가 있겠다. 『공산당 선언』은 지극히 객관적으로 공정하게 쓰인 글이지만, 세계화에 가한 최초의 근대적 비판이라고 할 수 있기 때문이다. "부르주아는 생산물의 판로를 끝없이 넓히려는 욕구에 떠밀려 지상의 모든 곳을 뛰어다닌다……. 과거의 수요는 국내 생산물이 채워주었지만, 아주 멀리 떨어져 있는 다른 풍토의 나라에서 온 생산물로만 채울 수 있는 새로운 수요가 생겨난다. 오래도록 살아온 고향과 국가에 은둔한 채 자급자족하는 대신, 민족들 상호 간의 전면적인 교류가 이루어지고, 세계 모든 국가들의 상호 의존이 등장한다."6

마르크스는 자본주의자들이 이윤을 추구한 결과 "세계 모든 국가들이 상호 의존"하게 되었다고 보고 있다. 그의 말을 빌리자면 "잉여 노동을 좇는 귀신이 들린 늑대인간의 엄청난 굶주림"7의 결과인 것이다. 한편 현대의 비판자들은 자본주의의 속성인 '이윤에 대한 굶주림'에 덧붙여 대안 모델이었던 사회주의의 붕괴 원인도 세계화에 있다고 보고, 자본주의 반대 논리를 더욱 강화하는 데 세계화를 끌어들이고 있다. 여기서 '세계화'는 신용이 떨어진 사회주의 시스템을 지지한다는 입장을 굳이 밝히지 않고도, 착취하는 자본주의의 속성을 손쉽게 드러내는 용어가 되었다.

무역이 초래한 문제들

이데올로기적인 주장은 논외로 하고, 세계화 비판의 핵심은 '타자' 다시 말해 외국의 영향, 외국 생산품, 외국의 사상과 제도 들을 겨냥하고 있다. 역사의 여명기부터 외국을 상징하는 가장 핵심적인 주체는 다른 나라에서 온 무역상들과 다른 신앙을 가진 선교사들이었다. 대규모 해양 운송 수단이 출현하기 전까지 무역과 여행은 제한적이었지만 로마, 오스만, 중국과 기타 제국들은 하나같이 상호 연결성의 영향을 통제하려는 노력을 기울였다. 로마는 최초로 수입품에 관세를 부과하는 법령을 공표했다. 관세는 국가의 주요 수입원이었고, 환영받지 못하는 일부 수입품은 언제나 존재했다. 영국이 아편을 수출하여 비단과 차 대금을 지불하겠다고 고집하고, 중국이 아편 거래를 금지하려 했던 시도는 결국 19세기 중반 아편 전쟁의 도화선이 되었다. 농산물 수출과 관련하여, 식민 통치자들은 호황과 불황의 부단한 사이클에서 발생하는 손해를 개발도상국의 농민과 노동자들에게 떠맡겨 왔다. 이것은 현재의 세계화된 경제에서도 과히 다르지 않다.[8]

고전적인 예를 들자면 18세기 초반에 네덜란드의 통치를 받던 인도네시아의 경우가 있다. 커피와 설탕 가격이 폭락하자 네덜란드인 플랜테이션 농장주들은 수천 명의 노동자를 해고했다. 해고 노동자들은 대부분 중국인 이주민들이었다. 이 노동자들을 중국으로 다시 추방하려던 네덜란드의 계획은 폭동으로 이어졌고, '바타비아의 분노Batavian Fury'[9]라고 불리는 폭동이 발생하여 만여 명의 중국인이 사망했다. 네덜란드의 착취에 대한 분노는 우연히 아랍의 영향을 받은 와하비파 이슬람이 유입되는 시점과 맞아떨어져 초기 반세계화 투쟁의 일제사격이었다고 할 수 있는 자바 전쟁(1825~1830년)으로 이어졌다.[10] 그로부터 20년 후 인도에서는 동인도 회사가 농민들에게 낮은 가격으로 인디고indigo를 재배하도록 강제한 것이 원인이 되어 빚을 진 농민들이 또 다른 반세계화 투쟁을 벌인 사례가 있다. 이 사건은 농민들이 경작했던 비운의 농작물의 색깔을 따서 '푸른 반란

The Blue Mutiny'(세포이 반란)[11]이라고 알려졌다. 앞에서 우리는 영국에서 대량 생산된 직물과의 경쟁이 원인이 되어 "인도 면직조공들의 유골이 인도 초원을 하얗게 뒤덮고 있다."는 이야기를 했다.

또한 산업화 과정에 있던 나라들도 세계 무역의 영향에서 자유롭지 못했다. 그들은 관세 장벽과 싸웠다. 신흥 산업에 이해관계가 얽혀 있던 영국은 1846년 곡물 수입을 금지한 곡물법Corn Laws을 폐지했고, 유럽 대륙은 미국 곡물의 침략에서 농민들을 보호하기 위해 관세 장벽을 높였다. 그러나 유럽 국가들은 대량으로 곡물을 수출하던 국가의 또 다른 도전에 직면하게 된다. 독립 초창기의 미국은 이제 막 태어난 국내 산업을 보호하기 위해, 영국산 직물 같은 값싼 외국 공산품에 관세를 부과했다.[12]

추락

바로 이 시기에 내가 세계화의 주역 가운데 탐험가의 범주에 포함시킨 이민자 문제가 불거졌고, 이민 반대의 목소리가 나오기 시작했다. 현대 미국의 반이민 정서와 다르지 않은 것이다. 20세기 초반 미국과 신세계의 국가들은 보호 무역 정책을 채택했고, 이것은 세계화의 황금기라고 불렸던 시대의 종말을 의미했다. 19세기 말에 미국이 채택한 이민 문호 개방 정책도 막을 내렸다. 저임금 노동자의 도착으로 미국 내의 소득 불평등이 심화되는 현상을 우려하면서(2006년 미국에서 강력한 이민 정책이 지지를 받은 원인과 다르지 않다) 반이민 정서가 태생했다. 이민의 문을 닫은 것은 정책 입안자들이 예상한 것보다 훨씬 파괴적인 결과를 가져온 것으로 판명되었다. 그 시대를 연구한 학자인 케빈 오룩크와 제프리 윌리엄슨은 이렇게 적고 있다.

"부유한 국가에서 증가하고 있던 불평등은, 쿼터제도로 노동자 이민이 중지되고, 세계 자본 시장이 붕괴하고, 세계 공동체가 높은 무역장벽을 세워 그 뒤로 후퇴한 그 시점에 증가세를 멈췄다."13

이민자들이 주로 선택하는 또 다른 국가였던 오스트레일리아 역시 '황인종'의 이민을 배척하기 위해 '거대한 하얀 벽'이라고 불린 정책을 채택했다.14 20세기 후반에 가서야 폐기된 백호주의 정책 White Australia Policy은 중국의 정치적·군사적 개입을 우려한 것이 아니었다. 그보다는 문화도 다르고, 형편없이 싼 임금으로도 일할 태세를 갖춘 '열등한' 종족의 이민자들 때문에 궁지에 몰릴 것을 두려워한 오스트레일리아의 공포감 때문이었다. 이는 현대의 서구와 미국에서도 자주 들려오는 우려이다.

이민 규제는 세계화에 불어오는 다른 기운들과 함께 점진적으로 무역의 숨통을 막고 있었다. 1929년 대통령선거 운동기간에 허버트 후버는 미국 농민들에게 강력한 관세 정책을 도입하여 가격 폭락을 막겠다는 공약을 했다. 법안이 아직 통과되기 전의 일이지만, 스무트 홀리법 Smoot-Hawley Act이 발효될 경우 벌어질 사태에 대한 공포와 불안이 1929년 10월 24일의 주식시장 붕괴를 재촉한 것일 수도 있다. 통합된 금융 시장을 연쇄적으로 휩쓸고 가면서 전 세계로 도미노 효과가 확산되었고, 주식시장은 하루아침에 대공황을 맞았다. 1930년 지극히 보호무역주의적인 스무트 홀리 법안이 통과된 일은 당대 세계화의 관棺에 마지막 못을 두드려 박은 것이었다. 불안을 느낀 의원들이 의회에 상정한 개정안만 1,253개에 달했고 그 결과는 2만 1,000개의 관세 법안이었다. 해롤드 제임스는 『세계화의 종말 The End of Globalization』에서 다음과 같이 적고 있다. "곧이어 국내외의 긴장이 세계를 하나로 유지해왔던 메커니즘과 기구들을 파괴했다. 세계

경제의 흐름을 거스른 반작용이 세계화에 종지부를 찍었다."15

물론 세계화는 절대 끝난 것이 아니었지만, 1930년 사태로 브레이크의 파열음이 들려왔고, 세계가 상호 연결되는 과정은 극도로 위축되었다. 1929년 44억 달러였던 미국의 수입은 스무트 홀리 관세가 부과된 후 1년 만에 13억 달러가 넘게 감소했다.16

1929년부터 1933년까지 가장 어려웠던 대공황 시기, 세계 무역의 규모는 절반 이상 축소되었다.17 세계 경제의 윤활유 역할을 했던 해외 대출과 투자는 완전히 말라버렸다. 많은 지역에서 독립독행獨立獨行과 배급제도가 일반화되었던 제2차 대전 동안 세계 상거래는 더욱 부진을 면치 못했다. 역사가 니알 퍼거슨은 "세계화의 실패로 히틀러보다 더 많은 정치적 자본political capital을 축적한 사람은 아무도 없다."고 지적했다. 경제 혼란, 정치에 대한 환멸, 그리고 대공황 이후 국가 정체성에 대한 탐색은 나치즘이 부상할 토대를 만들어주었다. 1932년 7월, 히틀러가 지방순회 유세를 하는 동안 유권자들에게 던졌던 질문은 오늘날 선진국에서 반세계화를 말하는 분노의 소리와 무섭게도 닮았다. "국제주의와 세계 의식과 수많은 조약이 넘쳐나고 있습니다. 국제연맹, 군축회의, 모스크바, 제2차 인터내셔널, 제3차 인터내셔널이 있습니다. 그러나 이 모든 것들이 독일을 위해 무엇을 생산합니까?" 퍼거슨은 이 물음에 "전쟁이 끝나고 그들이 생산한 것은 바로 히틀러였다."고 대답한다.18 이는 정권을 잡기 위한 수단으로 이민과 문화적 '타자'에 반대하는 정치인들을 비판할 때 유용하게 쓰일 만한 교훈이다.

일등석으로 여행하는 암소와 빅맥

현재 세계무역기구가 세계화의 동의어처럼 쓰이는 기구라면, 1995년까지는 관세 및 무역에 관한 일반협정이 그 역할을 했다. GATT는 제2차 세계대전 이전에 세워진 관세 장벽을 끌어내리는 데 일조했다. 유엔이 설립한 GATT는 10여 가지의 다자간 무역협정을 체결하여 세계 무역을 엄청나게 확대시켰다. 지난 60년간 세계 무역 규모는 100억 달러에서 12조 달러로 증가했다. 수출은 1950년에 세계 경제 규모의 단 5퍼센트에 불과한 2,000억 달러였던 것이, 현재는 60퍼센트를 차지하며 60조 달러에 달한다. 반면 무역의 외형적 성장이 낳은 부는 무역의 법칙이 작용하는 방식 때문에 균형 있게 배분되지 못했다. 세계무역기구에 따르면 2004년 세계 총무역량은 거의 19조 달러에 이르지만 가장 가난한 50개 국이 차지한 비율은 1퍼센트, 1,330억 달러도 채 안 되었다.[19]

관세 장벽 철폐로 선진국들은 공산품 수출이 급격히 증가했지만, 섬유, 가죽 제품, 농수산물에 의지하는 가난한 국가들은 오히려 관세 장벽과 보조금 철폐를 망설이며 어려움을 겪었다. 세계무역기구는 공산품, 서비스, 지적재산권 분야의 기본 협정을 다루고 있지만, 가장 민감한 쟁점 사안인 농산물과 섬유는 무역에 관한 일반협정에서 제외시켰다.[20] 두 분야를 제외한 것은 그저 전투를 유예한다는 의미밖에 없었다. 2005년 부유한 국가의 섬유 무역 노동자조합이 민감성을 드러냈다. 당초 협의된 대로 2005년 1월, 선진국 섬유 산업을 보호해온 다자간 섬유협정이 종료되었다. 제약에서 벗어난 값싼 중국산 제품들이 물밀듯 시장으로 몰려나오자 미국 섬유산업계의 저항에 불이 붙었다. 미국 생산무역행동연대는 다자간 섬유협정이 종료된 후 19개 공장이 문을 닫았고, 2만 6,000개의 일자리가 사라졌다고 주장했다.[21] 다시 보호무역주의로 돌아갈 것을 염려한 미국과 유럽의 관료들은 세계무역기구의 긴급수입제한조치safeguards 조항을 들어 중국 제품에 대한 제한 규정을 다시 적용했다. 그러나 이것은 4년의 유예 기간일 뿐이다.

농산물 무역은 세계 무역에서 차지하는 비율로 보면 10퍼센트에 불과하지만 개발도상국들에는 민감한 사안이다. 이것은 세계무역기구 전체 회원국의 20퍼센트가 넘는 최빈개도국(LDCs : Least Developed Countries) 국민 대다수의 식량과 생계가 달린 문제다. 칸쿤부터 홍콩까지 세계무역기구 회담장 밖에서 경찰과 투쟁한 한국 농민들은 거대 다국적 기업과의 경쟁에 직면해 생계를 걱정하는 농민의 불안을 말해주는 것이다. 한국, 브라질, 인도, 케냐, 기타 아프리카 국가들의 농민들은 부유한 국가들의 불공정한 보조금, 반덤핑 관세, 기타 비관세 무역 장벽이 철폐되지 않는 한, 더 이상의 시장 개방에 반대하는 투쟁을 벌여왔다. 한 통계에 따르면 부유한 국가들이 쏟아붓는 3,000억 달러의 농업 보조금은 경제협력개발기구OECD 산업 국가의 모든 소들을 1등석으로 세계일주를 시키고도 남아돌 만큼의 금액이라고 한다.[22]

1등석으로 여행하는 소 이야기는 그렇다 치고, 선진국들의 보조금 정책은 결국 영양실조로 뼈만 앙상한 상대에게 살찐 스모 선수를 내세워 싸워보라는 격이다. 나는 2005년 가을에 세네갈을 여행하면서 대형 양계 농장이 버려지고, 실직한 수백 명의 청년들이 거리로 내몰리는 것을 보았다. 풍부한 보조금을 받는 유럽의 가금류 생산품이 헐값에 시장에 나오고, 현지 생산자들은 그 값으로 상품을 공급하는 것이 불가능했기 때문에 한때 일자리를 제공했던 양계 농장은 문을 닿을 수밖에 없었다. 부유한 국가의 가장 수치스러운 보호무역주의 사례는 면화와 관련된 것이다. 이 문제는 물론 세계화 비판자들이 세계화의 전형적인 무역 행태라고 주장하는 것이다. 면화 농장을 하는 베냉, 부르키나파소, 카메룬, 차드, 말리 같은 국가의 농민들은 미국과 유럽연합의 면화보조금(미국 면화 농지 1에이커당 230달러) 때문에 세계 시장 가격이 생산 원가 이하로 떨어진 세계 시장에서는 상품을 판매할 기회조차 가질 수 없다.[23] 한 추정치에 따르면, 1999년부터 2001년까지 3년 동안 아프리카의 8개 면화 경작 국가가 입은 수출 손실은 3억 3,000만 달러에 달하는 것으로 나타났다.[24] 세계에서 가장 가난한 국가들로서는 막대한 금액이다. 그런 반면 2001~2002년에 미국의 2만 5,000곳의 면화 농가에 지급된 보조금은 390억 달러였다.[25] 유럽연합은 면화 재배를 위해 그리스 농민들에게 연간 10억 달러를 지불하고 있다. 보조금이 폐지되면 수천 명의 아프리카 농부들의 생계가 보장되면서 세계 면화 가격은 15퍼센트 혹은 그 이상 상승할 수 있을 것이다.[26]

  자유 무역을 장려하며 경제 원조를 과대 선전하는 부유한 국가들의 명백한 위선은 세계화 비판자들의 화를 돋우는 또 다른 문제다. 예를 들어 2002년에 경제협력개발기구의 부유한 산업 국가들이 개발도상국 원조금으로 내놓은 돈은 580억 달러였지만, 자국 농민들에게 지급한 보조금은 3,180억 달러로 원조금의 5.5배에 달하는 금액을 사용했다.[27] 부유한 국가의 농산품 관세와 농업 보조금 때문에 개발도상국들이 입는 연간 손실은 450억 달러에 달하는 것으로 추정되고, 섬유와 의류의 무역 장벽으로 인한 연간 손실은 240억 달러로 추정된다. 부유한 국가들이 가난한 국가에 제공하는 외국 원조는 자국의 보호무역주의를 유지하기 위한 대가치고는 아주 저렴한 셈이다. 이런 불공정은 2006년 7월 제네바에서 개최될 예정이었던 세계무역기구 회의의 성패를 실험대에 올려놓기도 했다. 누적된 분노로 삐걱거리던 세계는 9.11 공격이 있고 세 달 후에 출범한 세계무역기구 도하 라운드를 통해 빈곤국 개발을 위해 무역이 기여할 수 있도록 노력할 것을 약속했다.

그러나 제네바 회의는 서로를 비난하며 결렬되고 만다. 미국과 유럽연합은 보조금 폐지 문제를 충분히 양보하지 않았고, 개발도상국들은 서방 국가들의 농업 보조금과 관세가 실질적으로 삭감되지 않는 한 공산품 관세의 획기적인 삭감을 거부하겠다는 입장을 보였다. 일부 반세계화 활동가들은 제네바 협상 실패를 가난한 국가의 승리라고 환영했다. 가난한 국가의 시민대중이 부유한 국가들에 의해 수렁에 빠지지 않게 되었다는 이유였다. 그러나 세계무역기구 사무총장 파스칼 라미는 이 실패를 "세계무역기구 회원국의 3분의 1에 달하는 빈곤 국가들의 개발 전망이 더 어두워진 불행한 사태"라고 결론지었다.[28] 세계무역기구의 다자간 무역협정이 결렬된 상태에서 가난한 국가들은 부유한 국가들과 양자간 협정을 모색할 수밖에 없을 것이고, 여기서 가난한 국가들은 교섭력을 거의 행사할 수 없을 터였다.

농업 무역의 쟁점은 주로 가난한 국가들과 관계가 있고, 부유한 국가들의 농업 보조금과 관세 정책을 불공정한 세계화로 이해하는 데서 파생된 문제들이지만, 부유한 국가들 간에도 분쟁의 씨앗이 되고 있다. 그 뿌리는 미국 농업이 생명공학을 이용하고 화학물질을 사용하는 것에 유럽이 식품 안전 문제를 제기한 데 있다. 시애틀의 시위 군중 가운데는 몇 달 전에 유명세를 얻은 프랑스 농민 한 사람이 있었다. 문제의 발단은 1998년 유럽이 성장호르몬으로 키운 미국산 쇠고기의 수입을 금지한 데서 시작되었다. 세계무역기구는 여기서 미국의 손을 들어주었고, 즉각 미국에 편파적인 판결이라는 비판이 쏟아졌다. 그러나 분쟁 해결 심판을 하는 패널은 세계무역기구가 임명한 사람들이긴 하지만, 대서양 양편 회원국들의 동의 절차를 거쳐야만 한다.

유럽연합이 미국산 쇠고기 수입 금지조치의 해제를 거부하자(미국은 국민건강을 내세운 보호 무역 조치일 뿐이라고 바라봤다) 세계무역기구는 유럽 생산품에 가해지는 미국의 보복 관세를 허용했다. 무거운 관세가 부과된 품목 가운데는 노르망디산 로크포르Roquefort 치즈가 있었다. 관세 때문에 사업 손실이 증가하자, 반세계화 활동가들과 로크포르 치즈 생산자인 조제 보베는 목양업자들을 조직해 미국 문화제국주의의 가장 탁월한 상징물을 공격했다. 그들은 맥도널드 신축 공사장으로 트랙터를 몰고 들어갔다. 보베는 이 일로 20일간 수감되었고, 하룻밤 만에 세계적인 반세계화 운동의 스타가 되었다. 프랑스 코믹 만화의 영웅인 아스테릭스를 닮은 조제 보베는 세계무역기구가 조장하는 식량 작물의 상업화 반대 시위를 이끌 프랑스 대표단의 일원으로 1999년 시애틀에 왔다. 보베의 그룹에게 식량은 삶의 극히 중대한 부분이기 때문에 변덕스런 세계 무역에 믿고 맡길 대상이 아니었다. 시애틀에서 보베는 시위를 주도했고, 스키마스크를 쓴 시위대 몇 명이 맥도널드를 닥치는 대로 파괴했다. 보베의 설명대로 그의 그룹은 세계화가 가져올 산업화된 농업에 반대하는 일부 농민들의 운동이다. 그들에게 맥도널드는 산업화된 농업을 통한 식량의 표준화를 의미하는 세계화의 상징이었다. 그는 이런 추세로 나간다면 더는 농민이 필요치 않을 것이라고 말하며 이렇게 선언했다. "우리에게 맥도날드는 세계무역기구와 거대 기업들이 세계에 하고자 하는 모든 행위의 상징이다."29 보베가 맥도널드의 '나쁜 음식'을 맹렬히 비난해도 120개 국에서 운영되는 맥도널드 매장 가운데 프랑스 매장은 가장 수익성이 좋은 곳이다. 또한 2006년 3만 5천 명을 고용한 맥도널드는 프랑스에서 가장 큰 외국인 고용주이기도 했다.

보베 사건으로 맥도널드는 별 영향을 받지 않았는지 모르겠지만, 그가 벌인 또 다른 캠페인인 이른바 '프랑켄푸드Frankenfood' 반대 운동은 미국의 유전자 변형식품GMO을 반대하는 목소리가 세계적으로 높아가고 있던 시기에 주목을 받았다. 반세계화 진영은 몬산토Monsanto와 카길Cargill 같은 이윤에 굶주린 다국적 기업이 개발한 유전자 변형 곡물은 개발도상국 농민들을 이들 거대 기업에 영원히 종속시킬 뿐만 아니라, 소비자들에게 예측할 수 없는 건강 문제를 가져올 수 있다고 비난했다. 유전자 변형식품 금지 조치를 세계무역기구가 반대하는 것은 거대 기업과의 유착 관계를 의미하는 것으로 이해되었다. 유전자 변형식품의 유해성이 과학적으로 밝혀진 바 없다는 주장이나, 생명공학이 급속히 증가하는 세계 인구를 부양할 만한 풍족하고 영양가 있는 식량을 제공할 것이라는 약속은 라르작Larzac에서 봄베이까지 시위대들에게 의미 없는 말이었다. 2003년, 보베는 지지자들을 이끌고 텔레비전 카메라의 조명을 받으며, 유전자 변형 옥수수와 쌀을 심어둔 프랑스의 실험 경작지를 파괴했다. 보베는 이 파괴 행위로 투옥되었고, 세계무역기구 반대 시위를 벌이기 위해 칸쿤으로 갈 수 없게 되었다. 대신 보베는 라르작에 결집한 25만 대중들에게 거리로 나가 세계무역기구 회담을 무산시킬 것을 촉구했다.30

2003년 세계무역기구 회담은 실패로 끝나긴 했지만, 그 원인은 거리의 반대 시위자들 때문이기보다는 서방 국가들의 농업 보조금 문제를 개발도상국들이 완고하게 반대했기 때문이었다. 역설적으로 개발도상국들은 보베와 그의 친구들이 지지하는 바로 그 농업 보조금에 반대하고 있었다. 프랑스 목양업자와 미국 면화 경작자들을 경쟁에서 보호해주고 있는 보조금은 아프리카의 면화 경작자들과 미국 목축업자에게도 손해를 입힌다. 농업의 세계화는 승자와 패자를 낳고, 지구를 분열시킬 뿐 아니라 국가 내부의 분열을 가져왔다. 칸쿤에서 자살한 이경해를 변호하는 의미로 한국의 쌀 생산 농민의 예를 들어보자. 쌀 시장 개방으로 한국의 쌀 생산 농가가 고통을 받은 것은 분명한 사실이다. 그러나 더 많은 한국의 소비자들은 시장 개방의 결과로 다양해진 제품과 낮은 가격의 혜택을 받게 된다. 현재 필리핀과 남미에서 대량으로 수입되는 바나나가 좋은 사례다. 1960년대 한국 시장이 닫혀 있을 당시는 이승만을 독재자의 권좌에서 끌어내릴 학생 시위대가 부통령 이기붕의 집을 습격했을 때 냉장고에서 바나나를 발견한 일이 스캔들이 될 정도로 바나나는 엄청난 사치품이었다. 시위대는 부패와 불로소득의 상징으로 바나나 송이를 높이 들고 이기붕의 집을 나왔다. 오늘날 한국의 번영은 2005년 1,700억 달러에 달한 반도체, 칩, 자동차, 전자제품과 기타 공산품 수출이 원동력이 된 것이다.

쌀 시장 개방은 미국의 대규모 쌀 경작자에게만 도움이 되는 것이 아니라, 더 가난하고 덜 효율적인 방식으로 쌀농사를 하는 타이와 베트남의 농민들에게도 도움이 되었다. 이경해가 한국 농민을 죽인다고 주장한 바로 그 세계무역기구가 타이와 베트남의 가난한 쌀 경작자들에게 새로운 삶을 가져다주었고, 두 나라는 세계적인 쌀 수출국이 되었다. 2005년 메콩 델타 지역을 여행하면서 나는 붐비는 시장과 새로 지은 집, 반짝이는 새 오토바이, 텔레비전 안테나의 숲을 봤다. 농민들은 이제 자녀들을 학교에 보내고, 몇 년 전만 해도 상상할 수 없었던 생활을 할 여유가 생겼다. 세계무역기구를 자주 비난해온 영국의 비정부기구 옥스팜Oxfam은 세계무역기구와 쌀 무역에 관한 보고서에 '그 문을 부수며Kicking Down the Door'라는 제목을 붙였지만, 타이와 베트남에 대해서는 아래와 같은 점을 인정했다. "두 나라는 수입국들이 시장을 더 많이 개방할수록 쌀 부문의 생산량이 증가하고, 쌀 경작자들의 수입이 증가할 것이다. 남-남 무역은 나날이 중요성이 증가하고 있고, 개발도상국들 간의 무역에서 관세 인하는 공동의 이익을 위해 더 나은 방법이 될 수 있다."31

가난한 국가들 간에 존재하는 무역 장벽 문제는 암거위 요리 소스는 수거위 요리에도 쓸 수 있다는 속담을 적용할 수 없는 경우가 많다. 세계무역기구가 유럽연합의 설탕과 바나나 보조금 정책에 불리한 판결을 내렸던 경우를 보자. 유럽연합의 보조금 정책으로 높은 가격을 유지해온 아프리카, 카리브 해, 태평양 연안 국가들에게 보조금 철폐는 가장 불행한 소식이었다. 이들 국가들은 유럽연합의 특혜를 받으며 바나나와 설탕을 과거의 식민 본국으로 공급해왔지만, 보조금 철폐로 선진국과 개발도상국의 더 효율적인 생산자들과 경쟁에 나서야 했다.32

장거리 오염

반세계화 활동가들은 다국적 기업들이 천연자원을 과도하게 개발하고 수단과 방법을 가리지 않고 이윤을 추구하는 과정에서 가난한 사람들의 생계를 위협한다고 비난한다. 뿐만 아니라 환경 규제가 미약하거나 아예 존재하지 않는 국가로 기업 활동을 옮겨감으로써 지구 전체의 환경을 파괴한다고 비난한다. 반면 2003년 세계은행 보고서는 기업들이 그런 국가를 선택하는 이유는 부유한 국가들이 부과하는 오염저감비용pollution-abatement cost을 회피하려는 의도라고 해석할 수 있는 증거가 없다고 밝혔다. 출자를 결정하는 가장 중요한 요소는 환경 규제를 피할 수 있느냐의 문제가 아니라 해당 시장의 규모였다.33 또한 외국인이 운영하는 공장은 현지인이 운영하는 공장보다 오염을 덜 유발하는 경향이 있는 것으로 밝혀졌다.

세계무역기구와 세계화는 지구 환경 파괴의 원인으로 지목되어 계속 비난을 받고 있다. 세계화가 가져온 무역의 확대는 어획 증가, 삼림 파괴, 오염 산업을 개발도상국까지 확장시키는 결과를 가져왔다. 2005년 11월 유엔 식량농업기구는 세계적으로 매년 약 1,800만 에이커의 숲이 벌목으로 사라지고 있다고 보고했다. 파나마 또는 시에라리온과 맞먹는 면적이다. 진지한 세계화 비판자들은 삼림 파괴의 원인이 세계화 탓만은 아니라는 점을 인정한다. 그러나 세계화가 전 세계의 숲이 사라지게 작용한 수많은 힘들의 이동 통로이자 가속장치였음은 분명하다고 강조한다. 무역을 촉진시킨 세계화는 소비를 촉진시켰고, 이것이 세계적으로 더 많은 벌목을 유도한 것은 틀림없다. 반면 해당 국가의 관리 능력과 세계 수준의 관리 능력이 삼림 보존과 재조림reforestation을 유도하는 데 실패한 것 또한 삼림 황폐화에 똑같이 책임이 있다.

'세계의 공장' 역할을 하며 세계화의 주요 수혜자가 된 중국은 점차 외국에 대한 식량 의존도가 높아지고 있다. 중국의 콩 수요가 증가하는 것은 브라질 농민들에게는 좋은 소식이다. 환경보호 단체인 그린피스Greenpeace는 최근 몇 년간 250만 에이커가 넘는 열대 우림이 콩 재배를 위해 개간된 것으로 추정한다.34 또 농업 보조금으로 사육되는 유럽 가축들의 사료로 콩 수요가 많기 때문에 브라질은 콩 수출량을 더욱 확대할 수 있다.35 그린피스는 "농민들이 처녀림을 개간하는 단계부터 영국과 유럽의 패스트푸드 레스토랑에서 팔려나 갈 치킨 너겟이 되기까지 7,000킬로미터의 연결 고리가 있다."고 주장한다. 그리고 영국이 브라질에서 수입한 콩으로 가축을 사육하는 것은 "숲에 대한 범죄"라는 딱지를 붙인다.36

중국의 맹렬한 경제 성장과 값싼 생산품은 세계에 또 다른 대가를 요구한다. 중국이 점점 더 많은 석탄을 태우고, 수출 기계에 연료를 공급하느라 더 많은 화학물질을 사용하는 것은 중국의 공기와 물만 오염시키는 것이 아니라 전 세계의 환경을 오염시키고 있다. 2004년 수행된 한 연구에서, 중국의 공장들이 분출하는 수은 같은 화학물질은 제트기류를 타고 수천 킬로미터까지 퍼져나간 것으로 밝혀졌다. 한 연구자가 아시아의 오염된 공기기둥이 뉴잉글랜드까지 도달하는 과정을 추적했다. 뉴잉글랜드 여러 지역에서 수집된 샘플을 분석한 결과 먼지기둥에 함유된 화학물질은 중국에서 온 것이었다.37

부조리극

중국 같은 개발도상국에서 다국적 기구를 겨냥하며 세계화의 해악을 반대하는 저항운동이 일어난 경우는 대단히 드물다. 세계무역기구에 대한 수많은 비판들 가운데는—유엔과 유럽 연합과 모든 초국가적 기구들을 비판하는—이 기구들이 세계화의 진행 방식만큼이나 심하게 비민주적이라는 비판이 있다. 무역 협상은 직접적으로 영향을 받게 될 공동체의 대표가 출석하지도 않은 채, 다국적 기업이라는 강력한 막후 세력과 함께 닫힌 문 뒤에서 진행된다. 힘없는 국가들 편에 선 선진국의 비판자들은 세계무역기구가 미국과 유럽의 수제품이 되었다고 비판한다. 특히 이들 나라의 농업 관련 산업 agribusiness, 의약, 금융서비스 업계의 강력한 로비에 좌우된다고 비난한다. 한 비판자의 말처럼 중대한 협상은 10여 개 강대국 무역장관들만 참석한 가운데 합의가 이루어지고, 가난한 국가의 관계자들은 문 밖에서 소식을 기다린다.38

물론 세계무역기구 방어자들은 회원국 대표들 간에 협상이 이뤄지는 것이라고 대답한다. 세계무역기구는 국가들의 조직이며, 국가의 대표들이 대중의 시선을 벗어나 협상을 진행하기를 선호하기 때문이라는 것이다. 그러나 협정 가맹국들은 자신들이 서명한 협정을 방어하기 위해, 각국 정부의 성격에 따라 영향을 받은 집단이나 비정부기구들과 대치할 수밖에 없다. 세계무역기구는 결국 회원국들이 얼마나 민주적인가의 범위 안에서만 민주적일 수 있는 것이다. 현실을 보면 이 기구가 태생적으로 비민주적인 성질을 갖는 것은 타당성이 있다. 이론적으로야 다른 국제 기구들과 마찬가지로 모든 회원국이 평등하지만, 가장 큰 시장을 가진 국가가 기구를 지배하는 것이 현실이다. 세계무역기구에 가입하기에 앞서 모든 국가는 미국과 양자 무역 협정에 서명하고, 다른 핵심 파트너 국가들은 이것을 세계 무역에 참여한다는 의미로 인정한다. 세계 2위의 무역국으로 떠오른 중국은 1999년 워싱턴이 최혜국 대우를 인정할 때까지 세계무역기구에 가입하지 못하고 오랫동안 기다려야 했다. 베트남의 세계무역기구 가입은 미국측 협상가들의 특혜 요구로 계속 미뤄지다가, 베트남이 미국의 모든 요구를 수용하고 난 후인 2006년 11월 8일에서야 150번째 회원국으로 인정되었다. 베트남은 세계화로 많은 이익을 얻었고, 세계무역기구 가입의 마지막 장애물을 넘기 위해 이를 악물었다.

과거 반제국주의 투쟁의 영웅이었던 베트남이 세계무역기구에 가입하려는 완강한 결의를 보인 것은 이 기구를 바라보는 전통적인 좌파의 시각과 선명한 대조를 이룬다. 좌파에게 세계무역기구는 다국적 기업의 클럽에 그치는 것이 아니라 세계적인 노동 착취의 공장으로 들어가는 문이었다. 좌파에게는 실망스럽게도 한때 혁명 국가였던 베트남은 1990년대에 문호 개방으로 진로를 확정했다. 1975년의 승리 이후 '사회주의 전초기지'를 자청한 베트남은 중국계가 대부분이었던 자본주의자들을 축출하고, 자본주의를 제압하려 했다. 베트남은 사회주의 경제 자립을 이룩하려다 3년 만에 재앙의 가파른 낭떠러지로 몰렸다. 결국 흔들리고 있던 소련 제국이 원조를 삭감하고, 식량 소요사태가 발생하자 베트남은 시장 경제를 끌어안고 세계에 문을 열 수밖에 없었다. 1980년대 중반에 시작된 경제 개혁과 세계 경제로의 통합이 증가하면서 베트남은 아시아의 경제 호랑이로 변신했고, 2006년에는 8.4퍼센트의 성장률을 보였다. 하루 1달러로 생활하는 사람들의 비율은 51퍼센트에서 1990년에 8퍼센트로 떨어졌다.[39]

베트남은 저항정신과는 멀어져 있었다. 시애틀에 모여 반세계화 시위를 펼친 미국의 노동조합과 인권 단체는 세계무역기구가 기업들로 하여금 경쟁적으로 가난한 국가의 노동자들을 착취하고, 노동자의 기본권을 부정하는 경주에 나서게 한다고 주장했다. 이런 우려에 의견을 함께한 클린턴 행정부는 시애틀 무역 협상에서 근로 표준에 관한 쟁점 사안을 의제로 삼으려는 시도를 했다. 그러나 클린턴 행정부의 시도는 오히려 폭력 시위로 이미 흔들리고 있던 정상회담에 최후의 일격이었던 것으로 드러났다. 서방 국가들이 은혜를 베푸는 척 노동자의 어려움에 우려를 표명하는 것은 개발도상국들이 보기에는 위선일 뿐이었고, 인간의 얼굴과 노동권의 이름으로 비관세 정책을 도입하려는 떠들썩한 쇼로 받아들여졌다. 결국 경제 개발 초기 단계의 국가들은 비교우위―저임금―를 지렛대로 삼아 세계 무역에 참가할 수밖에 없다고 주장했다.

반면 자본주의를 혐오한다는 공통점이 있으면서도 개발도상국의 반세계화 활동가들은 노동권 문제에 서구 활동가들과는 다른 접근을 했다. 시애틀 시위에 참가했던 한 인도인 참가자는 이 시위를 '부조리극'이라고 평가했다. "노동과 인권과 환경 기준이라는 가면을 쓰고, 가난한 국가들로부터 자국 산업을 보호하려는 부유한 선진국들의 교묘한 신제국주의 술책이다." 그는 시애틀 시위대에 냉소를 보내며 이렇게 진술했다. "(가난한 국가의 철강 수입품이 발붙이지 못하도록 보호조치, 쿼터, 반덤핑 조사를 주장했던) 미국의 철강노조와 섬유노조들은 '아동 노동 착취'를 구실로 삼아 개발도상국 생산품을 봉쇄하려 한다."[40]

세계무역기구가 강력한 지적재산권 방어를 고수해온 것 또한 세계화 비판자들의 반감을 사는 일면이다. 이 해묵은 세계화의 쟁점 사안은 독점적인 생산품 또는 기술을 보유한 국가들과 보유하지 못한 나머지 국가와의 전투를 유발해왔다. 중국의 누에씨부터 커피콩, 고무씨부터 섬유 생산 기계 디자인에 이르기까지 지적재산권은 오랫동안 분쟁의 원인이었다. 첨단기술 기업과 제약 회사들의 막대한 연구개발 투자가 이루어지면서 지적재산권을 두고 이해관계는 훨씬 더 커졌고 전투도 더욱 첨예해졌다. 지적재산을―마이크로칩부터 의약품까지―창출하는 데 필요한 연구비를 지원할 수 없는 가난한 국가들은 연구 결과에 접근하려면 선진국에 막대한 자금을 지불해야 한다. 클린턴의 경제자문위원장과 세계은행 수석 경제전문가를 지낸 조지프 스티글리츠는 이렇게 말한다. "세계무역기구는 개발도상국들이 '지적재산권'에 더욱 접근하기 어려운 방식으로 지적재산권을 강화해왔다. 이것은 공정한 경쟁 조건이 아니다."[41] 인도의 경우 특허 보호patent protection가 강화되면 빈민들이 브랜드가 없는 값싼 의약품의 혜택을 받을 수 없기 때문에 반세계화 활동가들은 서구의 특허 보호 요구에 반대하는 캠페인을 벌여왔다. 인도가 세계무역기구에 가입하기 전에는 제약 회사들이 대중들에게 적정한 가격에 의약품을 공급할 수 있도록 모방의약품을 제조할 수 있었다. 지적재산권은 양날의 칼을 가진 무기다. 기술 혁신을 꾀하는 국가에게 특허 보호는 핵심적인 것이다. 기술 혁신에 중대한 이해가 걸려 있던 인도는 조용히 거부를 철회하고, 지적재산권에 대한 세계무역기구 협정에 서명했다.

세계화 반대자들에게 세계무역기구보다 더한 강력한 비난을 받는 기구는 국제통화기금이다. 국제통화기금은 오랫동안 신자유주의 경제 정책인 이른바 워싱턴 컨센서스Washington Consensus의 고위급 사제로 간주되어왔다. 워싱턴 컨센서스는 특히 자유 무역, 자본 시장 자유화, 재산권 강화, 규제 완화, 공공자산의 민간부문 이전을 주도해왔다.[42] 환경보호론자, 개발경제학자, 선교사, 그리고 기타 세계은행과 국제통화기금의 근본적인 개혁을 모색해온 사람들의 네트워크인 '50년이면 충분하다'는 2001년 가을, 좌익 반세계화 운동의 정서를 요약하는 호소문을 발행했다. "국제통화기금과 세계은행은 신자유주의 세계화의 주요 설계자들이다……. 세계 경제 정의를 구현하고자 하는 사람들은 분명한 메시지를 보여줄 의무가 있다. 지속적으로 성장하고 있는 세계 정의 운동은 국제통화기금, 세계은행, G7 정부들이 기업과 부유층의 이익을 위한 세계, 전 세계 대다수 대중들의 기본적인 정의를 부정하는 세계를 건설하려는 시도를 더는 좌시하지 않을 것이다."[43]

국제통화기금 폐지에 찬성하지 않는 온건한 비판자들까지도, 장차 있을 수 있는 대공황을 예방하기 위해 창립된 기구인 국제통화기금이, 최후의 수단으로 찾아가는 대출 기관인 국제통화기금이 "월스트리트와 미국 재무성의 목소리를 대변하며, 가난한 국가를 위해 봉사하기보다는 우량 채권국을 찾는 데 더 많은 관심을 가지는 최고의 시장 지배자가 되었다."[44]고 비난했다. 조지프 스티글리츠 같은 비판자들은 국제 대출 기관으로서 도움을 주는 정책을 설계할 책임이 있는 국제통화기금이 노동자들과 국내 기업에 타격을 가하고 있다고 단언했다. 세계화와 국제통화기금 정책을 동일시한 스티글리츠는 『세계화와 그 불만』에서 가난한 나라에 재난을 부르는 국제통화기금의 권고를 고공폭격에 비유했다. 그는 이렇게 쓰고 있다. "국제통화기금의 경제 전문가들은 개발도상국의 수도에 있는 별 다섯 개짜리 특급 호텔에 편히 앉아, 그 땅에 살고 있는 사람들의 삶이 파괴될 것을 아는 사람이라면 한 번 더 생각할 정책을 아무 생각 없이 강요한다."[45]

해고 통지서와 월마트

지식층이 국제통화기금과 세계은행의 정책 쟁점에 몰두해 있는 한편, 대중과 미디어에게는 무역이 고용에 미친 영향이 세계화의 가장 말썽 많고 끈질긴 문제로 남아 있었다. 시애틀에 시위대를 결집시켰던 세계 정책과 노동 착취형 공장 노동자에 대한 우려는 2004년 초 미국과 서구의 노동 시장 및 경제 전반에 나타난 세계화의 직접적 결과가 주목을 받기 전까지는 어딘가로 후퇴해 있는 것 같았다.

2006년 미국의 무역 적자가 7,500억 달러라는 기록적인 숫자를 향해가고, 서구 경제 전반의 실업률이 높아지면서 세계화에 대한 불안은 깊어만 갔다.[46] 2004년 민주당 대통령 후보였던 존 케리 상원의원은 선거전의 핵심 사안으로 일자리 아웃소싱 문제를 내세워 이 문제에 대중의 각성을 높이는 데 일조했다. 한편 노벨경제학상 수상자이며 자유 무역의 수호자인 폴 새뮤얼슨Paul A. Samuelson이 이 문제에 손을 대자, 아웃소싱은 정책 차원에서 더 높은 순위를 차지하게 되었다. 그는 2004년 세계화의 이익에 문제를 제기하는 비판자들의 편에 서는 듯했다. 무역은 대량 이민과 같은 효과를 낸다는 관점을 오랫동안 고수해온 새뮤얼슨은 〈경제 전망Journal of Economic Perspectives〉에 기고한 글에서 이 주장을 반복했다. 그는 미국 노동이 진보한 기술 정보와 자본에 대한 독점권을 상실하고 있기 때문에 자유 무역은 미국 국내총생산에서 임금이 차지하는 비율을 더 낮출 수 있었고, 전반적인 불평등을 증가시켰다고 주장했다. 새뮤얼슨은 미국에서 계층 간 소득 불평등이 급격히 증가하고 있음을 지적하고, 이것은 서비스 분야를 포함한 모든 분야에 걸친 자유 무역의 결과일 수 있다는 암시를 주었다. 그는 해외로의 일자리 이전은 임금을 삭감하는 것과 유사한 결과를 초래하며, 상대국의 노동력을 미국으로 수입하는 것과 같다고 진술했다. 인도나 중국처럼 급격하게 기술력 향상을 이루고 있는 저임금 국가는 미국의 일인당 국민소득을 낮출 수 있는 무역 조건의 변화를 가져올 가능성이 있다고 주장했다. 낮은 비용으로 소비재를 수입할 수 있다는 것은 실직자에게 별 위안이 되지 않았다. 새뮤얼슨은 "월마트에서 20퍼센트 싼값에 식품 잡화류를 구입할 수 있다고 해서 임금 손실이 상쇄되지는 않는다."47고 빈정거렸다.

서비스 부문 무역, 특히 화이트칼라 일자리 아웃소싱이 가져올 부정적인 결과에 미디어가 더 많은 잉크를 뿌려댔지만, 이를 뒷받침할 통계를 내기는 어려웠다. 1984년부터 '노동자 이동' 현황을 산출하기 시작한 미국 노동부 통계국은 2004년에 전일제 근로자의 이동이 최소 3,000건까지 증가한 것으로 추정했다. 이들 가운데 어느 정도가 무역의 영향으로 일자리를 옮겨간 것인지는 확인이 불가능했다. 그러나 정확한 수치가 제공되지 않았다는 것으로 실직자들이 값싼 수입품과 세계화를 비난하는 것을 막지는 못했다. 특히 자본주의 진보에 수반되는 '창조적 파괴creative desruction'(경제학자 조지프 슘페터Joseph Schumpeter에게 불후의 명성을 안겨준 현상)라고 생각했던 단계가 현실과 괴리를 보이는 것은 불안을 자극하는 요소였다. 현실에서는 창조된 일자리보다 사라진 일자리가 더 많은 것으로 확인되고 있었다. 마음에 들진 않지만 피할 수 없는 자본주의 경제의 현실이라고, 해고는 혁신 과정에서 반드시 필요한 부분이라고 받아들였던 사람들은 해외로 떠나간 일자리가 거의 돌아오지 않는다는 사실의 중요성을 깨닫기 시작했다. 이 '창조적 파괴'로 이익을 얻은 개발도상국들이 서방 국가 생산품의 주요 수입국으로 등장하고 있다는 설명은 대중들에게 설득력이 없었다. 중국, 인도, 기타 개발도상국들이 보잉과 에어버스와 기계류 혹은 더 많은 모토롤라 휴대폰을 수입하고 있다는 사실은 보통 시민들을 안심시키지 못했고, 손에 잡히는 확실한 이익을 주는 것도 아니었다. 장기적인 데이터를 분석한 경제학자들은 미국 경제의 세계화가 중산층의 소득을 동결하거나 낮추는 데 일조했고, 최상류층과 중산층의 격차를 더 벌어지게 했음을 확인했다.

가장 값싼 원가를 찾아 세계를 수소문하는 글로벌 소싱global sourcing 과 마케팅의 결과인지, 현명한 공급망 관리시스템과 효율적인 기술 이용의 결과인지, 아무튼 미국 기업의 수익은 증가해왔다. 반면 임금은 정체 상태다. 미국에서 기업의 세금 공제 후 수익은 1990년 2,920억 달러에서 2004년에는 9,000억 달러로 증가했다.[48] 상대적으로 취약한 노동 시장에서 기업들은 자신들만 이익을 챙기고, 노동자들에게 이윤을 분배하지 않았다. 비판자들은 이렇게 소득이 밑바닥에서 정체 상태에 있는 동안 미국의 부자들은 세계화의 열매를 즐기고 있다고 주장했다.

세계은행의 경제학자인 브랑코 밀라노빅Branko Milanovic은 미국에서 세계화에 반감이 많은 원인을 몇 가지 기본적인 경제적 사실 탓으로 돌렸다. 이를테면 실질소득으로 볼 때 미국의 임금은 지난 25년이 넘는 세월 동안 오르지 않았지만, 상위 1퍼센트 소득자의 실질임금은 거의 두 배 이상 증가했다. 밀라노빅은 이렇게 말했다. "현재 미국의 가장 부유한 1퍼센트가 미국 총소득의 거의 20퍼센트를 보유하고 있다. 이것은 광란의 20년대 이래로 가장 높은 수준이다."[49] 생산직에서 해고된 대부분의 노동자들은 소득이 더 낮은 트럭기사나 경비원 같은 서비스 부문으로 옮겨간다. 세계화된 경제의 혜택을 받을 수 있는 부유하고 교육 수준이 높은 사람들과 중산층과 미숙련 노동자들 간의 소득 격차는 더욱 벌어지고 있다.

일자리 도둑들의 침입

돈 시겔Don Siegel 감독의 〈신체강탈자의 침입Invasion of the Body Snatchers〉(1956년)에서는 어느 마을의 의사가 마을 사람들을 복제하여 대체하려는 외계 생물체를 발견한다. 21세기 들어 이와 유사한 과학 소설에 등장할 법한 현상이 미국 전역의 작업장에서 현실화되었다. 수천 킬로미터 떨어진 곳의 밋밋한 칸막이 자리에 앉아 있는 보이지 않는 '일자리 도둑'이 고속 광케이블에 연결된 컴퓨터로 자신이 할당받은 임무를 실어 나르고 있었다. 한 다국적 기업의 뉴욕 사무실에서 여름방학 아르바이트를 하던 예일 대학교 학생 매트는 이런 보이지 않는 노동자를 접하고 유령을 본 기분이었다. 매트는 소소한 컴퓨터 고장을 해결하기 위해 기술지원팀에 전화를 걸었다. 그러자 방갈로르에 있는 누군가가 그의 전화를 받고 그의 컴퓨터 제어판을 넘기라고 요청했다. 매트는 놀라서 꼼짝도 못하고 모니터의 커서가 움직이는 모습을 바라보기만 했다. 시스템이 정상으로 돌아올 때까지 마치 보이지 않는 손이 이해할 수 없는 명령어를 입력한 듯 커서가 움직이며 윈도를 여닫고 있었다. 뉴욕에 있는 기술 담당 직원 급여의 10분의 1 가량을 받을지도 모르는 수천 킬로미터 떨어진 곳에 있는 누군가가 매트의 컴퓨터를 고쳤다. 인텔사의 회장 앤드루 그로브는 이런 일을 다음과 같이 설명했다. "기술적인 면이나 생산성에서나 9,600킬로미터쯤 떨어진 곳에 있는 그 엔지니어는 바로 옆자리의 엔지니어처럼 일할 수 있다."50

유령 같은 노동자는 컴퓨터 화면의 커서만 움직일 수 있는 것이 아니다. 낯선 억양의 목소리가 전화를 받아 당신의 주택담보 대출 상담에 응답하거나, 분실한 수화물 추적을 도와주기도 한다. 일상에서 흔히 접하는 이런 목소리를 들으면 돈 시겔 영화의 외계인이 떠오른다. 그들은 내 이웃, 내가 안다고 생각하는 사람들의 업무를 수행하고 있다. 영화와 달리, 델리 외곽의 구르가온Gurgaon에 있는 인도인 담당자와 통화를 하는 대부분의 미국인들과 유럽 인들, 또는 중국의 공업 도시 다롄大連에 있는 콜센터로 전화를 건 일본인들은 상담전화 서비스에서 다양한 억양을 듣는 데 익숙해지고 있다. 업계 전문 용어로 BPO(Business Process Outsourcing)라고 부르는 더욱 심층적인 기업 활동의 해외 이전은 서구의 중대 관심사로 떠오르고 있다. 이것은 소위 '일자리 도둑들'이 먹이사슬에서 위로 이동하고 있다는 뜻이다. 그들은 블루칼라 일자리와 콜센터 직종만 위협하는 것이 아니라, 정치적 영향력이 있고 더 나은 급여를 받는 화이트칼라 노동자에게까지 서서히 가차없이 위협을 가하고 있다.

세계 경제의 다른 많은 요소들의 발달 과정과 마찬가지로 서비스 직종의 아웃소싱 역시 악의 없이 진화해왔다. 신용카드 회사들과 은행들이 먼저 데이터 입력이나 조정 업무를 저임금 국가로 넘겼다. 그러나 이런 백오피스 업무의 해외 이전은 사실상 천 년이 바뀌는 시점에 기술이 하나로 융합되면서 진정한 의미의 출발을 했다. 천 년이 바뀌는 시점에 전 세계 기업들은 소위 Y2K로 불렸던 위기를 감지했다. 연도를 끝의 두 자리 수로만 기록하는 오래된 소프트웨어 코드는 2000년을 1900년으로 읽을 수 있었고, 막대한 데이터 손실과 시스템 붕괴를 초래할 수 있었다. 기업들은 여기저기 도움을 청했다. 역사의 우연이 다시 영을 발명한 나라 인도에게 행운을 안겼다. 수천 명의 소프트웨어 엔지니어를 보유한 인도는 세계의 영 문제를 해결할 준비가 되어 있었다. 풍부한 엔지니어 인력 풀이 있고, 고속 인터넷 접속이 도입되고, 경제 개혁이 어우러져 발달 초기 단계에 있던 인도 정보기술 산업IT은 그때부터 역량을 발휘하기 시작했다. 17세기 포르투갈, 네덜란드, 영국의 무역상들이 인도에 도착해 인도의 고대 섬유 산업과 수많은 숙련공이 엄청난 부의 원천임을 발견한 것과 똑같이, 21세기 첨단에 미국과 유럽의 산업계 수장들은 인도에서 황금 항아리를 발견했다.51 주주가치의 증가를 위해 가차 없는 비용 절감 정책을 폈던 제너럴 일렉트릭사의 잭 웰치 회장은 1989년 인도를 방문하여 인도가 "선진국 수준의 지적 능력을 갖춘 개발도상국"임을 인식했다. 그 말은 곧 고도의 기술력을 가진 저임금 국가라는 뜻이었다. 1997년 인도로 대규모의 서비스 아웃소싱이 이루어질 것을 예고하며 GE 캐피털 인터내셔널 서비스Gecis가 출범했다.52

브리티시 텔레콤의 기술서비스 책임자인 알렉스 테일러는 인도를 방문하고 이렇게 놀라움을 표시했다. "이 사람들이 모든 일을 할 수 있으니 우리가 국내에서 할 수 있는 일이 뭐가 있을까?"53 인도인 경영진들도 이런 생각을 공유하고 있었다. 인도의 선도적인 소프트웨어 회사인 인포시스Infosys의 난단 닐레카니Nandan Nilekani 회장은 "우리는 맡겨진 모든 일을 더 빠르고, 더 싸고, 더 낫게 해낼 수 있다."54 브리티시 텔레콤은 IT 공정 전체를 인도에서 아웃소싱하기로 결정했다.

기업들이 비용 절감과 수익성 증대를 향한 경주에 나서게 되면서 자국 근로자들의 중추를 오싹하게 하고, 갓 졸업한 수백만 인도 젊은이들에게는 기쁨을 안겨준 서구의 최고경영자들은 테일러가 했던 질문을 똑같이 해야 했다. 영원히 계속될 것만 같은 기도문처럼 줄줄이 세계의 주요 기업들은 국내 직원들을 해고하고 외국의 저임금 근로자를 고용했음을 공표했다. 놀란 미국의 노동계 지도자들은 세계화가 "마우스 클릭 한 번으로 자본을 수천 킬로미터 떨어진 곳으로 보내고, 광케이블이 이동하는 데 걸리는 시간이 허용하는 만큼의 일자리를 세계 반대편으로 보내는 것"55을 의미한다고 불평했다. 제너럴 모터스 같은 기업은 자사의 IT 공정 전체를 IBM과 휴렛 팩커드에 아웃소싱하는 것으로 비용 절감을 꾀했고, IBM과 휴렛 팩커드는 다시 해외로 아웃소싱을 했다.56 엎친 데 덮친 격으로 해고 노동자들은 퇴사하기 마지막 몇 주 동안에 자신들을 대체할 외국인 노동자들을 훈련시키라는 요구를 받곤 했다.57

고객지원 서비스, 콜센터, 의료기록 입력서비스는 시작에 불과했다. IT기반 서비스의 아웃소싱 가능성은 하드웨어를 다루는 것부터, 기업의 컴퓨터 네트워크 유지 보수, 비즈니스 소프트웨어 개발, 법적 문서 작성, 세금 신고, 연구, 분석, 워크플로 모델링까지 매일 매일 확대되고 있다. 임금 격차에서 이윤을 얻기 위해 또는 단순히 비용 절감을 위해 일부 일자리를 해외로 보내면서 시작된 아웃소싱은 전문 기술을 통합하여 세계를 배경으로 효율적인 기업 활동을 벌이는 거대한 시스템으로 성장했다. 2006년 초 〈비즈니스 위크〉에 실린 한 기사는 이런 변화는 논리적 필연이라고 평했다. "젠팩트Genpact, 액센츄어Accenture, IBM 서비스, 또는 그 외 거대 아웃소싱 전문 기업들은 인사관리, 재무, 정보보안 등 전체 업무를 상세히 분석하기 위해 팀을 파견한다. 이 팀은 새로운 IT플랫폼(데이터베이스, 애플리케이션 서버, 개발 툴 등) 구축을 돕고, 모든 공정을 재설계하고, 프로그램을 관리하는 등 마치 가상의 자회사처럼 활동한다. 그다음에 아웃소싱을 결정한 계약자는 미국에서 아시아부터 유럽에 이르는 전 세계 네트워크를 통해 업무를 분산 배치한다."58

저임금, 고대역폭

유럽 무역상들이 인도산 섬유를 대량으로 수송할 수 있게 해줬던 계절풍과 3개의 돛대를 갖춘 범선은 지금 광케이블 고속도로로 대치되어 대단히 다른 제품을 실어 나르고 있다. 토머스 프리드먼은 『세계는 평평하다 The World Is Flat』에서 이렇게 쓰고 있다. "전면적인 협동 작업을 가능케 한 마이크로소프트 윈도와 넷스케이프 웹 브라우저 같은 소프트웨어 플랫폼의 등장, 개인휴대용 정보단말기PDA와 인터넷 음성 패킷망VoIP의 신기술, 미국의 닷컴 붐이 고대역폭High Bandwidth 기술의 급속한 발전을 낳았다."59 이것은 인도로의 아웃소싱 붐을 일으킬 조건을 갖추는 데 일조했다.60 그다음 10년 동안, 제너럴 일렉트릭사와 20여 개의 다른 기업들은 새로 발견한 자원을 이용하기 위해 인도로 돌진했다. 2006년에는 100만이 넘는 인도인이 미국과 유럽 기업의 고객 관리와 백오피스 작업을 24시간 수행하고 있었다.

좌파 지식인들은 재빨리 이들 콜센터 노동자들을 '글로벌 시대의 사이버 쿨리coolie'라고 비난했다. 그러나 인도인들은 전자 초고속도로가 문 앞까지 가져다준 기회를 움켜쥘 준비가 되어 있었다.61 고속 네트워크 접속이 가능하고 교육 수준이 높은 인력이 있는 그 밖의 나라에서도 상황은 마찬가지였다. 아일랜드, 리투아니아, 세네갈, 필리핀 등등의 대졸 노동자들은 이제 집을 떠나지 않고도 외국 기업에서 일자리를 찾을 수 있었다. 2004년 방갈로르에 있는 인포시스를 방문했을 때 나는 많은 남녀 젊은이들이 커다란 유리 패널로 둘러싸인 방에서 컴퓨터 단말기 앞에 앉아 유럽과 미국에 있는 고객의 서버를 관리하는 모습을 지켜봤다. 마찬가지로 다카르 교외에 있는 콜센터에서도 수백 명의 세네갈 젊은이들이 이어폰을 꽂고 프랑스(과거 세네갈의 식민 본국) 고객들에게 세탁기 작동법 또는 이메일 소프트웨어 설치법을 설명해주는 것을 봤다. 선진국 노동자들의 몇 분의 1밖에 안 되는 임금으로도 일할 준비가 되어 있는 노동자들과 이들이 제공하는 IT기반 서비스는 외국 기업이 이용할 수 있는 인력 풀을 갑자기 확장시켰고, 그렇게 네트워크로 연결된 국가들은 세계의 백오피스로 변했다.

살찐 고양이와 미용사의 국가

세계화의 어두운 그림자를 더욱 짙게 드리울 어마어마한 기업 혁신 전략이 진행되고 있다는 것은 무역 신문에서만 조용히 알아차린 정도였다. 2005년 맥킨지 글로벌 인스티튜트McKinsey Global Institute의 보고서는 소프트웨어, 정보 기술, 금융, 보험, 의약, 엔지니어링과 회계까지 모든 분야에서 13~50퍼센트의 일자리가 해외로 나갈 것이라고 예견했다.[62] 프린스턴 대학교의 경제학자 블라인더는 〈포린어페어〉 기고문에서 더욱 삭막한 전망을 내놓았다. 그는 전자 기술이 지배하는 미래에, 현재 미국 서비스 부문의 일자리는 모두 해외로 이전될 가능성이 있고, 해외로 이전될 생산직 일자리 총수는 현재보다(약 1,400만) 대략 두세 배 이상이 될 것이라고 썼다. 현재는 소수의 서비스 부문이 해외로 이전되고 있지만, "제3의 산업 혁명이라고 할 만한 수준에 도달할 수 있으며, 산업 혁명은 사회변화를 가져온다."[63] 미국 노동 시장에서 일자리의 변화는 늘 있어온 것이지만, 일부 경제학자들은 새로 생긴 일자리가 대부분 국내 서비스 분야와 저임금 노동에 집중되어 있다는 점을 우려했다. 영국의 과학과 엔지니어링 분야의 화이트칼라 노동자 노조인 아미쿠스Amicus는 아웃소싱의 물결을 차단하기 위해 행동을 취하지 않는다면 영국은 "살찐 고양이와 미용사만 있는 국가"[64]로 남을 수 있다고 경고했다.

미국과 유럽의 많은 기업들이 아웃소싱에 의지하고 있고, 글로벌 기업은 이미 빛을 잃은 영토에 대한 충성심이 더욱 희미해지고 있다. 매출의 60~80퍼센트를 해외 시장에서 올리고 있는 거대 다국적 기업의 경영진들은 자국민 또는 국가에 충성하기보다는 세계 소비자에게 충성하고 있다. 세계 최대의 컴퓨터 메이커인 델Dell은 전체 수익의 43퍼센트를 해외 시장에서 획득했다. 델사가 국내 기업 활동보다 해외 기업 활동에 여섯 배나 많은 인원을 고용하고 있다는 것은 놀랄 일이 아니었다. 2002년 수행한 한 연구 조사에 따르면, 세계 50대 다국적 기업들은 매출의 59퍼센트를 해외 시장에서 올렸고, 해외에서 고용한 직원은 55퍼센트에 달하는 것으로 드러났다.[65] 영국의 한 은행가는 이렇게 말했다. 세계화와 시장 개방 때문에 "기업들에게 조국에 애착을 가지라는 요구를 하기는 점점 더 어려워진다."[66]

새롭게 세계 노동 시장의 경쟁에 내몰린 화이트칼라 노동 인구의 가파른 상승은 세계화의 효과를 불안하게 바라보게 만들고 있다. 인텔사의 크레이그 배릿Craig Barrett 회장은 한 신문 인터뷰에서 이렇게 경고의 수위를 높였다. "인도, 중국, 러시아는 모두 전통적으로 교육열이 높다. 그 나라 국민의 90퍼센트를 교육받지 못한 농민들이라 치고 제외시킨다고 해도, 교육받은 사람은 여전히 3억에 달한다. 미국의 노동자 모두를 합한 수보다도 많은 숫자다."[67] 이 숫자를 있는 그대로 받아들인다면 동요하지 않을 수 없다. 그러나 일자리의 해외 이전 가능성에는 거의 알려지지도 않았고 제대로 이해되지 않은 측면이 있다. 인도는 매년 40만 명의 엔지니어를 배출한다. 전반적으로 교육의 질이 떨어진다고 가정하면 그 가운데 4분의 1만 고용될 가능성이 있다.[68] 세계 수준의 능력 또는 외국 기업에서 일할 수 있는 외국어 능력을 갖춘 비율은 그보다 더 떨어진다. 미디어들은 부정하고 있지만, 해외로 빠져나간 미국이나 유럽의 일자리가 전체 실업에서 차지하는 비율은 미미한 정도에 불과하다는 연구 결과가 있다. 2004년 일사분기 미국 데이터를 보면 전체 실업의 1.9퍼센트가 '생산 기지 해외 이전'의 영향을 받은 것으로 나타났다.[69]

비용 절감을 위해 기업이 아웃소싱을 선택하는 경향이 확산되고 있지만, 사실상 노동의 대부분은 국내의 다른 기업으로 넘어간 것뿐이고, 앞으로도 같은 추세일 것으로 보인다. 제너럴 모터스가 이런 국내 아웃소싱의 사례에 속한다. 제너럴 모터스는 부품 생산의 많은 부분을 델파이사Delphi Corporation로 넘겼고, 차량의 핵심 부품은 미국의 소규모 독립 공급업체에서 조달하고 있다. 연구 결과들을 살펴보면 아웃소싱 일자리의 대부분은 국내에 그대로 남아 있을 것이라는 예측이 가능하다. 이것은 정책적인 장벽 때문이 아니라 단지 기업들 각각의 특수한 이해관계 때문이다. 경영상의 문제라든가, 경영진이 생산 기지 해외 이전에 적대적인 태도를 가지고 있다거나, 기업 규모가 해외 이전에 충분하지 못하다는 등의 이해관계가 모두 포함된다. 경영컨설팅 회사인 맥킨지는 인도에서의 아웃소싱에 지불한 1달러는 미국에 1.12달러에서 1.14달러의 이윤으로 돌아온다는 것을 밝혀냈다. 이것은 아웃소싱을 노동자의 관점에서만 바라보는 것이 그릇된 견해임을 입증하는 것이다.[70] 포레스터 리서치Forrester Research는 15년 내에 330만 개의 미국 일자리가 아웃소싱될 것이라는 과장된 예측을 내놓았지만, 그 수치를 인정한다 해도 아웃소싱의 영향을 받는 미국 노동자는 연간 0.2퍼센트 미만에 불과하다.[71]

그러나 아웃소싱 문제는 경제의 일면이라기보다는 심리적인 문제이기 때문에 정확한 수치와 정보를 제시해도 대중들의 의식이 크게 달라지지는 않는다. 저임금 국가로의 아웃소싱이 실업과 임금 정체를 유발했다는 인식에서 출발한 실업에 대한 공포는 나날이 커지고 있다. 더욱 중요한 점은 정치경제학자 데이비드 로스코프David Rothkopf가 지적하였듯이 대부분의 일자리가 인도나 중국으로의 아웃소싱을 통해 사라진 것이 아니라, 대부분의 사라진 일자리들이 "이제 과거로 조달되는 것이다."72 즉 그 일자리들은 외국인들이 가로채 간 것이 아니라 신기술이 도입되면서 제거된 것이다. 예를 들면 많은 사무실들이 음성 메일을 설치하면서 안내 도우미직을 없애버렸고, 항공사들은 온라인 전자티켓 시스템을 도입해 발권 담당 사원을 대신하고 있다. 이런 경향은 유럽과 미국은 물론 일본과 한국에서도 마찬가지다. 한국에서는 전투적인 노동조합들이 정기적으로 거대 기업과 맞서며, 대중에 영합하는 정치인들에게 표를 던지고 있다. 서구 정치인들은 중산층의 공포를 이용하고, 정치적 이해관계를 위해 실업 문제를 쟁점 사안으로 만들고 있다. 더구나 서비스 부문의 아웃소싱으로 영향을 받은 집단은 대부분 정치적 영향력이 있는 화이트칼라 노동자들이기 때문에 이들의 불만은 더욱 호소력을 갖는 것이다. 프린스턴 대학교의 경제학자 앨런 블라인더는 생산기지 해외 이전에 정면으로 맞서 목소리를 내지 않았던 블루칼라 노동자들과는 달리, "새로 일자리를 잃은 직종의 노동자들, 특히 더 나은 교육을 받은 사람들은 수동적으로 조용히 있지는 않을 것"이라고 경고했다.

폴란드 배관공의 망령

세계화를 두려워하는 것은 아웃소싱 때문만은 아니다. 가난한 주변부 국가들로부터 부유한 서방으로의 이민이 증가한 것은 더욱 본능적인 공포를 불러왔다. 새로운 아프리카 탈출의 물결이 유럽 해안에 속속 도착하면서 실업과 국가 정체성의 변화에 경계경보가 울렸다. 현재 약 1,300만 명으로 추산되는 미국의 불법 이민자는 엄청난 불화와 논란을 야기하고 있다. 경제학자 밀라노빅은 "중국과 인도라는 두 거인의 급격한 경제 성장은 실직에 대한 공포를 유발하고, 그 외 개발도상국들의 더딘 경제 성장은 이민에 대한 공포를 낳고 있다."73고 쓰고 있다. 유럽으로 들어가려는 아프리카와 아시아 인 또는 멕시코 국경을 넘어 미국으로 들어가려는 사람들은 세계화의 기차에 올라타는 것이 불가능한 국가에서 온 사람들이다. 밀라노빅은 1980년 멕시코의 실질 일인당 국민소득이 (멕시코와 미국의 물가 수준을 감안한) 미국의 3분의 1이었다는 점을 지적했다. 현재 그 차이는 4.5 대 1의 비율이다. 스페인령 카나리아 제도나 지중해에 있는 이탈리아의 람페두사Lampedusa 섬 해안에 매일 상륙하는 가난한 아프리카 사람들은 모두 지난 50년간 경제 성장이 이루어지지 않은 국가에서 온 사람들이다.

    강력한 노조의 전통이 있는 유럽 노동자들은 미국에서는 일상이 되어버린 해고 등의 문제에 저항해왔다. 그들이 요구하는 평생 직장은 기업들에게 해외 신규 투자보다 본국의 장기적인 임금 부담을 감수하라는 의미였다. 그 결과는 유럽 대륙 전역의 높은 실업률이었다. 한편 부진한 경제 성장률과 유럽 인구의 고령화는 정부에 연금 부담과 의료 비용이라는 무거운 짐을 지우고 있다. 강력한 저항에도 아랑곳없이 연금 혜택을 줄이고, 고용 안정을 제한하는 정책을 폈던 독일의 슈뢰더 수상은 2005년 선거에서 패배하는 대가를 치렀다.

    세계화가 유럽의 사회보장 축소, 높은 실업률, 소득 불평등 증가의 원인으로 지목된 것은 새삼스러운 일이 아니다. 유럽에서 가장 강력하게 세계화를 비판해온 프랑스는 세계 통합이 낳은 역설을 보여주는 흥미로운 사례다. 프랑스는 성장을 촉진하기 위해 외국인 투자자들에게 매력적인 조건을 제시하는 한편, 자크 시라크 전 대통령은 세계화를 비판하는 대중들에게 공감을 표하며 여전히 대중 추수적인 성명을 발표했다. 프랑스는 유럽에서 세 번째로 외국인 직접 투자가 많은 국가로, 2005년에 500억 달러, 국내총생산의 42퍼센트에 달하는 외국인 투자를 유치했다. 프랑스 기업들은 생산과 서비스 부문 해외 아웃소싱으로 (다카르에 있는 콜센터처럼) 많은 이윤을 얻었을 뿐만 아니라, 자국 노동자들의 임금 삭감을 위한 지렛대로도 아웃소싱을 이용했다. "우리가 제시하는 조건을 받아들여라, 아니면 우리는 인도나 폴란드로 간다."74

경제 성장의 열매를 부자들만 나눠 가진 기름진 세월과 강력한 노조라는 두 축은 높은 임금을 받는 '내부인insider' 노동자 계급과 불완전 고용 노동자 또는 실직한 '외부인outsider' 노동자 계급으로 사회를 양분시켰다. 구舊 소련권 국가들이 유럽연합에 편입되면서, 유럽 노동법의 혜택을 누리기 위해 서유럽으로 들어가려는 '폴란드 배관공'의 망령이 프랑스뿐 아니라 영국에까지 출몰했다. 반이민 정서는 전 유럽을 뒤덮고 특히 독일과 프랑스가 심했다. 최근 소요 사태에는 프랑스 도시 외곽 빈민가의 실직한 젊은 이민자들은 물론이고 중산층 자녀들까지 가담했다.

2006년 봄, 프랑스 정부가 노동 시장을 개혁하려고 시도하자 중산층 젊은이들이 소요 사태에 가담했다. 얄궂게도 정부가 제안한 고용 개혁안은 더 많은 젊은이들에게 고용 기회를 줄 수 있는 것이었다. 개혁안은 폭력적인 소요 사태에 직면하여 폐기되고 말았다. 다른 몇몇 산업 국가들과 마찬가지로 프랑스는 자기 모순에 빠진 것 같았다. 한편으로는 자국의 성공한 세계 기업들이 부를 가져오고, 외국인 투자를 장려하는 식으로 세계화의 혜택을 누리고, 다른 한편으로는 사회 정책과 대중 추수적인 접근을 통해 불가피한 경쟁에서 국민들을 보호해왔다. 프랑스 경제는 세계화의 수혜자이지만 국민들은 불확실성과 경쟁을 두려워한다. 2005년 20~25세 사이의 프랑스 젊은이들을 상대로 "세계화는 당신에게 어떤 의미인가?"라는 여론조사를 실시했다. 48퍼센트의 젊은이는 '공포'라고 답변했고, 27퍼센트만이 '희망'이라고 답했다.[75] 프랑스 저술가 파트릭 아르투스Patrick Artus는 『오프쇼어링 : 내일도 우리는 계속 일자리를 지키고 있을까?*Délocalisation: aurons-nous encore des emplois demain?*』(2005년)에서 이 공포를 자세히 설명했다.

20세기가 끝날 무렵 미국 산업계가 가장 두려워한 요인은 '중국 가격'이었다. 중국 노동자들이 미국 평균 임금보다 서른 배 이상 낮은 임금으로 일할 준비가 되어 있다는 사실은 미국의 임금이 폭락하고, 중국으로 공장이 이전되어 생산직 일자리가 대량으로 사라질 것이라는 두려움을 불러왔다. 2006년에는 서구의 세계화 지지자들조차 중국과 인도가 세계화의 이익을 누리는 것을 우려했다. 모건 스탠리Morgan Stanley의 경제학자 스티븐 로치Stephen Roach는 다음과 같이 말했다. "세계화를 통해 중국과 인도가 얻은 이익은 선진국의 임금과 근로소득에 강력한 역풍으로 작용할 수 있다. 고임금 산업 국가의 경기 회복은 점차 고용 없는 성장Jobless recovery 또는 임금 상승 없는 성장Wageless recovery, 또는 양자 모두가 되고 있다."[76] 우려의 목소리가 높아지는 분위기에서 경제학자 스티글리츠는 아웃소싱 일자리의 위험에 경고했다. "미국과 부유한 국가의 엔지니어와 컴퓨터 전문가들은 모두 임금 삭감을 수용하거나, 실직을 강요당하거나, 다른 일자리를 찾을 수밖에 없을 것이다."[77] 스티글리츠의 예측은 예상치 못한 곳에서 호응을 얻었다. 2006년 국제통화기금의 경제 전망 보고서에서 한 고위 관리는 외국과의 경쟁이 세계화에 가장 개방된 산업 분야의 임금 인상을 억제하고 있으며, 생산성 증가에 따른 임금 민감성까지 낮아졌다고 시인했다. 한편 세계화는 생산성을 자극하기 때문에 세계화가 반드시 임금을 하락시킨다고 볼 수는 없다고 지적하고 이렇게 말했다. "세계화가 임금에 미치는 영향은 점점 더 쟁점이 될 것이다. 선진국의 총생산량에서 노동소득 분배율이 지속적으로 하락하고 있는 시점에서는 특히 논란이 예상된다."[78]

전체 화면에서 바라본 승자와 패자

세계화는 가난한 사람들에게 도움이 될까 아니면 해가 될까? 2000년대 초반의 정세는 이 해묵은 논쟁을 다시 들추게 했다. 1990년대 후반, 특히 시애틀에서 반세계화 소요 사태가 있고 난 이후부터 세계화 지지자들과 반대자들은 선진국과 개발도상국의 경제 통합이 증가하는 것의 장점과 위험성을 두고 논쟁을 벌여왔다.

1990년대 초반에 세계은행은 여러 기관들이 수집한 가계조사 자료를 바탕으로 하루 1달러(1993년 물가 기준) 미만의 소득으로 살아가는 개발도상국 인구의 비율이 감소한 것으로 추정했다. 세계은행의 경제학자인 데이비드 달러David Dollar는 "세계화 시대의 급속한 경제 성장은 공격적으로 세계 경제로의 통합을 추진한 국가들을 성장시키고 있다."[79]고 주장했다. 세계은행의 연구 보고서에 따르면 중국, 인도, 인도네시아, 베트남처럼 가난하고 인구가 많은 국가의 빈곤이 급격히 줄고 있었다. 1981년에서 2001년까지 하루 1달러 미만으로 살아가는 농촌 인구는 중국의 경우 79퍼센트에서 27퍼센트로 줄었고, 인도는 63퍼센트에서 42퍼센트로, 인도네시아는 55퍼센트에서 11퍼센트로 감소했다. 세계화 덕분에 중국은 한 세대 만에 전례 없는 번영을 일궈냈다. 하루 1달러 미만으로 살아가는 중국의 농촌 인구 수는 1978년 2억 5,000만에서 2003년 9,000만으로 급감했다. 그러나 비판자들은 이런 빈곤 완화가 세계 시장에 문을 열어서라기보다는 중국의 경우 농업 개혁, 인도의 경우 녹색 혁명의 공로가 아닌지 의문을 제기한다. 비판자들은 또한 중국과 여타 세계화가 진행되고 있는 국가들에서 소득 격차가 커지고 있는 점을 지적하며 빈곤 완화가 정말 행복한 그림인지를 의심한다.

세계화를 비판하는 사람들은 세계 통합이 가난한 사람들에게 혜택을 주지 못하며, 국내의 불평등을 증가시킨다는 의견을 고수하고 있다. 반면 이런 주장을 뒷받침하는 데이터는 대단히 혼란스럽고 모호하다. 소득분배의 불평등 수치를 나타내는 지니계수Gini coefficient(지니계수 0은 완벽한 평등, 1.00은 완벽한 불평등을 의미한다)를 보면 세계화를 채택한 이후 중국의 소득 불평등이 증가하고 있다는 것은 분명하다. 1983년 중국의 지니계수는 중간 정도의 수준인 0.28에 불과했지만 경제 개혁 20년 후, 세계 통합에 근접한 중국의 소득 격차는 2003년 0.45로 벌어졌다. 이것은 자본주의 미국의 지니계수 0.41보다 훨씬 더 불평등하다는 것을 의미한다.[80] 급격한 세계화 단계에 있는 또 다른 국가인 인도의 경우 자산 분배의 불평등 정도를 나타내는 지니계수는 2002년 농촌이 0.63이고 도시가 0.66인데도 소비 격차는 겨우 0.33 증가했다. 인도의 지니계수는 중국의 수치와 비교해 눈에 띄게 높은 수치다. 중국은 농촌이 0.39, 도시가 0.47을 기록했다.[81] 여기에 역사를 통틀어 극빈층(구매력 평가지수purchasing power parity 기준, 하루 생활비 1달러 미만) 총수는 1980년경까지 증가일로였다는 점도 주목해야 한다. 1980년 이후 세계 인구는 18억이 증가한 반면 극빈자 수는 2억으로 줄었다. 이런 진보는 고무적인 것이긴 하지만 아직도 16억은 빈곤 속에 살아간다.

세계화와 빈곤에 관한 토론은 또한 무역이 모두에게 번영을 가져오는가 아니면 경제적 격차를 더욱 벌여놓는가에 관한 오래된 논쟁을 새로운 시각으로 바라보게 했다. 세계은행의 경제학자 데이비드 달러와 아트 크라이Aart Kraay는 92개 국의 40년간의 자료를 바탕으로 2000년 이런 결론을 내렸다. "무역은 성장에는 유익하지만 소득 분배에는 중립적이다. 다시 말해 모든 소득 집단에 걸쳐 무역의 영향은 동일하다."[82] 이에 반해 세계은행 경제학자 룬드버그M. Lundberg와 스콰이어L. Squire는 1965년부터 1992년까지 38개 국을 대상으로 연구 조사를 실시하여 이런 결론을 내린다. "더 많은 무역 개방은 사회 상위계층이 소득을 높이는 데 도움이 된다. 반면 하위 40퍼센트의 소득은 낮아진다." 가난한 사람들은 부자들에 비해 국제 가격으로의 이동에 훨씬 취약하기 때문에 더 많은 개방에 부가되는 비용은 가난한 사람들만 떠맡게 된다.[83]

그렇다면 어떤 결론을 내려야 할까? 세계은행의 밀라노빅은 2003년 95개 국의 가계소득을 새롭고 진보한 데이터를 사용해 조사하여 룬드버그와 스콰이어의 결론에 근접한 결과를 내왔다. "소득 수준이 대단히 낮은 국가에서는 부자들이 개방의 혜택을 더 많이 본다는 확고한 증거를 찾아냈다." 소득이 중진국 수준의 국가로 올라서면 상위 20퍼센트와 비교한 빈곤층과 중산층의 상대소득relative income이 상승한다. 밀라노빅은 이렇게 결론짓고 있다. "개방은 소득 분배를 개선시키기에 앞서 먼저 악화시키는 단계를 거치는 것으로 보인다."[84]

종합해보면 무역의 증가는 가장 가난한 사람들의 소득을 상대적으로 서서히 증가시킴으로써 불평등을 심화시키는 결과를 낳는 경향이 있다는 것이다. 지구적인 연결에서 이익을 얻기에 더 나은 조건을 가진 국가나 인구 집단은 운 나쁜 사람들을 과거보다 더 심하게 뒤로 밀쳐내며 앞으로 돌진한다. 성장 엔진으로서 무역은 가장 가난한 사람들의 실질소득을 끌어올리기에 앞서 평균소득을 끌어올려야만 하는 것이다.

라틴아메리카와 아프리카의 진보는 가능한가

20세기의 마지막 몇십 년간 세계화의 상징이었던 무역과 자본 이동의 증가는 라틴아메리카와 아프리카의 진보에는 회의적인 시각만 남겼다. 라틴아메리카와 아프리카의 대다수 국가들은 세계화를 서구의 식민지화 시도일 뿐이라고 이해하는 경향이 있다. 1990년대 라틴아메리카 국가들이 추구한 친세계화 정책은 일인당 국민소득 1퍼센트 증가라는 빈약한 결과밖에 가져오지 못했다. 경제학자 낸시 버드샐Nancy Birdsall이 삐딱하게 지적한 대로 세계 통합으로 얻은 한정된 이익은 "대학 교육을 받은 소수 또는 자산을 해외로 이전할 적절한 기회를 포착할 만한 감각을 가진 소수의 혜택받은 사람들에게 돌아갔다."[85]

세계화 역사의 어머니이며, 무역에 가장 개방적인 대륙인 아프리카는 실패한 세계화의 상징이 되었다. 1990년대에 수행된 개혁으로 일부 국가에 투자가 이루어졌지만, 모리셔스 같은 몇몇 국가만 급속한 성장을 이룩했을 뿐 아프리카 대륙의 3분의 2는 여전히 빈곤 속에 있다. 1981년부터 2001년까지 국제빈곤선 기준인 하루 1달러 미만으로 살아가는 아프리카 사람의 비율은 42퍼센트에서 47퍼센트로 증가했다. 그러나 중국과 인도의 성공이 오직 세계화의 공은 아닌 것처럼, 아프리카의 쇠퇴도 세계화 때문만은 아니다. 역사적인 이유와 부패한 정권, 불리한 지형과 기후 재난과 질병 등이 맞물려 사하라 이남 아프리카에 비참한 빈곤 상태를 초래했다. 1980년대에 고삐 풀린 자본의 투자를 유도했던 아프리카 해안 국가들은 부패한 정권과 사회기반시설 부족으로 배를 놓쳐버렸다. 투자자들은 아프리카를 버리고 아시아로 몰려갔다. 버클리 대학교의 경제학자 프라납 바드한Pranab Bardhan은 다음과 같이 설명했다. "반세계화론자들의 비판과 달리 개발도상국들이 안고 있는 문제의 주요 원인은 세계화가 아니다. 마찬가지로 자유 무역에 과도하게 열광하는 사람들의 주장처럼 세계화가 개발도상국 문제의 주요 해법도 아니다."[86]

세계화는 가난한 사람들에게 득인가, 실인가? 이 오래된 논쟁의 답은 가난한 사람들 자신들이 결론을 내려주었다. 가난한 이들을 대신해 세계무역기구의 실패에 환호성을 지르기 위해 회담장 밖에 집결하는 반세계화 활동가들의 생각과는 달리, 가난한 사람들 대부분은 세계화에 동참하고자 했다. 2003년 시민과 언론을 위한 퓨 리서치 센터가 수행한 세계 여론조사에서 밝혀진 결과를 보자. 이 여론조사에서는 부유한 국가보다 저소득 국가의 대중들이 세계화에 더 호의적인 반응을 보인 것으로 나타났다. 전 세계 대부분의 대중들은 세계 무역과 비즈니스의 성장이 자국에 유익할 것으로 이해하고 있었다. 미국과 서유럽에서는 28퍼센트가 세계 통합을 '대단히 좋은 것'으로 이해했다. '세계화는 내 나라에 나쁜 영향을 준다.'고 생각하는 비율은 부유한 국가의 27퍼센트 가구가 그렇다고 응답한 데 비해, 아시아의 개발도상국(9퍼센트) 또는 사하라 이남 아프리카(10퍼센트)는 무시해도 될 만한 비율로 나타났다. 퓨 리서치 센터의 여론 조사는 "민주주의와 자유 시장에 대한 공통의 갈망 외에, 신흥 국가의 대중들은 세계화를 광범위하게 인식하고 수용하고 있다."는 결론을 내렸다. 거의 모든 국가에서 응답자의 4분의 3 또는 그 이상이 현 세계에서 성공하기 위해서는 아이들이 영어를 배워야 한다고 생각했다.[87] 가난한 사람들에게 세계화는 세계를 향해 문을 여는 것이며, 텔레비전 화면으로 보고 동경했던 재화와 서비스에 접근하는 것을 의미한다.

2005년 닐슨A. C. Nielsen이 유럽, 북아메리카, 아시아 태평양, 라틴아메리카, 남아프리카, 중동의 42개 시장 2만 3,500명의 소비자를 대상으로 수행한 여론조사에서는 세계화의 혜택을 누리고 있는 개발도상국의 신흥 중산층들의 사고를 어렴풋이 감지할 수 있는 결과가 나왔다. 세계화는 더 나은 일자리를 얻을 기회이며, 더 훌륭한 이력을 쌓는 데 도움을 준다고 응답한 비율은 인도인(78퍼센트), 필리핀(73퍼센트), 중국(71퍼센트)순이었다. 라틴아메리카(57퍼센트) 그리고 아시아 태평양 국가(53퍼센트) 소비자의 절반 이상은 세계 비즈니스가 더 많아지면 일자리가 늘고, 근로 환경이 개선될 것으로 믿고 있었다.[88]

가난한 사람들이 세계화에 긍정적인 시각을 가지고 있는 것은 놀라운 일은 아니다. 무역과 여행을 통해 세계의 상호 연결성이 증가하는 과정은 평등을 가져오지는 않았지만, 경제 성장을 촉진한 것은 분명한 사실이다. 1985년 이래로 빈곤 인구의 절대 숫자는 1억에서 16억으로 증가했지만, 세계 빈곤 인구가 차지하는 비율은 점차 줄고 있다.[89] 과거와 달리 현재의 세계화에서 소외된 이들은 무시될 수 없다. 텔레비전이 세계적으로 확산된 덕분에 가장 가난한 사람조차 서구의 부자들이 어떻게 사는지, 자기 나라의 지배층은 어떻게 사는지를 알고 있다. 세계화된 세계에 들어가려는 그들의 열망과 목표를 이루지 못했을 때의 불만은 많은 국가의 사회 안정을 위협하고 있다. 지금까지 살펴본 대로 세계화 과정은 항상 승자와 패자를 양산해왔다. 상호 연결의 법칙은 언제나 승자들이 설정해왔다. 현재 서구의 반세계화 정서는 성적을 마음에 들어하지 않는 쪽이 게임의 법칙을 다시 바꿔보려는 강력한 시도로 보이기도 한다.

아편 전쟁 이후 내내 자유 무역을 찬양해온 서구 세계는 갑자기 수백만의 중국인과 베트남 인이 세계 무역 체계에 진입하려는 것을 걱정하는 것 같다. 서방 국가들이 중국과 인도의 급부상과 그 결과가 자국 경제에 미칠 충격을 우려하는 모습은 개발도상국의 눈에는 아직도 절망적인 빈곤 속에 사는 나라에 대해 서방이 과도한 두려움을 갖는 것으로 보인다. 세계은행의 추정치에 따르면 중국과 인도에 사는 23억 가운데 거의 15억 인구가 하루 2달러 미만의 소득으로 살아가고 있다.[90] 이 사람들과 수백만의 개발도상국 국민들은 세계 시장으로 진입하지 못함으로써 자신들이 무엇을 빼앗기고 있는지, 세계화의 수혜자와 자신들 사이의 거리가 얼마만큼인지를 인식하고 있다. 패자의 고단한 상황도 세계라는 전체 화면 안에 들어 있다. 역사에서 시종일관 인간을 행동에 나서게 했던 희망, 욕망, 두려움의 복잡한 혼합물은 과거 어느 때보다 높은 수위로 작용하고 있다. 전 세계를 순식간에 연결하는 고속 접속이 만들어낸 현실이다. 범선과 낙타 대상의 시대처럼 승자가 패자를 무시해버리기에는 위험스러울 정도로 연결되어 있는 세계다. 분명한 사실은 수천 년 역사에 걸쳐 현재의 세계화된 세계를 창조한 과정을 되돌릴 수 없다는 것이다. 장벽이 높아지면 속도가 느려질 수는 있지만 그런 장벽은 상호 연결성의 행진에 일시적인 장애물일 뿐이다.

  고속으로 진행된 세계화가 낳은 문제와 부당함과 불평등의 증대는 무시할 수 없다. 한국의 농민 이경해 같은 저항자들의 수는 많지 않지만, 개발도상국에는 연결된 세계에서 소외된 채 그저 빵부스러기에 만족하면서 조용히 끓고 있는 수많은 사람들이 있다. 이들을 모른 척하는 것은 세계 안정에 엄청난 위협이 될 수 있다. 개발도상국에서든 부유한 서방 국가에서든 세계화의 수혜자들이 세계화를 환영하기 위해 거리로 나서지는 않는다. 중국과 인도가 점보제트기를 주문했다고 해서 보잉사의 노동자들이 세계화에 호의적인 시위를 하지는 않는다. 월마트의 상품 가격이 인하되었다고 행복한 소비자들이 행진에 나서지도 않는다. 서구인들이 향유하는 평범한 삶의 표준은 점점 더 증가하는 개발도상국과의 연결에 직접적으로 관련되어 있으며, 개발도상국 시민대중의 삶을 향상시킬 수 있는 기회가 증가하는 것과 직접적으로 관련되어 있다. 그동안 막대한 인적 자원을 이용할 수 있는 가능성과 상호 연결된 세계의 창조성을 이용해온 부유한 산업 국가들이 갑자기 정치적 편의를 위해 이 과정을 봉쇄하는 것은 중대한 실수가 될 것이다. 세계 통합의 증대로 나타나는 피할 수 없는 문제를 풀 해법을 찾지 못하고 인간 공동체의 연결을 강제로 차단한다면 그 결과가 어떠할는지는 20세기 초반의 전쟁과 경기 후퇴를 보면 명백히 알 수 있다.

10장

우리 앞의 길

> 쓸 돈이 있는데 어느 누가
> 어려운 시절을 알겠는가?
> 돈이 있는데 어느 누가
> 쾌락을 즐김에 장애물을 만나겠는가?
> 다른 이들은 안중에도 없는,
> 이 세상을 즐기는 것이 옳은 일인가?
> ─17세기 라틴아메리카 시인 베르나르도 데 발부에나 Bernardo de Ballbuena

    2006년 11월 초. 나는 오래전에 한 약속을 지키기 위해 뉴욕에서 서울로 가는 대한항공 KE82편에 탑승했다. 5년을 함께한 이 원고의 마무리 작업에 골몰하고 있던 터라 잠시 휴가를 갖는 기분으로 14시간의 비행을 기쁘게 받아들였다. 이 시간 동안 좀 쉬고, 수천 년에 걸쳐 우리의 삶이 형성되어온 과정에 대해 배운 것들을 돌아보고, 미래에 대한 몇 가지 구상을 할 수 있으면 좋겠다고 생각했다.

    비행 시간은 예상보다 훨씬 흥미롭게 흘러갔다. 전통 한국 음식인 불고기로 점심을 먹고, 몇 시간을 꾸벅꾸벅 졸았다. 불고기에 들어 있던 참기름은 인도인들이 3,000년쯤 전에 추출 방법을 터득하여 로마 제국으로 수출한 최초의 식물성기름이다. 튜브 포장으로 나왔던

◀ "미국─멕시코 국경에서 검거된 불법 이민자들"(1997년. 사진 출처 : 제프리 스코트 Jeffrey D. Scott, 알리시아 패터슨 재단).

고추장도 포르투갈과 스페인 무역상들이 16세기에 아시아로 들여온 멕시코 식물을 현대 산업이 변형시킨 것이다. 점심식사 때 제공된 와인은 칠레와 캘리포니아산이었다. 내가 바다를 건널 수 있게 해준 보잉747-400 비행기는 수천 년 동안 셀 수 없이 많은 실험과 대담한 시도를 거친 끝에 하늘을 날고자 한 인류의 꿈이 현실화된 것이다. 제트 비행기의 부속품 가운데 많은 부분은 시애틀의 보잉 공장에서 조립되기에 앞서 세계 여러 지역에서 생산된 것이다. 나는 점심식사로 나왔던 쌀이 어디에서 왔을까(한국, 텍사스, 베트남 혹은 타이에서) 생각하며 잠이 들었다. 어둠침침한 객실에서 눈을 떴을 때는 평면스크린 텔레비전의 화면이 기분 나쁜 빛을 발하는 점으로 가득 차 있어서 꼭 우주공간 어디쯤에 있는 것 같은 기분이 들었다. 아래 세상을 보려고 비행기 창문 가리개를 올리자 햇빛이 밀려들어 거의 눈이 멀 지경이었다. 두 눈이 정상을 되찾고, 흐릿한 푸른색의 태평양 너머로 멀어져 가는 알래스카의 윤곽이 보였다. 지금은 해수면이 높아져 사라졌지만, 약 1만 2,000년 전에 우리 인류의 선조들이 이 황량한 땅을 터벅터벅 걸어서 아메리카와 아시아를 연결했던 얼음으로 뒤덮인 베링기아를 건너갔다는 생각을 하니 아득해졌다. 나는 창문 가리개를 내리고 노트북 컴퓨터를 켰다.

  컴퓨터가 윈도를 시동하고, 작업표시줄에 몇 개의 초록색 대화 상자가 반짝였다. 무선 인터넷 연결이 가능하다는 메시지였다. 호기심에 클릭해보니 내 컴퓨터가 보잉사에서 제공하는 무선 인터넷 서비스의 신호를 포착한 것이었다. 기쁘게도 이 서비스는 무료였다. 1월부터는 무선 랜 서비스가 중지될 예정이어서 승객들에게 무상으로 제공하는 서비스였다. 나는 재빨리 메일에 로그인하여 수천 킬로미터 떨어져 있는, 다른 시간대, 다른 대륙에 흩어져 있는 다른 가족들에게 메시지를 보냈다. 의자에 등을 기대고 앉아 메시지들을 읽고 답장을 보내면서, 통신 혁명이 얼마나 어마어마한 것인지 서서히 이해가 되었다. 나는 시속 880킬로미터로 태평양 위를 높이 날면서, 나의 소박한 델 래티튜드Dell Latitude 노트북으로 뉴헤이븐에 있는 예일 대학교 서버에 저장된 정보를 이용하고 있었다. 수백 명의 승객들과 함께 쓰고 있는 이 컴컴한 객실은 가상 사무실이었다. 집을 떠나 세상을 발견하려는 언론인인 나는 세상을 작게 만드는 데 공헌한 모험가의 범주에 들어간다. 그날 오후 대한항공 KE82편 기내에서 각 지역으로 이메일을 보냄으로써 나는 세계를 연결하는 역할을 계속하고 있었다.

메일을 확인한 후에는 전 세계 주요 뉴스를 모아놓은 구글 뉴스Google News를 클릭했다. 뉴스 제목들로 보아하니 저 아래 세상은 문제가 많은 곳이었다. 내려다보는 높이에 있으면서 그 땅에서 무슨 일이 벌어지고 있는지를 읽고 있으려니 마치 외부 관찰자가 된 것 같은 묘한 기분이었다. 아마 아폴로 우주비행사들이 칠흑 같은 우주의 어둠 속에서 지구를 보고 느끼는 기분의 축소판이 아닐까 싶었다. 물리적으로 떨어져 있지만 땅과 긴밀히 연결되어 있다는 느낌은 고대 문명의 역사를 읽으며 느꼈던 감정과 비슷했다.

나는 인간이 무역, 종교, 이주, 그리고 제국의 지배에 의해 다른 공동체들과 다시 연결되는 과정에서 이동한 거리를 생각하며 감탄했다. 아시리아의 무역상 푸수켄이 상품 목록을 적어서 들고 다녔던 작은 점토판은 블랙베리BlackBerry가 되었다. 당나귀와 대상의 행렬은 컨테이너 선박과 화물수송기가 대신하고 있다. 선교사 그룹에는 인공위성 텔레비전을 통해 복음을 전파하는 TV선교사와 인터넷 온라인상에서 인권 침해와 환경 파괴의 심각성을 경고하는 비정부기구 활동가들이 포함되었다. 한줌도 안 되던 과거의 탐험가들은 현재 수백만에 달하는 관광객들이 되었다. 우리는 하늘의 별자리를 이용해 위치를 산출하는 범선을 타고 가는 것이 아니라, 위성항법 시스템 GPS이라는 '별'의 안내를 받는 제트 여객기를 타고 높이 떠간다. 제국 권력의 도구는 활과 화살에서, 탱크와 지구 전체를 사정거리로 하는 미사일, 네바다에 있는 공군기지에 앉아 '비행사'가 버튼 하나만 누르면 아프가니스탄의 목표물에 미사일을 발사할 수 있는 무인 정찰기 프레데터Predator로 진화했다. 세계는 그 어느 때보다 작아졌다. 하지만 뉴스의 제목들은 인간 공동체가 발전을 위해 다른 길을 선택하거나 혹은 다른 길을 강요당하면서 얼마나 서로 멀어졌는가를 생각하게 했다.

빈곤에서 벗어난 많은 사람들

시베리아와 중국의 해안선이 시야에 들어오면서 나는 세계의 연결성이 이 대륙을 얼마나 변화시켰는가를 생각했다. 아시아의 광활한 논들이 있던 자리는 불과 한 세대 만에 부산스런 쇼핑몰과 번쩍이는 초고층 빌딩들이 들어찬 떠들썩한 대도시로 탈바꿈했다. 중국과 인도 같은 개발도상국에서 세계화가 얼마나 많은 빈곤을 해결했는지는 의견들이 분분하겠지만, 재화와 자본과 기술력이 없었다면 현재의 속도로 발전하기는 불가능했을 것이다. 13억 중국 인구의 거의 3분의 1이 빈곤에서 벗어났고, 인도의 경우는 그보다 규모가 작긴 하지만 상당한 비율의 사람들이 중산층에 진입했다. 중국은 세계 4위의 경제 대국이자, 무역 규모 세계 3위의 국가가 되었다. 소프트웨어와 영어라는 상대적인 이점을 가진 인도의 경우, 세계와의 연결성은 전 세계 아웃소싱 일자리의 절반을 인도가 독점하는 데 영향을 미쳤다. 긴 역사를 돌아보면, 1700년대에 세계총생산의 22.3퍼센트와 24.4퍼센트를 각각 기록했던 중국과 인도는 250년의 쇠퇴기를 거치고 이제 다시 과거의 선도적인 자리로 올라가기 시작한 것이다. 이것은 경제 개혁과 세계 무역, 기술력과 투자 이전에서 비롯된 주목할 만한 방향 전환인 것이다.[1]

내가 훑어본 뉴스 제목 가운데는 세계의 상호 연결성이 낳은 폐해를 비난하는 분노와 우려를 담은 것도 있었다. 개발도상국에서는 빈곤이 심화되고 있고, 선진국에서는 경제적 불평등이 증가하고, 실업과 고용 불안으로 보호 무역과 이민 정책을 강화하라는 목소리가 커지고 있다. 그 사이 급격한 경제 성장은, 특히 중국의 급격한 경제 성장은 환경 문제를 더욱 악화시켰고, 남의 이야기 같았던 기후 변화 문제는 이제 내 이야기가 되었다.

세계화의 문제점으로 가장 많이 지적되는 것들은 우선 부유한 국가와 빈곤 국가 간의 소득 불균형이 낳은 문제가 있고, 다음은 세계 무역의 흐름에 문을 연 나라들 내부에서 발생한 문제들이 있다. 우리가 세계화라고 부르는 상호 연결성은 아프리카, 발칸 반도, 코카서스, 중앙아시아, 서남아시아부터 남아시아와 카리브 해의 일부 국가, 동남아시아 일부 국가까지 거대한 지역을 외면해왔다. 빈곤 국가들이 세계 무역에서 차지하는 비중은 지난 20년간 계속 하락해왔다.

10억이 넘는 사람들이 아직도 하루 1달러 미만의 돈으로 생활하고 있고, 대부분은 전화를 걸어본 적도, 태어난 곳을 벗어나 본 적도 없다. 거의 20억의 사람들이 내가 탄 비행기로 접근할 수 없는 세계에서 식수, 초등교육, 공공의료, 도로, 전기, 항만 같은 기본적인 사회 기반 시설이 부족한 환경에 살고 있다. 이들은 잊혀진 거주자, 보이지 않는 거주자들인 것이다. 바로 이들이 선진 세계의 국가들에게 정신적·현실적 도전이 되고 있다. 부유한 국가들의 농업 보조금 정책이 일부 원인이 되어 농업이 파산한 아시아와 아프리카에서는 영양실조와 질병으로 고통받는 어린이들이 계속 늘어가고 있다. 이 어린이들은 말없는 비난의 눈길로 화려한 서방을 응시하고 있다. 부유한 국가의 정책 입안자들에게 잊혀진 거주자들은 그저 불법 이민과 마약 밀수, 범죄라는 불안의 근원일 뿐이며, 병원균의 매개체일 뿐이다.

미국 국방부의 한 전략가는 이 지역을 새로운 안전 문제가 발생할 수 있는 '통합이 불가능한 격차가 존재하는 지역'이라고 부른다. 미국 국방부는 이런 위협에 대비하여 100여 개가 넘는 국가에서 수천 회의 군사훈련을 진행하기 위해 조용히 상당수의 특별자문관들을 파견했다.[2] 그러나 그들이 말하는 위험은 명확히 사회경제적 불평등에서 기인한 것이고, 훨씬 근본적이며 장기적인 문제들이다. 소외된 인구 집단의 어마어마한 잠재력을 사용하지 못하는 것은 단지 선진국과 급속한 개발도상에 있는 국가들의 재화와 서비스 시장을 제한하는 것뿐만 아니라, 불황을 야기하고 불법 이민자를 증가시키고 범죄와 테러를 부추기는 원인이 된다.

역사가 시작된 이래 줄곧 세계화의 주역이었던 모험가들과 이주자들이, 이제 통합된 세계의 안정을 위협하는 주요 세력으로 간주된다는 것은 엄청난 역사의 아이러니다. 2005년 유엔은 국제 이민자의 수가 2억에 달하는 것으로 추산했다. 이 사람들을 모두 한곳에 모으면 세계 인구 5위의 브라질과 같은 국가가 탄생하는 것이다. 이주자의 수는 계속 증가세이고, 가난한 이주자들의 물결을 막기 위한 이민법도 계속 강화되고 있다. 미국 – 멕시코 국경을 따라 1,120킬로미터의 장벽을 설치한다는 계획은 서구 세계 전반의 반이민 정서를 말해주는 상징이 될 것이다.

저개발 국가로서는 이주자들이 송금한 돈이 귀중한 수입이지만 대규모 이주가 항상 긍정적인 것만은 아니다. 선진국들은, 이민에 저항감이 큰 일본까지도 개발도상국의 의사, 엔지니어, 프로그래머와 MBA 학력자의 이민을 장려하는 법을 제정했다. 이들 교육받은 인력의 이주는 가난한 국가의 경기 침체와 후퇴, 인구 격감의 원인이 된다. 사하라 이남 아프리카 일부 국가의 공공 의료 서비스를 예로 들어보자. 영국의 의료 서비스 분야는 아프리카 인과 아시아 인 의료 근로자로 채워졌다. 반면 잠비아의 독립 이후 잠비아에서 진료를 하고 있는 의사는 12명 가운데 1명뿐이었다. 영국 북부의 맨체스터에는 1,300만의 인구를 가진 말라위Malawi의 의사들 모두를 합친 수보다 더 많은 말라위 의사들이 진료를 하고 있는 것으로 추정된다.[3]

'통합이 불가능한 격차가 존재하는' 국가들의 경제 실패가 낳은 이민 위기는 결국 세계적인 일자리 위기인 것이다. 2004년 국제노동기구ILO 통계에 따르면 1억 8,500만 명이 실직 상태였고, 세계 28억 근로자의 절반은 하루 2달러 미만의 임금을 받고 있었다. 고소득 국가와 저소득 국가의 일인당 국내총생산의 격차는 66배까지 벌어졌고, 급여가 더 나은 일자리의 유혹은 그 어느 때보다 강력해졌다. 사하라 이남 아프리카의 절망적인 경제 상황 때문에 수많은 사람들이 목숨을 걸고 유럽으로 가려는 시도를 한다. 2006년 상반기 9개월 동안만 이민을 희망하는 약 2만 명의 아프리카 사람들이 스페인령 카나리아 제도에 도착해 세네갈 어로 이렇게 말했다. "Barcelona ou barxax, 바르셀로나 아니면 죽음을!" 소말리아의 파국적인 상황은 아프가니스탄 같은 테러리즘의 후원자들을 양산했다.

대양 건너편에서는 미국의 화려한 도시로 들어가려는 수천의 중앙아메리카 농부들이 한밤중에 집단으로 멕시코 사막을 힘겹게 건넌다. 도저히 경쟁이 불가능한 값싼 수입 곡물 때문에 멕시코 농부들은 시골생활을 포기하고 불법 이민자가 되어 북쪽으로의 위험한 여행을 하는 것이다. 멕시코 이주민들의 미국 유입 문제는 특히 선거가 있는 해에는 폭발적인 쟁점이 되어왔다. 2006년 의회 선거에서는 미국과 콜롬비아 간의 무역 협정 체결이 어려움을 겪고 있는 가운데 민주당이 승리했다. 여기엔 합법적인 수출 증대가 어려워지면 콜롬비아가 선택의 여지없이 다시 마약 밀매와 불법 이민의 온상이 될지도 모른다는 공포가 작용했다.

'지구상에서 가장 불평등한 곳'이라는 평을 받는 라틴아메리카에서 '세계화'라는 단어는 입에 담을 수도 없는 음란한 말과 동일한 단어가 되었다.[4] 유럽과 미국은 국내 농업 보조금 문제에 대해 고집을 꺾지 않고, 개발도상국들이 더 이상의 시장 개방을 반대함으로써 세계무역기구의 도하 라운드가 결렬된 것은 아프리카, 아시아, 라틴아메리카의 가난한 농부들에게는 나쁜 소식이었다. 부유한 국가들은 연간 3,000억 달러를 농업 보조금으로 쓰고 있고, 이는 해외 원조금으로 내놓는 금액의 여섯 배가 넘는 돈이다. 이런 상황에서 가난한 국가들이 시장에 진입할 기회를 주는 대신 원조를 제공하겠다는 말은 공허한 미사여구로 들릴 수밖에 없었다. 부유한 국가의 국내 농업 보조금은 면화, 땅콩, 가금류 같은 농산물의 세계 시장 가격을 끌어내려 개발도상국 농부들의 생계는 더욱 어려워지고 있다.

고삐 풀린 자본, 실직한 노동자

이민 문제와는 별개로, 국제 무역과 투자로 오랜 세월 부를 쌓아 올린 선진국의 중산층에게도 세계 통합의 경제적 결과는 세계화에 대한 공포를 불러왔다. 전자 상거래와 금융 규제 완화로 자본가들은 국경을 넘나드는 기동성을 얻었지만, 이것이 일반시민들에게 항상 이익이 되는 것은 아니었다. 이제 보통 이상의 생활을 영위할 수 있는 직업군에 속하는 사람들까지 급변하는 세계에서 뒤처질 것을 두려워하며 살고 있다.

고삐 풀린 자본은 더 값싼 노동력, 더 나은 기술을 찾아 돌아다니고, 미국과 유럽의 노동자들은 점점 더 취약한 상황에 놓이게 되었다. 유럽연합의 실업률은 굳세게 8퍼센트를 유지하고 있고, 미국의 실업률은 5퍼센트대를 맴돌고 있다. 지난 30년 동안 자동화와 생산 기지 해외 이전으로 수많은 미국인들이 일자리를 잃었다. 새로운 기술력과 세계화된 노동 시장은 그나마 남아 있는 중간 수준의 일자리마저 위협할 것이라는 두려움도 존재한다. 중국이나 체코의 공장이 몇 센트 저렴한 단위가격으로 과거 서구 공장들이 생산하던 상품을 생산해내면서 서구의 공장들은 문을 닫았다. 미국 공장의 일자리를 사라지게 한 중국의 대량 생산 수출품들은 주로 디자인만 미국에서 하고 중국에서 생산된 것들이다. 해외 생산을 통해 기업의 수익이 증가하고, 월마트에는 저가 상품이 공급된다. 그러나 여기서 발생한 이윤은 기업가의 주머니로 들어가고, 수백만 소비자에게 분산될 뿐 해고된 노동자의 고통과는 아무 상관이 없다. 해외의 저임금 노동이 거의 무제한으로 공급되고, 지금 서구에서 사라지고 있는 일자리들은 다시는 돌아오지 않을 것이라는 우려가 깊어지고 있다. 지속적인 생산성 향상은 기존의 산업을 폐기시키지만, 동시에 새로운 산업을 일으킨다는 창조적 파괴 이론을 여기에 적용할 수 없을 듯하다. 일자리는 사라졌다. 그러나 사라진 일자리와 동일하거나 더 높은 임금을 주는 새로운 일자리는 현실화되지 않는다. 실업 문제의 고전적인 해결 방법인 교육과 재교육은 새로운 세계 경제 체제하에서 해결책이 될 수 없을 것이다. 미국이나 유럽에서 고속 인터넷으로 연결된 고급 기술을 필요로 하는 직종의 급여가 10분의 1로 떨어지지 않는 한은 효과가 없을지도 모른다.

일자리에 대한 우려는 단지 현재의 실업만을 말하는 것이 아니라 더 광범위한 미래의 문제이다. 저임금으로나마 일자리를 유지하는 경우 노동자들은 건강이나 연금 비용을 줄일 수밖에 없고, 빈곤은 가중된다. 2006년 11월, 샌프란시스코 연방준비은행의 자네트 옐렌 Janet L. Yellen 총재는 미국 정부가 강력한 경제 흐름 속에서 고군분투하고 있는 노동자들에게 재훈련을 통해 새로운 직업을 찾고, 자기 변혁을 꾀할 수 있는 적절한 탄환을 제공해야 한다는 내용의 연설을 했다. 그녀는 사회안전망을 강화하려면 높은 비용이 들어가겠지만, 미국은 자유무역을 방어하기 위해, 노동자들에게 실업과 장애보험을 제공하고, 최저임금을 올리고, 세계화의 영향을 받는 노동자들의 사회 안전보장을 강화해야 한다고 주장했다.

서유럽에서도 분노는 나날이 커져갔다. 강력한 사회보장제도가 있는 유럽에서는 미국과 같은 대규모 해고 사태가 발생하지는 않았지만, 유럽 기업들은 아웃소싱이라는 다모클레스의 칼을 들이대며 노동자들에게 임금 삭감을 요구했다. 이제는 저임금 노동자뿐 아니라, 높은 급여를 받는 기업의 중역들까지도, 동등한 정도의 훈련을 받았지만 임금은 더 낮은 경쟁자들이 어디선가 새로운 정보나 킬러 프로덕트Killer Product(등장하자마자 시장을 완전히 잠식해버리는 제품 또는 서비스 – 옮긴이)를 들고 불쑥 나타나 추월을 당할지도 모른다는 걱정을 안고 살아간다. 경쟁력을 유지하려면 항상 새로운 기술을 배우고, 새로운 경력을 시작할 준비를 해야만 하는 것이다. 일자리 증가율은 정체 상태에 있고, 사회비용은 늘어만 가는 현실은 많은 서방 국가들을 경제 국수주의로 몰아가고 있다. 더욱 걱정스러운 것은 각국 정부가 노동 시장이 세계로 확대되면서 발생한 실업 문제의 해법을 찾지 못하고 있다는 점이다. 2006년 여름, 미국 재무장관 행크 폴슨Hank Paulson은 일부 쟁점 사안은 당장 해결책이 없다는 점을 시인하며 이런 발언을 했다. "우리는 위험한 대변동을 겪게 될 것입니다. 역사 속에는 시종일관 급격한 변화가 있었습니다. 19세기 산업 혁명을 생각해보십시오. 우리가 더욱 현명하게 대처해나갈 수 있기만을 바랄 뿐입니다."[5]

대서양 건너편의 영국 재무장관 고든 브라운Gordon Brown은 "1930년대의 인근 궁핍화정책Beggar-Thy-Neighbor과 눈 가리고 아웅식의 보호무역주의로의 퇴각"에 엄중한 경고를 했다. 브라운은 이렇게 실망감을 표현했다. "아이러니하게도 세계화의 수혜자들이 (세계화로 소비재 가격이 인하되고, 인플레이션과 이자율이 낮아지고, 경제 성장과 고용이 증대되는 과정을 지켜 본 수백만 명) 오히려 피해자인 것처럼 행동하고 있습니다." 승자들까지도 패자인 것처럼 생각하고, 패자들 때문에 영향을 받는다고 생각하고 있다. 승자들도 생산직 일자리가 사라지고, 서비스 직종은 해외 아웃소싱에 빼앗기고, 거기다 집단 내부의 새내기들에게 일자리를 빼앗긴다는 항간의 믿음에 영향을 받고 있는 것이다.[6]

부자들을 위한 파티

미국과 세계화 과정에 있는 국가들 전반에서 소득 불평등이 증가하고 있는 문제는 대중들 사이에 또 다른 비관론을 낳고 있지만, 브라운은 이 문제는 언급하지 않았다. 2004년 연방준비제도이사회의 조사에 따르면, 미국 상위 1퍼센트의 가정이 하위 90퍼센트의 가정을 모두 합한 것보다 더 많은 부를 소유하고 있는 것으로 나타났다. 세계화의 열매를 수확한 기업들은 노동자들의 급여는 동결한 채, 경영진에만 후한 보상을 하고 있다. 연방준비제도이사회는 2004년 미국의 최고경영자들이 미국 평균 근로자의 170배가 넘는 포괄적 보상Compensation package을 받았다는 점에 주목했다. 영국의 경우는 22배, 일본은 11배였다. 샌프란시스코 연방준비은행의 옐렌 총재는 이렇게 경고했다. "불평등이 심화되면서 세계화에 맞서 저항이 강화되고, 사회 결속력을 약화시켜 결국에는 미국의 민주주의를 해칠 수 있다는 조짐이 보이고 있다." 그녀는 기술 변화와 세계화가 교육받은 중간 노동자들에게도 영향을 주기 시작했다는 점을 인정했다. "중간 노동자들은 자신들보다 교육 정도가 상대적으로 낮은 경쟁자들이 자신들의 고용 안정성을 침식해 들어오고 있다고 보고 있다."[7]

반세계화 정서는 2006년 11월 미국 의회 중간선거에도 반영되었다. 광범위하게 퍼져 있는 실업에 대한 분노와 과거 중서부 공업지대의 표를 휩쓸었던 보호무역주의 공약의 불확실성에 민주당 후보들은 적절히 응답했다. 선거 당일 출구조사에서 투표자의 30퍼센트는 삶의 질이 더 나아질 것으로 응답한 반면, 40퍼센트는 다음 세대에는 삶의 질의 기준을 더욱 낮춰야 할 것이라고 응답했다. 산업계 지도자들은 이런 비관론에 촉각을 곤두세웠다. 미국 해외무역위원회NFTC의 빌 라인시Bill Reinsch 회장은 "미국의 수출이 급격히 증가하고 있을 때도 세계화가 좋은 것이라는 메시지는 인기가 없었고, 이제 더는 아무 울림도 없다. 더는 아무도 그 말을 믿지 않는다."[8]고 말했다.

대부분의 유럽 정부들이 기술과 무역이 야기한 불가피한 혼란을 해결하는 데 실패하자 노동자들은 보호 무역을 요구했다. 단기적인 정치적 책략에 능한 사람들과 인민주의자들은 정부가 개방을 유지하는 데 필요한 어려운 결정을 내리지 못하도록 저지했다. 도하 라운드의 실패로 자유 무역의 미래에 어두운 그림자가 드리운 상황에서 세계무역기구 사무총장 파스칼 라미Pascal Lamy는 전 세계 지도자들에게 보호무역주의의 엄청난 대가가 무엇이었는지를 상기시켰다. 1930년 스무트 홀리법(수입 가격의 40~50퍼센트의 관세를 부과하는 것을 내용으로 하는 극히 보호주의적인 관세 – 옮긴이)이 발효된 후, 미국의 실업률은 9퍼센트에서 1933년 25퍼센트로 증가했다. 수출은 60퍼센트 감소했고, 수입은 3분의 2가 감소했다. 파스칼 라미는 제재 조치를 공격적으로 사용하는 것은 경제적 국수주의를 키우는 일이며, 경제 국수주의는 제2차 세계대전을 일으킨 원인의 하나였다는 사실을 일깨웠다.[9]

세계 경제로의 통합을 시도하고 있는 개발도상국에서 불평등 문제는 더욱 심각하다. 농촌과 도시의 격차는 더 벌어졌다. 개발도상국의 도시 지역과 중산층들은 세계 교통망과 통신망에 연결되고, 연결된 세계의 혜택을 받았지만, 교육받지 못한 시골 빈민들은 저 뒤로 밀려났다. 현재 중국은 상위 0.5퍼센트의 가정이 사유재산의 60퍼센트를 소유하고 있는 것으로 추정된다.[10] 반면 중국의 번쩍이는 도시를 건설하는 1억 5,000만 명의 이주 노동자와 시골의 노후한 공장에서 일하는 수백만 노동자들은 찰스 디킨스의 작품에 그려진 것 같은 열악한 환경에서 살고 있다. 인도에서도 세계화가 가져온 번영은 빈부 격차를 급격히 심화시켰다.

역사에는 외국과의 연결 관계가 확대되고 신기술이 등장하면서 소수의 승자와 다수의 패자를 낳은 사례가 많이 있다. 세계의 연결성이 낳은 결과를 놓고 격렬한 반발은 늘 있어왔다. 한편 과거의 상호 연결성과 현재의 세계화에서 가장 큰 차이는 정보에 있다. 지금처럼 극도로 긴밀히 연결된 세계에서는 변화에 대한 저항 또한 과거에 비해 급속히 발생하고, 급속히 증가한다. 2006년 초반에 외국인에게 매각이 예정된 기업에 관한 뉴스가 텔레비전과 인터넷 블로그를 통해 유포되어 유럽과 미국의 경제 국수주의를 자극하고, 정부는 더 나은 판단을 위해 신속한 행동에 돌입하도록 압박을 받은 일이 있다. 당시 뉴스가 전달된 속도는 발빠른 세계화의 위험을 말해주는 지표였다. 통신 혁명은 개발도상국에서도 사회적 압력을 증가시켰다. 대도시의 불빛은 더는 저 멀리서 반짝이는 것이 아니다. 시청자들은 집에서 작은 화면으로 대도시의 매혹을 본다. 시골마을의 오두막이든 도시 빈민가든, 아니면 머나먼 변경의 주둔기지이든 오늘날 '못 가진 자'는 '가진 자'가 얼마나 잘 사는지를 너무나 잘 안다. 문제가 폭로되는 속도는 해결책을 생각하고 이행할 말미도 주지 않는다.

뉴스와 영상이 즉각적으로 전달되는 세계와 전적으로 연결되어 있거나, 살짝만 연결되어 있어도 시민들은 정보의 소비자가 되고 관객이 된다. 자연재해나 고통받는 인간의 영상은 본능적인 동정을 불러일으켜 지진해일이나 지진이 발생했을 때 다양한 지원을 유도해낸다. 텔레비전으로 방송되는 올림픽이나 월드컵 경기는 수십 억의 사람들이 온갖 인구 집단을 가까이 느끼게 해준다. 반면 인공위성 텔레비전과 인터넷을 통해 자유롭게 방송되는 사회적·문화적·정치적 담론들은 대중들의 적대감을 강화시키고, 혼란을 야기하고, 멀어지게 하기도 한다.

기술적 진보는 세계적인 문제를 다루는 인간 공동체의 능력을 향상시키기도 했지만, 동시에 불만을 품은 개인들의 공격 능력도 강화시켰다. 이들은 뉴욕, 워싱턴, 마드리드, 런던, 뭄바이, 발리에서 지극히 파괴적인 시위로 기술 진보의 해악을 보여줬다. 2006년 11월 초, 영국 정보국 MI5의 수장인 엘리자 메닝험 불러Eliza Manningham-Buller는 1,600여 명의 영국 이슬람교도들이 파키스탄과 아프가니스탄에 있는 알카에다 지도자들과 협력하여 테러 공격을 계획하고 있다고 경고했다. 그들의 무기 가운데는 비행 중에 내게 뉴스를 전달해준 기술도 포함되었다. 메닝험 불러는 테러리스트들의 첨단 '선전도구'를 언급하면서, 이라크에서 반군의 공격이 있은 지 30분 만에 공격 상황을 인터넷 비디오로 제작해 올렸고, 전 세계 시청자들에게 자신들의 특별한 견해를 이해시키기 위해 여러 언어로 통역된 오디오 방송기술을 사용했다는 말을 했다. 그녀는 "우리는 여기서 냉정하게 그 결과를 지켜보고 있다. 어린 십대들이 자살폭탄으로 훈련받고 있다."[11]고 말했다.

스포츠 채널이나 드라마 시리즈가 전 세계 팬들을 끌어들이는 것과 마찬가지로 전파는 증오를 자유롭게 교환할 수 있는 기회를 제공한 것이다. 시간과 거리를 정복한 세계화는 세기의 분쟁을 일으키고 있다. 아직도 18세기의 경제 발전 수준에 사는 사람들이 21세기에 살고 있는 오래전에 헤어진 사촌들과 얼굴을 마주한 것이다. 조화롭지 못한 이 만남은 대화와 이해가 아닌 폭력적인 저항과 외국인 혐오증을 자극해왔다.

세계적인 전염병의 검은 구름

국제적인 접촉은 달갑지 않은 문화적 태도를 만나게 되는 계기일 뿐 아니라 심각한 병원균이 전파되는 순간이기도 했다. 14세기 유럽의 흑사병이나 1918년의 유행성 감기 같은 과거의 병원균은 진행 속도와 규모에 제한이 있었지만, 현대의 작아진 세계와 여행의 속도는 전례 없는 위협이 되고 있다. 내가 이 글을 쓰고 있는 순간에도, 조류독감이 인간 사이에 전염될 수 있는 변이를 일으킨 채 잠복해 있지는 않은지, 또 다른 유행병의 가능성이 있지는 않은지 세계는 대비 태세를 취하고 있다.

한편 우리는 2003년 사스의 검은 구름이 드리웠을 때 약간의 희망을 보았다. 통합된 세계는 전염 속도를 증가시켰지만, 전염 경로를 차단하기 위해 힘을 결집하는 속도도 증가시켰다. 21세기의 기술력이 재빠른 대응 능력을 갖추기 이전인 1977년, 세계보건기구는 이미 천연두를 억제하고 소멸시키는 과정에 있었다. 천연두는 20세기 초중반의 세계 양차대전과 홀로코스트, 그리고 스탈린과 모택동 치하에서 숙청당한 사람을 모두 합친 수보다 두 배나 많은 사람들을 죽음으로 몰고 간 전염병이다. 당시 세계보건기구 의장은 "천연두의 소멸은 의학의 승리가 아니라 질병 관리 체계가 이룬 쾌거"[12]라고 말했다.

개별 국가의 주권이 더욱 강화된 현재의 정세에서 이런 쾌거를 다시 이루기는 쉽지 않아 보인다. 2003년 세계보건기구는 선진국들과 홍콩이나 싱가포르 같은 감염 지역 국가들의 강력한 후원에 힘입어 사스를 저지하는 데 성공했다. 사스 위기는 지구상의 아무리 먼 지역에서 발생한 작은 위협일지라도 세계 공동체가 얼마나 취약할 수 있는가를 입증했고, 세계의 건강을 지키는 데 각국 정부의 투명성이 핵심 요소라는 사실을 분명히 드러낸 계기였다. 사스 발생 초반에 국가 경제를 우려한 중국 정부는 관련 정보의 공개를 거부해 바이러스가 국경을 넘을 기회를 내주었다.

한편, 우려의 목소리가 점점 높아가고 있는 지구 온난화의 위협은 영국 정부가 배포한 575쪽 분량의 보고서와 함께 신문의 제1면을 장식하고 있다(내가 탄 비행기의 오락프로그램에 미국 부통령 엘 고어의 경고성 다큐멘터리 〈불편한 진실An Inconvenient Truth〉도 들어 있었다). 경제학자 니콜라스 스턴Nicholas Stern이 준비한 그 보고서에 따르면, 지구 온난화는 세계 경제를 20퍼센트까지 위축시킬 수 있고, 세계 양차대전과 대공황 때와 같은 경제적·사회적 분열을 야기할 수 있는 잠재력을 가지고 있다고 한다.[13] 이산화탄소를 내뿜는 경제 성장과 세계화가 가져온 무역의 증가, 그리고 산업화가 이 문제와 연관이 있다는 것은 너무도 분명한 일이다. 세계 무역의 성장으로 수백만 개의 공장이 세계 공급망에 결합하고, 증가하는 소비자의 요구를 충족시키기 위해 광산이 개발되고 벌목이 이루어진다. 그 대가로 환경 오염이 나날이 증가하고 있는 것이다. 공해는 일단 발생한 나라를 덮쳐 그 나라의 토양과 용수를 오염시키고, 곧 대기에 흡수되어 오염된 공기와 산성비가 다른 지역으로 이동하기 때문에 세계적인 문제가 된다.

지구 온난화로 홍수가 발생하고, 고향을 떠나야 하는 이주자가 수백만 명에 달할 것이라는 추정이 나오고 있다. 그러나 사스 위기 때와는 달리, 세계는 환경 재해라는 세계적 전염병에 힘을 모아 대처하고 있지는 않다. 에너지 효율을 높이는 기술과 전문 지식이 축적되어 있음에도 거의 사용되지 않으며, 세계는 지구 온난화의 위협을 손 놓고 보기만 하는 것 같다. 세계에서 가장 많은 온실가스를 발생시키는 미국은 교토의정서Kyoto Protocol 서명을 거부했고, 이미 서명한 국가들도 지구 온난화의 위협에 맞서 싸우는 시늉만 하고 있다. 교토의정서를 전면적으로 이행한다 해도 온실가스 억제 효과는 미미한 정도에 불과한데, 그마저도 외면하고 있는 것이다. 교토의정서에 관한 협의가 시작되고 16년이 흐르는 동안에도, 온난화의 원인인 온실 가스는 착실히 증가해왔고, 전문가들은 교토의정서가 발효된다 해도 계속 증가할 것이라고 믿고 있다.

그나마 위험을 피해 갈 가능성이 엿보이는 효율적인 관리기구와 국가가 약속을 이행한 극적인 증거가 있긴 하다. 오존층 파괴를 막기 위한 몬트리올 의정서Montreal protocol에 따라 공동 행동에 나선 덕분에 오존 구멍이 줄어들고, 남반구에서 피부암 확산의 위협이 감소했다. 또한 많은 국가들이 오랫동안 지속되어온 산림 파괴를 저지하려는 조짐도 보이고 있다.

유엔의 후원을 받는 기술 단체들은 세계의 전자 통신, 무역, 항공, 선박 들이 계속 원활하게 작용할 수 있도록 세계 표준을 만들어왔다. 세계 표준은 무역과 금융 거래의 원활한 흐름을 고려한 것이다. 그러나 이들 표준을 적용하는 데는 국가의 주권적 권리와 각국 정계 · 재계 지도층의 이해관계를 뛰어넘어야 한다는 어려움이 있었다. 도하 라운드의 경우, 자유 무역 원칙에 따라 공평성을 강화하겠다는 선진국들의 의지가 있었음에도 회담은 결렬되었다. 또한 세계와 연결되어 있지 않은 가난한 나라들이 세계화된 경제와 함께 갈 수 있게 하려는 노력도 실패했다. 열광적으로 세계화를 끌어안았던 개발도상국들도 국민들의 이해와 동의를 얻어 세계화를 이루려 했던 것은 아니었다. 세계화가 진행 중인 많은 국가에서 민주주의의 부재로 인해 지배 계층의 독단적인 결정에 의한 세계화가 이루어지고 있다. 정치적 책임감이 결여된 중국이나 베트남 같은 일당체제 국가에서의 세계화는 대규모 부정부패를 낳았고, 세계와 연결됨으로써 발생하는 이익이 훼손되고, 장기적으로는 개방 정책의 지속성에 영향을 미치는 사태를 불러왔다. 인도처럼 민주적으로 선출된 정부가 주도하는 세계화는 지속적으로 진행되는 것이 아니라, 멈추고 다시 시작하기를 반복하고, 때로는 역방향으로 진행되기까지 하는 위험이 있었다. 자본주의 경제 성장에 필연적으로 따라오는, 느리고 불공평한 재분배의 문제로 인해 시민들은 개방을 반대할 수 있지만, 장기적인 관점에서 지속가능한 상호 의존 시스템을 만들기 위해서는 민주주의가 더욱 확실한 도구다.

현재 모든 국가의 일상이 빠져나갈 수 없는 미로처럼 서로 얽혀 있고, 이런 상호 의존성을 올바르게 인식하지 못하는 것은 장기적으로 전 세계를 엄청난 위험에 빠트릴 수 있다. 국제 기구는 우리 앞의 문제를 풀어갈 제도적 역량의 부족으로 상처를 입고 있다. 어마어마한 인도주의적 재앙을 앞에 두고 유엔이 보여준 무능함은 이런 딜레마를 설명하고 있는 것이다. 그러나 유엔을 비난하는 것은 별로 설득력이 없다. 근본 원인은 오히려 세계 무대에서 활동하는 핵심 인물들의 무성의 또는 무능에 있다. 또 그 핵심 인물들을 선출한 유권자들의 무성의와 무능에 있는 것이다. 수많은 비정부기구들이 상호 연결성이 야기한 문제들을 해결하기 위해 소중한 수고를 계속하고 있지만, 세계적인 문제를 다루는 데 주권국 정부의 힘을 대체할 만한 것은 아무것도 없다.

지금 통제력을 잃고 계속 맴돌고 있는 것 같은 상호 의존적인 세계의 지속가능한 발전을 위해 각국 정부가 나서서 미래를 위한 행동을 취해야 한다고 주장하는 것은 이 책의 논지를 약화시키는 것이 아니다. 이 책에서 나는 세계화는 자기 고유의 이익을 추구하는 수많은 사람들이 추진해온 일련의 과정이라고 말해왔다. 세계화는 특정 개인이나 정부, 누구의 책임도 아니다. 그러나 역사는 정치 권력이 때로는 방해를 하고, 때로는 새로운 길을 열어주며 세계화의 진로를 유도했음을 보여준다.

문제 많은 제국의 유산

세계의 이해관계를 무시하고 고립적으로 행동하는 정권들은 가장 큰 문제였다. 21세기가 깊어가면서, 전사들이 진전시킨 세계의 연결성은 많은 문제를 야기한 것으로 드러났다. 여러 가지 면에서 로마 제국과 흡사한 세계 유일의 초강대국 미국은 확실히 제국이라고 말할 수는 없지만 제국에 가까운 거대한 힘을 가지고 있다. 미국은 오래전에 사라진 이슬람 제국의 재건을 위해 싸우겠다는 확고한 의지를 가진 실체 없는 이들과 사투를 벌이고 있다. 대부분의 이슬람교도들은 극단주의자들이 주장하는 칼리프 제국 부활의 꿈을 공유하지도 않고, '십자군과 이교도들'에 대항하는 전쟁에 열광하지도 않는다. 그러나 미국의 대테러 전쟁은, 테러와의 전쟁이라는 가면을 쓴 이슬람 전체와의 전쟁으로 이해되었고, 이슬람 공동체의 일원으로서 일반 이슬람교도들이 느끼는 상처와 권리 침해에 대한 인식의 여파로 세계는 불안하다. 이슬람에 공감하지 않는 많은 사람들까지 미국의 일방적인 외교 정책에 대한 이슬람교도들의 반감에 동조하고 있다. 9.11 공격 후 테헤란의 학생들은 희생자를 기리는 촛불집회를 열고, 신랄하기로 유명한 프랑스의 〈르몽드 Le Monde〉지는 "우리는 모두 미국인입니다."라는 선언을 하며 온 세계가 미국에 공감을 보여주었다. 그러나 곧이은 미국의 이라크 침공과 매일의 참상, 대학살과 고문으로 공감은 사라진 지 오래다.

수천 년 역사에서 세계는 극악한 폭력과 무고한 사람들의 고통을 무수히 보아왔지만, 이런 비극들이 수십억 가정의 컴퓨터와 텔레비전 화면으로 방영된 적은 없었다. 앞서 언급한 대로 현대의 정보는 그 어느 때보다 빠르게 전달되고 파급 효과가 크다. 1453년 콘스탄티노플이 투르크 족에게 함락되었다는 소식이 교황에게 전달되기까지는 40일이 걸렸다. 그러나 2001년 세계무역센터 쌍둥이빌딩이 무너지는 모습은 텔레비전으로 생방송되었고, 전 세계 시청자들은 경악하며 이를 지켜봤다. 그 후 한 달이 채 지나기도 전에 미국의 B-52 폭격기가 아프가니스탄에 폭탄을 퍼부었고, 탈레반 정권이 전복되었다. 9.11 공격과 뒤이은 테러리스트에 대한 보복 폭격은 경제 통합이 파괴의 기술을 어떻게 대중화시켰는지를 증명하는 것이다. 또한 국경의 의미가 얼마나 유명무실한 것인가를 보여주고, '세계화'라는 단어를 불길한 예감으로 가득한 위협적인 저주의 말로 변하게 했다.

그렇다면 세계화는 실패할 위험에 놓인 것일까? 세계는 무수히 많은 끈으로 너무 단단히 얽혀 있어서 떨어질래야 떨어질 수 없다는 식의 자기만족적인 주장은 영국 저술가 노먼 에인절 Norman Angell 의 유명한 예언(그의 책 『거대한 환상 The Great Illusion』에서 경제적 상호 의존은 역사에 유례가 없는 정도로 심화되어 있고, 전쟁은 승전국이나 패전국 모두에 완전히 무익하기 때문에 수지가 맞지 않는 비즈니스여서 계몽된 국가

간의 전쟁은 없을 것이라고 주장했다 - 옮긴이)을 상기시킨다. 그는 제1차 세계대전이 발발하기 직전에 '경제적 불가능성economic impossibility' 때문에 전쟁은 있을 수 없다고 예견했다. 역사에는 경제적 실용주의와 합리적 이성의 승리에 대한 믿음을 주장한 사례가 많이 있었다. 미래는 예견할 수 없는 것이지만, 역사는 세계화가—세월과 함께 끊임없이 통합이 증대되는 과정—절대 끝나지 않을 과정임을 암시하고 있다. 수천 년 동안 전진만을 계속해온 상호 연결성의 복잡한 과정은 중단시킬 수 있는 것도 아니고, 단번에 풀어버릴 수도 없는 복잡한 실타래인 것이다. 파괴적인 사건들이 (로마 제국의 멸망과 흑사병, 20세기의 양차 세계대전 사이에 무역과 이주가 일시 중단되는 등) 일시적으로 상호 연결성의 진행 과정을 늦추거나 중단시킨 경우는 있었다. 여러분이 이 글을 읽는 동안에도 우리는 어쩌면 그런 파국을 향해가고 있는지도 모른다.

상호 연결성을 일시 중단시킨 사건들은 항상 엄청난 고난을 초래했지만, 현재의 세계 경제는 과거 어느 때보다 더 긴밀하게 통합되어 있기 때문에 우리 모두에게 훨씬 많은 이해관계가 걸려 있다. 아시아의 번쩍이는 대도시, 타이완과 한국의 반도체연구소, 세계에서 가장 분주한 싱가포르의 컨테이너 부두, 또는 과거에 죽은 듯 조용했던 마을이었지만 이제는 상점과 인터넷 카페가 와글거리는 인도의 마을이나 베트남의 메콩 강 삼각지, 아니면 부활하고 있는 더블린의 상업지구를 보면 세계화가 위기에 직면했다는 말은 이해가 안 될지도 모른다. 역사상 처음으로 수억의 인구가 삶이 변화하는 것을 보았고, 자식세대는 부모세대보다 더 나은 삶을 살 수 있으리라는 희망을 발견하고 있다. 아시아와 아일랜드, 구소련권의 유럽 국가들, 아프리카와 라틴아메리카에서 수많은 평범한 시민들이 경제 개방이 제공한 기회를 잡으려는 욕망이 커가는 만큼, 미국이나 유럽 중산층의 불안이 커가고, 소외된 국가의 빈곤과 불평등 또한 심화되고 있다는 것이 세계화된 현 세계의 모습이다. 문제는 걱정과 불안이 낙관론을 압도하여 또다시 세계를 암흑으로 이끌 것인가에 있다.

경제 통합과 문화의 세계화는 아직도 국수주의에 뿌리를 두고 있는 우리의 사고방식을 저 멀리 앞질러 진행되고 있다. 우리는 세계의 모든 것에서 이익을 얻고 있으면서, 생각은 국가라는 경계 안에 있는 땅과 사람만을 보호하는 데 머물고 있다. 국경은 근대에 이르러서야 세워진 것이다. 두니야라는 한 마을에서 온 우리를 갈라놓는 철조망, 철조망을 엮어 만든 울타리, 치안부대, 이민국과 세관 심사대는 우리 모두가 보이지 않는 역사의 가녀린 실로 함께 엮여 있다는 사실을 바꿔놓을 수 없다. 우리 선조들이 수천 년의 여정을 시작하기 위해 처음 홍해에 발을 담갔을 때, 그들의 세계는 눈에 보이는 곳까지가 전부였다. 그러나 우리는 더 큰 그림을 볼 수 있고, 우리가 어떻게 현 위치에 있으며, 어디로 가고 있는지를 안다. 우리는 인간의 꿈과 욕망과 두려움이 씨실과 날실이 되어 엮어놓은 우리의 운명이라는 천을 다시 풀거나 되감을 수 없다는 것을 안다. 또한 이런 요소들이 어떻게 결합되어 지구의 미래를 만들지 정확히 예측할 수 없다는 것도 안다. 다만 과거와 비교해 놀랄 만큼 긴밀해진 세계의 연결성을 통해, 위기와 기회 양쪽 모두의 지평을 더 잘 관찰할 수 있는 더 나은 장비를 갖추고 있을 뿐이다. 세계적 기구들과 수많은 시민 사회 단체들이 세계가 통합되는 과정의 걸림돌을 치우고 있고, 우리는 세계화에서 소외된 이들에게도 더 밝은 미래가 가능하다는 사실을 온전히 이해하고 있다. 세계화는 그 누구의 책임도 아니기 때문에 세계화를 중단하라는 외침은 의미가 없다. 우리는 다만 세계가 좀 더 조화로운 방향으로 통합될 수 있도록 함께 노력할 수 있을 뿐이다. 다가올 세기에도 우리의 운명은 빠져나갈 수 없이 하나로 묶인 채로 남아 있을 것이다. 세계화는 그 누구의 책임도 아니기 때문에 세계화를 중단하라는 외침은 의미가 없다. 우리는 다만 세계가 좀 더 조화로운 방향으로 통합될 수 있도록 함께 노력할 수 있을 뿐이다. 우리는 모두 연결되어 있기 때문에.

연대기

	무역상	선교사	전사	탐험가
기원전 5만~2만 8,000년				• 조상들, 아프리카에서 걸어 나오다. • 인도 도착 • 말레이시아 도착 • 오스트레일리아 도착 • 중국, 한국 도착 • 유럽 도착
기원전 1만 2,000년				칠레 도착
기원전 8,000년	낫으로 사용할 흑요석 구매를 위해 차탈 회육으로 여행			인도-유럽 이주자들 정착할 땅을 찾다
기원전 6,000년	상품 수량을 표시하기 위해 점토판과 쐐기문자 사용			
기원전 4,000년	아시리아 무역상 푸수켄, 이윤을 좇아 아나톨리아로 여행. 인도와 메소포타미아 교역 발달			우크라이나에서 말을 가축으로 길들임
기원전 3,000년	페니키아 무역상, 지중해 서쪽부터 이집트까지 광범위한 교역망 건설		사르곤 왕조의 아카드 제국 건설. 아카드 어가 제국과 주변국의 공용어가 됨	이집트의 하트셉수트 여왕, 아프리카로 교역 원정대 파견
기원전 1,000년	그리스 무역상, 동지중해에 무역 식민지 건설			
기원전 7세기	아테네 금화가 공용 화폐가 됨	석가모니 해탈, 제자들과 포교 활동 시작		네코, 아프리카 주변 항해
기원전 6세기	새로운 안장 발명, 낙타 이용 확산			• 한노, 지브롤터 해협을 지나 서아프리카 해안 항해 • 페르시아의 다리우스 왕, 인더스 지역 탐사를 위해 스키락스 파견
기원전 5세기				헤로도토스, 나일 강 원류를 찾아 나섬

	무역상	선교사	전사	탐험가
기원전 4세기			• 알렉산더 대왕, 최초로 대륙에 걸친 제국 건설 • 인도인과 그리스 인간의 결혼 허용 • 코이네 그리스 어가 대부분 지역에서 공용어로 사용됨	• 피테아스, 주석을 찾아 영국으로 여행 • 크세노폰, 터키를 거쳐 남부와 중앙 유럽으로 여행
기원전 3세기	• 실크 로드 무역으로 중국과 지중해 연결 • 그리스와 페니키아 주화가 지중해 지역 주요 통화로 사용됨	불교 종단, 포교승 파견	인도 아소카 황제, 불교를 장려함	
기원전 2세기			한나라, 장건을 스키타이로 파견	
기원전 1세기	• 인도의 왕, 로마로 교역 사절단 파견 • 가짜 이탈리아 와인이 인도로 수출됨	중국에 불교 전파	인도의 왕, 로마로 사절단 파견	
서기 1세기	그리스 항해가의 계절풍 발견으로 인도양 무역 증가	예수, "가서 모든 족속을 제자로 삼으라." 말씀하심. 그리스도교 인도 전파	한나라 무제, 페르시아로 사절단 파견	
서기 2세기	로마와 인도의 향신료 무역 붐	• 불교 포교승들 중국 도착 • 그리스도교 선교사들, 알렉산드리아에 선교 대학 설립	현재의 아프가니스탄을 통치한 쿠산 왕조, 중앙아시아에서 불교 장려	
서기 4세기	불교 신앙 확산으로 중앙아시아에 비단 무역 촉진	• 니케아 공의회, 그리스도교 왕국의 주교 임명 • 프루멘티우스, 에티오피아에 복음 전파	로마 콘스탄티누스 황제, 그리스도교를 국교로 채택	
서기 5세기	로마와 비잔틴의 금은화가 합법적인 국제 화폐로 통용	• 프랑크 왕국의 클로비스 왕, 그리스도교로 개종 • 선교사들, 서유럽 전역으로 확산 • 콘스탄티노플 선교 대학 설립	• 유럽 로마법 채택으로 법 체계의 기초 형성 • 라틴 어가 로마 제국의 공용어가 됨	
서기 6세기		• 한국에서 일본으로 불교 전파 • 네스토리우스파 사제, 중국으로 그리스도교 전파	• 로마 유스티아누스 황제, 수입품에 관세 부과 • 당나라, 시안에 도읍을 정함. 시안은 실크 로드의 동쪽 끝이 됨	

	무역상	선교사	전사	탐험가
서기 7세기	• 당나라, 중앙아시아에서 말을 수입하고 비단을 수출 • 인도 면화, 이라크와 중동으로 도입됨	• 현장, 인도에서 불교 경전을 가지고 중국으로 귀환하여 인쇄술이 출현하는 계기를 제공 • 무함마드, 이슬람 군대를 이끌고 이교도의 땅 점령에 나섬	• 아랍 이슬람 군대, 메소포타미아 침략 • 이슬람교 페르시아 전파	
서기 8세기	• 중국 주화와 생산품이 동아프리카까지 확산 • 광둥성에 대규모 아시아, 아랍, 유럽 무역상 거주지 형성	• 칼리프 몬수르, 바그다드에 새 도읍을 건설 • 아랍군, 스페인과 북아프리카 점령, 투르 전투에서 진격이 가로막힘	• 샤를마뉴, 교황이 신성로마 제국 황제로 임명함 • 이슬람 제국 건설로 아랍 어가 토착어를 대체함 • 그리스 고전이 아랍 어로 번역됨 • 알 파자리, 브라마굽타의 영(0)에 관한 저작 번역	
서기 9세기	• 바그다드, 동서 무역의 종착지가 됨 • 페르시아의 시라프 항구, 인도·중국·아프리카 무역의 주요 화물집하장 역할	칼리프의 가계임을 사칭한 자가 이라크에서 흑인 노예(잔지)의 반란을 주도		알고리즘의 어원이 된 알 콰리즈미, '힌두'의 수체계를 사용해 「복원과 축소의 과학」 저술
서기 11세기	아프리카의 상아와 인도의 수공예품 관련 생산 공급망 출현	부와이 왕조, 바그다드를 침략하여 칼리프 권좌 차지	• 송나라, 신품종 참파 벼 도입 • 셀주크튀르크, 바그다드 점령 • 간지의 마흐무드, 델리 점령 • 칼리프, 중앙아시아에서 병사로 쓸 노예 소년 수입	• 알 비루니가 인도 관련 서적을 아랍 어로 번역한 것을 계기로 서방이 인도에 눈뜸 • 아랍, 서구에 문호 개방 • 레이프 에릭슨, 빈란드로 항해
서기 12세기	중국에서 아프리카 노예가 거래됨	스페인 투델라의 랍비 베냐민, 동지중해 방문	칭기즈 칸, 정복 시작	• 안달루시아의 여행가 이븐 주바이르, 메카 방문 • 대수학에 관한 알 콰리즈미의 저작, 라틴 어로 번역됨
서기 13세기	• 아랍 무역상의 중개로 제노바에 중국 상품 유입 • 몽골, 신용카드 기능이 결합된 여권 역할을 하는 신분증 도입 • 러더선과 나침반 발명으로 유럽과 무역 촉진 • 카이로의 유대 인 무역상들, 인도에서 제조업과 상거래 활동	• 그리스도교 십자군, 콘스탄티노플 약탈 • 교황의 사절단, 이슬람에 대항할 동맹군을 요청하기 위해 몽골 궁정으로 감 • 동남아시아 무역상들, 이슬람으로 개종 • 중동 지역 이슬람의 헌신으로 커피 음용이 대중화됨	• 칭기즈 칸, 몽골 제국 건설 • 이슬람 전사들, 인도 정복 • 노예 군인들, 이슬람과 시리아에 맘루크 왕조 건설 • 터키 전사들, 오스만 제국 건설	마르코 폴로, 아시아 전역을 통과해 베네치아로 귀환

	무역상	선교사	전사	탐험가
서기 14세기	중국, 대규모 면화 경작 시작	• 말리의 통치자 만사 무사, 메카로 성지 순례 • 이탈리아 포르데노네 출신의 탁발수도회 수도사 오도릭, 티베트 방문		이븐바투타 12만 킬로미터의 장정에 나섬
서기 15세기	• 러시아 무역상 니키틴, 인도로 여행 • 멜라카 항구, 동남아시아의 베네치아로 등장 • 환전 등과 같은 금융 활동이 유럽에서 무역을 촉진시킴	• 멜라카의 통치자와 백성들, 이슬람으로 개종 • 그리스도교의 예루살렘 탈환으로, 동방의 금을 얻고자 한 콜럼버스가 동방여행을 할 수 있게 됨 • 가톨릭 왕국 스페인, 15만 명의 유대 인 추방	• 중국의 항해가 정화, 인도양 탐사 • 포르투갈, 최초로 아프리카 노예 도입 • 오스만 터키, 콘스탄티노플 점령 • 토르데시야스 조약으로 스페인과 포르투갈이 세계를 양분함	• 콜럼버스, 카리브 해 상륙 • 바스코 다 가마, 인도 도착
서기 16세기	• 인도 구자라트의 이슬람 무역상들, 동남아시아로 활동 영역 확대 • 리스본에 중국 도자기상 개점 • 네덜란드, 장거리 항해의 속도를 높인 플류트선 건조	• 예수회 선교사 사베리오, 인도 고아 상륙 • 교황 클레멘트 8세, 커피를 축복하다 • 스페인 선교사 라스카사스, 폭력적인 개종을 비판하고 인권을 옹호 • 아체의 술탄, 오스만 제국의 보호를 요청하고 터키 국기를 채용	• 피사로, 페루를 점령하고 원주민 개종을 강요 • 포르투갈, 아시아에서 120만 명을 그리스도교로 개종시킴 • 일본의 침략자 히데요시, 한국에 고추를 전파 • 빈 점령에 실패한 터키군, 중부 유럽에 커피 전파	• 스페인 국왕, 스페인인과 원주민 간의 결혼 허가 • 마젤란, 세계일주 항해 • 드레이크와 카벤디시, 세계일주 항해 • 헨리 8세, 대포가 장착된 거대한 함선 건조
서기 17세기	• 영국과 네덜란드 동인도 회사, 최초의 다국적 기업으로 등장 • 신세계의 은괴, 유럽인의 아시아 무역 붐 조성 • 옥스퍼드에 최초의 유럽 커피하우스 개점 • 프랑스와 네덜란드, 인도 직물을 동남아시아의 향신료와 아프리카의 노예로 물물교환	이슬람 법학자들, 오스만 제국의 무라드 4세에게 이스탄불에서 커피하우스를 폐쇄하도록 설득	오스만 제국의 프랑스 대사 술레이만 아가, 커피 사절 역할을 함	• 포르투갈, 브라질 식민 통치 시작 • 포르투갈 사람들, 아시아로 이주 • 영국 사람들, 아메리카 대륙 식민지로 이주 시작

	무 역 상	선 교 사	전 사	탐 험 가
서기 18세기	• 네덜란드, 자바 섬에 커피 도입 • 프랑스, 카리브 해에 커피 도입 • 아프리카에서 금광 개발 • 브라질, 포르투갈이 수입한 아시아 사치품 구매 • 영국 노동자들, 인도산 직물 수입에 대한 항의 시위 • 엘리 휘트니, 조면기 발명으로 미국 면화 무역의 혁명을 일으킴	• 예수회 선교사, 베트남 어를 로마표기법으로 쓰는 베트남어 체계 발명 • 1701년 뉴헤이븐의 신교도 학교, 훗날 예일 대학교가 될 대학 건립을 위한 기금 조성	영국인 윌리엄 콩그리브, 인도의 티푸 술탄에게 로켓 제조 기술을 배움(원래는 몽골과 페르시아의 기술임)	• 스페인 지배하의 필리핀에서 멕시코로 아시아 인이 대규모로 이주 • 제임스 쿡 선장, 오스트레일리아를 영국 영토로 선언 • 라 페루즈 백작, 이스터 섬 상륙
서기 19세기	• 페리 제독, 일본 개항 • 비둘기를 이용하여 주식거래 소식을 전하던 로이터 통신, 전신 도입 • 증권시세 표시기 발명 • 대서양 횡단 전신케이블 건설 • 증기선 발명으로 운송 비용 절감 • 영국, 브라질에서 고무씨를 몰래 들여옴 • 냉동선 도입 • 석유 발견으로 운송 혁명 촉발	• 네덜란드 해운 회사, 메카 성지 순례를 떠나는 이슬람교도들 수송 서비스 개시 • 중국 태평천국의 난과 의화단 운동 발발 • 리빙스턴의 아프리카 여행기로 서구인들 아프리카에 눈뜸 • 자바 종교 전쟁 • 영국 선교사, 노예 무역 반대 캠페인 시작 • 중국에 있던 미국인 선교사, 최초의 중국 유학생을 예일 대학교로 보냄	• 영국, 인도에서 영어 교육 프로그램 실시 • 영국, 인도에 철도 건설 개시 • 프랑스가 건설한 수에즈 운하 개통 • 프랑스, 세네갈 인들을 저격수로 이용 • 프랑스, 가톨릭을 보호하기 위해 베트남 정복 • 빅토리아 여왕, 전 제국에 전신 메시지 발송 • 미국, 필리핀 점령 • 영국, 바그다드 침략	• 다윈, 훗날 진화론을 펼치게 될 탐사 여행을 떠남 • 영국 고고학자들, 쐐기문자 해독 • 유대 인 여행가 힐렐, 아라비아와 인도 방문 • 증기선으로 대량 이주의 역사 시작 • 중국인과 인도인 노동자들, 카리브 해와 북아메리카로 노예 계약에 의한 노동을 위해 이주 • 1882년, 중국 이민 배척법이 미국 의회 통과
1900~ 1960년	• 말레이시아 고무, 포드 자동차 모델T 제조에 일조 • 다이너스 카드 출범 • AT&T 대서양 횡단 전화 개설 • 최초의 컨테이너선 등장	• 와하비파의 지지 속에 사우디아라비아 왕국 건설 • 1948년 세계인권선언 채택 • 와하비파 이슬람, 인도네시아의 민족주의 정부에 다룰 운동으로 저항 • 유타 주에 모르몬교 선교사 양성센터 건립	• 파나마 운하 개통 • 프랑스, 세계 제1차 대전에서 독일군과의 전투에 이용할 목적으로 16만 명의 세네갈 인 저격수 받아들임	• 헝가리 태생의 고고학자 스테인, 둔황에서 고대 불교 경전 발견 • 카리브 제도 이민자들, 최초로 영국 도착 • 미국 이민, 연간 210만 명으로 정점에 달함 • 1925년, 세계관광기구 설립 • 1950년, 해외 여행자수 2,500만 명에 도달

	무역상	선교사	전사	탐험가
1961～1969년	• '세계화', 『웹스터 사전』에 등재 • 제록스사, 팩스 발명 • 컴퓨터 데이터 전송을 위해 아스키 코드 도입	• 피터 베넨슨, 국제사면위원회 창립 • 세계야생동물기금 창설	베트남 전쟁으로 미군의 아시아 주둔지 확대	
1970～1979년	• 보잉747 서비스 개시 • 페더럴 익스프레스 창립 • UPC 바코드 도입 • 애플 컴퓨터, PC혁명 시작 • 다자간 섬유협정으로 개발도상국 섬유 제품 유통 활성화	• 헬싱키 협약으로 인권 감시 시작 • 환경운동기구 그린피스 창립	중국-베트남 전쟁과 크메르루주의 혁명으로 수백만 명의 난민 발생	• 베트남 인 140만 명 미국 도착 • 보잉 747 등장으로 해외 여행객수 1억 6,500만 명에 도달
1980～1989년	• 대서양 광케이블 가설 • 인도 소프트웨어 회사 인포시스, 인력 쇼핑 서비스 시작		러시아의 아프가니스탄 침공으로 이슬람의 저항 증폭, 탈리반 출현 유발	팀 버너스 리, 하이퍼텍스트 발명. 월드와이드웹의 출현 기반 마련
1990～1999년	• 시카고 증권거래소, 24시간 영업 시작 • 전 세계 온라인 장터 이베이, 서비스 개시 • 전 세계 온라인 결재시스템, 페이팔 도입	• 다수의 이슬람 국가들, 이슬람법인 샤리아 채택 요구에 직면 • 그리스도교 단체, GOD TV 창설 • 브라질 리우에서 열린 지구환경정상회의에 172개 국 참석 • 비정부기구의 캠페인으로 지뢰금지 조약 체결에 서명 • 이슬람교도들의 탈리반 운동, 아프가니스탄 정권 장악 • 오사마 빈 라덴, 서방에 대항하는 성전 선포 • 세계무역기구 시애틀 정상회담, 반세계화 운동으로 결렬	• 소련 연방 붕괴, 동유럽 위성 국가의 해방으로 세계화 촉진 • 영국의 홍콩 반환, 영제국의 아시아 지배 종말	1990년 해외 여행객수 4억 4,100만 명 돌파
2000～2007년	• 애플 컴퓨터, 아이포드 출시 • 인도와 싱가포르 기업들, 파산한 기업으로부터 특가로 광케이블 라인 구매 • 세네갈에 콜센터 설립	• 오사마 빈 라덴, 테러리스트를 양성하여 9.11 공격을 통해 성전 선포 • 2005년, 알 카에다 '칼리프의 목소리' 인터넷 라디오 서비스 개시	미국 국방성, 이라크로 파견할 외국인 3만 5천 명 고용	• 미국, 이라크 전쟁에 2만 명의 귀화 외국인 급파 • 수만 명의 아프리카 사람들, 유럽으로의 불법 이민 시도 • 해외 여행객수 8억 600만 명 돌파

주

서문

1. Branko Milanovic, "Can We Discern the Effect of Globalization on Income Distribution? Evidence from Household Surveys"(Washington, DC : World Bank, Development Research Group, 22 September 2003).
2. Roland Robertson, *Globalization: Social Theory and Global Culture*(London : Granta Books, 1991), 8쪽.

1장 기원 – 아프리카 인

장 제목은 http://www.pbs.org/empires/egypt/special/virtual_library/hatshepsut_punt.html에서 인용.

1. Nicholas Wade, *Before the Dawn: Recovering the Lost History of Our Ancestors*(New York : Penguin Press, 2006), 75쪽, 81쪽.
2. Charles Darwin, *The Descent of Man*, reprint ed.(New York : Penguin Classics, 2004), chap. 6.
3. Matt Ridley, *Genome: The Autobiography of a Species in 23 Chapters*(New York : HarperCollins, 2000), 49쪽.
4. 여기서 추정한 인간의 점령 시기는 미토콘드리아 DNA 데이터를 바탕으로 한 것이다. James D. Watson, *DNA: The Secret of Life*(New York : Alfred A. Knopf, 2003), 246쪽.
5. Richard Klein and Blake Edgar, *The Dawn of Human Culture*(New York : J. Wiley, 2002).
6. Wade, *Before the Dawn*, 58쪽.
7. Steve Olson, *Mapping Human History: Genes, Race, and Our Common Human Origins*(New York : Houghton Mifflin, 2003), 206쪽.
8. Rebecca L. Cann, Mark Stoneking, and Allan C. Wilson, "Mitochondrial DNA and Human Evolution", *Nature* 325(1 January 1987), 31~36쪽.

9. Watson, *DNA*, 233~239쪽.
10. Olson, *Mapping Human History*, 26쪽.
11. Rebecca L. Cann, "DNA and Human Origins", *Annual Review of Anthropology* 17(1988), 127~143쪽, 특히 127쪽.
12. A. Underhill 외, "The Phylogeography of Y Chromosome Binary Haplotypes and the Origins of Modern Human Populations", *Annals of Human Genetics* 65(2001), 43~62쪽.
13. Russell Thomson 외, "Recent Common Ancestry of Human Y Chromosomes : Evidence from DNA Sequence Data", *Proceeding of the National Academy of Sciences of the United States* 97(20 June 2000), 7360~7365쪽.
14. Xinzhi Wu, "On the Origin of Modern Humans in China", *Quaternary International* 117(2004), 131~140쪽.
15. Robert Lee Hotz, "Chinese Roots Lie in Africa, Research Says", *Los Angeles Times*, 29 September 1998.
16. Yuehai Ke 외, "African Origin of Modern Humans in East Asia : A Tale of 12,000 Y Chromosomes", *Science* 292(11 May 2001), 1151~1153쪽 ; Li Jin and Bing Su, "Natives or Immigrants : Modern Human Origin in East Asia", *Nature Reviews: Genetics* I(November 2000), 126~133쪽도 참조.
17. Peter Forster and Shuichi Matsumura, "Did Early Humans Go North or South?" *Science* 308(13 May 2005), 965~966쪽.
18. Nicholas Kristof, "Is Race Real?" *New York Times*, 11 July 2003 및 저자와의 개별적 대화.
19. Kumarasamy Thangara 외, "Reconstructing the Origin of Andaman Islanders," *Science* 308(13 May 2005), 996쪽.
20. Vincent Macaulay 외, "Single, Rapid Coastal Settlement of Asia Revealed by Analysis of Complete Mitochondrial Genomes", *Science* 308(13 May 2005), 1034~1036쪽.
21. Ibid., 69쪽.
22. Robert C. Walter 외, "Early Human Occupation of the Red Sea Coast of Eritrea during the Last Interglacial", *Nature* 405(4 May 2000), 65~69쪽.
23. Stephen Oppenheimer, *The Real Eve: Modern Man's Journey Out of Africa*(New York : Carroll and Graf, 2003), 80쪽 ; Walter 외, "Early Human Occupation of the Red Sea Coast of Eritrea", 65~69쪽.
24. Spencer Wells, *The Journey of Man: A Genetic Odyssey*(London : Penguin, 2002), 104쪽. 이 부분은 스펜서 웰스의 저작과 그가 지휘하고 있는 지노그래픽 프로젝트에서 제공해준 나의 유전자 검사 결과를 근거로 했다. Ibid., 78쪽.

25. Wade, *Before the Dawn*, 81쪽.
26. Alan J. Redd 외, "Gene Flow from the Indian Subcontinent to Australia : Evidence from the Y Chromosome," *Current Biology* 12(16 April 2002), 676쪽.
27. Paul Plotz, quoted in Elia T, Ben-Ari, "Molecular Biographies : Anthropological Geneticists Are Using the Genome to Decode Human History", *BioScience* 49, no.2(1999), 98~103쪽.
28. Spencer Wells, quoted in Ibid., 104쪽.
29. Cengiz Cinnioğlu 외, "Excavating Y-Chromosome Haplotype Strata in Anatolia", *Human Genetics* 114(2004), 134쪽.
30. Susanta Roychoudhury 외, "Fundamental Genomic Unity of Ethnic India Is Revealed by Analysis of Mitochondrial DNA", *Current Science* 79(10 November 2000), 1182~1191쪽 ; Toomas Kivisild 외, "An Indian Ancestry : A Key for Understanding Human Diversity in Europe and Beyond", in Colin Renfrew and Katie Boyle, eds., *Archaeogenetics: DNA and the Population Prehistory of Europe*(Cambridge : McDonald Institute for Archaeological Research, 2000).
31. Wells, *Journey of Man*, 117쪽.
32. Wei Deng 외, "Evolution and Migration History of the Chinese Population Inferred from Chinese Y Chromosome Evidence", *Journal of Human Genetics* 49(July 2004), 339~348쪽.
33. Olson, *Mapping Human History*, 131쪽 ; Ke 외, "African Origin of Modern Humans in East Asia".
34. Ke 외, "African Origin of Modern Humans in East Asia".
35. Wells, *Journey of Man*, 121쪽.
36. Olson, *Mapping Human History*, 131쪽.
37. Jin and Su, "Natives or Immigrants".
38. Michael F. Hammer 외, "Dual Origins of the Japanese : Common Ground for Hunter-Gatherer and Farmer Y Chromosomes", *Journal of Human Genetics*(Tokyo) 51(2006), 47~58쪽.
39. Svante Pääbo, "The Mosaic That Is Our Genome", *Nature* 421(23 January 2003), 409~412쪽. 2006년 11월, 과학자들은 드물지만 현생인류와 네안데르탈인의 이종교배가 있었던 것으로 추정되는 증거를 발견했다고 보고했다. 이 이종교배의 흔적은 세계 인구 70퍼센트의 유전자에서 발견된다. John Noble Wilford, "Neanderthals in Gene Pool, Study Suggests", *New York Times*, 9 November 2006.
40. Watson, *DNA*, 245쪽 ; Charles Pasternak, *Quest: The Essence of*

Humanity(Chichester : Wiley, 2003), 97쪽.
41. Paul Mellars, "A New Radiocarbon Revolution and the Dispersal of Modern Humans in Eurasia", *Nature* 439(23 February 2006), 931~935쪽.
42. Diego Hurtado do Mendoza and Ricardo Braginski, "Y Chromosomes Point to Native American Adam", *Science* 283(5 March 1999), 1439~1440쪽.
43. Olson, *Mapping Human History*, 207쪽.
44. A. Gibbons, "Geneticists Trace the DNA Trail of the First Americans," *Science* 259(15 January 1993), 312~313쪽.
45. Olson, *Mapping Human History*, 205쪽.
46. David Christian, *Maps of Times: An Introduction to Big History*(Berkeley : University of California Press, 2004), 212쪽.
47. Carles Vilà 외, "Widespread Origins of Domestic Horse Lineages", *Science* 291(19 January 2001), 474~477쪽.
48. Francis S. Collins, "What We Do and Don't Know About 'Race', 'Ethnicity', Genetics and Health at the Dawn of the Genome Era", *Nature Genetics Supplement* 36(November 2004), S13~S15.
49. Luigi Luca Cavalli-Sforza, *Genes, Peoples, and Languages,* trans. Mark Seielstad(Berkeley : University of California Press, 2001), 11쪽.
50. Ian J. Jackson, "Pigmentary Diversity : Identifying the Genes Causing Human Diversity", *European Journal of Human Genetics* 14(24 May 2006), 978~980쪽.
51. Wade, *Before the Dawn*, 16쪽.
52. Watson, *DNA*, 254쪽.
53. Ibid., 255쪽.
54. Olson, *Mapping Human History*, 133쪽.
55. Luigi Luca Cavalli-Sforza and Francesco Cavalli-Sforza, *The Great Human Diasporas: A History of Diversity and Evolution,* trans. Serah Thorne(Reading, MA : Addison-Wesley, 1995), 124쪽, emphasis in original.
56. Ben-Ari, "Molecular Biographies", 103쪽.
57. Olson, *Mapping Human History*, 99쪽.
58. Ofer Bar-Yosef quoted in John Noble Wilford, "In West Bank, a First Hint of Agriculture : Figs", *New York Times*, 2 June 2006.
59. J. M. J. DeWet, "Grasses and the Culture History of Man", *Annals of the Missouri Botanical Garden* 68(1981), 87~104쪽.
60. Dennis Normile, "Archaeology : Yangtze Seen as Earliest Rice Site", *Science* 275(17 January 1997) : 309~310쪽.

61. Mordechai E. Kislev, Anat Hartmann, and Ofer Bar-Yosef, "Early Domesticated Fig in the Jordan Valley", *Science* 312(2 June 2006), 1372~1374쪽.
62. 성서에 등장하는 일곱 종의 야생종 가운데 다섯 종은(올리브 오일, 와인, 건포도, 대추야자, 무화과) 유실수에서 유래한 것이다.
63. Daniel Zohary and Pinhas Spiegel-Roy, "Beginnings of Fruit Growing in the Old World", *Science* 187(31 January 1975), 318~327쪽.
64. Romana Unger-Hamilton, "The Epi-Palaeolithic Southern Levant and the Origins of Cultivation", *Current Anthropology* 30(February 1989), 88~103쪽.
65. David W. Anthony, "Migration in Archeology: The Baby and the Bathwater", *American Anthropologist* 92(1990), 895~914쪽.
66. Ibid., 898쪽.
67. Michael Balter, "Search for the Indo-Europeans", *Science* 303(27 February 2004), 1323쪽.
68. 두 학파 간의 논쟁에 관한 요약은 이하 참조. Guido Barbujani and Andrea Pilastro, "Genetic Evidence on Origin and Dispersal of Human Populations Speaking Languages of the Nostratic Macrofamily", *Proceedings of the National Academy of Sciences* 90(May 1993), 4670~4673쪽.
69. David W. Anthony, "The 'Kurgan Culture', Indo-European Origins, and the Domestication of the Horse: A Reconsideration", *Current Anthropology* 27(August~October 1986), 291~313쪽.
70. David Anthony, Dimitri Y. Telegin, and Dorcas Brown, "The Origin of Horseback Riding", *Scientific American*(December 1991), 44~48쪽.
71. Steven Mithen, *After the Ice: A Global Human History, 20,000~5000 BC*(Cambridge, MA: Harvard University Press, 2004), 67쪽.
72. Robert P. Clark, *The Global Imperative: An Interpretive History of the Spread of Humankind*(Boulder, CO: Westview, 1997), 46쪽.
73. Ian Hodder, "This Old House", *Natural History*, June 2006.
74. Joan Oates, "Trade and Power in the Fifth and Fourth Millennia BC: New Evidence from Northern Mesopotamia", *World Archaeology* 24, no.3(1993), 403~422쪽.
75. Rita Smith Kipp and Edward M. Schortman, "The Political Impact of Trade in Chiefdoms", *American Anthropologist* 91(1989), 370~385쪽.
76. G. A. Wainwright, "Early Foreign Trade in East Africa", *Man* 47(November 1947), 143~148쪽.
77. Philip D. Curtin, *Cross-Cultural Trade in World History*(Cambridge: Cambridge University Press, 1984).

78. Christian, *Maps of Time*, 248쪽.
79. Saul N. Vitkus, "Sargon Unseated", *Biblical Archaeologist,* September 1976, 114~117쪽.
80. Fernand Braudel, *Memory and the Mediterranean*, trans. Sian Reynolds(New York : Alfred A. Knopf, 2001), 60쪽.
81. Christopher Edens, "Dynamics of Trade in the Ancient Mesopotamian 'World System'", *American Anthropologist* 94(1992), 131쪽.
82. Ibid., 132쪽.
83. Charles O. Hucker, *China's Imperial Past: An Introduction to Chinese History and Culture*(Stanford, CA : Stanford University Press, 1975), 126쪽.
84. R. H. Pfeiffer, "Hammurabi Code : Critical Notes", *American Journal of Semitic Languages and Literatures*(1920), 310~315쪽.
85. "Business in Babylon", *Bulletin of the Business Historical Society* 12(1938), 25~27쪽.
86. Cited by Christian, *Maps of Time,* 317쪽.
87. Robert N. Bellah, "Religious Evolution"(lecture, University of Chicago, 16 October 1963).

2장 낙타 대상에서 전자 상거래까지

장 제목은 E. Backhouse and J. O. P. Bland, *Annals and Memoirs of the Court of Peking*(Boston : Houghton Mifflin, 1914), 322~331쪽에서 인용.
1. 유엔은 다국적 기업multinational enterprise(MNE)을 "해외 직접 투자로, 한 국가 이상에서 부가가치 창출을 위한 설비를 소유 또는 지배하고 있는 기업"으로 정의하고 있다.
2. As calculated by Cécile Michel, *Correspondance des marchands de kanish* (Paris : Éditions du Cerf, 2001), 173쪽.
3. Ibid., 434쪽.
4. Ibid., 296쪽.
5. Louis Lawrence Orlin, *Assyrian Colonies in Cappadocia*(The Hague : Mouton,1970), 53쪽.
6. Mogens Trolle Larsen, *Old Assyrian Caravan Procedures*(Istanbul : Nederlands Historisch-Archaeologisch Institut in het Nabije Oosten, 1967), 83쪽.
7. Richard W. Bulliet, *The Camel and the Wheel*(Cambridge, MA : Harvard University Press, 1975), 56쪽.

8. William H. McNeill, "The Eccentricity of Wheels, or Eurasian Transportation in Historical Perspective", *American Historical Review* 92(1987), 1111~1126쪽.
9. 비단 100만 필에 말 10만 마리를 지불했다. 당나라의 번영기인 8세기 중엽, 정부가 세수稅收로 거둬들인 비단은 740만 필이었다. Xinru Liu, *Silk and Religion: An Exploration of Material Life and the Thought of people, AD 600~1200*(Delhi : Oxford University Press, 1996), 183쪽.
10. David Christian, "Silk Roads or Steppe Roads? The Silk Roads in World History", *Journal of World History* 11, no. 1(2000), 1~26쪽 ; Tansen Sen, *Buddhism, Diplomacy and Trade: The Realignment Of Sino-Indian Relations, 600~1400*(Honolulu : Association Of Asian Studies and University of Hawai'i Press, 2003), 118쪽, 197~215쪽.
11. Morris Rossabi, "'Decline' of the Central Asian Caravan Trade", in James D. Tracy, ed., *The Rise Of Merchant Empire: Long Distance Trade in the Early Modern World, 1350~1750*(Cambridge : Cambridge University press, 1990), 352쪽.
12. 사마르칸트에 제지 공장을 건설하기 위해 중국이 전파한 종이 제조 기술을 서기 751년 아랍 인들이 배워 갔다. 아랍 인들은 다시 유럽 인들에게 제지 기술을 전파했다. James Burke, *Connections*(Boston : Little, Brown, 1978), 100쪽. 중국인 죄수에 관한 일화는 의혹이 제기되고 있지만, 중국 제지술이 이슬람 지배하의 중앙아시아를 통해 전파되었다는 데는 의문의 여지가 없다. Jonathan M. Bloom, *Paper before Print: The History and Impact of Paper in the Islamic World*(New Haven and London : Yale University Press, 2001), 62~65쪽.
13. Rossabi, "'Decline' of the Central Asian Caravan Trade", 358쪽.
14. Philip D. Curtin, *Cross-Cultural Trade in World History*(Cambridge : Cambridge University Press, 1984), 39쪽.
15. Valerie Hansen, *The Open Empire: A History of China to 1600*(New York : W. W. Norton, 2000), 205쪽.
16. Shereen Ratnagar, *Trading Encounters: From the Euphrates to the Indus in the Bronze Age*, 2nd ed.(New Delhi : Oxford University Press, 2004), 129~133쪽.
17. Bridget and Raymond Allchin, *The Birth of Indian Civilization: India and Pakistan before 500 B. C.*(Baltimore : Penguin, 1968), 271~272쪽.
18. Shereen Ratnagar, *Understanding Harappa: Civilization in the Greater Indus Valley*(New Delhi : Tulika, 2001), 10쪽, 53쪽.
19. Rondo Cameron, *A Concise Economic History of the World: From Paleolithic Times to the Present*(New York : Oxford University Press, 1997), 35쪽.

20. Romila Thapar, *Early India: From the Origins to A.D. 1300*(London : Penguin, London, 2003), 178쪽.
21. Quoted in Jay S. Fein and Pamela L. Stephens, eds., *Monsoons*(New York : Wiley, 1987), 143쪽.
22. 말라바르 해안에 이르는 데 40일이 걸렸다는 플리니의 논평은 착오인 것으로 보인다. 현대 연구자들에 의하면 남동 계절풍을 타고 항해해 가면 바브엘만데브에서 말라바르 해안까지 20일이면 도착한다고 한다. Lionel Casson, "Rome's Trade with the East : The Sea Voyage to Africa and India", *Transactions of the American Philological Association* 110(1980), 33쪽.
23. Felipe Fernández-Armesto, *Civilizations*(London : Pan Books, 2001), 462쪽.
24. Cited by Lionel Casson, "Rome's Trade with the East : The Sea Voyage to Africa and India", *Transactions of the American Philological Association* 110(1980), 21~36쪽.
25. Lionel Casson, "Ancient Naval Technology and the Route to India", in Vimala Begley and Richard Daniel De Puma, eds., *Rome and India: The Ancient Sea Trade*(Madison : University of Wisconsin Press, 1991), 10쪽.
26. Grant Parker, "*Ex oriente luxuria: Indian Commodities and Roman Experience*", *Journal of the Economic and Social History of the Orient* 45, no. 1(2002), 40~95쪽.
27. Michael Cook, *A Brief History of the Human Race*(New York : W. W. Norton, 2003), 163쪽.
28. Robert B. Jackson, *At Empire's Edge: Exploring Rome's Egyptian Frontier*(New Haven and London : Yale University Press, 2002), 88쪽.
29. Ibid., 87쪽.
30. Vimala Begley, *The Ancient Port of Arikamedu: New Excavations and Researches, 1989~1992*(Pondicherry : École Française d'Extrême-Orient, 1996), 23쪽.
31. Elizabeth Lyding Will, "The Mediterranean Shipping Amphoras from Arikamedu," in Begley and De Ouma, eds., *Rome and India*, 151~152쪽.
32. M. P. Prabhakaran, *The Historical Origin of India's Underdevelopment: A World-System Perspective*(Latham, MD : University Press of America, 1989), 15쪽.
33. Haraprasad Ray, *Trade and Diplomacy in India-China Relations: A Study of Bengal during the Fifteenth Century*(London : Sangam Books, 1999), 105쪽.
34. I. C. Glover, "Early Trade between India and Southeast Asia : A Link in the Development of a World Trading System"(University of Hull, Centre for

South-East Asian Studies, Occasional Papers 16, 1989).
35. Eric R. Wolf, "The Social Organization of Mecca and the Origins of Islam", *Southwestern Journal of Anthropology* 7(Winter 1951), 329~356쪽.
36. G. A. Wainwright, "Early Foreign Trade in East Africa", *Man* 47(November 1947), 143~148쪽.
37. Milo Kearney, *The Indian Ocean in World History*(New York : Routledge, 2004), 64쪽.
38. George F. Hourani, *Arab Seafaring in the Indian Ocean in Ancient and Early Medieval Times*(Princeton, NJ : Princeton University Press, 1951), 64쪽.
39. Michael McCormick, *Origins of the European Economy: Communications and Commerce, A.D. 300~900*(Cambridge : Cambridge University Press, 2001), 585쪽.
40. Jerry H. Bentley, "Hemispheric Integration, 500~1500 C.E.", *Journal of World History* 9, no. 2(1998), 237~254쪽.
41. Hourani, *Arab Seafaring in the Indian Ocean*, 73쪽.
42. R. W. Beachey, "The East African Ivory Trade in the Nineteenth Century", *Journal of African History* 8, no. 2(1967), 269~290쪽.
43. "아랍 지리학자 야쿠트Yaqut는 '말리Mali'(말라얄람 어)와 '바르bar'(페르시아 어로 '국가'라는 뜻)를 결합시켜 '말라바르Malabar'라는 단어를 만들었다." Bindu Malieckal, "Muslims, Matriliny and A Midsummer Night's Dream : European Encounters with the Mappilas of Malabar, India", *Muslim World* 95(April 2005), 297~316쪽.
44. Ibid.
45. Hourani, *Arab Seafaring in the Indian Ocean*, 104쪽.
46. Frederic C. Lane, "The Economic Meaning of the Invention of the Compass", *American Historical Review* 68(1963), 605~617쪽. Amir D. Aczel, *The Riddle of the Compass: The Invention That Changed the World*(New York : Harcourt, 2001), 77~109쪽도 참조.
47. Burke, *Connections*, 26~28쪽.
48. This section is based on S. D. Gotein, trans. and ed., *Letters of Medieval Jewish Traders*(Princeton, NJ : Princeton University Press, 1973), 186~193쪽.
49. Ibid., 203쪽.
50. R. S. Lopez, quoted. in Janet L. Abu-Lughod, *Before European Hegemony: The World System, A.D. 1250~1350*(New York : Oxford University Press, 1989), 10쪽.
51. Patricia Risso, *Merchants and Faith: Muslim Commerce and Culture in the

Indian Ocean(Boulder, CO : Westview, 1995), 49쪽.
52. Amando Cortesao, trans. and ed., *The Suma Oriental of Tomé Pires ... and the Book of Francisco Rodrigues*......(London : Hakluyt Society, 1944), 286~287쪽.
53. Anthony Reid, *Southeast Asia in the Age of Commerce, 1450~1680*, vol. 2(New Haven and London : Yale University Press, 1993), 327쪽.
54. Wolfgang Schivelbusch, *Tastes of Paradise: A Social History of Spices, Stimulants, and Intoxicants*(New York : Pantheon, 1992).
55. Paul Freedman, "Spices and Late Medieval European Ideas of Scarcity and Value"(unpublished paper), quoted in Joaquim Romero Magalhães, *Portugueses no mundo do século XVI: espaços e produtos*(Lisbon : Comissao Nacional para as Comemoraoes dos Descobrimentos Portugueses, 1998), 24~25쪽 ; Vitorino Magalhães Godinho, *Os descobrimentos e a economia mundial*, 2nd ed., vol. 2(Lisbon : Editora Arcádia, 1965), 159쪽, quoting the anonymous chronicle attributed to Álvaro Velho. See also Sanjay Subrahmanyam, *The Career and Legend of Vasco da Gama*(Cambridge : Cambridge University Press, 1997), 129쪽.
56. Philip D. Curtin, *Cross-Cultural Trade in World History*(Cambridge : Cambridge University Press, 1984), 142쪽.
57. Serge Gruzinski, *Les quatre parties du monde: histoire d'une mondialisation*(Paris : Martinière, 2004), 46쪽.
58. Robert Finlay, "The Culture of Porcelain in World History", *Journal of World History* 9, no. 2(1998), 141~187쪽.
59. Francesca Trivellato, "Trading Diasporas and Trading Networks in the Early Modern Period : A Sephardic Partnership of Livorno in the Mediterranean, Europe and Portuguese India(ca.1700~1750)"(Ph. D. diss., Brown University, 2004). 이 시대에 관한 지식을 나눠준 그녀에게 감사한다.
60. Karl Moore and David Lewis, *Birth of the Multinational: Two Thousand Years of Ancient Business History, from Ashur to Augustus*(Copenhagen : Copenhagen Business School Press, 1999).
61. Jaap R. Bruijn, "Productivity, Profitability and Costs of Private and Corporate Dutch Ship Owning in the Seventeenth and Eighteenth Centuries", in Tracy, ed., *Rise of Merchant Empires*, 190쪽.
62. Frank J. Lechner and John Boli, *The Globalization Reader*(Maiden, MA : Blackwell Publishers, 2000), 52~56.
63. Ibid.

64. Kevin H. O'Rourke and Jeffrey G. Williamson, *Globalization and History: The Evolution of a Nineteenth-Century Atlantic Economy*(Cambridge, MA : MIT Press, 1999), chap. 3.
65. Kevin H. O'Rourke, "Europe and the Causes of Globalization", in Henryk Kierzkowski, ed., *Europe and Globalization*(New York : Palgrave Macmillan, 2002), 74쪽.
66. Kenneth Pomerantz and Steven Topik, *The World That Trade Created: Society, Culture and the world Economy, 1400 to the Present*(Armonk, NY : M. E. Sharpe, 1999), 50쪽.
67. Ibid., 49쪽.
68. *Electronic Business*, February 2006, 26쪽.
69. D. Hummels, "Time as a Trade Barrier"(mimeo), quoted in O'Rourke, "Europe and the Causes of Globalization", 75쪽.
70. Abu-Lughod, *Before European Hegemony*, 15쪽.
71. Thapar, *Early India*, 198쪽.
72. Abu-Lughod, *Before European Hegemony*, 16쪽.
73. Ronald Finlay, "Globalization and the European Economy : Medieval Origins to the Industrial Revolution", in Kierzkowski, ed., *Europe and Globalization*, 43쪽.
74. John H. Munro, "The Monetary Origins of the Price Revolution : South German Silver Mining, Merchant Banking and Venetian Commerce, 1470~1540", in Dennis O. Flynn, Arturo Giráldez, and Richard von Glahn, eds., *Global Connections and Monetary History, 1470~1800*(Aldershot : Ashgate, 2003), 18쪽.
75. Andre Gunder Frank, *ReOrient: Global Economy in the Asian Age*(Berkeley : University of California Press, 1998), 295쪽.
76. Jan De Vries, "Connecting Europe and Asia : A Quantitative Analysis of the Cape-Route Trade, 1497~1795", in Flynn, Giráldez, and von Glahn, eds., *Global Connections and Monetary History, 1470~1800*, 80~81쪽.
77. Ibid., 94쪽.
78. M. N. Pearson, "Asia and World Precious Metal Flows in the Early Modern Period", in John McGuire, Patrick Bertola, and Peter Reeves, eds., *Evolution of the World Economy, Precious Metals and India*(New Delhi : Oxford University Press, 2001), 25쪽.
79. Jeyamalar Kathirithamby-Wells, quoted in Anthony Reid, ed., *Southeast Asia in the Early Modern Era: Trade, Power, and Belief*(Ithaca, NY : Cornell

University Press, 1993), 124~125쪽.
80. De Vries, "Connecting Europe and Asia", 75쪽.
81. Torn Standage, *The Victorian Internet: The Remarkable Story of the Telegraph and the Nineteenth Century's On-Line Pioneers*(New York : Walker, 1998), 83쪽.
82. Ibid., 104쪽.
83. Ibid., 151쪽.
84. 말레이시아의 영국 식민지에서는 더 강화된 물질이 발명되기 이전까지, 뛰어난 절연체인 구타페르카를 얻기 위해 구타페르카나무를 재배했다.
85. O'Rourke, "Europe and the Causes of Globalization", 76쪽.
86. Steve Lohr, "Bar Code Détente : U.S. Finally Adds One More Digit", *New York Times*, 12 July 2004.
87. Tim Berners-Lee with Mark Fischetti, *Weaving the Web: The Original Design and Ultimate Destiny of the World Wide Web by Its Inventor*(San Francisco : HarperSanFrancisco, 1999), 9~29쪽, italics in original.
88. Frances Cairncross, *The Death of Distance: How the Communications Revolution Will Change Our Lives*(London : Orion Business Books, 1997), 30쪽.
89. "Electronic Trading", *Britannica Book of the Year, 2000*, Encyrclopædia Britannica Online, http : //search.eb.com/eb/article-9342433.
90. Lowell L. Bryan, "The Forces Reshaping Global Banking : Technology and Demography Are Changing the Deep Foundations on Which Traditional Financial Services Rest", *Mckinsey Quarterly* 1993, no. 2.
91. Anthony Giddens, *Runaway World: How Globalization Is Reshaping Our Lives*(New York : Routledge, 2003), 28쪽.
92. *Indian Express*, 1 January 2004.
93. 2003년 12월, 싱가포르 테크놀로지 텔레미디어는 2억 5,000만 달러에 글로벌 크로싱 자산의 61.5퍼센트를 매수했다. 2004년 1월, 인도의 릴라이언스 인포콤은 2억 1,100만 달러에 FLAG 텔레콤을 매수했다. TGN 매각 대금 1억 3,000만 달러는, 원래 투자 금액을 1달러로 상정할 경우, 약 6센트에 FLAG를 매입한 셈이고, TGN은 약 5센트에 매입한 것과 같다. Press release, *TeleGeography*, 1 November 2004.
94. "Today India, Tomorrow the World", *Economist*, 2~8 April 2005, 54쪽.
95. Martin Kenney with Richard Florida, eds., *Locating Global Advantage: Industry Dynamics in the International Economy*(Stanford, CA : Stanford University Press, 2004), 1쪽.

3장 월드 인사이드

장 제목은 타고르의 *Letters to a Friend*, ed. C. F. Andrews(New York : Macmillan, 1929), 133~137쪽에서 인용.

1. "Protests Turn Ugly outside WTO Meeting", Dan Rather, John Roberts, *CBS News: Evening News with Dan Rather*, 30 November 1999.
2. K. N. Chaudhury, *Asia before Europe: Economy and Civilisation of the Indian Ocean from the Rise of Islam to 1750*(Cambridge : Cambridge University Press, 1990), 308쪽.
3. Victor Lieberman, *Strange Parallels: Southeast Asia in Global Context, c. 800~1830*, vol. 1, *Integration on the Mainland*(Cambridge : Cambridge University Press, 2003), 145쪽.
4. Arnold Pacey, *Technology in World Civilization: A Thousand-Year History*(Cambridge, MA : MIT Press, 2001), 23쪽.
5. Mark Elvin, *The Pattern of the Chinese Past*(Stanford, CA : Stanford University Press, 1973), 184쪽.
6. Lynda Norene Shaffer, "A Concrete Panoply of Intercultural Exchange : Asia in World History", in Ainslie T. Embree and Carol Gluck, eds., *Asia in Western and World History: A Guide for Teaching*(Armonk, NY : M. E. Sharpe, 1997), 812~813쪽.
7. Kenneth Pomeranz and Stephen Topik, *The World That Trade Created: Culture, Society, and the World Economy, 1400 to the Present*(Armonk, NY : M. E. Sharpe, 1999), 17쪽.
8. Chaudhury, *Asia before Europe*, 305쪽.
9. Ruth Barnes, Steve Cohen, and Rosemary Crill, *Trade, Temple and Court: Indian Textiles from the Tapi Collection*(Mumbai : India Book House, 2002), 90쪽.
10. Jasleen Dhamija, "The Geography of Textile", in *Textiles from India: The Global Trade*, ed. Rosemary Crill(Calcutta : Seagull Books, 2006), 265쪽.
11. Chaudhury, *Asia before Europe*, 19쪽.
12. Pomeranz and Topik, *World That Trade Created*, 226쪽.
13. 로마 제국은 인도산 직물 수입 대금을 금과 은으로 지불했고, 과도한 인도산 직물 수입으로 재정 고갈의 우려를 낳기까지 했다. 로마 역사가 플리니는 매년 5억 5,000만 세스테르티우스(고대 로마의 화폐 단위)가 동방 무역을 통해 유출된다고 비난했다. 이 금액의 5분의 1이 인도산 수입품 결제 대금이었다. 플리니는 로마 귀족 사회의 사치와 방탕을 비판했지만, 남인도에 로마 금화가 비축된 것

은 무역이 꽃피웠음을 입증한다. William Wilson Hunter, *Annals of Rural Bengal*(London, 1899), 42쪽, cited in M. P. Prabhakaran, *The Historical Origin of India's Underdevelopment: A World-System Perspective*(Lanham, MD : University Press of America, 1989), 15쪽.
14. Jack Goody, *The East in the West*(Cambridge : Cambridge University Press, 1996), 127쪽.
15. John McGuire, Patrick Bertola, and Peter Reeves, eds., *Evolution of the World Economy, Precious Metals and India*(New Delhi : Oxford University Press, 2001), 42쪽, 62쪽.
16. Dharma Kumar, *The Cambridge Economic History of India*(Bombay : Cambridge University Press, 1982), 842쪽.
17. Barnes, Cohen, and Crill, *Trade, Temple and Court*, 92쪽.
18. "Industries : Silk-weaving", in William Page, ed., *A History of the County of Middlesex*, vol. 2, *General...*(Victoria County History, 1911), 132~137쪽. Available at http://www.british-history.ac.uk/report.asp?compid=22161.
19. Peter Dicken, *Global Shift: Reshaping the Global Economic Map in the Twenty-First Century*, 4th ed.(New York : Guilford Press, 2003), 317쪽.
20. Kumar, *Cambridge Economic History of India*, 131쪽.
21. 윌리엄 벤틴크가 칼 마르크스의 『자본론』 제1권 406쪽에서 인용한 부분. 마르크스가 출처를 밝히지 않았기 때문에 인용의 정통성에 대해서는 논란이 있다. 마르크스주의 학자 파레시 차토파디아야Paresh Chattopadhyay는 현대 독일어로 새로 출간된 『마르크스 엥겔스 저작선집Marx-Engels Complete Works』에 1863년 4월 28일자 〈타임스〉에 인용된 텍스트에 미묘한 차이가 있음을 발견했다. "총독의 말에 따르면, 갠지스 강가에 사는 가련한 베틀 직조공들의 유골이 인도 평원을 하얗게 뒤덮고 있다고 한다." 마르크스가 인용한 이 인용문은 하루 전에 하원의원인 부시필드 페랑이 한 말이다. 저자와의 개별 대화를 통해 확인한 사실.
22. Hugh Thomas, *The Slave Trade: The History of the Atlantic Slave Trade, 1440~1870*(London : Picador, 1997), 69~570쪽.
23. Sven Beckert, "Emancipation and Empire : Reconstructing the Worldwide Web of Cotton Production in the Age of the American Civil War", *American Historical Review* 109(December 2004), 1405~1438쪽.
24. Grace Rogers Cooper, "The Sewing Machine : Its Invention and Development", Digital edition(Washington, DC : Smithsonian Institution Libraries, February 2004), 217쪽, available at http://www.sil.si.edu/digitalcollections/hst/cooper/
25. Ibid., 58쪽.

26. Dicken, *Global Shift*, 320쪽.
27. International Labour Organization, "Globalization of the Footwear, Textiles and Clothing Industries", news release, 28 October 1996, 6쪽.
28. Joan Magretta, "Fast, Global, and Entrepreneurial : Supply Chain Management, Hong Kong Style : An Interview with Victor Fung", *Harvard Business Review* 76(September-October 1998), 102~114쪽.
29. News release, Vietnam News Agency, 20 February 2001.
30. Mei Fong, "U.S. to Consider Curbing Imports of China Apparel : New 'Safeguard' Quotas on Certain Clothing Items Are Sought by Textile Firms", *Wall Street Journal*, 5 November 2004 ; John Larkin, "India Aims to Be Textile Titan", *Wall Street Journal*, 17 December 2004.
31. Keith Yearman and Amy Gluckman, "Falling Off a Cliff", *Dollars and Sense*(September-October 2005), available at http://www.dollarsand-sense.org/archives/2005/0905yearman.html.
32. Guy de Jonquières, "Garment Industry Faces a Global Shake-Up", *Financial Times*, 19 July 2004.
33. Mark S. Henry, "How Are Rural Workers and Industries Affected by Globalization? Discussion of Papers by Jean Crews-Klein and Karen Hamrick", paper presented at conference sponsored by USDA's Economic Research Service and the Farm Foundation, 6 June 2005, Washington, DC, available at http://www.farmfoundation.org/projects/documents/Henry.pdf.
34. Marc Lacey, "Along with That Caffeine Rush, a Taste of Seattle", *New York Times*, 22 July 2005.
35. Mark Pendergrast, *Uncommon Grounds: The History of Coffee and How It Transformed Our World*(New York : Basic Books, 2000), 5쪽.
36. Bernard Lewis, *From Babel to Dragomans: Interpreting the Middle East*(London : Orion Books, 2004), 48쪽. 아랍 어 '커피'에 대한 어원 분석 결과 학자들은 "아랍 어 카와$_{khawah}$는 에티오피아의 카파 지방에서 유래했다기보다는 원래 '검은 것' 즉 '커피콩' 또는 '커피를 내린 물'의 의미인 것이 확실하다."는 결론을 내렸다. Alan S. Kaye, "The Etymology of 'Coffee' : The Dark Brew", *Journal of the American Oriental Society* 106(1986), 557~558쪽.
37. Heinrich Eduard Jacob, *Coffee: The Epic of a Commodity*(New York : Viking, 1935), 7~10쪽.
38. Jean de la Roque, *Voyage de l'Arabie heureuse*(Amsterdam : Steenhower, 1716).
39. Jacob, *Coffee*, 1~10쪽. 『이슬람 백과사전』의 '카화$_{Kahwa}$'라는 항목에는 다음과

같이 쓰여 있다. 압드 알 카디르 쟈지리Abd-al-Kadir Djaziri(16세기 인물)는 커피를 예멘으로 가져온 수피교도를 두 사람으로 묘사했다. 그는 '압드 알 카파르' 통치하에서, 아덴 지방의 법학자인 무함마드 사이드 드하바니Muhammad Sa'id Dhabhani(1470년대 인물)가 아프리카에서 망명 생활을 할 때 커피의 의학적 효과를 알아보고 수피교도들이 밤 기도를 올리는 동안 마시게 한 것으로 기록했다.

40. Jacob, *Coffee*, 32쪽.
41. *Encyclopaedia of Islam*, s.v. "Kahwa".
42. Jacob, *Coffee*, 33쪽.
43. *Encyclopaedia of Islam*, s.v. "Kahwa".
44. Ralph S. Hattox, *Coffee and Coffeehouses: The Origins of a Social Beverage in the Medieval Near East*, Near Eastern Studies, University of Washington, vol. 77, no. 3(Seattle : Distributed by University of Washington Press, 1985).
45. Pendergrast, *Uncommon Grounds*, 7쪽.
46. Merid W. Aregay, "The Early History of Ethiopia's Coffee Trade and the Rise of Shawa", *Journal of African History* 29(1988), 19~25쪽.
47. *Encyclopaedia of Islam*, s.v. "Kahwa".
48. 대부분의 인간은 유당 분해 효소가 결핍되어 있지만 유럽 인들은 오랫동안 동물을 사육하고 동물 젖으로 영양을 보충하면서 면역성을 갖게 된 것으로 보인다. James D. Watson, *DNA: The Secret of Life*(New York : Alfred K. Knopf, 2003), 256~257쪽.
49. John Crawford, "History of Coffee", *Journal of the Statistical Society of London*(1852), 50~58쪽.
50. "La grande histoire du café", http://www.nestle.fr/enseignants/docs/histoire.doc.
51. Robert Harms, *The Diligent: A Voyage through the Worlds of the Slave Trade*(New York : Basic Books, 2002), 345~346쪽.
52. Kenneth Davids, *Coffee: A Guide to Buying, Brewing, and Enjoying*, 5th ed.(New York : St. Martin's Griffin, 2001) ; Davids, "Coffee Fundamentals", http://www.lucidcafe.com/fundamentals.html#history.
53. Thomas, *Slave Trade*, 634쪽.
54. Ibid., 788쪽.
55. Luella N. Dambaugh, *The Coffee Frontier in Brazil*(Gainesville : University of Florida Press, 1959), 5쪽.
56. Nicholas Tarling, ed., *Cambridge History of Southeast Asia*, vol. 1, pt. 1, *From Early Times to c. 1500*(Cambridge : Cambridge University Press, 1992), 595쪽.
57. Fernand Braudel, *Civilization and Capitalism, Fifteenth-Eighteenth Century*,

vol. 1, *The Structures of Everyday Life*, reprint ed.(Berkeley : University of California Press, 1992), 258쪽.
58. Sidney W. Mintz, "The Forefathers of Crack", in North American Congress on Latin America, *Report on the Americas* 22, no. 6(1989), available at http : //instruct.uwo.ca/anthro/211/crack.htm.
59. Sherri Day, "Move Over Starbucks, Juan Valdez Is Coming", *New York Times*, 29 November 2003.
60. Celine Charveriat, "Bitter Coffee : How the Poor Are Paying for the Slump in Coffee Prices"(Oxfam, May 2001).
61. David Adams, "Waking Up to World Coffee Crisis", *St. Petersburg Times*, 11 August 2002.
62. News release, Reuters, 11 December 2000.
63. http : //www.tws.com.sg/singapore/sin_html/directory/shopping/it_electronics.html.
64. Prbhakaran, *Historical Origin of India's Underdevelopment*, 13~16쪽.
65. Mariá Rosa Menocal, *Ornament of the World: How Muslim, Jews, and Christians Created a Culture of Tolerance in Medieval Spain*(Boston : Little, Brown, 2002), 180쪽. 제이콥 브로노스키[Jacob Bronowski]는 이렇게 진술했다. "무어 제국은 영토의 크기로 인해 지식의 장터가 되었다. 동방에는 네스토리우스파 그리스도교도인 학자들이 있었고, 서방에는 이교도인 유대 인들이 있었다. 주민들을 이슬람교로 개종시키려 하긴 했지만, 그들의 지식을 얕보지 않았다는 점은 종교로서 이슬람이 지닌 훌륭한 특성이라 할 수 있다." Bronowski, *The Ascent of Man*(Boston : Little, Brown, 1973), 169~169쪽.
66. Bronowski, *Ascent of Man*, 168~169쪽.
67. T R. Reid, *The Chips How Two Americans Invented the Microchip and Launched a Revolution*, rev. ed.(New York : Random House, 2001), 11쪽.
68. Jeffrey Zygmont, *Microchip: An Idea, Its Genesis, and the Revolution It Created*(Cambridge, MA : Perseus, 2003), 79쪽.
69. Alan M. Turing, "On Computable Numbers, with an Application to the *Entscheidungs problem*", in Martin Davis, ed., *The Undecidable*(New York : Raven Press, 1965), 116~151쪽.
70. T. R. Reid, *The Chip*(New York : Random House, 2001), 132쪽.
71. "Jack Kilby(1923~2005), Inventor of the Integrated Circuit", *IEEE Signal Processing Magazine*, September 2005, 6쪽.
72. Jack S. Kilby, "The Electrical Century," *Proceedings of the IEEE* 88(January 2000), 110쪽.

73. L. Buckwalter, "Now It's Pocket Calculators", *Mechanics Illustrated* 69(February 1973), 69쪽, 108~109쪽, cited in Kathy B. Hamrick, "The History of the Hand-Held Electronic Calculator", *American Mathematical Monthly*, October 1996, 633~639쪽.
74. William Aspray, "The Intel 4004 Microprocessor : What Constituted Invention?" *IEEE Annals of the History of Computing* 19, no. 3(1997), 4~15쪽.
75. Jeffry A. Frieden, *Global Capitalism: Its Fall and Rise in the Twentieth Century*(New York : W. W. Norton, 2006), 395쪽.
76. Video footage of antiglobalization and other demonstrations is archived at http : //video.indymedia.org/en/archive.shtml.

4장 선교사의 세계

장 제목은 탄 벵 신Tan Beng Sin이 5회에 걸쳐 강의한 「오래된 등불에서 비추는 새로운 불빛 : 불교에 대한 전략적 분석New Light from an Old Lamp : A Strategic Analysis of Buddhism」(문헌 연구) 강의록 초고(미출간)에서 따온 것이다.
1. 2005년 6월 2일 리처드 디커와의 인터뷰.
2. Ibid.
3. 2005년 5월 18일 켄 로스와의 인터뷰.
4. Max Weber quoted in Thomas Arnold, *The Spread of Islam in the World*(London 1886 ; reprint, New Delhi : Goodword Books, 2002), 1쪽.
5. Elie Wiesel, "The Perils of Indifference : Lessons Learned from a Violent Century", Address at the Seventh Millennium Evening at the White House, 12 April 1999.
6. Karen Armstrong, *Holy War: The Crusades and Their Impact on the World*(New York : Anchor Books, 2001), 387쪽.
7. Philip Jenkins, *The Next Christendom: The Coming of Global Christianity*(Oxford : Oxford University Press, 2002), 28쪽.
8. Nicholas Tarling, ed., *The Cambridge History of Southeast Asia*, vol. 1, pt. 1, *From Early Times to c. 1500*(Cambridge : Cambridge University Press, 1992), 356쪽.
9. Robert P. Clark, *The Global Imperative: An Interpretive History of the Spread of Humankind*(Boulder, CO : Westview, 1997), 66쪽.
10. Romila Thapar, *A History of India*, vol. 1(London : Penguin, 1966), 131쪽.

11. Romila Thapar, *Aśoka and the Decline of the Mauryas*(New Delhi : Oxford University Press, 1997), 46~49쪽.
12. 탄 원 산Tan Yun-Shan은 「인도와 중국의 문화 교류」에서 이렇게 진술하고 있다. "여러 세기에 걸쳐 중국의 위대한 승려들의 전기를 다룬 『역대고승전歷代高僧傳』에 의하면, 인도에서 수학한 중국 승려는 200명이었고, 24명의 인도인 현자들이 중국에서 설교를 하여 대단한 성과를 거두었다고 한다. 그러나 그 외에도 속세에 이름을 남기고 싶어하지 않았거나, 중도에 사라진 수많은 승려와 학자 들이 있었다는 점을 기억해야 한다." Available at http : //ignca.nic.in/ ks_40038.htm.
13. Jonathan M. Bloom, *Paper before Print: The History and Impact of Paper in the Islamic World*(New Haven and London : Yale University Press, 2001), 36쪽. See also Mishi Saran, *Chasing the Monk's Shadow: A Journey in the Footsteps of Xuanzang*(New Delhi : Penguin, 2005), 11~12쪽.
14. Sally Hovey Wriggins, *Xuanzang: A Buddhist Pilgrim on the Silk Road*(Boulder, CO : Westview, 1996), 160쪽.
15. Li Yongshi, trans., *The Life of Hsuan Tsang by Huili*, quoted in ibid., 176쪽.
16. Ibid., 168쪽.
17. Tan, "Cultural Interchange between India and China".
18. 이 점은 불교와 이슬람교의 흥미로운 차이다. 꾸란은 오직 신께서 말씀하신 언어인 아랍 어로만 낭송된다.
19. Victor H. Mair, "Buddhism and the Rise of the Written Vernacular in East Asia : The Making of National Languages", *Journal of Asian Studies* 53(August 1994), 707~751쪽.
20. Xinru Liu, *Silk and Religion: An Exploration of Material Life and the Thought of People, A.D. 600~1200*(New Delhi : Oxford University Press, 1996), 14쪽. 중앙아시아와 인도의 불교 성지를 장식한 색색가지 비단 깃발은 대부분 중국산 비단으로 만든 것이었다. Xinru Liu, *Ancient India and Ancient China: Trade and Religious Exchange, A.D. 1~600*(New Delhi : Oxford University Press, 1988), 69쪽. 5세기 인도의 시인 칼리다사Kalidasa는 온 마을을 중국산 비단으로 치장한 결혼식 장면을 묘사했다. 그로부터 천 년이 넘는 시간이 흐른 후에 중국이 미국 국기를 포함해 외국의 국기 공급자로 등장한 것은 흥미로운 점이다.
21. John Kieschnick, *The Impact of Buddhism on Chinese Material Culture* (Princeton, NJ : Princeton University Press, 2003), 262쪽. 이전에 언급했던, 불교가 책 제작에 미친 영향에 관한 부분도 키시닉의 저작을 바탕으로 한 것이다.
22. Liu, *Silk and Religion*, 187쪽.
23. Martin Baumann, "Global Buddhism : Developmental Periods, Regional Histories, and a New Analytical Perspective", *Journal of Global Buddhism*

2(2001), 1~43쪽, available at http://www.geocities.com/globalbuddhism/html/2/baumanno11.pdf.
24. Based on Huston Smith, *The Religions of Man*(New York : Harper. and Row, 1986), 425~443쪽.
25. Michael Cook, *A Brief History of the Human Race*(New York : W. W. Norton, 2005), 222쪽.
26. Thapar, *History of India*, 134~135쪽 ; see also David Chidester, *Christianity: A Global History*(New York : HarperCollins, 2000), 452~459쪽.
27. Daniel J. Boorstin, *The Discoverers*(New York : Random House, 1983), 122쪽.
28. "European Exploration", Encyclopaedia Britannica Online, http://search.eb.com/eb/article?tocId= 25961.
29. Christopher Columbus, *The Four Voyages*, ed. and trans. J. M. Cohen(London : Penguin, 1969), 300쪽.
30. Chidester, *Christianity*, 353~354쪽.
31. Ibid., 412쪽.
32. Margarita Zamora, *Reading Columbus*(Berkeley : University of California Press, 1993), 19쪽.
33. Karen Armstrong, *A History of God: The Four-Thousand-Year Quest of Judaism, Christianity, and Islam*(New York : Ballantine, 1994), 258쪽.
34. Serge Gruzinki, *Les quatre parties du monde: histoire d'une mondialisation*(Paris : Martinière, 2004), 49쪽.
35. John King Fairbank and Merle Goldman, *China: A New History*(Cambridge, MA : Harvard University Press, 1998), 223쪽.
36. Jonathan D. Spence, *The Search for Modern China*(New York : W. W. Norton, 1990), 206쪽.
37. Lamin Sanneh, *Translating the Message: The Missionary Impart on Culture*(Maryknoll, NY : Orbis, 1989), 123쪽.
38. Lê Thânh Khôi, *Histoire du Viêt Nam: des origines à 1858*(Paris : Sudestasie, 1981), 290쪽.
39. A. J. R. Russell-Wood, *The Portuguese Empire, 1415~1808* : A World on the Move(Baltimore : Johns Hopkins University Press, 1992), 202쪽.
40. George Shepperson, "David Livingstone(1813~l873) : A Centenary Assessment", *Geographical Journal* 139(June 1973), 216쪽.
41. Alvyn Austin, "Discovering Livingstone", *Christian History* 16, no.4(1997) : electronic copy, n.p.

42. Shepperson, "David Livingstone", 217쪽.
43. Leila Koivunen, "Visualizing Africa : Complexities of illustrating David Livingstone's *Missionary Travel*", in *The Papers of the Nordic Conference on the History of Idea*, vol. I(Helsinki : University of Helsinki, 2001). Also see T. Jack Thompson, "Images of Africa : Missionary Photography in the Nineteenth Century ; An Introduction"(Occasional Paper, University of Copenhagen, Centre of African Studies, February 2004).
44. Shepperson, "David Livingstone", 216쪽.
45. Ibid., 210쪽.
46. Martha Lund Smalley, ed., "Communications from the Field : Missionary Postcards from Africa", *Occasional Publications*, 5(New Haven : Yale Divinity School Library, 1994).
47. Victor Lewis-Smith, "God on the Box", *New Humanist*, 1 September 2002, available at http://www.newhumanist.org.uk/volume117issue3_more.php?id=224_o_12_o_C.
48. Efraim Karsh, *Islamic Imperialism: A History*(New Haven and London : Yale University Press, 2006), 88쪽.
49. Amira K. Bennison, "Muslim Universalism and Western Globalization", in A. G. Hopkins, ed., *Globalization in World History*(New York : W. W. Norton, 2002), 74쪽.
50. Arnold, *Spread of Islam*, 412쪽.
51. Boorstin, *Discoverers*, 122쪽.
52. R. Hunt Davis, Jr., "Teaching about the African Past in the Context of World History", *World History Connected*, http://worldhistoryconnected.press.uiuc.edu/2.1/davis.html.
53. Arnold, *Spread of Islam*, 256쪽.
54. Romila Thapar, *A History of India*, vol. I(London : Penguin, 1966), 234쪽.
55. Cook, *Brief History*, 287~290쪽.
56. Quoted in Anthony Reid, *Charting the Shape of Early Modern Southeast Asia*(Chiang Mai : Silkworm Books, 1999), 16쪽.
57. D. J. M. Tate, *The Making of Modern South-East Asia*, vol. 1, *The European Conquest*(Kuala Lumpur : Oxford University Press, 1971), 34쪽.
58. Reid, *Charting the Shape*, 26쪽.
59. Ibid., 27쪽.
60. Gene M. Chenoweth, "Melaka, 'Piracy' and the Modern World System", *Journal of Law and Religion* 13, no. 1(1996), 107~125쪽.

61. M. C. Rickleffs, "Islamization in Java : Fourteenth to Eighteenth Centuries", in Ahmad Ibrahim, Sharon Siddique, and Yasmin Hussain, comps., *Readings on Islam in Southeast Asia*(Singapore : ISEAS, 1985), 40쪽.
62. Anthony Reid, "A Millennium of Change", *Far Eastern Economic Review*, 10 June 1999.
63. Anthony Reid, *Southeast Asia in the Age of Commerce, 1450~1680*, vol. 2(New Haven and London : Yale University Press, 1993), 144쪽. 동남아시아 관련 부분은 대부분 이 고전을 바탕으로 했다.
64. Rickleffs, "Islamization in Java", 41쪽.
65. Sylvia Fraser-Lu, *Silverware of South-East Asia*(Singapore. : Oxford University Press, 1989), 3쪽.
66. Michael Laffan, "The Tangled Roots of Islamist Activism in Southeast Asia", *Cambridge Review of International Affairs* 16(October 2003), 402쪽.
67. T. N. Harper, "Empire, Diaspora, and the Languages of Globalism, 1850~1914", in Hopkins, *Globalization in History*, 148쪽.
68. Arnold, *Spread of Islam*, 371~372쪽.
69. Reza Aslan, *No God but God: The Origins, Evolution, and Future of Islam*(New York : Random House, 2005), 243쪽.
70. Ibid.
71. 2004년에 수행된 한 연구를 통해, 사우디아라비아에서 발행된 57종의 출판물이 "그리스도인과 유대 인을 흉내내거나, 친교를 맺거나 도와주는 등의 '이단적인' 행위를 경계하고, 그리스도인과 유대 인을 증오하는 것은 종교적 의무"라고 선언하고 있음이 확인되었다. 프리덤 하우스의 연구 보고서는 "그들은 나치가 유대 인을 증오하게 만든 방식과 동일한 방식으로 미국에 대한 경멸을 서서히 주입시키고 있다."고 진술했다. John Mintz, 「미국의 이슬람 사원에서 증오Hate라는 단어를 언급한 문건에 관한 보고서」, *Washington Post*, 6 February 2005.
72. Olivier Roy, "Why Do They Hate Us? Not Because of Iraq", *New York Times*, 22 July 2005.
73. Armstrong, *History of God*, 132~169쪽.
74. http : //www.islamicity.com/mosque/default.shtml.
75. http : //www.islamonline.net/English/AboutUs.shtml.
76. Anton La Guardia, "Al-Qa'eda Launches Voice of the Caliphate Internet News Bulletins", *Telegraph*, 28 September 2005.
77. Immanuel Wallerstein, *European Universalism: The Rhetoric of Power*(New York : New Press, 2006), 5쪽.
78. Michael Wood, *Conquistadors*(Berkeley : University of California Press,

2002), 271쪽.
79. Quoted by Martin Dugard, "Stanley Meets Livingston", *Smithsonian* 34(October 2003), 68~76쪽.
80. Quoted by Dan Jacobson, "Dr. Livingstons, He Presumed", *American Scholar* 70(2001), 99쪽.
81. William Cobbett, *The Parliament History of England: From the Norman Conquest in 1066 to the Year 1803*, 36 vols.(London : T. Curson Hansard, 1806~1820), 28 : 45.
82. Benenson quoted in Stephen Pincock, "Obituary of Peter James Henry Solomon Benenson", *Lancet*, 2 April 2005, 1224쪽.
83. http://www.amnesty.org.uk/action/events/timeline.shtml.
84. http://www.amnesty.org.uk/action/events/biography.shtml.
85. Irene Khan, "Foreword", *Annual Report, 2005*(Amnesty International), available at http://web.amnesty.org/report2005/message-eng.
86. James M. Russell, "The Ambivalence about the Globalization of Telecommunications : The Story of Amnesty International, Shell Oil Company and Nigeria", *Journal of Human Rights* I(September 2002), 405~416쪽.
87. 로스와의 인터뷰.
88. 디커와의 인터뷰.
89. Kran, "Foreword".
90. 로스와의 인터뷰.

5장 움직이는 세계

장 제목은 Laurence Bergreen, *Over the Edge of the World: Magellan's Terrifying Circumnavigation of the Globe*(New York : William Morrow, 2003), 396쪽에서 인용.

1. W. M. Spellman, *The Global Community: Migration and the Making of the Modern World*(Stroud : Sutton, 2002), 24쪽.
2. Anthony Pagden, *Peoples and Empires*(New York : Modern Library, 2001), xix.
3. E. H. Hair, "The 'Periplus of Hanno' in the History and Historiography of Black Africa", *History in Africa* 14(1987), 43~66쪽.
4. Lionel Casson, *Travel in the Ancient World*(Baltimore : Johns Hopkins University Press, 1994), 44~57쪽.

5. "European Exploration", Encyclopædia Britannica Online, http://search.eb.com/eb/article?tocId=25961.
6. W. H. Schoff, trans. and ed., *The Periplus of the Erythraean Sea: Travel and Trade in the Indian Ocean by a Merchant of the First Century*(London, 1912).
7. Sima Qian, *Records of the Great Historian, Han Dynasty II*, trans. Burton Watson, rev. ed.(New York : Columbia University Press, 1993), 123쪽.
8. Bin Yang, "Horses, Silver, and Cowries : Yunnam in Global Perspective", *Journal of World History* 15(September 2004), 286쪽.
9. David Christian, "Silk Roads in World History", *Journal of World History* 11(Spring 2000), 1~26쪽.
10. Hok-Lam Chan quoted by Ed Gargan, *Newsday*(New York), 19 January 2003.
11. 음와마카 샤리푸Mwamaka Sharifu라는 케냐의 외딴 섬에 사는 19세 소년이 중국에서 열린 정화의 원정 600주년 기념 행사에 초대되기도 했다. Joseph Kahn, "China Has an Ancient Mariner to Tell You About", *New York Times*, 20 July 2005.
12. Philip Snow, *The Star Raft: China's Encounter with Africa*(London : Weidenfeld and Nicolson, 1988), 22쪽.
13. Edward Dreyer, "Review of Gavin Menzies, *1421: The Year China Discovered America*", *Journal of the Society for Ming Studies* 50(fall 2004), 131쪽.
14. Fernand Braudel, *Civilization and Capitalism, Fifteenth-Eighteenth Century*, vol. 3, *The Perspective of the World*(Berkeley : University of California Press, 1992), 106쪽.
15. Jean Verdon, *Travel in the Middle Ages*, trans. George Holoch(Notre Dame, IN : University of Notre Dame Press, 2003), 147쪽.
16. Maxine Feifer, *Tourism in History: From Imperial Rome to the Present*(New York : Stein and Day, 1985), 29쪽.
17. Michael McCormick, *Origins of the European Economy: Communications and Commerce, A.D. 300~900*(Cambridge : Cambridge University Press, 2001), 227~235쪽.
18. K. N. Chaudhury, *Asia before Europe: Economy and Civilisatian of the Indian Ocean from the Rise of Islam to 1750*(Cambridge : Cambridge University Press, 1990), 134쪽.
19. Cited in Robin Hanbury-Tenison, ed., *The Oxford Book of Explorers*(Oxford : Oxford University Press, 1993), 15쪽.
20. Frances Wood, *Did Marco Polo Go to China?*(Boulder, CO : Westview,

1996), 160쪽.
21. Greg Clydesdale, "European Explorers, Entrepreneurial Selection and Environmental Thresholds", *Prometheus* 23(March 2005), 47~61쪽.
22. A. S. Morris, "The Journey beyond Three Seas", *Geographical Journal* 133(December 1967), 502~508쪽.
23. Cecil Roth, "Genoese Jews in the Thirteenth Century", *Speculum* 25(April 1950), 190~197쪽.
24. David Whitehouse, "Maritime Trade in the Gulf: The Eleventh and Twelfth Centuries", *World Archaeology* 14(February 1983), 328~334쪽.
25. Ross E. Dunn, *The Adventures of Ibn Battuta: A Muslim Traveler of the Fourteenth Century*(Berkeley: University of California Press, 1986), 258쪽.
26. D. O. Morgan, "Ibn Battuta and the Mongols", *Journal of the Royal Asiatic Society*, 3rd Ser., 11(2001), 1~11쪽.
27. Charles Beckingham, "In Search of Ibn Battuta", *Asian Affairs* 8(October 1977), 268쪽.
28. Walter J. Fischel, "David d'Beth Hillel: An Unknown Jewish Traveller to the Middle East and India in the Nineteenth Century", *Oriens*(December 1957), 240~247쪽.
29. 프레스터 존의 왕국과의 교역에 대한 기대도 있었다. 1170년경 유럽에는 프레스터 존의 영토에 온갖 귀한 물건(특히 보석)이 많다는 주장이 담긴 편지 한 통이 떠돌았다. 프레스터 존의 제국에는 다량의 후추도 있지만, 그 후추는 뱀들이 지키는 작은 숲을 통과해 가져와야 한다고 믿어졌기 때문에 귀금속이 더욱 강조되었다. Paul Freedman, "Spices and Late Medieval European Ideas of Scarcity and Value"(미간행본)에 언급되었고, Joaquim Romero Magalhães, *Portugueses no mundo do século XVI: espaços e produtos*(Lisbon: Comissao Nacional para as Comemoraoes dos Descobrimentos Portugueses, 1998)에도 인용되었다. 엔히크 왕자는 십자군 전사였다. 그리스도 군대의 십자가로 장식한 엔히크의 범선은 상인이 아닌 기사의 종자들을 앞세우고, 아프리카 해안을 따라 무어 인 공격에 나섰다. Clydesdale, "European Explorers", *Prometheus* 23(March 2005), 54쪽.
30. Daniel J. Boorstin, *The Discoverers*(New York: Random House, 1983), 168쪽.
31. Michael Prawdin, *The Mongol Empire: Its Rise and Legacy*, trans. Eden and Cedar Paul(New York: Free Press, 1967), 510쪽.
32. Hugh Thomas, *Rivers of Gold: The Rise of the Spanish Empire, from Columbus to Magellan*(New York: Random House, 2003), 68쪽.

33. Abbas Hamdani, "Columbus and the Recovery of Jerusalem", *Journal of the American Oriental Society*, no. 1(1979), 39~48쪽.
34. Thomas, *Rivers of Gold*, 76쪽.
35. Boorstin, *Discoverers*, 176쪽.
36. Wolfgang Schivelbusch, *Tastes of Paradise: A Social History of Spices, Stimulants, and Intoxicants*(New York : Vintage, 1993), 12쪽.
37. W. S. Merwin, "Name in the Sand", *New York Review of Books*, 27 May 2004, 36~37쪽.
38. Henry Kamen, *Empire: How Spain Became a World Power*(New York : HarperCollins, 2003), 129쪽.
39. Kenneth Pomeranz and Stephen Topik, *The World That Trade Created*(Armonk, NY : M. E. Sharpe, 1999), 49쪽.
40. Leslie Page Moch, *Moving Europeans: Migration in Western Europe since 1560*(Bloomington, Indiana University Press, 2003), 147쪽 ; Alan M. Taylor and Jeffrey G. Williamson, "Convergence in the Age of Mass Migration", NBR Working Paper No. 4711, April 1994 ; Andrés Solimano, "International Migration and the Global Economic Order : An Overview", World Bank Policy Research Working Paper No. 2720, November 2001.
41. John Torpey, *The invention of the Passport*(London : Cambridge University Press, 2000), 92쪽.
42. Roger Sanjek, "Rethinking Migration, Ancient to Future", *Global Networks* 3(July 2003), 315쪽.
43. Solimano, "International Migration".
44. Stephen Castles and Mark J. Miller, *The Age of Migration: International Population Movements in the Modern World*, 2nd ed(Basingstoke. : Macmillan, 1998), 57쪽.
45. David Northrup, "Free and Unfree Labor Migration, 1600~1900 : An Introduction", *Journal of World History* 24, no. 2(2003), 125~130쪽.
46. Hugh R. Baker, "The Myth of the Travelling Wok : The Overseas Chinese", Asian Affairs 28(March 1997), 28~37쪽.
47. Cláudia Rei, "The Role of Transportation Technology in Economic Leadership", paper, Boston University, Department of Economics, September 2002, available at http : //people.bu.edu/cr/Rei_C_Transportation.pdf.
48. 사망률은 매우 높았다. 1850년, 740명의 이주자를 태우고 출발한 두 척의 배가 카야오Callao 항에 도착했을 때 33퍼센트가 넘는 247명이 여행 중에 사망했다. Baker, "Myth of the Travelling Wok".

49. Mattew Pratt Guterl, "After Slavery : Asian Labor, the American South, and the Age of Emancipation," *Journal of World History* 24, no. 2(2003), 209~241쪽.
50. Sanjek, "Rethinking Migration", 315쪽.
51. Ibid.
52. K. Laxmi Narayan, "Indian Diaspora : A Demographic Perspective", Occasional Paper, University of Hyderabad, 2002, available at http : //www.uohyd.ernet.in/sss/indian_diaspora/oc3.pdf.
53. Adam McKeown, "Global Migration, 1846~1940", Journal of World History 15, no. 2(2004), 155~189쪽.
54. Claude Markovits, "Indian Merchant Networks outside India in the Nineteenth and Twentieth Centuries : A Preliminary Survey", *Modern Asian Studies* 33, no. 4(1999), 883~911쪽.
55. *Migration in an Interconnected World: New Directions for Action*(Global Commission on International Migration, Geneva, October 2005), available at http : //www.gcim.org/attachements/gcim-complete-report-2005.pdf.
56. Howard W. French, "Next Wave of Camera-Wielding Tourists Is from China", *New York Times*, 17 May 2006.
57. Department of the Navy, Naval Historical Center, "By Sea, Air, and Land : An Illustrated History of the U.S. Navy and the War in Southeast Asia", chap. 5, available at http : //www.history.navy.mil/seairland/chap5.htm ; Walter J. Boyne, "The Fall of Saigon", *Airforce Magazine Online*, http : //www.afa.org/magazine/April2000/0400saigon.asp.
58. David Lamb, *Vietnam Now: A Reporter Returns*(New York : Basic Books, 2002), 74쪽.
59. Henry Kamen, *Spain's Road to Empire: The Making of a World Power*(London : Penguin, 2002), 198쪽.

6장 제국의 형성

장 제목은 A. G. Hopkins, ed., *Globalization in World History*(New York : W. W. Norton, 2002), 124쪽에서 인용.
1. Egyptian Islamist writer Sayyid Qutb, quoted by Efraim Karsh, *Islamic Imperialism: A History*(New Haven and London : Yale University Press, 2006), 212쪽.

2. Anthony Pagden, *Peoples and Empires : A Short History of European Migration, Exploration, and Conquest, from Greece to the Present*(New York : Modern Library, 2001), 12~13쪽.
3. William W. Tarn, "Alexander the Great and the Unity of Mankind", Raleigh Lecture on History, British Academy, 10 May 1933, 4쪽.
4. Ibid., 27쪽
5. Plutarch quoted in Pagden, *Peoples and Empires*, 13쪽.
6. Ibid., 31쪽.
7. 루즈벨트 대통령은 다음과 같은 선언을 했다. "다른 문명국들과 마찬가지로 미국은 문명화된 사회의 연대감을 약화시키는 결과를 초래할 수 있는 만성적인 고질병 혹은 무기력을 해결할 중대한 의무가 있다……. 먼로주의를 채택한 미국은 이 만성병을 치료하기 위해 어쩔 수 없이 국제 경찰 역할을 수행할 수도 있다." Niall Ferguson, *Colossus: The Price of America's Empire*(New York : Penguin, 2004), 52~53쪽.
8. Cesare Polengh, "Hideyoshi and Korea", 25 April 2003, Samurai Archives, http : //www.samurai-archives.com/hak.html.
9. Ferguson, *Colossus*, 80쪽.
10. 맥도널드는 120개 국에서 9만 개 이상의 매장을 운영하고 있고, 코카콜라는 총매출의 70퍼센트를 북아메리카 대륙 이외의 지역에서 올리고 있다. Ferguson, *Colossus*, 18쪽.
11. Robert Kaplan, "Empire by Stealth", *Atlantic Monthly*, July~August 2003, 66쪽.
12. Cited by Ferguson, *Colossus*, 68쪽.
13. Geoffrey W. Conrad and Arthur A. Demarest, *Religion and Empire: The Dynamics of Aztec and Inca Expansionism*(Cambridge : Cambridge University Press, 1984), 1쪽, 129쪽의 인용문.
14. Ibid., 129쪽.
15. Albert Hourani, *A History of the Arab Peoples*(London : Faber and Faber, 1991), 19쪽.
16. Michael Cook, *A Brief History of the Human Race*(New York : W. W. Norton 2003), 281~284쪽.
17. Ronald Findlay and Mats Lundahl, "Demographic Shocks and the Factor Proportions Model : From the Plague of Justinian to the Black Death", typescript, Columbia University, University Seminar in Economic History, 28, available at http : //www.econ.barnard.columbia.edu/-econhist/papers/Findlay%20Justinian.pdf.

18. Karsh, *Islamic Imperialism*, 34쪽.
19. Valerie Hansen, *The Open Empire: A History of China to 1600*, 6th rev. ed.(New York : W. W. Norton, 2000), 337쪽.
20. Jack Weatherford, *Genghis Khan and the Making of the Modern World*(New York : Crown, 2004), 101쪽.
21. Ronald Findlay and Mats Lundahl, "The First Globalization Episode : The Creation of the Mongol Empire, or the Economics of Chinggis Khan", 14쪽, available at http://yaleglobal.yale.edu/about/pdfs/mongol.pdf. See also Nicholas Wade, "Scientists Link a Prolific Gene Tree to the Manchu Conquerors of China", *New York Times*, 1 November 2005.
22. Weatherford, *Genghis Khan*, 111쪽.
23. 후대의 기록에 의하면 알렉산더가 시리아 원정을 떠날 때 아리스토텔레스는 소코트라를 점령하고 수지樹脂와 알로에 생산을 위해 그리스 인들을 그 땅에 정착시키라는 조언을 했다고 한다. Vitaly Naumkin, "Fieldwork in Socotra", *Bulletin of the British Society for Middle Eastern Studies* 16, no. 2(1989), 133~142쪽.
24. Daniel J. Boorstin, *The Discoverers*(New York : Random House, 1983), 160~161쪽.
25. Henry Kamen, *Spain's Road to Empire: The Making of a World Power, 1492~1763*(London Penguin, 2002), 301쪽.
26. Anthony Pagden, *Spanish Imperialism and the Political Imagination: Studies in European and Spanish-American Social and Political Theory, 1513~1830*(New Haven and London : Yale University Press, 1998), 14쪽.
27. Robert L. Tignor, "Colonial Africa through the Lens of Colonial Latin America", in Jeremy Adelman, ed., *Colonial Legacies: The Problem of Persistence in Latin American History*(New York : Routledge, 1999), 35쪽.
28. Niall Ferguson, *Empire: The Rise and Demise of the British World Order and the Lessons for Global Power*(New York : Basic Books, 2002), 7쪽.
29. James Bryce and General Stanley Maude quoted by Tony Judt, "Dreams of Empire", *New York Review of Books*, 4 November 2004.
30. Pagden, *Peoples and Empires*, xxiii-xxiv.
31. Sir William Tarn, *Hellenistic Civilisation*(London : Edward Arnold, 1927), 4쪽.
32. Pagden, *Peoples and Empires*, 25쪽.
33. Peter Mansfield, *A History of the Middle East*(London : Penguin, 2003), 17쪽.
34. John Keegan, *A History of Warfare*(New York : Vintage, 1994), 212쪽.

35. Findlay and Lundahl, "First Globalization Episode", 21쪽.
36. Tatiana Zerjal 외, "The Genetic Legacy of the Mongols", *American Journal of Human Genetics* 72(2003), 717~721쪽.
37. Weatherford, *Genghis Khan*, 227쪽.
38. Ibid., 221쪽.
39. A. J. R. Russell-Wood, *The Portuguese Empire, 1415~1808: A World on the Move*(Baltimore : Johns Hopkins University Press, 1992), 60~62쪽.
40. Kamen, *Spain's Road to Empire*, 354쪽.
41. Ibid., 345쪽.
42. Ibid., 355쪽.
43. James D. Watson, *DNA: The Secret of Life*(New York : Alfred A. Knopf, 2003), 250~251쪽.
44. "영국인들은 타 민족의 국가에서 소수 민족 혹은 특수 집단이 되려 하지 않았다. 그들은 미국, 캐나다, 오스트레일리아, 뉴질랜드, 남아프리카공화국에 자신들의 국가를 건설했다. 고대 그리스 인들에게 이주는 곧 도시 국가의 건설을 의미했던 것처럼, 영국인들은 이주지로 국가를 옮겨 갔다." Engseng Ho, "Empire through Diasporic Eyes : A View from the Other Boat", *Comparative Studies in Society and History* 46, no. 2(2004), 210~246쪽.
45. Stuart Mole, "From Empire to Equality? Migration and the Commonwealth", *Round Table* 358(2001), 89쪽.
46. Ferguson, *Empire*, 60쪽.
47. Gregory Mann, "Immigrants and Arguments in France and West Africa", *Comparative Studies in Society and History* 45(2003), 362~385쪽, 364쪽의 인용문.
48. Claudia Zequeira, "A Petty Officer and Now, a U.S. Citizen", *Orlando Sentinel*, 30 July 2006.
49. Cam Simpson, "U.S. to Probe Claims of Human Trafficking", *Chicago Tribune*, 19 January 2006.
50. Hopkins, ed., *Globalization in World History*, 155쪽.
51. 항해 왕자 엔히크는 북아프리카에서 서로의 언어를 모르는 사람들 간의 '침묵 거래'에 관한 이야기를 들었다. 다니엘 부어스틴은 이 일을 다음과 같이 기록했다. "모로코를 출발해 아틀라스 산맥을 지나 남쪽으로 이동하는 이슬람 대상들은 20일 후에 세네갈 강변에 도착했다. 모로코 무역상들은 강변에 소금, 산호 세공품, 값싼 수공예품을 각각 분리해서 쌓아두고는 어딘가로 사라졌다. 노천 광산 주변에서 금을 캐며 살아가는 원주민들이 강변으로 나와 모로코 상인들이 쌓아놓은 물건더미 옆에 금덩이를 놓아둔다. 이제 원주민들이 사라지고, 다시 모

로코 무역상들이 나타나 상품 옆에 놓여 있는 금덩이에서 가격에 합당한 만큼을 가져간다. 그리고 모로코 무역상들이 사라지고 다시 원주민들이 나타나는 식으로 거래는 계속되었다." Boorstin, *Discoverers*, 161쪽.

52. Sir William Tarn, *Hellenistic Civilisation*(London : Edward Arnold, 1927), 2쪽.
53. Pagden, *Peoples and Empires*, 36쪽.
54. Mansfield, *History of the Middle East*, 15~16쪽.
55. Cook, *Brief History*, 279쪽.
56. Fernand Braudel, *A History of Civilizations*, trans. Richard Mayne(New York : Penguin, 1993), 79쪽.
57. Mansfield, *History of the Middle East*, 16쪽.
58. Weatherford, *Genghis Khan*, 112쪽.
59. Macaulay's speech is available at http : //www.languageinindia.com/april2003/macaulay.html.
60. Romila Thapar, *A History of India*, vol. 1(London : Penguin, 1966), 86쪽.
61. Romila Thapar, *Aśoka and the Decline of the Mauryas*(New Delhi : Oxford University Press, 1997), 46~49쪽.
62. Priyatosh Banerjee, "The Spread of Indian Art and Culture to Central Asia and China", *Indian Horizons*, 43, nos. 1~2(1994), available at http : //ignca.nic.in/pboo13.htm.
63. Richard Fletcher, *The Barbarian Conversion: From Paganism to Christianity*(New York : Henry Holt, 1997), 19쪽.
64. *Catholic Encyclopaedia*, s.v. "The First Council of Nicaea", available at http : //www.newadvent.org/cathen/11044a.htm.
65. Rodney Stark, "Efforts to Christianize Europe, 400~2000", *Journal of Contemporary Religion* 16, no. 1(January 2001), 109쪽.
66. Ibid.
67. Michael Wood, *Conquistadors*(Berkeley : University of California Press, 2002), 133~135쪽.
68. Russell-Wood, *Portuguese Empire*, 201쪽.
69. Ferguson, *Colossus*, 7쪽.
70. Ibid., 49쪽.
71. Lê Thành Khôi, *Histoire du Viêt Nam: des origines à 1858*(Paris : Sudestasie, 1981), 371쪽.
72. Story of Pakistan, "Khilafat Movement '1919~1924'", http : //www.story-ofpakistan.com/articletext.asp?artid=Ao33&Pg=2.

73. Bruce B. Lawrence, "In Bin Laden's Words", *Chronicle of Higher Education*, 4 November 2005.
74. Pagden, *Peoples and Empires*, 28쪽.
75. Ernest Barker, quoted in ibid., 32쪽.
76. Romila Thapar, *Early India from the Origins to A.D. 1300*(New Delhi : Allen Lane, 2002), 255쪽.
77. Janet L. Abu-Lughod, *Before European Hegemony: The World System, A.D. 1250~1350*(Oxford : Oxford University Press, 1989), 198쪽.
78. Mansfield, *History of the Middle East*, 18쪽.
79. Abu-Lughod, *Before European Hegemony*, 170쪽.
80. Weatherford, *Genghis Khan*, 221쪽.
81. Michael Prawdin, *The Mongol Empire: Its Rise and Legacy*, trans. Eden and Cedar Paul(New York : Free Press, 1967), 507쪽.
82. Weatherford, *Genghis Khan*, xxiv.
83. William H. McNeill, *The Age of Gunpowder Empires, 1450~1800* (Washington, DC : American Historical Association, 1989), 14쪽.
84. Ferguson, *Empire*, 171쪽.
85. Tarn, *Hellenistic Civilisation*, 250~251쪽.
86. Kamen, *Spain's Road to Empire*, 295쪽.
87. Ibid., 295쪽.
88. 목재와 석탄은 운반이 가능한 에너지이긴 했지만 증기엔진이 발명되기 전까지는 난방 이외의 용도로 사용할 수 없었다. 중세의 석궁石弓과 투석기는 인간의 근육으로 전달할 수 있는 에너지를 저장할 수 없었다. 따라서 초석硝石, 유황, 목탄을 혼합하여 생산한 화약은 에너지의 저장과 이동, 적용이 가능한 최초의 발명품이었다. Kenneth Chase, *Firearms: A Global History to 1700*(Cambridge : Cambridge University Press, 2003), 31쪽.
89. Findlay and Lundahl, "First Globalization Episode", 32쪽.
90. Arnold Pacey, *Technology in World Civilization*(Cambridge, MA : MIT Press, 2001), 46쪽.
91. Alfred W. Crosby, *Throwing Fire: Projectile Technology through History*(Cambridge : Cambridge University Press, 2002), 118쪽.
92. Chase, *Firearms*, 71~72쪽.
93. Giancarlo Casale, "The Ottoman 'Discovery' of the Indian Ocean in the Sixteenth Century : The Age of Exploration from an Islamic Perspective", paper presented at Seascapes, Littoral Cultures, and Trans-Oceanic Exchanges, Library of Congress, Washington, DC, 12~15 February 2003, available at

http : //www.historycooperative.org/proceedings/seascapes/casale.html.
94. K. T. Achaya, *A Historical Dictionary of Indian Food*(New Delhi : Oxford University Press, 1999), 209쪽.
95. Alfred W Crosby, *Ecological Imperialism: The Biological Expansion of Europe, 900~1900*(Cambridge : Cambridge University Press, 1986), 136쪽.
96. Jerry H. Bentley, "Hemispheric Integration, 500~1500 C.E.", *Journal of World History* 9, no. 2, citing Ho Ping-ti, "Early-ripening Rice in Chinese History," *Economic History Review*, 2nd ser., 9(1956), 200~218쪽.
97. Andrew M. Watson, "The Arab Agricultural Revolution and In Diffusion, 700 ~1100", *Journal of Economic History* 34(1974), 22쪽.
98. Weatherford, *Genghis Khan*, 229쪽.
99. Ibid., 229쪽.
100. John Feffer, "Korean Food, Korean Identity : The Impact of Globalization on Korean Agriculture", available at http : //iis-db.stanford.edu/pubs/20815/Globalization_and_Korean_Agriculture_John_Feffer.pdf ; see also Choe Yong-shik, "Historians Unearth Secret Past of Kimchi", *Korea Herald*, 3 October 2001. See also Amal Naj, *Peppers: A Story of Hot Pursuits*(New York : Vintage Books, 1992), 8쪽.
101. Achaya, *Historical Dictionary of Indian Food*, 188쪽.
102. Russell-Wood, *Portuguese Empire*, 154쪽.
103. Ibid., 172쪽.
104. Murray Hiebert, "Tin Cans and Tyres", *Far Eastern Economic Review*, 15 April 1999.
105. Rigoberto Tiglao, "Roots of Poverty", *Far Eastern Economic Review*, 10 June 1999.
106. Kamen, *Spain's Road to Empire*, 270쪽.
107. Wade Graham, "Traffick According to Their Own Caprice : Trade and Biological Exchange in the Making of the Pacific World, 1766~1825", paper presented at Seascapes, Littoral Cultures, and Trans-Oceanic Exchanges, Library of Congress, Washington, DC, 12~15 February 2003, available at http : //www.historycooperative.org/proceedings/seascapes/graham.html.
108. Tony Ballantyne in Hopkins, ed., *Globalization in World History*, 135~136쪽.
109. Watson, "Arab Agricultural Revolution", 21쪽.
110. Tarn, *Hellenistic Civilisation*, 168쪽.
111. William H. McNeill, *Plagues and Peoples*(New York : Anchor, 1977), 162

쪽.
112. Quoted by S. A. M. Adshead, *T'ang China: The Rise of the East in World History*(New York : Palgrave, 2004), 183쪽.
113. James Morris, *Pax Britannica: The Climax of an Empire*(London : Penguin, 1968).
114. Cited in Ferguson, *Empire*, 171쪽.
115. Ibid.
116. Nisid Hajari, "A Most Dignified Retreat with Bagpipers", *Time* (International), 14 July 1997, 22쪽.

7장 노예, 세균, 트로이 목마

장 제목은 Christopher Columbus, *The Four Voyages*, ed. and trans. J. M. Cohen(London : Penguin, 1969), 58쪽에서 인용.
1. Maureen Johnson, "Another Arrest in Truck Deaths as Details of Journey Emerge", Associated Press, 20 June 2000. 도버의 비극에 관한 내용은 당시 언론 보도에 근거.
2. Hugh Thomas, *Rivers of Gold: The Rise of the Spanish Empire, from Columbus to Magellan*(New York : Random House, 2003), 155쪽.
3. Milton Meltzer, *Slavery: A World History*, 2 vols(New York : Da Capo, 1993), 2 : 39.
4. Amy O'Neill Richard, *International Trafficking in Women to the United States: A Contemporary Manifestation of Slavery and Organized Crime*(Central Intelligence Agency, Center for the Study of Intelligence, April 2000), 3쪽.
5. *Wall Street Journal*, 11 March 2006.
6. Mark Riley, "27 Million Slaves, and We Look Away", *Sydney Morning Herald*, 4 June 2001.
7. Amy Waldman, "Sri Lankan Maids Pay Dearly for Perilous Jobs Overseas", *New York Times*, 8 May 2005. See *Migration in an Interconnected World: New Directions for Action*(Global Commission on International Migration, Geneva, October 2005), 26쪽, available at http : //www.gcim.org/attachements/gcim-complete-report-2005.pdf.
8. Adam Smith, *An Inquiry into the Nature and Causes of the Wealth of Nation*, vol. 1, ed. R. H. Campbell and A. S. Skinner(Oxford : Clarendon Press, 1976), 448쪽.

9. David Christian, *Maps of Time: An Introduction to Big History*(Berkeley: University of California Press, 2004), 263쪽.
10. Meltzer, *Slavery*, 1:71.
11. Ibid., 1:63.
12. Grant Parker, "*Ex oriente luxuria*: Indian Commodities and Roman Experience", *Journal of the Economic and Social History of the Orient* 45, no. 1(2002), 50쪽.
13. Timothy Taylor, "Believing the Ancients: Quantitative and Qualitative Dimensions of Slavery and the Slave Trade in Later Prehistoric Eurasia", *World Archaeology* 33, no. 1(2001), 34쪽.
14. Jose Honorio Rodrigues, "The Influence of Africa on Brazil and of Brazil on Africa", *Journal of African History* 3, no. 1(1962), 54쪽, 56쪽.
15. Meltzer, *Slavery*, 2:132.
16. Chris Harman, *A People's History of the World*, pt. 3, chap. 6, "European Feudalism", 143쪽, available at http://www.istendency.net/pdf/3_06_european_feudalism.pdf.
17. Eric R. Wolf, *Europe and the People without History*(Berkeley: University of California Press, 1982), 42쪽.
18. Ibid., 74쪽.
19. Ronald Findlay, "Globalization and the European Economy: Medieval Origins to the Industrial Revolution", in Henryk Kierzkowski, ed., *Europe and Globalization*(New York: Palgrave Macmillan, 2002), 37쪽.
20. Mustafa al-Jiddawi, "Al-Riqqfi al-Tarikh wafi al-Islam"(Slavery throughout history and during Muslim times)(Alexandria, 1963), 92~93쪽.
21. Robin Blackburn, *The Making of New World Slavery*(London: Verso, 1997), 79쪽.
22. Jere L. Bacharach, "African Military Slaves in the Medieval Middle East: The Cases of Iraq(869~955) and Egypt(868~1171)", *International Journal of Middle East Studies* 13(1981), 471~495쪽.
23. "Zanj Rebellion", Encyclopædia Britannica Online, htrp://search.eb.com/eb/article?eu=80343. 천여 년 후에 대서양을 항해하는 선상에서 또 다른 중요한 노예 폭동이 발생했다. Mitra Sharafi, "The Slave Ship Manuscripts of Captain Joseph B. Cook: A Narrative Reconstruction of the Brig Nancy's Voyage of 1793", *Slavery and Abolition* 24(April 2003), 71~100쪽.
24. Ghada Hashem Talhami, "The Zanj Rebellion Reconsidered", *International Journal of African Historical Studies* 10, no. 3(1977), 456쪽.

25. Patricia Risso, *Merchants and Faith: Muslim Commerce and Culture in the Indian Ocean*(Boulder, CO : Westview, 1995), 16쪽.
26. Barbara L. Solow, "Capitalism and Slavery in the Exceedingly Long Run", *Journal of Interdisciplinary History* 17(Spring 1987), 711~737쪽, 715쪽의 인용문.
27. Columbus quoted in ibid., 722쪽, italics added.
28. April Lee Hatfield, "A 'very wary people in their bargaining' or 'very good marchandise' : English Traders' Views of Free and Enslaved Africans, 1550 ~1650", *Slavery and Abolition* 25(December 2004), 9쪽.
29. Fernand Braudel, *Civilization and Capitalism, Fifteenth-Eighteenth Century*, vol. 2, *The Wheels of Commerce*(New York : William Collins and Sons, 1982), 191쪽.
30. 아프리카에서 신세계로 보내진 노예의 수에 관한 문제는 지금도 논쟁 중이다. 대서양 노예무역이 성행한 시기에 약 800만에서 1,050만 명의 노예가 끌려갔을 것이라는 역사가 필립 커틴의 추정치는 여러 학자들의 도전을 받은 후 확연히 상향 조정되었다. J. E. Inikori, "Measuring the Atlantic Slave Trade : An Assessment of Curtin and Anstey", *Journal of African History* 17, no. 2(1976), 197~223쪽과 이런 문제제기에 대한 필립 커틴의 응수, Philip D. Curtin, "Measuring the Atlantic Slave Trade Once Again : A Comment", *Journal of African History* 17, no. 4(1976), 595~605쪽 참조. 훗날 폴 러브조이Paul E. Lovejoy는 1,186만 3천 명의 노예가 아프리카를 떠났고, 이 가운데 10~20퍼센트가 소위 중간 항로라고 불리는 여행 중에 사망한 것으로 추정하고 있다. "The Impact of the Atlantic Slave Trade on Africa : A Review of the Literature", *Journal of African History*, no. 3(1989), 365~394쪽.
31. Blackburn, *Making of New World Slavery*, 581쪽.
32. Kevin G. Hall, "Brazilian Slaves Help Make Products That End Up in the United States through World Trade", *San Jose Mercury News*, 14 September 2004.
33. 18명의 불법 이민자들이 냉동 트랙터-트레일러 안에서 사망한 채 텍사스에서 발견되었다는, '2,700만 명의 노예'라는 제목의 기사. "노예제도가 공식적으로 폐기된 지 150여 년이 흘렀지만, 세계적으로 약 2,700만 명이 여전히 물리적 · 경제적 구속 상태에 있다. 이는 최고치를 경신한 수치이며 현재도 계속 증가세를 보이고 있다." Eighteen illegal immigrants were found dead inside a refrigerated tractor-trailer in Texas ; *Houston Chronicle*, 18 May 2003.
34. Fernand Braudel, *A History of Civilizations*, trans. Richard Mayne(London : Penguin, 1993), 381쪽.

35. Robert Harms, "Early Globalization and the Slave Trade", *YaleGlobal Online*, 9 May 2003, available at http://yaleglobal.yale.edu/display.article?id=1587.
36. Patrick K. O'Brien, gen. ed., *Atlas of World History*(Oxford: Oxford University Press, 2002), 126쪽.
37. Solow, "Capitalism and Slavery", 730쪽.
38. Puangthong Rungswasdisab, "War and Trade: Siamese Interventions in Cambodia, 1767~1851"(Ph. D. diss., University of Woolongong, 1995), 148쪽.
39. Ward Barrett, "World Bullion Flows, 1450~1800", in James D. Tracy, ed., *The Rise of Merchant Empires: Long Distance Trade in the Early Modern World, 1350~1750*(New York: Cambridge University Press, 1990), 236쪽.
40. Harms, "Early Globalization and the Slave Trade".
41. Robert Harms, *The Diligent: A Voyage through the Worlds of the Slaver Trade*(New York: Basic Books, 2002), 82쪽.
42. 1773년 당시 식민지에 투자된 영국 자본은 3,700만 파운드였고, 의미심장한 영향력을 행사하기에 충분한 금액이었다. 18세기 영국의 소득이 높아지면서—국내의 높은 농업 생산성으로 유휴 인력이 된 농업 노동자들은 신흥 산업 부문으로 이동했다—설탕 수요가 급증했고, 아프리카와 신세계의 노예 노동이 탄력적으로 공급되어 시스템이 유지되었다. Solow, "Capitalism and Slavery", 732~733쪽.
43. Nicholas F. R. Crafts, "British Economic Growth", *Economic History Review* 36(1983), 177~199쪽.
44. Herbert S. Klein, "Eighteenth-Century Atlantic Slave Trade", in Tracy, ed., *Rise of Merchant Empires*, 289쪽.
45. George Metcalf, "A Microcosm of Why Africans Sold Slaves: Akan Consumption Patterns in the 1770s", *Journal of African History* 28, no. 3(1987), 393쪽.
46. Tristan Lecomte quoted in Doreen Carvajal, "Third World Gets Help to Help Itself", *International Herald Tribune*, 6 May 2005.
47. Rachel Chernos Lin, "The Rhode Island Slave-Traders: Butchers, Bakers and Candlestick-Makers", *Slavery and Abolition* 23(December 2002), 21~38쪽.
48. John Richard Oldfield, "Slavery, Abolition, and Empire", *GSC Quarterly* 14(Winter-Spring 2005), available at http://www.ssrc.org/programs/gsc/publications/quarterly14/oldfield.pdf.
49. W. G. Clarence-Smith, ed., *The Economics of the Indian Ocean Slave Trade in the Nineteenth Century*(London: Frank Cass, 1989).
50. Anthony Reid, *Charting the Shape of Early Modern Southeast Asia*(Singapore:

ISEAS, 2000), 208쪽.
51. Norimitsu Onishi, "In Japan's New Texts, Lessons in Rising Nationalism", *New York Times*, 17 April 2005.
52. Paul E. Lovejoy, "The Impact of the Atlantic Slave Trade on Africa : A Review of the Literature", *Journal of African History* 30, no. 3(1989), 388쪽.
53. Dinesh D'Souza, "The End of Racism", cited in "Slavery and Globalization" by Marian L. Tupy, 5 September 2003, Cato Institute, available at http : //www.cato.org/dailys/09-05-03.html.
54. Klein, "Eighteenth-Century Atlantic Slave Trade", 291쪽.
55. S. Elisée Soumonni, "Some Reflections on the Brazilian Legacy in Dahomey", *Slavery and Abolition* 22(April 2001), 42~60쪽.
56. Quoted in Rodrigues, "Influence of Africa on Brazil", 52쪽.
57. Ibid., 56~61쪽.
58. Nei Lopes, "African Religions in Brazil, Negotiation, and Resistance : A Look from Within", *Journal of Black Studies* 34(July 2004), 853쪽.
59. Alfred W. Crosby, Jr., *The Columbian Exchange: Biological and Cultural Consequences of 1492*(Westport, CT : Greenwood, 1972), 31쪽.
60. Niall Ferguson, *Empire: The Rise and Demise of the British World Order and the Lessons for Global Power*(New York : Basic Books, 2002), 71쪽.
61. John Archdale quoted in ibid.
62. Ronald Findlay and Mats Lundahl, "Demographic Shocks and the Factor Proportions Model : From the Plague of Justinian to the Black Death", typescript, Columbia University, University Seminar in Economic History, 28, available at http : //www.econ.barnard.columbia.edu/-econhist/papers/ Findlay%20Justinian.pdf.
63. Kenneth F. Kipple, "The Plague of Justinian : An Early Lesson in the Black Death", in Kipple, ed., *Plague, Pox and Pestilence*(London : Weidenfeld and Nicolson, 1997), 29쪽.
64. Ole J. Benedictow, *The Black Death, 1346~1353: The Complete History*(Woodbridge : Boydell, 2004), 3쪽.
65. Ibid., 382쪽.
66. James Burke, *Connections*(Boston : Little, Brown, 1978), 70쪽.
67. Ronald Findlay and Kevin H. O'Rourke, "Commodity Market Integration, 1500~2000", in Michael D. Bordo, Alan M. Taylor, and Jeffrey G. Williamson, eds., *Globalization in Historical Perspective*(Chicago : University of Chicago Press, 2003), 15쪽.

68. Burke, *Connections*, 103~104쪽. 제지술은 중국이 사마르칸트에 제지 공장 설립을 위해 한 무리를 파견한 직후인 서기 751년, 아랍이 사마르칸트를 점령하면서 아랍 인들에게 전파되었다. 1050년에는 무어 인 통치하의 스페인에서 종이가 생산되고 있었다. 1280년대에는 이탈리아 파브리아노Fabriano에 수력을 이용한 제지 공장이 건설되었다. Burke, *Connections*, 100쪽.
69. Benedictow, *Black Death*, 393쪽.
70. Rosen, George, *A History of Public Health*, reprint ed.(Baltimore : Johns Hopkins University Press, 1993), 43~45쪽.
71. Ibid., 64쪽.
72. Jonathan Tucker, *Scourge: The Once and Future Threat of Smallpox*(New York : Atlantic Monthly, 2001), 10~11쪽.
73. Ferguson, *Empire*, 71쪽.
74. Tucker, *Scourge*, 15쪽.
75. Ibid., 16쪽.
76. J. N. Hays, *The Burdens of Disease: Epidemics and Human Response in Western History*(New Brunswick, NJ : Rutgers University Press, 1998), 240쪽.
77. Gina Kolata, *Flu: The Story of the Great Influenza Pandemic of 1918 and the Search for the Virus That Caused It*(New York : Farrar, Straus and Giroux, 1999), 297~298쪽.
78. 바이러스 학자 존 옥스퍼드John Oxford는 당시 유행성 독감으로 인한 사망자가 전 세계적으로 2,000만에서 4,000만이 아닌 1억 명에 달했을 것으로 추정했다. Gina Kolata, *Flu*, 285쪽.
79. Ibid., 5쪽.
80. Rob Stein and Shankar Vedantam, "Deadly Flu Strain Shipped Worldwide : Officials Race to Destroy Samples", *Washington Post*, 13 April 2005.
81. Jong-Wha Lee and Warwick J. McKibbin, *Globalization and Disease: The Case of SARS*, August 2003, Working Paper no. 2003/16, Division of Economics, Research School of Pacific and Asian Studies, 13쪽.
82. David Fidler, "SARS : Political Pathology of the First Post-Westphalian Pathogen", *Journal of Law, Medicine and Ethics* 31(December 2003), 485쪽.
83. http : //www.whitehouse.gov/news/releases/2005/11/20051116-6.html.
84. David Heymann, "Preparing for a New Global Threat-Part I", *YaleGlobal Online*, 26 January 2005, available at http : //yaleglobal.yale.edu/display.article?id=5174.
85. Thomas Abraham, "Preparing for a New Global Threat-Part II", *YaleGlobal Online*, 28 January 2005, available at http : //yaleglobal.yale.edu/display.arti-

cle?id=5191.
86. Eugene H. Spafford, "Computer Viruses as Artificial Life", *Journal of Artificial Life*(1994), available at http://www.scs.carleton.ca/~soma/biosec/readings/spafford-viruses.pdf.
87. Fred Cohen, "Computer Viruses"(Ph. D. diss., University of Southern California, 1985).
88. Xin Li, "Computer Viruses : The Threat Today and the Expected Future"(undergraduate thesis, Linköping University, 2003), available at http://www.ep.liu.se/exjobb/isy/2003/3452/exjobb.pdf.
89. Dugan Haltey, "Virus Alert, 2001", typescript, available at http://eserver.org/courses/s01/tc510/foobar/virus/printable.pdf.
90. 2004년 1월 17일 리콴유李光耀와 한 인터뷰.
91. Mynardo Macaraig, "Philippine Internet Providers Admit Being 'Love Bug' Source", *Agence France-Press*, 5 May 2000 ; Mark Landler, "A Filipino Linked to 'Love Bug' Talks about His License to Hack", *New York Times*, 21 October 2000.
92. John Eisinger, "Script Kiddies Beware", *Washington and Lee Law Review* 59(2002), 1507~1544쪽.
93. 2005년 4월 18일 자비에 산토요Javier Santoyo와 한 인터뷰.
94. http://www.caida.org/analysis/security/code-red/coderedv2_analysis.xml#animations.
95. Li, "Computer Viruses", 42쪽.
96. Mark Hall, "Sticky Security", *Computerworld* 19 January 2004, 48쪽.
97. 사이버 범죄에 관한 부분은 Brian Grow, with Jason Bush, "Hacker Hunters", *Business Week*, 30 May 2005 기사에 근거.
98. Cited by Marian L. Tupy, "Slavery and Globalization", Cato Institute, 5 September 2003, available at http://www.cato.org/pub_display.php?pub_id=3227.

8장 세계화 : 실체 없이 요란한 유행어에서 저주의 말이 되기까지

장 제목은 Jagdish N. Bhagwati, "Coping with Antiglobalization : A Trilogy of Discontents", *Foreign Affairs* 81(January~February 2002), 2쪽에서 인용.
1. Jürgen Osterhammel and Niels P. Petersson, *Globalization: A Short History*(Princeton, NJ : Princeton University Press, 2005).
2. 데이터베이스에는 12종의 언어로 된 간행물이 있지만, 1971년 이후 발행된 영어

와 프랑스 어 간행물만 참조했다.
3. Simon Jeffrey, "What Is Globalisation?", *Guardian*, 31 October 2002.
4. Patrick Smith, "The Seven Year Stitch", *Far Eastern Economic Review*, 3~9 July 1981, 38쪽.
5. "Representatives of Nineteen Developing Countries Have Been Meeting in Hong Kong to Coordinate Policy in the Face of EEC Demands for Tighter Control on Their Exports", *Guardian*, 23 June 1981 ; "Trade Talks on Multifiber Arrangement Opens Monday", *Wall Street Journal*, 10 July 1981.
6. Ted Levitt, "The Globalization of Markets," *Harvard Business Review*(May~ June 1983), 92~94쪽, 96~102쪽.
7. "The Drive among Multi-National Companies to Create Products Which Are Global in Their Scope", *Financial Times*, 16 July 1984.
8. "The BSN of France Wishes to Expand Its Business Worldwide As It feels Food Tastes Are Becoming Increasingly Global", *Financial Times*, 22 February 1984.
9. Quoted in Warren Brown, "Ford Earns a Record $1.87 Billion in '83", *Washington Post*, 14 February 1984.
10. Harvey Enchin, "Labor Negotiations in Auto Industry Are Facing New Threat", *Globe and Mail*, 13 August 1984.
11. Jim Ostroff, "AAMA Convention to Focus on Sourcing, Exporting Event Kicks Off Thursday in Arizona", *Daily New Record*, 3 May 1995.
12. Christopher Lorenz, "Plastic Can First Step to 'Globalization'", *Financial Times*, 23 July 1984.
13. Douglas McArthur, "U.S. Airlines Becoming Jumpy about Trend to 'Globalization'", *Globe and Mail*, 15 October 1988.
14. "On the Opening Day of a Conference on World Financial Futures", *Financial Times*, 29 September 1983.
15. "The Challenges Facing the Growing International Share-Dealing Market Given the Soaring Popularity of Round-the-Clock Trading", *Financial Times*, 5 November 1985.
16. David Lake, "NYSE Seeks to Gain Share of Global Equities Market", *Dallas Morning News*, 14 April 1986.
17. Stephen Kindel, "Markets Far and Wide ; Global Trading Is Becoming an Efficient Way to Raise and Shift Capital", *Financial World*, 16 September 1986, 106쪽.
18. "Regulatory Issues Arise with Globalization of Financial Markets", *American*

Banker, 31 July 1987.

19. Dennis Walters, "A Worldwide Market : A Matter of Perspective", *American Banker*, 30 July 1987. 보고서 말미에는 "붕괴의 특징 가운데 한 가지는 해외 주식 시장에서의 대대적인 덤핑과 국내 시장으로의 퇴각이었다."고 기록되어 있다. 이 기사에 인용된 크레디트 스위스 어셋 매니지먼트의 회장 고든 바우어 Gordon Bowyer의 말은 이렇다. "영국인들은 스위스와 독일 주식을 팔고 국내 시장으로 귀환했다. 스위스 인들은 영국과 미국 시장에서 퇴각하고 있다. 그런 면에서 세계화는 실패했다." 반면 또 다른 은행가는 이렇게 말했다. "세계화는 계속 진행되고 있다. 다만 속도를 늦춘 것뿐이다. 금융 시장은 지난 5년간 엄청난 호황기를 보냈다. 이제 2~3년 간의 아주 힘든 시기를 앞두고 있는 것 같다." Michael R. Sesit, "Slowing the Global Express : World-Wide Markets May Be Inevitable, but Right Now Investors Are Wary", *Wall Street Journal*, 23 September 1988.

20. Mark W. Olson, "Globalization Raises a World of Questions", *American Banker*, 19 July 1989.

21. "Corrigan Offers Perspective on Globalization", *American Banker*, 30 July 1987.

22. Steve Lohr, "Crash Shifts Investors' Foreign Stock Plans", *New York Times*, 23 December 1987.

23. Louis Uchitelle, "U.S. Firms Shed National Identity as They Expand Abroad", *New York Times*, 24 May 1989.

24. Cynthia Barnum and Natasha Walniansky, "Globalization : Moving a Step beyond the International Firm", *Management Review*, 1 September 1989.

25. "Globalization of the Retail Industry : A Strategic Imperative", *Chain Store Age Executive with Shopping Center Age*, 15 December 1993, 6쪽.

26. John King, "World without Borders", *Canada and the World Backgrounder* 60, no. 5(1995), 8쪽.

27. Carla Rapoport, "Retailers Go Global", *Fortune*, 20 February 1995, 102쪽.

28. World Bank, *Global Economic Prospects and the Developing Countries, April 20, 1995*, cited by *Presidents and Prime Ministers* 4(July~August 1995), 21쪽.

29. G. Pascal Zachary, "Supercapitalism", *Wall Street Journal*, 29 March 1997.

30. Jane Fraser and Jeremy Oppenheim, "What's New about Globalization?", *Mckinsey Quarterly*, 22 March 1997.

31. President Bill Clinton, address to World Bank and International Monetary Fund, 12 October 1995, Washington, DC.

32. Sue Neales, "Japan Lifts Its Bamboo Curtain", *Australian Financial Review*,

7 July 1988.
33. Klaus Schwab and Claude Smadja, "Start Taking the Backlash against Globalization Seriously", *International Herald Tribune*, 1 February 1996.
34. Donald Coxe, "Vanishing Act : Economic Crisis Threatens to Make the Complex Trade Network Known as Globalization Disappear", *Globe and Mail*, 30 October 1998.
35. Editorial, "Rethinking Globalization", *Toronto Star*, 28 December 1998.
36. President Bill Clinton quoted in E. J. Dionne, Jr., "Globalization Camps", *Pittsburgh Post-Gazette*, 25 January 1999.
37. Yashwant Sinha, address at the World Economic Forum, Davos, cited in Kamalakshi Mehta, "The G Word", *WorldLink*, March~April 1999, 25쪽.
38. Al R. Dizon, "World Trade Organization Meeting : S Asean Watch Calm before the Storm", *Business World*, 26 November 1999, 20쪽.
39. Mike Moore quoted in Rebecca Cook, "Protesters Launch 'Battle in Seattle' against WTO", *Associated Press*, 28 November 1999.
40. 2006년 8월 3일 세계은행 관계자와의 개별 대화.
41. Vandana Shiva, "The Two Fascisms(Economic Globalization)", *Ecologist*, 1 May 1999.
42. 2003년 10월 31일 클린턴 대통령과의 인터뷰, *YaleGlobal Online*, available at http://yaleglobal.yale.edu/display.article?id=2840.
43. Richard Tomkins, "Happy Birthday, Globalisation", *Financial Times*, 6 May 2003.
44. Editorial, "Who's Afraid of Globalization?", *Manila Standard*, 19 January 2000.
45. Robert E. Litan, "The 'Globalization' Challenge : The U.S. Role in Shaping World Trade and Investment", *Brookings Review* 18(Spring 2000), 35~37쪽.
46. 'Assessing Globalization", *World Bank Briefing Paper*, undated, available at http://www1.worldbank.org/economicpolicy/globalization/documents/AssessingGlobalizationP1.pdf.
47. Naomi Klein, "Fete for the End of the End of History", *Nation*, 19 March 2001.
48. 900여 명의 비정부기구 활동가들, 환경론자들, 페미니스트들과 정부 대표들이 브라질의 마을에 모였다. "Forum de Porto Alegre", *Agence Telegraphique Suisse*, 21 January 2001.
49. "유로바로메트르의 여론조사에 따르면 유럽 인의 대부분은 세계화를 우려하지 않는 것으로 드러났다." *Agence Europe*, 19 November 2003.

50. Françoise Antoine and Marie Brandeleer, "Qui sont ces marcheurs?", *Trends/Tendances*, 13 December 2001, 42쪽.
51. Fiona Fleck, "Antiglobalization Forces Shift to Pragmatic Tactics", *International Herald Tribune*, 21 January 2004.
52. Xavier Harel, "Les alter-mondialisation à l'heure du dialogue", *La Tribune*, 30 January 2003.
53. John Holusha, "General Motors Corp Chairman Roger B. Smith Says That Company Is Looking…", *New York Times*, 14 October 1981.
54. Daniel Gross, "Why 'Outsourcing' May Lose Its Power as a Scare Word", *New York Times*, 13 August 2006.
55. Remarks Prepared for Delivery by Treasury Secretary Henry M. Paulson at Columbia University, 1 August 2006, available at http://www.treas.gov/press/releases/hp41.htm.

9장 누가 세계화를 두려워하는가?

장 제목은 Anne O. Krueger, "Supporting Globalization", IMF, available at http://www.imf.org/external/np/speeches/2002/092602a.htm ; Susan George, "Another World Is Possible", *Khaleej Times*, 18 October 2004, available at http://www.khaleejtimes.com/DisplayArticle.asp?xflle=data/opinion/2004/October/opinion_October31.xml&section=opinion&col=.에서 인용.

1. Laura Carlsen, "WTO Kills Farmers : In Memory of Lee Kyung Hae", 16 September 2003, available at http://www.countercurrents.org/glo-carlsen160903.htm.
2. Sulak Sivaraksa, "Globalisation Represents Greed", *Bangkok Post*, 21 September 1997.
3. Dani Rodrick, *Has Globalization Gone Too Far?*(Washington, DC : Institute of International Economics, 1997).
4. 반세계화에 관한 개요는 James H. Mittelman, "Where Have All the Protesters Gone?", *YaleGlobal Online,* available at http://yaleglobal.yale.edu/display.article?id=4637, 제임스 미틀먼의 저서 *Whither Globalization? The Vortex of Knowledge and Ideology*(New York : Routledge, 2004) 참조.
5. Nicholas Thomas, *Cook: The Extraordinary Voyages of Captain James Cook*(New York : Walker, 2004), 391~401쪽.
6. Karl Marx and Friedrich Engels, *The Communist Manifesto*(Chicago :

Haymarket Books, 2005), 44~45쪽, italics added.
7. Karl Marx, *Capital*, vol. 1(Moscow : Progress Publishers, 1954), 252쪽.
8. Anthony Reid, *South East Asia in the Age of Commerce, 1450~1680*, vol. 2(New Haven and London : Yale University Press, 1993), 7~9쪽.
9. D. J. M. Tate, *The Making of Modern Southeast Asia*, vol. 2(Kuala Lumpur : Oxford University Press, 1979), 93쪽.
10. Nicholas Tarling, ed., *Cambridge History of Southeast Asia*, vol. 1(Cambridge : Cambridge University Press, 1992), 602쪽.
11. Blair B. Kling, *The Blue Mutiny: The Indigo Disturbances in Bengal, 1859~1862*(Philadelphia : University of Pennsylvania Press, 1966).
12. Jeffrey G. Williamson, "Winners and Losers over Two Centuries of Globalization", 2002 WIDER Annual Lecture, Copenhagen, 5 September 2002.
13. Kevin H. O'Rourke and Jeffrey G. Williamson, *Globalization and History: The Evolution of a Nineteenth-Century Atlantic Economy*(Cambridge, MA : MIT Press, 1999), 183쪽.
14. Charles A. Price, *The Great White Walls Are Built: Restrictive Immigration to North America and Australasia, 1836~1888*(Canberra : Australian National University Press, 1974), 323쪽. See also O'Rourke and Williamson, *Globalization and History*, 190쪽.
15. Harold James, *The End of Globalization: Lessons from the Great Depression*(Cambridge, MA : Harvard University Press, 2001), 30쪽.
16. Ibid., 121쪽.
17. Jeffry. A. Frieden, *Global Capitalism: Its Fall and Rise in the Twentieth Century*(New York : W. W. Norton, 2006), 396쪽.
18. Niall Ferguson, in Strobe Talbott and Nayan Chanda, eds., *The Age of Terror: America and the World after September 11*(New York : Basic Books, 2002).
19. Bernard Gordon, "Development vs. Free Trade", *YaleGlobal Online*, 20 July 2006, available at http : //yaleglobal.yale.edu/display.article?id=7850.
20. 관세와 무역에 관한 일반협정The General Agreement on Tariffs and Trade(GATT) : 서비스 교역에 관한 일반협정The General Agreement on Trade in Services(GATS) ; 무역 관련 지적재산권 협정The Agreement on Trade-Related Aspects of Intellectual Property Rights(TRIPS).
21. Institute for International Economics, *US-China Trade Disputes*, Preview, Chapter 3 : Textiles and Clothing, http : //www.iie.com/publications/chapters_preview/3942/o3iie3942.pdf.

22. Kenneth Rogoff, "Paul Samuelson's Contributions to International Economics", 11 May 2005, paper prepared for volume in honor of Paul Samuelson's ninetieth birthday, ed. Michael Szenberg, available at http://www.economics.harvard.edu/faculty/rogoff/papers/Samuelson.pdf.
23. *Cultivating Poverty: The Impact of U.S. Cotton Subsidies on Africa*, Oxfam Briefing Paper, 30(London : Oxfam, 2002), 2쪽. 1990년대 중반에 면화의 세계시장 가격은 절반으로 떨어졌다. 인플레이션을 감안하여 계산한 면화의 세계 시장 가격은 1930년대 대공황 이후 최저치다.
24. 국제 면화 자문위원회International Cotton Advisory Committee의 연구 결과 인용, *Cultivating Poverty: The Impact of U.S. Cotton Subsidies on Africa*, Oxfam Briefing Paper, 30(London : Oxfam, 2002), 32쪽.
25. U.N. Millennium Task Force Project on Trade, *Trade for Development*(New York, 2005), 49쪽.
26. G. Pascal Zachary, "Africa's Bitter Cotton Harvest", *Straits Times*, 19 April 2006.
27. Ibid.
28. "'The Chief Responsibility Lies Here', Lamy Tells G-8", *WTO News*: Speeches, DG Pascal Lamy, available at http://www.wto.org/english/news_e/sppl_e/sppl32_e.htm.
29. Jose Bové, interview with Robert Siegel, *National Public Radio*, 30 November 1999.
30. Foreign Broadcast Information Service report, Washington, DC, 20 August 2003.
31. *Kicking Down the Door: How Upcoming WTO Talks Threaten Farmers in Poor Countries*, Oxfam Briefing Paper, 72(London : Oxfam, 2005).
32. Editorial, "Sweet Justice for EU Sugar : The WTO Has Put a Time-Bomb under an Indefensible Policy", *Financial Times*, 6 August 2004.
33. Cited in Pranab Bardhan, "Does Globalization Help or Hurt the World's Poor?", *Scientific American*, April 2006.
34. Reuters, "Soya Exporters to Stop Buying Amazon Beans", *Sydney Morning Herald*, 26 July 2006.
35. Michael McCarthy, "The Great Rainforest Tragedy", *Independent*, 28 June 2003.
36. John Vidal, "The 7,000Km Journey That Links Amazon Destruction to Fast Food", *Guardian*, 10 April 2006.
37. Matt Pottinger, Steve Stecklow, and John J. Fialka, "Invisible Export-A

Hidden Cost of China's Growth : Mercury Migration", *Wall Street Journal*, 20 December 2004.

38. Tina Rosenberg, "Globalization", *New York Times Magazine*, 18 August 2002.
39. Keith Bradsher, "Vietnam's Roaring Economy Is Set for World Stage", *New York Times*, 25 October 2006.
40. Chakravarthi Raghavan, "A Theatre of the Absurd at Seattle", Third World Network, available at http : //www.twnside.org.sg/title/deb3-cn.htm.
41. Thomas L. Friedman, comment, Asia Society, New York, 4 April 2005, available at http : //www.asiasociety.org/speeches/friedman05.html.
42. 소위 워싱턴 컨센서스는 존 윌리엄슨이 세계은행 보고서에서 주장한 것으로, 1990년의 합의를 반영하는 아이디어를 종합적으로 이르는 말이다. 워싱턴 컨센서스의 10개 항목은 다음과 같다. (1)재정 질서 확립 (2)공공 지출, 특히 교육과 건강 부분 강화 (3)조세 개혁(조세 기반은 확대하고, 한계 세율은 완화되어야 한다) (4)금리는 시장이 결정 (5)'외부 지향적' 경제 정책의 핵심 요소로서의 경쟁 환율 (6)수입 자유화 (7)외국인 직접 투자 개방 (8)국영 기업 민영화(민간 기업이 국영 기업보다 효율적으로 운영된다는 믿음을 바탕으로 함) (9)규제 철폐 (10)재산권 보호. Stanley Fischer, "Globalization and Its Challenges"에 인용된 부분, *AEA Papers and Proceedings 93*(May 2003), 6쪽.
43. Circular issued by "50 Years Is Enough", 28 September 2001, Washington, DC.
44. Rosenberg, "Globalization".
45. Stiglitz quoted in Ed Crook, "The Odd Couple of Global Finance", *Financial Times*, 5 July 2002.
46. U.S. Department of Commerce, *U.S. Census Bureau: U.S. Bureau of Economic Analysis News*, 9 June 2006, 일사분기 무역 적자는 2,540억 달러로 보고됨.
47. Steve Lohr, "A Dissenter on Outsourcing States His Case", *International Herald Tribune*, 7 September 2004.
48. 2004년 11월 18일 데이비드 다피스와의 인터뷰.
49. Branko Milanovic, "Why Globalization Is in Trouble", part I, 29 August 2006, *YaleGlobal Online*, available at http : //yaleglobal.yale.edu/display.article?id=8073.
50. Andrew Grove quoted in Manjeet Kripalani and Pete Engardio, "The Rise of India", *Business Week Online*, 8 December 2003, available at http : //www.businessweek.com/magazine/content/03_49/b3861001_mz00l.htm.

51. 당시 인도는 세계 의류의 25퍼센트를 생산했고, 인도산 직물은 동남아시아의 향신료와 아프리카 노예를 구매하기 위한 교환가치로 이용되었다. Kenneth Pomeranz and Steven Topik, *The World That Trade Created*(Armonk, NY : M.E. Sharpe, 1999), 228~229쪽.
52. 2004년 12월, GE는 사업 영역의 60퍼센트를 매각하고 Gecis로 개명했다.
53. Ashutosh Sheshabalaya, *Rising Elephant: The Growing Clash with India over White Collar Jobs*(Monroe, ME : Common Courage Press, 2005), 46쪽.
54. "Faster, Cheaper, Better", in "Survey of Outsourcing", *Economist*, 11 November 2004.
55. Cited in Jeffrey A. Frieden, *Global Capitalism*.
56. Mike Ricciuti and Mike Yamamoto, "Companies Determined to Retain 'Secret Sauce'", *C-NET News*, 5 May 2004.
57. Letter to the editor by an employee of a high-tech firm, *Sentinel and Enterprise*, 13 May 2006, available at http://www.sentinelandenterprise.com/ci_3819745.
58. "The Future of Outsourcing : How It's Transforming Whole Industries and Changing the Way We Work", *Business Week*, 30 January 2006.
59. 글로벌 크로싱은 파산하기 전까지 세계 광섬유 네트워크 건설에 4,150억 달러를 투자했다. 싱가포르 국영 SemCorp는 글로벌 크로싱이 건설한 광섬유 네트워크의 60퍼센트를 단돈 2억 5,000만 달러에 매입했다. 2006년 5월 2일 SemCorp 최고경영자와의 개별적 대화에 근거.
60. Thomas L. Friedman, *The World Is Flat: A Brief History of the Twenty-First Century*(New York : Farrar, Straus and Giroux, 2005), 128~132쪽.
61. Robert Fulford, "Upwardly Mobile Phone Jockey... 'or Cyber-Coolie'?", *National Post*, 1 November 2003.
62. Geoffrey Colvin, "America Isn't Ready 'Here's What to Do about It'", *Fortune*, 25 July 2005.
63. Alan S. Blinder, "Offshoring : The Next Industrial Revolution?", *Foreign Affairs* 85(March~April 2006), 113~128쪽.
64. Philip Aldrick, "Indian Workers 'Slash IT Wages'", *Daily Telegraph*, 26 December 2005.
65. Daniel Gross, "Invest Globally, Stagnate Locally", *New York Times*, 2 April 2006.
66. Quoted in ibid.
67. Craig Barrett, "Do We Want to Compete?", in Outsourcing Roundtable, *CNET News.com*, http://news.com.com/2009-1022_3-5198961.html.

68. Somini Sengupta, "Skills Gap Hurts Technology Boom in India", *New York Times*, 17 October 2006.
69. *International Trade: Current Government Data Provide Limited Insight into Offshoring of Services*(Washington, DC : United States Government Accountability Office, 2004), 34쪽.
70. 맥킨지는 2008년 1억 6,000만 개의 일자리 또는 전체 서비스업종 일자리의 11퍼센트가 원거리에서 조달될 가능성이 있지만, 그 가운데 실제 해외 아웃소싱에 해당하는 일자리는 410만 개 정도일 것으로 예측했다. 해외 아웃소싱이 이 정도의 미미한 수치에 그치는 것은 규제 장벽 때문이기보다는 각 기업의 특수한 이해관계 때문이다. Mari Sako's background paper "Outsourcing and Off-shoring : Key Trends and Issues"(Said Business School, Oxford, November 2005).
71. Daniel W. Drezner, "The Outsourcing Bogeyman", *Foreign Affairs* 83(May~June 2004), 22~34쪽.
72. Thomas L. Friedman, *The World Is Flat*, expanded ed.(London : Penguin, 2006), 278쪽.
73. Branko Milanovic, "Why Globalization Is in Trouble", *YaleGlobal Online*, 29 August 2006, available at http : //yaleglobal.yale.edu/display.article?id=8073.
74. Gross, "Invest Globally, Stagnate Locally".
75. Elaine Sciolino, "French Youth at the Barricades, But a Revolution? It Can Wait", *New York Times*, 28 March 2006.
76. Stephen Roach, "China's Emergence and the Global Labor Arbitrage", 7 April 2006, Morgan Stanley home page, http : //www.tribemagazine.com/board/showthread.php?t=114271.
77. Joseph E. Stiglitz, "Why We Should Worry about Outsourcing", *Miami Herald*, 9 May 2004.
78. Transcript, Conference Call on the Analytic Chapters of the Spring 2006 World Economic Outlook with Raghuram Rajan, Economic Counselor and Director of Research of IMF, 13 April 2006, available at http : //www.internationalmonetaryfund.org/external/np/tr/2006/tro60413.htm.
79. David Dollar, "The Poor Like Globalization", *YaleGlobal Online*, 23 June 2003, available at http : //yaleglobal.yale.edu/display.article?id=1934.
80. Barry Naughton, "The Chinese Economy : Five Snapshots", typescript, University of California, San Diego, 9 April 2006.
81. Pranab Bardhan, "Time for India to Reduce Inequality", *Financial Times*, 7 August 2006.

82. David Dollar and Aart Kraay, "Growth Is Good for the Poor", World Bank Policy Research Working Paper no. 2587, April 2001, available at http://ssrn.com/abstract=632656.
83. M. Lundberg and B. Milanovic, "Globalization and Inequality: Are They Linked and How?"(World Bank, 2000), available at http://www.worldbank.org/prem/poverty/inequal/abstracts/milanov.htm.
84. Branko Milanovic, "Can We Discern the Effect of Globalization on Income Distribution? Evidence from Household Surveys"(Paper, World Bank, 22 September 2003), 31~32쪽.
85. Nancy Birdsall, "Cheerleaders, Cynics and Worried Doubters", *Global Agenda*, 2003, available at http://www.cgdev.org/doc/commentary/birdsall_cheerleaders.pdf.
86. Pranab Bardhan, "Does Globalization Help or Hurt the World's Poor?", *Scientific American*, April 2006.
87. Pew Research Center for the People and the Press, "Views of a Changing World 2003", 3 June 2003, available at http://people-press.org/reports/print.php3?PageID=712.
88. "Indians along with Half the World's Consumers Buy into Globalisation : Survey", Indiantelevision.com, 23 August 2006, available at http://www.indiantelevision.com/mam/headlines/y2k6/aug/augmam106.htm.
89. Frieden, *Global Capitalism*, 436쪽.
90. 더 정확한 분석은 Pranab Bardhan, "China, India Superpower? Not So Fast!", *YaleGlobal Online*, 25 October 2005, available at http://yaleglobal.yale.edu/display.article?id=6407.

10장 우리 앞의 길

장 제목은 Serge Gruzinski, *Les quatre parties du monde : histoire d'une mondialisation*(Paris : Martinière, 2004), 402쪽에서 인용.

1. Angus Maddison, *The World Economy: A Millennial Perspective*(Paris : OECD, 2001), 263쪽.
2. Thomas P. M. Barnett, *The Pentagon's New Map: War and Peace in the Twenty-First Century*(New York : G. P. Putnam's Sons, 2004), 107~191쪽.
3. *Migration in an Interconnected World: New Directions for Action*(Global Commission on International Migration, Geneva, October 2005), 11, available

at http://www.gcim.org/attachements/gcim-complete-report-2005.pdf.
4. Roger Cohen, "Spreading Work around Leaves Other Work to Do", *International Herald Tribune*, 27 May 2006.
5. Henry Paulson, interview, *Der Spiegel*, 13 June 2006.
6. Gordon Brown, speech at Mansion House, London, 21 June 2006, available at http://www.hm-treasury.gov.uk/newsroom_and_speeches/press/2006/press_44_06.cfm.
7. Janet L. Yellen, "Economic Inequality in the United States", 2006~2007 Economics of Governance Lecture, Center for the Study of Democracy, University of California, Irvine, 6 November 2006, available at http://www.frbsf.org/news/speeches/2006/1106.html.
8. "Election Pushes Globalization to Forefront", *USA Today*, 14 November 2006.
9. Pascal Lamy, "The Doha Marathon", *Wall Street Journal*, 3 November 2006.
10. Cohen, "Spreading Work around".
11. Strobe Talbott, *A Gathering of Tribes: Reflections on the Unity of Nations* (forthcoming, 2007).
12. Dr. H. Mahler quoted in Jack W. Hopkins, *The Eradication of Smallpox: Organization and Innovation in International Health* (Boulder, CO: Westview, 1989), 125.
13. Nicholas Stern, *The Economics of Climate Change: The Stern Review* (Cambridge, 2006), PDF version available at http://www.hm-treasury.gov.uk/independent_reviews/stern_review_economics_climate_change/stern_review_report.cfm.

찾아보기-문헌, 인명

문헌
『브리태니커 백과사전』 8, 118
『세계는 평평하다 The World Is Flat』 9
『총, 균, 쇠 Guns, Germs, and Steel』 12
『세계적 명령 : 인간 종 확산의 해석사 Global Imperative:An Interpretive History of the Spread of Humankind』 12
『인간의 유래와 성선택 The Descent of Man, and Selection in Relation to Sex』 24
『판차탄트라 Panchatantra』 37
『마하바라타 Mahabharata』 55
『세계 경이의 서』 69
『에리스리언 항해기 The Periplus of the Erythraen Sea』 82, 86, 244
『수마 오리엔탈 Suma Oriental』 95
『행복한 아랍 여행 Voyage de l'Arabie heureuse』 100, 125
『대외 무역으로 영국의 부를 축적하는 방법 England Treasure by Forraign Trade』 134
『커피의 역사 Coffee: The Epic of a Commodity』 144
『알마게스트 Almagest』 164
「가르기 삼히타 Gargi Samhita」 164
『주판서珠板書, Liber Abaci』 165
『사고의 법칙에 관한 연구 Investigation into the Laws of Thought』 166
『복원復元과 축소의 과학 Al-Jabrwa Al-Muqubilah』 165
『금강경』 190, 191
『법화경』 190
『서역기西域記』 193

『세계화의 역사 Les quatre parties du monde』 203
『아프리카 전도여행기 Missionary Travels』 208
『인도지印度誌』 216
『라마야나 Rāmāyana』 220
『인도 제국들의 몰락에 관한 간략한 보고 A Short Account of the Destruction of the Indies』 226
『콜럼버스의 생애와 여행 Columbus, His Life and Voyages』 237
『마르코 폴로는 중국에 갔을까? Did Marco Polo Go to China?』 250
『세계의 서술 The Description of the World(동방견문록)』 249
『베냐민 여행기 Voyages of Benjamin』 253
『1757년 플라시 전투 승리 후의 로버트 클라이브와 미르 자파 Robert Clive and Mir Jafar after the Battle of Plassey』 279
『트라이어드 파워 Triad Power』 390

인명
제프리 왓슨 Jeffrey L. Watson 8
토머스 프리드먼 Thomas L. Friedman 8
케빈 오룩크 Kevin O'Rourke 9
존 윌리엄슨 John G. Williamson 9
알 콰리즈미 10, 175, 216
롤랜드 로버트슨 Roland Robertson 11
페르디난드 마젤란 11, 16, 237~240, 262, 263, 275, 277
윌리엄 맥닐 William McNeill 12, 76
페르낭 브로델 Fernand Braudel 12, 248
이마누엘 월러스틴 Immanuel Wallerstein 12

브루스 매즐리시Bruce Mazlish 12
필립 D. 커틴Philip D. Curtin 12, 87, 98
제리 벤틀리Jerry Bentley 12, 88
재레드 다이아몬드Jared Diamond 12
로버트 클라크Robert P. Clark 12
한노Hanno 15, 241, 256, 276
이븐바투타 15, 215, 254, 277
마르코 폴로 15, 69, 90, 106, 217, 240, 249~252, 255, 256, 258, 273
찰스 다윈Charles Darwin 24, 51
프랜시스 크릭Francis C. Crick 24
제임스 왓슨James D. Watson 24
루이스와 메리 리키Louis & Mary Leakey 25
크리스토퍼 콜럼버스Christopher Columbus 10, 26, 46, 47, 98, 111, 106, 130, 199, 201, 202, 237, 240, 247, 249, 251, 257, 259~264, 275, 293, 295
앨런 윌슨Allan Wilson 26, 28, 31, 32
레베카 칸Rebecca Cann 26, 28
루이기 루카 카발리 스포르차Luigi Luca Cavalli-Sforza 27, 49-51
피터 언더힐Peter Underhill 27
빈센트 매컬리Vincent Macaulay 32, 33
로버트 월터Robert C. Walter 33, 34
스펜서 웰스Spencer Wells 34, 40, 41
리 진Li Jin 42
제임스 쿡James Cook 43, 263
폴 멜라Paul Mellars 45
데이비드 크리스티안David Christian 47, 64
프랜시스 콜린스Francis Collins 48
폴 플로츠Paul Plotz 52
오페르 바 요세프Ofer Bar-Yosef 53
데이비드 앤소니David Anthony 56, 58
장 자크 글래스너Jean-Jacques Glassner 62
레인 타아게페라Rein Taagepera 63
고타마 싯다르타 65, 189
스티브 잡스Steve Jobs 71, 72, 115, 117, 122
아담 스미스Adam Smith 72, 208
푸슈켄 75, 100, 122

페르디난트 폰 리히트호펜Ferdinand von Richthofen 77
발레리 한센Valery Hansen 79
빈두사라Bindusara 82
안티오쿠스Antiochus 82
플리니Pliny 82, 133
그랜트 파커Grant Parker 83
안토니우스 피우스Antonius Pius 84
티베리우스Tiberius 84
하트셉수트 여왕 87, 241
정화鄭和 91, 245, 247, 248
제임스 버크James Burke 91
아브라함 이유Abraham Yiju 92~94, 122
토메 피르스Tomé Pires 95, 122
앤소니 리드Anthony Reid 96, 170
마누엘 1세Manuel I 97
사무엘 존슨Samuel Johnson 99
이삭 에르가스Isaac Ergas 99, 110
프란체스카 트리벨라토Francesca Trivellato 99
장 드 라 로크Jean de la Roque 100, 122, 125, 145, 151, 153
쥘 베른Jules Verne 101
로버트 풀턴Robert Fulton 101
페르디낭 카레Ferdinand Carré 102
케네스 포메란츠Kenneth Pomeranz 102
에드윈 로렌틴 드레이크Edwin Laurentine Drake 103
말콤 맥린Malcolm Mclean 103
보나파르트 나폴레옹 108, 110, 310
프랭크 맥나마라Frank X. McNamara 109
칭기즈 칸 110, 281, 291, 292, 299
사무엘 모스Samuel Morse 111, 118
사이러스 필드Cyrus Field 111
파울 율리우스 폰 로이터Paul Julius von Reuter 111
캘러한Callahan, E. A. 111
아서 클라크Arthur C. Clarke 112
케빈 오룩크 112
그레이엄 벨Graham Bell 113

551

프레드 스미스Fred Smith 114
팀 버너스 리Tim Berners-Lee 116, 117
나라야나 무르티N. R. Narayana Murthy 119, 122
마틴 케니Martin Kenney 123
라빈드라나드 타고르Rabindranath Tagore 125
마크 엘빈Mark Elvin 131
엔히크 97, 132, 199, 202, 257, 273, 292, 293
토마스 문Thomas Mun 134
윌리엄 벤틱William Bentinck 136
엘리 휘트니Eli Whitney 136
스벤 베케르트Sven Beckert 137
사무엘 슬레이터Samuel Slater 138
아이작 싱어Issac Singer 139
하인리히에 두아르트 야콥Heinrich Eduard Jacob 144
슐레이만 아가Suleiman Aga 149, 159
볼테르Voltaire 150
장 폴 사르트르Jean-Paul Sartre 150
가브리엘 마티유 드 클리외Gabriel Mathieu de Clieu 151
바바 부단Baba Budan 151
프랜시스코 드 멜로 팔레타Francisco de melho Palheta 153
하인리히 야콥 153
시드니 민츠Sidney Mintz 156
잭 킬비Jack Kilby 161, 162, 171, 172
로버트 노이스Robert Noyce 161, 162, 171, 172, 173
프톨레마이오스Ptolemy 164
브라마굽타Brahmagupta 164, 175
조지 부울George Boole 165
르네 데카르트René Descartes 165
탈레스Thales 166, 175
윌리엄 길버트William Gilbert 166
피터 반 뮈센브르크Pieter van Musschenbroek 166
마이클 패러데이Michael Faraday 167

톰슨J. Thomson 167
플레밍J. A. Fleming 167
리 드 포레스트Lee De Forest 168
닐스 보어Niels Bohr 168
존 바딘John Bardeen 169
월터 브래튼Walter Brattain 169
윌리엄 쇼클리William Shockley 169
앨런 튜링Alan M. Turing 169, 175
요한 폰 노이만Johann von Neumann 170, 175
고든 무어Gordon Moore 173
리처드 디커Richard Dicker 178, 179, 180, 234, 235
콘돌리자 라이스Condoleezza Rice 179
잭 스트로Jack Straw 179
케네스 로스Kenneth Roth 180
막스 베버Max Weber 184
엘리 위젤Eli Wiesel 184
조디 윌리엄스Jody Williams 185
프란시스코 피사로Francisco Pizarro 186, 281, 293, 309
현장 법사 189, 191~193, 233
아소카Asoka 왕 190, 233, 307, 308
마힌다Mahinda 190, 308
오렐 스타인Aurel Stein 190, 191
하르샤Harsha 왕 192
탄 윈샨Tan Yun-Shan 193
빅터 마이어Victor H. Mair 193
존 키슈닉John Kieschnick 195
신루 류Xinru Liu 195
콘스탄티누스 대제 197, 308
테오도시우스 황제 197
샤를 마르텔 198, 290
이노센트 4세 198
카렌 암스트롱Karen Armstrong 201
후니페로 세라Junipero Serra 202
바스코 다 가마 202, 240, 247, 251, 259, 261~263, 293
프란치스코 사비에르Francis Xavier 202
베르토 데 노빌리Roberto de Nobili 203

마테오 리치Matteo Ricci 203, 212
세르주 그뤼진스키Serge Gruzinski 203
조너선 스펜스Jonathan Spence 204
라즐로 라다니Laszlo Ladany 205
윌리엄 케어리William Carey 205
라민 사네Lamin Sanneh 205
알렉상드르 드 로드Alexandre de Rhodes 206
데이비드 리빙스턴David Livingstone 207~209, 210, 212, 227, 228
헤로도토스 208, 242
부커 워싱턴Booker T. Washington 209
앤드루 로스Andrew Ross 209, 235
알렉상드르 드 로드 212
무함마드 이븐 압달라Muhammad ibn Abdallah 212, 213
오스만 베이Osman Bey 213
토머스 아널드Thomas Arnold 214
마흐무드Mahmud 215
알 비루니Al Biruni 216
앤소니 리드 218, 219
리클리프M. C. Rickleffs 220
무함마드 이븐 아브알 와하브Muhammad ibn Abd al-Wahhab 221
무함마드(선지자) 221, 225, 281, 287, 288, 291, 305
무함마드 이븐사우드Muhammad Ibn Sad 222
압드 알아지즈Abd al-Aziz 222
바르톨로메 데 라스카사스Bartolomé de las Casas 226, 227
후안 기네스 데 세풀베다Juan Ginés de Sepúlveda 227
윌리엄 윌버포스William Wilberforce 229
피터 베넨슨Peter Benenson 230, 231
이렌느 칸Irene Khan 232, 234
후안 세바스티안 엘카노Juan Sebastián de Elcano 237
카를로스 1세 237
워싱턴 어빙Washington Irving 237
카를로스 1세 238

네코Necho 242
다리우스Darius 대왕 243
스킬락스Scylax 243
네아르쿠스Nearchus 243
알렉산더 대왕 243, 283, 285, 292, 296, 297, 304
피테아스Pytheas 243
장건張騫 244
감영甘英 245
필립 스노Philip Snow 247
마이클 맥코믹Michael McCormick 248
마환馬歡 248
이븐 주바이르 248
쿠빌라이 칸 249, 250, 299
프랜시스 우드Frances Wood 250
알파나시 니키틴Afanasii Nikitin 251
베냐민Benjamin 252, 253
댄 모건Dan Morgan 256
데이비드 드베스 힐렐David d' Beth Hillel 256
아메리고 베스푸치Amerigo Vespucci 257
존 캐벗John Cabot 257, 263, 295
세바스티안 캐벗Sebastian Cabot 257
다니엘 부어스틴Daniel J. Boorstin 257
바르톨로뮤 디아스Bartolomeu Dias 258
페로 다 코빌량Pêro da Covilhã 258, 259
파올로 토스카넬리Paolo Toscanelli 258
프톨레마이오스 259
이사벨라Isabella 여왕 259
후안 로드리고 베르메조Juan Rodrigo Bermejo 260
아벨 타스만Abel Tasman 263
루이 앙투완 드 부갱빌Louis-Antoine de Bougainville 263
조지 배스George Bass 263
프톨레마이오스 263
매튜 플린더스Matthew Flinders 263
프랜시스 드레이크Francis Drake 263
토머스 캐번디시Thomas Cavendish 263
라페루즈Comte de la Pe'rouse 백작 264

케네스 포메란츠Kenneth Pomeranz 265
스티븐 토픽Steven Topik 265
프리드리히 엥겔스Friedrich Engels 266
후안 바우티스타 알베르디Juan Bautista Alberdi 266
데이비드 노스럽David Northrup 267
휴 베이커Hugh R. Baker 268
안토니오 피가페타Antonio Pigafetta 277
프랜시스 헤이먼Francis Hayman 279
토머스 펠햄Thomas Pelham 279
사르곤 왕 281
프란시스코 피사로 281, 293
플라톤 282, 283, 305
아리스토텔레스 283, 305
윌리엄 타른William Tarn 경 283
플루타르크 283
앤소니 파그덴Anthony Pagden 284
키케로 284
토머스 제퍼슨Thomas Jefferson 285, 307
조너선 셸Jonathan Schell 285
해럴드 라스키Harold Laski 286
마이클 쿡Michael Cook 288
발레리 한센Valerie Hansen 291
에르난 코르테스Hernn Cortés 293
필리페 2세 293
페르디난드 왕 293, 300
이사벨라 293
제임스 브라이스James Bryce 295
스탠리 모드Stanley Maude 295
헨리 7세 295

파그덴 296
시몬 볼리바르Simon Bolivar 296
윌리엄 타른 297
잭 웨더포드Jack Weatherford 299
주앙 5세 299
헨리 케이먼Henry Kamen 300
니알 퍼거슨Niall Ferguson 301, 309
샤를르 망쟁Charles Mangin 302
존 애덤스 307
벤자민 프랭클린 307
토머스 매콜리Thomas Macaulay 306
카니시카Kanishka 왕 308
잭 웨더포드 306
샤를르마뉴 대제 309
매슈 페리Matthew Perry 제독 310
사이드 쿠틉Sayyid Qutb 311
파그덴 312
오사마 빈 라덴 311
유스티아누스 황제 312
피터 맨스필드Peter Mansfield 314
재닛 아부 루그호드Janet L. Abu-Lughod 314
조지프 스티글리츠 444
낸시 버드샐Nancy Birdsall 463
스티븐 로치Stephen Roach 459
앨런 블라인더Alan Blinder 414, 415, 456
이경해 418~421, 436, 467
테드 레빗Ted Levitt 389, 390, 405
파트릭 아르투스Patrick Artus 459
프라납 바드한Pranab Bardhan 464

찾아보기

0의 개념 164
1페니 대학교 149
24시간 거래 환경 392
24시간 장터 118
2진법 169, 170
50년이면 충분하다 407, 443
60진법 164
DNA 29, 31, 36, 37, 42, 48, 70, 299, 301, 364
DNA의 이중나선 구조 24
G7 444
G8 17
GOD TV 211
mtDNA 32, 42, 46
P2P 서비스 175
TV 선교사
Y염색체 27, 28, 36, 40, 45, 299, 301,

ㄱ

가격 보호 397
가격 장벽 113
가격 폭락 157
가나안 55
가뭄 20, 21, 31, 52
가상 공간 225
가시화 386, 398, 404, 408, 414
가즈니Ghazni 왕조 215
가치의 세계화 225
간다라 왕국 189
감리교 310
감비아 강 79

강제 노동 155, 267, 335, 336, 353
강제 이주 267, 270, 299
개발도상국 125, 128, 140, 141, 156, 223, 436, 442
개방 정책 17
개방적 195, 270
개인 정보 334, 375, 377
개인용 컴퓨터 115, 116, 122, 123, 162, 175
개종 10, 13, 15, 66, 95, 96, 180, 181, 184, 186, 190, 196~199, 201~206, 208, 210, 211, 213, 214, 216~220, 225, 227, 234, 260, 262, 281, 287, 289, 290, 291, 293, 297, 305, 308~310, 335
개종 금지령 227
개종자 187, 203, 214, 233, 289, 308, 310
갤리선 90, 253, 277
갤리온선 321
거대 커피 소매 업체 127
건전지 167, 169
검역 361, 363, 366, 368
게니자 92, 110
게레게 314
게르만 족 312, 338
경제 성장 272, 273
경제 용어 8, 9
경제 전체주의 404
경제 통합 17
경제(적) 국수주의 479, 480, 481, 482

555

경제협력개발기구 432
경화硬貨 316
계산기 173, 174
계절풍 15, 83, 86, 88, 89, 90, 95, 96, 99, 114, 120, 123, 130, 161, 243, 244
고고학적 증거 31, 33, 54, 59
고기잡이 48, 53
고령화 457
고무나무 322
고속 광케이블 16
고속 인터넷 378
고아Goa 98, 99, 110, 202, 321
고용 창출 효과 141
고추 10, 320
곡물법 113, 428
공공 조선소 90
공급 과잉 157
공급망 139~141, 391, 392
공동선 66
공동체 11, 23, 24, 33, 47, 52, 55, 56, 58, 60, 61, 73, 187, 213~215, 272, 283, 287, 291, 292, 310, 313, 334, 336, 35, 379
공산품 316, 345, 350
공예품 52, 84
공용어 304, 306
공적 자금 257
공정 가격 127
공정거래 라벨링 국제기구 158
공정거래 인증 158, 159
공정거래 커피 159
공학 318
과달키비르Guadalquivir 강 237, 239, 275
과잉 생산 156, 159
관개灌漑 기술 319
관광객 11, 13, 16, 66, 160, 240, 251, 272, 281, 357, 472
관세 84, 128, 135, 314
관세 및 무역에 관한 일반협정 387, 388

관세 장벽 419
관습법 312
광산 267, 268, 299, 337, 339, 349
광섬유 케이블 72, 118, 120, 121
광섬유 케이블망 174
광저우 69, 87, 88, 101, 217, 339
교역 20, 39, 40, 59, 60, 62, 63, 66, 72, 73, 78, 81, 82, 85, 86, 88, 90, 91, 95, 105, 106, 108, 110, 114, 128, 186, 193, 207, 208, 217~219, 224, 244, 280, 323, 335, 342, 350
교역 원정대 60
교역망 52, 60, 66, 72, 81, 91
교환 55, 59, 61, 74, 114, 130, 207, 292, 304, 323, 324, 335, 336, 347, 350, 353
교환 가치 109
구도 여행 189, 190
구리 60, 78, 81, 92, 93, 111, 169
구자라트 95, 132, 217, 218, 276
국가 52, 55, 56, 61, 63, 64, 86, 95, 96, 120, 225, 271, 287, 532
국수주의 17, 491
국적 기원법 270
국제 무역 8, 73, 94, 96, 106~109, 317, 339, 345, 350
국제 우편 서비스 210
국제 지불결제 시스템 123
국제 통화 105, 108, 109, 317
국제노동기구 402, 475
국제사면위원회 66, 226, 231, 232, 234, 386
국제인권감시기구 66, 178~180, 183, 212, 226, 232
국제지뢰금지운동 185
국제통화기금 141, 404, 410, 418, 443
국제형사재판소 179, 180
군인 노예 342
귀환 302, 329, 357

규제 완화 116, 392, 394, 403
그리스 무역상 81
그리스 어 57, 166, 207, 283, 304, 324
그리스도교 15, 65, 183, 184, 187, 189, 197~199, 208, 214, 219, 220, 259, 287, 308~310, 320
그리스도교 공동체 185, 197
근대적 정치 구조 55
글로벌 기업 389, 390, 452
글로벌 브랜드 390
글로벌 소싱 447
글로벌 익스체인지 127, 158
금 73, 74, 78, 79, 84, 86, 87, 96, 105, 107~109, 199, 258, 292, 295, 314, 331, 343, 359
금본위제 108, 389
금융 빅뱅 386, 393
금은괴 134, 237
금화 84, 85, 105, 106
기동성 41
기름부음 292
기린 247
기술 11, 72, 78, 131, 135, 172, 173, 227, 282, 315, 317, 318, 334, 370
기술 진보 17
기술 혁명 318
기후 23, 37, 44, 48, 50, 51, 53, 57, 156, 193, 277, 291
긴급수입제한조치 431
김치 320

ㄴ

나스린 27
나오선 238
나일 강 23, 59, 61, 208, 228, 243, 256
나침반 90, 91, 166, 217
나투프 인Natufians 55
나폴레옹 법전 312
낙타 47, 71, 72, 76, 161, 191, 254, 316, 325
낙타 대상 14, 30, 78, 98, 177, 185, 215, 224
날염 기술 130
남회귀선 242
내연기관 103, 139, 161
냉동 운반선 102
냉전 183
네덜란드 동인도 회사 155
네덜란드 무역상 71, 100, 106, 151, 155
네스토리우스교 79
네안데르탈인 25, 44, 45
노동 시장 17, 276, 445, 453, 458, 479
노동 착취 126~128, 140, 158, 159, 175, 441
노벨평화상 185, 232
노예 – 설탕 복합체 343
노예 노동 10, 149, 333, 339, 342, 343, 345, 532
노예 노동자 106, 349, 350
노예 무역상 332, 335, 351
노예 해방 154, 230
노예무역 52, 154, 208, 228, 229, 264, 267, 331, 333, 336, 337, 339, 344, 346~348, 350, 351, 353, 354, 362, 378, 379, 532
노예제도 16, 137, 154, 156, 210, 332, 334, 335, 338, 342, 344~346, 348, 532
농경 22, 48, 57, 58, 239, 296, 357
농노제도 339
농업 43, 52, 53, 55, 56, 59, 64, 73, 318
농업 공동체 53, 54, 61, 64
농업 혁명 319
뉴스페인 261, 277
뉴질랜드 264, 301
뉴펀들랜드 263
니제르 강 242

ㄷ

다국적 기업 11, 66, 73, 100, 125, 127, 347, 381, 389, 437, 441, 448, 453
다룰 이슬람 운동 222
다르푸르사태 178~180, 232~234
다양성 47, 162, 193, 301
다양화 302, 319
다우선 243, 259
다이아몬드 99, 100, 110, 345, 349
다자간 무역협정 430
다자간 섬유협정 140, 141, 388, 430
다지역 기원설 28
단일 지역 기원설 28
단파 라디오 211
달러 106, 109
담마비자야 190
담배 345, 349, 350, 353
닷컴 붐 120, 452
당나귀 60, 72, 74, 76, 254
대공황 17, 108, 113, 429, 485
대나무 효과 400
대도시 271, 302, 333
대량 생산 130, 132, 135, 169, 427
대량 수송 267
대량 이민 301
대륙 간 상거래 109
대륙빙하 34, 39, 47, 52
대상 60, 74, 75, 77, 78, 86, 191, 313, 357, 379
대상 무역 66, 73, 74, 86, 350
대서양 횡단 광섬유 케이블 118
대서양 횡단 전화 113
대수학 165
대승 불교 189
대안 세계화 383, 410~412, 415, 423
대외 무역 94
대외 무역상 74, 77, 95
대체재代替財 322
대추야자나무 78
대형 범선 43, 185, 268
대형 상선 9, 99
대형화 140
데탕트 시대 183
도로 313, 316, 322, 376
도시 21, 59, 61, 64, 79, 90, 95, 96, 105, 112, 114, 125, 126, 156, 177, 191, 197, 218, 252, 253, 295, 325, 359, 532
도시 국가 61, 62, 97, 243, 257, 284, 317, 339
도시 문명 14, 61
도자기 78, 88, 99, 107, 150, 249, 315, 348
독감 바이러스 16, 363
독점권 59, 261
돌연변이 10, 26, 28, 46, 51, 52, 54, 368, 369
동굴 벽화 44
동물 사육 55
동방 무역 87
동시 커뮤니케이션 118
동시 통화 118
동아프리카 25, 29, 31, 44, 50, 86, 215, 257, 304
동아프리카 지구대 25
동영상 175
동인도 회사 100, 108, 123, 128, 134, 148, 157, 279
동질화 405
돛대 90, 91, 315
두니야 19~21
디버깅 168
디아스포라 201
디지털 가입자회선 374
디지털 컴퓨터 168
딤미 289
딩고 34

ㄹ

라디오 168, 185, 225, 234
라틴 어 57, 304, 305, 358
러더 91
러브 버그 373, 374
러시아 무역상 339
런던 108, 110, 112, 113, 121, 128, 167, 183, 230
레반트 지역 40, 44, 59, 62, 81, 90, 106, 317, 342, 361
레반트 표지자 37
레이저 118
로마 시대 123, 132, 134
로마 제국 16, 30, 77, 82, 83, 85, 96, 105, 197, 215, 282, 284, 286, 297, 303~306, 311, 313, 316, 325, 338, 358
로마법 63, 312
로맨스 어 305
로키 산맥 46
루알라바 228
르네상스 78, 315, 324, 361
리스본 99, 107, 108, 110, 230, 258
리우데자네이루 154

ㅁ

마그나 그라이키아 82
마그나팩스 114
마다가스카르 262, 314
마오리Maori 족 264
마왈리 297
마우리아 왕조 63, 307
마이크로칩 15, 128, 129, 161~163, 165, 171~173, 175
마이크로프로세서 163, 174
마케팅 135, 159, 211, 447
마타람Mataram 왕조 218
마필라 89, 215
만주 27

말[馬] 47, 57, 58, 63, 76~78, 161, 191, 192, 226, 233, 252, 254, 316, 323, 325
말라바르 해안 82, 89, 92, 94, 110, 215
말라카 해협 95
말레이 어 304
말리 302
말린디 87
말일성도 예수그리스도교회 211
맘루크 299
망명자 240, 248, 277
매매 주문서 112
매머드 39, 45
먼로주의 285
메소포타미아 (문명) 60, 62, 64, 73, 74, 79, 81, 164, 245, 289, 304, 305, 313, 357
메스티조 300
메이플라워호 356
메카 86, 131, 146, 212, 215, 218, 220~224, 233, 248, 249, 254, 288, 310, 339, 341
멜라닌 49
멜라카 95, 96, 98, 114, 219
멜루하 81
면역성 46
면직물 130~132, 134, 138
면직물 직조 기술 130
면화 15, 111, 128, 163, 319, 346
멸종 위기 종 184
모가디슈 87
모계 26
모계 혈통 28, 46
모로코 92, 241, 254, 276, 292, 319
모르몬교 211
모스 부호 111
모스크 147, 148, 217, 223, 224
모신 숭배 64
모카 100, 125, 151, 155

모티프 133, 220
모험 17, 22, 243, 264, 276
모험가 240, 254, 277
모헨조다로 61, 81
목초지 37, 39, 291
목축 경제 57
목판 인쇄술 191, 360
목화 129~131, 136~138, 269, 320
목화 왕 137
몬순 82
몰루카 제도 237, 238
몽고주름 43, 51
몽골 무역상 315
몽골 제국 58, 63, 78, 249, 255, 256, 290, 292, 299, 306, 314~316, 318, 320, 325, 359
몽골 족 244, 245, 291, 299
몽Hmong 족 303
무굴 제국 134, 321
무늬개오지조개 348, 350
무료 택배 서비스 69
무선 인터넷 서비스 160, 470
무선 전송 기술 167
무역 도시 94, 218
무역 독점 체제 100
무역 장벽 141
무역로 77, 215, 270, 316
무역상 11~14, 16, 23, 58, 66, 72, 76, 87, 95, 105, 107, 119~123, 133, 145, 148, 149, 151, 157, 182, 191, 204, 215, 229, 243~245, 334, 357, 379
무역수지 133
무역풍 88
무역항 218
무적함대 238
무풍 지대 151
무화과나무 54
문명 73, 208, 225, 296, 335
문명화의 사명 284

문화 용어 8
물물교환 52, 59, 60, 72, 74, 78, 95, 107, 121, 344
뭉고 호수 32
미국-멕시코 국경 274
미니 세계화 47
미디어 181, 229, 275, 453
미디어 캠페인 231
미립자 167
미사일 갭 171
미세 조정 121
미토콘드리아DNA(mtDNA) 26, 28, 29
밀 53~55, 102, 238, 253, 265
밀수 135, 330

ㅂ

바그다드 87, 164, 290, 291, 314
바닥짐 348
바리가자 86
바브알만데브 39, 83
바빌론 63, 64
바이러스 356, 365~368, 370~372, 376~378
바이러스 프로그램 370, 374
바코드 70, 115
박애주의 346
반노예제 운동 346
반도체 161, 169, 174
반세계화 127~129, 138, 155, 175, 320, 391, 408, 411, 418, 421, 423
반식민지주의 285
반투Bantu 족 355
방직 공장 138, 266, 351
방향타 90
배상금 62
백마사 190
백신 363, 369
백인의 짐 284, 295
번역 10, 190, 194, 195, 204, 206, 212,

560

216, 233, 251, 256, 305, 324
범그리스 82
범선 90, 349, 379
법 체계 284, 311~313
법정 화폐 317
베네치아 90, 96, 97, 106, 107, 249, 295
베두인Bedouin 족 241, 299
베르베르 어 305
베르베르Berber 족 302, 339
베링 해협 263
베링기아 25, 41, 263
베스트팔렌 조약 367
베이징 160, 299
베트남 어 206
벤처 자본가 75
벵골 86, 132
벵골 만 190
변종 바이러스 364, 365, 368
변종 코로나 바이러스 366
병원균 16, 334, 356, 357, 362, 369, 474, 484
보르네오 동굴 32
보물선 91, 247
보병대 341
보복 관세 434
보어 인 228
보조금 266, 301
보편 종교 182, 188
보편주의 65, 281, 287
보호 무역 346
보호무역주의 17, 113, 431, 432, 479, 480
복사 기술 360
복음주의(적) 203, 207, 346
복종 213, 329
볼가-드니에프르 강 58
볼가 강 252
봄베이 112, 119

봉건제도 532
부계 27, 31, 37
부두교 355
부처 177, 182, 188, 189, 192, 193, 195, 196, 233
북경인 28, 42
북미 자유무역협정 387, 399
분업화 139
불간섭주의 346
불교 15, 65, 79, 182, 187, 193, 194, 219, 233, 287, 307, 308, 363
불교 공동체 185
불교 대학 191
불법 이민 333
불타는 돌 251
불평등 127, 333, 347, 428, 474
불확실성 137
브라운관 167
브라질 137, 206, 262, 271, 299, 307
브라질 커피 154
블랙 먼데이 394
비단 77, 78, 85, 88, 93, 107, 130, 132, 194, 195, 249, 253, 257, 349, 360
비단 무역 194, 195
비옥한 초승달 지대 25, 39, 53, 55, 61, 72, 73, 214, 264, 289
비자 271
비잔틴 제국 105, 214, 248, 317
비정부기구 11, 13, 183, 212, 230, 231, 234, 437, 440
비타민D 49, 50
비폭력 307
빅토리아 시대 112
빅토리아호 239
빈 공간 263, 348
빈곤 17, 23, 142, 143, 159, 267, 273, 296, 323, 422, 472
빙하기 14, 33, 45~47, 50, 52
빙하기 말 26, 31, 34, 41

빛의 속도 114, 118

ㅅ

사냥 48
사냥꾼 37, 39, 46, 53, 58, 291
사바나 지역 31, 48
사병 저장소 302
사상 12, 13, 58, 61, 163, 208, 214, 221, 222, 231, 235
사스 16, 365~367, 370, 484, 485
사우디아라비아 왕국 222
사이공 강 274
사이버 공간 334, 369, 373
사진식각공정 172
사치품 73, 77, 81~84, 90, 94, 97, 102, 106, 107, 149, 291, 292, 342, 349, 436
사탄의 음료 147
사탕수수 319, 342, 343
사탕수수 농장 268, 269
사하라 사막 53, 60, 77, 215, 277
사회주의 280, 425
산살바도르 47, 201, 260, 261
산스크리트 어 57, 165, 203, 216, 324
산업 경제 17
산업 혁명 15, 128, 131, 135, 136, 138, 208, 251, 295, 316, 351, 360
산타마리아호 47, 249
산타페 문서 260
산호 99, 110
산San 족 49
살롱 150
삼각 무역 체계 107
삼각돛배 90, 91, 217
상거래 73, 74
상아 85, 87, 89, 207, 208, 215, 228
상업(적) 282, 309, 314~316, 334
상업 제국 96
상품 공급망 88

상품 수입 대금 134
상형문자 81
상호 연결 47, 129, 175, 304, 313, 315, 324, 327, 334
상호 연결성 9, 10, 11, 15, 56, 161, 256, 296, 356, 465, 473, 490
상호 의존성 12, 128, 383, 402, 487
상호 의존적 9, 94, 345
상호 종속(적) 324, 334, 379
생명 진화 24
생물학적 24
생산성 58, 116, 350
생태 제국주의 318
샤리아(이슬람법) 222, 223, 312, 313
서고트Visigoth 족 96
서비스 14, 61, 66, 71
석기 34, 59, 337
석유 103, 223
석탄에너지 167
선교 184~188, 196, 198, 201, 206, 207, 212, 235, 309
선교사 11~16, 20, 23, 66, 79, 98, 178, 181, 183, 184, 187, 189~191, 193, 196~199, 202~206, 209~212, 216, 245, 296, 309
선대제先貸制 133
선물 59, 75, 255, 313, 345
선물 교환 60
선물거래소 111
선박 설계 77
선박 화물 운임 101
선사 시대 25, 34, 36 42
선지자 213, 215, 254, 281
설교 여행 65
설탕-노예 복합체 347
설탕-노예 시스템 346
설탕 149, 154, 156, 341, 342, 343, 345, 348, 349, 350, 353, 426
설형문자 81

섬유 산업(무역) 130, 139, 141, 143, 350, 362
성 선택 51
성문법 63
성서의 사람들 289
성전聖戰 213, 215, 219, 288
성지 순례 151, 201, 215, 221, 248, 252, 253, 254
세계 경제(무역) 15, 17, 66, 73, 83, 86, 95, 107, 205, 266, 285, 316, 317, 333, 334, 347, 349, 398
세계 공동체 185, 283
세계 군주 284
세계 기업 100
세계 도시 83
세계 시장 108, 111, 122, 140, 141, 155
세계 여행 12, 47
세계 의식 12, 193
세계 이슬람 공동체 218
세계 이주 경로 25
세계 자본 210
세계 제국(건설) 283, 284, 286, 292, 297, 312, 315
세계 종교 64, 96
세계 커피 시장 157
세계 통합 11, 63, 263, 281
세계 항로 102
세계 화물 운임 102
세계경제포럼 400~402, 409
세계무역기구 17, 125, 126~128, 143, 175, 404, 430, 433, 438, 464
세계보건기구 365, 366~369
세계사회포럼 407, 409
세계은행 8, 141, 157, 333, 404, 407, 438, 443
세계인권선언 232
세계일주 11, 98, 101, 262, 263, 277
세계적 연결성 16
세계화 7, 8, 9, 10~17, 19, 22, 23, 26, 48, 53, 57, 66, 71, 73, 74, 94, 108, 113, 119, 125, 127~129, 140, 143, 145, 157, 159, 161~163, 175, 180, 184, 211, 214, 224, 238, 270, 272, 276, 281, 286, 301, 304, 331, 334, 335, 347, 354, 356, 357, 359, 362, 369, 375, 376, 378, 379, 381, 382, 392, 393, 394, 395, 396, 397, 401, 403, 417, 492
세계화 상품 141, 163
세계화 전쟁 280
세금 73, 95, 131, 289, 290, 292
세비야 262, 265, 237, 238, 239, 275, 277, 300
세우타 273, 274, 293
세이프가드 조항 143
셰르브로Sherbro 강 241
소그디아나 190
소득 불평등 427
소비 도시 83
소비자(경제) 13, 66, 71, 73, 83, 100, 109, 112, 142, 158, 161, 173, 334, 347, 349, 351, 353, 360, 454, 465
소외 집단 17
소통 116, 118, 218
소프트웨어 프로그래머 15, 119
송장送狀 114
쇠고기 102, 323, 347, 434
수냐[空] 164 ,165
수니파 225
수렵 채집민 (공동체) 22, 31, 43, 52, 59, 356
수마트라 (인) 95, 196, 221
수메르 39, 55, 81, 110
수에즈 운하 102, 103, 210, 221, 267, 310
수피교도 145, 221
순록 41, 44, 45
술탄 114, 129

숫자 체계 165, 216
숭배 의식 286
스리비자야 왕국 196
스와힐리 215, 243, 304
스위치 168, 169, 170
스캐너 70
스키타이 55
스타벅스 9, 126, 127, 129, 143, 144, 145, 158~161, 404
스텝 지대 39, 77
스파르타 전쟁 337
스파이웨어 프로그램 374
스페인 제국 292, 293, 300, 317
스페인독감 363~366, 369, 370
스푸트닉 171
스피탈필즈 134
슬라브 족 337, 338
시돈 81
시라프 88
시리아 92, 197, 242
시민 공동체 284
시민 사회 185
시민권 229, 303
시베리아 41~43, 45, 46, 49, 51, 291
시아파 221, 225
시안 79, 177, 191, 192
시애틀 17, 125~129, 137, 140, 143, 158, 160, 175, 387, 399, 470
시에라리온 241, 242
시오넷 수도원 144, 145
시장 75, 88, 98, 107, 120, 122, 131, 137, 142, 186, 253, 281, 310, 336, 350
시장 가격 99, 137
시장 개방 125, 397, 453, 476
시카고 증권거래소 118
식량 주권 418, 421
식물성 염료 133
식민주의 324

식민주의자 275
식민지 81, 206, 240, 243, 244, 263, 265~267, 270, 300, 302, 310, 322~324, 332, 338, 362, 532
식민지 보병대 302
신분증 314
신석기 시대 265
신성 64, 92, 197
신세계 98, 107, 108, 129, 132, 134, 153, 201, 206, 226, 237, 261, 267, 271, 275, 280, 293, 295, 300, 307, 321, 323, 329, 332, 343~345, 355, 356, 362
신용 제도 108
신용 증권 105
신용 화폐 108
신용장 317
신용카드 72, 105, 109, 122, 123, 314, 330, 334, 371, 374, 377
신자유주의 423, 443
신자유주의 정책 410
신제국주의 442
신종 바이러스 369, 370, 377
신학(적) 194, 207, 215, 307
실론 151, 154, 322
실리콘밸리 258
실리콘웨이퍼 162, 163, 172
실시간 14, 111, 112, 114
실용성 53
실직 23
실크 로드 16, 71, 77~79, 94, 110, 190, 191, 194, 196, 245, 249, 314, 359
실크 산업 78
십자가 196, 197
십자군 90, 201, 219, 342
십자군 전쟁 89, 97, 186, 198, 217, 249, 252, 293
싱가포르 268
쌀농사 44

쐐기문자 74
씨앗 56

ㅇ

아나트 64
아덴 92, 93, 100
아라비아 반도 76, 86, 198, 213, 297
아라비아 사막 223
아라비아 해 100, 132, 253, 292, 297
아라와크Arawak 족 26
아람 어 305
아랍 무역상 88, 94, 215, 217, 218, 228, 249
아랍 상인 165, 218
아랍 어 22, 82, 145, 164, 212~215, 224, 248, 254, 297, 305, 324, 341
아랍 정통파 220
아리카메두 85, 89
아메리칸 인디언 201, 354, 356
아바스Abbasid 왕조 87, 341, 339, 342
아샨티Ashanti 족 52
아슈르 74, 76
아스날 90
아스키코드 114
아스텍 (인) 286, 362
아시리아 (인, 무역상) 55, 74, 75, 240, 100, 110
아웃소싱 382, 383, 413, 415, 445, 451, 454, 455, 473, 478
아이디어 8, 11~13, 109, 114, 116, 161, 162, 167, 171, 175
아이디얼 익스 103
아이포드 69, 70, 71, 73, 117, 122, 123, 161, 163, 378
아일라Aylah 족 289
아일랜드 기근 266
아일랜드 노동자 266
아체 219, 223
아카드 제국 62, 63, 81, 292

아파르트헤이트 228
아편 전쟁 203, 207, 280, 426, 466
아프로디테 64
아프리카 기원설 28, 29
아프리카 노예 136, 154, 301, 331, 338, 339, 341, 345, 346, 354, 355
아프리카 아담 28
아프리카 원정대 247
아프리카 이브 27, 29
아프리카 인 22, 23, 27, 28, 30, 32, 36, 37, 42, 49, 206, 209, 302
아프리카 탈출 23, 66, 77
아프리카의 뿔 76, 128
악성 바이러스 371, 373, 375, 376
안다만 군도 32
안티바이러스 소프트웨어 375, 376
알고리즘 10, 165
알래스카 주 70
알렉산드리아 97
알카에다 223, 225
알타이 산맥 43, 46
알파벳 81
암스테르담 108
암포라 85
압두르 33, 34
압력 단체 159
애니미즘 182
애드웨어 374
애플 컴퓨터 69, 71, 115
양고기 102
양면성 127
양쯔 강 53, 54, 55, 130
양피지 116, 325, 326
언어 20, 44, 48, 57, 78, 95, 182, 187, 188, 193, 202, 204, 212, 214, 223, 224, 251, 256, 261, 281, 282, 296, 304~306, 311, 324, 338, 354, 369
언어학자 25, 57
에니악 168, 170, 171, 174

에디슨 효과 167
에칭 163
에티오피아 9, 23, 30, 36, 37, 46, 49, 83, 100, 143, 144, 157, 161, 198
엔젤투자자 258
엠파이어스테이트 빌딩 180
여권 299, 314, 377
여론 212, 228, 230, 231, 233, 234, 270, 346
여행 기록 24, 66, 70, 193, 249, 252, 256
여행기 256, 254, 277
여행자 239, 240, 252
여행주의보 366
역사학자 76
역수출 354
역이민 302
연결 고리 98, 109, 190, 221, 263, 439, 439
연결의 거미줄망 241
연례 옷감장 131
연속성 14, 128
열대 우림 7, 8, 29, 126, 438
염색법 130
영구선靈柩船 269
영국 노동자 266
영국 동인도 회사 73, 155
영국 함대 316
영어 306, 307
영원한 이주자 239
영원한 푸른 하늘 291
영제국 16, 209, 271, 279~281, 284, 286, 293, 295, 301, 302, 306, 309, 312, 321, 322, 324, 327, 346
예루살렘 89, 201, 253, 260
예리코 54, 59
예멘 23, 34, 92, 100, 125, 144, 145, 147, 150, 151, 153, 161, 195, 215, 253, 345

예수 196, 197, 203, 210
오스만 제국 129, 146, 147, 149, 188, 219, 222, 256, 290, 305, 311, 315, 317, 363
오스트레일리아 25, 31, 32, 37, 43, 102, 108, 264, 267~269, 271, 276, 301
오스트레일리아 급행열차 31~33, 34, 37, 42
오아시스 77, 78
오염 유발 시설 127
오프쇼어링 382, 383, 390, 459
옥스팜 158
온라인 69
온실가스 486
온정주의적 209
옷감 75, 85, 121, 130, 133, 253
와하브파 221, 222, 223
외주 위탁 서비스 120
외환 거래 119
요르단 계곡 54
요아힘스탈러 106
용병 303
우루과이 102
우마이야Umayyad 왕조 324
우편 210, 211, 326
운송 14, 16, 58, 63, 76, 86, 110, 122, 142, 156, 181, 264, 321
운송 혁명 9, 100
울라마 129
움마 213, 287, 288, 289, 311
움메아눔 75
움반다교 354, 355
원거리 교역 60, 61, 76, 89, 93, 97, 102, 106, 120, 128, 282
원거리 여행 282, 315
원거리 통신 110
원거리 항해 83
원리주의 221~223
원산지 표시 141

원양 운송 87, 90
원유전자 27, 30, 37, 40, 45, 49, 240
원정 241, 242, 244, 247, 248, 286, 289, 341, 357
원정대 87, 241, 242, 245, 248, 257, 258, 263, 273, 277, 293, 331, 344, 532
원조 자본주의 생산 시스템 133
원주민 45, 46, 227, 261, 321, 331, 355
월드와이드웹 115, 117, 175
월마트 351, 397, 446
위성텔레비전 (채널) 129, 188, 224
윈드러시호 302
유대 상인(인, 공동체, 무역상) 89, 92, 99, 110, 253
유라시아 인 42, 44
유랑 생활 53
유럽경제공동체 383, 388
유목 37, 48, 52, 291
유비쿼터스 175
유색 인종 209, 271, 272
유엔 안전보장이사회 178, 179, 234
유일신 183, 291
유전자 10, 37, 51, 54, 78, 247, 282, 296, 299, 304
유전자 교환 28, 52
유전자 변형식품 421, 422, 435
유전자 지도 299, 367
유전자 표지자 26, 30, 32, 41, 43~47, 70
유전자 풀 16, 29, 40, 89
유전자 혁명 29
유전적 교배 43
유전적 구조 51
유전적 다양성 48
유전학(적) 36, 37, 57, 301
유정 굴착 공법 103
유조선 103
유프라테스 - 티그리스 계곡 39

유프라테스 강 53, 74, 81, 338
유행성 독감 364
육로 94
은 73, 74, 96, 105, 295, 314, 337, 359
은행 107, 108, 122, 377
은행 어음 108
은화 350
음성패킷망 121
의학 207, 248, 319, 320, 359
이난나 64
이뉴잇Inuit 족 50
이데올로기 222
이동성 195
이메일 326, 372, 376, 471
이민 공동체 302
이민법 270
이민자 11, 13, 16, 155, 238, 240, 265~267, 301, 333
이베이 122, 377
이성 227
이슈타르 64
이스탄불 129, 147, 148
이스터 섬 264
이슬람 공동체 185, 213, 214, 221, 222, 225, 319
이슬람 국가 219, 221, 255, 287, 311
이슬람 근본주의(자) 223, 311
이슬람 무역상 79, 95, 97, 215, 217, 219, 252, 259, 290, 314
이슬람 무역상조합 217
이슬람 신비주의(자) 153, 221
이슬람 신학 대학 223
이슬람 와인 145, 147
이슬람 제국 213, 214, 289, 290, 297, 299, 313, 314, 319, 488
이슬람교 10, 65, 144, 184, 187, 198, 212, 214~216, 218, 219, 222, 225, 233, 287, 288, 290, 305, 312
이윤 72~74, 82, 86, 93, 94, 122, 126,

567

141, 151, 155, 158, 172, 186, 210, 235, 268, 293, 324, 330, 333, 350, 374, 379, 397, 532
이종교배 44, 299
이주 21~23, 30, 31, 33, 36, 37, 40, 56, 57, 63, 66, 237, 240, 244, 265, 267, 269~271, 276, 296, 300, 302
이주 경로 36
이주 노동자 334
이주비 266
이주자 32, 34, 41, 57, 239, 275, 276, 302
이집트 (해군) 원정대 19, 34, 60
이집트 92, 105, 130, 137, 190
이탈리아 상인 336
익일 배송 114
인간 게놈 30, 44
인간 공동체 12, 15, 30, 52, 67, 116, 180, 239, 334, 335, 357, 362, 467
인간 종 14, 31, 33, 47, 48, 52, 181, 336
인공위성 174, 211, 386
인구 압력 268
인구 저장소 338
인권 13, 65, 66, 181, 183, 184, 225, 226, 229, 230, 232, 235, 285
인권 기구 178, 180, 181, 183, 233
인권 선언 229
인권 운동 127, 183, 233~235
인권감시기구 183
인더스 강 39, 61, 130, 192, 243, 304
인도 무역상 85, 105, 304
인도 표지자 40
인도네시아 무역상 220
인도양 83, 86, 87, 90, 91, 94, 95, 105, 244, 247, 248, 259, 261, 262, 270, 337, 341
인도양 무역 94, 132, 315
인도유럽 어족 57

인도인 무역상 86
인도주의(적) 183, 185, 276
인디고 염색 132
인력 쇼핑 119
인력 풀 453
인류 공동체 264, 295
인류의 발상지 36
인쇄술 78, 166
인신매매 330, 331, 333, 334
인종 23, 48, 49, 51, 62, 177, 224, 283, 296, 300
인종 청소 179
인종 폭동 272
인터넷 8, 72, 116~119, 121, 123, 129, 161, 162, 185, 188, 211, 212, 225, 233, 326, 327, 369~371, 373, 374, 376, 377, 408
인터넷 뉴스 서비스 225
인터넷 사이트 212
인터넷 쇼핑 15
인텔 129, 173
일신교 65, 182, 196
일용품 8, 9, 12, 15, 52, 72, 111, 114, 128, 129, 151, 156, 214, 253, 330, 335, 336, 344, 350, 357
잃어버린 세대 223
잉여 노동 425
잉여 식량 59, 73
잉카 인 186, 286, 309
잉카 제국 287, 316
잉카 족 362

ㅈ

자기 번식 370
자기 복제 370
자기 증식 373, 376
자기磁氣 166
자동차 혁명 322
자바 10, 86, 95, 151, 154, 155, 218,

220, 221
자바 인 28
자바 전쟁 155, 426
자본 9, 75, 120, 202, 210, 214, 270, 343, 351, 359
자본 시장 387, 393, 414
자본가 72, 257, 258, 317
자본주의 8, 266, 280, 381, 425
자연 선택 23, 44, 49, 50
자원 58, 62, 98, 210
자유 180, 230~232, 285, 341
자유 교육 307
자유 무역 113, 125, 208, 295, 314
자유 시민 532
자유 시장 405
자유 화폐 106
자유민 297, 300
자유방임주의 270
자유의지 22, 227
자유주의 경제 체제 120
자유화 113
자치령 301
잔지Zanj 341
장거리 수송 79
장거리 여행 72, 75
장단기 채권 76
장인 조합 89
재분배 289
재정 109, 271
재판권 295
재화 12, 13, 71, 74, 75, 245, 284, 286, 299, 304, 465
저임금 국가 140, 388, 390, 400, 445, 454
전기 8, 139, 166, 169
전기 재봉틀 139
전기에너지 163
전보 110, 326, 327
전사 11~14, 16, 23, 181, 184, 191,

213, 281, 282, 286, 334, 357, 376
전신 111, 113, 161, 210, 327, 370
전신 서비스 111
전신 혁명 113
전신전화회사 113
전신케이블 111, 112
전염병 334, 357, 358, 361, 364, 365
전자 162, 167, 168
전자 결재 시스템 73
전자 상거래 73, 122, 477
전자 혁명 114, 115
전자 화폐 389
전자금융 서비스 375
전자이체 395
전쟁 노예 337
전쟁 범죄 232
전체주의 285
전화 113, 326, 327
절대가격 112
절충주의적 221
점보 제트기 104
점토판 74, 75, 110, 116, 164, 325, 471
정보 111, 117, 118
정보 혁명 15, 111, 173
정보망 117, 325
정보화 시대 128
정복 128, 214, 283, 284, 288, 292, 305, 310, 325
정복자 98, 219, 280, 281, 283, 287, 292, 295, 300, 305, 312
정착 20, 30, 40, 41, 49, 56, 77, 276, 277, 296, 297, 299, 301, 303, 304
정착 공동체 182
정착 문화 55
정착 생활 22, 23, 48, 52, 73, 239, 357
정착민 45, 46, 53, 54, 266, 299
정착촌 86
정체성 54, 55, 193, 195
정크선 255

정통 와하브 운동 221
정통성 218
정향나무 71
제3의 산업 혁명 453
제국 16, 20, 52, 55, 61~64, 66, 81, 84, 229, 281, 282, 285, 286, 290~293, 295, 297, 301, 302, 304, 306~308, 311, 313, 316~320, 324, 326, 327
제국주의(적) 62, 63, 66, 209, 284, 292, 334
제노바 90, 94, 106, 247, 253, 261
제로데이 바이러스 376, 377
제록스사 114
제트 비행기 114, 185, 273, 367
제한 조치 271
조개껍질 73
조공 62, 247, 289, 337
조류독감 365, 368
조면기繰綿機 131, 346
조몬 문명 43
조선공 90
조선술 79, 83, 91, 97
종교 56, 62, 64, 78, 79, 178, 180~184, 193, 194, 214, 216~218, 221, 222, 229~231, 234, 235, 256, 281, 282, 289, 307, 308, 311, 354, 355, 385
종교 개혁 309
종교 공동체 185
종교 상징물 88
종의 장벽 368
종이 제조 기술 10, 78, 191, 194, 325
주문 확인 메일 70
주석 74, 75, 83, 92, 243, 268
주식 72, 111, 118
주식시장 108
주장珠江강 280
주주가치 411, 450
주화 317, 360

중간 항로 331
중간종中間種 296
중개 무역 72, 95, 182, 253, 269, 283, 287, 314, 360
중국 문명 28
중국 이민 배척법 270
중국계 아프리카 인 247
중상주의자 108
중심 공항 114
즉석 세례 206
증기 기차 365
증기력 101, 102, 161, 316
증기선 72, 83, 101~103, 111, 112, 185, 210, 221, 265, 349, 365
증기터빈 167
지구 공동체 229
지구 온난화 184, 486
지구라트 64
지구에서 만든 제품 391
지노그래픽 프로젝트 34
지니계수 460, 461
지다 131
지도 263, 264, 315
지방 토착어 193
지방세 314
지브롤터 해협 241, 242, 290
지속가능 487, 488
지식 노동자 299
지식 시장 165
지식의 전당 147
지역 정체성 54
지적재산권 430, 442
지중해 23, 59, 81, 82, 87, 88, 90, 97, 99, 102, 105, 107, 190, 196~198, 214, 241, 243~245, 252, 270, 276, 283, 290, 304, 310, 316, 338, 342, 347, 357, 360
지중해 무역로 358
지하드 219, 221, 225, 234

직계 조상 25
직물법 134, 135
직접투자 100
직조공 15, 128, 133~136
직항로 258, 261, 262
진공관 168, 169
집단 거주지 95, 240
집단 이주 49, 201, 266
집적회로 161, 171, 172, 174

ㅊ

차 156, 158, 160, 161, 194, 250, 280, 326
차용증서 317
창조적 파괴 446, 478
챠탈 회육 59~61
천연고무 268
천연두 16, 356, 357, 362, 363
천연자원 74, 139
철도 221, 270, 316
철학 78
청백자기 78
체표면적 50
체형 20, 50, 296
초기 인류 25
초기 자본주의 156
초원 지대 40, 41, 44, 53, 58, 61, 291, 315, 359
최혜국 조항 113
치사율 366

ㅋ

카나리아 군도 23, 273, 343
카네시 74, 75
카라벨선 316
카라크선 99
카르타고 15, 241
카리브 해 100, 140, 151, 153, 199, 251, 262, 269, 270, 307, 344~346, 348, 355
카보베르데 제도 262
카스티야Castilla (왕국) 201, 258, 259, 261, 293, 295, 329, 343
카스피 해 191
카이로 92, 110, 148, 221, 253, 259
카파 144, 358
카페 145, 148, 150, 159, 161
카푸치노 149
칸쿤 17, 417~421, 435, 436
캘리컷 89, 98, 259
커뮤니케이션 118
커피 10, 15, 100, 128, 129, 143~145, 147~151, 154~156, 159~161, 163, 195, 345, 349
커피 경제 157
커피 농장 154, 155, 157, 345, 346
커피 무역 100, 151, 155
커피 붐 155, 156
커피거래소 157
커피나무 144, 149, 161
커피콩 10, 100, 127, 144, 146, 151, 153, 157, 158
커피하우스 129, 146, 147~149, 151
컨테이너선 15, 66, 72, 103, 104, 419
컴퓨터 바이러스 16, 334, 370, 371, 376
컴퓨터 혁명 174
케냐 30
케이블 네트워크 120
켈트 족 338
코끼리 34, 88, 114, 192, 244, 256, 325
코드레드 바이러스 373
코로만델 해안 132
코발트 염료 315
코이산Khoisan 족 29
코코넛나무 34
코코아 345, 349
콘스탄티노플 186, 188, 198, 256, 358, 363

콜로비스인 45
콜로서스 170, 171
콜센터 15, 121, 412, 449, 451, 458
콥트 어 305
쿠레이시Qurayish 족 86, 213
쿠르간 문명 57
쿠르간 족 57
쿠바 269
쿠샨Kushan 왕조 196, 308
쿨리 267
쿼터 호핑 142
쿼터시스템 140, 141
크랭가노어 89
크레올 355
크로노미터 101
킬롱 89
킬와 87

ㅌ

타밀 어 34
타완틴수유 286
타자기 116
타클라마칸 사막 77
탈식민지 시대 302, 312
탐험가 11~15, 22, 23, 57, 98, 101, 163, 184, 208, 239, 240, 242~244, 247, 254, 262, 264, 269, 277, 281, 324, 357, 428
태양 자외선 49
태평양 횡단 케이블 113
테러리즘 224
텍사스 인스트루먼트 171, 173
톈산 산맥 41
텔레비전 169, 185, 225, 234, 437
텔렉스 230
토르데시야스 조약 262
토지 343
토착 문자 193, 194
토착어 205

통신 17, 112, 114, 120, 181, 224, 370
통신 혁명 120, 128
통신망 325, 327
통신위성 118, 230
통역 299, 306
통치권 20, 293, 295, 327, 341, 401
통치자 13, 16, 62, 64, 66, 73, 77, 81, 86, 155, 188, 194, 195, 218, 219, 222, 255, 260, 284, 286, 287, 290, 291, 297, 304, 308, 309, 319, 320, 334
통화 316, 317, 345, 348
투르 전투 213, 290
투자 83, 310, 344, 350, 385, 477
투자자 91, 392, 395
툰드라 지대 44
튀니지 92, 93, 98, 276
튀니지 무역상 261
트랜지스터 162, 166, 169, 171, 172, 174
트로이 목마 바이러스 371, 376, 377
트리니다드호 238
특허권 103, 139
티그리스 62, 74, 87
티그리스-유프라테스 강 60
티레 81
티모르 해 34
티베르 강 304
티베트 78, 188, 196, 199

ㅍ

파나마 운하 102, 103, 310
파이자 314
파키스탄 216, 218, 311
파피루스 85, 110, 325
팍스로마나 282
팍스몽골리카 315
팍스아메리카나 282
팔레스타인 92
팔렘방 218

팝업 광고 374
패스트트랙 399, 408
팩스 185
페니키아 55, 242
페니키아 무역상 81
페니키아 인 81, 243, 316
페르시아 만 81, 87, 88, 95, 243, 291, 313
페르시아 무역상 89, 252
페르시아 어 57, 79, 248, 324
페르시아 인 88, 244, 313, 338
페르시아 제국 283, 337
페이팔 72
평등 287, 312, 341
평등주의 217
포괄적 보상 480
포교승 15, 190, 191, 196
포도주 82, 83, 85, 145, 146, 202
포르투갈 노예상 338
포르투갈 무역상 99, 107, 353
포르투갈 어 347
포르투갈 인 107, 219, 299
포르투갈 제국 293, 345
표준 중국어 306
푼트 19, 34, 60
풀뿌리 민주주의 캠페인 232
프란치스코회 210, 203
프랑스 무역 상인 100
플랜테이션 농장 229, 266~268, 299, 322, 348, 350, 354
플루트 101
플루트선 123
피그미 족 50
피그미Pygmy 29, 60
피부색 48, 49, 296, 306
피싱 프로그램 374, 375
피페라티카 84
필리스틴 55

ㅎ

하디스 254, 312
하라파 문명 39, 61, 81
하우사Housa 족 22, 52
하위문화 195
하지hajj 131, 248, 310
한시계약 270, 322
한시노예 269
함무라비 법전 63
합동 세례 206
항공 화물 103, 104
항공 화물 운임 104
항구 도시 87, 88, 99, 219, 273, 293
항해 기록 248
항해술 77, 81, 90, 107, 220
항해조례 113
해도海圖 315
해로 94, 313, 315
해상 무역 101, 132, 218
해상봉쇄령 228
해안 생활 34
해양 기술력 91
해양 무역 94
해양 운송 101, 103
해양 원정대 247
해양 화물 운임 102
해플로 그룹 X 46
해플로 타입 42
핵심 유전자 42
향료 전문 시장 84
향신료 85, 88, 90~92, 94, 96, 97, 105~107, 114, 132, 186, 199, 217, 219, 237, 238, 250, 251, 253, 257~259, 261, 262, 292, 293, 313, 320, 321, 343, 348, 360
허브 도시 281
헤브루 55
헬레니즘 283
헬싱키 협약 183

현금 75, 99, 109, 119, 131, 133, 330
현물 133
현생인류 22, 25, 28, 29, 32, 34, 41, 42, 44, 45
현지화 406
형제애 213, 297, 312, 355
형태학적 51
호모 사피엔스 22, 25, 28, 34, 44
호모 에렉투스 25, 28
호모노이아 283
호미니드 45
호박琥珀 166
홀로코스트 361
홍콩 112, 140, 183, 276, 280, 281, 303
홍콩 반환 279
홍해 33, 34, 39, 59, 82, 83, 85~87, 97, 102, 132, 242, 253, 313, 337, 357
화물 운임 86
화물 인도 명령 75
화물 집하장 86, 224
화석 25, 28, 32~34, 44, 58

화약 317, 318, 353
화폐 10, 63, 72, 84, 99, 105, 106, 109, 132, 282
환경 단체 234
환금작물 130, 138
활판 인쇄술 185
황금작물 155
황금지붕 249, 251, 259
황허 강 61, 244
후추 84, 94, 96, 97, 217, 219, 261, 321
휴대용 라디오 169, 173
흑사병 14, 106, 356, 358~361, 369, 484
흑요석 59, 73, 121
흑요석 무역 59
흑해 243, 250, 314, 358
희망봉 100, 258, 259, 293, 316
히타이트 55
힌두교 203, 215, 216, 218~220, 355
힌두쿠시 산맥 192
힌디 어 22, 131, 306

세계화, 전 지구적 통합의 역사

초판 1쇄 발행일 · 2007년 8월 14일
초판 2쇄 발행일 · 2007년 11월 21일

지은이 · 나얀 찬다
옮긴이 · 유인선
펴낸이 · 양미자

책임 편집 · 추미영
경영 기획 · 하보해
본문 디자인 · 이춘희

펴낸곳 · 도서출판 **모티브북**
등록번호 · 제 313-2004-00084호
주소 · 서울시 마포구 동교동 203-30 2층
전화 · 02-3141-6921, 6924 / 팩스 · 02-3141-5822
e-mail · motivebook@naver.com

ISBN 978-89-91195-16-5 03900

- 잘못된 책은 구입한 곳에서 바꾸어 드립니다.
- 이 책은 저작권법에 따라 보호를 받는 저작물이므로 무단 전재와 무단 복제, 광전자매체 수록을 금합니다. 이 책 내용의 전부 또는 일부를 이용하려면 도서출판 모티브북의 서명동의를 받아야 합니다.